이집트 구어체 아랍어 회화 사전
(회화, 문법, 소사전)

حوار وقواعد وقاموس للغة العامية المصرية

이병학, 여종연 공저
Byoung Hak Lee, Jong Yeon Yeo

저자 프로필

이병학

1997년 이집트 알렉산드리아 대학에서 표준 아랍어 및 구어체 아랍어 연수
2000년 이집트 페윰에서 거주하며 현지인을 위해 컴퓨터 센터 운영
      현지인을 위한 음악 교육 실시
2002년 카이로의 현지인 초등학교 교사로 근무
2003년 아랍 기독교인들을 위한 찬양집 출간
현재 이집트 기독교인들을 위한 찬양집 발간과 찬양 홈페이지 운영
      이집트 한인회관에서 한인들을 위해 '이병학 아랍어 교실' 운영
      문어체와 구어체 아랍어 연구
저서 : 이집트 구어체 아랍어 사전 공저
      실용 기독교 아랍어 핸드북
      아랍어 신문, 당신도 읽을 수 있다
      시사. 미디어 아랍어 소사전
      종합 아랍어 문법 I (어형과 품사편)
      종합 아랍어 문법 II (구문편)   이상 문예림 출판사

여종연

1994년 International Language Institute 이집트 구어체 아랍어 과정 수료
2005년 이집트 구어체 아랍어 사전 (한국어 - 아랍어) 공저
2007년 이집트 구어체 아랍어 회화사전 (한국어 - 아랍어) 공저
2007년 Dar Comboni For Arabic Studies 아랍어 과정 수료
2010년 The Fajr Center for the Arabic Language 클래식 아랍어 과정 수료
현재 아랍어-한국어 통역 등으로 일하고 있음

서문

아랍어는 유엔(U.N)이 지정한 세계 6대 공식 언어 중의 하나입니다. 아랍어는 중동과 북아프리카의 22개 아랍연맹 국가에서 공식 언어로 사용하고 있으며, 그 사용 인구는 4억 2천만(2017년 통계) 정도 됩니다. 또한 전 세계 인구의 1/7이 아랍어 문자를 사용하며, 18억에 이르는 무슬림들이 꾸란을 읽기 위한 종교 언어로써 사용하고 있습니다.

아랍어는 어휘와 발음, 문법 등의 면에서 볼 때 크게 두 가지로 나눌 수 있습니다. 먼저는 표준 아랍어(Standard Arabic)인데, 22개 아랍 국가들의 공식적인 모임이나, 공적인 업무, 방송, 출판, 교육 등의 활동에 사용되는 언어입니다. 예를 들면 아랍 사람들이 책을 읽을 때, 편지나 공문 등의 문서를 기록할 때, 신문을 읽거나 텔레비전 뉴스를 시청할 때 이 언어가 사용됩니다.

다음은 구어체 아랍어(Colloquial Arabic)입니다. 표준 아랍어가 문서 중심의 언어라면 구어체 아랍어는 말 중심의 언어입니다. 표준 아랍어가 아랍 나라들의 공식 언어로서 표준화되어 있는 것에 비해, 구어체 아랍어는 아랍 나라마다 다르게 사용되고 있습니다. 이 언어는 사용하는 어휘와 발음 및 억양이 나라마다 많이 달라서 서로 다른 아랍 나라에서 온 사람들이 이것만으로 의사소통할 경우 어려움을 느끼게 됩니다.

이집트 사람들은 언어생활에서 표준 아랍어를 거의 사용하지 않습니다. 이들이 가정에서나 회사에서, 거리에서나 찻집에서 말을 할 때 사용하는 언어는 구어체 아랍어입니다. 이들은 태어나면서부터 구어체 아랍어를 통해 감정과 생각을 묘사하고, 재미있는 농담(녹타, nokta نكتة)을 주고받으며, 사랑하는 친구를 사귑니다. 그래서 이집트 사람들에게 살아있는 언어, 민중의 숨결이 느껴지는 삶의 언어는 구어체 아랍어입니다. 이러한 이유로 여행이나 유학, 사업을 목적으로 이집트에 거주하는 외국인들은 필연적으로 이집트 구어체 아랍어를 사용합니다.

오늘날 중동의 아랍 세계에 대한 관심이 고조되고 있습니다. 중동의 나라 중 특히 이집트는 우리의 관심을 집중시킬만한 여러 요인이 있습니다. 인류 4대 문명의 발상지로서, 기독교 성지 순례지로서, 이슬람교의 정신적 지주로서, 신비한 사막과 아름다운 홍해의 천연자원 관광지로서, 1억 4백만(2017년 통계) 인구의 거대한 소비시장으로서 우리에게 여러 가지 의미를 주는 나라입니다. 이와 같은 이유로 인해 우리나라의 여행객, 유학생, 기업가, 사업가 등이 끊임없이 이집트를 찾고 있습니다. 이집트 관광청 통계에 의하면 2004년에 3만 9천 명, 2005년 4만 9천 명, 2006년엔 5만 7천 명이 이집트를 찾았다고 합니다. 이러한 상황들을 살펴볼 때 이집트 사람들이 일반 생활에서 사용하는 구어체 아랍어는 우리에게 중요한 언어임에 틀림이 없습니다.

이집트 구어체 아랍어를 배움으로 인해 얻어지는 유익은 여러 가지입니다.
1. 구어체 아랍어를 통해 이집트 어디에서나 이집트 사람들과 거리감 없이 의사소통하며 그들의 친구가 될 수 있습니다.
2. 구어체 아랍어는 이집트 사람들의 생각과 정서, 가치관을 그대로 반영하는 언어입니다. 따라서 이것을 통해 그들을 진정으로 만나며, 이해하고, 배울 수 있습니다.
3. 이집트에서 시장을 보거나, 식당에 가거나, 상거래 행위를 하는 등 기본적인 경제생활에 이익을 줍니다.
4. 이집트 구어체 아랍어는 다른 아랍 나라들의 구어체와는 달리 대부분의 아랍 나라들에서 널리 이해됩니다. 이집트에서 제작되는 영화나 드라마가 다른 아랍국들에 대거 방영되고 있고 그로 인해 대부분의 아랍 사람들이 이집트 구어체 아랍어를 잘 이해합니다. 다른 아랍 나라를 여행하면서 이집트 구어체 아랍어를 사용해 보십시오. 그 위력을 실감할 수 있습니다.

2005 년 이집트 구어체 아랍어 사전을 낸 몇 달 뒤 이 책 작업을 시작하였습니다. 처음에는 간단한 여행 회화집을 만들 생각이었습니다. 이집트 여행 회화집이라고 시중에 나와 있는 책들이 이곳의 현실에 전혀 맞지 않는 문어체 회화집인 것을 보며 제대로 된 이집트 구어체 회화집을 만들어 보기로 하였습니다. 단어를 모으고, 문장을 다듬고, 문법적인 지식을 정리하다 보니 책의 부피가 늘어나게 되었고 나중에는 회화와 문법, 소사전을 망라하는 종합 참고서가 탄생하게 되었습니다.

지난번 이집트 구어체 아랍어 사전과 더불어 이번에 회화와 문법을 망라한 책까지 낼 수 있게 되어 무척 기쁩니다. 이제야말로 이집트에서 생활하는 분들이나 이집트 아랍어를 배우려는 사람들을 위한 효과적인 언어 학습 도구가 모두 갖추어진 것 같아 기쁘기 한량없습니다.

이 책이 빛을 발하기까지 많은 사람의 도움이 있었습니다. 작업할 때 여러 가지 질문에 답해준 Shady Adel, Ayman Adel, Gorge Gamel, Ahmed Sayd, Nevin Helmi, 녹음을 하는데 기술적인 부분을 도와준 Jack Samuel, 그리고 교정과 녹음을 같이 한 Heba Menasah 선생님께 감사를 드립니다. 이 책을 기꺼이 출판해 주시고 녹음에 지원을 아끼지 않은 문예림 서덕일 사장님께도 감사를 드립니다. 또한 밤낮으로 작업에 붙들려 있음에도 뒤에서 묵묵히 뒷바라지해 준 아내와 가족에게 감사를 드립니다. 마지막으로 이런 값진 작업에 대해 영감과 열정을 주신 우리 주님께 감사드립니다.

2007 년 6 월   카이로에서   이병학, 여중연   (2017 년 교정)

이 책의 특징과 사용법

1. 아랍어 문자를 표기함
　아랍어 학습 교재에 아랍어 문자를 표기하는 것은 당연합니다. 이 책이 구어체 아랍어 교재라 하더라도 효과적인 학습을 위해서 아랍어 문자를 표기하는 것이 필수적입니다.

2. 모음 부호를 표기함
　모음 부호란 외국인이나 어린이가 아랍어를 배울 때 쉽게 읽고 배울 수 있게 하려고 표기하는 보조 기호입니다. 구어체 아랍어 책에 무슨 모음 부호를 붙이느냐고 할 수도 있습니다. 하지만 아랍어 문자와 함께 모음 부호를 읽으면서 배우는 방법이야말로 외국인으로서 가장 효과적으로 아랍어를 익히는 방법입니다. 따라서 독자들은 이 책 일러두기 부분에 소개된 '아랍어 알파벳 명칭과 표기 형태' 부분과 '아랍어 문자를 읽기 위한 부호' 부분을 보시고 아랍어 문자와 모음부호를 익히시기 바랍니다.

3. 국제 음운 기호로 발음 음가 표기
　아랍어 문자를 기록하였지만 처음 아랍어를 접하는 사람들에겐 상형문자와 다를 바 없을 것입니다. 그래서 아랍어 문자 없이도 정확한 아랍어 발음이 가능한 국제 음운 기호를 표기하였습니다. 따라서 아랍어 문자를 익히기 전 단계에 있는 독자들은 이 기호를 통해 발음을 배울 수 있을 것입니다. 이 책 일러두기 부분에 '아랍어 발음 음가 해설' 부분이 실려 있습니다. 거기에서 국제 음운 기호의 음가를 익히시기 바랍니다. 또한 그 기호들 가운데 우리 말에 없는 음가들에 유념해서 발음하시기 바랍니다.

4. 한글 발음표기
　처음에는 국제 음운 기호를 보는 것도 어려울 수 있습니다. 이런 분들을 위해 친절하게 한글로도 발음표기를 하였습니다. 따라서 독자들이 한글로 읽기만 해도 대략적인 아랍어 발음이 가능하게 되었습니다. 이 책 일러두기의 '한글 발음 표기와 발음 방법' 부분을 읽어주시고, 각각의 한글 발음표기에 사용된 밑줄에 유념해 주시기 바랍니다.

5. 악센트 표기
　아랍어 단어에도 악센트가 있습니다. 그 액센트들에는 일정한 법칙이 있는 것도 사실입니다. 이 책에서 악센트의 표기는 단어 위에 표기된 점으로 하였습니다. 또한 문법 부분에서 소개하는 악센트의 법칙을 참고하셔서 정확한 악센트를 사용하시기 바랍니다.

6. 도표로 처리
 이 책의 특징 중 하나는 도표가 많다는 것입니다. 복잡한 아랍어 문자와 각종 음운 기호들, 그리고 한글이 일목요연하게 정리되어 있어 보기에도 좋고 머릿속에 정리하는 데 많은 도움을 줄 것입니다. 어려운 문법적인 내용이나 많은 어휘도 도표화 함으로 여러분의 공부에 많은 기여를 할 것입니다.

7. 초보자부터 중급 이상까지 심화 학습 가능
 이 책은 아랍어를 처음 공부하는 왕초보 수준에서 시작됩니다. 가장 간단한 대화나 단어들에서 시작하여 점점 심화하여 갈 것입니다. 문법 부분도 마찬가지입니다. 공부하시다가 어렵게 느껴지는 부분이 있으면 그냥 지나가시고 나중에 다시 공부하시기 바랍니다.

8. 이집트의 문화 소개
 이 책 생활 회화 부분 중간 중간에 이집트의 문화와 생활을 소개하는 내용을 실었습니다. 간단한 팁이지만 이질적인 이집트의 문화를 이해하는 데 도움이 되고, 아랍어 공부에 활력소가 될 것입니다.

9. 현지인에 의한 내용 녹음
 듣기는 언어 공부에 있어 필수적인 것입니다. 이 책과 더불어 제공되는 CD에는 책에 수록된 모든 아랍어 내용이 녹음되어 있습니다(소사전 부분은 제외). 많이 듣고 따라 하고 반복 사용하시면 여러분의 아랍어 발전에 큰 진전이 있을 것입니다.

목차

서문
이 책의 특징과 사용법

1장 일러두기

아랍어 알파벳의 명칭과 표기 형태	2
이집트 구어체 아랍어 자음 음가 해설	4
이집트 구어체 아랍어 모음 음가 해설	6
아랍어 문자를 읽기 위한 모음 부호 taʃkiil تشكيل	7
국제 음운기호 표기에 대해	9
한글 발음 표기와 발음 방법	11
악센트 표기에 대해	15
약어표	15
References	15

2장 왕초보 아랍어

한 마디 표현들	18
두 세 마디 표현들	21

3장 생활회화

1. 첫 만남

1-1 첫 만남	25
1-2 아는 사람을 만날 때	26
1-3 여러가지 인사말	27
문화팁- 아랍식 키스 - 이집트 사람들과 인사하는 법	30
1-4 기본적인 유용한 표현들	31
1-5 자신을 소개함	35
1-6 나이를 물을 때	36
문화팁 - 이집트 사람들의 나이에 대해	36
1-7 날씨와 계절	37
도표 - 날씨에 대한 용어들	37
도표 - 날씨에 따른 사람의 상태에 대한 표현	39
도표 - 계절에 대한 용어들	39
1-8 다양한 호칭들	40
도표 - 여러가지 호칭들	40
1-9 작별인사	43
공부를 위한 팁 - 아랍어 발음 표기에 대해	44

2. 방문시의 대화

문화 팁 - 이집트 사람들의 방문 예절	45
2-1 친구 방문	46
2-2 가족 구성원소개	48
도표 - 가족과 친척에 대한 용어들	48

vii

2-3 아이를 가진 부모와의 대화 52
2-4 아이들과의 대화 53
2-5 식사 초대시 대화 55
　문화 팁 - 이집트 사람의 식사 초대를 받았을 때 55
　문화 팁 - 이집트 사람을 식사에 초대할 때 55
　문화 팁 - 이집트 사람의 식사 시간에 대해 55
　도표 - 식사에 대한 용어들 56
　공부를 위한 팁 - 아랍어 단어 표기시 ' / '의 의미 57
　도표 - 음식 맛에 대한 표현 57
　공부를 위한 팁 - 악센트 표기에 대해 57

3. 전화 58
　도표 - 전화 관련 용어들 62

4. 숫자, 시간, 날짜, 요일, 월 63
4-1 기수와 서수 64
4-1-1 일반적인 숫자 (기수, 基數) 64
　도표 - 일반적인 숫자 표현법 64
4-1-2 사람이나 사물의 갯수를 세는 법 66
4-1-3 서수(序數, Ordinals) 표현법 68
　도표 - 서수 표현법 68
　도표 - 서수를 사용한 예 69
4-2 시간 표현법 71
　도표 - 시간 표현법 71
　도표 - 시간 관련 용어들 72
4-3 날짜 표현법 75
4-4 요일 표현법 75
　도표 - 요일 명칭 75
4-5 월(月) 표현법 76
　도표 - 월 명칭 76

5. 교통 78
　문화팁 - 길을 물을 때 78
5-1-1 길을 물을 때 79
5-1-2 여행 시간을 물을 때 79
5-1-3 교통 수단을 물을 때 80
　도표 - 교통 관련 용어들 80
　도표 - 방향 관련 용어들 81
5-2 택시를 탈 때 82
　문화팁 - 카이로의 택시에 대해 82
　도표 - 기본적인 왕래발착 동사 84
5-3 차표를 구입할 때 85
　도표 - 차표 구입을 위한 용어들 85
5-4 버스 터미날에서 86
5-5 기차역에서 87
　도표 - 기차 관련 용어들 88
5-6 공항에서 89

5-6-1 출국수속	89
5-6-2 세관에서	90
5-6-3 공항에 다른 사람을 마중 나갈 때	91
도표 – 공항 관련 용어들	91
5-7 렌트카 & 자동차	92
5-7-1 자동차가 고장났을 때	93
도표 – 자동차 종류	94
도표 – 자동차 관련 용어들	95
도표 – 자동차 부품 이름	96
도표 – 주유소 유류 종류	98
5-7-2 자동차를 등록할 때 & 운전면허증을 만들 때	98
도표 – 자동차 등록, 운전면허 취득시 용어	98
5-7-3 교통 검문을 당할 때	100
도표 – 교통 신호 및 위반에 대한 용어들	100
5-8 배, 펠루카	101
도표 – 배와 관련한 용어들	101

6. 호텔에서   103

6-1 호텔을 찾아서	104
도표 – 호텔 관련 용어들	104
6-2 호텔 체크인	105
도표 – 체크인에 필요한 표현들	105
6-3 체크 아웃	108

7. 시내에서   109

7-1 시내에서	110
도표 – 시내의 주요 건물들	110
7-2 은행	111
도표 – 화폐 관련 용어들	112
도표 – 이집트 화폐 단위	113
7-3 우체국	113
도표 – 우체국 관련 용어들	114
7-4 전신전화국	115
도표 – 전화 관련 용어들	115
7-5 인터넷	116

8. 밤거리를 친구와 함께   117

문화팁 카이로는 잠을 자시 않는다	117
8-1 밤거리를 거닐며	118
도표 – 나는 …에 가고 싶어요	118
도표 – 나는 …을 하고 싶어요	119
8-2 거리에서 친구와 함께	119
8-3 친구와의 만남 약속	121
8-4 친구와의 이별	122

9. 유적지 관광   123

9-1 유적지 관광	124
도표 - 유적지 관광에 대한 용어들	125
9-2 그룹투어	127
9-3 이집트의 지명	127
도표 - 이집트의 지명 & 도시 이름	127
도표 - 카이로 시내의 주요 지역 이름	129

10. 쇼핑 130

10-1 쇼핑	131
도표 - 물건을 살 때 사용하는 표현	131
도표 - 각종 가게 이름	132
10-2 물건을 구입할 때	133
10-3 가격을 흥정할 때	135
10-4 슈퍼마켓에서	136
도표 - 생필품류	136
도표 - 식료품류	137
도표 - 곡물류	138
도표 - 조미료	138
도표 - 육고기류	139
도표 - 생선류	140
도표 - 과자류	142
10-5 채소가게에서	142
도표 - 채소 용어들	142
10-6 과일가게에서	144
도표 - 과일 용어들	144
10-7 문구점에서	145
도표 - 문구 용어들	145
10-8 옷가게에서	148
도표 - 이 옷은 … 합니다	148
도표 - 옷 종류	148
도표 - 옷감 종류	150
도표 - 무늬 종류	150
도표 - 여성 용품	151
도표 - 모자 & 베일 & 스카프	152
10-9 색깔	153
도표 - 색깔 관련 용어들	153
10-10 구두가게에서	156
도표 - 신발 관련 용어들	156
10-11 선물 가게에서	156
도표 - 선물 용어들	157
도표 - 보석 가게 용어들	158
도표 - 금속 재료 & 석 재료 관련 용어들	158
도표 - 크기 & 양 & 길이 & 가격을 비교할 때	159
10-12 전자제품 가게에서	159
도표 - 전자제품 관련 용어들	160

11. 음식에 대해 161

11-1 음식	162
도표 - 식사에 대한 기본 용어들	162
11-2 식당에서	162
도표 - 맛에 대한 표현	164
도표 - 요리 방법에 대한 표현	165
도표 - 영양소에 대한 용어들	166
11-3 아침식사	166
도표 - 아침 식사 관련 용어들	166
도표 - 빵의 종류	167
11-4 이집트 전통 음식	168
도표 - 이집트 전통 음식 종류	168
11-5 디저트 & 스낵	169
도표 - 디저트 & 스낵 종류	169
11-6 케이크의 종류	170
11-7 기호식품 & 견과류	170
11-8 치즈 종류	171
11-9 찻집 & 카페테리아에서	171
도표 - 음료의 종류	171
도표 - 홍차의 종류	173
도표 - 설탕이 들어가는 양에 따른 표현	173
도표 - 커피의 종류	173
도표 - 물의 명칭	174

12. 집을 구함

	175
문화 팁 - 이집트에서 집 구하는 방법	175
12-1 집을 구함	176
도표 - 집 임대에 관한 용어	177
12-2 이사를 할 때	178
12-3 집안 구조와 가구류	179
도표 - 집안 구조 용어들	179
도표 - 가구류 용어들	180
도표 - 전자제품 용어들	181
도표 - 소모품류 용어들	182
도표 - 부엌용품 용어들	183
도표 - 부엌용기 용어들	184
도표 - 욕실용품 용어들	185
도표 - 전기용구 용어들	186
도표 - 연장들	187
도표 - 건축 재료들	188
12-4 도량형	189
도표 - 도량형(길이, 무게, 면적, 부피)	189
12-5 연산 용어	190
도표 - 연산 용어들	190
12-6 각종 용기 명칭과 세는 단위	191
도표 - 각종 용기 명칭과 그것을 세는 단위	191
도표 - 용기 명칭이 사용된 예	192

13 교외, 농촌, 사막, 바다에서 193
        문화팁 - 나일강과 사막 193
    13-1 교외 농촌에서 194
        도표 - 자연 & 농촌 관련 용어들 194
        도표 - 식물 & 농작물 관련 용어들 195
        도표 - 가축 종류 196
        도표 - 야생 동물 종류 197
        도표 - 곤충 종류 198
    13-2 사막에서 199
        도표 - 사막 관련 용어들 199
    13-3 캠핑 200
        도표 - 캠핑 관련 용어들 200
    13-4 하이킹 201
    13-5 바닷가에서 203
        도표 - 바닷가에서 필요한 용어들 203

14. 취미 205
    14-1 취미 206
        도표 - 저는 … 하기를 좋아해요 206
        도표 - 저는 …을 모아요 207
    14-2 예술 208
        도표 - 예술 관련 용어들 208
        도표 - …에 대한 당신의 생각은 어떠세요? 209
    14-3 전시예술 210
        도표 - 전시 예술 관련 용어들 210
    14-4 음악 211
        도표 - 음악 관련 용어들 212
    14-5 문학 213
        도표 - 문학 관련 용어들 214
    14-6 영화 & 연극 214
        도표 - 영화 & 연극 관련 용어들 215
    14-7 흡연에 대해 217

15. 스포츠 218
        문화팁 - 이집트의 축구에 대해 218
    15-1 스포츠 219
        도표 - 스포츠 관련 용어들 220
    15-2 스포츠 종목 221
        도표 - 스포츠 종목 221
    15-3 축구 222
        도표 - 축구 관련 용어들 223
    15-4 수영 226
        도표 - 수영 관련 용어들 226
    15-5 놀이 공원 & 이집트 사람들이 즐기는 놀이 227
        도표 - 놀이 공원 관련 용어 227
        도표 - 이집트 사람들이 즐기는 놀이 228

16. 명절, 생일, 혼인, 장례 — 229
- 문화팁 - 이집트의 결혼식 — 229
- 16-1 명절과 새해 그리고 생일 인사 — 230
- 16-2 약혼 & 결혼 — 231
  - 도표 - 약혼 & 결혼 관련 용어들 — 232
- 16-3 장례 — 234
  - 문화팁 - 이집트의 장례식 — 234
  - 도표 - 장례 관련 용어들 — 236
- 16-4 명절 & 축제 — 237
  - 도표 - 명절 & 축제 종류 — 238
  - 도표 - 국정 공휴일 — 238

17. 느낌, 감정, 성격 — 240
- 문화팁 - 이집트 사람들의 감정 표현 — 240
- 17-1 느낌과 감정 표현 — 241
  - 도표 - 느낌과 감정 관련 용어들 — 242
- 17-2 성격 표현 — 244
  - 도표 - 사람의 성격 관련 용어들 — 244
- 17-3 그리움을 표현하는 방법 — 247
  - 도표 - 그리움을 표현하는 방법 — 247

18. 병원, 약국에서 — 249
- 18-1 병원에서 — 250
  - 도표 - 병원 관련 용어들 — 250
- 18-2 의사의 질문 — 252
- 18-3 자신의 증세를 설명함 — 254
  - 도표 - 증세에 대한 용어들 — 254
  - 도표 - 질병에 대한 용어들 — 256
- 18-4 신체기관 — 261
  - 도표 - 외부 신체 부위 — 261
  - 도표 - 신경 & 혈관 — 262
  - 도표 - 내장기관 — 262
  - 도표 - 골격 — 263
- 18-4 의사 진료 과목 분류 — 263
  - 도표 - 의사 진료 과목 분류 — 263
- 18-6 각종 신체 검사 — 264
  - 도표 - 신체 검사 종류 — 264
- 18-7 환자를 방문할 때 — 265
- 18-8 치과 — 266
  - 도표 - 치과 관련 용어들 — 267
- 18-9 약국 — 268
  - 도표 - 약 종류 — 268

19. 정치 — 270
- 도표 - 나는 … 정책에 동의해요 — 271
- 도표 - 나는 … 주의자이어요 — 272

도표 - 나는 …을 지지해요	272
도표 - 정치 관련 용어들	272
도표 - 행정 관청 & 지역 구분 & 기관장	276

20. 경제 278
20-1 경제생활	279
도표 - 경제 관련 용어들	279
20-2 각종 요금에 대한 용어들	281
도표 - 각종 요금 & 돈(Money) 관련 용어들	281
20-3 직업에 대해	283
도표 - 직업 관련 용어들	284
도표 - 주요 직업 명칭 - 전문직	284
도표 - 주요 직업 명칭 - 숙련 노동직	287
도표 - 주요 직업 명칭 - 판매직	287
도표 - 주요 직업 명칭 - 그외 서비스직	288
20-4 서류 작성에 대해	289

21. 현지 고용인과의 대화 291
21-1 청소부와의 대화	292
21-2 운전기사와의 대화	292
21-3 작업장에서의 대화	294

22. 종교에 대해 296
문화팁 - 이집트 사람들의 종교성	296
도표 - 일반 종교 용어들	297
도표 - 이슬람 용어들	299
도표 - 기독교 용어들	300

23. 위급상황 302
23-1 위급할 때	303
23-2 길거리의 아이들이 괴롭힐 때	304
23-2 경찰서에 갔을 때	304
도표 - 경찰 종류	305
도표 - 법 관련 용어	306

부록 도표
이집트 학교 관련 용어	308
대학 학과 이름	309
선과 도형	310
무기의 종류	311
이집트 군대(경찰) 계급	311
대륙과 국가 이름	312
아랍 연맹 국가들 (22개)	313
이집트 내의 종족 & 지역 이름	314

4장 구어체 문법

1. 악쎈트의 원칙	316
2. 아랍어 단어의 형태 - 어근(root)과 파생단어들	317
3. 명사	318
3-1 명사의 성(性)	318
3-2 명사의 수(數)	318
3-3 사람이나 사물의 숫자를 세는 법	321
4. 관사	322
4-1 부정관사, 정관사	322
4-2 정관사 접두어 (ال)의 발음	322
5. 형용사	324
5-1 문장인가? 구(句)인가?	324
5-2 형용사의 일치	325
5-3 형용사의 복수	327
5-4 주요 형용사와 그 변화	328
5-5 형용사의 비교급	331
5-6 형용사의 최상급	334
6. 명사의 소유격 인칭대명사와 소유에 대한 표현	335
6-1 소유격 인칭대명사	335
6-2 비태-아 (bɛtææɛ بَتَاع)를 이용한 소유의 표현	336
6-3 연결형(이다-파 ʕedaafa إضافة)을 사용한 소유의 표현	339
6-4 한정명사(maɛrefa معرفة)와 비한정 명사(nakɛra نكرة)에 대해	342
7. 대명사	344
7-1 지시대명사	344
7-2 인칭대명사	346
7-2-1 주격 인칭대명사	346
7-2-2 목적격 인칭대명사	346
7-2-3 소유격 인칭대명사	348
8. 전치사	350
8-1 전치사의 격변화	350
8-2 전치사를 사용한 예문	354
8-3 전치사 عند 를 통한 '가지고 있다(To have)'의 표현법	355
9. 동사	356
9-1 강동사의 완료형 변화	356
9-2 강동사의 미완료형 변화	357
사전에서 동사의 표기와 그 변화형을 만드는 법	358
9-3 미완료형의 의미와 사용되는 형태	358
9-3-1 현재 진행형 변화	359
9-3-2 미래형 변화	359
9-3-3 분사와 함께 사용되는 경우	360
9-3-4 조동사와 함께 사용되는 경우	360

9-3-5 전동사(preverb)와 함께 사용되는 경우 … 360
9-3-6 부정문에서 사용되는 경우 … 360
9-4 약동사(weak verb) 변화 … 361
9-5 kææn/ yękuun كَانَ/يَكُونُ 동사에 대해 … 366
9-6 '…이 있다(there is)'의 표현에 대해 … 367
9-7 주요 동사들 모음 … 368

10. 부정문 … 371
10-1 명사나 형용사, 분사를 부정할 때 … 371
10-2 동사를 부정할 때 … 371
10-3 여러가지 다른 부정문의 예 … 374
10-4 부정문과 함께 사용되는 부사들 … 375

11. 명령형 … 376
11-1 일반적인 명령형 … 376
11-2 불규칙적으로 변하는 명령형 … 378
11-3 부정 명령문 … 379
11-4 유용한 명령형 표현들 … 380

12. 의문문 … 382
12-1 일반적인 의무무 … 382
12-2 의문사를 사용하는 의문문 … 382

13. 문장의 구조 … 384
13-1 주어 - 동사 형태의 문장 … 384
13-2 주어 - 동사 - 목적어 형태의 문장 … 385
13-3 주어 - 동사 - 목적어 - 목적어 형태의 문장 … 385
13-4 주어 - 동사 - 목적어 - 목적술어 형태의 문장 … 385
13-5 주어 - 술어 형태의 문장 … 386
13-6 어순이 독특한 문장들 … 387
13-7 동사문에 대해 … 388

14. 분사 … 389
14-1 능동분사 & 수동분사 … 389
14-2 분사의 활용 … 389
14-3 주요 능동 분사꼴 … 390
14-4 인칭에 따른 분사의 사용 … 394

15. 조동사 … 395
15-1 일반적인 조동사 문장의 예 … 395
15-2 조동사의 종류 … 395
15-3 조동사와 같은 역할을 하는 분사 … 397
15-4 전동사(preverb) … 398
15-5 본동사가 미완료형이 아닌 경우 … 400

16. 동명사 (Verbal Noun المصدر) … 401
16-1 동명사의 파생 형태 … 401
16-2 동명사의 사용 … 403

17. 동사의 10가지 형태   405
  17-1 Ⅰ형식(Form Ⅰ) 동사   405
  17-2 Ⅰ형식(Form Ⅰ) 동사에서 파생되는 다른 형식의 동사   405
       첨가동사 변화표   408
  17-3 동사 변화에서 의미의 연관성에 대해   409

18. 접속사에 대해   411
  18-1 연결하는 단어 혹은 문장이 대등관계로 이루어진 접속사   411
  18-2 접속사 뒤에 구(句, phrase)가 오는 접속사   412
  18-3 접속사 뒤에 절이 오는 접속사   413
  18-4 접속사 نْ (혹은 불변화사, partical)의 사용에 대해   417
  18-5 동시동작을 나타내는 접속사 و   418
  18-6 양보절을 이끄는 접속사 maεa ʔenn مع انْ 과 ḥatta law حَتّى لو   419

19. 관계대명사   420
  19-1 관계대명사와 선행사   420
  19-2 주어 – 술어 형태의 문장에서 관계대명사   421
  19-3 선행사와 종속절의 특정부분과의 일치   422
  19-4 관계대명사로 시작하는 문장(선행사가 없는 경우)   424
  19-5 관계대명사가 생략된 경우   425

20. 시제   427
  20-1 과거 완료 – كان + 완료형(단순 과거)   427
  20-2 과거 진행 혹은 과거의 습관 – كَان + 현재 진행형꼴 동사   427
  20-3 과거 진행 혹은 과거의 상태 – كان + 동사의 분사꼴   428
  20-4 과거에 막 진행하려는 동작 – كان + 미래형 동사   428
  20-5 미래 진행 – هيكون + 현재 진행형꼴, هيكون + 분사꼴   429
  20-6 미래 완료 – هيكون + 완료형 동사   429

21. 가정법   430
  21-1 가정법의 일반적인 예   430
  21-2 과거 사실에 대한 가정법   430
  21-3 현재 사실에 대한 가정법   431
  21-4 미래 일어날 일에 대한 가정법   432

22. 소원이나 소망에 대한 표현   433
  22-1 약간 이루기 힘든 소망 – nefs 넢쓰 نفس   433
  22-2 아주 이루기 힘든 소원 – yareet 예리-트 ياريت 의 사용   433
  22-3 과거에 이루지 못한 소원 혹은 후회를 표현할 때   434

5장 구어체 소사전   435

일러두기

일러두기
아랍어 알파벳의 명칭과 표기 형태

아랍어 문자는 한글이나 영어와 달리 오른쪽에서 왼쪽으로 쓰고 읽습니다. 아랍어의 알파벳은 28개이며 이들은 대부분 자음으로 사용됩니다. 이들 자음을 나열하게 되면 의미를 가진 단어가 되는데 대개 아랍어의 단어는 띄어 쓰지 않고 이어서 기록합니다.

아랍어 문자를 읽기 위해서는 아래 도표에서 나오는 독립형, 어두형, 어중형 그리고 어말형의 꼴을 구분할 수 있어야 합니다. 아랍어 알파벳이 따로 떨어져 독립적으로 사용될 때는 아래의 독립형을 사용합니다. 또한 알파벳이 단어의 첫 글자로 사용될 때는 아래의 어두형을 사용합니다. 그리고 아랍어 알파벳이 단어의 중간에 사용될 때는 아래의 어중형 형태를, 단어의 끝에 사용될 때는 아래의 어말형 형태를 사용합니다. 각각의 형태에서 차이점을 확인하시고 알파벳을 익히시기 바랍니다.

아랍어 알파벳 명칭과 표기형태 (표1)

명칭	어말형	어중형	어두형	독립형	발음기호
ʕalif-hamzah	ﺎ	ﺎ	أ	أ	ʕ
bæːæd	ﺐ	ﺒ	ﺑ	ب	b
tæːæd	ﺖ	ﺘ	ﺗ	ت	t
thæːæth (θæːæd)	ﺚ	ﺜ	ﺛ	ث	s, t
giim	ﺞ	ﺠ	ﺟ	ج	g, j
ɦaaʕ	ﺢ	ﺣ	ﺣ	ح	ɦ
xaaʕ	ﺦ	ﺨ	ﺧ	خ	x
dæːæl	ﺪ	ﺪ	د	د	d
zæːæl	ﺬ	ﺬ	ذ	ذ	z, d
ræːæʕ	ﺮ	ﺮ	ر	ر	r
ziin	ﺰ	ﺰ	ز	ز	z
siin	ﺲ	ﺴ	ﺳ	س	s

일러두기

ʃiin	ش	ـش	ـشـ	شـ	**ش**	ʃ
ṣaad	ص	ـص	ـصـ	صـ	**ص**	ṣ
ḍaad	ض	ـض	ـضـ	ضـ	**ض**	ḍ
ʔaaṭ	ط	ـط	ـطـ	طـ	**ط**	ṭ
ʔaaẓ	ظ	ـظ	ـظـ	ظـ	**ظ**	ẓ
ɛayn	ع	ـع	ـعـ	عـ	**ع**	ɜ
ɣayn	غ	ـغ	ـغـ	غـ	**غ**	ɣ
fææʔ	ف	ـف	ـفـ	فـ	**ف**	f
qaaf	ق	ـق	ـقـ	قـ	**ق**	q, ʔ
kææf	ك	ـك	ـكـ	كـ	**ك**	k
lææm	ل	ـل	ـلـ	لـ	**ل**	l
miim	م	ـم	ـمـ	مـ	**م**	m
nuun	ن	ـن	ـنـ	نـ	**ن**	n
hææʔ	ه	ـه	ـهـ	هـ	**ه**	h
waaw	و	ـو	و	و	**و**	w
yææʔ	ي	ـي	ـيـ	يـ	**ي**	y

 알파벳을 익힐 때는 위의 표에서 독립형 표기를 먼저 익힌 이후 다른 형태를 익히도록 하십시오.

 위의 알파벳 발음은 이집트 사람이 발음하는 음가 그대로입니다. 따라서 표준 아랍어에서 배우는 알파벳 발음과 다를 수 있습니다.

일러두기

이집트 구어체 아랍어 자음 음가 해설 (표2)

아랍어 알파벳	발음 기호	발음 보기		영어 보기	우리말 음가	발음힌트
أ / ء	ʕ	raʕiis (대통령)	رَئِيس	없음	없음	'아' 발음을 목젖 부위 안쪽에서 발음하되 끊어주어야 함. 성문 폐쇄음(a glottal stop)
ب	b	biira (맥주)	بِيرَة	<u>b</u>oy	ㅂ	우리말 'ㅂ'과 같음
ت	t	nokta (농담)	نُكْتَة	<u>t</u>oy	ㅌ	우리말 'ㅌ'과 같음
ث	s	masal (속담)	مَثَل	mi<u>ss</u>	ㅆ	'ㅅ' 발음이 아니라 'ㅆ' 발음. 이빨 끝에서 발음
ث	t	toom (마늘)	ثُوم	<u>t</u>oy	ㅌ	우리말 'ㅌ'과 같음
ج	g	garas (초인종)	جَرَس	<u>g</u>ot	ㄱ	우리말 'ㄱ'과 같으나 좀더 입 앞쪽에서 발음
ج	j	jeli (젤리)	جِلي	<u>j</u>ump	없음	우리말의 'ㅈ'과 가까움
ح	ɦ	ɦayææh (생명)	حَيَاة	없음	없음	매운 음식을 먹고 나서 '하' 하듯, 하품을 할 때 목젖 부위가 크게 열리듯 'ɦ'을 발음
خ	x	xorm (구멍)	خُرْم	Scottish 'lo<u>ch</u>'	없음	끓는 가래를 뱉을 때 '카' 하듯 'x' 발음을 목젖 부위에서 발음
د	d	doktoor (의사)	دُكْتُور	<u>d</u>og	ㄷ	우리말 'ㄷ'과 같음
ذ	z	zæækera (기억력)	ذَاكِرَة	<u>z</u>oo	없음	이빨 끝에서 'ㅈ'을 발음 (윗니와 아랫니를 다물고)
ذ	d	dahab (금)	ذَهَب	<u>d</u>og	ㄷ	우리말 'ㄷ'과 같음
ر	r	nuur (빛)	نُور	<u>r</u>ed	없음	영어의 'r' 발음보다 혀를 더 많이 굴려 발음. 요들송의 '요르레이이이'
ز	z	geziira (섬)	جَزِيرَة	<u>z</u>oo	없음	이빨 끝에서 'ㅈ'을 발음 (윗니와 아랫니를 다물고)
س	s	salææm (평화)	سَلاَم	mi<u>ss</u>	ㅆ	'ㅅ' 발음이 아니라 'ㅆ' 발음. 이빨 끝에서 발음 (윗니와 아랫니를 다물고)
ش	ʃ	dawʃa (소음)	دَوْشَة	<u>sh</u>ip		'쉬' 소리를 내되 모음 발음을 하지 말고 자음만 발음

일러두기

아랍어 알파벳	발음 기호	발음 보기		영어 보기	우리말 음가	발음힌트
ص	ṣ	ṣabr (인내)	صَبْر	없음	없음	'ㅅ' 발음을 입천정 중간 부위에서 발음하되 굵고 무겁게 발음
ض	ḍ	ḍamiir (양심)	ضَمِير	없음	없음	'ㄷ' 발음을 입천정 중간 부위에서 발음하되 굵고 무겁게 발음
ط	ṭ	ṭard (소포)	طَرْد	없음	없음	'ㄸ' 발음을 입천정 중간 부위에서 발음하되 굵고 무겁게 발음. 't'와 'ṭ'는 전혀 다른 발음
ظ	ẓ	ẓaabeṭ (장교)	ظَابِط	bu<u>zz</u>	없음	'ㅉ' 발음을 입천정 중간 부위에서 발음하되 굵고 무겁게 발음
ع	ʕ	ʕamm (삼촌)	عَمّ	없음	없음	'아' 발음을 목젖 부위에서 발음하되 코를 울려 비음이 섞여 나오도록 발음
غ	γ	γani (부자의)	غَنِي	없음	없음	'ㄹ' 발음에 'ㄱ'을 덧붙여 발음. 양치시 가글링을 하듯 목젖 부위에서 비음이 섞여 나오도록 발음
ف	f	forṣa (기회)	فُرْصَة	<u>f</u>ight	없음	우리말의 'ㅍ'이 아니라 영어의 'f'로 발음
ق	q	qamuus (사전)	قَامُوس	없음	없음	'ㄲ' 발음을 목젖 부위에서 발음
	ʔ	ʔadiim (오래된)	قَدِيم	없음	없음	'ㅇ'과 같은 발음. 성문 폐쇄음(a glottal stop)
ك	k	kahraba (전기)	كَهْرَبَا	<u>k</u>ite	ㅋ	우리말 'ㅋ' 발음과 비슷하나 입끝에서 발음.
ل	l	laban (우유)	لَبَن	<u>l</u>ight	받침 ㄹ	우리말의 받침 'ㄹ'. 예를들어 '불'에서 받침 'ㄹ' 발음
م	m	maṣr (이집트)	مَصْر	<u>m</u>ight	ㅁ	우리말 'ㅁ'과 같음
ن	n	noom (잠)	نُوم	<u>n</u>ight	ㄴ	우리말 'ㄴ'과 같음
ه	h	nahr (강)	نَهْر	<u>h</u>eight	ㅎ	우리말 'ㅎ'과 같음
و	w	waʔt (시간)	وَقْت	<u>w</u>eight		영어의 'w'와 같은 발음
ي	y	yafta (간판)	يَافْطَة	<u>y</u>es		영어의 'y'와 같은 발음

일러두기

이집트 구어체 아랍어 모음 음가 해설 (표3)

아랍어 알파벳		발음 기호	발음 보기		영어 보기	우리말 음가	발음힌트
단 모 음	(˙) fatħa فتحة	a	madfaɛ (대포)	مَدْفَعْ	p<u>a</u>t	ㅏ, ㅐ	'아'와 '애'의 중간 발음. 입끝에서 '아'에 가깝게 발음
		a	madrab (라켓)	مَضْرَبْ	c<u>o</u>llege	ㅏ	우리말 '아'와 같음
	(˛) kasra كسرة	e	keda (이렇게so)	كِدَه	p<u>e</u>t	ㅔ, ㅣ	'이'와 '에'의 중간 정도의 발음. 입끝에서 '에'에 가깝게 발음.
		i	yimiin (오른쪽)	يِمِينْ	p<u>i</u>t	ㅣ	우리말 '이'와 같음
	(˙) ḍamma ضمة	o	ʕotta (고양이)	قُطَّة	p<u>o</u>t	ㅗ	우리말 '오'와 같음
		u	turaab (먼지)	تُرَابْ	p<u>u</u>t	ㅜ	우리말 '우'와 같음
	ة	a	sana (연도)	سَنَة	p<u>a</u>t		'아'와 '애'의 중간 발음. 입끝에서 '아'에 가깝게 발음
		a	marra (횟수)	مَرَّة	c<u>o</u>llege	ㅏ	우리말 '아'와 같음
장 모 음	ا	ææ	ketææb (책)	كِتَابْ	s<u>a</u>nd	ㅐ (길게)	'애'의 장모음으로 '애'를 길게 발음
		aa	ḍamaan (보증)	ضَمَانْ	b<u>ar</u>	ㅏ (길게)	'아'의 장모음으로 '아'를 길게 발음
	ي	ee	deen (빚,debt)	دِينْ	없음	ㅔ (길게)	'e'의 장모음으로 'e'를 길게 발음
		ii	diin (종교)	دِينْ	f<u>ee</u>t	ㅣ (길게)	'이'의 장모음으로 '이'를 길게 발음
	و	oo	ʕooḍa (방)	أُوضَة	f<u>our</u>	ㅗ (길게)	'오'의 장모음으로 '오'를 길게 발음
		uu	duuda (벌레)	دُودَة	b<u>oo</u>t	ㅜ (길게)	'우'의 장모음으로 '우'를 길게 발음

일러두기
아랍어 문자를 읽기 위한 모음 부호 et-taʃkiil التشكيل

 아랍어 알파벳 28개의 대부분은 자음으로 사용됩니다. 아랍어 알파벳 중에 ا ، و، ي 가 장모음으로 사용될 때를 제외하면 모두가 자음으로 사용됩니다. 때문에 기록된 아랍어 문자들은 대부분 자음의 조합입니다. 실제로 아랍 사람들은 일상생활에서 문자를 기록할 때 자음만으로 기록하고 읽을 때도 자음만으로 글자를 읽습니다.

 이들이 습관적으로 자음만을 기록하고 자음만으로 음독하곤 하지만 아랍어에 모음이 없는 것은 아닙니다. 지구상의 모든 언어에 모음이 있듯 아랍어에도 모음이 있으며, 그것을 기록하는 부호도 있습니다. 단지 일반인들이 습관적으로 그 모음 부호를 사용하지 않고 문자를 읽을 뿐입니다.

 이와같이 아랍어의 모음을 기록하는 부호를 모음 부호라 하며, 아랍어에서 et-taʃkiil التشكيل 이라 부릅니다. et-taʃkiil التشكيل 이라 할 때는 다음 페이지에 나오는 중복자음 부호와 모음 음가 없음 부호도 포함합니다.

 일반적으로 아랍인들은 일상생활에 모음 부호(et-taʃkiil)를 기록하지 않지만 항상 그런 것은 아닙니다. 종교서적이나 아랍어 교육 도서들에는 모음 부호(et-taʃkiil)를 기록하고 있습니다. 때문에 꾸란이나 외국인들을 위한 표준 아랍어 교재들에는 모음부호(et-taʃkiil)를 기록하고 있습니다. 이는 경전을 정확하게 읽고 뜻을 파악하기 위해서, 아랍어를 처음 공부하는 사람들이 아랍어를 쉽게 읽게 하려고 사용하는 것입니다.

 독자 여러분이 아랍어 공부를 잘 할 수 있는 첩경은 아랍어 알파벳의 형태와 그 음가, 그리고 모음 부호(et-taʃkiil)들을 빨리 익히는 것입니다. CD에 녹음된 알파벳 음가를 여러 번 듣고 그대로 발음하십시오. 발음 할 때 발음 해설에서 설명하는 발음의 특징을 주의해서 읽고 그대로 발음하십시오. 또한 모음 부호를 익혀서 알파벳과 함께 기록하며 발음해 보십시오.

 이 책에서는 아랍어 문자와 함께 여러 가지 모음 부호들을 충실히 기록하고 있습니다. 이는 여러분의 아랍어 공부에 큰 도움이 될 것입니다.

 다음 페이지에 아랍어 문자를 읽기 위한 모음 부호(et-taʃkiil)들을 소개하고 있습니다. 모음 부호와 함께 소개되는 중복자음 부호, 모음 음가 없음 부호도 아랍어 음가를 정확하게 발음하기 위한 것입니다. 이것들을 잘 익히시기 바랍니다.

일러두기

표4

부호 종류	아랍어 명칭	표기 방법	예			
모음 부호	fatḥa فَتْحَة	(Ó)	생선 한 마리	samaka	싸마카	سَمَكَة
			아들	walad	왈라드	وَلَد
	kasra كَسْرَة	(Ọ)	나쁜	weʃeʃ	위히쉬	وِحْش
			두꺼운	texiin	티킨-	تَخِين
	ḍamma ضَمَّة	(Ó)	의자	korsi	코르씨	كُرْسِي
			뜨거운	soxn	쏘큰	سُخْن
중복자음 부호	ʃadda شَدَّة	(Ő)	창문	ʃębbæk	쉽뱈-	شِبَّاك
			교사	mudarręs	무다리쓰	مُدَرِّس
			작은	ṣuyayyar	수가야르	صُغَيَّر
모음음가 없음부호	sokuun سُكُون	(˚)	슬리퍼	ʃebʃeb	쉽쉽	شِبْشِب
			딸	bęnt	빈트	بِنْت
			쉬운	sahl	싸흘	سَهْل

☞ 위의 표에 기록된 모음 부호(ęt-taʃkiil)의 예들은 모두 단모음의 예입니다. 장모음이 사용될 경우는 위의 모음 부호에 아랍어 알파벳 ا, و, ي 이 결합 될 때 입니다. 모음 음가해설 도표의 장모음 부분을 확인하십시오.

일러두기
국제 음운기호 표기에 대해

이 책의 모든 아랍어 발음 음가는 국제 음운기호로 표기되어 있습니다. 국제 음운기호는 우리말에 없는 아랍어 음가를 정확하게 표기하고 있기 때문에 이를 익혀서 그대로 구사할 경우 정확한 아랍어 발음이 가능합니다. 따라서 이 책 일러두기의 발음 음가 해설 부분을 잘 읽고 정확한 발음을 구사하시기 바랍니다.

이 책에서 이집트 구어체 아랍어의 음가를 국제 음운기호로 성실하게 표기하려고 노력하였지만 한국 독자들의 발음 편의를 돕기 위해 몇 가지 부분에서 저자의 독창적인 표기를 하였습니다. 아래 표에서의 예들과 표 아래의 해설을 확인하십시오.

	모음 부호	이 책의 표기	다른 책의 표기
①	kasra (ِ) كَسرة	e̞	i
②	fatḥa (َ) فَتحة 장모음	ææ	aa

①의 해설 - 일반적으로 이집트 구어체 아랍어에서 kasra (ِ) كَسرة 는 영어의 'e'(에) 와 'i' (이)의 중간 발음입니다. 단어에 따라 어떤 경우는 'e'에 가깝게 나기도 하고, 어떤 경우는 'i'에 가깝게 나기도 하지만 이집트 구어체 아랍어의 일반적인 kasra (ِ) كَسرة 의 음가는 'e' 와 'i'의 중간 발음입니다. 따라서 이 책에서는 kasra (ِ) كَسرة 를 'e' 나 'i' 가 아닌 'e̞'로 표기하였습니다. 하지만 kasra (ِ) كَسرة 가 강하게 발음되어 'e' 와 'i' 의 중간 발음이 아닌 'i' 로 발음될 경우에는 'i' 로 표기하였습니다.

②의 해설 - 이집트 구어체 아랍어의 모음 fatḥa (َ) فَتحة 의 발음은 두 가지입니다. 하나는 'a' 이고 다른 하나는 'ɑ' 입니다. 'a' 는 우리말에서 'ㅏ' 와 'ㅐ'의 중간 발음이고, 'ɑ' 는 우리말의 'ㅏ' 발음과 같습니다. 때때로 아랍어 모음의 fatḥa (َ) فَتحة 가 'ㅐ'에 가깝게 들리기도 하는데 이는 그 발음이 이집트 구어체 아랍어의 fatḥa (َ) فَتحة 의 두 가지 음가 중 한 가지인 'a' 발음, 즉 'ㅏ' 와 'ㅐ'의 중간 발음이기 때문입니다. 아래의 도표를 보십시오.

단어	의미	발음	
تَلاَتَة	삼(three)	talææta	탈래-타 혹은 탤래-타
جَتْ	그녀가 오다	gat	갓 혹은 갯 (가트 혹은 개트)

일러두기

그렇다면 이집트 구어체 아랍어에서 fatḥa (́) فتحة 가 자음 'ا'와 함께 사용되어 장모음이 될 경우 어떤 발음이 날까요? 그 장모음은 각각의 단모음을 길게 한 것이기 때문에 'aa'와 'ɑɑ'로 표기가 가능합니다. 그리고 그 발음은 'aa'가 우리말의 '애-'로, 'ɑɑ'은 우리말의 '아-'로 발음이 납니다. 필자는 'aa'의 발음이 '아-'가 아닌 '애-'라는 것에 주목하였습니다. 장모음 'aa' 표기를 그대로 둘 경우 많은 한국 독자들이 '아-'로 발음을 할 것이기 때문에 이 표기를 'ææ'로 바꾸었습니다. 그래서 fatḥa (́) فتحة 가 장모음이 될 경우 필자는 'ææ'와 'ɑɑ'로 그 발음을 구분하였습니다.

단어	의미	바른 발음	틀린발음
كِتَابْ	책	ketææb	키탭-	키탑-
سَامِي	사람 이름	sææmi	쌔-미	싸-미
كَبَابْ	아랍식 바베큐	kabææb	캐밷-(카밷)	카밥-

☞ ḍamma (́) ضمة 의 발음에 대해

이집트 구어체 아랍어에서 ḍamma (́) ضمة 의 일반적인 음가는 'o'와 'u'의 중간입니다. 하지만 이것이 단어에서 사용될 때에 앞뒤 자음의 영향으로 어떤 경우는 'o'에 가깝기 나기도 하고, 어떤 경우는 'u'에 가깝게 나기도 합니다. 따라서 ḍamma (́) ضمة 의 모음을 표기할 때 어떤 경우는 'o'로 어떤 경우는 'u'로 표기가 되었습니다.

한글 발음 표기에 있어서도 ḍamma (́) ضمة 발음은 '오'와 '우'의 명확한 구분을 하기가 힘듭니다. 때때로 '오'와 '우' 발음이 국제음운 기호 표기와 맞지 않는 경우도 있는데 이는 아랍어 ḍamma (́) ضمة 발음의 특성으로 인해 발생하는 혼돈으로 이해하여 주시기 바랍니다.

☞ ʕalif 'ا' 의 발음 표기에 대해

아랍어에서 ʕalif 'ا'의 발음을 성문 폐쇄음(glottal stop)이라 하며 그 음가 표기는 'ʕ' 입니다. 이집트 구어체 아랍어에서 ʕalif 'ا'가 단어의 처음에 올 경우 성문 폐쇄음(glottal stop)의 음가는 발음되지 않는 경우가 대부분입니다. 하지만 이 책에서는 ʕalif 'ا'가 발음되지 않더라도 그 음가 표기인 'ʕ'를 충실히 기록하려고 노력하였습니다. (예 : ʕetɛællem اِتْعَلِّم 배우다 , ʕana أنا 나는)

일러두기
한글 발음 표기와 발음 방법

이 책을 저술하며 아랍어 발음을 한국어로 표기하는 방법에 대해 많이 고민했습니다. 독자들의 편의를 생각해서 아랍어 발음을 한국어로 표기해야 하겠는데, 표기하자니 한국어로 표기할 수 없는 아랍어의 음가가 많아서 문제가 컸습니다. 예컨대 아랍어 자음 28개 가운데 13개가 우리말에 음가가 없는 것들입니다. 그 가운데 일부는 우리말 알파벳을 조합하여 음가 표기가 가능하지만 많은 수는 우리말로 표현할 수 없는 음가들입니다. 마치 영어의 'th'(θ)나 'f' 발음을 한글로 표기하는 것이 불가능 하듯이 아랍어 음가의 많은 발음이 우리말로 표기할 수 없는 음가입니다.

그래서 고민한 이후 생각한 것이 아랍어 발음을 가장 가까운 한글 발음으로 표기하되 한글 발음과 음가의 차이가 있는 것은 그 표기된 글자 밑에 밑줄을 긋는 것입니다. 아래의 도표에서 보듯이 아랍어 발음이 한글 발음과 동일한 것은 그대로 표기하였고, 음가의 차이가 있는 것은 한글로 표기한 이후 그 표기 밑에 여러 가지 종류의 밑줄을 그어 주의를 환기시켰습니다.

밑줄의 종류	밑줄의 의미	한글음가표기 예	국제 음운기호	아랍어표기
① 물결모양밑줄	한글 음가 없음	하야웬-	ɦayawæən 동물	حَيَوَان
		파이-르	faʕiir 가난한	فَقِير
② 두줄선 밑줄	중복 자음	무다릴쓰	mudarres 선생님	مُدَرِّس
		수가야르	ṣuɣayyar 작은	صُغَيَّر
③ 점선 밑줄	모음 음가 없음	쇼크란	ʃokran 감사합니다	شُكْرًا
		빈트	bent 딸	بِنْت
④ 글자사이의옆줄	장모음 표시	쌀램-	salæm 평화	سَلاَم
		수-라	ṣuura 그림	صُورَة

① 물결 모양 밑줄을 사용할 경우
한글로 음가를 기록할 수 없는 아랍어 음가를 표기할 때 사용합니다. 위의 도표에서 '동물'이란 의미의 ɦayawæən 의 ɦ 발음은 우리말에 음가가 없는 것입니다. '가난한' 이란 의미의 faʕiir 란 단어에서는 f 와

일러두기

ع 의 발음이 우리말에 없는 음가입니다. 이럴 때 각각 '<u>하</u>' 와 '<u>파이</u>' 로 우리말에 음가가 없다는 표시를 합니다.

이때 기록된 한글 음가는 아랍어 음가에 가장 가까운 한글 표기이지만 아랍어 음가와는 차이가 뚜렷합니다. 따라서 물결 모양의 밑줄이 표기된 단어들에서는 정확한 발음을 위해 반드시 국제음운 기호나 아랍어 문자 표기를 보시고 발음을 하셔야 합니다.

② 두줄선 밑줄을 사용할 경우

중복 자음 즉 같은 자음 두 개가 연이어 사용될 때 두 줄로 된 밑줄을 사용합니다. 중복자음을 아랍어로는 ʃadda 샷다 شَدَّة 라고 하고 아랍어 모음 부호에서는 갈매기가 옆으로 날아가는 모양인 (ّ)로 표기합니다. 이전의 표에서 '선생님' 을 뜻하는 mudarreṣ 이란 단어에서 r 자음이 연이어 나옵니다. 아랍어 문자 مدرّس 를 보면 ر 위에 (ّ) 표시가 있습니다. '작은' 을 뜻하는 단어인 ṣuɣayyar 를 보면 y 자음이 연이어 나옵니다. 즉 아랍어 문자 صغيّر 를 보면 ي 위에 (ّ) 표시가 있는 것을 확인할 수 있습니다.

☞ **중복자음 ʃadda 샷다 شَدَّة 의 발음 방법**

이 경우 발음은 어떻게 해야 할까요? 중복자음의 첫 번째 자음은 그 앞의 음절에 붙여서 발음하고, 중복자음의 두 번째 자음은 뒤의 음절에 붙여서 발음하면 됩니다.

'선생님'을 뜻하는 mudarreṣ 를 읽는 방법은 mudar+ reṣ 로 읽으면 됩니다. '작은' 을 뜻하는 ṣuɣayyar 는 ṣuɣay + yar 로 읽으면 됩니다. 이렇게 이론적으로는 간단하지만 실제 발음에서는 많은 연습이 필요합니다.

☞ **중복자음 ʃadda 샷다 شَدَّة 를 두줄선 밑줄로 표기하지 않은 경우**

예를들어 아래와 같은 단어에서는 첫 번째 중복자음을 그 앞에 나오는 모음의 받침 자음으로 기록하면 쉽게 발음할 수 있습니다. 이럴 경우 두줄선 밑줄을 사용하지 않고 발음하기 쉬운 대로 기록합니다.

| 씩카 | ṣekka | 길 | سِكَّة |
| 무랏탑 | murattab | 봉급 | مُرَتَّب |

☞ 위의 ṣekka 라는 단어를 ṣek + ka 로 나누어서 기록하면 '씩 + 카' 가 됩니다. 하지만 이 경우 '씩' 의 받침 'ㅋ'을 발음하기 어려움으로 이 책에서는 '**씩카**' 으로 표기합니다. murattab 이란 단어도 '무랕 + 탑' 이 되지만 '랕' 의 발음이 어렵기 때문에 '랏'으로 표기합니다.

일러두기

③ 점선 밑줄을 사용할 경우

자음에 따라붙는 모음 음가가 없이 또 다른 자음이 이어질 경우 점선 밑줄을 사용합니다. 모음 음가가 없다는 표기를 아랍어에서는 sokuun **쏘쿤-** سُكُون 이라고 하며 우리말로는 반쪽짜리 모음이라 하여 '반모음'이라 하기도 합니다. 또한 그 표기는 작은 물방울 모양의 (ْ) 기호를 사용합니다. 예를 들어 '감사합니다'란 단어인 ʃokran شُكْران 을 보면 ك 위에 (ْ) 기호가 사용된 것을 볼 수 있습니다. '딸'이란 의미의 bent بِنْت 란 단어에서도 ن 과 ت 위에 각각 (ْ) 기호가 사용된 것을 볼 수 있습니다. 이럴 경우 앞의 ن 자음은 그 앞의 모음과 결합되어 'bent 빈' 이란 발음이 가능하지만 끝자음 t 는 모음이 없어 우리말에서는 발음이 불가능합니다. 이러한 한글 표기상의 문제를 해결하기 위해 점선 밑줄을 사용하여 '**빈트**' 라고 표기합니다.

☞ 많은 경우 아랍어 마지막 문자 위에 오는 sokuun **쏘쿤-** سُكُون 은 표기되지 않는 경향이 있습니다. 따라서 bent بِنْت 의 경우 بِنت 로 표기된 경우가 많습니다. 아래의 표를 확인하십시오.

발음/ 의미	sokuun سُكُون 이 표기된 경우	sokuun سُكُون 이 표기안된 경우
bent 딸	بِنْت	بِنت
salæɑm 평화	سَلاْم	سَلام
mudarres 선생님	مُدَرِّسْ	مُدَرِّس

☞ sokuun **쏘쿤-** سُكُون 의 발음 방법

이러한 모음 음가 없음 기호인 sokuun سُكُون 을 어떻게 발음해야 할까요? 우리말에서는 모음 없이 자음으로만 기록된 글자를 읽는 것이 불가능하지만 아랍어에서는 가능합니다. 이 모음 음가 없음 기호가 붙은 자음을 읽을 때 아주 약하고 짧은 '으' 모음을 넣어서 읽으면 비슷하게 소리납니다. sokuun 을 반모음이라고 하는 것에 착안하여 발음하십시오.

④ 옆줄을 사용할 경우

한글 발음 표기에 있어 글자 사이나 글자 끝에 옆줄로 표기된 것은 장모음을 의미합니다. 아래의 표에서 아랍어 알파벳 ا , و , ي 는 각각의 모음을 장모음으로 만듭니다. 이럴경우 국제 음운기호 표기에서는 각각의 모음을 두개씩 표기하여 장모음 표기를 했고, 한글 표기에서는 장모음이

일러두기

붙은 부분에 옆줄을 기록하였습니다. 따라서 장모음이 붙은 부분의 발음을 길게 해 주면 됩니다.

한글 발음 표기에서 장모음	국제 음운기호 표기에서 장모음	의미/ 단어
쌀램-	salæææm	평화 سَلَامْ
수-라	ṣuurɑ	그림 صُورَة
나티-가	natiiga	결과 نَتِيجَة

여기서 한가지 유의할 것은 한글 표기의 장모음 표기에 있어 쌀램- salæææm 의 경우 처럼 장모음 뒤에 단어의 마지막 자음 (장모음+끝자음)이 올 경우 입니다. 기록의 편의상 이 발음 표기를 쌀래-ㅁ으로 하지 않고 쌀램- 으로 합니다. 아래의 단어들을 확인하십시오.

발음/ 의미	가능한 표기	이 책의 표기 방법	단어
salæææm 평화	쌀래-ㅁ	쌀램-	سَلَامْ
ketææb 책	키태-ㅂ	키탭-	كِتَاب
makæææn 장소	마캐-ㄴ	마캔-	مَكَان

☞ **국제 음운기호 표기에서의 옆줄은** 장모음의 의미가 아니라 특별한 성격이 있는 다른 음절을 이어주는 역할을 합니다. 아래의 el-beet 와 betææɛ-i 의 예를 보십시오.

옆줄의 예	단어	설명
el-beet	اَلْبِيت	beet 라는 명사 앞에 정관사가 붙었음
betææɛ-i	بِتَاعِي	'betææɛ'에 소유격 접미사 'i'가 붙었음

지금까지 한글 발음 표기에 대해서 설명하였습니다. 정리하면 한글 발음 표기를 읽을 때 밑줄이 있는 부분은 반드시 발음에 유의하시기 바랍니다. 또한 한글 발음 표기는 아랍어를 처음 배우는 독자들을 돕기 위해 시도한 것이지만 정확한 발음에는 한계가 있습니다. 따라서 독자들은 정확한 발음을 쉽게 하기 위해서 국제 음운기호를 보시길 바라고, 궁극적으로는 아랍어 문자와 모음 부호 표기를 보면서 아랍어 발음을 하시기 바랍니다.

일러두기
악센트 표기에 대해

이 책에서 악센트는 국제 음운기호나 한글 발음기호 위에 점으로 표시하였습니다. 악센트는 한 단어로 이루어진 단어들 가운데 음절이 두 개 이상인 단어에만 기록하였고 두 단어 이상의 단어에는 기록하지 않았습니다.

한편 구어체 문법 부분 1 장을 보시면 악센트의 원칙을 기록하고 있습니다. 여기에 있는 내용을 익히시면 악센트 기호를 보지 않고도 단어의 악센트를 파악할 수 있습니다.

약어표

/ 동사의 경우 3인칭 과거, 3인칭 현재 꼴을 순서대로 표시.
명사의 경우 단수, 복수를 순서대로 표시
형용사인 경우 남성, 여성, 복수 형태를 순서대로 표시
(단 형용사의 경우 여성이 표기되지 않은 경우가 많음)

(-ak, ik, -ku) 대명사적인 접미사
(Ch) 기독교 용어
(cl) 표준아랍어
(f) Feminine 여성
(formal) 공식적이거나 예식을 갖춘 용어
(invar) invariable 변화가 없는 경우
(Isl) 이슬람 용어
(m) Masculine 남성
(pl) Plural 복수

References

"이집트 구어체 아랍어 사전" 이병학, 여종연, 문예림
"A Dictionary of Egyptian Arabic" Martin Hinds, El-Said Badawi, Librairie Du Liban
"Let's Chat in Arabic" Ahmed Hassanein, Mona Kamel, American University of Cairo
"An Intensive Course in Egyptian Colloquial Arabic" Abbas El-Tonsi, Laila al-Sawi, American University of Cairo
"Egyptian Arabic Phrasebook" Lonely Planet
"Spoken Arabic of Cairo" Virginia Stebens, Maurice Salib, American University of Cairo
"An Introduction to Egyptian Arabic" Ernest T. Abdel-Massih, the University of Michigan
"An Introduction to Egyptian Colloquial Arabic" T.F.Mitchell, Clarendon Press

일러두기

왕초보 이집트 아랍어

말 안 마디로 천냥 빚을

이집트 여행에서 가장 필요한 표현 중에 한두 마디 단어로 의사소통이 가능한 말들만 모았습니다. 이것들만 알아도 벙어리 취급을 면할 수 있을 뿐만 아니라 이집트 사람들과 솔솔 대화가 진행됩니다. 그러면 당연히 그들의 무한한 관심을 끌게 되고 아주 쉽게 친구가 될 수 있죠.

간단한 말이라고 우습게 보지 마십시오. 구사하면 자다가도 떡이 생기는 아주 유익한 표현들입니다. 앞으로 그 쓰임새가 수백 수천 개가 되는 것을 확인하실 것입니다.

왕초보 이집트 아랍어
◆ 왕초보 이집트 아랍어 - 이것만은 꼭 -

■ 한 마디 표현들 ■

• 감사합니다. -

"쇼크란"　　　　　　　　　　شكرا

　이집트를 여행하면서 가장 많이 사용해야 하는 단어가 이 단어일 것입니다. 어렵지 않습니다. 단 한마디의 말 **"쇼크란"** 으로 여러분의 감사 표현을 하십시오. 감사는 많을수록 좋습니다.

• …이 가능합니까? (혹은…해도 됩니까?라고 허락을 구할 때)

"몸킨" (질문하듯 말꼬리를 올리며)　　　　ممكن

　예를 들어 상대방의 볼펜을 빌리고 싶을 때 다른 단어를 기억할 필요가 없습니다. '몸킨'이란 한마디만 기억하면 됩니다. 상대방에게 다가가 빌리고 싶은 볼펜을 집어 들고 **"몸킨"** 하면 됩니다. 그러면 상대방은 '아! 지금 이 사람이 볼펜을 빌리고 싶은 모양이구나'로 이해합니다.
　다른 예를 들어봅시다. 식당에서 식사할 때 숟가락이 모자랄 때 어떻게 하면 되겠습니까? 종업원에게 식탁에 놓인 숟가락을 하나 들어 보이며 '몸킨' 하면 됩니다.
　물론 앞으로 다른 단어들을 익히게 되면 그 익힌 단어와 함께 이 단어를 사용하면 됩니다. 예를 들어 화장실이란 아랍어 단어가 '함맴'입니다. 화장실이 급할 때 **"몸킨 함맴"** (질문하듯 말끝을 올리며)이라고 하면 '화장실 좀 사용하실 수 있습니까?'라는 의미가 되는 것입니다. 참 간단하지요?

• 좋습니다.

"꾸와예쓰"　　　　　　　　　كويّس

　이집트 아랍어에서 '좋다'는 말은 바로 이 말 "꾸와예스"입니다. 이 말은 '경치가 좋다,' '음식 맛이 좋다,' '물건이 좋다,' '사람이 좋다,' '기분이 좋다' 등등으로 수없이 많이 사용됩니다. 예를 들어 식사에 초대한 친구에게 엄지를 치켜세우며 **"꾸와예쓰"** 라고 하면 음식 맛이 좋다는 칭찬을 하는 것입니다. 쇼핑할 때 살 물건을 가르키며 **"꾸와예쓰"** 라고 말끝을 올리면 '그 물건 좋은 것이니?'라고 확인하는 것입니다.

왕초보 이집트 아랍어

여기에다 한마디 말만 추가하면 더욱 다양하게 의사소통을 할 수 있습니다. 나중에 배우겠지만 당신(2인칭 대명사)이란 단어 **"엔타"** 를 추가하여 **"엔타 꾸와예쓰"** (질문하듯 말끝을 올리며) 라고 하면 '당신 기분이 좋습니까?' 혹은 '당신 상태가 좋습니까?' 라는 질문이 됩니다. 또 이 단어에 나(1인칭 대명사)란 단어 **"아나"** 를 추가하여 말을 만들면 **"아나 꾸와예쓰"** 즉 '나는 기분이 좋습니다' '나의 상태가 좋습니다' 는 평서문이 됩니다.

이집트 사람들을 만났을 때 '이집트 참 좋다' 라고 표현한다면 그들이 참 좋아하겠죠? 당연합니다. '이집트' 란 말은 아랍어로 '마스르' 입니다. 한번 해 보십시다. **"마스르 꾸와예싸"**

☞ 아랍어에서는 사람과 사물에 대해서 남성과 여성의 구분이 있습니다. 남성 명사의 경우 **"꾸와예쓰"** 를 사용하고 여성 명사의 경우 **"꾸와예싸"** 를 사용합니다. 자세한 내용은 이 책의 문법편을 참고하시기 바랍니다.

☞ 이 단어의 **"예"** 발음에 중복자음이 사용되었습니다. 중복자음이란 같은 자음이 두 번 사용되었다는 말입니다. **"예"** 발음을 누르듯이 두 번 하시면 이 발음을 할 수 있습니다.

- **가격이 얼마입니까?**

    "비캄" (말꼬리를 올리며)　　　　　بكام

이집트에서 쇼핑을 할 때 어떤 언어로 물어보느냐에 따라 가격이 달라지는 경우가 종종 있습니다. 예를 들어 토산품 가게에서 물건을 구입할 때 영어로 "how much is it" 라고 하면 대개는 바가지를 씁니다. 하지만 아랍어로 **"비캄"** 라고 하면 '아! 이 사람이 이집트 현지 가격을 아는가 보다' 생각하며 더 값싸게 가격을 부르곤 합니다. 이집트에서 가격 흥정의 성공 열쇠는 아랍어로 기선을 제압하는 데 있습니다.

- **죄송합니다.**

    "애-씨프"　　　　　آسف

간단한 실수를 했을 때, 약속 시간에 늦었을 때 **"애-씨프"** 라고 하십시오. 상대방이 여러분을 더 좋아하게 될 것입니다.

☞ 여자가 '죄송합니다' 라고 표현할 때는 **"애-씨파"** 가 됩니다.

왕초보 이집트 아랍어

이렇게, 이렇게 하란 말이야...

"케다" كدا

여러분이 수영 코치가 되어 이집트에 왔다고 가정하십시다. 수영하는 법을 아랍어로 가르쳐야 하는데 어떻게 할 수 있을까요? 아랍어로 "팔은 등 뒤로 뻗어서 귀를 스치듯 위로 뻗고... 발은 무릎을 구부리지 말고 발끝으로 물을 세게 차고..." 이렇게 설명을 해야 한다면 어휘가 짧은 여러분들은 모두 다 포기하고 말 것입니다. 그러나 그럴 필요가 전혀 없습니다. 바로 이 단어 '케다' 라는 한 마디로 명 수영 강사가 될 수 있습니다.

이 단어의 원래 의미는 '이렇게' 혹은 '저렇게' 란 의미입니다. 이 단어는 말만 하는 것이 아니고 실제 모양을 보여주거나 방향을 가리키면서 '이렇게, 이렇게 하는 거야' 라고 하는 의미입니다. 예를 들어 수영 강사가 수영할 때 손을 어떻게 뻗는지 직접 보여 주면서 **"케다, 케다"** 라고 하는 것입니다. 그러면 그 의미는 '이렇게, 이렇게 하란 말이야' 는 의미가 되는 것입니다.

이런 방법으로 길 안내, 태권도, 축구, 자동차 수리 등 수없이 많은 분야에 사용할 수 있습니다. 얼마나 유용한 말인지요?

☞ 여기서 **"케다"** 는 경음화 되어 **"께다"** 로 발음되기도 합니다.

당신 최고야!

"케다" كدا

"케다" 의 두 번째 의미입니다. 예전에 한국 텔레비전 광고에서 '따봉' 이란 말이 유행했었습니다. 엄지를 치켜세우며 **"따봉"** 하면 '최고야' 란 의미로 받아들입니다. 이집트 아랍어에서 똑같은 의미의 말이 바로 이것입니다. 엄지손가락을 치켜 세우며 **"케다"** 라고 하면 '최고야' 라는 의미입니다. 그리고 **"엔타 케다"** 라고 하면 '당신 최고야' 라는 의미가 됩니다.

왕초보 이집트 아랍어

▣ 두 세 마디 표현들 ▣

• **허락을 구할 때**(만일 허락하신다면…)

"라우 싸마흐트"　　　لو سمحت

허락을 구하거나 요청할 때 가장 일반적으로 사용되는 표현입니다. 예를 들어 다른 사람 집에서 그 집 전화를 사용하고자 허락을 구할 때, 길을 묻기 위해 다른 사람을 부를 때, 도움을 요청할 때 등 다양한 상황에서 쓰이는 말입니다.

☞ 이 표현에는 발음이 어려운 부분이 있습니다. '라' 발음이 영어의 'L' 발음이고요, '흐' 발음이 우리말이나 영어에 음가가 없는 'ɦ' 발음입니다. 이 책 앞부분의 음가 해설을 자세히 보시고, 또한 녹음된 내용을 잘 들으시면서 발음을 시도해 보십시오.

• **좋지 않습니다**

"미쉬 꾸와예쓰"　　　مش كويّس

앞에서 '좋습니다' 라는 단어를 살펴보았습니다. 여기서는 그 반대되는 '좋지 않습니다' 라는 말입니다. 이집트 아랍어에서 명사나 형용사를 부정할 때는 그 앞에 '미쉬' 라는 단어만 붙이면 됩니다. 그래서 좋다는 말 '꾸와예스' 에 부정어 '미쉬' 를 붙여 **"미쉬 꾸와예쓰"** 라고 하면 좋지 않다는 말이 되는 것입니다.

☞ 사람이나 사물이 여성인 경우 **"미쉬 꾸와예싸"** 가 됩니다.

• **실례합니다**

"안 이즈낙"　　　عن إذنك

비좁은 시장이나 버스 안에서 사람을 비집고 앞으로 나가야 할 때 무슨 말을 사용할까요? 바로 이 말 **"안 이즈낙"** 을 이때 사용합니다.

☞ 이 표현에도 발음이 어려운 부분이 있습니다. '안' 의 발음에서 우리말에 음가가 없는 'ε' 발음이 사용되었습니다.

왕초보 이집트 아랍어

- 이것이 무엇입니까?

"에 다"　　　　　　　　إيه ده

  사물에 대해 '이것이 무엇입니까?' 라고 할 때 사용하는 것입니다. 예를 들어 친구 집을 방문하였을 때 여러 가지 물건들에 대해 "에 다" 라고 일일이 물어보십시오. 이집트 사람들은 정말 친절하여서 그 물건들의 이름을 일일이 가르쳐 줄 것입니다. 그러면 그 이름들을 하나씩 외우는 것입니다. 그렇게 하면 하루가 다르게 여러분의 아랍어 어휘들이 늘어 갈 것입니다.

- 이것의 이름이 무엇입니까?

"다 이쓰무 에"　　　　　　　　ده إسمه إيه

  사물의 이름을 물을 때 사용하는 말입니다. 처음 아랍어를 배울 때 여러 가지 물건들의 이름을 묻고 익혀야 합니다. 그럴 때 너무나 유용하게 사용할 수 있는 질문입니다. '이것의 이름이 무엇입니까?' 주위에 있는 물건들에 대해서 이집트 사람들에게 물어보십시오. 친절하게 답해 줄 것입니다. 많이 묻고 많이 경청하십시오. 그럴수록 여러분의 아랍어는 늘어갈 것입니다.

- 나는 당신을 사랑합니다. (혹은 나는 당신을 좋아합니다.)

"아나 배헵박"　　　　　　　　أنا باحبك

  어느 나라 말이든지 사랑한다는 말에는 호감이 갑니다. 이집트 사람들도 이 표현을 아주 좋아합니다. 이집트 사람들은 사랑하는 이성 친구 뿐만 아니라 동성 친구에게도 "아나 배헵박"이라고 애정을 표현합니다. 이집트 친구에게 다가가서 "아나 배헵박" 이라고 말해 보십시오. 더욱 가까운 친구가 될 것입니다.

  ☞ 말하는 상대방이 여자일 경우 "아나 배헵비" 이 됩니다.
  ☞ 이 말에도 '라우 싸마흐트'에서 처럼 '헵' 발음에 'ḥ' 발음이 사용되었습니다. 유념하셔야 합니다.

생활 회화

생활 회화

생활 외화

1. 첫 만남

　이집트 사람들은 이야기하는 것을 아주 좋아합니다. 생활이 바쁘고 가난에 찌들려 있음에도 농담하며 떠들고 웃는 것을 좋아합니다. 낙천적인 사람들이죠. 느즈막한 저녁 시간이면 어김없이 동네의 찻집에 삼삼오오 모여 앉아 시끌벅쩍 이야기 꽃을 피우고 있는 것을 봅니다. 이곳에는 손님도 없고 이방인도 없습니다. 모두가 주인이고 모두가 친구가 되어 정다운 미소를 건넵니다. 이들이 이렇게 여유있게 미소지을 수 있는 비결은 무엇일까요? 한 번 찾아가서 차라도 건네며 이야기해 보십시다.

생활 회화
1-1 첫 만남

A: **안녕하세요(아침인사)!**

  ṣabaaḥ el-xeer   사바-흐 일키-르   صَبَاح الْخِيرْ

B: **안녕하세요!** ṣabaaḥ en-nuur   사바-흐 인누-르   صَبَاح النُورْ

A: **제 이름은 누리인데요 당신 이름은 뭐죠?**

 ʕana ism-i nuuri, w-ɛnta ism-ak(f/ism-ik) ʕeeh

 아나 이쓰미 누-리, 윈타 이쓰막 에- (남자에게 물을 경우)

 아나 이쓰미 누-리, 윈티 이쓰믹 에- (여자에게 물을 경우)

               أَنَا إِسْمِي نُورِي وَانْتَ إِسْمَكْ إِيه؟

B: **제 이름은 아슈라프입니다.**

 ʕana ism-i ʕaʃraf   아나 이쓰미 아쉬라프   أَنَا إِسْمِي أَشْرَفْ

A: **만나서 반갑습니다.**

 forṣa saɛiida   포르사 싸이-다   فُرْصَة سَعِيدَة

B: **참 반갑습니다. - 제가 더 기뻐요.**

 ʕana ʕasɛad   아나 아쓰아드   أَنَا أَسْعَدْ

> ☞ '당신 이름은 뭐죠?' 부분에서 말하는 상대방이 남자인지 혹은 여자인지에 따라 변화가 있음을 유의하십시오. 이 책 문법 부분의 인칭대명사 부분과 명사의 소유격 부분을 참고하십시오.

생활 회화
1-2 아는 사람을 만날 때

A: **안녕하세요?** ʕizzayyak (f/ ʕizzayyik, pl/ʕizzayyuku)

잇자약? (f/잇자익, pl/잇자요쿠) إِزَّيَّك؟ (إِزَّيِّك / إِزَّيُّكُو)

> ☞ 여기서도 말하는 상대방의 성(性)에 따라 변화가 있습니다. 즉 상대방이 남자이면 "**잇자약**" 하면 되고, 상대방이 여자이면 "**잇자익**", 상대방이 여러 사람이면 "**잇자요쿠**"가 됩니다. 더 자세한 내용은 이 책 문법 부분 명사의 소유격 부분을 참고하십시오.

B: **저는 잘 지냅니다. 당신은요?**
ʔana kʷwayyęs(f/kʷwayyęsa) ęl-ḥamdu lęl-læǽh w-ęnta(f/ęnti)

아나 꾸와예쓰(f/꾸와에싸) **일함두릴래- 원타**(f/원티)

أَنَا كُوَيِّس(/كُوَيِّسَة) الْحَمْدُ لله وانْتَ؟

A: **저도 아주 잘 지냅니다.**
ʔana kʷwayyęs(f/ kʷwayyęsa) ʕawi

아나 꾸와예쓰(f/꾸와에싸) **아위**

أَنَا كُوَيِّس(/كُوَيِّسَة) قَوِي

> ☞ '저도 잘 지냅니다'에서 이번에는 말하는 사람 자신의 성(性)에 따라 변화가 있습니다. 자신이 남성이면 "**꾸와예쓰**", 여성이면 "**꾸와에싸**"가 됩니다. 이 책 문법 부분 형용사의 일치 부분을 참고해 주십시오. 앞으로 이러한 문법적인 변화는 f), pl) 등의 기호로 표시합니다. f)는 여성이란 말이고 pl)은 복수란 말입니다. 별다른 표시가 없을 경우는 남성의 의미입니다.

• **요즘 어떻게 지내십니까?의 의미로 물을 때**
εaamęl (f/εamla, pl/εamlęęn) ʕęęh

عَامِل(عَامْلَة / عَامْلِين) إيه؟

아-밀 에- (m/남자에게 물을 때)
아물라 에- (f/여자에게 물을 때)
아물린- 에- (pl/두 사람 이상에게 물을 때)

• **부인과 자녀들은 잘 지내시나요?**
ʕęl-madæǽm węl-ʕawlæǽd εamlęęn ʕęęh

일마댐- 윌아울래-드 아물린- 에-

الْمَدَامْ وَالأَوْلاَدْ عَامْلِين إيه ؟

생활 외화
1-3 여러가지 인사말

이집트 사람들의 인사말에 대해

이집트 사람들은 다양한 상황에 맞는 다채로운 인사말을 사용하여 서로의 안부를 묻습니다. 때문에 인사말의 종류가 참 많습니다. 또한 한 사람이 인사하면 그 인사를 받는 상대방은 거기에 맞는 다른 말로 댓구하며 인사합니다. 때문에 상황에 따른 하는 인사말뿐만 아니라 그 인사를 받는 인사말도 익혀야 합니다. 여기에는 특정한 운율도 있습니다. 물흐르듯 리듬을 타며 인사하는 모습들은 이들에게 생활의 즐거움과 활력을 줍니다. (인사말을 익힐 때 거는 인사말과 받는 인사말 두가지를 모두 익혀 상황에 맞게 사용하십시오.)

- **사람을 만날 때 혹은 떠날 때, 집이나 가게 사무실 등에 들어갈 때**

    A: ʔas-salæǣmu ɛaleękum   앗쌀래-무 알레이쿰   السَّلَامُ عَلَيكُم

    B: waɛaleękum es-salæǣm   와알레이쿰 엣쌀램-   وَعَلَيكُم السَّلَام

- **아침 인사 - 좋은 아침입니다.**

    A: ṣabaaḩ el-xęęr   사바-흐 일키-르   صَبَاحِ الْخَيرْ

    B: ṣabaaḩ en-nuur   사바-흐 인누-르   صَبَاحِ النُّورْ

    · 꽃처럼 아름다운 아침입니다.

    ṣabaaḩ el-foll   사바-흐 일폴   صَبَاحِ الفُلّ

    · 크림처럼 향긋한 아침입니다.

    ṣabaaḩ el-ʔeʃṭa   사바-흐 일에쉬따   صَبَاحِ القِشْطَة

- **오후, 저녁 인사 - 좋은 저녁입니다.**

    A: masææʔ el-xęęr   마쌔-으 일키-르   مَسَاء الْخَيرْ

    B: masææʔ en-nuur   마쌔-으 인누-르   مَسَاء النُّورْ

- **잠자리 인사 - 새 아침을 좋게 시작하세요.**

    A: teṣbaḩ(f/-i, pl/-u) ɛala xęęr

    티스바흐(f/티스바히, pl/티스바후-) 알라 키-르   تِصْبَحْ عَلَى خيرْ

    B: w-enta(f/-i, pl/-u) meŋ ʕahlu

    윈타(f/윈티, pl/윈투) 민 아흘루   وَانْتَ (/اِنْتِي) مِن أَهْلُه

생활 외화

- **처음 만남의 인사** - 만나서 반갑습니다.

  A: forṣa saɛiida　　　　　포르사 싸이-다　　　　　　فُرْصَة سَعِيدَة

  B: ʔana ʔasɛad　　　　　아나 아쓰아드　　　　　　أَنَا أَسْعَدْ

- **환영의 인사 (welcome)** - 환영합니다.

  A: ʔahlan wa-sahlan　　　아흘란 와싸흘란　　　　　أَهْلاً وَسَهْلاً

  B: ʔahlan biik (f/-ki, pl/-ku)

  　　아흘란 빅-(f/비-키, pl/비-쿠)　　　　أَهْلاً بِيكْ (/ بِيكِي/ بِيكُو)

- **손님 방문시 주인이** - 방문해 주셔서 영광입니다.

  A: taʃarrafna　　　　　타샤랍프나　　　　　　تَشَرَّفْنَا

  B: ʃokran/ ǫl-ʃaraf liina　　쇼크란/잇샤라프 리-나　　شُكْراً / الشَّرَفْ لِينَا

- **사람을 만날 때** (주로 기독교인들이 사용)

  A: saɛiida　　　　　　　싸이-다　　　　　　　سَعِيدَة

  B: saɛiida mubaarak　　싸이-다 무바-락　　　　سَعِيدَة مُبَارَك

- **안부를 전해 달라고 부탁할 때**
  (안부를 전할 사람이 남자일 때, "나의 안부를 그에게 전해 주세요")

  A: sallęm li ɛalii　　　　쌀림- 리 알리-　　　　　سَلِّم لِي عَلَيه

  B: yęwṣal　　　　　　예우쌀　　　　　　　يُوصَل

  (안부를 전할 사람이 여자일 때, "나의 안부를 그녀에게 전해 주세요")

  A: sallęm li ɛalii-ha　　쌀림- 리 알리-하　　　　سَلِّم لِي عَلَيهَا

  B: yęwṣal　　　　　　예우쌀　　　　　　　يُوصَل

- **떠날 때(혹은 작별) 하는 인사**

  · bayy-bayy　　　　　바이바이　　　　　　　بَايّ بَايّ

  · salææm　　　　　　쌀램-　　　　　　　سَلَام

  A: (떠나는 사람에게) maɛa-s-salææma

  　　마앗 쌀래-마　　　　　　　مَعَ السَّلَامَة

  B: ʔallaah yęsallęmak(f/-ik)

  　　알라- 예쌀리막(f/예쌀리믹)　　الله يسَلِّمَكْ (/يسَلِّمِكْ)

생활 회화

- **여행 인사**
  - **여행을 떠나는 사람에게** - 즐거운 여행 되세요

    A : reḩla saɛiida 리흘라 싸이-다 رِحْلَة سَعِيدَة

    B : ʃokran 쇼크란 شُكْراً

  - **여행에서 돌아온 사람에게, 병이 회복된 사람에게, 출산한 여인에게**

    A : ḩamdilla ɛas-salæǽma 함딜라 앗쌀래-마 حَمْدُ لِله عَلَى السَّلاَمَة

    B : ʕallaa-ysallęm-ak (f/-ik)

    알라-예쌀리막(f/예쌀리믹) الله يسَلِّمَكْ (/ يسَلِّمِك)

- **명절, 새해 인사, 생일 인사** - 해마다 너에게 좋은 일이 있길

    A : kollᵒ sana w-ęnta(f/-i, pl/-u) ṭayyęb(f/-a, pl/-iin)

    꼴로 싸나 웬타(f/웬티, pl/웬투) 따옙(f/따예바, pl/따예빈-)

    كُلُّ سَنَة وِانْتَ (/اِنْتِي/ اِنْتُوا) طَيِّب (/طَيِّبَة/ طَيِّبِين)

    B : w-ęnta(f/-i, pl/-u) ṭayyęb(f/-a, pl/-iin)

    웬타(f/웬티, pl/웬투) 따옙(f/따예바, pl/따예빈-) وِانْتَ طَيِّبْ

- **축하의 인사** - 축하합니다.

    A : mabruuk 마브룩- مَبْرُوكْ

    B : ʕallaah yębæǽrik fiik(f/-ki)

    알라- 예배-릭 픽- (f/피-키) الله يبَارِكْ فِيكْ (/ فِيكِي)

- **목욕, 이발 이후 인사** - 편안하시겠습니다. 편안하시길…

    A : naɛiiman 나이-만 نَعِيمًا

    B : ʕallaah yęnɛęm ɛalęęk(f/-ki)

    알라- 예느임 알릭- (f/알리-키) الله ينْعِمْ عَلَيك

- **식사를 하고 있거나 마친 사람에게** - 당신에게 행복과 건강이 있길

    bil-hana weʃ-ʃefa 빌하나 웻쉬파 بِالْهَنَاء والشِّفَاء

- **음료를 마신 사람에게 하는 인사** - 건강(행복)하시길…

    A : haneyyan 하네얀 هَنِيئًا

    B : ʕallaah yęhannęę-k 알라- 예한닉- الله يهَنِّيكْ

    혹은 hannæǽk ʕallaah 한낵- 알라 هَنَّاك الله

생활 회화

- **음식, 음료를 만들어 대접하는 사람에게** - 솜씨가 훌륭합니다.

  A: teslam ʕeed-ak (f/-ik)　　티쏠람 이-닥(f/이-딕)　　تِسْلَم إِيدَكْ

  B: mersii/ ʕallaah yesallem-ak　　메르씨-/ 알라- 에쌀리막　　مِرْسِي / الله يِسَلِّمَك

- **아픈 사람에게 하는 인사** - 안전하게 회복되시길

  A: salæǣmt-ak (f/-ik)　　쌀램-탁(f/쌀램-틱)　　سَلَامْتَكْ (/ سَلَامْتِكْ)

  B: ʕallaah yesallem-ak(f/-ik)

  　알라- 에쌀리막(f/에쌀리믹)　　الله يِسَلِّمَكْ (/ يِسَلِّمِكْ)

- **조문, 상을 당한 사람에게** (무슬림의 경우)
  - 그의 남은 생애가 당신의 삶 가운데 있기를…

  A: ʕel-baʕeyya fi ɦayæǣt-ak (f/-ik)

  　일배야 피 하예-탁 (f/하예-틱)　　الْبَقِيَّة فِى حَيَاتَكْ (/ حَيَاتِكْ)

  B: ɦayæǣtak el-bæǣʕya

  　하예-탁 일배-이야　　حَيَاتَك الْبَاقِيَة

아랍식 키스 - 이집트 사람들과 인사하는 법

　이집트 사람들에게 인사는 우정의 관계를 쌓는 중요한 수단입니다. 처음 만나는 사람이나 이성인 사람에 대해서는 악수를 하며 인사말을 나누고, 동성의 친구나 가족인 경우 아랍식 키스를 나누며 인사합니다. 아랍식 키스란 양쪽 볼을 맞대며 입으로는 '쪽' 하는 소리를 내는 인사를 말합니다. 보통 양쪽 볼을 한 번씩 맞대며 인사 하지만 오랜만에 만난 친구나 가족들에게는 두 번 이상 맞대며 인사하기도 합니다. 이를 통해 이들은 서로에게 있었던 그리움과 진실한 사랑을 확인하는 것입니다.

　때문에 이들의 눈높이에서 진정한 친구가 되기 위해서는 아랍식 키스를 하는 것이 좋습니다. 처음 시도하기가 어색하지만 그렇게 어려운 것은 아닙니다. 한 번 시도해 보십시오. 상대방이 훨씬 가깝게 느껴지고 어느새 친한 친구가 되어있음을 확인할 것입니다.

　한편 이집트 사람들이 처음 만나거나 사업적인 만남등을 할 때 일반적으로 악수를 합니다. 악수는 이성간에도 가능합니다. 이들이 악수할 때 악수를 한 그 손을 자신의 가슴에 갖대대는 것을 볼 수 있습니다. 이것은 상대방에 대한 존경을 나타내는 표시입니다.

생활 회화
1-4 기본적인 유용한 표현들

- **A: 감사합니다** · ʃokran 쇼크란 شُكْراً
  · mersii 메르씨- مرْسِي
  B: 천만에요. · ʕel-ɛafw 일아푸 الْعَفْو
  · ɛafwan 아프완 عَفْواً
- 참으로 감사합니다.
  ʔalf ʃokr 알프 쇼크르 أَلْف شُكْر
- ...에 대해서 감사합니다.
  ʃokran ɛala … 쇼크란 알라 … شُكْراً عَلَى ...
  예) 도와주신 것에 대해 감사합니다.
  ʃokran ɛala musaɛdat-ak
  쇼크란 알라 무쌔아다탁 شُكْراً عَلَى مُسَاعَدتَك

- **예(Yes)** - 질문에 "예"라고 답할 때
  · ʔaywa 아이와 أَيْوَة
  · naɛam 나암 نَعَمْ

- **아니오(No)** - 질문에 "아니오"로 답할 때
  laʔ 라 or 라으 لأ

- **명사나 형용사를 부정할 때** - ···이 아니다.
  meʃ 미쉬 مِشْ
  예) 좋지 않은 meʃ kʷwayyes 미쉬 꾸와예쓰 مِشْ كُوَيِّسْ

- **말이나 질문을 잘 못 알아 들어 확인할 때** - "예, 뭐라구요?"
  naɛam 나암 (말끝을 올리며) نَعَمْ

- **"괜찮아", "OK", "예, 알겠습니다" 등의 의미**
  ookke 옥케이 أُوكِّي
  mæːʃi 매-쉬 مَاشِى
  ṭayyeb 따옙 طَيِّبْ
  zayy baɛḍu 자이 바아두 زَيَّ بَعْضُه

생활 회화

- **허락을 구할 때, 가능한지를 물을 때**

    momkęn   몸킨   مُمْكِنْ

    예) 전화 (사용)할 수 있나요?

    momkęn tęlifoon   몸킨 텔리폰-   مُمْكِنْ تِلِيفُونْ ؟

- **불가능해!**

    męʃ momkęn   미쉬 몸킨   مِشْ مُمْكِنْ

- **죄송합니다**

    ʕææsęf(f/-a, pl/-iin)   애-씨프(f/아쓰파, pl/애쓰핀-)   آسِفْ (آسْفَة /آسْفِين)

    mutaʕassęf(f/-a, pl/-iin)

    무타앗씨프(f/무타앗씨파, pl/무타앗씨핀-)   مُتَأَسِّفْ (/مُتَأَسِّفَة/ مُتَأَسِّفِين)

    maɛlęʃʃ   마알리쉬   مَعْلِشّ

- '죄송합니다' 등의 용서 혹은 양해를 구하는 말에 대한 답변으로 '괜찮습니다'라는 의미

    ma-yᵉhęmmakʃ   마헴막쉬   مَا يهمَّكْشْ

    walayᵉhęmmak   왈라이 헴막(f/왈라이 헴믹)   وَلَا يهمَّكْ (يهمِّكْ)

- 제 잘못입니다.   ɦaʔʔak ɛalayya   하악 알라야   حَقَّك عَلَيَّ

- **괜찮아, 아무 문제없어**

    mafiiʃ moʃkęla   마피-쉬 무쉬킬라   مَافِيشْ مُشْكِلَة

- **실례합니다.** (예: 복잡한 지하철 안을 비집고 나갈 때)

    ɛan ʕęznak (f/ʕęznik, pl/ʕęznoku)

    안 이즈낙(f/안 이즈닉, pl/안 이즈노쿠)   عَنْ إِذْنَكْ (/إِذْنِك / إِذْنُكُو)

- **말하기 민망하지만** ('쓰레기통', '슬리퍼', '개' 등 좋지 않은 이미지를 가지고 있는 낱말을 언급해야 할 때 사용)

    la muʕaxza   라무아크자   لَا مُأَخْذَة

- **허락을 구할 때, 요청할 때** – 만일 허락하신다면…

    law samaɦti (f/samaɦti, pl/samaɦtu)

    라우 싸마흐트(f/싸마흐티, pl/싸마흐투-)   لَوْ سَمَحْتْ (/لَوْ سَمَحْتِي/ لَوْ سَمَحْتُوا)

생활 외화

- **호의를 요청할 때 – Please**
  mɛn faḍlak(f/faḍlęk, pl/faḍluku)
  민파들락(f/민파들릭, pl/민파들로쿠-)　　مِنْ فَضْلَكَ (/ فَضْلِكَ/ فَضْلُكُو)

- **저는 …을 원해요.**
  ʕana ɛææwęz(f/-a) …　아나 아-위즈(/아우자) …　أَنَا عَاوِز(/ عَاوْزَة) …
  ʕana ɛææyęz(f/-a) …　아나 아-이즈(/아이자) …　أَنَا عَايِز(عَايْزَة) …
  예) 나는 물을 원합니다.
  ʕana ɛææwęz(f/-a) mayya　아나 아-위즈 마야　أَنَا عَاوِز(عَاوْزَة) مَيَّة

- **저는 …가 필요해요.**
  ʕana męʃtæægˍ(f/-a) …　아나 매흐태-그(/매흐태가) …　أَنَا مِحْتَاجْ (مِحْتَاجَة)…
  예) 나는 당신의 도움이 필요합니다.
  ʕana męʃtæægˍ(f/-a) musaɛdętak
  아나 매흐태-그 (매흐태가) 무사아대탁　أَنَا مِحْتَاجْ (مِحْتَاجَة) مُسَاعْدِتَك

- **…이 있다.** (말끝을 올리면 질문이 됨)
  fiih …　피- …　فِيه …
  예) 음식이 있어요.
  fiih ʕakl　피- 아클　فِيه أَكْلْ

- **…이 없다.**
  ma-fii-ʃ …　마피-쉬 …　مَافِيش …
  예) 돈이 없어요.
  ma-fii-ʃ fᵉluus　마피-쉬 필루-쓰　مَافِيش فِلُوسْ

- **잠시만요!** (1분만요)
  diʕiiʕa waɦda　디이-아 와흐다　دِقِيقَة وَاحْدَة
- **삼시만요!** (1초만요)
  sanya waɦda　싼야 와흐다　ثَانْيَة وَاحْدَة

- **여기를 봐. 이것 보세요.**
  boṣṣ(f/-i) hęna !　봇스(f/봇시) 헤나　بُصّ (/ بُصِّي) هِنَا

생활 외와

- **준비됐어.** (말 끝을 올리면 질문이 됨)

  gæzhęz　　　　　　　　　개-헤즈　　　　　　　　جَاهِزْ

- **함께 갑시다.** (Let's go)

  yalla biina　　　　　　　얄라 비-나　　　　　　يَاللا بِينَا

- **내일 보자.**

  ʕaʃuufak(f/-fik) bokra　　아슈-팍 (/아슈-픽) 보크라　　أَشُوفَك (/ أَشُوفِك) بُكْرَه

- **나중에 보자.**

  ʕaʃuufak(f/-fik) baɛdęen　아슈-팍(/아슈-픽) 바아딘-　　أَشُوفَكْ (/ أَشُوفِك) بَعْدِين

- **당신에게 행운이 있길...**

  ɦazz saɛiid　　　　　　　핯즈 싸이-드　　　　　　حَظّ سَعِيدْ

  rabbę-na yęwaffaʕ-ak　　랍비나 예왚파악　　　　رَبَّنَا يوفّقَكْ

- **매우, 아주**

  ʕawi 아위 قَوِي ;　gęddan 깃단 جِداً ;　xaalęs 칼-리스 خَالِصْ

  예) 아주 좋은

  kʷwayyęs ʕawi　　　　　꾸와에쓰 아위　　　　　كُوِيّسْ قَوِي

  kʷwayyęs xaalęs　　　　꾸와에쓰 칼-리스　　　　كُوِيّسْ خَالِصْ

  예) 매우 감사해요.

  ʃokran gęddan　　　　　쇼크란 깃단　　　　　　شُكْراً جِداً

  예) 아주 죄송해요.

  ʕææsęf(f/-a, pl/-iin) gęddan

  　애씨프(f/아쓰파, pl/애쓰핀) 깃단　　آسِفْ (/آسْفَة / آسْفِين) جِداً

- **정말인가요?**

  (어떤 일이 놀라울 때, 혹은 상대방의 진의를 가볍게 파악하려 할 때)

  ɦaʕiiʕi　　　　　　　　하이-이　　　　　　　　حَقِيقِي؟

  bę-gadd　　　　　　　　비갯드　　　　　　　　بِجَدّ ؟

- **여기있습니다(Here you are)/ …하시지요** (물건을 전달하거나 돌려 줄 때 / 식사 혹은 집에 들어올 것 등 어떤 것을 권할 때)

  ʕętfaddal(f/-i , pl/ -u)　잇팟달(f/잇팟달리-)　　اِتْفَضّلْ (/ اِتْفَضّلِي / اِتْفَضّوا)

생활 회화
1-5 자신을 소개함

- 제 이름은 '누리'입니다.
  ʕana ism-i nuuri　　　　아나 이쓰미 '누-리'　　　　أَنَا اِسْمِي نُورِي

- 저는 한국에서 왔어요.
  ʕana mɛn korya ɛg-ganubɛyya
  아나 민 꾸리야 잇개누베야　　　　أَنَا مِن كُورْيَا الْجَنُوبِيَّة

- 저는 학생이에요.
  ʕana ṭaalɛb (f/ṭaalɛba)　　　　아나 딸-립(f/딸-리바)　　　　أَنَا طَالِبْ(/ طَالِبَة)

- 저는 비즈니스맨입니다.
  ʕana ragulʕaɛmæɛl　　　　아나 라굴 아으맬-　　　　أَنَا رَجُلْ أَعْمَالْ

- 저는 아랍어를 배우고 있습니다.
  ʕana batɛallɛm ɛl-loɣa ɛl-ɛarabɛyya
  아나 바트알림 일 로가 일아라베야　　　　أَنَا بَاتْعَلِّمِ اللُّغَة الْعَرَبِيَّة

- 저는 기혼입니다.
  ʕana mɛtgawwɛz(f/-a)
  아나 미트가워즈(f/미트가워자)　　　　أَنَا مِتْجَوِّزْ(/ مِتْجَوِّزَة)

- 저는 미혼입니다.
  ʕana mɛʃ mɛtgawwɛz(f/-a)
  아나 미쉬 미트가워즈(f/미트가워자)　　　　أَنَا مِشْ مِتْجَوِّزْ(/ مِتْجَوِّزَة)

- 저는 이집트를 좋아합니다.
  ʕana baḥɛbb maṣr　　　　아나 배헵 마스르　　　　أَنَا بَاحِبّ مَصْرْ

- 저는 당신을 사랑합니다.
  (남자에게) ʕana baḥɛbbak　　　　아나 배헵박　　　　أَنَا بَاحِبَّكْ
  (여자에게) ʕana baḥɛbbɛk　　　　아나 배헵빅　　　　أَنَا بَاحِبِّكْ

생활 외화

1-6 나이를 물을 때   sҽnn   سِنّ

이집트 사람들의 나이에 대해

    이집트 사람들은 나이에 대해서 어떻게 생각할까요? 이집트 사람들도 나이 많은 어른을 존경합니다. 그래서 이집트에서 유명한 속담 중에 "당신보다 생일이 하루 빠른 사람이 당신보다 1년을 더 많이 안다." 실제로 이집트의 시골에서는 할아버지들 가운데 지혜가 있는 사람을 마을의 장로로 모시고 그의 의견대로 마을을 이끌어 가는 것을 볼 수 있습니다.

    이집트 사람들의 친구 사귐의 기준은 나이보다는 호감의 정도입니다. 나이 차이가 몇 살 혹은 열 살 이상 난다 하더라도 서로에게 호감을 느끼면 다정한 친구가 되고 다른 사람들에게도 자신의 친구라고 소개합니다.

    이집트의 사람들은 우리 나라 사람들보다 나이가 많이 들어 보입니다. 수염이 거칠게 나고 덩치도 크고 목소리도 굵은 사람들이 많아서 겉늙어 보이는 것이 사실입니다. 이에 비해 우리나라 사람들은 수염도 없고 하얀 살결에 체격도 날씬하여서 젊어 보입니다. 그래서 이들이 우리나라 사람들을 보면 실제보다 어리게 보고 농담을 걸기도 합니다. 이럴 때 다음과 같이 대화를 진행해 보십시오.

A: 당신은 몇살 입니까?

- ɛandak(f/-ik) kææm sana   안닥(f/안딕) 캠- 싸나   عَنْدَكْ (/ عَنْدِكْ) كَامْ سَنَة؟
- ɛomr-ak(f/-ik) kææm   오므락(f/오므릭) 캠-   عُمْرَكْ (/ عُمْرِكْ) كَامْ؟

B: 저는 스무살이에요.

    ɛandi ɛɛʃriin sana   안디 에슈린- 싸나   عَنْدِي عِشْرِينْ سَنَة؟

- **A: 제가 몇 살인지 맞추어 보세요. (당신은 저에게 몇 살을 주시겠어요)**
    teddiini kææm sana   팃디-니 캠- 싸나   تِدّينِي كَامْ سَنَة ؟

  B: 스무살이라고 생각해요. (당신에게 스무살을 드릴게요)
  ʕaddiilak(f/-ik) ɛɛʃriin sana

    앗딜-락 아슈린- 싸나   أَدّيلَكْ (/ أَدّيلِكْ) عِشْرِين سَنَة

- **정말이에요?! 당신의 모습은 아주 어려보이네요.**
  meʃ maɛʔuul! ʃakl-ak(f/-ik) ʂuɣɑyyɑr

    미쉬 마아울- 샤클락(f/-릭) 수가야르   مِشْ مَعْقُولْ! شَكَلَكْ (/ شَكَلِكْ) صُغَيَّرْ

생활 회화
1-7 날씨와 계절 ʕel-gaww wil-fuṣuul الجو والفصول

1-7-1 날씨에 대한 표현들

날씨에 대한 표현들은 주로 아래의 세 가지 방법을 사용합니다. 아주 간단한 용어를 사용하여 날씨를 표현하는데요, 아래의 표에 나오는 단어들을 이용하여 날씨에 대한 여러가지 표현들을 시도해 보십시오.

1. '날씨'란 단어를 주어로 사용할 때
   예) 날씨가 덥습니다. ʕel-gaww (날씨) + ḥarr (더운)

   ʕel-gaww ḥarr   **엘가우 하르**   الْجَوّ حَرّ

   예) 날씨가 좋습니다.

   ʕel-gaww kʷwayyes   **엘가우 꾸와예쓰**   الْجَوّ كُوَيِّس

2. '세상'이란 단어를 주어로 사용할 때
   예) 세상이 덥습니다. (날씨가 덥다는 표현)

   ʕed-donya ḥarr   **엣돈야 하르**   الدُّنْيَا حَرّ

3. '…가 있습니다' 형태로 표현할 때 (fiih + 명사)
   예) 안개가 있습니다. (안개가 끼었다는 표현)

   fiih ʃabbuura   **피- 샵부-라**   فيه شَبُّورَة

날씨에 대한 용어들			
날씨	ʕel-gaww	엘가우	الْجَوّ
세상	ʕed-donya	엣돈야	الدُّنْيَا
좋은	kʷwayyes ḥelw gamiil	꾸와예쓰 헬루 가밀-	كُوَيِّس حِلْو جَمِيل
더운	ḥarr	하르	حَرّ
추운	bard saʕʕa	바르드 싸으아	بَرْد سَاقْعَة
비가오는	beṭmaṭṭar	비트맛따르	بتْمَطَّر
구름이 낀	meɣayyem	미가옘	مِغَيِّم
따뜻한	dææfi	대-피	دَافي
봄 날씨의	rabiiɛi	라비-에이	رَبِيعي
가을 날씨의	xariifi	카리-피	خَرِيفي

생활 회화

한국어	발음	한글 발음	العربية
아주 더운	ḥarr ɣawi mewallaɛ	하르 아위 미왈라아	حَرّ قَوِي مُوَلَّع
아주 추운	bard ɣawi metalleg	바르드 아위 미탈리그	بَرْدْ قَوِي مِتَلَّجْ
공기, 바람	hawa	하와	هَوَاء
산들바람, 미풍	nesma nesmet hawa nasiim	니쓰마 니쓰밑 하와 나씸-	نِسْمَة نِسْمَة هَوَاء نَسِيمْ
강한 바람	riiḥ/ reyææḥ	리-흐/ 리예-흐	رِيحْ / رِيَاحْ
폭풍	ɛaaṣefa/ɛawaaṣef	아-시파/아와-시프	عَاصِفَة/ عَوَاصِف
모래 폭풍	ɛaaṣefa ramleyya	아-시파 람를레이야	عَاصِفَة رَمْلِيَّة
봄에 부는 모래바람	ʕel-xamasiin	일카마씬-	الْخَمَاسِين
추움	bard	바르드	بَرْدْ
뜨거움	şahd	사흐드	صَهْدْ
습기, 축축함	ruṭuuba	루뚜-바	رُطُوبَة
비	maṭar/ʕamṭaar	마따르/암따-르	مَطَرْ / أَمْطَارْ
얼음, 눈	talg	탈그	تَلْجْ
안개	ʃabbuura ḍabaab	샵부-라 다밥-	شَبُّورَة ضَبَابْ
태양	ʃams	샴쓰	شَمْسْ
구름	saḥææb	싸햅-	سَحَابْ
습도	daraget er-ruṭuuba	다라깃 이루뚜-바	دَرَجَة الرُّطُوبَة
온도	daraget el-ḥaraara	다라깃 하라-라	دَرَجَة الْحَرَارَة

생활 회화

1-7-2 날씨에 따른 사람의 상태에 대한 표현들 (사람이 주어)

예) 내가 춥다.　ʕana bardæænا　아나 바르댄-　　　　　أَنَا بَرْدَانْ

'bardææn' 대신에 아래의 단어를 사용해서 여러분의 상태를 표현해 보세요.

(사람이) 더운	ḥarraan	하란-	حَرّانْ
(사람이) 추운	bardæænا saʕʕæænا	바르댄- 싸으앤-	بَرْدَانْ سَعْعَانْ
(사람이) 불타듯이 더운	męwallaʕ	미왈라아	مولَّعْ
(사람이) 얼만큼 추운	mętalleg	미탈리그	مِتَلِّجْ
(사람이) 따뜻한	dafyæænا	다프얜-	دَفْيَانْ

계절	faṣl/ fuṣuul		فَصْل/ فُصُولْ
계절	faṣl/ fuṣuul	파슬/푸술-	فَصْل/ فُصُولْ
봄	ʕer-rabiiʕ	이라비-아	الرَّبِيعْ
여름	ʕeṣ-ṣeef	잇시-프	الصِّيفْ
가을	ʕel-xariif	일카리-프	الْخَرِيفْ
겨울	ʕeʃ-ʃęta	잇쉬타	الشِّتَاء

· 온도가 높아요.

　　daragęt ęl-ḥaraara ʕalya　　다라깃 하라-라 알리야　　دَرَجِة الْحَرَارَة عَالْيَة

· 오늘은 몇도(온도)죠?

　　daragęt ęl-ḥaraara kææm ęn-naharda

　　다라깃 일하라-라 캠- 잇나하르다　　دَرَجِة الْحَرَارَة كَامْ النَّهَارْدَة ؟

· 저는 추위로 죽을 것 같아요.(=매우 추워요)

　　ʕana hamuut męn ęl-bard

　　아나 하무-트 민 일바르드　　أَنَا هَامُوتْ مِن الْبَرْدْ

· 바람이 신선해요.

　　ʕel-hawa gamiil　　일하와 가밀-　　الْهَوَاء جَمِيلْ

· 습도가 높아요.

　　ʕer-ruṭuuba ʕalya　　이루뚜-바 알리야　　الرُّطُوبَة عَالْيَة

생활 회화
1-8 다양한 호칭들 ʕalqaab ألقاب

이집트 말에도 존칭이 있을까요? 예. 당연히 있습니다. 이집트 말에서 존칭은 다른 사람을 부르는 호칭에서 나타납니다. 예를들어 상대방의 이름을 부르는 대신 **'하드리탁'** 이란 말로서 상대방을 부르면 존칭이 됩니다.

이집트 말에는 존칭 뿐만 아니라 상대방의 직업이나 사회적인 위치에 따라서 부르는 호칭이 아주 다양합니다. 예를들어 우리 말에서 택시 기사를 부를 때 "기사님! 혹은 기사 선생님!" 라고 합니다. 하지만 이집트에서는 택시 기사를 부를 때 '기사' 란 단어의 조합이 아닌 **"예 오스타"** 란 택시 기사에게 해당되는 특별한 호칭을 사용합니다. 이렇게 선생님, 의사, 교수, 식당 종업원, 경찰 등에 대해 부르는 호칭이 따로 정해져 있는 경우가 많습니다. 따라서 이들을 부를 때 그에 맞는 호칭을 골라 사용할 수 있어야 합니다.

• 호칭의 기본 원칙 (… 야!, … 씨!)

우리말에서 사람을 부를 때 '… 씨', '… 야' 라고 부릅니다. 아랍어에도 이와 비슷한 방법으로 다른 사람을 부릅니다. 아랍어에서는 부르는 사람의 이름 앞에 '예 ya' 'يا' 란 호칭어를 붙입니다.

예) 쌔미란 사람을 부를 때 (쌔미야! 혹은 쌔미씨!)

ya sæmi   예 쌔-미   يَا سَامِي

• 여러가지 다양한 호칭들

우리말에서 특별한 직업을 가진 사람을 부를 때 사용하는 호칭이 있습니다. 예를들어 의사를 부를 때 '의사 선생님'이라 하고 교수를 부를 때 '교수님'이라고 합니다. 아랍어에도 이와같은 호칭들이 있습니다. 아래에 기록된 호칭들이 바로 그것들인데요, 보시는 것 처럼 아랍어에는 직업이나 신분에 따라 부르는 호칭들이 다양합니다. 이 호칭들을 사용할 때에는 위의 호칭의 기본 원칙에 따라 항상 '예 ya' 'يا' 를 먼저 사용하고 그 뒤에 직업에 따른 호칭들을 붙이면 됩니다. 예를들어 의사 선생님을 부를 때 "예 독토-르" 라고 하면 됩니다

선생님! (Mr!)	ya ʕustæez(f/-a) 예 오쓰태-즈 ya bęę 예 베-	يَا أُسْتَاذ(أُسْتَاذَة) يَا بِيه
의사, 박사	ya doktoor(f/-a) 예 독토-르(f/독토-라)	يَا دُكْتُور
교수, 선생	ya ʕustæez(f/-a) 예 오쓰태-즈	يَا أُسْتَاذ(أُسْتَاذَة)
선생님 (학교의 선생님에게)	(남자) ya męstar 예 미쓰타르 (여자) ya męss 예 미쓰 ya ʕabla 예 아블라	يَا مِسْتَر يَا مِس يَا أَبْلَة

생활 회화

한국어	발음 (라틴)	발음 (한글)	العربية
모스크의 지도자, 교회의 장로	ya ʃeex	예 쉐-크	يا شِيخْ
목사, 신부	ya ʕabuuna ya ʕassiis	예 아부-나 예 앗씨-쓰	يا أَبُونَا يا قَسِّيسْ
엔지니어	ya baʃmohandis(f/-a)	예 배쉬모한디쓰	يا بَاشْمُهَنْدِسْ
운전기사, 숙련공	ya ʕosṭa	예 오쓰따	يا أُسْطَى
작업 십장	ya rayyis ya meʕallem	예 라예쓰 예 미알림	يا رَيِّسْ يا مِعَلِّمْ
웨이터	ya meṭr ya rayyis	예 미트르 예 라예쓰	يا مِتْرْ يا رَيِّسْ
웨이터리스	ya mazmazeel ya madæm	예 마즈마젤- 예 마댐	يا مَزْمَزِيلْ يا مَدَامْ
선장	ya qubṭaan (작은 배) ya rayyis	예 꿉딴- 예 라예쓰	يا قُبْطَانْ يا رَيِّسْ
감독, 코치, 주장	ya kapten	예 캡틴	يا كَابْتِنْ
군대지휘관	ya fandim	예 판딤	يا فَنْدِمْ
아저씨!(어린이가 낯선 어른을 부를때)	ya ʕammu	예 암무	يا عَمُّه
이 사람아!(아는 사람끼리 농담할때)	ya ʕamm	예 암	يا عَمّ
할아버지(무슬림)	ya ḥagg(f/ḥagga)	예 학(f/학가) *성지순례를 마치고 온 사람이란 뜻	يا حَاجّ(حَاجَّة)
할머니, 아줌마	ya tanṭ	예 딴뜨	يا طَنْطْ
부인(결혼한 부인에게)	ya madæm	예 마댐-	يا مَدَامْ
부유층 부인	ya sett hænem	예 씻트 해-님	يا سِتّ هَانِمْ
아가씨(숙녀에게)	ya ʔæænesa	예 애-니싸	يا آنِسَة
나이 차이가 많이 나는 언니에게	ya ʕabla	예 아블라	يا أَبْلَة
여러분!(여러사람을 부를 때)	ya gamææʕa	예 개매-아	يا جَمَاعَة

생활 외화

- **상대방을 높여서 부를 때**

  상대방을 높이거나 예의를 갖추어 부를 때 아래와 같이 부릅니다.

  ḥaḍreṭ-ak (f/ḥaḍreṭ-ik)　　하드리탁(f/하드리틱)　　حَضْرِتَكْ (/ حَضْرِتِكْ)
  seyadt-ak (f/seyadt-ik)　　씨얏탁(f/씨얏틱)　　سِيادْتَكْ (/ سِيادْتِكْ)

  예) 선생님은 어디 출신이시죠?

  ḥaḍreṭ-ak meneen　　하드리탁 미넨-　　حَضْرِتَكْ مِنِين؟

- **다른 사람의 남편이나 부인, 혹은 아이의 부모를 호칭할 때**
  - **···의 남편**

    gooz ···　　고-즈 ···　　جُوزْ

    예) 헤바의 남편　gooz ḥeba　고-즈 헤바　　جُوزْ هِيَة

  - **···의 부인**

    meraat ···　　미라-트 ···　　مِرات
    ʕes-sett ʕ-btæɛeṭ ···　　잇씻트 비태-아 ···　　السّتّ بِتاعَة...
    (formal) zoogeṭ ···　　조-깃 ···　　زُوجَة ...

    예) 아쉬라프의 부인

    meraat ʕaʃraf　　미라-트 아쉬라프　　مِرات أشْرَف

    예) 그의 부인

    ʕes-sett ʕ-btæɛe-tu　　잇씻티 비태-아투　　السّتّ بِتاعِتُه

    예) 아쉬라프의 부인 (formal)

    zoogeṭ ʕaʃraf　　조-깃 아쉬라프　　زُوجَة أشْرَف

  - **···의 어머니**

    ʕomm ᵘ ···　　옴무 ···　　أُمّ ...

    예) 쌔미의 어머니　ʕomm ᵘ sæmi　옴무 쌔-미　　أُمّ سامي

  - **···의 아버지**

    ʕabu ···　　아부 ···　　أبُو ...

    예) 쌔미의 아버지　ʕabu sæmi　아부 쌔-미　　أبُو سامي

생활 외화
1-9 작별 인사

- (떠나는 사람이) 안녕 안녕

    salæːm   쌀램-   سَلَامْ
    bayy-bayy   바이 바이   بَايِّ بَايِّ

- 안녕히 가세요

    maɛa-s-salæːma   마앗 쌀래-마   مَعَ السَّلَامَة

· 제가 당신을 언제 다시 볼 수 있을까요?

  ʔaʃuufak ʕemta   아슈-팍 엠타   أَشُوفَكْ إِمْتَى

· 제가 당신을 곧 볼 수 있을 거예요

  ʔaʃuufak ʕorayyęb   아슈팍 오라옙   أَشُوفَكْ قُرَيِّبْ

· 저는 당신을 보내드릴 수 없어요

  meʃ ʕæːdęr ʔasiib-ak   미쉬 애-디르 아씨-박   مِشْ قَادِرْ أَسِيبَكْ

· 저는 아하메드에게 작별인사하러 갑니다.

  ʔana raayęḥ awaddaɛ ʔaḥmad

  아나 라-예흐 아왓다아 아흐마드   أَنَا رَايِحْ أَوَدَّعْ أَحْمَدْ

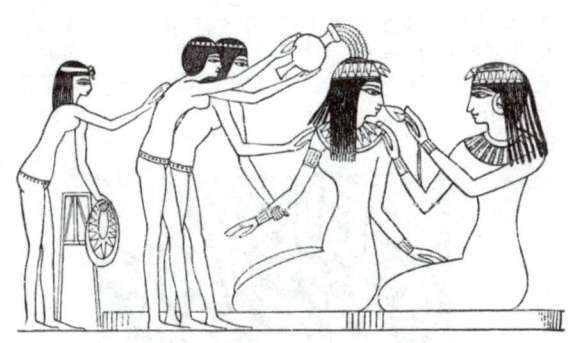

생활 회화

아랍어 발음 표기에 대해

아랍어를 배우는 사람들이 이구동성으로 하는 이야기는 아랍어 발음이 힘들다는 것입니다. 이집트에서 몇 년 이상 살고 있는 사람들 가운데도 아랍어 발음에 어려움을 겪고 있는 사람이 많습니다. 이렇게 아랍어 발음이 어려운 것은 아랍어에 우리말에는 전혀 없는 음가가 많기 때문입니다. 아랍어 알파벳 가운데 13개의 자음이 우리말에 없는 음가입니다. 이 가운데에는 비교적 쉽게 발음할 수 있는 것도 있지만 어떤 것들은 현지에서 2-3년을 듣고 훈련해야 발음할 수 있습니다.

이 책을 저술하며 아랍어 발음을 한국어로 어떻게 표기할 것인지 많이 고민했습니다. 독자들의 편의를 생각해서 아랍어 발음을 한국어로 표기해야 하겠는데, 표기하자니 한글로 표기가 불가능한 음가를 어떻게 기록해야할지 고민스러웠습니다.

예를들어 이 책에서 아침 인사 صَبَاحُ الْخَيْر 를 한글로 '사바-흐 일키-르' 로 표기하였습니다. 이것을 기록된 한글 그대로 읽어 아랍어 발음을 제대로 할 것이라 생각하면 오산입니다. 이것을 한글 그대로 읽었을 때 그 말을 알아 듣는 현지인은 거의 아무도 없습니다. (당황하실지 모르지만 사실입니다.) 이것은 저희가 발음 표기를 잘못하여서 생긴 문제가 아니라 한국말에 발음 음가가 없기 때문에 생기는 문제입니다.

따라서 아랍어의 정확한 발음을 위해 국제음운 기호를 이용한 발음을 연습해 주시기 부탁합니다. 위의 아침 인사의 경우 '사바-흐 일키-르' 로 읽을 것이 아니라 'ṣabaaḥ el-xeer' 로 읽어야 정확하게 발음할 수 있습니다. 처음에는 힘들겠지만 이 책 서론 부분의 음가 해설을 잘 읽은 이후 시도하면 점차로 익숙해질 것입니다.

더 나아가 가장 정확한 아랍어 발음은 아랍어 문자를 통한 음독을 할 때 가능합니다. 이 때 아랍어 문자의 자음 뿐만 아니라 모음 부호를 읽는 방법도 함께 익혀서 발음을 하게 되면 정확한 발음을 하게 될 것입니다. 다시 한 번 강조합니다. 독자 여러분의 편의를 위해 기록된 한글씩 발음 표기에 의존하지 마시고 국제음운 기호나 아랍어 문자를 통한 음독을 해 주시기 부탁합니다.

2. 방문시의 대화

이집트 사람들의 방문 예절

이집트 사람들은 서로간의 방문을 통해, 식사의 교제를 통해 깊은 친구 관계를 맺습니다. 다시말해 깊은 친구관계를 맺는 비결은 서로간의 상호 방문을 통해서입니다.

손님이 방문하였을 때 먼저는 따뜻하게 집안으로 맞이하고 다음으론 손님이 무엇을 마실 것인지 물어야 합니다. 만일 이 질문을 하지 않는다면 손님을 환영하지 않거나 더 이상 관계를 원하지 않는다는 말과 같습니다.

이집트 사람들이 가장 즐겨 마시는 것은 홍차(**쉐이**)입니다. 손님이 만일 홍차를 주문할 경우 주인은 설탕을 몇 스푼 넣길 원하는지, 홍차와 함께 우유나 민트를 곁들이길 원하는지 손님에게 묻습니다. 물론 홍차 뿐만 아니라 과일쥬스(**아시르**)나 청량음료(**하가 싸아아**)를 마시기도 합니다.

처음 방문하는 집 주인이 마실 것을 물어올때 방문하는 손님은 한 두 차례 사양하는 것이 좋습니다. 그러면 주인은 더욱 간절하게 마실 것을 권유합니다. 이런 권유하는 온정과 사양하는 미덕을 통해 서로간의 우정은 더욱 깊어가는 것입니다.

주인이 손님에게 음료수를 대접할 때에 쟁반에는 마실 음료수와 함께 한 컵의 물도 내어놓습니다. 물이 귀한 아랍 나라들에서 비록 요청은 하지 않았더라도 손님이 필요한 것을 미리 준비하여 대접하는 것은 기본적인 예절인 것입니다.

생활 회화

2-1 친구방문   ziyaarat ʕaṣḫaab   زيارة اصحاب

- **손님을 맞이하며**
  - 주인: 어서오세요. 환영합니다.

    ʔahlan wa-sahlan   아흘란 와싸흘란   أَهْلاً وَسَهْلاً
  - 손님: 저도 반갑습니다.

    ʔahlan biik (f/-ki, pl/-ku)

    아흘란 빅-(f/비-키, pl/비-쿠)   أَهْلاً بِيكَ (/ بِيكِي / بِيكُو)

- **손님이 자리에 앉고 난 뒤**
  - 주인: 저희집에 모시게 되어 기뻐요(=영광이에요).

    taʃarraf-na   타샤랍프나   تَشَرَّفْنَا
  - 손님: 저도 (방문하게 되어) 기뻐요(=영광이에요).

    wana kamæækn   와나 카맨-   وَأَنَا كَمَانْ
  - 주인: (저희 집에 오시니 저희 집안이) 빛이나요.

    nawwarṭena   나와르티나   نَوَّرْتِنَا
  - 손님: (빛이 나는 것은 오히려) 이 집안 식구들 때문이죠.

    menawwar bi-ʕaṣḫaabu   미나와르 비아스하-부   مِنَوَّرْ بِأَصْحَابُه
  - 주인: 무엇을 마시길 원하세요?

    teʃrab ʕeeh   티쉬랍 에-   تِشْرَبْ إيه؟
  - 손님: 홍차를 원해요.

    ʕaʃrab ʃææy   아쉬랍 쉐-이   أَشْرَبْ شَايْ

- **손님이 차를 마시고 난 뒤**
  - 주인: 좋은 건강을!

    haneyyan   하네얀   هَنِيًّا
  - 손님: 좋은 건강을 당신에게!

    ʕallaah yehanneek   알라- 예한닉-   الله يهَنِّيك

    혹은 hannææk ʕallaah   한낵- 알라-   هَنَّاك الله

- **손님에게 편안하게 있길 권할 때**
  - 주인: 당신집 처럼 편하게 생각하세요.

    ʕel-beet beetak   일베-트 베-탁   البِيتْ بِيتَكْ
  - 손님: 감사해요.

    mersii   메르씨-   مِرْسِي

생활 외화

- 당신의 집이 참 아름다워요.(=좋아요)

    beetku gamiil ʕawi   베-트쿠 가밀- 아위   بِيتْكُو جَمَيلْ قَوِي

- 저는 여기서 아주 즐거웠어요.

    ʕana mabsuuṭ geddan hena   아나 맙쑤-뜨 깃단 헤나   أَنَا مَبْسُوطْ جِدًّا هِنَا

- 당신은 왜 늦게 오셨나요?

    geet mᵉʔaxxar lee   기-트 미트악카르 레-   جِيتْ مِتْأَخَّرْ لِيه ؟

- 당신을 사진찍어도 되나요?

    momken ʕaṣawwarak   몸킨 아사와락   مُمْكِنْ أَصَوَّرَكْ ؟

- 모두 함께 사진을 찍을 수 있나요?

    momken neṭṣawwar kollena   몸킨 니트사와르 꼴레나   مُمْكِنْ نِتْصَوَّرْ كُلَّنَا ؟

- 당신의 아버지 성함이 뭐죠?

    babaak ʕesmu ʕeeh   바박- 이쓰무 에-   بَابَاكْ اِسْمُه إِيه ؟

- 당신이 이런 것들을 만드셨나요?.

    ʕenta ʕelli ɛææmel el-ḥagææt di

    엔타 일리 애-밀 일하개-트 디   إِنْتَ اللِّي عَامِلِ الْحَاجَاتْ دِي ؟

- 저희들과 조금만 더 있어줘요.

    xalliku maɛææna ʃᵉwayya kamææn

    칼리쿠 마애-나 쉬와야 카맨-   خَلِّيكُو مَعَانَا شْوَيَّة كَمَانْ

- 우리 함께 영화를 보실까요?

    momken neṭfarrag ɛala felm maɛa baɛḍ

    몸킨 니트파라그 알라 필름 마아 바아드   مُمْكِنْ نِتْفَرَّجْ عَلَى فِيلْمْ مَعَ بَعْضْ ؟

- 다음에 만나도록 하죠.(제가 당신을 다음에 볼게요)

    ʕaʃuuf-ak(f/-ik) baɛdeen   아슈-팍(f/아슈-픽) 바아딘-   أَشُوفَكْ بَعْدِينْ

- 내일 만나죠. (제가 당신을 내일 볼게요)

    ʕaʃuufak(f/-ik) bokra   아슈-팍(f/아슈-픽) 보크라   أَشُوفَكْ بُكْرَة

- 안녕히 가세요.

    maɛa-s-salææma   마아 쌀래-마   مَعَ السَّلَامَة

생활 외화
2-2 가족 구성원 소개　ʕosar　أسرة

- **가족을 소개할 때**
- 이 분이 제 아버지세요.

  da babaaya　　　　　　　　　다 바바-야　　　　دَه بَابَايَا

- 이 사람이 제 아내입니다.

  di męraat-i　　　　　　　　디 미라-티　　　　دي مِراتي

- **가족관계를 물어볼 때**
- 이분이 당신의 남편인가요?

  da goozik　　　　　　　　　다 고-직　　　　دَه جُوزكْ؟

- 이 아이가 당신의 딸인가요?

  di bęnt-ak　　　　　　　　디 빈탁　　　　دِي بِنْتَكَ؟

가족	단어들			1인칭 소유격 (예:제 남편)		
남편	gooz formal/zoog	고-즈 주-그	جُوز زَوْج	gooz-i zoog-i	고-지 주-기	جُوزي زَوْجي
아내	męraat formal/zooga	미라-트 조-가	مِرات زَوْجة	męraat-i zoogt-i	미라-티 족-티	مِراتي زَوْجتي
아들	ʕębn pl/ʕawlææd	에븐 아울래-드	اِبْن أوْلاد	ʕębn-i (pl/아울래-디)	에브니	اِبْني أوْلادي
딸	bęnt pl/banæææt	빈트 바내-트	بِنْت بَنات	bęnt-i (pl/바내-티)	빈티	بِنْتي بَناتي
형제	ʕaxx pl/ʕęxwææt	아크 에크웨-트	أخْ أخْوات	ʕaxuuya (pl/에크웨-티)	아쿠-야	أخُويا أخْواتي
자매	ʕoxt pl/ʕęxwææt	오크트 에크웨트	أخْت إخْوات	ʕoxt-i (pl/에크웨-티)	옥티	أخْتي إخْواتي
아버지 (아빠)	baaba ʕabb formal/wæælęd	바-바 압 웰-리드	بابا أبّ والد	babaa-ya ʕabi,ʕabuu-ya waldi	바바야 아-부아비,아부-야 왈디	بابايا أبي، أبُويا والدي
어머니 (엄마)	maama ʕomm formal/walda	마-마 옴 왈다	ماما أمّ والِدة	mamti ʕomm-i waldęt-i	맘티 옴미 왈디티	مامتي أمّي والِدتي

48

생활 외화

장인	ḥama	하마	حَما	ḥamæeya	하매-야	حَمايا
장모	ḥamææ	하매-	حَماة	ḥamææti	하매-티	حَماتي
할아버지	gędd	깃드	جَدّ	gędd-i	깃디	جدّي
할머니	gędda / tęęta	깃다 / 테-타	جَدّة / تيتة	gędḍet-i	깃데티	جدّتي
친삼촌	ɛamm	암	عَمّ	ɛamm-i	암미	عمّي
외삼촌	xææl	캘-	خَال	xææl-i	캘-리	خالي
고모	ɛamma	암마	عَمّة	ɛammęt-i	암메티	عمّتي
이모	xæælɑ	캘-라	خَالة	xæælt-i	캘-티	خالتي
남자 친사촌	ʔebn ɛamm	에븐 암	إبْنْ عَمّ	ʔebn ɛamm-i	에븐 암미	إبْنْ عمّي
여자 친사촌	bent ɛamm	빈트 암	بِنْتْ عَمّ	bent ɛamm-i	빈트 암미	بِنْتْ عمّي
남자 고종사촌	ʔebn ɛamma	에븐 암마	إبْنْ عَمّة	ʔebn ɛammęt-i	에븐 암미티	إبْنْ عمّتي
여자 고종사촌	bent ɛamma	빈트 암마	بِنْتْ عَمّة	bent ɛammęt-i	빈트 암미티	بِنْتْ عمّتي
남자 외사촌	ʔebn xææl	에븐 캘-	إبْنْ خَال	ʔebn xææl-i	에븐 캘-리	إبْنْ خالي
여자 외사촌	bent xææl	빈트 캘-	بِنْتْ خَال	bent xææl-i	빈트 캘-리	بِنْتْ خالي
남자 이종사촌	ʔebn xæælɑ	에븐 캘-라	إبْنْ خَالة	ʔebn xæælt-i	에븐 캘-티	إبْنْ خالتي
여자 이종사촌	bent xæælɑ	빈트 캘-라	بِنْتْ خَالة	bent xæælt-i	빈트 캘-티	بِنْتْ خالتي
매부	gooz ʕoxt	고-즈 옥크트	جُوزْ أُخْت	gooz ʕoxt-i	고-즈 옥크티	جُوزْ أُخْتي
형수, 제수	męraat ʕaxu	미라-트 아크	مِرَاتْ أخ	męraat ʕaxuuya	미라-트 아쿠야	مِرَاتْ أخويا
시아주버니 시동생	ʕaxu gooz	아쿠 고-즈	أخُو جُوز	ʕaxu gooz-i	아쿠 고-지	أخُو جُوزي
시누이	ʕoxt gooz	옥크트 고-즈	أُخْتْ جُوز	ʕoxt gooz-i	옥크트 고-지	أُخْتْ جُوزي

생활 회화

			오크트 고-지	
처남	ʕaxu mɛraat	아쿠 미라-트	أخُو مرَات	ʕaxu mɛraat-i 아쿠 미라-티	أخُو مرَاتي
처제, 처형	ʕoxt mɛraat	오크트 미라-트	أختْ مرَاتْ	ʕoxt mɛraat-i 오크트 미라-티	أختْ مرَاتي
며느리	mɛraat ʕɛbn	미라-트 에븐	مرَاتْ ابْن	mɛraat ʕɛbn-i 미라-트 에브니	مرَاتْ ابني
사위	gooz bɛnt	고-즈 빈트	جُوزْ بِنتْ	gooz bɛnt-i 고-즈 빈티	جُوزْ بنتي
사돈	nɛsiib	니씹-	نسِيب	nɛsiib-i 니씨-비	نسِيبي

☞ 가족을 소개할 때 혹은 다른 사람과 내 가족 관계를 설명할 때는 항상 1인칭 소유격 인칭 대명사를 사용합니다.
· 그는 제 남편입니다.

howwa gooz-i   호와 고-지   هُوَّ جُوزي

· 그녀는 제 이모입니다.

hɛyya xæælt-i   헤야 캘-티   هيَّ خَالتي

· 그는 제 친사촌입니다.

howwa ʕɛbn ɛamm-i   호와 에븐 암미   هُوَّ ابنْ عمِّي

☞ 다른 사람과 또 다른 사람의 가족 관계를 설명할 때는 1인칭 소유격 인칭대명사 대신에 3인칭 소유격 인칭대명사를 사용하면 됩니다.
· 이 남자는 그녀의 아들입니다.

ʕer-raagil da ʕɛbna-ha   이라길 다 에브나하   الرَّاجلْ ده ابْنَها

· 그녀는 그의 친사촌입니다.

hɛyya bɛnt ɛamm-u   헤야 빈트 암무   هيَّ بنتْ عمُّه

― 2-2-1 ―

· 당신에게 제 가족을 소개합니다.

ʕaɛarrafak ɛala ʕosrat-i   아아랍팍 알라 오쓰라티   أعَرَّفكْ عَلَى أسْرَتي

· 당신은 결혼하셨나요?

ʕɛnta(f/ʕɛnti) mɛtgawwɛz(f/mɛtgawwɛza)

엔타(f/엔티) 미트가위즈(f/미트가위자)   انتَ (انتي) متْجوِّز (/ متْجوِّزة)؟

· 당신은 아이들이 몇명있으세요?

ɛandak(f/ɛandik, pl/ɛandoku) kææm ɛayyɛl

안닥(f/안딕, pl/안도쿠) 캠- 아일   عَنْدَك (/عَنْدِك / عَنْدُكو) كَام عيِّل؟

생활 회화

· 저에게 딸/아들이 있어요.

ɛandi bent/ walad　　　　　　　　안디 빈트/ 왈라드　　　　　　عَنْدي بِنْت/ وَلَد

· 그들의(아이들) 나이가 어떻게 되죠?

ɛandohom kææm sana　　　　　　안도홈 캠- 싸나　　　　　　عَنْدُهُم كَام سَنَة؟

· 당신은 형제, 자매가 몇 명이나 있죠?

ɛandak(f/ɛandik) kææm ʔaxu ʃaw ʔoxt

안닥(f/안딕) 캠- 아크 아우 오크트　　　　　　عَنْدَك (/ عَنْدِك) كَامْ أخُ أوْ أخْت؟

· 당신은 가족과 함께 사시나요? (부모님과 함께 사시나요?)

ʃenta(f/ʃenti) ɛææyeʃ(f/ɛayʃa) maɛa ʔahlak(f/ʔahlik)

엔타(f/엔티) 애-이쉬(f/아샤) 마아 아흘락(f/아흘릭)

اِنْتَ (/ اِنْتي) عَايش (/ عَايْشَة) مَعَ أهْلَك (/ أهْلِك)؟

· 저는 결혼을 했어요.

ʔana metgawwez(f/metgawweza)

아나 미트가위즈(f/미트가워자)　　　　　　أنَا مِتْجَوِّز (/ مِتْجَوِّزَة)

· 저는 총각(미혼남성)입니다.

ʔana ɛææzeb　　　　　　아나 애-집　　　　　　أنَا عَازِب

· 저는 이혼을 했어요(이혼상태)

ʔana meṭallaʔ(f/meṭṭallaʔa)아나 미딸라으(f/미트딸라아)　　　　　　أنَا مِطَلَّق (/ مِتْطَلَّقَة)

· 저는 미망인이에요.

ʔana ʔarmala　　　　　　아나 아르말라　　　　　　أنَا أرْمَلَة

· 당신은 친구들이 있나요?

ɛandak(f/ɛandik) ʔaṣḥaab　　안닥(f/안딕) 아스합-　　　عَنْدَك (/عَنْدِك) أصْحَاب ؟

· 당신은 어디에서 오셨나요? (출생지)

ʃenta(f/ʃenti) meneen ʔasææsan

엔타(f/엔티) 미넨- 아쌔-싼　　　　　　اِنْتَ (/اِنْتي) مِنين أسَاساً ؟

· 저는 가족들과 함께 살아요. (부모님과 함께 살아요)

ʔana ɛææyeʃ(f/ɛaʃa) maɛa ʔahli

아나 애-이쉬(f/아샤) 마아 아흘리　　　　　　أنَا عَايش (/ عَايْشَة) مَعَ أهْلي

· 당신 가족은 어디에서 왔나요?(집안의 출신을 물을 때)

ʔosreṭak(f/ʔosreṭ-ik) meneen

오쓰라탁(f/오쓰라틱) 미넨-　　　　　　أسْرِتَك (/ أسْرِتِك) مِنين ؟

· 당신은 가족이 몇명이세요?

fiih kææm fard fi ʔosreṭak(/ʔosreṭ-ik)

피 캠- 파르드 피 오쓰라탁(f/오쓰라틱)　　فيه كَام فَرْد في أسْرِتَك (/ أسْرِتِك) ؟

생활 회화
2-3 아이를 가진 부모와의 대화

A: 당신은 자녀가 있습니까?

ɛandak(f/ɛandik) ʕawlææd   안닥(f/안딕) 아울래드   عَنْدَك (/ عَنْدِك) أوْلَاد؟

B: 예   ʕaywa   아이와   أيْوَة

A: 그들은 몇 명인가요?

homma kææm   홈마 캠-   هُمْ كَام ؟

B: 네 명의 자녀들이 있어요. 딸 둘과 아들있어요.

ɛandi ʕarbaʕ ʕawlææd. bentęęn wę waladęęn

안디 아르바아 아울래드, 빈틴- 워 왈라딘

عَنْدِي أرْبَع أوْلَاد. بِنْتِين ووَلَدِين

A: 하나님이 당신을 위해 그들을 돌보시길 원해요.

rabbęna yęxallihom lak(f/lik)

랍베나 예칼리홈락(f/홈릭)   رَبَّنَا يخَلِّيهُمْ لَك (/ لِك).

B: 감사해요.

ʃokran   쇼크란   شكراً

· 이 아이가 첫번째 아이인가요?

da ʕawwęl ɛayyęl   다 아월 아옐   دَه أوَّل عَيِّل؟

· 당신은 아이들이 몇명이나 있으세요?

ɛandak kææm ɛayyęl   안닥(f/안딕) 캠- 아옐   عَنْدَك (عَنْدِك) كَام عَيِّل؟

· 당신의 아이들 나이가 어떻게 되죠?

sęnn ʕawlææd-ak(f/ʕawlææd-ik) ʕadd ʕęęh

씬 아울래-닥(f/아울래-딕) 앗드 에-   سِنّ أوْلَادَك (/ أوْلَادِك) قَدَ إيه ؟

· 이 애는 학교에 다니나요?

howwa bęyruuɦ(f/hęyya bętruuɦ) ęl-madrasa

오와 비이루-흐(f/헤야 비트루-흐) 일마드라싸

هُوَّ بِيرُوح (/ هِيَّ بِتْرُوح) الْمَدْرَسَة؟

· 사립학교에 다니나요? 아니면 국립학교에 다니나요?

madrasa xaṣṣa walla ɦukuumęyya

마드라싸 캇사 왈라 오쿠메야   مَدْرَسَة خَاصَّة وَلاَّ حُكُومِيَّة؟

· 당신은 손주, 손녀들이 있으세요?

ɛandak(f/ɛandik) ʕaɦfææd   안닥(f/안딕) 아흐패-드 ?   عَنْدَك (/ عَنْدِك) أحْفَاد ؟

생활 회화

- 아기 이름이 뭐죠?

  ʕel-bęębi ʕęsm-u ʔęęh   일베-비 이쓰무 에-   ?إيه إسْمُه اَلْبِيبِي

- 남자아이인가요, 여자아이인가요?

  walad walla bent   왈라드 왈라 빈트   ؟ وَلَد وَلاً بنْت

- 이 애가 밤에 당신을 자게 하나요?(=밤에 잘 자나요?)

  beyexallik(f/beṭxalliki) tęnææm bel-lęęl

  비이칼릭-(f/비트칼릭-) 티냄- 빌렐-   بِيخَلِّيك(/ بِتْخَلِّيكِ) تِتَام بِاللّيل؟

- 아이가 건강해요. 하나님 찬양합니다!

  ṣeḥḥętu (f/ṣeḥḥęṭha) kʷwayyęsa mææʃaʕallaah

  시헤투(f/시헤트하) 꾸와예싸 마샤 알라-   !صِحَّتُه(/صِحَّتْهَا) كُوَيِّسَة مَا شَاء الله

- 아이가 너무 예쁘네요!

  (남자아이) ʕel-ṭefl gamiil   잇떼플 가밀-   ! الطِّفْل جَمِيل

  (여자아이) ʕel-ṭefla gamila   잇떼플라 가밀-라   ! الطِّفْلَة جَمِيلَة

- 그가(그녀가) 당신을 닮았군요!

  (남자아이) howwa ʃabahak   호와 샤바학   هُوَّ شَبَهَك

  (여자아이) heyya ʃabahęk   헤야 샤바힉   هِيَّ شَبَهِكْ

- 이 아이의 눈이 당신의 눈을 닮았어요.

  ʕęęnęę zayy ʕęęnęęk(f/ʕęęnęęki)

  아이니- 자이 아이낙(f/에이니키)   عِينِيه زَيِّ عِينِيك(عِينِيكِ)

- (이 아이는) 엄마를 닮았나요? 아빠를 닮았나요?

  ʃabah maama walla baaba   샤바흐 마-마 왈라 바-바   شَبَه مَامَا وَلاً بَابَا؟

- 예정일이 언제죠? (당신은 언제 아이를 낳죠?)

  hatewlędi ʕemta   하트울리디 엠타   هَتِوْلِدِي إِمْتَى؟

- 당신은 그의 이름을 뭐라고 지을거죠?

  hatsammi-h ʔęęh   하트쌈미 에-   هَتْسَمِّيه إيه؟

2-4 아이들과의 대화

- 네 이름이 뭐니?

  ʕesmak(f/ʕesmik) ʔęęh   이쓰막(f/이쓰믹) 에-   إسْمَك(/ إِسْمِكْ) إيه؟

- 너 몇살이니?

  ɛandak(f/ɛandik) kææm sana   안닥(f/안딕) 캠- 싸나   عَنْدَك(عَنْدِكْ) كَام سَنَة؟

- 네 생일이 언제니?

  ɛiid mᵉlææɛdak(f/mᵉlææɛdik) ʕemta

  아이드 밀래-닥(f/밀래-딕) 엠타   عِيدْ مِيلَادَكْ(/ مِيلَادِكْ) إمْتَى؟

생활 회화

- 너는 형제, 자매가 있니?

  ɛandak(f/ɛandik) ʕexwææt 안닥(f/안딕) 에크웨트 عَنْدَك(/عَنْدِك) إخْوَات؟

- 너는 어떤 학교에 다니니?

  bętruuḥ(f/bętruuḥi) madrasęt ʕęeh

  비트루-흐(f/비트루-히) 마드라씻 에- بِتْرُوح(بِتْرُوحِي) مَدْرَسة إيه؟

- 그 선생님이 좋으시니?

  ʕęl-mudarręs(f/mudarręsa) laṭiif(f/laṭiifa)

  일무다릿쓰(f/무다릿싸) 라띠-프(f/라띠-파) الْمُدَرِّس(/الْمُدَرِّسَة) لَطِيف(/لَطِيفَة)؟

- 너는 학교가 좋니?

  bętḥębb(f/bętḥębbi) ęl-madrasa

  비트헵 (f/비트헵비) 일마드라싸 بِتحِبّ(/بِتحِبِّي) الْمَدْرَسَة؟

- 너는 운동을 하니?

  bętęlɛab(f/bętęlɛabi) ręyaaḍa

  비틸라압(f/비틸라아비) 리야-다 بِتلْعَب(/بِتلْعَبِي) رِيَاضَة؟

- 너는 무슨 운동을 하니?

  bętęlɛab(f/bętęlɛabi) ʕanhi ręyaaḍa

  비틸라압(f/비틸라아비) 안히 리야-다 بِتلْعَب(/بِتلْعَبِي) أنْهِي رِيَاضَة؟

- 너는 학교가 끝나면 뭘 하니?

  bętęɛmęl(f/bętęɛmęli) ʕęeh baɛd ęl-madrasa

  비트아밀(f/비트아밀리) 에- 바아드 일마드라싸 بِتعْمِل(بتعْمِلِي) إيه بَعْد الْمَدْرَسَة؟

- 너는 영어를 배우니?

  bętętɛallęm(f/bętętɛallęmi) ęngęliizi

  비티트알림(f/비티트알리미) 인글리-지 بِتتْعَلِّم (/ بِتتْعَلِّمِي) إنْجِلِيزِي؟

- 우리나라는 아주 멀리있단다.

  baladi bęɛiida gęddan   발라디 베이-다 깃단 بَلَدِي بعِيدَة جِدًّا

- 너, 게임할래?

  ɛææyęz(f/ɛayza) tęlɛab(f/tęlɛabi) lęɛba

  아-이즈(f/아이자) 틸라압(f/틸라아비) 레아바 عَايِز(/عَايْزَة) تِلْعَبْ(/تِلْعَبِي) لعْبَة؟

- 우리, 무슨 게임할까?

  nęlɛab ʕęeh   닐라압 에- نِلْعَبْ إيه؟

생활 회화
2-5 식사 초대시 대화

이집트 사람의 식사 초대를 받았을 때

이집트 사람이 다른 사람을 식사에 초대한다는 것은 두 사람 혹은 두 가정이 깊은 친구 관계를 맺음을 의미합니다. 때문에 이집트 사람으로부터 식사 초대를 받는 것은 특별한 의미가 있습니다.

이집트에서 식사에 초대받은 손님은 약속된 시간 보다 약간 늦게 도착하는것이 일반적입니다. 때문에 약속 시간에 정확하게 나타나지 않는다고 이상하게 생각할 필요가 없습니다. 오히려 음식을 준비하는 사람이 좀 더 여유있게 준비할 수 있어 좋습니다.

준비된 식탁에 앉은 이후 손님은 바로 식사에 들어가기 보다 주인이 준비한 음식을 쟁반에 나누어 줄 때 까지 기다리는 것이 좋습니다. 이들은 초대된 손님에게 음식을 일일히 나누어 주면서 음식에 대해서 소개하길 좋아합니다.

준비된 음식을 맛있게 많이 드십시오. 맛있게 많이 먹으면 먹을수록 준비한 주인은 더 기뻐할 것입니다. 혹시 그 음식이 여러분의 입맛에 맞지 않을 수도 있습니다. 생전 처음 먹어보는 이집트 음식이니까 어쩌면 당연한 결과이겠지요. 그렇다고 초대한 주인의 음식 솜씨를 나무라지는 마십시오. 여러분의 입맛과 취향이 달라서 그렇지 그 주인의 음식 솜씨가 나쁜 것은 아닙니다.

음식을 먹고 나서는(혹은 먹으면서) 주인의 음식 솜씨에 대해서 마음껏 칭찬해 주십시오. 만일 음식을 먹고 칭찬이 없을 경우 다시 한 번 초대받는다는 보장이 없기 때문입니다.

이집트 사람을 식사에 초대할 때

대부분의 이집트 사람들은 매일 먹는 이집트 전통 음식을 주로 먹습니다. 매일 '그 나물에 그 밥'을 먹는 셈이죠. 따라서 다른 나라 음식을 경험해 본 경우가 드뭅니다. 때문에 이집트 친구를 여러분의 식사에 초대할 경우 한식만을 준비하기 보다 국제적인 음식(예: 마카로나, 닭고기 등)을 함께 준비하여 대접하는 것이 좋습니다. 물론 회교도들에게 돼지고기 요리는 금물입니다.

이집트 사람들의 식사 시간에 대해

이집트 사람들의 식사 시간은 우리와 많이 다릅니다. 이들은 아침식사를 보통 9-10시에 하고 점심은 4-5, 저녁 식사는 9-11에 하는 것이 보통입니다.

- 이 음식 이름이 뭐죠?

  ʃesmu ʃeeh el-akl da   이쓰무 에- 일아클 다   إِسْمُه إِيه الأَكْل دَه؟

- 그 맛이 아주 훌륭해요.

  taʕmu gamiil ʕawi   따아무 가밀- 아위   طَعْمُه جَمِيل قَوِي

생활 회화

- 음식 솜씨가 대단해요!
  teslam ʕeed-ak (f/-ik)　티쏠람 이-닥(f/이-딕)　تِسْلَمْ إِيدَك (/ إِيدِك)
- 이 음식은 아주 맛있어요.
  ʕel-ʔakl da laziiz ʔawi　일아클 다 라지-즈 아위　الأَكْل دَه لَذيذ قَوي
- 당신은 어떻게 이 음식을 만드셨어요?
  ɛamaltu ʕezzææy　아말투 잇재-이　عَمَلْته إِزَّاي؟
- 저는 조금 전에 밥을 먹었어요.
  ʔana lessa wæækel(f/-a)　아나 렛싸 왜-킬(f/와클라)　أَنا لِسَّة وَاكِل
- 저는 배가 아주 불러요.
  ʔana ʃabɛææn(f/-a) ʔawi　아나 샤브앤-(f/샤브애-나) 아위　أَنا شَبْعَان (/ شَبْعَانَة) قَوي
- 저는 ....알레르기가 있어요.
  ɛandi ḥasaseyya men ....　안디 하싸쎄야 민....　عَنْدي حَسَاسِيَّة مِن....
- 저는 채식주의자예요.
  ʔana nabææti(f/nabæætiyya)　아나 나배-티(f/나배티야)　أَنا نَبَاتي(/نَبَاتِيَّة)
- 저는 고기를 먹지 않아요.
  ʔana mabakolʃ laḥma　아나 마바콜쉬 라흐마　أَنا مَابَاكُلْش لَحْمَة
- 행복과 건강이 있기를! (식사를 마친 사람에게, 식사를 권할 때 사양하면서)
  bil-hana weʃ-ʃefa　빌하나 윗쉬파　بِالْهَنَاء والشِّفَاء

2-5-1 식사에 대한 용어들

음식	ʔakl	아클	أَكْلْ
아침식사	feṭaar	피따-르	فِطَارْ
점심식사	ɣada	가다	غَدَاء
저녁식사	ɛaʃa	아샤	عَشَاء
간식(배고플때)	taʃbiira	타스비-라	تَصْبِيرَة
아침을 먹다	feṭer/ yeftar	피뜨르/예프따르	فِطَر/يِفْطَر
점심을 먹다	ʔetɣadda/yetɣadda	이트갓다/예트갓다	إِتْغَدَّى/يِتْغَدَّى
저녁을 먹다	ʔetɛaʃʃa/ yetɛaʃʃa	이트아샤/예트아샤	إِتْعَشَّى/يِتْعَشَّى
디저트	ḥelw/ḥalawiyyææt	헬루/할라위에-트	حِلُو/حَلَوِيَّات
맛	ṭaɛm	따암	طَعْمْ

생활 회화

아랍어 단어 표기시 ' / ' 의 의미
위의 표에서 '아침을 먹다', '저녁을 먹다' 단어 표기에 사용된 ' / ' 는 단어를 효과적으로 표기하기 위한 기호입니다. 여기서는 '동사의 3인칭 과거/ 3인칭 현재' 꼴이 기록되어 있습니다. 만일 단어가 명사일 경우 '단수/복수'의 순으로 표기합니다.

2-5-2 음식 맛에 대한 표현

· 이 음식은 …해요

Şe-ʕakl da …　　　일아클 다 …　　　… الأكل ده

예) 이 음식은 달아요.

Şe-ʕakl da mᵉsakkar　일아클 다 미싹카르　الأكل ده مِسَكَّر

맛있는	laziiz	라지-즈	لَذيذ
단	mᵉsakkar ɦelw	미싹카르 헬루	مِسَكَّر حِلْو
쓴	morr	모르	مُرّ
짠	mæælęɦ memallaɦ	맬-리흐 미말라흐	مالِح مِمَلِّح
신	męzęz	미지즈	مِزِز
매운	ɦæːmi ɦarrææʕ	해-미 하래-으	حَامي حَرَّاق
싱거운	sæædęm	아-딤	عَادِم

악센트 표기에 대해
위의 표에서 국제음운 기호에 악센트가 표시되어 있습니다. 악센트 표시는 강세가 있는 모음 위에 점으로 표시합니다. 악센트는 단어 가운데 모음이 두 개 이상 즉 음절이 두 개 이싱인 단어에 나타납니다. 이 때 장모음으로 표시된 모음 부호 ææ, ɑɑ, oo, uu 는 두 개의 모음이 아니라 한 개의 모음입니다. 또한 두 단어 이상으로 구성된 단어에는 악센트를 표기하지 않고 한 단어로 구성된 단어에만 악센트를 표시합니다.

한편 이집트 구어체 아랍어에서 악센트의 원칙이 있습니다. 이 책의 문법편을 보시기 바랍니다.

생활 외화

3. 전화

생활 외화

• 해니가 새미에게 전화를 한다

새미 아빠: (전화를 받으면서) 여보세요.

ʔaloo   알로-   أبو سامي : أَلُو

해니: 안녕하세요.(오후 혹은 저녁)

masæaʕ ʔæsæs el-xęɾ   마싸-으 일키-르   هاني : مَسَاء الْخِير

새미 아빠: 안녕하세요(응답)

masæaʕ ęn-nuur   마싸-으 인누-르   أبو سامي : مَسَاء النُّور

해니: 새미와 통화할 수 있나요?(=새미 바꿔주세요)

momkęn ʕakallęm sæmi law samaḥt

몸킨 아칼림 쌔-미 라우 싸마흐트   هاني : مُمْكِن أَكَلِّم سَامي لَوْ سَمَحْت؟

새미 아빠: 네, 누구시죠?

miin maʕæaya   민- 마애-야   أبو سامي : مِين مَعَايَا؟

해니: 저는 해니인데요, 새미 친구예요.

ʕana hæni, ṣaaḥęb sæmi

아나 해-니, 사-힙 쌔-미   هاني : أَنا هَاني، صَاحِب سَامي

새미 아빠: 해니! 잠시만 기다려

ṭɑb sawæani ya hæni   땁 싸와-니 야 해-니   أبو سامي : طَب ثَوَانِي يَا هَاني

해니: 알겠어요.

ookę   오-케이   هاني : أُوكِى

새미: 안녕! 해니!

ʕahlan ya hæni   아흘란 야 해-니   سامي : أَهْلًا يَا هَاني

해니: 새미! 잘 지내니?

izayyak ya sæmi ɛæmęl ʕeeh

잇자약 야 쌔-미 애-밀 에-   هاني : إِزَيَّك يَا سَامي عَامِل إيه

새미: 나는 잘 지내. 너는 어때?

ʕana kʷwayyęs el-ḥamdu lę-llæah w-ęnta ɛæmęl ʕeeh

아나 꾸왜에쓰 일함두릴래- 왼타 애-밀 에-

سامي : أَنَا كُوَيِّس الْحَمْدُ لله , وانْتَ عَامِل إيه؟

해니: 나도 잘 지내. 오늘 어떤 소식이 있니?

ʕana kʷwayyęs. ʕeeh ʕaxbaarak ęn-naharda

아나 꾸와예쓰, 에- 아크바-락 인나하르다   هاني : أَنَا كُوَيِّس. إيه أَخْبَارك النَّهَارْدَة ؟

....

....

생활 회화

• 전화를 마무리 하며

해니: 그래 원하는 것 있니?
  ɛenta ɛææyɛz ɦææga   엔타 아-이즈 해-가?   هاني : اِنْتَ عَايِز حَاجَة ؟

새미: 고마워
  ʃokran   쇼크란   سامي : شُكْراً

해니: 안녕
  salææm   쌀램-   هاني : سَلَام

새미: 안녕
  salææm   쌀램-   سامي : سَلَام

― 3-1 ―

• 누구(사람이름)와 통화할 수 있나요?
  momkɛn ɛakallɛm…   몸킨 아칼림 + 사람 이름   مُمْكِن أُكَلِّم +

• 여보세요. 누구(사람이름) 계신가요?
  ɛaloo … mawguud(f/-a)
  알로- … 마우구-드(f/마우구다)   ألُو... مَوْجُود (/ مَوْجُودَة)

• 누구시죠?
  miin maɛææya   민- 마애-야   مِين مَعَايَا

• 그에게 누구라고 전해드릴까요?
  ɛaɛuu-lu miin   아울-루(f/아울라-하) 민-   أَقُول لُه(/ أَقُول لَهَا) مِين ؟

• 예, 그분 있어요(그가 있어요).
  ɛaywa howwa mawguud
  아이와 오와(f/헤야) 마우구-드(f/마우구다)   أَيْوَه هُوَّ مَوْجُود (/ هِيَّ مَوْجُودَة)

• 그는 자고 있어요
  howwa næævim(f/-a) **오와(f/헤야) 내-임(f/내이마)**   هُوَّ نَايِم (/هِيَّ نَايْمَة)

• 그가 언제 (잠에서) 일어날 것인가요?
  hayɛsɦa ɛɛmta   하예스하 엠따   هَيِصْحَى إِمْتَى ؟

• 그는 안계세요.
  howwa mɛʃ mawguud(f/ -a)
  오와(f/헤야)미쉬 마우구-드(f/마우구우다)   هُوَّ مِش مَوْجُود (/هِيَّ مِش مَوْجُودَة)

생활 회화

- 그가 언제 돌아오나요?

  hayɛrgaɛ ʕɛmta   하이르가아 엠따   هَيِرْجَع إِمْتَى ؟

- 메시지를 남겨도 될까요?

  momkɛn ʕasiib rɛsæɛla   몸킨 아씨ㅂ- 리쌜-라   مُمْكِن أَسِيب رِسَالَة ؟

- 네, (그분이) 계세요. 잠깐만 기다리세요.

  ʕaywa mawguud(f/ -da) xalliik maɛæɛya

  아이와 마우구-드(f/마우구우다), 칼릭- 마애-야   أَيْوَه مَوْجُود (/مَوْجُودَة)، خَلِّيك مَعَايَا

- 그가 돌아오면, 제가 전화했다고 전해주십시오.

  lamma yɛrgaɛ ʕolu ʕɛnni ʕɛttaʕalt biih

  람마 에르가아 울루 인니 잇타샬트 비-   لَمَّا يِرْجَع قُل لُه إِنِّى اتَّصَلْت بِه

- 제 전화번호는 ... 입니다.

  nɛmrɛt-i ···   니므리티···   نِمْرِتي....

- 그분에게(f/그녀에게) 다음에 전화하겠어요.

  hattɛʃɛl biih(f/biiha) baɛdɛɛn

  핫티실 비(f/비하) 바아딘-   هَاتِّصِل بِيه (/ بِيهَا) بَعْدِين

- 부인께서는 안녕하신지요?

  ʕizzæɛyy ɛl-madæɛm   이재이 마댐-   إِزَّايّ الْمَدَام ؟

- 자녀들은 잘 지내고 있는지요?

  ʕizzæɛyy ɛl-ʕawlæɛd   이재이 일아울래드   إِزَّايّ الأَوْلَاد ؟

- 남편은 잘 지내고 계신지요?

  ʕizzæɛyy goozik   이재이 고-직   إِزَّايّ جُوزِك ؟

- 당신이 그리워요(보고 싶어요).

  ʕɛnta wæɛħɛʃni   엔타 왜-히쉬니   إِنْتَ وَاحِشْني

- 전화 잘못 했어요(잘못된 전화번호입니다).

  ʕɛl-nɛmra ɣalaṭ   일니므라 갈라뜨   النِّمْرَة غَلَط

생활 회화
3-2 전화 관련 용어들

한국어	발음	한글 발음	아랍어
전화	tẹlifoon	틸리폰-	تليفون
전화번호	raqam ẹt-tẹlifoon nẹmrit ẹt-tẹlifoon	라깜 잇틸리폰- 니므릿 잇틸리폰-	رقم التليفون نمرة التليفون
통화중인	maʃɣuul	마쉬굴-	مشغول
전화신호음	ɦaraara	하라-라	حرارة
전화번호안내 (140/141번)	daliil	달릴-	دليل
전화번호부	daliil tẹlifoon	달릴- 틸리폰-	دليل تليفون
전화카드	kart tẹlifoon	카르트 틸리폰-	كارت تليفون
가정용 전화카드	kart manzili	카르트 만질리	كارت المنزلي
장거리직통전화	tẹlifoon mubææʃẹr	틸리폰- 무배-쉬르	تليفون مباشر
핸드폰	maɦmuul mobayẹl	마흐물- 모바일	محمول موبايل
일반전화 (시내전화)	tẹlifoon ɛæædi tẹlifoon maɦalli	틸리폰- 아애-디 틸리폰- 마할리	تليفون عادي تليفون محلّي
핸드폰 네트워크전파	ʃabaka	샤바카	شبكة
전신 전화국	sẹntẹraal	쎈티랄-	سنترال
교환원	ɛææmẹl tẹlifoonææt	애-밀 틸리포내-트	عامل تليفونات
전화하다	ʔẹttaṣal/ yẹttẹṣel (bẹ) ʔẹtkallẹm/ yẹtkallẹm (fẹt-tẹlifoon)	잇타살/엣티실 (비) 이트칼림/에트칼림 (핏 틸리폰-)	اتّصل/ يتّصل ب اتكلّم/ يتكلّم في التليفون
전화받다	radd/yẹrodd(ɛala)	랏드/에롯드(알라)	ردّ/يردّ (على)
전화벨이울리다	rann/ yẹrẹnn	란/ 에렌	رنّ/ يرنّ

생활 회화

4. 숫자, 시간, 날짜, 요일, 월

이집트의 자동차 번호판
번호 573616

    이집트에 처음 왔을 때 받는 문화충격중 가장 큰 것 중의 하나가 바로 아라비아 숫자입니다. 아라비아 숫자를 읽는 소리가 다를 것이라는 예상은 누구든지 할 수 있는 것입니다. 그런데 세상에… 아라비아 숫자의 표기까지 우리가 사용하는 것과 다르다니!!!

    실제로 이집트에서는 자동차 번호판의 숫자, 전광판의 숫자, 버스 노선 번호, 상품의 가격표시 까지도 우리와는 다른 아라비아 숫자로 표기를 합니다. 때문에 쇼핑을 하며 물건의 가격표를 볼 때, 혹은 버스를 타기 위해 버스 번호를 볼 때 여간 당혹스러운게 아닙니다.

    하지만 머리 아파할 필요가 없습니다. 여기에 아라비아 숫자의 표기법과 읽는 소리를 소개합니다. 아래의 내용을 잘 익히시기만 하면 바가지 안쓰고 쇼핑도 하고 이집트 생활을 즐길 수 있습니다.

☞ 아랍어 문자는 오른쪽에서 왼쪽으로 읽지만 아라비아 숫자는 우리와 같이 왼쪽에서 오른쪽으로 읽습니다.

생활 회화

4-1 기수와 서수

4-1-1 기수(基數) - 일반적인 숫자

숫자	표기	아랍어 읽기		
0	٠	ṣifr ziiru	시프르 지-루	صِفْر زِيرُو
1	١	wææḥed(m)/ waḥda(f)	왜-히드(m)/ 와흐다(f)	وَاحِد/ وَاحْدَة
2	٢	ʔetneen	이트닌-	إِتْنِين
3	٣	talææta	탈래-타 (땔래-따)	تَلَاتَة
4	٤	ʕarbaʕa	아르바아	أَرْبَعَة
5	٥	xamsa	캄싸	خَمْسَة
6	٦	ṣetta	씨타	سِتَّة
7	٧	sabʕa	싸브아	سَبْعَة
8	٨	tamanya	타만냐	تَمَانْيَة
9	٩	tesʕa	티싸아	تِسْعَة
10	١٠	ʕaʃara	아샤라	عَشَرَة
11	١١	ḥedaaʃar	헤다-샤르	حِدَاشَر (أحد عشر)
12	١٢	ʔetnaaʃar	이트나-샤르	إِتْنَاشَر (إِثْنَا عشر)
13	١٣	talat-taaʃar	탈랏타-샤르	تَلَاتَاشَر (ثلاثة عشر)
14	١٤	ʕarb-aʕtaaʃar	아르바아타-샤르	أَرْبَعْتَاشَر (أربعة عشر)
15	١٥	xamas-taaʃar	카마쓰타-샤르	خَمَسْتَاشَر (خمسة عشر)
16	١٦	set-taaʃar	씨타-샤르	سِتَّاشَر (ستّة عشر)
17	١٧	sabaʕ-taaʃar	싸바아타-샤르	سَبَعْتَاشَر (سبعة عشر)
18	١٨	taman-taaʃar	타만타-샤르	تَمَنْتَاشَر (ثمانية عشر)
19	١٩	tesʕaʕ-taaʃar	티싸아타-샤르	تِسَعْتَاشَر (تسعة عشر)
20	٢٠	ʕeʃriin	에쉬린-	عِشْرِين
21	٢١	wææḥed wᵉ-ʕeʃriin	왜히드 위-에쉬린-	وَاحِد وعِشْرِين

생활 외화

22	٢٢	ʕetneen wᵉ-æʕʃriin	이트닌 워-에쉬린-	إِتْنين وعِشْرين
...	...	...		...
30	٣٠	talatiin	탈라틴-	تَلاتين
40	٤٠	ʕarbɛɛiin	아르비아인-	أرْبَعين
50	٥٠	xamsiin	캄씬-	خَمْسين
60	٦٠	sɛttiin	씨틴-	سِتّين
70	٧٠	sabɛiin	쌉아인-	سَبْعين
80	٨٠	tamaniin	타마닌-	تَمَانين
90	٩٠	tɛsɛiin	티싸인-	تِسْعين
100	١٠٠	mɛyya	메야	مِيَّة (مائة)
101	١٠١	mɛyya wᵉwææhɛd	메야 워왜-히드	مِيَّة وواحِد
102	١٠٢	mɛyya wᵉʕɛtneen	메야 워이트닌-	مِيَّة واتْنين
...	...	...		...
200	٢٠٠	mɛtɛen	메텐-	ميتين(مائتين)
300	٣٠٠	toltumɛyya	톨투메야	تُلْتمِيَّة(ثلث مائة)
400	٤٠٠	robɛumɛyya	롭우메야	رُبْعمِيَّة(ربع مائة)
500	٥٠٠	xomsumɛyya	콤쑤메야	خُمْسمِيَّة(خمس مائة)
600	٦٠٠	sottumɛyya	쏫투메야	سُتّمِيَّة(ست مائة)
700	٧٠٠	sobɛumɛyya	쏩우메야	سُبْعمِيَّة(سبع مائة)
800	٨٠٠	tomnumɛyya	톰누메야	تُمْنمِيَّة(ثمن مائة)
900	٩٠٠	tosɛumɛyya	토쓰우메야	تُسْعمِيَّة(تسع مائة)
1000	١٠٠٠	ʕalf	알프	ألْف
2000	٢٠٠٠	ʕalfɛen	알펜-	ألْفين
3000	٣٠٠٠	talæættalææf	탈랫-탈래-프	تَلاتْلاف
4000	٤٠٠٠	ʕarbaɛ-talææf	아르바아탈래-프	أرْبَع تْلاف
...	...	...		...
10000	١٠٠٠٠	ɛaʃar-talææf	아샤르 탈래-프	عَشَر تالاف

생활 회화					
100000	١٠٠٠٠٠	miit ʕalf	미-트 알프		مية ألْف
백만	...	milyoon	밀리온-		مِلْيُون
천만	...	ɛaʃara milyoon	아샤라 밀리온-		عشْرة مِلْيُون
일억	...	miit milyoon	미-트 밀리온-		مية مِلْيُون

※※ 위의 표에서 괄호안의 숫자는 표준 아랍어 숫자 표기입니다.

4-1-2 사람이나 사물의 갯 수를 세는 법
4-1-2-1 갯수가 한 개일 때 숫자 세는 법

사물이나 사람에 대한 명사를 정관사 없이 사용할 경우 '한 개'의 의미가 됩니다. 아래 도표의 일반형이 바로 그것입니다. 여기에 비해 강조형은 숫자가 한 개임을 더욱 강조하고 싶을 때 사용하는 것입니다.

의미	일반형		강조형	
책 한 권	kẹtææb 키탭-	كِتَاب	kẹtææb wææɧẹd 키탭- 왜-히드	كِتَابْ وَاحِد
한 소녀	bẹnt 빈트	بِنْت	bẹnt waɧda 빈트 와흐다	بِنْتْ وَاحْدَة
펜 한 개	ʕalam 알람	قَلَم	ʕalam wææɧẹd 알람 왜-히드	قَلَمْ وَاحِد

- 문장에서의 예
  - 나는 책을 한 권 가지고 있다. ɛandi kẹtææb 안디 키탭- عِنْدِي كِتَاب
  - 나는 책을 딱 한 권 가지고 있다.

    ɛandi kẹtææb wææɧẹd   안디 키탭- 왜-히드   عِنْدِي كِتَابْ وَاحِدْ

4-1-2-2 갯수가 두 개 일 때 숫자 세는 법

사물이나 사람의 숫자가 두 개일 때는 아래와 같이 명사의 양수(兩數, dual)를 사용합니다. 일반적으로는 명사의 양수만으로 '두 개'란 의미가 널리 사용되지만, '두 개'임을 강조할 때는 양수 명사 뒤에 ʕẹtnẹẹn 이트닌- إِثْنِين 을 붙여서 사용합니다. (명사의 양수꼴에 대해서는 이 책 문법 부분에서 확인하십시오)

의미	일반형		강조형	
책 두 권	kẹtææbẹẹn 키태벤-	كِتَابِين	kẹtææbẹẹn ʕẹtnẹẹn 키태벤- 이트닌-	كِتَابِين إِتْنِين
소녀 두 사람	bẹntẹẹn 빈텐-	بِنْتِين	bẹntẹẹn ʕẹtnẹẹn 빈텐- 이트닌-	بِنْتِين إِتْنِين
펜 두 개	ʕalamẹẹn 알라멘-	قَلَمِين	ʕalamẹẹn ʕẹtnẹẹn 알라멘- 이트닌-	قَلَمِين إِتْنِين

생활 회화
4-1-2-3 갯수가 세 개에서 열 개 까지일 때 숫자 세는 법

사물이나 사람의 숫자가 3-10개일 경우는 아래와 같이 명사의 복수꼴을 사용합니다. 또한 이 때의 숫자는 위의 4-1-1에서의 일반적인 기수 숫자와 약간의 차이가 있습니다. (명사의 복수꼴에 대해서는 이 책 문법 부분에서 확인하십시오.)

3-10 갯수를 셀 때의 숫자			3-10 갯수의 예	
셋	talæææt 탈래-트	تَلَات	세 권의 책 talæææt kotob 탈래-트 코톱	تَلَاتْ كُتُبْ
넷	ʕarbaɛ 아르바아	أَرْبَع	네 사람의 소녀 ʕarbaɛ banææti 아르바아 바내-트	أَرْبَعْ بَنَاتْ
다섯	xamas 카마쓰	خَمَس	다섯 개의 펜 xamas ʔaʕlææm 카마쓰 이을램-	خَمَسْ إِقْلَامْ
여섯	sętt 씻트	سِتّ	여섯 개의 걸상 sętt karææsi 씻트 카래-씨	سِتّ كَرَاسِي
일곱	sabaɛ 싸바으	سَبَع	일곱 개의 레슨 sabaɛ duruus 싸바아 두루-쓰	سَبَعْ دُرُوسْ
여덟	taman 타만	تَمَان	여덟 개의 방 taman ʃuwad 타만 우와드	تَمَانْ أُوضْ
아홉	tęsaɛ 티싸으	تِسَع	아홉 개의 그림 tęsaɛ ʃuwar 티싸아 수와르	تِسَعْ صُوَرْ
열	ɛaʃar 아샤르	عَشَر	열 명의 남자 ɛaʃar reggææla 아샤르 릭갤-라	عَشَرْ رِجَّالَة

☞ 예외) 사물이나 사람의 3-10개 사이의 갯수를 이야기 할 때 일반적으로 명사의 복수를 사용하고, 같이 사용되는 숫자의 꼴도 약간 변형된다는 것을 배웠습니다. 하지만 예외적인 것이 있습니다. 음식이나 음료수를 주문할 때, 무게 혹은 길이 등의 치수를 이야기 할 때, 돈 계산을 할 때 등에는 명사의 복수가 아닌 단수가 사용되고, 숫자의 꼴도 4-1-1의 일반적인 기수의 숫자 꼴을 사용합니다.

- 3 미터를 원합니다.

ɛæææyęz talæææta mętr 아-이즈 땔래-타 미트르	عَايِزْ تَلَاتَة مِتْر

- 나에게 4 킬로를 주십시오.

hææt li ʕarbaɛa kiilu 해-트 리 아르바아 킬-로	هَاتْ لِي أَرْبَعَة كِيلُو

- 내가 7 파운드를 봉투에 넣었습니다.

ḥattiit sabaɛa ginęę fiʃ-ʃanta 핫띠-트 싸바아 기니- 핏샨따	حَطِّيت سَبْعَة جنيه في الشَّنْطَة

생활 외화

4-1-2-4 갯수가 11개 이상일 때 숫자 세는 법

숫자가 11개 이상일 때는 단수 명사를 사용하여 숫자를 셉니다. 또한 숫자의 꼴도 4-1-1의 일반적인 숫자를 사용합니다.

· 11개의 편지		
ḥedaaʃar gawææb	헤다-샤르 가웹-	حِداشَرْ جَوابْ
· 14개의 사진		
ʕarb-aɛtaaʃar ṣuura	아르바아타-샤르 수-라	أَرْبَعْتَاشَرْ صُورة
· 20명의 남자		
ɛeʃriin raagel	에쉬린- 라-길	عِشْرِينْ رَاجِلْ
· 나는 100권의 책을 원합니다.		
ʃana ææyez miit ketææb	아나 아-이즈 미-트 키태-브	أَنا عَايِزْ مِية كِتَابْ

☞ 숫자 100이 갯수를 셀 때 사용되면 그 발음은 'miit 미-트'로 변화합니다.

4-1-3 서수(序數, Ordinals) 표현법

기수(基數)가 갯수를 말할 때 사용되는 숫자라면 서수(序數)란 순서를 말할 때 사용되는 숫자를 말합니다. 예를들어 '첫째 아들, 둘째 줄, 세번째 차례, 4층(네번째 층)' 등을 표현할 때 서수를 사용합니다. 이집트 구어체 아랍어에서 서수(序數)는 아래와 같이 표현됩니다. 먼저 서수 숫자를 익히시고 그 아래의 예를 확인하시기 바랍니다.

첫번째	ʃawwel(f/ʃuula) ʃawwalææni(f/ʃawwalaneyya) 아왈래-니 (f/아왈래-니야)	아월(f/울-라)	أَوِّلْ/ أُولَى أَوَّلَانِي/ أَوَّلَانِيَة
두번째	tææni(f/tanya)	태-니 (f/탄야)	تَانِي/ تَانْيَة
세번째	tæælet(f/talta)	탤-리트 (f/탈타)	تَالِتْ/ تَالْتَة
네번째	raabeɛ(f/rabɛa)	라-비아 (f/랍아)	رَابِع/ رَابْعَة
다섯번째	xææmes(f/xamsa)	캐-미쓰 (f/캄싸)	خَامِس/ خَامْسَة
여섯번째	sæædes(f/sadsa)	쌔-디쓰 ((f/싸드사)	سَادِس/ سَادْسَة
일곱번째	sææbeɛ(f/sabɛa)	쌔-비아 (f/쌉아)	سَابِع/ سَابْعَة
여덟번째	tææmen(f/tamna)	태-민 (f/탐나)	تَامِن/ تَامْنَة
아홉번째	tææseɛ(f/tasɛa)	태-쎄아 (f/타쓰아)	تَاسِع/ تَاسْعَة
열번째	ɛææʃer(f/ɛaʃra)	애-쉬르 (f/아쉬라)	عَاشِر/ عَاشْرَة

생활 회화
서수를 사용한 예

1층 (첫번째 층)	ʕawwel door ʕed-door el-ʕawwal ʕed-door el-ʕawwalæːni	아월 도-르 잇도-르 일아월 잇도-르 일아월래-니	أَوَّلْ دُورْ اِلدُّور الأَوَّلْ اِلدُّور الأَوَّلاَنِي
2층 (두번째 층)	tæːni door ʕed-door et-tæːni	태-니 도-르 잇도-르 잇태-니	تَانِي دُورْ اِلدُّور التَّانِي
3층 (세번째 층)	tæːlet door ʕed-door et-tæːlet	탤-릿 도-르 잇도-르 탤-리트	تَالِتْ دُورْ اِلدُّور التَّالِتْ
4층 (네번째 층)	raabeɛ door ʕed-door er-raabeɛ	라-비아 도-르 잇도-르 이라-비아	رَابِعْ دُورْ اِلدُّور الرَّابِعْ
...	...		...
첫번째 (first time)	ʕawwel marra ʕel-marra el-ʕuula ʕel-marra el-ʕawwalaneyya	아월 마란 일마란 일울-라 일마란 일아월라네야	أَوَّلْ مَرَّة اِلْمَرَّة الأُولَى اِلْمَرَّة الأَوَّلاَنِيَّة
두번째 (second time)	tæːni marra ʕel-marra et-tanya	태-니 마란 일마란 잇탄야	تَانِي مَرَّة اِلْمَرَّة التَّانِيَة
세번째 (third time)	tæːlet marra ʕel-marra et-talta	탤-릿 마란 일마란 잇탈타	تَالِتْ مَرَّة اِلْمَرَّة التَّالْتَة
네번째 (fourth time)	raabeɛ marra ʕel-marra er-rabɛa	라비아 마란 일마란 이랍아	رَابِعْ مَرَّة اِلْمَرَّة الرَّابِعَة
...	...		...

☞ 위의 예에서 명사가 서수보다 먼저 올 경우 앞에 오는 명사의 성(性)에 따라 뒤에 오는 서수도 변화합니다. 예를들어 서수 앞에 오는 명사가 남성 명사일 경우 서수의 형태도 남성의 형태를 취하고, 여성 명사가 올 경우 서수의 형태도 여성의 형태를 취합니다. 다음의 예를 확인하십시오. (이 책 문법 부분의 형용사의 일치 부분도 참고 하십시오)

생활 외화		
남성 명사 + 서수	ҁed-door ęt-tææni 잇 도-르 잇태-니	الدُّورْ التَّانِي
여성 명사 + 서수	ҁel-marra ęt-tanya 일마라 잇탄야	المَرَّة التَّانْية

하지만 서수가 명사보다 먼저 올 경우, 뒤에 오는 명사의 성(性) 변화에 상관 없이 남성 형태의 서수 꼴을 취합니다.

서수 + 남성 명사	tææni door 태-니 도-르	تَانِي دُورْ
서수 + 여성 명사	tææni marra 태-니 마라	تَانِي مَرَّة

· 그녀는 7층에 살고 있다.
 heyya sakna fi sææbęҁ door
 헤야 싸크나 피 쌔-비아 도-르   هِيَّ سَاكْنَة فِي سَابِعْ دُورْ

· (당신은) 다음번에는 이러지 마세요.
 matęҁmęlʃ kęda ęl-marra ęt-tanya
 마티아밀쉬 께다 일마라 잇탄야   مَاتِعْمِلْشْ كِدَه المَرَّة التَّانْية

· 그는 줄 서 있는 사람 중에서 세번째 사람이다.
 howwa tæælęt wææɧęd fi ęt-tabuur
 오와 탤-리트 와-히드 핏 따부-르   هُوَّ تَالِتْ وَاحِدْ فِي الطَّابُورْ

생활 회화
4-2 시간 표현법

아랍어로 시계보는 법을 빨리 익히기 위해서는 먼저 아래와 같은 아랍어의 분수를 익혀야 합니다. 아랍어에서 1/2(이분의 일)은 noṣṣ **놋스** نَصّ 인데, 한 시간의 이분의 일인 30분은 noṣṣ sææɛa **놋스 쌔-아** نَصّ ساعة 입니다. 아랍어에서 1/3(삼분의 일)은 tɛlt **틸트** تِلْت 인데, 한 시간의 1/3인 20분은 tɛlt sææɛa **틸트 쌔-아** تِلْت ساعة 입니다. 마찬가지로 1/4(사분의 일)은 robɛ **롭아** رُبْع 인데, 한 시간의 1/4인 15분은 robɛ sææɛa **롭아 쌔-아** رُبْع ساعة 입니다. 이를 도표로 정리하면 아래와 같습니다.

분수			시간		
1/2	noṣṣ 놋스	نَصّ	30분	noṣṣ sææɛa 놋스 쌔-아	نُصّ ساعة
1/3	tɛlt 틸트	تِلْت	20분	tɛlt sææɛa 틸트 쌔-아	تِلْت ساعة
1/4	robɛ 롭아	رُبْع	15분	robɛ sææɛa 롭아 쌔-아	رُبْع ساعة

위의 원리에 한 가지 더 필요한 것은 시간에서 25분, 55분 등을 아랍어로 말하는 방법입니다. 25분의 경우 30분에서 5분이 부족한 시간이므로 '모자라는'의 의미인 ʕɛlla **일라** إلّا 를 사용하여 시간을 표현합니다. 55분의 경우도 이와 마찬가지입니다. 이와 같은 원리를 이용해 아래의 시간 읽는 법을 익히시기 바랍니다.

시간	아랍어 표현	
8시	ʕɛs-sææɛa tamanya 잇쌔-아 타만야	السّاعة تَمانيّة
8시 5분 (8시 + 5분)	ʕɛs-sææɛa tamanya wɛ xamsa 잇쌔-아 타만야 위 캄싸	السّاعة تَمانيّة وخَمْسة
8시 10분 (8시 + 10분)	ʕɛs-sææɛa tamanya wɛ ɛaʃara 잇쌔-아 타만야 위 아샤라	السّاعة تَمانيّة وعَشَرة
8시 15분 (8시 + 1/4)	ʕɛs-sææɛa tamanya wɛ robɛ 잇쌔-아 타만야 위 롭아	السّاعة تَمانيّة ورُبْع
8시 20분 (8시 + 1/3)	ʕɛs-sææɛa tamanya wɛ tɛlt 잇쌔-아 타만야 위 틸트	السّاعة تَمانيّة وتِلْت
8시 25분	(=8시 30분에서 5분 부족한 시간) ʕɛs-sææɛa tamanya wɛ noṣṣ ʕɛlla xamsa 잇쌔-아 타만야 위 놋스 일라 캄싸	السّاعة تَمانيّة ونُصّ إلّا خَمْسة
8시 30분 (8시 + 1/2)	ʕɛs-sææɛa tamanya wɛ noṣṣ 잇쌔-아 타만야 위 놋스	السّاعة تَمانيّة ونُصّ
8시 35분	(=8시 30분 + 5분) ʕɛs-sææɛa tamanya wɛ noṣṣ wɛ xamsa 잇쌔-아 타만야 위 놋스 위 캄싸	السّاعة تَمانيّة ونُصّ وخَمْسة

생활 외화		
8시 40분	(=9시에서 1/3 부족한 시간) ʕes-sææaa tesʕa ʕella telt 잇쌔-아 티싸아 일라 틸트	السَّاعَة تِسْعَة إِلَّا تِلْت
8시 45분	(=9시에서 1/4 부족한 시간) ʕes-sææaa tesʕa ʕella robʕ 잇쌔-아 티싸아 일라 롭아	السَّاعَة تِسْعَة إِلَّا رُبْع
8시 50분	(=9시에서 10분 부족한 시간) ʕes-sææaa tesʕa ʕella ʕaʃara 잇쌔-아 티싸아 일라 아샤라	السَّاعَة تِسْعَة إِلَّا عَشْرَة
8시 55분	(=9시에서 5분 부족한 시간) ʕes-sææaa tesʕa ʕella xamsa 잇쌔-아 티싸아 일라 캄싸	السَّاعَة تِسْعَة إِلَّا خَمْسَة

- **시간 말하기**
- 지금 몇시죠?

  ʕes-sææaa kæm delwaʕti 잇쌔-아 캠- 딜와으티 السَّاعَة كَام دِلْوَقْتِي؟

- 지금 시각은 10시 30분이에요.

  ʕes-sææaa ʕaʃara we noṣṣ 잇쌔-아 아샤라 워 눗스 السَّاعَة عَشْرَة وِنُصّ

- 오전 8:00

  ʕes-sææaa tamanya eṣ-ṣobḥ 잇쌔-아 타만야 잇쏩흐 السَّاعَة تَمَانِيَة الصُّبْح

- 오후 3:00

  ʕes-sææaa talæta eḍ-ḍohr 잇쌔-아 탤래-타 잇도흐르 السَّاعَة تَلاَتَة الضُّهْر

- 저녁 10:00

  ʕes-sææaa ʕaʃara bel-leel 잇쌔-아 아샤라 빌렐- السَّاعَة عَشْرَة بِاللَّيْل

4-2-1 시간 관련 용어들			
시간(time)	waʕt/ʔawʕææt	와으트/아우왜-트	وَقْت/أَوْقَات
초(second)	sanya/sawææni	싸니야/싸왜-니	ثَانِيَة/ثَوَانِي
분(minite)	diʔiiʔa/daʔææyeʔ	디이-아/다왜-이으	دِقِيقَة/دَقَايِق
1시간(hour)	sææaa/-ææt	쌔-아/쌔왜-트	سَاعَة/سَاعَات
시계(clock)	sææaa/-ææt	쌔-아/쌔아-트	سَاعَة/سَاعَات
알람시계	menabbeh/-ææt	미납비-/미납비해-트	مِنَبِّه/مِنَبِّهَات
스케쥴, 약속시간 등	maææad/mawaʕiid	마왜-드/마와에이드	مِيعَاد/مَوَاعِيد
아침, 오전	eṣ-ṣobḥ	잇숩흐	الصُّبْح

생활 외와

한국어	발음	한글 발음	العربية
정오(12-2시)	eḍ-ḍohr	잇도흐르	الظُّهْر
오후 (3-4시)	baɛd eḍ-ḍohr	바아드 잇도흐르	بَعْد الظُّهْر
저녁(오늘저녁)	bel-leel	빌릴-	بِالْلِيل
밤, 저녁	leela/layææli	릴-라/라옐-리	لَيْلَة/لَيَالِي
낮	ɛn-nahaar	인나하-르	النَّهَار
새벽	ɛl-fagr	일파그르	الفَجْر
날, 하루 (a day)	yoom /ayyææm (3-10일의 복수) teyyææm	음-/아옐- 티옐-	يوم/أَيَّام تِيَّام
이틀	yomiin	요민-	يُومِين
삼일	talat-teyyææm	탈랏티옐-	تَلَات تِيَّام
사일	ɛarbaɛ teyyææm	아르바아 티옐-	أَرْبَع تِيَّام
일주일(week)	ɛsbuuɛ	이쓰부-아	إسبُوع
월(month)	ʃahr/ʃuhuur or ɛaʃhor (3-10개월의 복수) toʃhor	샤흐르/쇼후-르, 아쉬호르 토쉬오르	شَهْر،شُهُور،أَشْهُر تُشْهُر
2개월	ʃahriin	샤흐린	شَهْرين
3개월	talat-toʃhor	탈랏 토쉬오르	تَلَات تُشْهُر
4개월	ɛarbaɛ-toʃhor	아르바아 토쉬오르	أَرْبَع تُشْهُر
해, 연(year)	sana /seniin	싸나/ 씨닌-	سَنَة/سِنِين
2년	sanateen	싸나텐-	سَنَتِين
3년	talat seniin	탈랫 씨닌-	تَلَات سِنِين
4년	ɛarbaɛ seniin	아르바아 씨닌-	أَرْبَع سِنِين
오늘(today)	ɛn-naharda	잇나하르다	النَّهَارْدَة
이번달	ɛʃ-ʃahr da	잇샤흐르 다	الشَّهْر دَه
올해	ɛs-sanææ di	잇싸내- 디	السَّنَة دِي
하루종일	ṭuul en-nahaar	뚤- 인나하-르	طُول النَّهَار
매일	koll^e yoom	꼴리 옴-	كُلّ يُوم
매주	koll^e ɛsbuuɛ	꼴리 이쓰부-아	كُلّ إسْبُوع

생활 외화

매월	koll⁰ ʃahr	꼴리 샤하르	كُلّ شَهْرْ
매주 일요일	koll⁰ yoom ḥadd	꼴리 욤- 핫드	كُلّ يُومْ حَدَ
이틀 전	mẹn yomiin	민 요민-	مِنْ يُومِين
일주일 전	mẹn ʕẹsbuuɛ	민 이쓰부-아	مِنْ اِسْبُوعْ
한 달 전	mẹn ʃahr	민 샤흐르	مِنْ شَهْرْ
동시에 (같은시간에)	fi nafs ẹl-waʔt	피 낲쓸 와으트	فِى نَفْسِ الْوَقْت
동시에 (단번에)	bẹl-marra	빌마라	بِالْمَرَّة

- 내 시계는 늦어요
  saɛt-i-mᵉʕaxxara 쌔아티 미악카라 سَاعَتِي مِأَخَّرَة
- 내 시계는 정확해요
  saɛt-i-mazbuuṭa 쌔아티 마즈부-따 سَاعَتِي مَظْبُوطَة
- 내 시계는 빨라요
  saɛt-i-mᵉʕaddima 쌔아티 미앗디마 سَاعَتِي مِقَدَّمَة
- 나를 위해 1시간 시간을 내어줄 수 있나요?
  momkẹn tẹfḍaa-li sææɛa waḥda

  몸킨 티프다- 리 쌔-아 와흐다 مُمْكِنْ تِفْضَى لِي سَاعَة وَحْدَة

  (여성에게 요청할 때) momkẹn tẹfḍii-li sææɛa waḥda

  몸킨 티프디- 리 쌔-아 와흐다 مُمْكِنْ تِفْضِي لِي سَاعَة وَحْدَة
- (...위해) 당신의 시간을 좀 내어 주세요.
  faḍḍi nafsak ʃᵉwayya 팟디 낲싹 쉬와야 فَضِّي نَفْسَك شُوَيَّة
- 시간이 참 빨리 가네요.
  ʔẹl-waʔt bᵉyẹfuut bisorɛa 일와으트 비이푸-트 비쏘르아 الْوَقْتْ بِيفُوتْ بِسُرْعَة
  ʔẹl-waʔt bᵉyẹgri 일와으트 비예그리 الْوَقْتْ بِيجْرِي

생활 회화

4-3 날짜(date) 표현법 ʃet-tariix التاريخ

- 오늘이 몇일이죠?
  ʃen-naharda kææm fi eʃ-ʃahr 인나하르다 캠- 피쉬흐르 ؟ النَّهَارْدَة كَامْ فِي الشَّهْرْ
- 오늘이 몇월 몇일이죠?
  ʃet-tariix kææm 잇타리-크 캠- التَّارِيخْ كَامْ ؟
  tariix en-naharda kææm 타리-크 잇나하르다 캠- تَارِيخ النَّهَارْدَة كَامْ ؟
- 10월 18일 이에요.
  taman-taaʃar ʃuktoobar 타만타-샤르 옥토-바르 تَمَنْتَاشَرْ أُكْتُوبَرْ

4-4 요일 표현법

- 오늘이 무슨 요일이죠?
  ʃen-naharda yoom ʃeeh 인나하르다 욤- 에- النَّهَارْدَة يُومْ إِيهْ ؟
  ʃen-naharda ʃeeh 인나하르다 에- النَّهَارْدَة إِيهْ ؟

요일	아랍어 요일 명칭		
일주일	ʃusbuuɛ/ʃasabiiɛ	우쓰부-아/아싸비-아	أُسْبُوع/ أَسَابِيع
일요일	yoom el-ḥadd	욤- 일핟드	يُوم الْحَدّ
월요일	yoom el-itneen	욤- 일이트닌	يُوم الاثْنِين
화요일	yoom et-talææt	욤- 잇탈래-트	يُوم التَّلَاتَاء
수요일	yoom el-arbaɛ	욤- 일아르바	يُوم الأرْبَع
목요일	yoom el-xamiis	욤- 일카미-쓰	يُوم الْخَمِيس
금요일	yoom eg-gomɛa	욤- 익고마아	يُوم الْجُمْعَة
토요일	yoom es-sabt	욤- 잇쌉트	يُوم السَّبْت

생활 회화
4-5 월(月) 표현법 شهر

이집트 아랍어에서 월을 말하는 방식은 두 가지입니다. 한 가지는 우리말과 같은 아라비아 숫자를 붙이는 방식과 다른 한가지는 영어와 같은 라틴어식 이름을 붙이는 것입니다. 아래 표에서 라틴어식 아랍어 월 이름을 먼저 표기하였고, 그 다음에 아라비아 숫자를 붙이는 방식을 표기하였습니다.

월	아랍어 월 명칭		
1월	yanææyer ʃahr wææħed	야내-이르 샤으르 왜-히드	يناير شَهْر وَاحد
2월	febraayer ʃahr ʕetneen	피브라-이르 샤으르 이트닌-	فِبْرَايِر شَهْر اِتْنِين
3월	mææreṣ ʃahr talææta	매-리쓰 샤으르 탈래-타	مَارس شَهْر تَالاَتَة
4월	ʕebriil ʃahr ʕarbaʕa	에브릴- 샤으르 아르바아	إبْريل شَهْر أرْبَعة
5월	mææyu ʃahr xamsa	매-유 샤으르 캄싸	مَايْو شَهْر خَمْسَة
6월	yonyu or yonya ʃahr setta	요니유 샤으르 씻타	يُونْيُو شَهْر ستَّة
7월	yolyu or yolya ʃahr sabʕa	율리유 샤으르 쌉아	يُولْيُو شَهْر سَبْعَة
8월	ʕayostos, ʕuyostos ʃahr tamanya	오고쓰또쓰 샤으르 타만야	أغُسْطُس شَهْر تَمَانْية
9월	sebtembar ʃahr tesʕa	씹팀바르 샤으르 티싸아	سِبْتَمْبَر شَهْر تِسْعَة
10월	ʕuktoobar ʃahr ʕaʃara	옥토-바르 샤으르 아샤라	أكْتُوبَر شَهْر عَشَرَة
11월	nuvamber ʃahr ħedaaʃar	노밤비르 샤으르 헤다-샤르	نُوفمْبَر شَهْر حِدَاشَر

	생활 외와		
12월	disembeṛ ʃahr ʃetnaaʃar	디씹비르 샤흐르 이트나-샤르	ديسمبر شَهْر اِتْناشْر
달력	natiiga/ natææyeg	나티-가/나태-이그	نَتِيجَة/ نَتَائِجْ

· 오늘이 몇월이죠?

ʕeḥna fi ʃahr ʕeeh   에흐나 피 샤흐르 에-   إِحْنَا فِي شَهْرْ اِيهْ ؟

5. 교통

길을 물을 때
　　이집트 사람들은 참 친절합니다. 그 친절함의 진가는 길을 안내할 때 발휘됩니다. 이방 나라에서 여행할 때 길을 묻는 것은 당연하고 꼭 필요한 것입니다. 때론 길을 묻는 것이 다소 쑥스럽기도 하지만 이집트에서는 전혀 그럴 필요가 없습니다. 이집트 사람들은 아는 사람이 모르는 사람을 안내하고 도와주는 것을 아주 당연하게 생각하고 자세하게 가르쳐 주기 때문입니다. 심지어 길을 묻기 위해 교통이 번잡한 거리 중앙에 차를 세워도 뒤에 오는 차들이 양해하는 것을 볼 수 있습니다. 복잡한 이집트 거리에서 아는 길도 물어가는 지혜가 필요합니다. 이 때 한 사람에게만 물어보지 말고 여러 사람에게 물어서 확인을 하는 것이 좋습니다.

생활 외화

5-1 교통

5-1-1 길을 물을 때

· …은(장소 이름) 어디에 있나요?

fęęn ęl...　　　　　　　펜- 일…　　　　　　　فين ال...؟

예) 기차역은 어디있나요?

fęęn mafațțęt ęl-ʕatr　　펜 마핫뜨트 일아뜨르　　فين مَحطَّة القَطْر؟

· 당신이 나에게 (지도에서) 가르쳐 주실 수 있나요?

momkęn tęwarriini (ɛalal-xariița)

몸킨 티와리-니 (알랄 카리-따)　　　مُمْكِن تِوَرِّيني (عَلَى الخَريطَة)؟

· 주소가 어디죠?

ʕęl-ɛęnwææn ʕęęh　　　일엔왠- 에-　　　العِنْوان إيه ؟

· 이 길이 …로(장소 이름) 가는 길인가요?

ʕęț-țariiʕ da li …　　잇따리-으 다 리…　　الطَّريقْ دَه ل... ؟

예) 이 길이 '마디'로 가는 길인가요?

ʕęț-țariiʕ da lil-maɛæædi　잇따리-으 다 릴 마애-디　الطَّريقْ دَه للمَعادي؟

· 저는 …에(장소 이름) 가기 원해요.

ɛææwiz ʕaruuɦ...　　아-위즈 아루-흐　　عَاوِزْ أروح ....

· 저는 길을 잃었어요.

ʕana toht　　　　　아나 토흐트　　　أنا تُهْت

5-1-2 여행시간을 물을 때

· …은(교통 수단) 몇시에 떠나나요?

ʕęl... bęyęmʃi (f/bętęmʃi) ęs-sææɛa kææm

일… 비엠쉬(f/비팀쉬) 잇쌔-아 캠-　　ال.... بيمْشي السَّاعَة كامْ؟

예) 이 버스 몇시에 떠나나요?

ʕęl-ʕutubiis bęyęmʃi ęs-sææɛa kææm

일우투비-쓰 비엠쉬 잇쌔-아 캠-　　الأتُوبيس بيمْشي السَّاعَة كامْ ؟

· 아 버스는 …까지(장소 이름) 몇 시간 걸리나요?

ʕęl-ʕutubiis bęyææxod kææm sææɛa lę + 장소 이름

일우투비-쓰 비에-코드 캠 쌔-아 리…　　الأتُوبيس بياخُدْ كامْ ساعَة ل... ؟

생활 외화

5-1-3 교통 수단을 물을 때

- 우리가 …에(장소 이름) 어떻게 가나요?
  nṛuuḥ… izzayy   니루-흐… 잇자이   نرُوح … إِزّايَ؟
  예) 우리가 박물관에 어떻게 가나요?
  nṛuuḥ ęl-matḥaf izzayy   니루-흐 일마트하프 잇자이   نِرُوح المَتْحَف إِزّايَ؟

- 거기는 여기서 가까운가요?
  heyya ɣorayyęba męn hęna   헤야 오라이바 민 헤나   هيَّ قُرَيِّبَة مِن هِنَا؟

- 거기는 여기서 먼가요?
  heyya bęɣiida ɛan hęna   헤야 베아이드 안 헤나   هيَّ بَعِيدَة عَنْ هِنَا؟

- 우리가 걸어서도 갈수 있는 거리인가요?
  momkęn nṛuuḥ maʃi   몸킨 니루-흐 메쉬   مُمْكِن نِرُوح مَشْي؟

- 다른 교통 수단이 있나요?
  fiih muwaṣla tanyya   피- 무와슬라 탄야   فِيه مُوَاصْلَة تَانْيَّة؟

- 어떤 길이 가장 빠르죠?
  ꜥeeh ʔasraɛ ṭariiʔ?   에- 아쓰라아 따리-으   إيه أَسْرَعْ طَرِيقْ؟

5-1-3-1 교통 관련 용어들

길	ṭariiʔ/ toroʔ	따리-으/ 또로으	طَرِيقْ/ طُرُقْ
거리(street)	ʃæærę̨ʔ/ʃawæærę̨ʃ	쉐-리아/샤왜-리아	شَارِع/ شَوَارِع
광장	mędææn	미댄-	مِيدَان
십자 교차로	taqaaṭuɛ	타까-뚜아	نَقَاطُع
원형 교차로	ṣanęyya	사네야	صَنِيَّة
갈림길	muftaraʔ ṭoroʔ	무프타라으 또로으	مُفْتَرَقْ طُرَق
유턴하는 곳	malaff/ -ææt laffa	말라프/ 말라패-트 랏파	مَلَفّ/ مَلَفَّات لَفَّة
커브길	munḥana/-yææt	문하나/문하나예-트	مُنْحَنَى/ مُنْحَنَيَات
지름길	ṭariiʔ muxtaṣar	따리-으 무크타사르	طَرِيق مُخْتَصَر
버스	ʔutubiis/-ææt	우투비-쓰/우투비쌔-트	أُتُوبِيس/ أُتُوبِيسَات
봉고	mękrubaṣṣ	미크로밧쓰	مِيكْرُو بَاص
기차	ʔaṭr/ ʔuṭura	아뜨르/ 우뚜라	قَطْر/ قُطْرَة، قُطْرَات

생활 외와

한국어	발음	한글 표기	العربية
택시	taks, taksi/-æææt, taksiyææt	택쓰, 택씨 / 택쌔-트, 택씨에-트	تاكْس، تاكْسي / تاكْسات، تاكْسيات
비행기	tayyaara/-aat	따야-라 / 따야라-트	طَيَّارَة / طَيَّارَات
지하철	metru/-hææt	메트루 / 메트로해-트	مِتْرُو / مِتْرُوهات
전철	turmaay	투르마-이	تُرْمَاي / تُرْمَايَات
배	markeb/maræækeb	마르킵 / 마래-킵	مَرْكَب / مَرَاكِب
자전거	ɛagala/ɛagal	아갈라 / 아갈	عَجَلَة / عَجَل
역, 정류장	mafiatta/-aat	마핫따 / 마핫따-트	مَحَطَّة / مَحَطَّات
주차장	barkeng garaaj, garaaʃ/-aat	바르킨그 가라-지, 가라-쉬	بارْكِنْج جَرَاج / جَرَاجَات
기차역	mafiattet ʔatr	마핫뗏 아뜨르	مَحَطَّة القَطْر
지하철역	mafiattet metru	마핫뗏 메트루	مَحَطَّة المِتْرُو
버스 정류장	mafiattet el-ʃutubiis	마핫뗏 일우투비-쓰	مَحَطَّة الأتُوبيس
버스 터미널	mawsaf el-ʃaʕwm	마우아프 일우투비-쓰	مَوْقَف الأتُوبيس
공항	mataar/-aat	마따-르 / 마따라-트	مَطَار / مَطَارَات
정보안내소 (information desk)	maktab el-estesælamæææt	막탑 일이쓰티알라매-트	مَكْتَب الاسْتِعْلَامَات
주소	ɛŋnwæææn	엔완-	عِنْوَان
교통사고	fiadsa/fiawæædes	하드싸 / 하왜-디쓰	حَادِثَة / حَوَادِث

5-1-3-2 방향 관련 용어들(방향 관련 부사)

한국어	발음	한글 표기	العربية
오른쪽	yemiin	이민-	يَمِين
왼쪽	ʃemæææl	쉬맬-	شِمَال
계속, 직진	ɛala tuul duyri tawwaali	알라뚤- 도그리 따왈-리	عَلَى طُول دُغْرِي طَوَّالِي
오른쪽으로	ɛala-l-yimiin	알라 일이민-	عَلَى الْيمِين
왼쪽으로	ɛala eʃ-ʃemæææl	알라 잇쉬맬-	عَلَى الشِّمَال
코너(모퉁이)쪽에	ɛala en-naʃya	알라 인나시야	عَلَى النَّاصِيَة

생활 회화			
신호등 있는 곳에	ɛand el-ʔeʃaara	앋드 일이샤-라	عَندَ الإشارَة
뒤에	wara	와라	وَرا
앞으로	ʕuddæːm	웃댐-	قَدّامْ
멀리	beɛiid	베아이드	بَعيدْ
가까이	ʔorayyib	오라옙	قُرَيِّبْ
정면 건너편에	ʕuşaad	우사-드	قُصادَ
여기에	hena	헤나	هِنا
저기에	henæːk	헤낵-	هِناكْ
동쪽	ʃarʔ	샤르으	شَرق
서쪽	ɣarb	가릅	غَرْبْ
남쪽	ganuub	가눕-	جَنُوبْ
북쪽	ʃamæːl	샤맬-	شَمال

5-2 택시를 탈 때

카이로의 택시에 대해

    카이로의 택시는 낡은 것이 많습니다. 요즘은 노란색의 우등 택시도 볼 수 있지만 검은 색의 보통 택시들은 대부분이 노후한 것들입니다. 그 가운데는 80년대 우리나라 현대에서 생산한 포니도 어렵지 않게 찾아 볼 수 있습니다. 자동차가 오래되다 보니 속도와 쾌적함이 떨어집니다. 미터기가 장착되어 있긴 하지만 그것을 사용하는 경우는 아예 없습니다. (노란색 우등 택시는 미터기를 사용합니다.) 택시 기사들과 승객들 간에 관행적으로 주고 받는 요금이 있긴하지만 그것도 기사들 마다 요구하는 요금이 달라 실랑이가 벌어질 때가 많습니다. 더구나 현지 사정을 모르는 외국인이 택시에 승차했을 경우 기사는 바가지를 씌우기 마련입니다.

    택시를 탈 때 마다 바가지 요금과 싸우는 것이 쉽지 않습니다. 따라서 목적지 까지 보통 얼마를 지불하는지 먼저 파악하고 택시를 타는 것이 좋습니다. 또한 가격을 모를 경우 택시를 타기 전에 택시 기사와 가격을 흥정한 뒤에 합의를 보고 타는 것이 좋습니다. 흥정할 때 가격을 많이 깎으려는 시도는 아무 문제가 되지 않습니다. 하지만 일단 합의를 하고 나면 그것을 지키는 것이 좋습니다. 이러한 흥정이 힘들 경우 아예 미터기를 작동하는 노란색 우등 택시를 이용하는 것이 좋습니다.

생활 외화

- 공항! 공항가나요?
  (지나가는 택시를 불러 세우면서 목적지를 말한다.)

  maṭaar, maṭaar   마따-르 마따-르   مَطَارْ ! مَطَارْ

- … 까지(장소 이름) 얼마이죠?

  bɛ-kææm li-l-   비캠- 릴…   بِكَامْ لِل... ؟

- …로 가주세요. (택시를 타고 난 뒤)

  ɛand… law samaḥt   안드 … 라우 싸마흐트   عَنْدِ ... لَوْ سَمَحْت

  예) 전철역(혹은 기차역)으로 부탁해요.

  ɛand ęl-maḥaṭṭa law samaḥt   안드 엘마핫따 라우 싸마흐트   عَنْدِ الْمَحَطَّة لَوْ سَمَحْت

- **A**: 당신은 어디 가세요? (택시 기사가 승객에게 묻는 말)

  ʃɛnta raayęḥ fęęn   엔타 라-예흐 펜-   إِنْتَ رَايِح فِينْ؟

  B: 저는 …로(장소 이름) 갑니다. (승객이 대답함)

  ʃana raayęḥ …   아나 라-예흐 …   أَنَا رَايِح ...

- 빨리 가 주실래요.

  ʃęmʃi bę-sorɛa law samaḥt   엠쉬 비쏘르아 라우 싸마흐트   إِمْشِي بِسُرْعَة لَوْ سَمَحْت

- 천천히 가 주실래요.

  haddi ęs-sorɛa męn faḍl-ak   햇디 잇쏘르아 민 파들락   هَدِّي السُّرْعَة مِن فَضْلَك

- 약간만 더 가면 되요.

  ʃuddæææm ʃʷwayya bass   옷댐- 쉬와야 밧쓰   قُدَّامْ شُوَيَّة بَسّ

- 왼쪽으로 꺽어주세요. (좌회전 해 주세요)

  ʃęksar ʃęmææl law samaḥt   액싸르 쉬말 라우 싸마흐트   إِكْسَر شِمَال لَوْ سَمَحْت

- 다리 있는 곳에서 우회전 해 주세요.

  lęff yęmiin ɛand ęk-kobri   릿프 이민- 안드 익코브리   لِفّ يمِين عَنْدِ الكُبْرِي

- 전방 첫번째 도로에서 오른쪽/ 왼쪽 으로

  ʃææręɛ ʃęlli gay ɛala ęʃ-ʃęmææl/ ęl-yęmiin

  쉐-리아 일리 개이 알라 잇쉬맬-/ 일이민-   الشَّارِع اِللِّي جَايِ عَلَى الشِّمَالْ/ الْيمِين

- 여기서 기다려 주실래요.

  ʃęstanna ḥęna męn faḍl-ak   이쓰탄나 헤나 민 파들락   إِسْتَنَّى هِنَا مِنْ فَضْلَك

- 이 코너에 세워주세요.

  ʃoʔaf ɛala ęn-naṣya   오아프 알라 인나스야   أُقَف عَلَى النَّاصِيَة

- 여기 멈추세요.

  ʃoʔaf ḥęna   오아프 헤나   أُقَف هِنَا!

- 예, 여기 내려주세요.

생활 회화

ʕaywa ɛala gamb hɛna	아이와 알라 감브 헤나	أيْوَة عَلَى جَنْبْ هِنَا
nazzɛlni hɛna law samaħt	낸질니 헤나 라우 싸마흐트	نَزِّلْنِي هِنَا لَوْ سَمَحْت

· 얼마나 원하세요. (택시 기사에게 요금을 물을 때)

ɛææwiz kææm	아-위즈 캠-	عَاوِز كَام ؟

· 요금이 얼마나 돼죠?

el-ʔogra kææm law samaħt	일오그라 캠- 라우 싸마흐트	الأُجْرَة كَام لَوْ سَمَحْت ؟

· 그건 너무 비싸요.

kɛda kɛtiir ʔawi	케다 키티-르 아위	كِدَة كِتِير قَوِي

5-2-1 기본 왕래 발착 동사

가다	raaħ/ yɛruuħ	라-흐/ 에루-흐	رَاحْ/ يِرُوحْ
오다	gɛh/ yiigi	게-/ 이-기	جِه/ يِجِي
집으로 가다	rawwaħ/yɛrawwaħ	라와흐/에라와흐	رَوَّحْ/ يِرَوَّحْ
되돌아가다	rɛgɛʕ/ yɛrgaʕ	레게아/ 에르가아	رِجِعْ/ يِرْجَعْ
타다	rɛkɛb/ yɛrkab	리키브/ 에르캅	رِكِبْ/ يَرْكَبْ
내리다	nɛzɛl/ yɛnzɛl	니질/ 엔질	نِزِلْ/ يِنْزِلْ
내려주다	nazzɛl/ yɛnazzɛl	내질/ 예내질	نَزِّلْ/ يِنَزِّلْ
운전하다	sææʕ/ yɛsuuʕ	싸-으/ 예수-으	سَاقْ/ يِسُوقْ
걷다, 떠나다	mɛʃi/ yɛmʃi	메쉬/ 엠쉬	مِشِي/ يِمْشِي
달리다, 뛰다	gɛri/ yɛgri	기리/ 에그리	جِرِي/ يِجْرِي
서다, 멈추다	wɛʔɛf/ yoʔaf	웨이프/ 요아프	وِقِفْ/ يُقَفْ
유턴하다, 돌다	laff/ yɛlɛff	랏프/ 엘럿프	لَفْ/ يِلِفّْ
돌다, 방향을 바꾸다	ħawad/ yɛħwɛd ħawwɛd/yɛħawwɛd	하와드/ 에흐워드 하워드/에하워드	حَوَدْ/ يَحْوِدْ حَوِّدْ/ يَحَوِّدْ
출발하다, 떠나다	mɛʃi/ yɛmʃi	미쉬/ 엠쉬	مِشِي/ يِمْشِي
도착하다	wɛʃɛl, waʃal/ yɛwʃal	위살/ 예우살	وِصِلْ/ يُوْصَلْ

☞ 위의 동사의 사용법에 대해서는 이 책 문법 부분의 동사 부분을 참고하십시오.

생활 외화

5-3 차표를 구입할 때

이집트에서 차표를 구입하기 위해서 줄을 서다 보면 남자들이 서는 창구와 여자들이 서는 창구가 다른 것을 발견하곤 합니다. 이집트의 매표소나 정부 운영 빵 판매소 등 공공 장소에서 남자들이 줄을 서는 곳과 여자들이 줄을 서는 곳이 다른 경우가 있습니다. 이는 여성을 위한 배려 차원입니다. 매표소 앞에서는 다소 무질서 한 것이 사실입니다. 때문에 "인내함으로 기다리는 자에게 복이 있나니 …"

한편 지하철의 경우 맨 앞의 1개 (혹은 2개의) 객차는 여성 전용입니다. 만일 남자가 이곳에 승차할 경우 풍기문란범으로 간주된다는 것 잊지 마시기 바랍니다.

· 제가 어디에서 표를 구입하죠?

ʃaʃtęri tazkara męnęęn   아쉬티리 타즈카라 미넨-   ؟أَشْتَرِي تَذْكَرَة مِنِين

· 저희는 …로(장소 이름) 가길 원해요.

ɛayziin nęruuɦ...   아이진- 니루-흐 …   ...عَايْزِين نِرُوح

· (제가) 반드시 예매를 해야하나요?

læææzim ʔaɦgiz   래-짐 아흐기즈   ؟ لاَزِم أَحْجِز

· 저는 …로(장소 이름) 가는 표 한개를 예매하고 싶어요.

ɛææyęz ʔaɦgiz tazkara li   아-이즈 아흐기즈 타즈카라 리 …   ...عَايِز أَحْجِز تَذْكَرَة لِ

차표 구입을 위한 용어들

편도 티켓 (가는 티켓)	tazkaręt zęhææb	타즈카릿 지햅-	تَذْكَرَة ذِهَابْ
	tazkara raayęɦ	타즈카라 라-예흐	تَذْكَرَة رَايحْ
돌아오는티켓	tazkaręt ɛawda	타즈카릿 아우다	تَذْكَرَة عَوْدَة
왕복 티켓	tazkaręt zęhææb wę-ɛawda	타즈카릿 지햅- 위아우다	تَذْكَرَة ذِهَابْ وعَوْدَة
	tazkara raayęɦ gayy	타즈카라 라예흐 개이	تَذْكَرَة رَايحْ جَايّ
티켓 두 장	tazkaratęęn	타즈카라텐-	تَذْكَرَتَيْنْ
학생용 티켓	tazkara li-t-talaba	타즈카라 릿딸라바	تَذْكَرَة لِلطَّلَبَة
어린이용 티켓	tazkara li-l-ʔatfaal	타즈카라 릴아뜨팔-	تَذْكَرَة لِلأَطْفَال
1등석	daraga ʔuula	다라가 울-라	دَرَجَة أُولَى
2등석	daraga tanya	다라가 탄야	دَرَجَة ثَانِية

생활 회화

3등석	daraga talta	다라가 탈타	دَرَجَة ثَالْثَة
창문쪽의	gamb eʃ-ʃebbæek	감브 잇쉽백-	جَنْب الشُّبَّاكْ
통로쪽의	gamb el-mamarr	감브 일마마르	جَنْب المْمَرّ
구입하다, 사다	ʕeʃtara/yeʃteri	이쉬타라/예쉬티리	إشْتَرَى / يشْتَرِي
예매, 예약하다	ħagaz/yeħgez	하가즈/예흐기즈	حَجَز / يحْجِزْ
예약한 상태의	ħæægez/ -iin	하-기즈/하-기진-	حَاجِز / حَاجْزِين
표를 끊다	ʔataʕ/ yeʔtaʕ tazkara 아따아/예으따아 타즈카라		قطَع / يقْطَعْ تَذْكِرَة

5-4 버스 터미널에서

· 버스 정류장이 어디인가요?

feen maħattet el-ʕutubiis 펜- 마핫띠트 일우투비-쓰 ? فين مَحَطَّة الْأُتُوبِيس

· 어떤 버스가 …로(장소 이름) 가나요?

ʕanhi ʕutubiis raayeħ 안히 우투비-쓰 라-예흐 ….? أنْهِي أُتُوبِيس رَايح ….

· 저 버스가 …로(장소 이름) 가나요?

howwa el-ʕutubiis da raayeħ …

오와 일우투비-쓰 다 라-예흐 … هُوَّ الْأُتُوبِيس دَه رَايح …. ؟

· 언제 도착하죠?

howwa ʕemta yewsal 오와 엠타 예우살 هُوَّ إمْتَى يوصَل؟

· 이 버스는 출발시간(도착시간)이 언제죠?

ʕel-ʕutubiis maʕææedu ʕemta 일우투비-쓰 마애-두 엠타 ? الْأُتُوبِيس مَعَادُه إمْتَى

· 이 버스는 …를(장소 이름) 경유하나요?

ʕel-ʕutubiis beʕaddi ʕala … 일우투비-쓰 비앗디 알라 …? الْأُتُوبِيس بيعَدِّي عَلَى …

· 우리가 …에(장소 이름) 도찰할 때 알려주실수 있어요?

momken teballayni lamma newsal …

몸킨 티발라그니 람마 니우살 … مُمْكِن تِبَلَّغْنِي لَمَّا نوْصَل …. ؟

· 제가 어디서 내려야 하죠?

ʕanzel feen 안질 펜- ? أنْزِل فِين

· 저를 내려주세요.

law samaħt nazzel-ni 라우 싸마흐트 냇질니 لوْ سَمَحْتْ نَزِّلْنِي

생활 외화
5-5 기차역에서

- 기차표가 얼마죄?

  sɛɛr ęt-tazkara kææm　　씨아르 엣타즈카라 캠-　　سِعْرِ التَّذْكَرَة كَام؟

- 이 역 이름은 뭐죄?

  di maḥaṭṭęt ʕeeh　　디 마핫떼트 에-　　دِي مَحَطَّةِ إِيه ؟

- 다음 역은 이름은 뭐죄?

  ʕeeh ęl-maḥaṭṭa ʕęlli gayya　　에- 마핫따 일리 개야　　إِيه الْمَحَطَّة اللِّي جَايَّة ؟

- 이 기차는 룩소르에 정차하나요?

  ʕęl-ʕaṭr bęyoʕaf fęl-luʕsor

  일아뜨르 비요아프 피일루으소르　　الْقَطْرْ دَه بِيُوقَفْ في الأُقْصُر ؟

- 얼마나 기다려야죄?

  ʕastanna ʕaddᵉ ʕeeh　　아쓰탄나 앗드 에-　　أَسْتَنَّى قَدّ إِيه ؟

- 얼마나 늦죄?

  haytʕaxxar ʕaddᵉ ʕeeh　　하예트악카르 앗드 에-　　هَيْتْأَخَّرْ قَدّ إِيه ؟

- 여행시간은 얼마나 되죄?

  waʕt ęr-ręḥla ʕaddᵉ ʕeeh　　와으트 이리흘라 앗드 에-　　وَقْتِ الرِّحْلَة قَدّ إِيه ؟

- 직통하는 길이 있나요?

  fiih ṭariiʕ mubæǣʕęr　　피- 따리-으 무배-쉬르　　فِيه طَرِيقْ مُبَاشِرْ ؟

- 이 기차는 …에서 정차할 것인가요?

  ʕęl-ʕaṭr bęyoʕaf ɛand...　　일아뜨르 비요아프 안드-?..　　الْقَطْرْ بِيُقَفْ عَنْدْ ..؟

- 이 좌석은 비어있나요?(=앉아도 되나요)

  ʕęk-korsi da faaḍi　　익코르씨 다 파-디　　الْكُرْسِي دَه فَاضِي ؟

- 저는 …에서(장소 이름) 내리길 원해요.

  ɛææyęz ʕanzęl ɛand...　　아-이즈 안질 안드　　عَايِزْ أَنْزِلْ عَنْد ...

- 실례지만 지나갈게요.(제가 지나갈 수 있게 해 주세요)

  law samaḥt ɛaddiini　　라우 싸하흐트 앗디니　　لَوْ سَمَحْتْ عَدِّيني

생활 회화

5-5-1 기차 관련 용어들

한국어	발음	한글 발음	아랍어
첫 기차	ʔawwel ʕatr	아월 아뜨르	أَوّل قَطْر
마지막 기차	ʕææxer ʕatr	애-키르 아뜨르	آخِر قَطْر
이 다음 기차	el-ʕatr ʕelli gayy	일아뜨르 일리 개이	الْقَطْر اللِّي جَايّ
이 이전 기차	el-ʕatr ʕelli ʕablu	일아뜨르 일리 아블루	الْقَطْر اللِّي قَبْلهُ
이 다음 정류장	el-maħatta ʕelli gayya	일마핫따 일리 개야	الْمَحَطَّة اللِّي جَايَّة
이 이전 정류장	el-maħatta ʕelli fææt	일마핫따 일리 파-트	الْمَحَطَّة اللِّي فاتت
기차역	maħattet ʕatr	마핫띳 아뜨르	مَحَطَّة قَطْر
차 시간표	gadwal el-mawaʕiid	가드왈 일마와아이드	جَدْوَل الْمَواعيد
플랫포옴	raʂiif	라시-프	رَصيفْ
선로	xatt sekka ħadiid	캍뜨 씩카 하디-드	خَطّ سِكَّة حَديدْ
객차, 량	ʕarabeyya	아라비야	عَرَبيَّة
침대차	ʕatr en-nuum	아뜨르 인눔-	قَطْر النُّومْ
간이 식당	bufeeh / kafiterya	부페- / 카피테리야	بُوفيه / كَافيتِرْيَا
기관사, 운전사	sawwææʕ/-iin	싸왜-으- / 싸왜인-	سَوّاقْ / سَوّقينْ
차장	komsari/komsareyy	콤싸리 / 콤싸레야	كُمْسَري / كُمْسَريَّة
라암시스 기차역	maħattet ramsiis / bæb el-ħadiid	마핫띳 람씨-쓰 / 밥 일하디-드	مَحَطَّة رَمْسيسْ / باب الْحَديدْ

생활 외화

5-6 공항에서

이집트 입국 비자는 카이로 공항에서 바로 받을 수 있습니다. 카이로 공항에 도착하여 비행기에서 내린 이후 입국 수속을 받게 됩니다. 이 때 입국 수속대 옆에 있는 은행에 비자료 25 $을 지불하면 수입인지를 줍니다. 그것을 여권에 부착하고 입국 수속대에서 도장을 받으면 됩니다.

5-6-1 출국 수속

- …행(장소 이름) 비행기가 있나요?

  fi ṭayyaara li ···　　　　피 따야-라 리 ···　　　　فيه طَيَّارَة لـ........؟

- 다음 여행(다음 비행기)은 언제있나요?

  ʃer-reḥla ʃelli gayya ʃemta　이리흘라 일리 개야 엠타?　الرِّحْلَة اللِّي جَايَّة إِمْتَى؟

- 이 여행은 몇 시간 걸리죠?

  ʃer-reḥla kææm sææʒa　이리흘라 캠- 쌔-아　الرِّحْلَة كَام سَاعة ؟

- 저는 …로(장소 이름) 가는 여행을 예약하고 싶어요.

  ʒææwiz ʔaḥgiz reḥla li ···　아-위즈 아흐기즈 리흘라 리 ···　عَاوِز أَحْجِز رِحْلَة لـ ...

- 저는 …로(장소 이름) 가는 예약을 확인/취소/변경하기 원해요.

  ʒææwiz ʔaʃakked/ ʔalɣi/ ʔaɣayyar el-ḥagz li ···
  아-위즈 아악키드/ 알기/ 아가야르 일하그즈 리···

  عَاوِز أَأَكِّد / أَلْغِي / أَغَيَّر الْحَجْز لـ...

- 이 여행은 몇시에 있죠?

  ʃer-reḥla es-sææʒa kææm　이리흘라 잇쌔-아 캠-　الرِّحْلَة السَّاعَة كَام ؟

- 공항에는 언제까지 도착해야 되죠?

  ʃel-mafruud ʔawṣal el-maṭaar ʃemta
  일마프루-드 아우살 일마따-르 엠타　الْمَفْرُوض أَوْصَل الْمَطَار إِمْتَى ؟

- 비행기는 몇시에 도착하지요?

  ʃeṭ-ṭayyaara hatwṣal es-sææʒa kææm
  잇따야-라 하트우살 잇쌔-아 캠-　الطَّيَّارَة هَتِوْصَل السَّاعَة كَام ؟

- 왕복 비행기표 비용은 얼마죠?

  seʒr eṭ-tazkara raayeḥ gayy kææm
  씨아르 잇타즈카라 라-이흐 개이 캠-　سِعْر التَّذْكَرَة رَايحْ جَايّ كَام ؟

- 편도만요 아니면 왕복이요?

  raayeḥ bass walla raayeḥ gayy
  라-이흐 밧쓰 왈라 라-이흐 개이　رَايحْ بَسّ وَلاَ رَايحْ جَايّ ؟

생활 회화

- 몇 킬로의 짐을 가져갈 수 있나요?(허용되나요?)
  Ɛeeh el-wazn el-masmuuḥ biih

  에에- 일와즌 일마쓰무-흐 비-   إيه الْوَزْن الْمَسْمُوح بِيه ؟

- (이) 비행기는 다른 곳을 경유하는 비행기인가요?
  Ɛet-tayyaara betoƐaf fi Ɛayyᵉ makææn

  잇따야-라 비토아프 피 아이 마캐-   اِلطَّيَّارَة بِتْقَف فِي أَيّ مَكَانْ ؟

- 창문 옆의 좌석
  el-korsi gamb eʃ-ʃebbææk 일코르씨 감브 잇쉽배-   الْكُرْسِي جَنْب الشُّبَّاك ؟

- 앞쪽요 아니면 뒤쪽요.
  Ɛuddææm walla wara   옷댐- 왈라 와라   قُدَّامْ وَلَا وَرَا ؟

- 여권을 (보여) 주세요.
  gawææz safar law samaḥt   가왜-즈 싸파르 라우 싸마흐트   جَوَاز السَّفَرْ لَوْ سَمَحْت

- 티켓 (보여)주세요.
  Ɛet-tazkara law samaḥt   잇따즈카라 라우 싸마흐트   التَّذْكَرَة لَوْ سَمَحْتْ

- 이 여행(비행기)이 지연되었어요.
  Ɛer-reḥla ƐetƐaxxarit   이리흘라 이트악카리트   الرِّحْلَة اِتْأَخَّرَتْ

- 이 여행(비행기)이 취소되었어요.
  Ɛer-reḥla Ɛetlayit   일리흘라 이틀라기트   الرِّحْلَة اِتْلَغِيت

5-6-2 세관에서 (여행하기 전 세관에 등록할 때)

- 저는 세관에 등록할 물건을 가지고 있어요.
  maɛææya ḥææga ɛææyez Ɛasbit-ha

  마애-야 해-가 아-이즈 아쓰비트하   مَعَايَا حَاجَة عَايِزْ أُثْبِتْهَا

- 저는 이것을 반드시 (세관에) 등록해야하나요?
  lææzim Ɛasbit da   래-짐 아쓰비트 다   لَازِمْ أُثْبِت دَه ؟

- 저는 이것을 반드시 (세관에) 등록해야 하는지를 알지 못했어요.
  makontᵉʃ Ɛaɛraf Ɛenni kææn lææzim Ɛasbit da

  마콘티쉬 아아라프 인니 캔- 래-짐 아쓰비트 다

  مَاكُنْتِش أَعْرَف إِنِّي كَانْ لَازِم أُثْبِت دَه

생활 외화

5-6-3 공항에 다른 사람을 마중 나갈 때

· 대한항공은 어느 터미널인가요?
korean ʕæær bętęnzęl fi ʕanhi ṣaala
코리안 에-르 비틴질 피 안히 살-라 كُورِيْنْ إِيرْ بِتِنْزِلْ فِي أَنْهِي صَالَة؟

· 주차장은 어디죠?
fęęn ęl-barkęng 펜- 일바르킨그 فِينْ الْبَارْكِنْج ؟

· 대한항공 비행기가 도착했나요?
korean ʕæær węṣęlęt 코리안 에-르 워실리트 كُورِيْنْ إِيرْ وِصِلِتْ؟

공항 관련 용어들			
공항	maṭaar	마따-르	مَطَار
비행기	ṭayyaara/ -aat	따야-라/ 따야라-트	طَيَّارَة/ طَيَّارَات
여행	reḥla/ -ææt	리흘라/ 리흘래-트	رِحْلَة/ رِحْلَات
항공사	ʃęrkęt ṭayaraan	쉬르킷 따야란-	شَرِكَة الطَّيَارَان
대한항공	korean ʕæær ęl-xuṭṭuuṭ ęg-gawwiya ęl-kooręyya	코리안 에-르 일쿠뚜-뜨 익가위야 익꼬-레야	كُورِيْنْ إِيرْ الْخُطُوط الجَوِّيَة الكُورِيَّة
이집트 항공	maṣr lęṭ-ṭayaraan	마스르 릿따야란-	مَصْر لِلطَّيَارَان
국내선	ṭayaraan dææxęli	따야란- 대-킬리	طَيَارَان دَاخِلي
국제선	ṭayaraan xææręgi	따야란- 캐-리기	طَيَارَان خَارِجي
세관	gomrok	고므록	جُمْرُك
출구(gate)	bawwææba	바왜-바	بَوَّابَة
터미널	ṣaala	살라	صَالَة
1터미널	ṣaala wæeḥęd	살라 왜-히드	صَالَة وَاحِد
2터미널	ṣaala ʕętnęęn	살라 이트닌-	صَالَة اِتْنِين
도착	wuṣuul	우술-	وُصُول
출발	muɣadra	무가드라	مُغَادَرَة
출입국 수속장 (Emigration)	ęg-gawazææt	익가와재-트	الجَوَازَات

생활 회화

주차장	bɑrkɛng gɑrɑɑʒ, gɑrɑɑʃ/ -aat	바르킨그 가라-지, 가라-쉬	بَارْكِنْج جَرَاج/ جَرَاجَات
조종사	kɑptɛn ṭɑyyɑɑr/ -iin	캡틴 따야-르/ 따야린-	كَابْتِن طَيَّار/ طَيَّارِين
스튜어드	(스튜어드) muḍiif/ -iin (스튜어디스) muḍiifɑ/ -aat	무디-프 무디-파	مُضِيف/ مُضِيفِين مُضِيفَة/ مُضِيفَات
여권	basboor/-aat gɑwææz safar	바쓰보-르/바쓰보라-트 가왜-즈 싸파르	بَاسْبُور/ بَاسْبُورَات جَوَازْ سَفَرْ
비자	taʃʃiirɑ/ -ææt viizɑ/ -ææt	타으쉬-라 비-자/비재-트	تَأْشِيرَة/ تَأْشِيرَات فِيزَات/ فِيزَات
가방	ʃanṭɑ/ ʃonɑṭ	샨따/ 쇼나뜨	شَنْطَة/ شَنْط
배낭	ʃanṭɛṭ ḍahr	샨떼트 다흐르	شَنْطِة ضَهْرْ
이륙하다	ʕææm/ yɛʕuum ṣaʕad/ yɛʃʕad	앰/ 예움- 사아드/ 예스아드	قَام/ يقُوم صَعَدْ/ يَصْعَدْ
착륙하다	habaṭ/ yɛhbaṭ	하바뜨/ 예흐바뜨	هَبَطْ/ يَهْبَطْ

5-7 렌트카 & 자동차

· 저는 렌트 카를 원해요. (저는 자동차를 렌트하길 원해요)
εææwiz ʔaʕaggar εarabɛyya law samaft
아-위즈 아악가르 아라비야 라우 싸마흐트

عَاوِز أَأَجِّرْ عَرَبِيَّة لَوْ سَمَحْتْ

· 제가 어디서 차를 빌릴 수 있을까요?
ʔaʕaggar εarabɛyya mɛneen 아악가르 아라비야 미넨- ?

أَأَجِّرْ عَرَبِيَّة مِنِين ؟

· 당신에게 이것보다 더 나은 자동차가 있나요?
εandak ɦææga ʕaɦsan mɛn di 안닥 해-가 아흐싼 민 디 ?

عَنْدَك حَاجَة أَحْسَن مِن دِي ؟

· 당신에게 좀 더 저렴한 것이 있나요?
εandak ɦææga ʕarxaṣ ʃʷayya
안닥 해-가 아르카스 쉬와야

عَنْدَك حَاجَة أَرْخَصْ شُوَيَّة ؟

· 이 자동차의 하루/일주일/한달 대여 비용은 얼마인가요?
bᵉ-kææm ɛl-εarabɛyya da fil-yoom/ ɛl-ʕusbuuɛ/ ɛʃ-ʃahr
비캄- 일아라비야 다 필욤/ 필우쓰부-아/ 핏샤흐르

بِكَام الْعَرَبِيَّة دِي فِي الْيُوم / الاسْبُوع / الشَّهْرْ ؟

생활 외화

- 이것은 보험을 포함하나요?
  da ʃææmel et-taʔmiin   다 쉐-밀 잇타으민-   ؟ دَه شَامِل التَّأمِين
- 다음 주유소는 어디죠?
  feen maḥaṭṭet el-banziin ʕelli gayya
  펜- 마핫뗴트 일밴진- 일리 개야   فِين مَحَطَّة البَنْزِين اِللي جَيَّة ؟
- (기름을) 가득채워주세요?
  fawwel-ha law samaḥt   파월하 라우 싸마흐트   فَوِّلْهَا لَوْ سَمَحْت
- …를 체크해 주세요. 예) 타이어를 체크해 주세요.
  tammem ɛala... law samaḥt   땀밈 알라…라우 싸마흐트   تَمِّم عَلَى…. لَوْ سَمَحْت
- 제가 여기에 주차해도 되나요?
  momken ʔarken hena   몸킨 아르킨 헤나   مُمْكِن أرْكِن هِنَا ؟
- 저희가 여기에 얼마 동안 주차할 수 있나요?
  momken nerken hena ʕaddᵉ ʕeeh
  몸킨 니르킨 헤나 앗드 에-   مُمْكِن نِرْكِن هِنَا قَدّ إيه ؟
- 이 도로는 …로(장소 이름, 혹은 도로 이름) 연결되어요.
  eṭ-ṭariiʔ da yewaddi li…   잇따리-으 다 예왓디 리……ل يُوَدّي لِ…

5-7-1 자동차가 고장 났을 때

- 자동차가 고장났어요(멈추었어요)
  ʕel-ɛarabeyya ɛeṭelit (/ weʔfit)   일아라비야 에뗄리트 (/ 위이프트)
  العَرَبِيَّة عِطْلِتْ (/ وِقْفِتْ)؟
  ʕel-ɛarabeyya ɛaṭlaana   일아라비야 아뜰라-나   العَرَبِيَّة عَطْلَانَة
- 도와주실 수 있나요?
  momken tesæɛedni   몸킨 티싸에드니   مُمْكِنْ تِسَاعِدْني؟
- 밧데리가 나갔어요.
  ʕel-baṭṭareyya nayma(/faḍya)   일밧따리야 나이마   البَطَّارِيَّة نَايمَة (/ فَاضيَة)
- 타이어에 빵꾸가 났어요.
  ʕel-kaweṭʃ næææyim   일카위취 내-임   الكَاوِتْش نَايم
- 열쇠를 잃어버렸어요.
  mafatiiḥi ḍaaɛit   마파티-히 다-아이트   مَفَاتِيحي ضَاعِتْ
- 연료가 다 떨어졌어요.
  ʕel-banziin xeleṣ   일밴진- 킬리스   البَنْزِين خِلِص

생활 외화

- 자동차가 작동되지 않아요.

  ʕel-ɛarabęyya męʃ ʃayyæela　일아라비야 미쉬 샤갤-라　الْعَرَبِيَّة مِشْ شَغَّالَة

- 엔지니어가 필요해요.

  męftæag mikaniiki　미흐태-그 미카니-키　مُحْتَاجْ مِيكَانِيكِي

- 저는 이 부분을 수리하길 원해요.

  ɛææyęz ʔaʃallaɦ ęl-gozʔ da

  아-이즈 아샬라흐 일고즈 다　عَايِزْ أَصَلَّح الْجُزْء دَه

- 저는 이 부분을 교환하길 원해요.

  ɛææyęz ʕayayyar ęl-gozʔ da

  아-이즈 아가야르 일고즈 다　عَايِزْ أَغَيَّر الْجُزْء دَه

- 제 차는 보험에 들어있어요.(저는 제 차를 보험에 들고 있어요)

  ʔana męʔammęn ɛala ęl-ɛarabęyya bętææ-i

  아나 미암민 알랄 아라베야 비태-아티　أنا مأَمِّنْ عَلَى الْعَرَبِيَّة بِتَاعْتِي

  ʕel-ɛarabęyya męʔammęn ɛaliiha

  일아라베야 미트암민 알리-하　الْعَرَبِيَّة مِتْأَمِّن عَلِيهَا

- 이것을 고치는데 얼마나 시간이 걸리는가요?

  hatęʃallaɦha fi waʔt ʔadd ʕeeh

  하티샬라하하 피 와으트 앋드 에-　هَتِصَلَّحْهَا في وَقْتْ قَدْ إيه؟

5-7-1-1 자동차 종류

자동차	ɛarabęyya/-ææt	아라비야/···에-트	عَرَبِيَّة/ عَرَبِيَّات
택시	taks, taksi /-ææt	택씨/탁쌔-트	تَاكْس،تَاكْسِي/تَاكْسَات
버스	ʕutubiis/-ææt	오투비-쓰/···쌔-트	أُتُوبِيس/ أُتُوبِيسَات
미니버스	minibaṣ	미니바쓰	مِينِي بَاص
봉고차	mękrubaṣ sirviis	미크루바스 씨르비-쓰	مِيكْرُو بَاص سِرڤِيس
개인승용차	ɛarabęyya mallææki	아라비야 말래-키	عَرَبِيَّة مَلاَّكِي
화물차(3톤이상)	ɛarabęyyęt naʔl	아라비옡 나을	عَرَبِيَّة نَقْل
1톤 트럭 (픽업트럭)	noṣṣ naʔl	눗스 나을	نُصّ نَقْل
1톤이하트럭	robɛ naʔl	롭아 나을	رُبْع نَقْل
구급차	ɛarabęyyęt ęl-ʕęsɛææʕ	아라비옡 일이쓰애-프	عَرَبِيَّة الإِسْعَاف

생활 외화				
소방차		ɛarabęyyęt ęl-maṭaafi	아라비옡 마따-피	عَرَبِيَّة الْمَطَافِي
경찰차	경찰차	ɛarabęyyęt ęʃ-ʃorṭa	아라비옡 잇쇼르따	عَرَبِيَّة الشُرْطَة
	순찰차	ṣęd-dawręyya ęr-rakba 잇다우레야 이라크바		الدَّوْرِيَّة الرَّاكِبَة
	순찰용 픽업트럭	ʕęl-boks	일복쓰	الْبُكْس

5-7-1-2 자동차 관련 용어들			
공기	hawa	하와	هَوَا
공기압	ḍaɣṭ ęl-hawa	다그뜨 일하와	ضَغْط الْهَوَا
안전벨트	ḥęzæem/ ʕaḥzęma	히잼-/아ㅎ지마	حِزَام/ أحْزِمَة
	ḥęzæem ęl-amæan	히잼- 일아맨-	حِزَام الأمَان
자동차 정비센타	markaz xędma	마르카즈 케드마	مَرْكَز خِدْمَة
정비 (maintenance)	ṣęyaana	시야-나	صِيَانَة
자동차수리공	mikaniiki/-yya	미카니-키/미카니케야	مِيكَانِيكِي
차체금속수리	samkara	쌈카라	سَمْكَرَة
차체금속수리공	samkari/ -yya	쌈카리/쌈카리야	سَمْكَرِي/ سَمْكَرِيَّة
제한속도	ḥadd ęs-sorɛa	핫드 잇쏘르아	حَدّ السُرْعَة
차고	garaaj	가라-지	جَرَاج
탱크에 기름을 가득 채우다	fawwęl/ yęfawwęl	파윌/ 예파윌	فَوِّل/ يِفَوِّل
체크하다	tammęm/ yętammęm ɛala	탐밈/예탐밈 알라	تَمِّم/ يِتَمِّم عَلَى
브레이크를 밟다	farmęl/yęfarmęl	파르밀/예파르밀	فَرْمِل/يِفَرْمِل
	dææs/yęduus (ɛala ęl-faraamęl) 에쓰/에두-쓰(알라 일파라-밀)		دَاس/يِدُوس عَلَى الْفَرَامِل

생활 외와
5-7-1-3 자동차 부품 이름

한국어		발음	한글 발음	아랍어
경음기		kalaks/-ææt	칼락쓰/칼락쌔-트	كَلَكْس/ كَلَكْسات
계기	속도계기	muʃaffer es-sorεa	무앗쉬르 잇쏘르아	مُؤشِّر السُّرعَة
	연료계기	ʃambeer el-banziin	암비-르 일밴진-	أَمْبِير البَنزِين
	온도계기	ʃambeer el-ḥaraara	암비-르 일하라-라	أَمْبِير الحَرارَة
계기판 (조종석 앞)		tablooh/ -ææt	타블로-	تابْلُوه/ تابْلُوهات
기어		ters/ teruus	티르쓰/티루-쓰	تِرْس/ تُروس
기어변환장치 (gearshift)		feṭees	피티-쓰	فِتِيس
기화기 (carburetor)		karberateer	카르비라티-르	كارْبِرَتير
라디에이트		redyateer	리드야티-르	رِدْياتِير
라이트		nuur	누-르	نُور
라이트	전조등	kaʃʃææf/ -ææt	카쉐-프/카쉐패-트	كَشّافْ/ كَشّافات
		fanuus/ fawaniis	파누-쓰/파와니-쓰	فانُوس/ فَوانِيس
	미등	fanuus/ fawaniis	파누-쓰/파와니-쓰	فانُوس/ فَوانِيس
	방향등	ʕeʃaara	이샤-라	إِشارَة
		fanuus el-ʕeʃaara	파누-쓰 일이샤-라	فانُوس الإِشارَة
바퀴		εagala/εagal	아갈라/아갈	عَجَلَة/ عَجَل
비상용 바퀴		εagala ʕeḥteyaati	아갈라 이흐티야-띠	عَجَلَة احْتِياطِي
		εagala ʃistebn	아갈라 이스티븐	عَجَلَة إسْتِبْن
발전기 (generator)		denamu	디나무	دِينامُو
밧데리		baṭṭareyya	밧따레야	بَطّارِيَّة
배전기 (distributor)		ʕasberateer	아쓰비라티-르	أَسْبِرَاتِير
범퍼		ʕekṣedaam	익시담-	إِكْصِدام
벨트	벨트	seer/ seyuur	씨-르/씨유-르	سِير/ سُيُور
	엔진벨트	seer mutoor	씨-르 모토-르	سِير مُوتُور
	팬벨트	seer marwaḥa	씨-르 마르와하	سِير مَرْوَحَة

생활 회화

한국어	발음	한글 표기	العربية
본넷	kabbuut	캅부-트	كَبُّوتْ
브레이크	faraameḷ	파라-밀	فَرَامِلْ
	dawwææseṭ faraameḷ	다왜-씨 파라-밀	دَوَّاسِة فَرَامِلْ
브레이크 패드	tiil faraameḷ	틸- 파라-밀	تِيلْ فَرَامِلْ
소음기, 배기관	ʃakmææn	샤크맨-	شَكْمَانْ
스파크플러그	bujęę / bujęhææt	부지-/부지해-트	بُجِيه/بُجِهَات
시동장치 점화장치	marʃ	마르쉬	مَرْشْ
	kuntakt or kuntææk	콘택트	كُنْتَكْتْ او كُنْتَاكْ
실린더	sᵉlẹndar	씰린다르	سِلِنْدَرْ
앞 유리	barbiriiz	바르비리-즈	بَرْبَرِيزْ
액셀러레이터	banziin	밴진-	بَنْزِين
	dawwææseṭ banziin	다왜-씨 밴진-	دَوَّاسِة بَنْزِين
엔진	mutoor	무토-르	مُوتُور
연료탱크	tank banziin	탱크 밴진-	تَنْك بَنْزِين
와이퍼	massææḥa/-ææt	마쌔-하/마쌔-해-트	مَسَّاحَة/مَسَّاحَات
완충기	musaɛdiin	무싸아딘-	مُسَاعِدِين
용수철	sosta / sosat	쏘쓰타/쏘싸트	سُوسْتَة/سُسَت
크랭크	karank/-ææt	카랑크/카란캐-트	كَرَنْك/كَرَنْكَات
크랭크 축	ɛamuud ęl-karank	아무-드 일카란크	عَمُود الْكَرَنْك
클러치	dębriyææj	디브리에-지	دِبْرِياج
	dawwææseṭ dębriyææj	다왜-씨 디브리에-지	دَوَّاسِة دِبْرِياج
클러치 페달	baddææl dębriyææj	밧댈- 디브리에-지	بَدَّال دِبْرِياج
타이어(고무부분)	kawętʃ/-ææt	카워취/카워체-트	كَاوِتْش/كَاوِتْشَات
트렁크	ʃanṭa	샨따	شَنْطَة
필터	공기필터	fęltar hawa	필타르 하와	فِلْتَر هَوَاء
	연료필터	fęltar banziin	필타르 밴진-	فِلْتَر بَنْزِين
	오일필터	fęltar zęęt	필타르 지-트	فِلْتَر زِيت

생활 외화			
핸들	dereksęyoon	디릭씨온-	دركسيون

☞ 위의 자동차 부품에 대한 용어들은 가나다 순으로 정열되어 있습니다.

5-7-1-4 주유소 유류 종류

주유소	maḥaṭṭet el-banziin -banziina	마핫뜨트 엘밴진- 밴지-나	محطّة البنزين بنزينة
휘발유	banziin	밴진-	بنزين
무연 휘발유	men yęęr ruṣaaṣ	민 게르 루사-스	من غير رُصاص
경유	solar	쏠라르	سولار
등유	gææz kirusiin	개-즈 키루씬-	جاز كيروسين
시너	tinar	티나르	تنر
오일	zęęt	지-트	زيت
엔진오일	zęęt mutoor	지-트 모토-르	زيت موتور
윤활유	zęęt taʃḥiim	지-트 타쉬힘-	زيت تشحيم
그리스	ʃaḥm/ ʃuḥuum	샤흠/ 슈훔-	شحم/ شحوم
원유	betrool	비트롤-	بترول

5-7-2 자동차를 등록할 때 & 운전면허증을 만들 때

자동차 등록, 운전면허 취득시 용어			
자동차생산년도	mudęęl	무딜-	موديل
자동차 생산회사(brand)	marka/ markaat	마르카/마르카-트	ماركة/ ماركات
면허증(license)	roxṣa/ roxaṣ	로크사/ 로카스	رخصة/ رخص
운전면허증	roxṣet suwææʔa	로크시트 쑤왜-아	رخصة سواقة
	roxṣet qeyææda	로크시트 끼예-다	رخصة قيادة
자동차등록증	roxṣet ɛarabeyya	로크시트 아라비야	رخصة عربيّة
차량판매계약서	ɛaʕd bęęɛ es-sayaara	아으드 비-아 잇싸야-라	عقد بيع السيّارة

생활 외화

벌금납입확인서	ʃaħæædęt muxalfæætt	샤해-딧 무칼패-트	شَهَادة مُخَالَفَات
차량 검사	faħş fanni	파흐스 판니	فَحْصْ فَنِّي
차량검사확인서	ʃaħæædęt faħş fanni	샤해-딧 파흐스 판니	شَهَادة فَحْصْ فَنِّي
소화기	ṭaffaaya/ ṭaffayaat	따파-야/따파야-트	طَفَايَة/ طَفَايَات
보험	taʔmiin	타으민-	تَأْمِين
강제보험	taʔmiin ɛgbæærі	타으민- 이그배-리	تَأْمِين اِجْبَارِي
생명보험	taʔmiin ɛala ęl-ħayæah	타으민- 알라 일하예-	تَأْمِين عَلَى الْحَيَاة
자동차보험	taʔmiin ɛala-ęl-ɛarabęyya	타으민- 알라 일아라베야	تَأْمِين عَلَى الْعَرَبِيَّة
보험에 가입하다	ʔammęn/yęʔammęn ɛala	암민/예암민 알라	أَمَّنْ/ يَأَمَّنْ عَلَى
면허를신청하다	raxxaş/ yęraxxaş	락카스/예락카스	رخَّصْ/ يرَخَّصْ
등록하다	saggęl/ yęsaggęl	싹길/ 예싹길	سَجّلْ/ يُسَجّلْ

· 저는 제 자동차를 등록하길 원합니다.
ɛææyęz ʕasaggęl ęl-ɛarabęyya bętæææt-i

아-이즈 아싹길 일아라베야 비태-아티   عَايزْ أَسَجّلْ الْعَرَبِيَّة بِتَاعْتِي

ɛææyęz ʕaraxxaş ęl-ɛarabęyya bętæææt-i

아-이즈 아락카스 일아라베야 비태-아티   عَايزْ أَرَخَّصْ الْعَرَبِيَّة بِتَاعْتِي

· 저는 자동차 검사 확인서를 원해요. (자동차 등록증을 갱신할 때)
ɛææyęz ʃaħæædęt faħş fanni

아-이즈 샤해-딧 파흐스 판니   عَايزْ شَهَادة فَحْصْ فَنِّي

· 저는 벌금 납입 확인서를 원해요.(자동차 등록증을 갱신할 때)
ɛææyęz ʕaṭallaɛ ʃaħæædęt muxalfæætt

아-이즈 아딸라아 샤해-딧 무칼패-트   عَايزْ أَطَّلَعْ شَهَادة مُخَالَفَات

· 저는 차량 판매 계약서를 만들려고 하는데요(중고 자동차를 구입할 때)
ɛææyęz ʕaɛmęl bɛaɛd beeɛ es-sayaara

아-이즈 아아밀 아으드 베-아 잇싸야-라   عَايزْ أَعْمِلْ عَقْدْ بِيع السَّيَارَة

· 저는 운전면허증을 만들려고 하는데요.
ɛææyęz ʕaṭallaɛ roxşęt suwææʔa

아-이즈 아딸라아 록크싯 쑤왜-아   عَايزْ أَطَّلَعْ رُخْصِة سُوَاقَة

생활 외화

5-7-3 교통 검문을 당할 때

- 제가 교통 위반을 했나요?

  ʔana kęda ɛamalt muxalfa　아나 께다 아말트 무칼파　أَنَا كِدَه عَمَلْتْ مُخَلْفَة ؟

- 저는 교통위반을 하지 않았는데요.

  ʔana maɛamaltęʃ muxalfa　아나 마아말티쉬 무칼파　أَنَا مَاعَمَلْتِش مُخَلْفَة.

- 죄송합니다. 주의를 기울이지 못했네요.

  soori maxadtęʃ bæɛli　쏘-리 마캇티쉬 밸-리　سُورِي، مَاخَدْتِش بَالِي.

- 죄송합니다. 제가 잘못했습니다.

  maɛlęʃʃ ʔana ɣalṭaan　마알리쉬 아나 갈딴-　مَعْلِشّ، أَنَا غَلْطَانْ.

- 저는 …을 알지 못했습니다.

  ʔana makontʃ ɛææręf ʔinnu …

  아나 마콘티쉬 아-리프 인누 …　أَنَا مَاكُنْتِش عَارِف إِنُّه …

- 그 범칙금은 얼마인가요?

  muxalfęt-ha kææm　무칼핏하 캠-　مُخَالْفِتْهَا كَامْ ؟

- 제 운전면허증을 압수당했어요.

  roxṣęt-i ʔętsaħabęt　로크시티 이트싸하비트　رُخْصِتِي اِتْسَحَبِتْ

교통 신호 및 위반에 대한 용어들

교통신호, 신호등	ʔęʃaara/ -aat	이샤-라/이샤라-트	إِشَارَة/ إِشَارَات
파란불	ʔęʃaara maftuuħa	이샤-라 마프투-하	إِشَارَة مَفْتُوحَة
	ʔęʃaara xaḍra	이샤-라 카드라	إِشَارَة خَضْرَاء
빨간불	ʔęʃaara maʔfuula	이샤-라 마으풀-라	إِشَارَة مَقْفُولَة
	ʔęʃaara ħamra	이샤-라 하므라	إِشَارَة حَمْرَاء
노란불	ʔęʃaara ṣafra	이샤-라 사프라	إِشَارَة صَفْرَاء
유턴	(표지판용) dawaraan lęl-xalf 다와란 릴칼프		دَوَرَان لِلْخَلْف
정지	(표지판용) qęf	끼프	قِفْ
	(말할 때) ʔoʔaf	오아프	أِقَفْ
천천히	bᵉhęduuʔ	비히두-으	بِهِدُوء
	bᵉraaħa	비라-하	بِرَاحَة
	bᵉʃwęęʃ	비쉬워-쉬	بِشْوِيش

생활 회화

한국어	발음	한글 발음	العربية
통행금지	mamnuuɛ ed-duxuul	맘누-아 잇두쿨-	ممنوع الدُّخُول
주차금지	mamnuuɛ el-ɛentizaar	맘누-아 일인티자-르	ممنوع الإنْتِظار
정차금지	mamnuuɛ el-wuquuf	맘누-아 일우꾸-프	ممنوع الوُقُوف
교통위반	muxalfa/ -æætt	무칼파/ 무칼패-트	مُخالَفة/مُخالَفات
속도위반	muxalfet sorɛa	무칼펫 쏘르아	مُخالَفة سُرْعة
신호위반	muxalfet kasr ɛeʃaara	무칼펫 카스르 이샤-라	مُخالَفة كَسْر إشارة
주차위반	muxalfet ʃaff tææni	무칼펫 샤프 태-니	مُخالَفة صَف ثاني
안전벨트 미착용	muxalfet fiezææm el-ʔamææn	무칼펫 히잼- 일아맨-	مُخالَفة حِزام الأمان
운전방향위반	muxalfet ɛettegææh ɛaksi	무칼펫 이티개- 아크씨	مُخالَفة إتِجاه عَكْسي
벌칙금	ɣaraama	가라-마	غَرامة
속도 측정기 (speed gun)	radaar	라다-르	رادار
교통경찰	ʃortet muruur	쇼르뗏 무루-르	شُرْطة مُرُور

5-8 배 & 펠루카

한국어	발음	한글 발음	العربية
배	markeb/maræækeb	마르킵/마래-킵	مَرْكَب/ مَراكِب
작은 배	markeba/-æætt	마르키바/마르키배-트	مَرْكِبة/ مَرْكِبات
카페리, 나룻배 선착장	meɛaddeyya	미앗디야	مُعَدِّية
대형 여객선	safiina/ sofon	싸피-나/ 쏘폰	سَفينة/ سُفُن
돛배	markeb ʃeraaɛi	마르킵 쉬라-아이	مَرْكَب شِراعي
펠루카(작은돛배)	feluuka	펠루-카	فَلُوكَة
증기배	bææxera/bawææxer	배-키라/ 바왜-키르	باخِرة/ بَواخِر
나일강 여객선	(주로 카이로 강변의 정해진 노선을 왕래하는 여객선) el-ɛutubiis en-nahri	일우투비-쓰 인나흐리	الأُتُوبيس النَّهْري
선장	kabten/ kabææten	캡튼/ 카배-틴	كابْتِن/كَباتِن
	ɛubtaan	웁딴-	قُبْطان

생활 회화

작은 배 (펠루카등)의 선장	rayyęs	라예쓰	رَيِّس
배 승무원 (boat man)	marakbi/marakbęyya	마라크비/마라크베야	مَرَاكْبِي/مَرَاكِبِيَّة
노	męðæf/maʕadiif	미으대-프/마아디-프	مِقْدَاف/مَقَادِيف
돛	ʃęraaɛ	쉬라-아	شِرَاع
노 젖기	taʕdiif	타으디-프	تَقْدِيف
노를 젖다	ʕaddęf/ yęʕaddęf	앗디프/ 예앗디프	قَدَّف/يُقَدَّف
항구	miina/ mawæænii	미-나/ 마왜-니	مِينَاء/مَوَانِي
육지	barr	바르	بَرّ
구명튜브, 구명띠	tooʕ ęn-nagææh	또-으 인나개-	طُوق النَّجَاه
구명동의, 재킷	jæækęt el-ęnqaaz	재킷 인까-즈	جَاكِت الاِنْقَاذ
	sutręt ęl-ęnqaaz	쑤트리트 일인까-즈	سُتْرَة الاِنْقَاذ

· 이 배는 어디에서 출발하죠?

ʕel-markęb bętętlaɛ męnęęn 일마르크킵 비티플라으 미넨- ؟ اَلْمَرْكِبْ بِيطْلَع مِنِين

· 이 배는 언제 도착하지요?

ʕel-markęb haytęwʃal ʕęmta 일마르크킵 하티우살 엠타 ؟ اَلْمَرْكِبْ هَتَوْصَل إِمْتَى

· 돛단배에 몇명이 탈까요?

hayękuun fi kæm nafar fi-l-fęluuka

하이쿤- 피 캠- 나파르 필 펠루-카 ؟ هَيِكُون فِي كَام نَفَر فِي الْفُلُوكَة

· 언제 배가 떠나죠?

ʕel-markęb bętętlaʕ ʕęmta 일마르크킵 비티플라으 엠타 ؟ اَلْمَرْكِبْ بِيطْلَع إِمْتَى

· 하루(대여하는데) 얼마죠?

ʕel-yoom bᵉ-kæm 일욤- 비캠- ؟ اَلْيُومْ بِكَام

· 이것은(이 여행 상품에) 음식을 포함하고 있나요?

da ʃæmęl ęl-ʕakl 다 쉐-밀 일아클 ؟ دَه شَامِل الْأَكْل

· 구명재킷이 있나요?

ɛandoku jæækęt ęl-ęnqaaz 안도쿠 재킷 인까-즈 ؟ عَنْدُكُوا جَاكِت الاِنْقَاذ

6. 호텔에서

　　이집트에는 관광산업이 발달되어 호텔 숫자가 아주 많습니다. 호텔 수준이 어떠냐고요? 가격에 따라 천차만별이죠. 한국에서 오는 단체 여행객의 경우 대개 별4개 이상의 쾌적한 호텔에서 멋진 서비스를 받으실 수 있습니다. 배낭 여행을 하시는 분들은 아무래도 주머니 사정상 저렴한 곳을 찾게 되는데 예상외로 깨끗하고 괜찮은 호텔을 발견할 수도 있습니다. 이집트에도 한국인이 운영하는 민박집도 있고요, 좋은 호텔을 알선하는 한국 여행사들도 있답니다.

생활 외화
6-1 호텔을 찾아서

- 저는 호텔을 찾고 있어요.

  ʔana badawwar ɛala fondoʔ   아나 바다와르 알라 폰도으   أَنَا بَادَوَّرْ عَلَى فُنْدُق

- 가장 좋은 호텔은 어디에 있나요?

  feen ʔaħsan fondoʔ   펜- 아흐싼 폰도으   فِين أَحْسَنْ فُنْدُق ؟

- 가장 저렴한 호텔이 어디에 있나요?

  feen ʔarxaṣ fondoʔ   펜- 아르카스 폰도으   فِين أَرْخَصْ فُنْدُق ؟

- 여기에서 가까운가요?

  ʔorayyeb men hena   오라옙 민 헤나   قُرَيِّبْ مِنْ هِنَا ؟

- 그 방은 냉방이 되는가요?

  ʔel-ʔooḍa mukayyafa   일오-다 무카야파   الأُوضَة مُكَيَّفَة ؟

- 그 호텔은 깨끗한가요?

  ʔel-fondoʔ neḍiif   일폰도으 니디-프   الْفُنْدُق نِضِيف ؟

- 별이 몇개인 호텔인가요?

  ʔel-fondoʔ kææm negma   일폰도으 캠 니그마   الْفُنْدُق كَامْ نِجْمَة ؟

호텔 관련 용어들

호텔	fondoʔ/fanææde² lukanda	폰도으/ 파내-디으 루칸다	فُنْدُق / فَنَادِق لُوكَانْدَة
유스 호스텔	beet ʃabææb	베-트 샤밥-	بِيت شَبَاب
팬션(pension)	banseyoon	반씨욘-	بَنْسِيُون
삼성급	talææt nuguum	탈래-트 누굼-	تَلَاتْ نُجُوم
사성급	ʔarbaɛ nuguum	아르바아 누굼-	أَرْبَعْ نُجُوم
오성급	xamas nuguum	카마쓰 누굼-	خَمَسْ نُجُوم
방	ʔooḍa / ɣorfa	오-다 / 고르파	أُوضَة / غُرْفَة
더블 룸	ɣorfa li-ʔetneen ḍabl	고르파 리이트닌- 다블	غُرْفَة لِاتْنِين ضَبِلْ
싱글 룸	ɣorfa li-wææħed singl	고르파 리 왜-히드 신글	غُرْفَة لِوَاحِد سِنْجِلْ

생활 회화

리셉션	maktab ʔęstęʃbææl / ręsębʃan	막탑 이쓰티으밸-/리쎕샨	مَكْتَب اِسْتِقْبَال / رِيسِبْشَن
귀중품보관함	ʔamææna/ -ææt	아매-나/ 아매내-트	أَمَانَة / أَمَانَات
풀보더	ful boord	풀 보-르드	فُل بُورْد
해프보더	hææf boord	해-프 보-르드	هَافْ بُورْد
침대	sęriir/saræææyęr	씨리-르/싸래-이르	سَرِيرْ / سَرَايِرْ
담요	baṭṭanęyya/baṭaṭiin	밧딴네야/바따띤-	بَطَّانِيَّة / بَطَاطِين
침대시트	męlææya/ -ææt	밀래-야/밀래에-트	مِلَايَة / مِلَايَات
열쇠	muftæææḥ/mafatiiḥ	무프태-흐/마파티-흐	مُفْتَاح / مَفَاتِيحْ
모기향	namuusęyya	나무-쎄야	نَامُوسِيَّة
모기향 알	ʔors/ ʔaʔraaṣ	오르쓰/아으라-스	قُرْص / أَقْرَاص
수건	fuuṭa/ fowaṭ	푸-따/포와뜨	فُوطَة / فُوطْ
냉장고	tallææga/ -ææt	탈래-가/탈래개-트	ثَلَّاجَة / ثَلَّاجَات

6-2 호텔 체크인

저희들은 ...이 있는 방을 원해요.

ʕayziin yorfa bę... 아이진- 고르파 비+... عَايْزِين غُرْفَة بِ ....

예) 저희들은 에어컨이 있는 방을 원해요.

ʕayziin yorfa bęṭakyiif 아이진- 고르파 비타키-프 عَايْزِين غُرْفَة بِتَكْيِيف

에어컨	takyiif	타키-프	تَكْيِيف
개인 화장실	ḥammææm xaaṣṣ	함맴- 캇-스	حَمَّام خَاصّ
텔레비전	tęlifizyoon	틸리피즈욘-	تِلِيفِزْيُون
샤워	doʃʃ	돗쉬	دُشّ
더운 물	mayya soxna	마야 쏘크나	مَيَّة سُخْنَة
창문	ʃębbææk	쉽백-	شِبَّاك
더블 침대	sęriir muzdawag	씨리-르 무즈다와그	سَرِيرْ مُزْدَوَج
침대가 두 개	sęririin	씨리렌-	سَرِيرِين

생활 회화

- 저는 방을 원해요.

  ɛaaɛyez yorfa/ʕooḍa law samaḥt

  아-이즈 고르파/ 오-다 라우 싸마흐트

  عَايز غُرْفَة/ أوضَة لَوْ سَمَحْت

- 당신에게 빈방이 있나요?

  ɛandak yorfa/ ʕooḍa faḍiya   안닥 고르파/오-다 파디-야 ?

  عَنْدَكَ غُرْفَة/ أوضَة فَاضِية ؟

- 저는 함께 사용하는 방을 원해요.

  ɛaaɛwiz yorfa muʃtaraka   아-위즈 고르파 무쉬타라카

  عَاوِز غُرْفَة مُشْتَرَكَة

- 당신에게 빈 방이 있으세요?

  ɛandak yorfa faḍiya   안닥 고르파 파디야

  عَنْدَكَ غُرْفَة فَاضِية ؟

- 제가 (방을 한 번) 볼 수 있나요?

  momken ʕaʃuf-ha   몸킨 아슈프하

  مُمْكِن أَشُوفْهَا ؟

- 다른 방이 있나요?

  fiih tæani   피- 태-니

  فِيه تَانِي ؟

6-2-1 ... 가 얼마이죠?

bᵉ-kæam li...   비캄- 리 + ...   بكَامْ لـ .....؟

예) 하룻 밤에 얼마이죠?

bᵉ-kæam li-leela waḥda   비캄- 릴-라 와흐다   بكَامْ للَيْلَة وَاحْدَة

하룻 밤	leela waḥda	릴-라 와흐다	لَيْلَة وَاحْدَة
이틀 밤	lelteen	릴텐-	لَيْلَتِين
3일 밤	litalæat layæali	리탈래-트 라옐-리	لتَلَات لَيَالِي
1명	fard wæaḥed nafar wæaḥeḍ	파르드 왜-히드 나파르 왜-해드	فَرْد وَاحِد نَفَرْ وَاحِد
2명	fardeen nafareen	파르덴- 나파렌-	فَرْدِين نَفَرِين

- 제가 메시지를 남길 수 있나요?

  momken ʕasiib rᵉsæala   몸킨 아씹- 리쌜-라

  مُمْكِن أَسِيبْ رِسَالَة ؟

- 제게 온 메시지가 있나요?

  fiih rᵉsæala leyya   피- 리쌜-라 리야

  فِيه رِسَالَة لِيَّ ؟

- 저는 8시에 일어나길 원하는데요(깨워주길 요청할 때).

  men faḍl-ak ɛaaɛwiz ʕeʃḥa es-sæaɛa tamanya

  민 파들락 아-위즈 아스하 잇쌔-아 잇타만야

  مِنْ فَضْلَكْ عَاوِزْ أَصْحَى السَّاعَة التَّامْنِيَة

생활 회화

- 아침식사는 언제 준비되나요?

  ʕel-fetaar beyeghaz ʕemta　피따-르 비에그하즈 엠타　الْفِطَار بِيجْهَزْ إِمْتَى ؟

- 옷빨래를 하는 장소가 있나요?

  fiih makææn liyasiil el-heduum　피- 마캔- 리가씰- 일히둠-　فِيه مَكَانْ لِغَسِيل الْهُدُوم ؟

- 우리가 부엌을 사용할 수 있나요?

  momken nestaxdem el-maṭbax

  몸킨 니쓰타크딤 일마뜨바크　مُمْكِنْ نِسْتَخْدِم الْمَطْبَخ ؟

- 침대시트를 갈아주세요.

  ɣayyar el-melayææt law samaḥt

  가야르 밀래에트 라우 싸마흐트　غَيَّر الْمِلَايَات لَوْ سَمَحْت

- 방을 청소해 주실 수 있나요?

  momken tenaḍḍaf el-ɣorfa　몸킨 티낫다프 일고르파　مُمْكِنْ تِنَضَّف الْغُرْفَة ؟

- 저희에게 담요를 더 주세요.

  momken teddyna baṭṭaneyya zeyææda

  몸킨 팃디나 밧따네야 지에-다　مُمْكِنْ تِدِّينَا بَطَّانِيَّة زِيَادَة ؟

- 모기향을 주실 수 있나요?

  momken teddiina namuuseyya　몸킨 팃디-나 나무-쎄야　مُمْكِنْ تِدِّينَا نَامُوسِيَّة ؟

- 제가 열쇠를 방에 놓고 나왔어요.

  nesiit el-muftææḥ gowwa　니씨트 일무프태-흐 고와　نِسِيت الْمُفْتَاحْ جُوَّة

- 저희가 열쇠를 프론트에 맡겨 두었어요.

  siibna el-muftææḥ ɛand el-ʕesteʕbææl

  씨브나 일무프태-흐 안드 이쓰티으밸-　سِيبْنَا الْمُفْتَاحْ عَنْد الاِسْتِقْبَال

- 창문이 잠겼어요.

  ʕeʃ-ʃebbææk maʃfuul　잇쉽배- 마으풀-　الشُّبَّاكْ مَقْفُول

- 이 방은 좋지 않아요.

  ʕel-ɣorfa di meʃ kʷwayyesa　일고르파 디 미쉬 꾸와에싸　الْغُرْفَة دِي مِشْ كُوَيِّسَة

- 화장실이 고장났어요.

  ʕel ḥammææm meʃ ʃayyææl　일함맴- 미쉬 샤걀-　الْحَمَّام مِشْ شْغَّال

- (그것을) 바꿔주실 수 있나요? (제가 그것을 바꿀 수 있나요?)

  momken ʕayayyar-ha　몸킨 아가야르하　مُمْكِنْ أَغَيَّرْهَا

- 저희들이 가방을 여기에 맡겨도 되나요?

  momken nesiib eʃ-ʃonat hena

  몸킨 니씹- 잇쇼나뜨 헤나　مُمْكِنْ نِسِيب الشُّنَطْ هِنَا ؟

6-3 호텔 체크아웃

- 저는 지금 갈 거예요.
  ʃana hamʃi dęlwaʃti   아나 함쉬 딜와으티   أَنَا هَامْشِي دِلْوَقْتِي
- 저는 비용을 지불하고 싶어요.
  ɛææyez ʃadfaɛ ęl-ḥęsææb   아-이즈 아드파아 일히쌥-   عَايِز أَدْفَع الْحِسَاب
- 저는 계산서를 원해요.
  ɛææyez ęl-ḥęsææb law samaḥt
  아-이즈 일헤쌥- 라우 싸마흐트   عَايِز الْحِسَاب لَوْ سَمَحْت
- 계산서에 실수가 있어요.
  fiih ɣalta fil- ḥęsææb   피- 갈따 필 헤쌥-   فِيه غَلْطَة فِي الْحِسَاب
- 제가 신용카드로 결제할 수 있나요?
  momkęn ʃadfaɛ bękęridᵉt kart
  몸킨 아드파아 비키리디트 카르트   مُمْكِن أَدْفَع بِكرِيدْت كَارْت ؟
- 제가 여행자 수표로 지불할 수 있나요?
  momkęn ʃadfaɛ bęʃiik sęyæǽḥi
  몸킨 아드파아 비쉬-크 씨에-히   مُمْكِن أَدْفَع بِشِيك سِيَاحِي ؟
- 여기서 환전 할 수 있나요?
  bętɣayyar fęluus hęna   비트가야르 필루-쓰 헤나   بِتْغَيَّر فِلُوس هِنَا ؟
- 언제 저희가 계산해야죠?
  ʃel-mafruud neḥææsęb ʃemta   일마프루-드 니해-씹 엠타?   الْمَفْرُوضْ نِحَاسِب إِمْتَى ؟
- 청구서를 주세요.
  ʃel-fatuura męn faḍlak   일파투-라 민 파들락   اِلْفَاتُورَة مِن فَضْلَكَ
- 영수증을 주실 수 있나요?
  momkęn tęddyni waṣl   몸킨 팃디니 와슬   مُمْكِن تِدّيِني وَصْل ؟
- 제가 몇 시에 방을 떠나야 하나요? (체크 아웃을 위해)
  ʃel-mafruud ʃasiib ęl-ʃooda ęs-sææɛa kææm
  일마프루-드 아씹- 일오-다 잇쌔-아 캠-   الْمَفْرُوضْ أَسِيب الْأُوضَة السَّاعَة كَام ؟
- 저희를 환대해주셔서 감사해요.
  ʃokran ɛala ḥosn ed-ḍiyaafa
  쇼크란 알라 오쏜 일디야-파   شُكْراً عَلَى حُسْن الضِّيَافَة

생활 회화

7. 시내에서

생활 회화
7-1 시내에서

시내의 주요 건물들			
은행	bank	반크	بَنْك
환전소	ʃerket ṣeraafa maktab ṣeraafa	쉬르킷 시라-파 막탑 시라-파	شِرْكة صِرافَة مَكْتَبْ صِرافَة
시내 중심가 (down town)	weṣt el-balad	위쓰뜨 일발라드	وَسْط البَلَد
대사관	sefaara	씨파-라	سِفَارة
한국 대사관	ʔes-sefaara ek-koreyya	잇씨파-라 익코리야	السِّفَارة الكُورِيَّة
비자 받는 곳	ʔel-mugammaɛ	일무감마아	المُجَمَّع
호텔	fondoʔ/fanæædeʔ	폰도으 / 파내-디으	فُنْدُق / فَنَادق
시장	suuʔ	쑤-으	سُوق
박물관	matḥaf	마트하프	مَتْحَف
경찰서	ʔesm eʃ-ʃorta ʔesm el-buliis	이씀 잇쇼르따 이씀 일불리-쓰	قِسْم الشُّرْطَة قِسْم البُوليس
우체국	bosta maktab el-bosta maktab el-bariid	보쓰따 막탑 일보쓰따 막탑 일바리-드	بُوسْطَة مَكْتَب البُوسْطَة مَكْتَب البَريد
화장실	ḥammæm dooret mayya	함맴- 도-릿 마야	حَمَّام دُورة مَيَّة
전화국	ṣentraal	쎈트랄-	سِنْتْرال
관광안내소 여행사	maktab es-seyæfa	막탑 잇씨에-하	مَكْتَب السِّيَاحة
영화관	ṣenema	씨네마	سينما
극장	masraḥ/masæærɛḥ	마쓰라흐 / 마쌔-리흐	مَسْرَح / مَسَارح

시내에서 길을 물을 때

· ·····가 어디입니까?

  feen ʔel...　　　　　　　펜- 일...　　　　　　　فين ال....؟

생활 외화

· 비자받는 곳(일무감마아)은 어디죠?

  fęęn ʕęl-mugammaɛ 펜- 일무감마아 فين الْمُجَمَّعْ

· 관광정보 안내소(혹은 여행사)는 어디죠?

  maktab es-sęyææɦa fęęn 막탑 잇씨예-하 펜- مَكْتَب السِّيَاحَة فين؟

· (당신에게) 이집트 지도 있나요?

  ɛandak xariiṭa maɦallęyya 안닥 카리-따 마할리야 عَنْدكْ خَرِيطَة مَحَلِّيَّة

☞ 길을 묻는 방법은 이 책 5-1 길을 물을 때 부분을 보십시오.

7-2 은행

환전은 은행이나 환전소(money exchanger)에서 하면 됩니다. 한 때 이집트의 달러 사정이 좋지 않아 환전소의 환율과 은행의 환율 차이가 많이 날 때도 있었지만 요즘은 크게 차이나지 않습니다. 은행이나 환전소는 시내에서 어렵지 않게 찾을 수 있습니다. 시내 곳곳에 있는 ATM기에서 인출하는 것도 편리한 방법입니다.

· 언제 은행 문을 열죠?

  ʕęl-bank bęyęftaɦ ʕęmta 일반크 비에프타흐 엠타 الْبَنْكْ بِيفْتَح إِمْتَى؟

· 언제 은행 문을 닫죠?

  ʕęl-bank bęyęʕfil ʕęmta 일반크 비에으필 엠타 الْبَنْكْ بِيقْفِل إِمْتَى؟

· 오늘 달러가 얼마이죠?(환율을 물어볼 때)

  ʕęl-dolaar bᵉ-kææm ęn-nahaɾda

  일돌라르 비캠- 인나하르다 الدُّولَارْ بِكَام النَّهَارْدَة

· 저는 수표(check)를 바꾸기를 원해요.

  ɛææyęz ʕayayyar ʃiik 아-이즈 아가야르 쉬-크 عَايز أَغَيَّر شِيك

· 신용카드를 이용해 돈을 인출할 수 있나요?

  momkęn ʕasɦab fęluus bękęridᵉt kart

  몸킨 아쓰핰 필루-쓰 비키리디트 카르트 مُمْكِن أَسْحَب فُلُوس بِكرِدِتْ كَارْتْ ؟

· 저에게 잔돈을 주십시오.

  ʕęddiina fakka męn faḍl-ak 잇디나 팍카 민 파들락 إِدِّينِي فَكَّة مِن فَضَلَك

· 내 거래 은행으로 부터 이쪽 은행으로 송금할 수 있나요?

  momkęn ʕaɦawwęl fęluus męn ęl-bank bętæææ-i

  몸킨 아하윌 필루-쓰 민 일반크 비태-에이

  مُمْكِن أَحَوِّل فُلُوس مِن الْبَنْكْ بتَاعِي؟

생활 외화

- 저는 은행 구좌를 개설하고 싶은데요.

  ɛææyɛz ʕaftaɦ ɦesææb 아-이즈 아프타ㅎ 헤쌔ㅂ- عَايِز أَفْتَح حِسَاب

- 내 돈이 도착했나요?

  feluusi waṣalit 필루-씨 와살리ㅌ- فِلُوسِي وَصَلِت؟

- (돈이) 언제 도착하죠?

  hatwṣal ʕemta 하트우살 엠타 هَتَوْصَل إِمتَى

- 내 돈을 해외로 송금할 수 있나요?

  momken ʕaɦawwel feluus barra

  몸킨 아하윌 필루-쓰 바라 مُمْكِن أَحَوِّل فِلُوس بَرَّة؟

- 어디에다 서명할까요?

  ʕamḍi feen 암디 펜- أَمْضِي فِين؟

7-2-1 화폐 관련 용어들			
돈	fᵉluus	필루-쓰	فِلُوس
거스름돈 (change)	ʕel-bææʔi	일바-이	الْبَاقِي
잔돈 (small money)	fakka	팍카	فَكَّة
현금(cash)	kææʃ naʕd	캐-쉬 나으ㄷ	كَاش نَقْد
수표(check)	ʃiik, ʃeek/ -tææʃ	식-/ 쉬캐-ㅌ	شِيك/ شِيكَات
여행자 수표	ʃekææt seyaɦeya	쉬캐-ㅌ 씨야-헤야	شِيكَات سِيَاحِيَّة
신용카드	kerideᵗ kart	키리디ㅌ 카르ㅌ-	كِرِدت كَارْت
통용화폐 (currency)	ɛomla	오믈라	عُمْلَة
동전	ɛomla maɛdaneyya	오믈라 마아다네야	عُمْلَة مَعْدَنِيَّة
지폐	ɛomla waraʔ	오믈라 와라으	عُمْلَة وَرَق
환율	nesbet et-taɦwiil	니쓰바 잇타흐윌-	نِسْبة التَّحْوِيل
매매 가격	taman el-beeɛ	타만 일비-아	ثَمَن البَيع
매수 가격	taman eʃ-ʃera	타만 잇쉬라	ثَمَن الشِّرَاء
달러($)	dolaar/ -aat	돌라-르/ 돌라라-ㅌ-	دُولَار/دُولَارَات
ATM	ATM	에이 티 엠	إيه تي إم

생활 외화

구좌(account)	ḥesææb 히쌥-	حِساب
구좌를 열다	fataḥ/ yeftaḥ ḥesææb 파타흐/엩타흐 헤쌥-	فَتَح/يِفْتَحْ حِساب
예금하다	ḥatt/ yeḥott (fᶜluus fi-l-bank) 핫뜨/ 예홋뜨 필루-쓰 필반크	حَطّ/ يِحُطّ فِلُوس في البَنْك
인출하다	saḥab/ yesḥab 싸핟/ 예쓰핟	سَحَب/ يَسْحَب
잔금(balance)		رَصيد
이자	fayda/ fawææyed 파이다/ 파와-이드	فائدة/ فَوائد
돈의 합계	mablay 마블라그	مَبْلَغ

7-2-2 이집트 화폐단위

파운드	ginęę/ -hæææt 기니-/ 기니해-트	جِنيه/ جِنيهَات
50피아스트	noṣṣ ginęę 놋스 기니- xamsiin ʕerʃ 캄씬- 이르쉬	نُصّ جِنيه خَمْسين قِرْش
25피아스트	robɛ ginęę 롭아 기니-	رُبْع جِنيه
20피아스트	riyæææl 리옐- ɛiʃriin ʕerʃ 에쉬린- 이르쉬	رِيال عِشْرين قِرْش
10피아스트	bariiza 바리-자 ɛaʃara sææy 아샤라 쌔-그	بَريزة عَشَرة ساغ
5피아스트	xamsa sææy 캄싸 쌔-그 ʃelen 쉴린	خَمْسة ساغ شِلِن
1피아스트	ʕerʃ/ ʃuruuʃ 이르쉬/ 우루-쉬	قِرْش/ قُرُوش

7-3 우체국

· 저는 우표를 시고 싶어요.

   ɛæææwiz ʃaʃteri ṭawaabɛɛ 아-위즈 아쉬티리 따와-비아   عَاوِز أَشْتَرِي طَوَابِع

· 저는 ...(물건)을 ...(목적지)로 보내고 싶어요.

   ɛææyez ʕabɛat... li... 아-위즈 아바아트... 리...   عَايِز أَبْعَت .... ل ...

예) 저는 이 편지를 한국으로 보내고 싶어요.

   ɛææyez ʕabɛat el-gawææb da likorya

   아-위즈 아바아트 일가왭- 다 리꾸리야   عَايِز أَبْعَت الجَوَاب دَه لكُورْيَا

생활 회화

- 저는 이것을 빠른 항공우편으로 보내고 싶어요.
  εææwiz ʕabʕat da bil-bariid el-mestaεgel law samaḥt
  아-워즈 아바아트 다 빌 바리-드 일미쓰타아길 라우 싸마흐트

  عَاوِز أَبْعَت دَه بِالْبَرِيد الْمِسْتَعْجِل لو سمحت

- 한국으로 이것을 보내는데 얼마나 들죠?(제가 얼마나 지불해야 하나요?)
  ʕadfaε kææm εalaʃææn ʕabʕat da likorya
  아드파아 캠- 알라쉐안- 아바아트 다 리꼬리야

  أَدْفَع كَام عَلَشَان أَبْعَت دَه لِكُورِيَا

- 저에게 편지 온 것이 있나요?
  fiih ʕayy{e} gawabææt leyya   피- 아이 가와배-트 리야

  فِيه أَيّ جَوَابَات لِيّ

우체국 관련 용어들

우체국	boṣṭa	보쓰따	بُوسْطَة
	maktab el-boṣṭa	막탑 일보쓰따	مَكْتَب الْبُوسْطَة
	maktab el-bariid	막탑 일바리-드	مَكْتَب الْبَرِيد
편지	gawææb/ -ææt	가왭-/가와배트	جَوَاب/جَوَابَات
소포	ṭard/ ṭuruud	따르드/ 뚜루-드	طَرْد/ طُرُود
엽서	kart{e} boṣṭa	카르트 보쓰따	كَرْت بُوسْطَة
우표	ṭaabeε/ṭawaabeε	따-비아/따와-비아	طَابِع/ طَوَابِع
우체부	boṣṭagi	보쓰따기	بُوسْطَجِي
항공우편	bariid gawwi	바리-드 가위	بَرِيد جَوِّي
봉투	zarf/ ʕazrof	자르프/ 아즈로프	ظَرْف/ أَظْرُف
빠른 우편	gawææb mestaεgel	가왭- 미쓰타아길	جَوَاب مِسْتَعْجِل
	bariid mestaεgel	바리-드 미쓰타아길	بَرِيد مِسْتَعْجِل
보통 우편	gawææb εæædi	가왭- 애-디	جَوَاب عَادِي
등기	gawææb musaggal	가왭- 무싹갈	جَوَاب مُسَجِّل
우체통	ṣanduuʕ el-boṣṭa	산두-으 일보쓰따	صَنْدُوق الْبُوسْطَة
주소	εenwææn/ εanawiin	엔왠-/아나윈-	عِنْوَان/ عَنَاوِين
사서함,편지함	ṣanduuʕ bariid	산두-으 바리-드	صَنْدُوق بَرِيد
수입인지	damya/ -ææt	다므가/ 다므개-트	دَمْغَة/ دَمْغَات

생활 회화
7-4 전신 전화국

갑자기 국제 전화를 해야 할 때 거리의 공중전화 박스를 이용하면 좋습니다. 주위의 상점에서 공중전화 카드를 구입하신 이후 전화를 하실 수 있습니다. 그러나 공중전화 박스가 없는 시골에선 전신 전화국을 찾아야 합니다. 전신 전화국은 이집트 말로 "쎈트랄" 이라 합니다.

· 제가 전화를 사용할 수 있나요?
  momkęn ʕatkallęm fi ęt-tęlifoon
  몸킨 아트칼림 피 잇틸리폰-   مُمْكِن أَتْكَلِّم في التِّلِيفُون ؟

· 저는 ...로 전화를 걸기 원해요.
  ɛææyęz ʕattęʃęl bę...   아-이즈 앗티실 비...   عَايِز أَتَّصِل ب...

· 저는 3분 동안 통화를 하고 싶어요.
  ɛææyęz ʕatkallęm talææt daʕææyęʕ
  아-이즈 아트칼림 탈래-트 다애-이으   عَايِز أَتْكَلِّم تَلَات دَقَايِق

· 3분 간의 통화는 얼마죠?
  mukalma talææt daʕææyęʕ bᵉ-kææm
  무칼마 탈래-트 다애-이으 비캠-   مُكَالَمَة تَلَات دَقَايِق بِكَام ؟

· (기본 통화 후 초과된)분당 비용은 얼마죠?
  diʕiiʕa zęyææda bᵉ-kææm   디이-아 지에-다 비캠-   دَقِيقَة زِيَادَة بِكَام ؟

· 저는 한국으로 전화를 걸기 원해요.
  ɛææyęz ʕattęʃęl bękorya   아-이즈 앗티실 비꾸리야   عَايِز أَتَّصِل بِكُورْيَا

전화 관련 용어들		
전신 전화국	sęnteraal	쎈티랄-	سِنْتْرَال
전화번호안내 (140/141번)	daliil	달릴-	دَلِيل
전화번호	raqam ęt-tęlifoon nęmręt-tęlifoon	라깜 잇틸리폰- 니므릿 딜리폰-	رَقَم التِّلِيفُون نِمْرَة التِّلِيفُون
전화번호부	daliil tęlifoon	달릴- 틸리폰-	دَلِيل تِلِيفُون
교환원	ɛææmęl tęlifoonææt	애-밀 틸리포내-트	عَامِل تِلِيفُونَات

☞ 더 자세한 전화 용어는 이 책의 전화 부분을 보십시오.

생활 회화
7-5 인터넷

- 여기 인테넷 카페가 있나요?
  fiih saybar hęna　　　　　피- 싸이바르 헤나　　　　فيه سَيْبَر هِنَا ؟
- 인터넷 사용을 원해요.
  εææyęz ʕastaxdęm ęl-ʕęntarnęt
  아-이즈 아쓰타크딤 일인타르넷　　　　عَايِز أَسْتَخْدِم الإِنْتَرْنِت
- 저는 이-메일을 체크하기 원해요.
  εææyęz ʕaʃuuf ęl-ęymiil bętæææi
  아-이즈 아슈-프 일이밀- 비태-아이　　　　عَايِز أَشُوف الإِيميل بتَاعِي
- 저는 이-메일을 보내기 원해요.
  εææyęz ʕabεat ʕęymiil　아-이즈 아브아트 이밀-　　　　عَايِز أَبْعَت إِيميل

생활 회화

8. 밤 거리를 친구와 함께

카이로는 잠을 자지 않는다

아랍어에 '카이로는 잠을 자지 않는다' 라는 말이 있습니다. 이는 카이로의 밤이 얼마나 찬란하고 정열적인지를 말해주는 단적인 예입니다.

이집트 사람들은 밤을 좋아하고 즐깁니다. 다음날 출근하지 않는 사람들은 보통 밤에 볼 일을 보고 낮에 잠을 잡니다. 밤과 낮이 뒤바뀐 생활을 합니다. 하루종일 한산하던 찻집이 해질 무렵이 되면 조금씩 사람들이 모여들어 한밤중에는 사람들로 꽉찹니다. 클럽에서의 체육활동도 밤에 이루어집니다.

이집트 사람들에게 중요한 사회적 행사들은 모두 밤에 열립니다. 결혼식, 약혼식, 물리드 축제, 연주회, 오페라 등 중요한 사회적 모임은 모두 밤에 있습니다. 때문에 낮보다 밤에 자동차가 더 붐빕니다. 밤 열한시가 되어도 경적을 울리며 거리를 질주하는 차들을 흔히 볼 수 있습니다.

때문에 이집트 문화의 진수를 보길 원하면 밤에 거리에 나가 보아야 합니다. 밤에 열리는 결혼식이나 물리드 축제를 관람해 보십시오. 전통 찻집에 앉아 현지인들과 친구가 되어보는 것도 좋은 경험입니다.

이집트의 밤은 그렇게 위험하지 않습니다. 이집트는 다른 외국과는 달리 종교적으로 술이 금지되어 있어 음주문화가 거의 발달되어 있지 않는데 이것도 그 이유중의 하나입니다. 물론 여자분들이 밤거리를 다닐 때는 동행인이 있는 것이 좋습니다.

생활 회화
8-1 밤거리를 거닐며

· 오늘 밤 우리는 무엇을 할까요?

momken neɛmel ʕeeh bel-leel 몸킨 니아밀 에- 빌렐- مُمْكِن نِعْمِل إيه بِاللِّيل؟

· 오늘 밤에 어떤 행사가 있나요?

fiih ʕeeh yetɛɛmel el-leela 피- 에- 예트아밀 일렐-라 ؟ فيه إيه يِتْعِمِل الليلة

나는 …에 가고 싶어요.			
ɛææwez ʕaruuħ...		아-워즈 아루-흐...	...عَايِزْ أَرُوحْ
예) 나는 영화관에 가고 싶어요.			
ɛææwez ʕaruuħ senema		아-워즈 아루-흐 씨네마	عَايِزْ أَرُوحْ سِينِمَا

음악 연주회	ħaflet musiiqa ħafla musiqeyya konsert	하플리트 무씨-까 하플라 무씨끼야 콘씨르트	حَفْلَة مُوسِيقَى حَفْلَة مُوسِيقِيَّة كُونْسِرْت
오페라	ʕubra	우브라	أُوبْرَا
영화관	senema	씨네마	سِينِمَا
극장	masraħ	마쓰라흐	مَسْرَح
전통찻집	ʕahwa	아흐와	قَهْوَة
커피숍	kofi ʃob	코피숍	كُوفِي شُوب
카페	kafee kafiterya	카페- 카피테리야	كَافِيه كَافِيتِرْيَا
식당	matɛam	마뜨암	مَطْعَم
선술집, 바	baar	바-르	بَار
나이트 클럽	nayt kᵒlab malha layli kabaree	나이트 킬랍 말하 라일리 카바레-	نَايْت كِلَاب مَلْهَى لَيْلِي كَبَارِيه
카지노	kazinu	카지누	كَازِينُو

생활 회화

8-1-1 나는 …을 하고 싶어요.

ɛææwɛz...   아-위즈...   عاوِز ...

예) 나는 산책을 하고 싶어요.

ɛææwɛz ʕatmaʃʃa   아-위즈 아트맛샤   عاوِز أَتْمَشَّى

산책하다	ʕatmaʃʃa	아트맛샤	أَتْمَشَّى
바람쐬다 구경하다	ʕatfassaħ	아트팟싸흐	أَتْفَسَّحْ
영화를 보다	ʕatfarrag ɛala fęlm	아트파라그 알라 필름	أَتْفَرَّج عَلَى فِلْيم
홍차를 마시다	ʕaʃrab ʃææy	아쉬랍 쉐-이	أَشْرَب شَاي
잡담하다 (to chat)	ʕadardęʃ	아다르디쉬	أَدَرْدِشْ
춤을 추다	ʕarʕoʕ	아르오스	أَرْقُصْ
바람쐬게하다 구경시키다	ʕafassaħ li + 사람	아팟싸흐 리	أَفَسَّحْ لِ
인터넷을하다	ʕadxol ɛal ęn-nęt	아드콜 알 인넷	أَدْخُلْ ع النَّتْ
쇼핑을 하다	ʕaɛmęl ʃobbęng	아아밀 쇼빙그	أَعْمِل شُوبِنْجْ

8-2 거리에서 친구와 함께

· 당신이 누구신지 소개해주실 수 있나요?(우리가 당신을 알 수 있나요?)
   momkęn nętɛarraf biik   몸킨 니트아라프 빅-   مُمْكِنْ نِتْعَرَّفْ بِيكْ

· 제가 당신을 그에게 소개할게요.(친구를 다른 사람에게 소개하려고 할 때)
   ʕana haɛarraf-ak ɛaliih   아나 하아라팍 알리-   أَنَا هَاعَرَّفَكْ عَلِيهْ

· 당신은 오늘 밤 무엇을 할 예정이세요?
   hatęmęl ʃęęh bęl-lęęl   하타아밀 에- 빌 렐   هَتِعْمِل إِيه بِالْلَّيْل؟

· 우리 함께 바람을 쐐실래요?
   momkęn nętfassaħ maɛa baɛd   몸킨 니트팟싸흐 마아 바아드?   مُمْكِنْ نِتْفَسَّحْ مَعَ بَعْض؟

· 당신은 저랑 같이 밖에 나가길 원하시나요?
   tęħębb toxrog maɛææya   티헵 토크로그 마애-야   تِحِبّ تُخْرُجْ مَعَايَا؟

· 당신은 어디를 가길 원하십니까?
   tęħębb tęruuħ fęęn   티헵 티루-흐 펜-   تِحِبّ تِرُوحْ فِين؟

생활 외화

- 당신은 연주회에 저랑 함께 가시겠습니까?
  teḥebb teruuḥ ḥafla musiqeyya maɛææya
  티헬 티루-흐 하플라 무씨끼야 마애-야
  تِحبّ تْرُوح حَفْلَة مُوسِيقيَّة مَعَايَا؟

- 우리는 파티를 할 것입니다.
  haneɛmel ḥafla
  하니아밀 하플라
  هَنَعْمِل حَفْلَة

- 이리 와서 나와 함께 갑시다.
  taɛææla maɛææya
  타앨-라 마애-야
  تَعَالَى مَعَايَا

- 예, 그렇게 해요. (그런데) 우리 어디를 가나요?
  mææʃi hanruuḥ feen
  매-쉬, 한루-흐 펜-
  مَاشِي. هَنْرُوح فِين؟
  ookę hanruuḥ feen
  오케이 한루-흐 펜-
  أُوكِى هَنْرُوح فِين؟

- 내일 할 수 있을까요?
  momken bokra
  몸킨 보크라
  مُمْكِن بُكْرَة؟

- 아니요. (친절, 제안 등에) 감사해요. (거절할 때)
  laʔ ʃokran
  라 쇼크란
  لأ شُكْراً

- 저는 여기에 친구와 함께 있어요.
  ʔana ḥena maɛa ṣaaḥęb-i
  아나 헤나 마아 사으비
  أَنَا هِنَا مَعَ صَاحْبِي

- 죄송해요. 저는 바빠요.
  ʔana ʔææsęf. ʔana maʃyuul
  아나 애-씨프, 아나 마쉬굴-
  أَنَا آسِف. أَنَا مَشْغُول

- 죄송하지만 불가능해요.
  ʔææsęf maʔdarʃ
  애-씨프 마으다르쉬
  آسِف مَاقْدَرْش

- 감사하지만 불가능해요.
  ʃokran lææken meʃ hayenfaɛ
  쇼크란 래-킨 미쉬 하인파아
  شُكْراً لَكِن مِش هَيِنْفَع

- 죄송해요. 다른 해야될 것이 있어서…
  ʔææsęf. ɛandi ḥagæææt tanya ʔaɛmel-ha
  애-씨프, 안디 하개-트 탄야 아아밀하
  آسِف. عَنْدِي حَاجَات تَانْيَة أَعْمِلْهَا

- 저는 원하지 않아요.
  ʔana meʃ ɛææyez
  아나 미쉬 아-이즈
  أَنَا مِش عَايِز

- 저를 혼자 내버려 두세요.
  siibni lᵉ-waḥdi
  씨-브니 리 와흐디
  سِيبْنِي لِوَحْدِي

- (성가시게 마시고) 나를 혼자있게 두세요.
  siibni fi ḥææli
  씨-브니 피 핼-리
  سِيبْنِي فِي حَالِي

8-3 친구와의 만남 약속

- 우리 언제 만날까요?

  haneṭʕæbeł ʕemta   하니트애-빌 엠타   هنِتْقَابِل إِمْتَى ؟

- 우리 어디서 만날까요?

  haneṭʕæbeł feen   하니트애-빌 펜-   هنِتْقَابِل فِين ؟

- 우리 8시에 …서 만날까요?

  momkən neṭʕæbeł es-sææʕa tamanya fi …

  몸킨 니트애-빌 잇쌔-아 타만야 피…   مُمْكِن نِتْقَابِل السَّاعَة ثَمَانْيَة في...

- 저는 그 약속시간에 시간이 비어있지 않아요.

  ʕana meʃ faadi fel-maæʕad da

  아나 미쉬 파-디 필 마애-드 다   أنَا مِش فَاضِي في الْمِيعَادْ دَه

- 좋아요. 거기서 당신을 만나죠 (제가 거기서 당신을 뵙지요)

  mææʃi ʕaʃuufak henæɛk   매-쉬 아슈-팍 헤낵-   مَاشِي هَاشُوفَك هِنَاك

- 6시에 찾아갈게요.(제가 6시에 당신에게 갈게요)

  hagiilak es-sææʕa seṭṭa   하길-락 잇쌔-아 씻타   هَاجِيلَك السَّاعَة سِتَّة

- 9시에 와서 모셔갈게요.(제가 9시에 당신을 모셔갈게요)

  hagi ʕaxdak es-sææʕa teseʕa

  하기 아크닥 잇쌔-아 티싸아   هَاجِي آخْدَك السَّاعَة تِسْعَة

- 만약 거기서 9시에 당신이 저를 만나지 못하시면, 기다리지 마세요.

  law malaʕitniiʃ henæɛk es-sææʕa teseʕa maṭestannææʃ

  라우 말리이트니-쉬 헤낵 잇쌔-아 티싸아 마티쓰탄내-쉬

  لَوْ مَالَقِيتْنِيشْ هِنَاكْ السَّاعَة تِسْعَة مَاتِسْتَنَّاش

- 그 이후에 제가 갈텐데, 당신은 어디에 계실 건가요?

  hagi baʕd keda ʕenta hatkuun feen

  하기 바아드 께다 엔타 하트쿤- 펜-   هَاجِي بَعْد كِدَة إنْتَ هَتْكُون فِين ؟

- 그 이후에/내일 (당신을) 보도록 하지요.

  ʕaʃuufak baʕd keda/bokra   아슈-팍 바아드 께다/ 보크라   هَاشُوفَك بَعْد كِدَة/ بُكْرَة

- 미안해요. 제가 늦었어요

  ʕææsef liʕenni ʕeṭʕaxxart   애-씨프 리인니 이트악카르트   آسِف لأنِّي اتأَخَّرْت

- 얼마나 오래 저를 기다렸나요?

  baʕælak ʕaddᵉ ʕeeh   바앨-락 앗디 에-   بَقَالَك قَدّ إِيه ؟

- 제가 시도해볼게요

  haħææwel   하해-월   هَاحَاوِل

121

생활 외화

- 좋아요.

  mæeʃi　　　매-쉬　　　مَاشِي

- 걱정하지 마세요

  mateʕlaʃʃ　　　마티을라으쉬　　　مَاتِقْلَقْش

8-4 친구와의 이별

- 저에게는 오늘이 이곳에서의 마지막 날이에요.

  ʕen-naharda ʕææxer yoom leyya hena

  인나하르다 애-키르 욤 리야 헤나　　　النَّهَارْدَة آخِرْ يُومْ لِيَّ هِنَا

- 우리의 주소를 교환해요.

  yalla netbæædel el-ɛanawiin　얄라 니트배-딜 아나윈-　يَاللَّا نِتْبَادِل الْعَنَاوِين

- 당신 주소는요?

  ɛenwæænak ʕeeh　　엔와-낙 에-　　عِنْوَانَكْ إِيه؟

- 만일 한국에 오게되면 반드시 우리집에 방문하셔야 해요.

  law geet likorya læezim tezuurna

  라우 기-트 리꾸리야 래-짐 티주-르나　　لَوْ جِيتْ لِكُورْيَا لَازِم تِزُورْنَا

- 당신에게 이메일이 있나요?

  ɛandak ʕeymiil　　안닥 이밀-　　عَنْدَكْ اِيمِيل ؟

- 편지하는 것(혹은 이메일) 잊지 마세요!

  matensææʃ tekteb　　마텐쌔-쉬 틱팁　　مَاتِنْسَاشْ تِكْتِب!

- 당신을 만나서 정말 즐거웠어요.

  ʕana mabsuut ʕawi liʕenni ʕæebeltak

  아나 맙쑤-뜨 아위 리인니 애-빌탁　　أَنَا مَبْسُوط قَوِي لأَنِّي قَابِلْتَك

- 당신을 그리워할 것이에요.

  (남자에게) hatewhaʃn-i　　하티우하쉬니　　هَاتِوْحَشْنِي

  (여자에게) hatewhaʃiin-i　　하티우하쉬-니　　هَاتِوْحَشِينِي

- 계속 연락하십시다!

  xalliina ɛala ʕetteṣaal　　칼리-나 알라 잇티살-　　خَلِّينَا عَلَى اِتِّصَال!

생활 회화

9. 유적지 관광

생활 외화
9-1 유적지 관광

· 관광정보안내소가 어디에 있나요?
maktab ęs-sęyææɦa fęęn   막탑 잇씨에-하 펜-   مَكْتَب السِّيَاحَة فِين؟

· 이집트 지도를 갖고 있나요?
ɛandak xariiṭa maɦallęyya   안닥 카리-따 마할리야   عَنْدَكْ خَرِيطَة مَحَلِّيَّة؟

· 한국어/영어로 된 관광 안내 책자가 있나요?
fiih kętææb ʕirʃæædi bil-ęngęliizi/ bik-koori   피- 키탭- 이르쉐-디 빌 인글리-지/ 빅 꼬-리
فِيه كِتَاب إِرْشَادِي بِالإِنْجِلِيزِي/ بِالكورِي؟

· 이곳 관광 포인트가 뭐죠?
ʕęęh ʕahamm mazaraat hęna   에- 아함 마자라-트 헤나   إِيه أَهَمّ الْمَزَارَاتْ هِنَا؟

· 저는 ...를 보고 싶어요.
ɛææyęz ʕaʃuuf...   아-이즈 아슈-프...   عَايِز أَشُوف...

· 우리가 사진을 찍어도 되나요?
momkęn nææxud ṣuura   몸킨 내-코드 수-라   مُمْكِنْ نَاخُدْ صُورَة؟

· 제 사진을 좀 찍어 주시겠어요?
momkęn tiṣawwarni   몸킨 티사와르니   مُمْكِنْ تِصَوَّرْنِي؟

· (유적지가) 언제 문을 열죠?
bęyęftaɦ ʕęmta   비에프타흐 엠타   بِيفْتَحْ إِمْتَى؟

· (유적지가) 언제 문을 닫죠?
bęyęʕfil ʕęmta   비에으필 엠타   بِيقْفِلْ إِمْتَى؟

· 입장료가 있나요?
fiih rasm ęd-duxuul   피 라쏨 잇두쿨-   فِيه رَسْم الدُخُول؟

· 학생 할인이 있나요?
fiih taxfiid lit-ṭullaab   피- 타크피-드 릿뚤랍-   فِيه تَخْفِيضْ لِلطُّلَاب؟

· 이 건물은 뭐죠?
ʕęęh ęl-mabna da   에- 일마브나 다   إِيه الْمَبْنَى دَه؟

· 이 유적은 뭐죠?
ʕęęh ęl-ʕasar da   에- 일아싸르 다   إِيه الأَثَر دَه؟

· 이것은 뭐죠?
ʕęęh da   에- 다   إِيه دَه؟

· 이것은 얼마나 오래됐죠?
baʕæælu ʕaddᵉ ʕęęh da   바앨-루 앗드 에-   بَقَالُه قَدّ إِيه دَه

생활 외화
9-1-1 유적지 관광에 대한 용어들

한국어	발음 (라틴)	발음 (한글)	العربية
관광	seyæaɛɦa	씨예-하	سِيَاحَة
관광객	sææyeɦ/ suwwææɦ	쌔-예흐/쑤왜-흐	سَائِح/ سُوَّاح، سيَّاح
관광지	manteʃa seyaɦeyya / mazaar	만띠아 씨야헤야 / 마자-르	مَنْطِقة سِياحِيَّة / مَزَارْ
박물관	matɦaf	마트하프	مَتْحَفْ
궁전	ʕaṣr/ ʕuṣuur	아스르 / 우수르	قَصْر/ قُصُورْ
성채, 요새	ʕalʕa	알라아	قَلْعَة
신전	maɛbad/maɛææbid	마으바드/마애-비드	مَعْبَد/ مَعَابِد
모스크	gæameɛ/gawæameɛ / masgɛd/masææged	개-미아/가왜-미아 / 마쓰기드/마쌔-기드	جَامِع/ جَوَامِع / مَسْجِد/ مَسَاجِد
교회	kiniisa/kanææyes	키니-싸/카내-이쓰	كَنِيسَة/ كَنَائِس
대성당	katidraaʕeyya	카티드라-에야	كَاتِدْرَائِيَّة
수도원	deer/ ʕadyora	디-르/아드요라	دِير/ أَدْيُرَة
유물, 고대유물	ʕasar/ ʕasaar	아싸르/ 아싸-르	أَثَر/ أَثَار
미이라	mumya	무미야	مُومْيَاء
조각, 부조	fann el-ɦafr	판 일하프르	فَنّ الْحَفْرْ
동상	temsææl/ tamasiil	팀쌀-/ 타마씰-	تِمْثَال/ تَمَاثِيل
무덤	maɛbara/maɛææber	마으바라/마애-비르	مَقْبَرة/ مَقَابِر
파피루스	waraʕ bardi / bardi	와라으 바르디 / 바르디	وَرَق بَرْدِي / بَرْدِي
기둥	ɛamuud/ɛawamiiɛ	아무-드/아와미-드	عَمُود/ عَوَامِيد
뜰, 미당	ɦooʃ	오-쉬	حُوش
왕조	ʕosra	오쓰라	أُسْرَة
파라오 왕	farɛoon/ faraɛna	파르온-/파라아나	فَرْعُون/فَرَاعْنَة
파라오 왕의	farɛooni	파르오-니	فَرْعُوني
오래된	ʕadiim	아딤-	قَدِيم

생활 외와

한국어	발음 (로마자)	발음 (한글)	العربية
신(god)	ʕelæːh/ ʕæːæleha	일래-/ 앨-리하	إله/ آلهة
이슬람의	ʕeslæːmi	이쓸래-미	إسْلامي
콥틱의	ʕebti	읩띠	قِبْطي
피라미드	haram/ ʕahraam, ʕahramaat	하람/ 아흐람-, 아흐라마-트	هَرَم/ أهْرام، أهْرامات
기자의 피라미드	ʕel-haram	일하람-	الهَرَم
스핑크스	ʕabu l-hool	아불 홀-	أبو الهُول
오벨리스크	masalla/-æːt	마쌀라/ 마쌀래-트	مَسَلّة/ مَسَلّات
왕들의 계곡	wæːdi-l-muluuk	왜-디 일물룩-	وادي المُلُوك
여왕들의 계곡	wæːdi-l-malikæːt	왜-디 일말리캐-트	وادي المَلِكات
아부심벨 대신전	maʕbad ʕabu simbul ęl-ʕakbar	마아바드 아부 씸불 일아크바르	مَعْبَد أبو سِمْبِل الأكْبَر
아스완 하이댐	ʕęs-sadd ęl-æːæli	잇쌋드 일앨-리	السَّدّ العالي
카르낙 신전	maʕbad ęl-karnak	마아바드 일카르낙	مَعْبَد الكَرْنَك
관광정보안내소	maktab ęs-seyæːʤa	막탑 잇씨예-하	مَكْتَب السِّياحة
여행사	ʃerket ęl-seyæːʤa	쉬르키트 잇씨예-하	شَرِكة السِّياحة
이집트 지도	xariiṭa maḥallęyya	카리-따 마할리야	خَريطة مَحَلِّية
관광안내서	kętæːb ʕerʃæːdi	키탭- 이르쉐-디	كِتاب إرْشادي
관광포인트	ʕahamm ęl-mazaraat	아함 마자라-트	أهَمّ المَزارات
입장료	rasm ęd-duxuul	라쓰ㅁ 잇두쿨-	رَسْم الدُّخول
전시장	maʕraḍ/maʕaːręḍ	마아라드/마아-리드	مَعْرَض/مَعارض
투어	gawla/ -æːt	가울라/가울래-트	جَوْلة/ جَوْلات
가이드 (관광안내인)	morʃed/ -iin	모르쉐드/모르쉐딘-	مُرْشِد/ مُرْشِدين
그룹	magmuuʕa/-æːt	마그무-아/마그무애-트	مَجْموعة/مَجْموعات

생활 외화

9-2 그룹 투어

- 우리가 함께할 수 있는 (그룹)투어가 있나요?
  fiih gawla momkęn nęruuɦ maɛa baɛḍ
  피- 가울라 몸킨 니루흐 마아 바아드
  فيه جَوْلَة مُمْكِن نرُوح مع بعض؟

- 우리만을 위한 가이드를 원해요.
  ɛayziin morʃęd xaaṣṣ
  아이지인- 모르쉬드 캇-스
  عَايْزِين مُرْشِد خَاصّ

- 가이드비가 얼마죠?
  ʃęl-morʃęd bᵉ-kææm
  일모르쉬드 비캠-
  الْمُرْشِدْ بِكَامْ؟

- 투어하는데 시간이 얼마나 걸리나요?
  ʃęl-gawla kææm sææɛa
  일가울라 캠- 쌔-아
  الْجَوْلَة كَامْ سَاعَة؟

- 우리는 여기서 얼마나 있을 예정이죠?
  hanoɁoɛod hęna Ɂadddᵉ Ɂęęh
  하노으오드 헤나 앗드 에-
  هَانُقْعُدْ هِنَا قَدّ إيه؟

- 우리는 언제 돌아가야 하죠?
  ʃęl-mafruuḍ nęrgaɛ ʃęmta
  일마프루-드 니르가아 엠타
  الْمَفْرُوضْ نِرْجَعْ إِمْتَى؟

- 당신은 한국 그룹을 본적이 있나요?
  ʃoft magmuuɛęt koryyiin
  쇼프트 마그무-에트 꾸리인-
  شُفْت مَجْمُوعة كُورْيِين؟

- 저는 저희 그룹을 잃었어요.
  ʃana toht męn ʃęl-magmuuɛa bętæææt-i
  아나 토흐트 민 일마그무-아 비태-아티
  أَنَا تُهْت مِن الْمَجْمُوع بِتَاعْتِي
  ʃęl-magmuuɛa bętæææt-i tææhęt
  일마그무-아 비태-아티 태-힛
  الْمَجْمُوعة بِتَاعْتِي تَاهِت.

9-3 이집트의 지명 & 도시 이름

이집트의 지명 가운데 카이로, 알렉산드리아, 룩소르 등은 우리에게 많이 알려져 있습니다. 그런데 이 지명들이 현지에서 아랍어로 사용될 때에는 우리가 부르는 것과 다르게 사용되는 것이 많습니다. 아래 도표를 보시고 현지에서 부르는 아랍어 지명을 익혀 두시면 도움이 됩니다.

이집트	maṣr	마스르	مَصْر
카이로	ʃęl-qahęra/maṣr	일까-히라/마스르	الْقَاهِرة/ مَصْر
6 October	madiinęt ṣętta ʃuktoobar		مَدِينة 6 أكتوبر

생활 외와

메디-닛 씨타 옥토-바르

한국어	발음 (라틴)	발음 (한글)	العربية
알렉산드리아	ʕeskendereyya	이쓰킨디레야	الاسْكَنْدَرِيَّة
아인소크나	el-ɛeen eṣ-soxna	일아인잇쏘크나	الْعِين السُخْنَة
아스완	ʕaswaan	아쓰완-	أسْوانْ
룩소르	luʔṣor	루으소르	الأُقْصُرْ
후르가다	ʕel-γardaʕa	일가르다아	الْغَرْدَقَة
포트사이드	boorsaɛiid	보-르싸이드	بُورْسَعِيدْ
이스마엘리야	ʕel-ʕesmaɛeleyya	일이쓰마엘레야	الإسْماعِيلِيَّة
수에즈	eṣ-ṣeweeṣ	잇씨워-쓰	السُّويسْ
수에즈 운하	qanææt eṣ-ṣeweeṣ	까내-트 잇씨워-쓰	قَناة السُّويسْ
시나이 반도	siina	씨-나	سِيناءْ
샤름쉐이크	ʃarm eʃ-ʃeex	샤름 잇쉐-크	شَرْم الشِّيخْ
누웨바	nuweebaɛ	누위-바아	نُويبَع
델타지역	ed-delta	잇델타	الدَّلْتا
남부지역 (Upper Egypt)	eṣ-ṣeɛiid	잇시아이-드	الصَعِيدْ
아시우트	ʕasyuut	아쓰유-뜨	أسْيُوطْ
시와	siiwa	씨-와	سِيوا
바하레이야	ʕel-baħareyya	일바하레야	الْبَحْرِيَّة
	(오아시스)wææħa/-ææt	왜-하/왜해-트	واحَة/ واحاتْ
홍해	ʕel-baħr el-ʕaħmar	일바흐르 일아흐마르	الْبَحْر الأَحْمَرْ
지중해	ʕel-baħr el-mutawasseṭ 일바흐르 일무타와씨뜨		الْبَحْر الْمُتَوَسِّطْ
	ʕel-baħr el-ʕabyaḍ el-mutawasseṭ 일바흐르 일아브야드 일무타와씨뜨		الْبَحْر الأَبْيَض الْمُتَوَسِّطْ
도시(city)	madiina/ modon	매디-나/모돈	مَدِينَة/ مُدُنْ
항구도시(port)	miina/ mawææni	미-나/ 마왜-니	مِيناءْ / مَوَانِي
수도(capital)	ɛaaṣema/ɛawaaṣem	아-시마/아와-심	عاصِمَة/ عَواصِمْ

생활 회화

9-3-1 카이로 시내의 주요 지역 이름

한글	발음	한글 발음	아랍어
마디(Maadi)	ʔel-maɛæædi	일마애-디	اَلْمَعَادِي
뉴 마디 (New Maadi)	ʔel-maɛæædi ʔeg-gediida	일마애-디 익기디-다	اَلْمَعَادِي الْجَدِيدَة
하다이끄 마디	ɦadæːyeʔ el-maɛæædi	하대-이끄 일마애-디	حَدَائِقْ الْمَعَادِي
디글라	degla	디글라	دِجْلَة
타흐리르 광장	midææn et-taɦriir	미댄- 잇타흐리-르	مِيدَان التَّحْرِيرْ
자말렉	ʔez-zamæælek	잇자맬-릭	الزَّمَالِكْ
기자	ʔeg-giiza	익기-자	الْجِيزَة
무한데신	ʔel-muhandesiin	일무한데씬-	الْمُهَنْدِسِين
도끼	ʔed-doʔʔi	잇도이	الدُّقِّي
아타바 광장	midææn ʔal-ɛataba	미댄- 알아타바	مِيدَان الْعَتَبَة
칸 칼릴리 시장	xææn el-xaliili	캔- 일캘릴-리	خَان الْخَلِيلِي
구 카이로 (Old Cairo)	maṣr el-ʔadiima	마스르 일아디-마	مَصْر الْقَدِيمَة
헬리오폴리스	maṣr eg-gediida	마스르 익기디-다	مَصْر الْجَدِيدَة
나스르 시티	madiinet naṣr	마디-닛 나스르	مَدِينة نَصْر
무까땀	ʔel-muʔaṭṭam	일무앗땀	الْمُقَطَّمْ
까담메이야	ʔel-ʔaṭṭameyya	일앗따메야	الْقَطَّمِيَّة
헬루완	ɦelwææn	헬왠-	حِلْوَانْ

10. 쇼핑

생활 회화

10-1 쇼핑

우리가 물건을 살 때 사용하는 질문의 형태는 대략 서너 가지 입니다. 먼저는 "…이 있습니까?" 이고 다음은 "…을 팝니까?" 그리고 "…하나 주세요." 등 입니다. 이집트 사람들도 이와 똑같은 표현을 사용합니다. 한국어와 아랍어가 참 많이 다른 것 같지만 가만히 분석해 보면 거기가 거기네요. 아래는 이집트 사람들이 물건을 살 때 사용하는 표현들입니다. 여러분이 물건을 살 때에는 이 네 표현 중에서 한 가지를 사용하면 됩니다. 이 내용을 잘 익혀 두시면 두고 두고 유용할 것입니다.

물건을 살 때 사용하는 표현

- **"…이 있습니까?"** fiih   피-   فيه ...؟
  예) 쌀 있습니까?
  fiih rozz   피- 로즈   فيه رُزّ ؟

- **" 당신 …을 가지고 있습니까?"** ɛandak …   안닥   عِندَك ...؟
  예) 당신 쌀 가지고 있습니까?
  ɛandak rozz   안닥 로즈   عِندَك رُزّ ؟

- **" 당신 …을 팝니까?"** bɛtbiiɛ …   비티비-아 …   بِتْبيع ...؟
  예) 당신 쌀을 팔고 있습니까?
  bɛtbiiɛ rozz   비티비-아 로즈   بِتْبيع رُزّ ؟

- **"… 주세요. 부탁해요"**   law samaḥt   라우 싸마흐트   ... لَوْ سَمَحْت
  예) 쌀 한 봉지 주세요.
  kees rozz law samaḥt   키-스 로즈 라우 싸마흐트   كيس رُزّ لَوْ سَمَحْت

- 제가 …을 어디서 사나요?
  ʔaʃteri… meneen   아쉬티리,,, 미녠-   أَشْتَرِى ... مِنين؟

- 가장 가까운 … 가게(가게 이름)가 어디인가요?
  feen ʔaʔrab + (가게 이름)   펜- 아으랍 …   فين أَقْرَب ...؟

- 그 가게는 언제 문을 여나요?
  ʔel-maḥall hayeftaḥ es-sææɛa kææm
  일마할 하예프타흐 잇쌔-아 캠-   الْمَحَلّ هَيَفْتَح السَّاعَة كَامْ ؟

- 그 가게는 언제까지 문을 여나요?
  ʔel-maḥall fææteḥ leyææyet es-sææɛa kææm
  알 마할 패-티흐 리가옛 잇쌔-아 캠   الْمَحَلّ فَاتِح لِغَايَة السَّاعَة كَامْ ؟

생활 회화
10-1-1 각종 가게 이름

가게	maḥall/ -æet	마할/마할래-트	محَلّ/ محَلّات
문방구	maktaba	막타바	مكتَبة
서점	maktabęt kotob	막타빗 코톱	مكتَبة كُتب
컴퓨터가게	maḥall kombiyuutar	마할 콤뷰-타르	محَلّ كَمْبيُوتَر
전자제품가게	maḥall ʕęlęktroniyææt	마할 일렉트로니에-트	محَلّ الكْترُونيَات
식료품 가게	bęʔʔææla/ -ææt	비앨-라/ 비앨래-트	بقَالة/ بقَالات
슈퍼마켓	subar market	쑤보르 마르키트	سُوبَرْمَاركت
간이매점 구멍가게	koʃk/ ʔakʃææk (교회, 수련회 장소 등) kantiin	코쉬크/아크쉐-크 칸틴-	كُشْك/ أكْشَاك كَانْتِين
유제품 가게	maḥall ʔalbææn	마할 알밴-	محَلّ ألْبَان
식당	maṭʕam/maṭaaʕęm	마뜨암/마따-일	مطْعم/ مطَاعم
즉석쥬스가게	maḥall ɛaṣiir ɛaṣṣaara	마할 아시-르 앗싸-라	محَلّ عَصِير عَصَّارة
세탁소	makwagi/ -yya mayṣala	마크와기/마크와게야 마그쌀라	مكوَجِي/مكوَجيّة مغسَلة
이발관	ḥallææʔ kʷwafęęr rigææli	할래-으 꼬와피-르 리갤-리	حَلَاق كوَافِير رجَالِي
미용실	kʷwafęęr sayyędææt kʷwafęęr ḥariimi	꼬와피-르 싸예대-트 꼬와피-르 하리-미	كوَافِير سيّدَات كوَافِير حَرِيمِي
약국	ṣaydalęyya	사이달레야	صيدَليّة
안경가게	maḥall naḍḍaraat	마할 낫다라-트	محَلّ نضّارَات
신발가게	maḥall gezam	마할 기잠-	محَلّ جزَم
기념품가게	maḥall tęzkaraat	마할 티즈카라-트	محَلّ تذْكَارَات
보석가게	maḥall mugawharaat maḥall ṣææyęɣ	마할 무가우하라-트 마할 새-이그	محَلّ مُجَوْهرَات محَلّ صَايغ
꽃 가게	maḥall ward	마할 와르드	محَلّ ورْد
옷가게	maḥall malææbęṣ	마할 말래-비쓰	محَلّ ملَابس

생활 외화

재단사,양복점 (남성복)	tarzi	타르지	تَرْزِي
	tarzi regæææli	타르지 리갤-리	تَرْزِي رِجَالِي
재단사 (여성복)	tarzi ḥariimi	타르지 하리-미	تَرْزِي حَرِيمِي
옷수선사	xayyaaṭ	카야-뜨	خَيَّاط، خَيَّاطَة
시장	suuʃ	쑤-으	سُوق
바겐세일	ʃokazyoon	오카지욘-	أُوكَازِيُون
상품 진열장	batriina/ -ææt, batariin vatriina/ -ææt, vatariin	바트리-나	بَتْرِينَة أَو فَتْرِينَة / بَتَارِين، بَتْرِينَات
계산대	(상점, 슈퍼마켓 등의 카운터) kaʃeer (은행, 백화점 등의 출납계) xazna/ xezan	캐쉐-르 카즈나/ 키잔	كَاشِير خَزْنَة/ خِزَن
가게 주인	ṣaaḥeb el-maḥall	사-헤브 일마할	صَاحِب الْمَحَلّ
종업원	muwazzaf/ -iin	무왓자프	مُوَظَّف/مُوَظَّفِين

10-2 물건을 구입할 때

- 이것은 얼마지요?(가격)
  bᵉ-kææm da (pl/dool)　　비캠- 다(pl/둘-)　　بِكَامْ دَه؟
- 더 좋은 것은 없나요?
  mafiiʃ ḥæææga ʃaḥsan　　마피-쉬 해-가 아흐싼　　مَافِيش حَاجَة أَحْسَن؟
- 더 싼 것은 없나요?
  mafiiʃ ḥæææga ʃarxaṣ　　마피쉬 해-가 아르카스　　مَافِيش حَاجَة أَرْخَص؟
- (가지고 있는 물건을 가리키면서) 이와 같은 것이 있나요?
  ɛandak(pl/ ɛandoku) zayy da　안닥(pl/안도쿠) 자이 다　عَنْدَك زَيّ دَه؟
- 구경만 하고 있어요.
  batfarrag bass　　바트파라그 밧쓰　　بَاتْفَرَّجْ بَسّ
- 다른 것이 또 있나요?
  fiih tææni　　피- 태-니　　فِيه تَانِي؟
- 그것 볼 수 있나요?
  momkęn ʃaʃuuf-u(m)　　몸킨 아슈-푸-　　مُمْكِن أَشُوفُه؟

생활 회화

- 그것은 별로 마음이 안들어요.

  meʃ ɛaagɛbn-i   미쉬 아기브니   مِشْ عَاجِبْنِي

- 당신이 가격을 적어주실 수 있나요?

  momkɛn tɛktɛb ɛt-taman   몸킨 틱티브 잇타만   مُمْكِنْ تِكْتِب الثَّمَنْ؟

- 제가 …을 사길 원해요.

  ɛææyɛz ʃaʃtɛri...   아-이즈 아쉬티리   عَايزْ أُشْتِرِي ...

- 계산이 어떻게 되죠?(물건을 고른 후에, 식당의 계산대에서)

  ʃɛl-ɦɛsææb kæɛm   일헤쌥- 캠-   الْحِسَاب كَامْ ؟

- 신용카드 결재하는가요? (신용카드를 받나요?)

  bitææxod kɛridᵉt kart   비태-코드 키리디트 카르트   بِتَاخُدْ كِرِيدْت كَارْتْ ؟

- 저는 영수증을 원해요.

  ɛææyɛz waʃl law samaḥt   아-이즈 와슬 라우 싸마흐트   عَايزْ وَصلْ، لَوْ سَمَحْتْ

- 제품보증이 있는가요?

  fiih ḍamaan   피- 다만-   فِيه ضَمَانْ؟

- 제품 보증기간이 얼마인가요?

  ḍamaan ʕaddᵉ ʕɛɛh   다만- 앗드 에-   ضَمَانْ قَدّ إيه؟

- (그것을)포장해주세요.

  lɛffu(m) law samaḥt   릿푸(m) 라우 싸마흐트   لِفُّه، لَوْ سَمَحْتْ

- 저는 이것을 반납하길 원해요.

  ɛææyɛz ʕaraggaɛu law samaḥt

  아-이즈 아락가우 라우 싸마흐트   عَايزْ أَرَجَّعُه لَوْ سَمَحْتْ

- 주문한 것을 당신이 배달해 주나요?

  momkɛn tɛwaṣṣal ɛt-talabææt

  몸킨 티왓살 잇딸라배-트   مُمْكِنْ تُوَصَّلْ الطَّلَبَاتْ؟

- 저는 제 돈을 원해요.

  ɛææyɛz ɛl-fᵉluus bɛtææɛt-i   아-이즈 일필루-쓰 비태-아티   عَايز الْفُلُوس بتَاعتِّي

- 이것은 작동을 하지 않아요(=고장났어요).

  howwa meʃ ʃayyææl   오와 미쉬 샥걜-   هُوَّ مِشْ شَغَّالْ.

- 이것은 고장났어요.

  howwa ɛaṭlaan   오와 아똘란-   هُوَّ عَطْلَانْ.

생활 회화
10-3 가격을 흥정할 때

아랍 문화에서 물건을 사고 팔 때 가격 흥정은 너무나 자연스런 것입니다. 슈퍼마켓이나 백화점 등에서는 가격 정찰제라 가격 흥정을 할 수 없지만 재래시장이나 이집트 전통 상품을 파는 가게들에서는 가격 흥정을 할 수 있습니다. 어디가나 에누리 없는 장사는 없는가 봅니다.

· 이 바지의 최종 가격이 얼마인가요?
 ʔel-banṭaloon da ʕææxru kææm
 일반딸론- 다 애-크루 캠-　　　　　　　　　　　　اِلْبَنْطَلُون دَه آخْرُه كَامْ؟

· 이것은 가격이 너무 비싸요.
 da γææli ʕawi　　　　　다 갤-리 아위　　　　　دَه غَالِي قَوِي.

· 당신 가격은 왜 이렇게 비싸지요?
 ʕenta ʕasʕaarak γalya lęh kęda
 엔타 아쓰아-락 갈리야 레- 께다　　　　　　اِنْتَ أَسْعَارَكْ غَالْيَة لِيه كِدَه؟

· (당신은) 가격을 내려 주실 수 있나요?
 momkęn tęnazzęl es-sęʕr　　몸킨 티나질 잇씨아르　　مُمْكِنْ تِنَزِّل السِّعْر؟

· 이것보다 더 싼 것이 있나요?
 ɛandak ḥæægæ ʕarxaṣ　　　안닥 해-가 아르카스　　عَنْدَكْ حَاجَة أَرْخَص؟

· 정말인가요?
 ḥaʕiiʕi　　　　　　　　하이-이　　　　　　　　　　حَقِيقِي؟
 bᵉ-gadd　　　　　　　비갯드　　　　　　　　　　بِجَدّ؟

· 제가 …를(돈의 액수) 지불할게요. 괜찮죠?
 hadfaɛ... mææʃi　　하드파아... 매-쉬　　　　　هَادْفَع ... مَاشِي؟
 예) 10파운드를 지불할게요. 괜찮죠?
 hadfaɛ ɛaʃara ginęę mææʃi 하드파아 아샤라 기니- 매-쉬 هَادْفَع عَشَرَة جِنيه مَاشِي؟

· 우리 …로(돈의 액수) 하기로 해요.(가격에 대한 합의를 시도하며)
 xalliina nęʕuul…　　　　　칼리-나 니울-...　　　خَلِّينا نْقُول ...
 예) 우리 10 파운드 하기로 해요.
 xalliina nęʕuul ɛaʃara ginęę 칼리-나 니울 아샤라 기니- خَلِّينا نْقُول عَشَرَة جِنيه

· (깎은 액수가) 당신에게 괜찮은가요? 아니면 아닌가요?
 hayęnfaɛak walla laʔ　　하옌파악 왈라 라으　　هَيِنْفَعَكْ وَلاَّ لأَ

· (저는) 이 보다 많은 돈은 지불할 수 없습니다.
 męʃ hadfaɛ ʕaktar męn kęda 미쉬 하드파아 악타르 민 께다 مِشْ هَادْفَع أَكْتَر مِن كِدَه

생활 회화
10-4 슈퍼마켓에서

10-4-1 생필품류

한국어	발음	한글 발음	아랍어
비누	ṣabuun	사분-	صَابُون
샴푸	ʃambuu	샴부-	شَامْبُو
티슈	keleneks waraʔ keleneks mandiil waraʔ	킬리닉쓰 와라으 킬리닉쓰 만딜- 와라으	كلِينكْس وَرَق كلِينكْس مَنْدِيلْ وَرَق
화장지 (화장실용)	waraʔ towaleṭṭ	와라으 토왈릿트	وَرَق تَوَالِيت
치솔	forʃeṭ sęnææn	포르쉬트 씨낸-	فُرْشَة سِنَان
치약	maɛguun sinææn	마아군- 씨낸-	مَعْجُون سِنَان
세탁세제	mashuuʃ yasiil	마쓰우-으 가씰-	مَسْحُوقْ غَسِيلْ
건전지	ḥagar/ḥęgaara	하가르/히가-라	حَجَر/حِجَارة
손전등	kaʃʃææf baṭṭaręyya	캇쉐-프 밧따레야	كَشَّاف بَطَّارِيَّة
양초	ʃamɛ(-a/)	샴아	شَمْع (شَمْعَة/)
라이터	wallææɛa	왈래-아	وَلَّاعَة
성냥	kabriit	카브리-트	كَبْرِيتْ
담배	sˤgaara/sagææyęr duxxææn/ʃadxęna	씨가-라/싸개-이르 둑캔-/아드키나	سِجَارة/سَجَايِر دُخَان/أَدْخِنَة
담배 한 갑	ɛęlbęṭ sagææyęr	엘빗 싸개-이르	عِلْبَة سَجَايِرْ
담배 한 보루	xartuuʃęṭ sagææyęr	카르뚜-쉿 싸개-이르	خَرْطُوشة سَجَايِرْ
모기향	namuusęyya	나무-쎄야	نَامُوسِيَّة
모기향 알	ʃorṣ/ ʃaʃraaṣ	오르스/아으라-스	قُرْص/أَقْرَاص
면도기	makaneṭ ḥęlææʃa	마카닛 헬래-아	مَكِنَة حَلَاقَة
빗	meʃṭ	미쉬뜨	مِشْطْ
솔(brush)	forʃa	포르샤	فُرْشَة
생리대	fowaṭ ṣęḥḥęyya	포와뜨 시히야	فُوَطْ صِحِّيَّة

생활 회화

기저귀	bambarz ḥafaḍaat	밤바르즈 하파다-트	بَامْبَرْز حَفَاظَات

10-4-2 식료품류

	빵	ɛeeʃ	에-쉬	عيش
우유	우유	laban	라반	لَبَن
	전지	kæmel ed-dasam	캐-밀 잇다쌈	كَامِل الدَّسَم
	반탈지	noṣṣ ed-dasam	눗스 잇다쌈	نُصّ الدَّسَم
	탈지	xæli ed-dasam	캘-리 잇다쌈	خَالِي الدَّسَم
	분유	laban bodra laban mugaffaf	라반 보드라 라반 무갚파프	لَبَن بُودْرَة لَبَن مُجَفَّف
	치즈	gebna	깁나	جِبْنَة
	버터	zebda (요리용 가공 기름) samna	집다 쌈나	زِبْدَة سَمْنَة
	식용유	zeet	지-트	زِيت
	옥수수 기름	zeet dora	지-트 도라	زِيت ذُرَة
	잼	merabba	미랍바	مِرَبَّى
	달걀	beed(beeḍa/)	베-드(베-다/)	بيض(بيضة/)
	밀가루	deʔiiʕ	디이-으	دَقِيق
꿀	꿀	ɛasal	아쌀	عَسَل
	벌꿀	ɛasal naḥl ɛasal ʕabyaḍ	아쌀 나훌 아쌀 아브야드	عَسَل نَحْل عَسَل أَبْيَض
	사탕수수꿀	ɛasal ʕeswed	아쌀 이쓰위드	عَسَل أَسْوَد
	요구르트	zabæædi	자배-디	زَبَادِي
	올리브	zatuun	자툰	زَتُون، زَيتُون
	올리브 기름	zeet zatuun	지-트 자툰-	زِيت زَيتُون
	파스타	makaroona	마카로-나	مَكْرُونة
	콘프레이크	koronfeleeks	코론 플릭-쓰	كُورْن فِلِيكس

생활 외화

| 토스트 | ɛɛɛʃ tost | 에-쉬 토쓰트 | عيش تُست |

10-4-3 곡물류

쌀	rozz	로즈	رُزّ
밀	ʕamḥ	암흐	قَمْح
콩(이집트 전통 콩)	fuul	풀-	فُول
완두콩	bisęlla	비씰라	بِسِلَّة
땅콩	fuul sudææni	풀- 쑤대-니	سُودَاني
팥	ɛads	앗쓰	عَدْس
누런 빛의 콩	ḥommoṣ	홈모스	حُمُّص
깍지콩(채소)	faṣòlya	파솔리야	فَاصُولْيا
검은 씨눈의 콩	lobya	로비야	لُوبِيَاء
쌂아서 껍질을 벗겨먹는 노란색 콩	tęrmęs	티르미쓰	تَرمِس

10-4-4 조미료

향신료	buharaat tawæævbil	부하라-트 타왜-빌	بُهَارات تَوَابِل
소금	malḥ	말흐	مَلْح
설탕	sokkar	쏙카르	سُكَّر
간장	ṣalṣet eṣ-ṣooya ṣooya ṣooṣ	살솃 잇소-야 소-야 소-스	صَلْصة الصُّويَا صُويَا صُوص
식초	xall	칼	خَلّ
고춧가루	ʃatṭa	샷따	شَطَّة
계피가루	ʕerfa	이르파	قِرفَة
깨소금	sęmsęm	씸씸	سِمْسِم
후추	fęlfęl ʕęswęd	필필 이쓰위드	فِلْفِل إسْوَد
마늘 / 마늘	toom	톰-	ثُوم، ثُوم
마늘 / 깐 마늘	toom mętʕaffar	톰- 미트아샤르	ثُوم مِتقَشَّر

생활 외화

다진 마늘	toom mafruum	톰- 마프룸-	ثُومْ مَفْرُومْ
생강	ganzabiil	간자빌-	جَنْزَبِيلْ
감문(cumin)	kammuun	캄문-	كَمُّونْ
월계수 잎	waraʕ lawra	와라으 라우라	وَرَق لَوْرَة

10-4-5 육고기류

육고기(meat)		laħma	라흐마	لَحْمَة
지방질		dęhn/ duhuun	디흔/ 두훈-	دِهن/ دُهُون
쇠고기	쇠고기	laħma baʕari	라흐마 바아리	لَحْمَة بَقَرِي
	큰소	laħma kanduuz	라흐마 칸두-즈	لَحْمَة كَنْدُوزْ
	송아지	laħma-bętęllu	라흐마 비틸루	لَحْمَة بِتِلّو
	등심살	ʕantrękoot	안트리코-트	أَنْترِكُوت
	안심살	fęllęto	필리토	فِلِّتو
	장단지근육살	mooza	모-자	مُوزَة
	가슴부위살	duuʃ	두-쉬	دُوشْ
기계에 간 고기		laħma mafruuma	라흐마 마프루-마	لَحْمَة مَفْرُومَة
간		kębda	킵다	كِبْدَة
콩팥		kęlwa/ kalææwi	킬루와/칼래-위	كِلْوة/ كَلَاوِي
뼈		ʕađm(-a/)	아듬(아드마/)	عَضْم(عَضْمَة/)
소시지		sosiis	쏘씨-쓰	سُوسِيسْ
핫도그		hotdog	홋도그	هُوتْ دُوجْ
런천(luncheon meat)		lanʃon	란숀	لَانْشُونْ
로스트		roost	로-쓰트	رُوسْتْ
물소 쇠고기		laħma gamuusi	라흐마 가무-씨	لَحْمَة جَامُوسِي
닭고기	닭고기	fʳææx	피래-크	فِرَاخْ
	다리살	węrk/węrææk	위르크/위래-크	وِرك/ وِرَاك
		dabbuus	답부-쓰	دَبُّوسْ

생활 회화

한국어	발음	한글 발음	العربية
허벅지살	faxda	파크다	فَخْدْ (فَخْدَة/)
가슴살	sᴇdr, ṣadr	씨드르, 사드르	صِدْرْ
날개살	gᴇnææɟ	기내-흐	جِنَاحْ
양고기	laḥma ḍaani	라흐마 다-니	لَحْمَة ضَانِي
염소	mɛza	미아자	مَعْزَة
비둘기	ḥamææm	하맴-	حَمَامْ
칠면조	diik ruumi	딕- 루-미	دِيكْ رُومِي
토끼	ʕarnab/ʕaræænᴇb	아르납/아래-닙	أَرْنَبْ/ أَرَانِبْ
돼지고기	laḥmᴇt xanziir	라흐미트 칸지-르	لَحْمَة خَنْزِيرْ
목살	raʕba	라으바	رَقْبَة
삼겹살	baṭn	바똔	بَطْنْ
얇게 썬 것	sᵉlaayiz	쏠라이즈	سِلَايِزْ

10-4-6 생선류

한국어	발음	한글 발음	العربية
생선	samak	싸막	سَمَكْ
새우	gambari	감바리	جَمْبَرِي
참치	tuuna	투-나	تُونَة
삼치	dᴇraag	디라-그	دِرَاكْ
숭어	buuri	부-리	بُورِي
민물숭어	bolti	볼띠	بُلْطِي
게	kaborya / ʕabu galambu	카보리야 / 아부 갈람부	كَابُورْيَا / أَبُو جَلَمْبُو
오징어	kalimaari	칼리마-리	كَالِيمَارِي
갑오징어	subbeeṭ (알렉산드리아) sᴇbeya	쑵비-뜨 / 씨비야	سُبِّيطْ / سِبِيَا
문어	extabuut	이크따부-뜨	أَخْطَبُوطْ
조개	gandofli	간도플리	جَنْدُوفْلِي
광어, 넙치	muusa	무-싸	مُوسَى

생활 회화

조기	ʕaruuṣ	아루-스	قَارُوصْ
갈치	seef	씨-프	سِيفْ
뱀장어	tɛɛbææn ḥaniiʃa	티아밴- 하니-샤	تَعْبَانْ حَنِيشَة
연어	salmoon	쌀문-	سَالمُون
바닷가재(lobster)	estakooza	이쓰타쿠-자	إِستَاكُوزَا
도미 — 흰색	deniis	디니-쓰	دِنِيسْ
도미 — 흰색, 빨간색	morgææn	모르갠-	مُرْجَانْ
도미 — 빨간색	næægel	내-길	نَاجِلْ
민어	wuʕaar or waʕaar (알렉산드리아) hamuur	우아-르, 와아-르 하무-르	وَقَارْ هَمُورْ
볼락	fᵊrææx	피래-크	فِرَاخْ
고등어	makriil	마크릴-	مَاكْرِيلْ
전어	kaskomri (작은 전어) sardiin	카쓰콤리 싸르딘-	كَسْكُمْرِي سَرْدِين
훈제 청어	ringa	링가	رِنْجَة
필레살(fillet 생선살을 얇게 뜬 것)	feleeh	필레-	فِيلِيه

· 이 생선 1킬로에 얼마입니까?

be-kææm kiilu es-samak da 비캠- 킬로 잇싸막 다　بِكَامْ كِيلُو السَّمَكْ دَهْ ؟

· 이 생선이 싱싱한가요?

ʕes-samak da ṭaaza　잇싸막 다 따-자　السَّمَكْ دَهْ طَازَة ؟

· 이 생선을 손질해 주실 수 있나요?(비늘과 내장 제거)

momken tenaḍḍaf li da　몸켄 티낫다프 리 다　سُكِنْ تِتَنَضَّفْ لِي دَهْ ؟

생활 회화
10-4-7 과자류

초콜릿	ʃukulaata	슈쿨라-타	شِيكُولاَتَة
감자칩	ʃebsi	쉽씨	شِيبْسِي
사탕	bumbooni(bumboona,bumbunææya/) melabbes(-a/)	봄보-니 (봄보-나, 봄부내-야/) 밀랍비쓰(밀랍비싸/)	بُنْبُونِي(بُنْبُونَة،بُنْبُونَايَة/) مُلَبَّس(مُلَبَّسَة/)
막대사탕	maṣṣaaṣa/ -aat	맛사-사/맛사사-트	مَصَّاصَة/مَصَّاصَات
솜사탕	ḥalæɛwa ʃaɛr	할래-와 샤아르	حَلاَوَة شَعْر
비스킷	baskoot(-a/)	바쓰코-트(바쓰코타/)	بَسْكُوت(بَسْكُوتَة/)
껌	lebææn (알렉산드리아 방언) mastiika	리밴- 마쓰티-카	لِبَان مَسْتِيكَة
보으쑤마뜨	(얇고 긴 막대기 모양의 과자) boʕsumaat	보으쑤마-뜨	بُقْسُمَاط

10-5 채소가게에서

채소, 야채	xoḍaar	코다-르	خُضَار
채소장수	xoḍari	코다리	خُضَرِي
푸성귀, 나물	xoḍra	코드라	خُضْرَة
배추	xaṣṣ kuuri xaṣṣ ṣiini	캇스 꾸-리 캇스 시-니	خَصّ كُورِي خَصّ صِينِي
무우	fegl kuuri	피글 꾸-리	فِجْل كُورِي
열무	fegl baladi	피글 발라디	فِجْل بَلَدِي
양배추	koromb	코롬브	كُرُنْب
오이	xeyaar	키야-르	خِيَار
양파	baṣal	바살	بَصَل
파, 대파	baṣal ʕaxḍar	바살 아크다르	بَصَل أَخْضَر
애호박	koosa, kuusa	코-싸	كُوسَة
누런호박	ʕarɛ	아르으	قَرْع
감자	bataates	바따-띠쓰	بَطَاطِس

생활 회화

한국어	발음	한글 표기	العربية
고구마	baṭaaṭa	바따-따	بَطَاطَا
당근	gazar	가자르	جَزَر
마늘	toom	톰-	ثُوم
다진 마늘	toom mafruum	톰- 마프룸-	ثُومْ مَفْرُومْ
깐 마늘	toom metʃaʃʃar	톰- 미트얏샤르	ثُومْ مِتْقَشَّرْ
버섯	ɛeʃʃ ɣuraab maʃruum	에쉬 구랍- 마쉬룸-	عِيشّ الغُرَاب مَشْرُوم
시금치	sabæænix	싸배-니크	سَبَانِخ
토마토	ṭamaaṭem ʕuuṭa	따마-뗌 우-따	طَمَاطِم قُوطَة
부추	korraat	코라-트	كُرَّات
고추	felfel	펠펠	فِلْفِل
피망	felfel ruumi	펠펠 루-미	فِلْفِل رُومِى
푸른고추	felfel ʕaxḍar	펠펠 아크다르	فِلْفِلْ أَخْضَرْ
빨간고추	felfel ʕaḥmar	펠펠 아흐마르	فِلْفِلْ أَحْمَرْ
고춧가루	ʃaṭṭa	샤따	شَطَّة
옥수수	dora	도라	ذُرَة
가지	bitingææn	비틴갠-	بَاذِنْجَان
레몬	lamuun	라문-	لَيْمُون
생강	ganzabiil	간자빌-	جَنْزَبِيل
완두콩	beṣella (-ææya, -ææt)	비씰라	بِسِلَّة
깍지콩	faṣolya	파솔리야	فَاصُولْيا
오크라(okra)	bamya	밤야	بَامْيَة
콜리플라워 (cauliflower)	ʕarnabiiṭ	아르나비뜨	قَرْنَبِيطْ
브로콜리	bʕrookli	보로-클리	بُرُوكْلِي
민트	neɛnææɛ	니아내-으	نَعْنَاع
몰로키아 (Jew's mallow)	moloxeyya	몰로케야	مُلْخِيَّة

생활 외화

다닥냉이(cress)	gargiir	가르기-르	جَرْجِيرْ
파슬리 (parsley)	baʕduunęs	바아두-니쓰	بَقْدُونِس
코즈바라 (coriander)	(미나릿과의 식물. 고수풀) kuzbara	쿠즈바라	كُزْبَرَة
건조되지 않은 싱싱한 것	kuzbara xaḍra	쿠즈바라 카드라	كُزْبَرَة خَضْرَاء
건조된 코즈바라	kuzbara nashfa	쿠즈바라 나쉬파	كُزْبَرَة نَاشْفَة

10-6 과일 가게에서

과일	fakha/fawæækęh	파크하/파왜-키흐	فَاكِهَة/ فَوَاكِه
과일장수	fakahæani	파카해-니	فَكَهَانِي
오렌지	burtuʕaan	보르투안-	بُرْتُقَان
딸기	farawla	파라울라	فَرَاوْلَة
수박	baṭṭiix	밧띠크	بَطِّيخ
귤, 감귤	yusafandi	유싸판디	يُوسَفَنْدِي، يُوسْتَفَنْدِي
구와바	gawææfa	가왜-파	جَوَافَة
망고	manga	만가	مَنْجَا
포도	ɛęnab	에납	عِنَب
씨없는 포도	ɛęnab banææti	에납 바내-티	عِنَب بَنَاتِي
배	kommętra	콤메트라	كُمِّتْرَى
멜론	kantalobb	칸탈롭	كَانْتَالُوبّ
사과	toffææfj	톳패-흐	تُفَاح
바나나	mooz	모-즈	مُوز
살구	męʃmęʃ	미쉬미쉬	مِشْمِش
감	kaaka	카-카	كَاكَا
무화과	tiin	틴-	تِين
복숭아	xoox	코-크	خُوخ

생활 외화			
석류	rummaan	룸만-	رُمَّان
자두	barʕuuʕ	바르우-으	بَرْقُوق
자몽	gerębfruut	그렙프루-트	جريبفرُوت

10-7 문구점에서

· 저는 이 종이를 2장 복사하길 원해요.
ɛææwiz ęl-waraʕa di nosxęteęn (1장 - nosxa wafjda)

아-위즈 일와라아 디 노쓰키텐-   عَاوِز الْوَرَقَة دِي نُسْخِتِين

· 저는 이 종이를 복사하기 원해요
ɛææwiz ʕaṣawwąr ęl-waraʕa di

아-위즈 아사와르 일와라아 디   عَاوِز أَصَوَّر الْوَرَقَة دِي

· 저는 이것을 양면으로 복사하길 원합니다
ɛææwiz ʕaṣawwąr di węʃʃ wę-ḍahr

아-위즈 아사와르 디 윗쉬 위다흐르   عَاوِزْ أَصَوَّرْ دِي وِشّ وِضَهْرْ

· 당신은 몇장을 복사하길 원하세요?
ɛææyez kææm nosxa   아-이즈 캠- 노쓰카   عَايِز كَامْ نُسْخَة ؟

· 저는 이것(복사한 종이)을 제본하기 원해요
ɛææwęz ʕagallęd dool   아-위즈 아갈리드 돌-   عَاوِزْ أَجَلِّدْ دول

펜	ʕalam/ ʕaʕlææm	알람/ 아으램-	قَلَم/ أَقْلَام
볼펜	ʕalam gææff	알람 갯-프	قَلَم جَافّ
연필	ʕalam ruṣaaṣ	알람 로사-스	قَلَم رُصَاص
만연필	ʕalam fiębr	알람 히브르	قَلَم حِبْر
샤프연필	ʕalam bęṣęnuun	알람 비씨눈-	قَلَم بِسِنُون
샤프심	sęnn /sęnuun	씬 /씨눈-	سِن/سِنُون
연필깎기	barrææya/-ææt	바래-야/바래예-트	بَرَاية/بَرَايات
자(사무용)	mastara	마쓰따라	مَسْطَرَة
줄자	mitr	미트르	مِتْرْ
사무용 칼	katar	카타르	كَتَرْ

생활 회화

한국어	발음	한글 표기	العربية
잉크	ḥębr/ ṣaḥbaar	헤브르/아흐바-르	حِبْر/ أَحْبَار
종이	waraʔ(-a/)	와라으 (와라아/)	وَرَق(وَرَقَة/)أوْراق
한묶음 (A4용지 등)	rozmęt waraʔ	로즈밋 와라으	رُزْمَة وَرَق
편지봉투	zarf/ ʔazrof	자르프/ 아즈로프	ظَرْف/ أَظْرُف
지우개	ʔastiika/ ʔasatiik	아쓰티-카/아싸틱-	أَسْتِيكَة/ أَساتِيك
노트	kurraasa/-aat	쿠라-싸/꾸라싸-트	كُرّاسَة/ كُرّاسات
두꺼운 노트	kaʃkuul/ kaʃakiil	카쉬쿨-/카샤킬-	كَشْكُول/ كَشاكِيل
다이어리노트	ʔajenda	아젠다	أَجِنْدَه
링이있는노트	kaʃkuul sęlk	카쉬쿨- 쎌크	كَشْكُول سِلْك
메모장	nuuta/ nęwat	누-타/ 니와트	نُوتَة/ نُوَت
한 장씩 뗄 수 있는 메모장	daftar/ dafææter	다프타르/다패-티르	دَفْتَر/ دَفاتِر
바인더	dusęęh/ -ææt	두쎄-/두쎄해-트	دُوسِيه/دُوسِيهَات
폴더	malaff/ -ææt	말랖프/말라패-트	مَلَف/ مَلَفّات
풀	samɣ	삼그	صَمْغ
셀루테잎	solutęb	쏠루텝	سُلُوتِب
본드	lazʔ sariiɛ	라즈으 싸리-아	لَزْق سَرِيعْ
	ɣęra	기라	غِرَاء
펀치, 송곳	xarraama/ -aat	카라-마/카라마-트	خَرّامَة/ خَرّامَات
호치키스	dabbææsa/-ææt	답배-싸/답배쌔-트	دَبّاسَة
호치키스 철심	dabbuus/dababiis	답부-쓰/다바비-쓰	دَبُّوس/ دَبابِيس
칠판지우개	baʃawra	바샤우라	بَشَوْرَة
	massææḥa	맛새-하	مَسّاحَة
붓	forʃa/ foraʃ	포르샤/포라쉬	فُرْشَة/ فُرَش
수채화 물감	ʔalwææn mayya	알왠 마야	أَلْوَان مَيّة
유화 물감	ʔalwææn zęęt	알왠 지-트	أَلْوَان زيت
크레용	ʔalwææn ʃamɛ	알왠 샵아	أَلْوَان شَمْع

생활 회화

한국어	발음	한글 표기	العربية
색연필	ʕalwææn xaʃab	알왠 카샵	أَلْوان خَشَب
	ʕalwææn fulumastar	알왠 필루마쓰타르	أَلْوان فلُومَسْتَر
찰흙(공작용)	ṣelṣaal	실살-	صِلْصَال
클립	kᵉlẹbs	클림쓰	كلِبْس
컴퍼스	bargal	바르갈	بَرْجَل
각도기	manʕala	만알라	مَنْقَلَة
책	kẹtææb/kotob	키탭-/코톱	كِتَاب/كُتُب
사전	qamuus/ qawamiis	까무-쓰/까와미-쓰	قَامُوس/قَوَاميس
잡지	magalla/ -ææt	마갈라/마갈래-트	مَجلَّة/مَجلَّات
신문	gornaal/garaniil	고르날-/가라닐-	جُرنَال/جَرَانيل
	gariida/garaayẹd	가리-다/가라-이드	جَريدَة/جَرَائِد
우편엽서	kart / kuruut	카르트/쿠루-트	كَرْت/كُرُوت
	kuruut bosṭa	쿠루-트 보쓰따	كُرُوت بُوسْطَة
지도	xariiṭa/ xaraayẹt	카리-따/카라-이뜨	خَريطَة/خَرَائِط
달력	natiiga/natææyẹg	나티-가/나태-이그	نَتِيجَة/نَتَائِج
사진	ṣuura/ ṣowar	수-라/소와르	صُورَة/صُوَر
액자	bẹrwææz/barawiiz	비르왜-즈/바라위-즈	بِرْوَاز/بَرَاوِيز
카셋트테잎	ʃẹriiṭ/ ʃaraayẹt	쉬리-뜨/샤라-이뜨	شَرِيط/شَرَائِط
비디오테잎	ʃẹriiṭ fidiyu	쉬리-뜨 피디유	شَريط فِيديو
공CD	C D	씨 디	سي دي
	ᵉsṭwaana/ -aat	쓰뜨와-나	اسطُوَانَة/اسطُوَانَات
복사	taṣwiir	타스위-르	تَصْوِير
복사기	makanẹt taṣwiir	마카니트 타스위-르	مَكَنَة تَصْوِير
원본	ʕaṣl	아슬	أَصْل
복사본	nosxa	노쓰카	نُسْخَة
양면복사	weʃʃ we-ḍahr	윘쉬 위다흐르	وِشّ وِضَهْرْ

생활 회화

10-8 옷가게에서 maḥall malææbęs محل ملابس

- 제가 한 번 (치수를 재보기 위해) 입어봐도 되나요?
  momken ʕaʔiis   몸킨 아이-쓰   مُمْكِنْ أَقِيسْ؟
- 당신의 치수는요?
  maʕæsak kæm   마애-싹 캠-   مَقَاسَكْ كَامْ؟
- 제 치수는 … 이에요.
  maʕæsi...   마애-씨…   مَقَاسِي …
- 치수가 맞지 않아요.
  howwa meʃ mazbuut   호와 미쉬 마즈부-뜨   هُوَّ مِشْ مَظْبُوطْ.

이것은(이 옷은) … 합니다.
howwa (f/heyya) … 오와 (f/헤야) … هُوَّ / هِيَّ …

큰	kębiir	키비-르	كِبِير
작은	ṣuɣayyar	수가야르	صُغَيَّر
긴	ṭawiil	따윌-	طَوِيل
짧은	ʔuṣayyar	우사야르	قُصَيَّر
느슨한	wææsęʕ	왜-씨아	وَاسِع
꼭 끼는	ḍayyaʕ	다야으	ضَيَّق

10-8-1 옷 종류

옷	hęduum malææbęs	히둠- 말래-비쓰	هِدُوم مَلَابِس
옷의 치수	maʕææs	마애-쓰	مَقَاس
옷을 입다	lębęs/ yęlbęs	리비쓰/ 옐비쓰	لِبِس/ يِلْبِس
입히다	labbęs/ yęlabbęs	랍비쓰/ 옐랍비쓰	لَبِّس/ يِلِبِّس
입고 있는	læębęs/-iin	래-비쓰/래-비씬	لَابِس/ لَابْسِين
유행, 패션	mooḍa/ -aat	모-다/모다-트	مُوضَة/مُوضَات
셔츠, 와이셔츠	ʕamiiṣ /ʕumṣaan	아미-스 /움산-	قَمِيص/قُمْصَان
바지	banṭaloon/ -aat	반딸론-/ 반딸로나-트	بَنْطَلُون/بَنْطَلُونَات
T 셔츠	ti-ʃęrt	티쉬르트	تِي شِيرت

생활 외화

한국어	발음	한글 발음	العربية
양복	badla/ bidal, badlææt	바들라/ 비달	بَدْلَة/ بِدَل، بَدَلات
치마, 스커트	jiiba/ -ææt	지-바/ 지배-트	جِيبَة/ جِيبات
드레스	fustææn/ fasatiin	푸쓰탠-/파싸틴-	فُستَان/ فَسَاتِين
블라우스	bᵉlooza/ -ææt	블루-자/블루재-트	بلُوزَة/ بلُوزَات
스웨터	bᵉloovar/ -aat	블로-바르	بلُوفَر/ بلُوفَرات
카디건	bᵉloovar maftuuḥ	블로-바르 마프투-흐	بلُوفَر مَفتُوح
코트	balṭu/ balaaṭi	발뚜-/ 발라-띠	بَالطُو/ بَلاطِي
모피 코트	balṭu farw	발뚜 파르우	بَالطُو فَرْو
외투, 재킷	jækęt/ -ææt	재-킷/재키태-트	جَاكِت/ جَاكِتَات، جَوَاكِت
속옷	fanęlla,fᵉlęnna/ -ææt hᵉduum daxlęyya malææbęs daxlęyya	파닐라 히둠- 다킬레야 말래-비쓰 다킬레야	فَنِلَة/ فَنِلَّات هدُوم دَاخِلِيَّة مَلَابِس دَاخِلِيَّة
체육복	tęręng/ -ææt	트릉그/트린개-트	تِرِنج/ تِرِنجَات
잠옷	ʃamiiṣ noom bijæma/ -ææt	아미-스 놈- 비재-마/비자매-트	قَمِيص نَوْم بِيجَامَة/ بِيجَامَات
실내가운	roob/ ʃarwaab	롭-/아르와-브	رُوب/ أَرْوَاب
브래지어	suntiyææn/-ææt	쑨티엔-/쑨티에네트	سُنتِيَان/ سُنتِيَانات
팬티	kulott, kęlott/ -ææt sęlębb/ -ææt	쿨롯트, 킬롯트 씰립 /씰림배-트	كلت/ كِلتَات سِلب/ سِلِبَّات
기성복	hęduum gahza	히둠- 개으자	هُدُوم جَاهْزَة
갈라베이야 (이집트 전통옷)	galabęyya/-ææt, galaliib	갈라베야	جَلَابِيَّة/جَلَابِيَّات
양말	ʃaraab/ -aat	샤랍-/샤라바-트	شَرَاب/شَرَابَات
스타킹	ʃaraab fiilę	샤랍- 필-레	شَرَاب فِيله
넥타이	karavatta/ -aat	카라밧타/카바밧타-트	كَرَفتَة/كَرَفَتَات
장갑	guwanti/ -yyææt	구완티/구완티에-트	جُونتِي/جُونتِيَّات
손수건	mandiil/ manadiil mandiil ʃomææʃ	만딜-/마나딜- 만딜 오매-쉬	مَنْدِيل/ مَنَادِيل مَنْدِيل قُمَاش

149

생활 회화			
허리띠	ɦezæǽm/ ʕaɦzẹma	히잳- /아흐지마	حِزَام / أَحْزِمَة

10-8-2 옷감 종류			
옷감, 천	ʕomæǽʃ/ ʕaʃmẹʃa	오매-쉬	قُمَاش/أقْمِشَة
면(cotton)	ʕoṭn	오뜬	قُطْنْ
모직물(wool)	ṣuuf	수-프	صُوفْ
모피	farw	파르우	فَرْو
비단	ɦariir	하리-르	حَرِيرْ
가죽	gẹld	길드	جِلْدْ
인조 가죽	gẹld ṣẹnaaʕi	길드 시나-에이	جِلْدْ صِنَاعي
벨벳, 우단 (velvet)	ʕaṭiifa	아띠-파	قَطِيفة
플란넬(flannel)	kastuur	카쓰투-르	كَسْتُورْ
테리천 (terry cloth)	baʃkiir	바쉬키-르	بَشْكِيرْ
천연 때타올 (우유색)	liif/-ǽæt	리-프/리패-트	لِيفْ/ لِيفَاتْ
합성섬유	ʕalyæǽf ṣẹnaaʕẹyya	알에-프 시나-에야	ألْيَافْ صِنَاعِيّة

10-8-3 무늬 종류			
무늬가 있는	manʕuuʃ	만우-쉬	مَنْقُوشْ
줄무늬가 있는	mẹʕallẹm mẹxaṭṭaṭ	미알림 미캇땃뜨	مقَلّمْ مخَطّطْ
세로줄 무늬	mẹʕallẹm bẹt-ṭuul	미알림 빗뚤-	مقَلّمْ بالطُولْ
가로줄 무늬	mẹʕallẹm bẹl-ɛard	미알림 빌아르드	مقَلّمْ بالعَرْض
체크, 사각무늬	karooh	카루-	كَارُوه
나무, 꽃 무늬	mᵉʃaggar	미샤가르	مشَجّرْ
점박이 무늬	mᵉnaʔʔaṭ	미나앗뜨	منَقّطْ
자수놓은	mẹṭarraz	미따라즈	مطَرّزْ
무늬없는 단색	sǽæda	쌔-다	سَادَة

생활 회화

| 무늬있는 옷감 | ʃomææʒ manʃuuʒ | 쇼매-쉬 만우-쉬 | قُماش مَنقُوش |

10-8-4 여성용품

화장	makyææj	마크에-즈	مكياج
화장분 (face powder)	bodra	보드라	بُدرة
립스틱	ruuj ʔaḥmar ʃafææyeʃ ṣubaaɛ ruuj	루-즈 아흐마르 샤패-이프 수바-아 루-즈	رُوج أحمَر شَفَايف صِباع رُوج
매니큐어	munukiir	무누키-르	مُنوكِير
매니큐어 지우는 약	ʔekladoor	이크라도-르	إكلَادُور
아이라이너	ʔaylaynar (이집트 전통 속눈썹 화장품) koḥl	아이라이나르 코흘	أيلَينَر كُحل
향수	barfææn, parfææn riiḥa/rawææyeḥ ɛeṭr/ɛuṭuur	바르팬- 리-하/라왜-에흐 에뜨르/우뚜-르	بارفَان رِيحة/رَوَايح عِطر/عُطُور
거울	merææya/-ææt	미래-야/미래에-트	مِراية/مِرايات
빗	meʃt/ meʃaat, ʃamʃaat	미쉬뜨/미샤-뜨, 암샤-뜨	مِشط/مِشاط, أمشاط
머리 염색제	ṣabyet ʃaɛr	싸브깃 샤아르	صِبغة شَعَر
손톱깎기	ʔaṣṣaafa/ -aat ʔaṣṣaaffet ḍawaafer	앗사-파/아사파-트 앗사-핏 다와-피르	قَصَّافة/قَصَّافات قَصَّافة ضَوَافِر
손톱정리기	mabrad/mabææred	마브라드/마배-리드	مَبرَد/ مَبارِد
핀셋 (주로 털제거용)	mulʔaat/malaʔiit	물아-뜨/말라이-뜨	مِلقاط / مَلاقِيط
핸드백	ʃanṭet ʔiid ʃanṭa ḥariimi	샨띠트 이-드 샨따 하리-미	شَنطة إيد شَنطة حَريمي
손지갑	bokk	복크	بُكّ
손수건	mandiil ʃomææʒ	만딜- 오매-쉬	مَنديل قُماش

생활 회화

한국어	발음	한글 발음	العربية
티슈	klenęks waraʕ klenęks waraʕ manadiil	클리닉쓰 와라으 클리닉쓰 와라으 마나딜-	كلينكس ورق كلينكس ورق مناديل
생리대	fowat sęfiḥęyya	포와뜨 시헤야	فوط صحّية
스카프	ʃeʃarb/ -ææt	이샤르브/이샤르배-트	إيشارْب/إيشارْبات
스타킹	ʃaraab fiilę	샤랍- 필-레	شَراب فيله
목걸이	bæeʕʔaʔ/bʕoʔ	오으드/아으애-드	عَقد/أعْقاد
예물 목걸이	sęlsęla/ salææsęl	씰씰라/쌀래-씰	سِلْسِلة/سَلاسِل
반지	xæetęm/xawæetęm	캐-팀/카왜-팀	خاتَم/خَواتم
예물 반지	dębla/ dębal	디블라/디발	دِبْلَة/ دِبَل
귀걸이	ḥalaʕ/ ḥęlʕææn	할라으/힐앤-	حَلَق/ حِلْقان
귀걸이 한 쪽	fardęt ḥalaʕ	파르딧 할라으	فَرْدِة حَلَق
팔찌	ʕęswęra/ʕasæewęr	이쓰워라/아쌔-워르	إِسْوِرة/أساور

10-8-5 모자 & 베일 & 스카프

한국어	발음	한글 발음	العربية
중절모(hat)	bornęęta/baraniit	보르니-따/바라니-뜨	بُرْنيطة/ بَرانيط
캡모자(cap)	kæeb/ -ææt	캡-/ 캐배-트	كاب/ كابات
빵모자	taʕęyya/ ṭawaaʕi	따에야/따와-이	طاقِيّة/ طواقي
이집트 전통 빨간모자	tarbuuʃ/ṭarabiiʃ	따르부-쉬/따라비-쉬	طَرْبُوش/طَرابيش
무슬림 여성들의 베일(veil)	(얼굴을 내어놓고 머리 부분만 가리는 베일, 핀을 턱에 고정) ḥęgææb 히갭-		حِجابْ
	(얼굴과 몸통을 완전히 가리는 베일) neqaab	니깝-	نِقاب
	(몸통은 가리지만 얼굴은 드러내는 베일) xęmaar	키마-르	خَمارْ
	(발목 부분 까지 원통으로 가리지만 얼굴은 드러내놓은 베일) ʕęsdææl	이쓰댈-	إسْدالْ
여성용 스카프	ʃeʃarb/ -ææt	이샤르브/이샤르배-트	إيشارْب/إيشارْبات
	(결혼식 면사포, 무슬림 여성의 히갭) tarha/ toraḥ	따르하/또라흐	طَرحَة/ طُرَح
숄(남자용)	ʃææl/ ʃęlææn	쉘-/쉴랜-	شالْ/ شيلانْ

생활 회화		
모직 목도리 (남,녀 모두)	(겨울철 옷깃에 걸치는 모직 목도리) kufeyya/ -ææt　　쿠페야/쿠페예-트	كُوفِيَّة/ كُوفِيَّات
가발	baruuka/ -aat　　바루-카/바루카-트	بَارُوكَة/ بَارُوكَات

10-9 색깔

· 당신은 무슨 색을 좋아합니까?
　teḥebb loon ṣeeḥ　　티헵 론- 에-　　تِحِبّ لُون إِيه ؟

· 당신은 무슨 색을 가지고 있나요?
　ɛandak(f/ɛandik, pl/ɛandoku) ṣalwææn ṣeeḥ
　안닥(f/안딕, pl/안도쿠) 알왠 에-　　عَنْدَكْ أَلْوَان إِيه ؟
　ṣeeḥ el-ṣalwææn ṣilli ɛandak　　에- 일알왠- 일리 안닥?　　إِيه الأَلْوَان اللِّي عَنْدَكْ ؟

· (당신 생각에) 이 색깔 어때요?
　ṣeeḥ raṣy-ak (f/ raṣyik,pl/raṣyuku) fil- loon da
　에- 라이야(f/라이익, pl/라요쿠) 필- 론- 다　　إِيه رَأيَكْ في اللُّون دَه ؟

· 저는 (지금보고 있는 것과는) 다른 색깔을 원해요
　ɛææwiz loon tææni　　아-워즈 론- 태-니　　عَاوِزْ لُون تَانِي

· 저는 좀 더 연한 색깔을 원해요
　ɛææwiz ṣalwææn fatḥa　　아-워즈 알왠- 파트하　　عَاوِزْ الْوَان فَاتْحَة

· 바로 이것이 제가 원하던 색깔이에요
　ṣaywa howwa da il-loon ṣilli ṣana ɛawzu
　아이와 호와 다 일-론 일리 아나 아우주　　أَيْوَة هُوَّ دَه اللُّون اللِّي أَنَا عَاوِزْه

10-9-1 색깔 관련 용어들		
색깔	loon/ ṣalwææn　　론-/ 알왠-	لُون/ أَلْوَان
함께 오는 명사의 성(姓)에 따라 변화가 있는 색깔명(m / f / pl 의 순서)		
흰색	ṣabyaḍ/beeḍa/beeḍ 아비야드/베-다/베-드	أَبْيَض/بِيضَاء/بِيض
검정	ṣeswed/suuda/suud 이쓰위드/쑤-다/쑤-드	إِسْوِد/سُودَاء/سُود
빨강	ṣaḥmar/ḥamra/ḥomr 아흐마르/함라/호므르	أَحْمَر/حَمْرَاء/حُمْر
초록	ṣaxḍar/xaḍra/xoḍr 아크다르/카드라/코드르	أَخْضَر/خَضْرَاء/خُضْر
파랑색	ṣazraṣ/zarṣa/zorṣ 아즈라으/자르아/조르으	أَزْرَق/ زَرْقَاء/ زُرْق

\multicolumn{3}{c}{**생활 회화**}
노랑	ʕaṣfar/ṣafra/ṣofr 아스파르/사프라/소프르	أَصْقَر / صَفْرَاء / صُفْرْ
거무스름한 피부색	ʕasmar/samra/somr 아쓰마르/싸므라/쏘므르	أَسْمَر / سَمْرَاء / سُمْرْ
금발에파란눈을 가진(서양사람)	ʕaʃʕar/ʃaʕra/ʃoʕr 아쉬아르/샤으라/쇼으르	أَشْقَر / شَقْرَاء / شُقْرْ
하얀 머리의 (늙어서)	ʃæayęb/-a/-iin 쉐-입/쉐이바/쉐이빈	شَايب / شَايْبَة / شَايْبِين
연한(light)	fæætęh/-a/-iin 패-티흐/파트하/파트힌	فَاتِح / فَاتْحَة / فَاتْحِين
진한(dark)	ɣæmęʕ/-a/-iin 개-미으/가므아/가므인	غَامِق / غَامْقَة / غَامْقِين
\multicolumn{3}{c}{**변화가 없는 색깔명(*invariable*)**}
오렌지	burtuʕææni or burtuʕaani 부르투애-니	بُرْتُقَانِي
하늘색	labani samææwi	라바니 싸매-위	لَبَنِي سَمَاوِي
군청색	koḥli	코흘리	كُحْلِي
보라색	banafsęgi	바납씨기	بَنَفْسِجِي
분홍	bambi	밤비	بَمْبِي
가지색	będingææni or bętingææni 비틴개-니	بِدِنْجَانِي، بِتِنْجَانِي
갈색	bọnni	본니	بُنِّي
회색	romaadi ruṣaaṣi	라마-디 루사-시	رُمَادِي رُصَاصِي
베이지	bęej	베-지	بيج
올리버 기름색 (연한녹색)	zęęti	지-티	زِيتِي
빨간 와인색	nębiiti	니비-티	نِبِيتِي
갈색 눈	ɛasali	아쌀리	عَسَلِي
이집트인 피부색	ʕamḥi	암히	قَمْحِي

☞ 색깔명은 형용사로 취급이 됩니다. 따라서 함께 오는 명사의 수와 성에 따라 색깔명이 변화를 일으킵니다. 하지만 변화가 없는(*invariable*) 색깔명은 함께 오는 명사의 수와 성에 상관없이 변화를 일으키지 않습니다. 아래의 예들을 확인하십시오.

생활 외화

10-9-2

- 그는 검은색 바지를 입고 있습니다.
  howwa læǽbes banṭaluun ʕeswęd
  오와 래-비쓰 반따룬- 이쓰위드
  هُوَّ لابِسْ بَنْطَلُونْ إسْوِدْ

- 나는 검은색 가방을 샀습니다.
  ʕeʃtariit ʃanṭa suuda
  이슈타리-트 샨따 쑤-다
  إشْتَرِيتْ شَنْطَة سُودَاء

- 그는 노란색 자동차를 가지고 있습니다.
  ɛandu ɛarabeyya ṣafra
  안두 아라베야 사프라
  عَنْدُه عَرَبِيَّة صَفْرَاء

- 그 빨간 구두는 누구 것입니까?
  ʕel-gazma ęl-ḥamra di beṭæǽɛet miin
  일개즈마 일하므라 디 비태애잇 민-
  الْجَزْمَة الْحَمْرَاء دِي بِتَاعِة مِين؟

- 저는 밝은 파랑색 셔츠를 원합니다.
  ɛǽɛyez ʕamiiʃ ʕazraʕ fǽɛteḥ
  아-이즈 아미-쓰 아즈라으 패-티흐
  عَايِز قَمِيصْ أَزْرَقْ فَاتِحْ

- 그 블라우스는 짙은 초록색입니다.
  ʕel-bᵉlooza ʕaxḍar yæǽmęʕ
  일블로-자 아크다르 개-미으
  الْبِلُوزَة أَخْضَرْ غَامِقْ

- 저는 갈색 구두를 가지고 있습니다.
  ɛandi gazma bonni
  안디 개즈마 본니
  عَنْدِي جَزْمَة بُنِّي

- 그녀는 군청색 자동차를 가지고 있습니다.
  ɛandaha ɛarabeyya kofli
  안다하 아라베야 코흘리
  عَنْدَهَا عَرَبِيَّة كُحْلِي

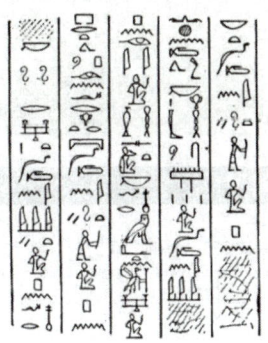

생활 회화

10-10 구두 가게에서

신발 관련 용어들

구두	gazma/ gɛzam	가즈마/ 기잠	جزمة/جزم
구두 한짝	fardɛt gazma	파르딧 가즈마	فردة جزمة
샌들	sandal/ sanaadɛl	싼달/ 싸나-딜	صندل/صنادل
운동화	kotʃi/ -yæːt	코취 / 코취에-트	كوتشي/كوتشيات
슬리퍼	ʃɛbʃɛb/ ʃabæːʃɛb	쉡쉡/ 샤배-쉡	شبشب/شباشب
하이힐	kaɛb ɛæːli gazma bɛ-kaɛb	카앞 아앨-리 가즈마 비카앞	كعب عالي جزمة بكعب
부츠	buut, buuṭ	부-뜨	بوت
구두솔	forʃa/ foraʃ	포르샤/ 포라쉬	فرشة/فرش
구두약	warniiʃ	와르니-쉬	ورنيش
구두끈	rubaaṭ/ ʃarbɛṭa	루바-뜨/아르비따	رباط/أربطة
구두 주걱	labbiisa labbiisɛṭ gɛzam	랍비-싸 랍비-씻 게잠	لبيسة لبيسة جزم
구두의 앞부분	buuz	부-즈	بوز
구두 밑창	naɛl/ nɛɛæːl	나알/ 니앨-	نعل/نعال
구두뒷굽(heel)	kaɛb/ kuɛuub	카아브/ 쿠우-브	كعب/كعوب
수공의	ʃoɣl yadawi	쇼글 야다위	شغل يدوي
구두 수선공	gazmagi/ -yya	가즈마기/가즈마게야	جزمجي/جزمجية
구두닦이	bɛtææɛ warniiʃ buhyagi/ -yya	비태-아 와르니-쉬 부흐야기/부흐야게야	بتاع ورنيش بهيجي/بهيجية

10-11 선물가게에서

이집트 토속 공예품을 싸고 쉽게 구입할 수 있는 곳은 이슬람 지역의 후세인 모스크 가까이에 있는 칸 칼릴리 시장입니다. 형형색색의 온갖 토산품들을 구경도 하고 흥정도 해 보십시오. 재미가 두 배일 것입니다..

생활 회화
10-11-1 선물 용어들

한국어	발음 (영문)	발음 (한글)	العربية
크리스탈	bannuur / kręstææl	반누-르 / 크리스탤-	بَنُّورْ / كِرِيسْتَالْ
열쇠고리	madęlya/ -ææt	마델야/마델에-트	مِدَالْيَة/مِيدَالْيَات
향수	barfææn, parfææn / riiħa / rawææyęħ / ɛęṭr/ ɛuṭuur	바르팬- / 리-하/ 라왜-예흐 / 에뜨르/ 우뚜-르	بَارْفَانْ / رِيحَة/ رَوَايِحْ / عِطْرْ/ عُطُورْ
카펫	sęggææda	씩개-다	سِجَّادَة
파피루스	waraʔ ęl-bardi / bardi	와라으 일바르디 / 바르디	وَرَق الْبَرْدِي / بَرْدِي
로제타 스톤	ħagar raʃiid	하가르 라쉬-드	حَجَرْ رَشِيدْ
파라오 왕의 생명 열쇠	muftææħ ęl-ħayææh	무프태-흐 일하예-	مُفْتَاح الْحَيَاة
바구니	sabat	싸바트	سَبَتْ
머리핀	bęnsa/bęnas	빈싸/비나쓰	بِنْسَة/ بِنَسْ
머리띠(끈)	tooka/ tęwak	토-카/ 티와크	تُوكَة/ تُوَك
핸드백	ʃanṭęṭ ʕiid / ʃanṭa ħariimi	샨뜨 이-드 / 샨따 하리-미	شَنْطَة إِيدْ / شَنْطَة حَرِيمِي
지갑	maħfaza/ maħaafęẓ	마흐파자/마하-피즈	مَحْفَظَة/ مَحَافِظْ
(여성용 손지갑)	bokk	복크	بُكّ
인형	ɛaruusa/ɛaraayęs	아루-싸/아라-이쓰	عَرُوسَة/عَرَائِس
시계	sææɛa/ -ææt	쌔-아/쌔-아애-트	سَاعَة/ سَاعَاتْ
알람시계	męnabbęh/ -ææt	미납베-/미납배-트	مِنَبِّه/ مِنَبِّهَاتْ
액자	bęrwææz/barawiiz	비르왜-즈/바라위-즈	بِرْوَاز/بَرَاوِيزْ
꽃병	faaza or vaaza/-aat / zuhręyya/-ææt	파-자/파자-트 / 주흐레야/ 주흐레에-트	فَازَة/ فَازَاتْ / زُهْرِيَّة/ زُهْرِيَّاتْ
선물	hędęyya/hadææya	헤데야/하대-야	هِدِيَّة/ هَدَايَا

생활 회화

10-11-2 보석가게 용어들

보석	mugawharaat / ʃiiya	무가우하라-트 / 시-가	مُجَوْهَرات / صِيغَة
보석상인	sææyɛy/sææya,suyyææy / gawahɛrgi/-yya	새-이그/쑤예-그 / 가와히르기/가와히르기야	صائِغ/صاغَة/صيّاغ / جَواهِرْجي/جَواهِرْجِيّة
보석함	ʂanduuʠ mugawharaat	산두-으 무가우하라-트	صَنْدُوق مُجَوْهَرات
목걸이	ɛoʠd/ʠaɛææd/bʠoɛ	오으드/아으애-드	عُقْد/أَعْقاد
예물 목걸이	sɛlsɛla/ salææsɛl	씰씰라/쌀래-씰	سِلْسِلَة/سَلاسِل
반지	xæætɛm/xawæætɛm	캐-팀/카왜-팀	خاتَم/خَواتِم
예물 반지	dɛbla/ dɛbal	디블라/디발	دِبْلَة/دِبَل
귀걸이 (귀걸이 한쪽)	ɦalaʠ/ ɦɛlʠææn / fardɛt ɦalaʠ	할라으/힐앤- / 파르딧 할라으	حَلَق/حِلْقان / فَرْدَة حَلَق
팔찌	sɛswɛra/ʠasææwɛr	이쓰위라/아쌔-위르	إسْوَرَة/أساوِر
수공의	ʃoɣl yadawi	쇼글 야다위	شُغْل يَدَوي

10-11-3 금속재료 & 석재료 관련 용어들

금속,쇠 (metal)	mɛadan	마으단	مَعْدَن
금	dahab	다합	ذَهَب
은	faɖɖa	팣다	فِضَّة
동	burunz	부룬-즈	بُرُونْز
구리	nɛɦææs ʕaɦmar	니해-쓰 아흐마르	نحاس أحمَر
놋쇠	nɛɦææs ʕaʂfar	니해-쓰 아스파르	نحاس أصْفَر
철	ɦadiid	하디-드	حَديد
강철	ʂolb	솔브	صُلْب
스테인리스	ʂɛstallɛs stɛɛl	이쓰탈리쓰 스틸	إسْتيلِّس ستيل
가죽	gɛld	길드	جِلْد
플라스틱	bᵉlastɛk	빌라쓰틱	بلاستيك
나무	xaʃab	카샵	خَشَب

생활 외화

자석	maynaṭiis	마그나띠-쓰	مَغْنَاطِيس
유리	ʕęzæææz	이재-즈	قِزَاز
대리석	ruxææm	루캠-	رُخَام
인조대리석	balaaṭ (-a/)	발라-뜨(발라따-/)	بَلَاط (بَلَاطَة/)
세라믹	ṣęramiik	쎄라믹-	سِيرَامِيك
설화석고 (alabaster)	marmar	마르마르	مَرْمَر

10-11-4 크기 & 양 & 길이 & 가격 등을 비교할 때

큰	kębiir	키비-르	كبير
작은	ṣuɣayyar	수가야르	صُغَيَّر
중간의	mutawassęṭ	무타와씨뜨	مُتَوَسَّط
긴	ṭawiil	따윌-	طَوِيل
짧은	ʕuṣayyar	우사야르	قُصَيَّر
많은	kętiir	키티-르	كَتِير
적은	ʕulayyęl	울라일	قُلَيَّل
무거운	tęʕiil	띠일-	تِقِيل
가벼운	xafiif	카피-프	خَفِيف
충분한	kęfææya (invar)	키패-야	كِفَايَة
모자라는	naaʕęṣ	나-이스	نَاقِص
비싼	ɣæææli	갤-리	غَالِي
싼	ręxiiṣ	리키-스	رخِيص

10-12 전자제품 가게에서

· 이 전자제품의 장점은 무엇입니까?
ʕęęh mumayyizæææt ęl-gęhææz da
에- 무마이재-트 일게해-즈 다   إِيه مُمَيِّزَاتِ الْجِهَازْ دَه؟
ʕęl-gęhææz da mumayyizæææt-u ʕęęh
일게해-즈 다 무마이재-투 에-   اِلْجِهَازْ دَه مُمَيِّزَاتُه إِيه؟

생활 외와

- 이 전자제품의 단점은 무엇입니까?
  ʕęęh ɛuyuub ęl-gęhææz da
  에- 우윱- 일게해-즈 다　　　　　　　　　　　　إيه عُيُوب الْجِهَازْ دَهْ؟
  ʕęl-gęhææz da ɛuyuub-u ʕęęh
  일게해-즈 다 우윱- 에-　　　　　　　　　　　　الْجِهَازْ دَه عُيُوبُه إيه؟

- 어떤 종류의 컴퓨터가 가장 좋습니까?
  ʕęęh ʕafḍal nooɛ kombiyuutar
  에- 아프달 노-아 콤뷰-타르　　　　　　　　　إيه أَفْضَلْ نُوعْ كُمْبِيُوتَرْ؟

- 이 컴퓨터의 사양은 어떻게 됩니까?
  ʕęęh muwaṣafaat ęk-kombiyuutar
  에- 무와사파-트 익콤뷰-타르　　　　　　　　إيه مُوَاصفَاتِ الْكُمْبِيُوتَرْ دَهْ؟

- 보증기간은 얼마입니까?
  ɛalęę ḍamaan ʕaddᵉ ʕęęh 알리- 다만- 앗드 에-　　عَليه ضَمَانْ قَدّ إيه ؟

- 이 회사는 제품 고장 수리 서비스(maintenance)가 있습니까?
  ʕęʃ-ʃerka di liiha xędmęṭ ṣęyaana
  잇쉬르카 디 리-하 케드밑 시야-나　　　　　الشُّرْكَة دي لِيهَا خِدْمة صِيانَة؟

전자제품	gęhææz/ ʕaghęza	게해-즈/아그헤자	جِهازْ/ أَجْهِزَة
전자제품가게	maħall ʕelęktroniyyææt	마할 일렉트로니예-트	مَحَلّ الْكِتْرُونِيَّات
특징	ṣęfa/ -aat	시파/시파-트	صِفَة/ صِفَات
원래의 성질 (nature)	ṭabiiɛa/ ṭabaayęɛ ṭabɛ/ ṭębaaɛ	따비-아/따바-에으 따브으/따바-으	طَبِيعَة/ طَبَايع طَبْع/ طِبَاع
장점	miiza/mumayyizææt	미-자/무마이재-트	مِيزَة/ مُمَيِّزَات
단점	ɛęęb/ɛuyuub	에입/ 우윱-	عيْب/ عُيُوب
물건의 사양	muwaṣafaat muwaṣfaat kombiyuutar	무와사파 예)컴퓨터 사양	مُوَاصفَات
보증 (gurantee)	ḍamaan/ -aat	다만-/다마나-트	ضَمَان/ ضَمَانَات
제품정비 (maintenance)	ṣęyaana	시야-나	صِيَانَة
컴퓨터	kombiyuutar	콤뷰-타르	كُمْبِيُوتَر
컴퓨터 몰	mool kombiyuutar	몰- 콤뷰-타르	مُول كُمْبِيُوتَر

11. 음식에 대해

이집트 사람들의 주식은 '아이쉬 عيش' 혹은 '아이쉬 발라디 عيش بلدي' 라고 부르는 빵입니다. 이 빵의 모양은 둥글며 색깔은 베이지색 혹은 하얀색을 띠는 것으로 거의 모든 식단에 감초처럼 등장합니다. 이집트 사람들도 '로즈'라고 하는 밥을 즐겨 먹습니다. 이들이 먹는 밥은 쌀과 식용유 그리고 소금을 넣어서 볶다가 나중에 물을 넣고 끓여서 만드는 것으로 색깔이나 맛이 우리의 것과 약간 다릅니다.

이들은 거의 모든 요리에 토마토를 사용하며, 고기와 생선, 치즈, 올리브 등을 즐겨 먹습니다.

한편 이집트 사람들의 식사 시간은 우리보다 2-3시간 이상 늦습니다. 도시 사람들의 경우 대개 아침 시간은 9-10시, 점심 식사는 3-5시, 저녁 식사는 9-11시 입니다. 아침을 늦게 먹기 때문에 학생이나 직장인의 경우 간단한 이집트식 샌드위치를 싸 가지고 가서 학교나 직장에서 아침을 먹습니다. 점심은 공무원과 학생들이 집에 돌아오는 오후 3시 이후에 먹게 됩니다. 그리고 나서 저녁 시간대의 일을 위해 직장에 나가는 사람이 귀가하는 시간인 저녁 9시 이후에 저녁을 먹습니다.

생활 회화

11-1 음식

식사에 대한 기본 용어들			
음식	ʕakl	아클	أَكْلْ
한끼식사(meal)	wagba	와그바	وَجْبَة
한개의 요리된 음식	ṭabxa	따브카	طَبْخَة
식당	maṭʕam/maṭaaʕęm	마뜨암/마따-임	مَطْعَم/ مَطَاعِم
아침식사	fęṭaar	피따-르	فِطَارْ
아침을 먹다	fęṭęr/ yęfṭar	피띠르/예프따르	فِطَرْ/ يِفْطَرْ
점심식사	ɣada	가다	غَدَاء
점심을 먹다	ʕęṭɣadda/yęṭɣadda	이트갓다/예트갓다	اِتْغَدَّى/ يِتْغَدَّى
저녁식사	ɛaʃa	아샤	عَشَاء
저녁을 먹다	ʕęṭɛaʃʃa/yęṭɛaʃʃa	이트앗샤/예트앗샤	اِتْعَشَّى/ يِتْعَشَّى
간식(허기를 채우기 위해)	taṣbiira	타스비-라	تَصْبِيرَة
간식을 먹다	ṣabbar/yęṣabbar nafs-u	삽바르/예삽바르 납쑤-	صَبَّر/يِصَبَّرْ نَفْسُه
애퍼타이저	muʃahhiyææt	무샤히에-트	مُشَهِّيَاتْ
술안주	mazza	맞자	مَازَّة

11-2 식당에서

음식을 주문할 때

손님 : 종업원!

   ya męṭr   에 미트르   يَا مِتْرْ

종업원 : 네. 무엇을 드릴까요?

   taʃt ʕamrak   타흐트 아므락   تَحْتْ أَمْرَكْ

손님 : 우리가 메뉴를 볼 수 있을까요?

   momkęn nęʃuuf ęl-męnyu   몸킨 니슈-프 일메뉴   مُمْكِنْ نِشُوفِ الْمِنْيُوْ؟

생활 회화

종업원 : 예, 여기있습니다.

ʔaywa hena ʔetfaḍḍal 아이와 헤나 잇팟달 أَيْوَة هِنَا اِتْفَضَّلْ

손님 : 이 음식점에서 가장 잘 하는 것이 뭐죠?

ʔeeh ʔaḥsan ʔakla ɛandku 에- 아하싼 아클라 안두쿠 إِيه أَحْسَنْ أَكْلَة عَنْدُكُو

ʔeeh ʔaḥla ʔakla beteɛmelu-ha

에- 아흘라 아클라 비티아밀루-하 إِيه أَحْلَى أَكْلَة بِتِعْمِلُوهَا

ʔeeh ʔaʃhar ʔakla ɛandoku 에- 아쉬하르 아클라 안두쿠 إِيه أَشْهَرْ أَكْلَة عَنْدُكُو

종업원 : 캐밥을 가장 잘 해요.

ʔel-kabææb ʔaktar ʔakla beteṭeleb

익캐뱁 악타르 아클라 비티띨립 اِلْكَبَاب أَكْتَرْ أَكْلَة بِتِطْلِب

ʔel-kabææb ʔaktar ʔakla beneʔaddem-ha

익캐뱁 악타르 아클라 비니앗딤하 اِلْكَبَاب أَكْتَرْ أَكْلَة بِنِقَدِّمْهَا

ʔel-kabææb ʔaktar ʔakla beneɛmel-ha

익캐뱁 악타르 아클라 비니아밀하 اِلْكَبَاب أَكْتَرْ أَكْلَة بِنِعْمِلْهَا

· 모든 음식이 맛있어요.

kollº ḥææga ɛandena ḥelwa 꼴로 해-가 안디나 헬와 كُلّ حَاجَة عَنْدِنَا حِلْوَة

손님 : 500 그램의 캐밥을 주세요.

hææt li-na noṣṣ kiilu kabææb

해-트(f/해-티) 리나 놋스 킬-루 캐뱁- هَاتْ لِنَا نُصّ كِيلُو كَبَاب

ʔeddiina noṣṣ kiilu kabææb

잇디-나 놋스 킬-루 캐뱁- اِدِّينَا نُصّ كِيلُو كَبَاب

ʔeɛmel-lena noṣṣ kiilu kebææb

이아밀리나 놋스 킬-루 캐뱁- اِعْمِلْ لِنَا نُصّ كِيلُو كَبَاب

종업원 : 당신은 음식과 함께 어떤 음료를 원하세요?

teḥebb teʃrab ʔeeh 티헵 티쉬랍 에- تِحِبّ تِشْرَبْ إِيه؟

손님 : 네, 홍차를 원해요.

ʃææy law samaḥt 쉐-이 라우 싸마흐트 شَاي لَوْ سَمَحْتْ

음식이 늦게 나오자

손님 : 음식이 왜 늦었나요?

ʔel-ʔakl ʔetʔaxxar leeʔ 일아쿨 이트악카르 레- الأَكْل اِتْأَخَّرْ لِيه ؟

생활 회화
식사가 끝나고 계산서를 요구할 때

손님 : 계산하고 싶어요.
momken el-ḥesææb law samaḥt
몸킨 일헤쌥- 라우 싸마흐트　　　　　　　　ممكنِ الْحِسَابْ لَوْ سَمَحْتْ

종업원 : 여기 있어요 (영수증 혹은 거스름돈을 내어주며)
ʔetfaḍḍal　　　　　　　　　이트팟달　　　　　　　　اِتْفَضَّلْ

손님 : 감사합니다.
ʃokran　　　　　　　　　쇼크란　　　　　　　　شُكْرًا

11-2-1 다른 대화들

· 당신은 싸고 좋은 식당을 아십니까?
  teɛraf maṭɛam rexiiṣ wekuwayyes
  티아라프 마뜨암 리키-스 위꾸와에쓰　　تِعْرَفْ مَطْعَمْ رخِيصْ وكُوَيِّسْ ؟

· 여기서 드실래요? 아니면 가지고 가실래요(take away)?
  hena walla tikawɛe
  헤나 왈라 티카워-　　　　هِنَا وَلَّا تِيكَ وَايِ

· 당신은 뭘 마시길 원합니까?
  teḥebb teʃrab ḥæga
  티헵 티쉬랍 해-가　　　　تِحِبّ تِشْرَبْ حَاجَةْ؟

· 당신은 뭘 드시길 원합니까?
  teḥebb tæækol ḥæga
  티헵 태-콜 해-가　　　　تِحِبّ تَاكُلْ حَاجَةْ؟

· 제가 낼께요.(제가 대접할께요)
  ʔana ɛæzm-ak
  아나 아-즈막　　　　أَنَا عَازْمَك

· 제가 계산하도록 해 주세요.
  xalli da ɛalayya
  칼리 다 알라야　　　　خَلِّى دَه عَلَيَّ

11-2-2 맛에 대한 표현		
맛	ṭaɛm　　　**따암**	طَعْمْ
맛있는	laziiz　　　**라지-즈**	لَذِيذ
맛이좋지 않은	ṭaɛmu meʃ kuwayyes　　**따아무 미쉬 꾸와에쓰**	طَعْمُه مِشْ كُوَيِّس
단	meˢsakkar　　**미싹카르**	مِسَكَّرْ
	ḥelw　　**헬루**	حِلْوُ
쓴	morr　　**모르**	مُرّ

생활 외화			
짠	mæælęɦ mᵉmallaɦ	맬-리ㅎ 미말라ㅎ	مَالِحْ مِمَلَّحْ
신	męzęz	미지즈	مِزِزْ
매운	ɦæmi ɦarrææʕ	해-미 하래-으	حَامِي حَرَّاقْ
싱거운	æædęm	애-딤	عَادِمْ
신선한	ṭaaza	따-자	طَازَة
상한	męʕaffęn baayęz	미앗펀 바-이즈	مِعَفَّنْ بَايِظ

11-2-3 요리 방법에 대한 표현			
삶은	masluuʕ	마쏠루-으	مَسْلُوقْ
튀긴, 프라이한	maʔli	마을리	مَقْلِي
그릴로 구운	maʃwi	매쉬워	مَشْوِي
오븐에 구운	męḣammar	미함마르	مُحَمَّرْ
속을 채워 넣은	maḣʃi	마흐쉬	مَحْشِي
로스트	rostou	루쓰투	رُسْتُو
향신료를 넣은	mętabbęl	미탈빌	مِتَبَّلْ
잘 익은	męstęwi	미쓰티위	مِسْتِوِي
날것의	nayy	내이	نَيّ
탄	maḣruuʕ	마흐루-으	مَحْرُوقْ

생활 회화

11-2-4 영양소에 대한 용어

영양(nutrition)	yɛza, yɛzaʕy(cl) 기자	غِذَاء
영양가	qiima yɛzaʕyya 끼-마 기자에야	قِيمَة غِذَائِيَّة
영양소	madda/ mawæædd yɛzaʕyya	مَادَّة/ مَوَادّ غِذَائِيَّة
탄수화물	naʃawɛyææt 나샤워에-트	نَشوِيَّات
단백질	burutiin 부루틴-	بُرْتِين
지방	dęhn/ duhuun 디흔/ 두훈-	دِهْن/ دُهُون
철분	ḩadiid 하디-드	حَدِيد
칼슘	kalsiyum 칼씨윰	كَلْسِيُوم
비타민	vitamiin, fitamiin/-ææt 비타민-	فِيتَامِين/ فِيتَامِينَات
미네랄	maɛdan 마아단 ʃamlææḩ maɛdanɛyya 아믈래-흐 마아다네야	مَعْدَن أَمْلَاح مَعْدَنِيَّة
산성의	ḩęmḑi 힘디	حِمْضِي
알칼리성의	qalawi 깔라위	قَلَوِي

11-3 아침식사

빵	ɛęʃ 아이쉬	عِيش
샌드위치	sandawitʃ/-ææt 쌘드위츠/쌘드위채-트	سَنْدَوِتْش/ سَنْدَوِتْشَات
우유	laban 라반	لَبَن
버터	zębda 집다	زِبْدَة
콘프레이크	koornfęlęęks 코른플릭-쓰	كُورْنْ فْلِيكْس
달걀	bęęḑ(-a/)ḑya 베-드(베-다/)	بِيض(بِيضَة/)
삶은 달걀	bęęḑ masluuʃ 베-드 마쏠루-으	بِيض مَسْلُوق
달걀 프라이	bęęḑ maʕli 베-드 마을리	بِيض مَقْلِي
오믈렛	ʕomlętt 오믈렛	أُومْلِيت
잼	mᵉrabba/-aat 미랍바/미랍바-트	مِرَبَّى/ مِرَبَّات

생활 회화

올리브	zatuun	자툰-	زَتُون، زَيْتُون
오렌지 주스	εaşiir burtuʕææn	아시-르 부르투앤-	عَصِيرْ بُرْتُقَان
사과 주스	εaşiir tuffææɦ	아시-르 툿패-흐	عَصِيرْ تُفَّاحْ
레몬 주스	εaşiir lamuun	아시-르 라문-	عَصِيرْ لَمُونْ
이집트식콩요리	fool	풀-	فُولْ
수프(국)	ʃorba	쇼르바	شُرْبَة
샐러드	salaṭa	쌀라따	سَلَطَة
이집트식 피클	ṭorʃi mixallel	또르쉬 미칼릴	طُرْشِي مخلِّل

11-3-1 빵의 종류

토스트	tost εeeʃ tost	토쓰트 아이쉬 토쓰트	تُسْت عيشْ تُوسْت
아이보리색, 누런색	εeeʃ baladi	아이쉬 발라디	عيشْ بَلَدي
하얀 색	εeeʃ ʕabyaḍ	아이쉬 아브야드	عيشْ أَبْيَضْ
하얀 색의 시리아식 빵	εeeʃ ʃæmi	아이쉬 샤-미	عيشْ شَامِي
오이 정도 크기의 서양식 빵	εeeʃ fiinu	아이쉬 피-누	عيشْ فِينُو
초승달 모양의 서양식 빵	korwasoon	코르와쏜-	كُرْوَاسُون
빵을 세는 단위	reɣiif/ ʕarɣefa (3-10개 ṭerɣefa	리기-프/아르기파 티르기파)	رِغِيف/ أَرْغِفَة
한조각 빵	loʕma/ maʕoʃ	로으마/ 로암	لُقْمَة/ لُقَم

생활 외화
11-4 이집트 전통 음식

한글/발음	설명	아랍어
캐밷- kabæb 쉬-쉬 캐밷- ʃiiʃ kabæb	쇠고기나 양고기에 양념을 한 뒤 꼬치에 끼워 숯불에 구운 음식	كَبَابْ شِيشْ كَبَابْ
캐밷- 할라 kabæb ḥalla	쇠고기나 양고기에 양파 등의 야채를 넣고 오븐에 질퍽하게 익힌 요리	كَبَاب حَلَّة
코프타 kofta	양고기, 쇠고기 등을 기계로 갈고 여러가지 양념을 한 뒤, 쏘세지 모양으로 주물러서 숯불로 석쇠에 구워 먹는 음식	كُفْتَة
샤워르마 ʃawirma	쇠고기(닭고기,양고기)의 얇은 조각들을 잔뜩 쌓아 놓은 것을 불에 구워 익은 부분을 썰어 빵에 넣은 뒤 토마토와 파슬리등을 넣어 만든 샌드위치	شَاوِرْمَة
부프텍- bufteek, bifteek	얇게 편 쇠고기 살코기에 밀가루등을 바른 후 튀겨내는 음식	بُفْتِيك
따아메이야 tɑɛmeyya	콩과 야채, 향료를 함께 간 후 작은 모양으로 만들어 기름에 튀김	طَعْمِيَّة
마하쉬 maḥʃi	쌀에 토마토와 양파, 그리고 다른 양념을 썩은 뒤 양배추잎, 포도잎, 가지, 호박 등의 속에 넣고 삶아서 만든 음식	مَحْشِي
코샤리 koʃari	파스타와 곡류에 양파, 마늘 양념, 고추양념 등을 볶은 뒤 토마토 소스 등을 썩어 먹는 음식	كُشَرِي
풀- fool	오래동안 삶은 콩에 취향에 따라 각각 다른 기름을 첨가한 음식	فُول
마카로나 배샤밀- makaroona bæʃamiil	파스타에 갈아 볶은 고기를 함께 넣고 위에 베샤밀 소스를 뿌려 오븐에 요리한 음식	مَكَرُونَة بَاشَامِيل
몰루케야 muluxeyya	몰루케야 잎사귀를 잘게 썬 후 닭이나 토끼 고기 국물에 넣어 끓인 음식	مُلُوخِيَّة
로즈 빗샤아리야 rozz biʃ-ʃaɛreyya	얇고 가는 국수같은 것을 기름에 볶다가 쌀을 넣어 만든 밥	رُزّ بِالشَّعْرِيَّة
로즈 빌 라반 rozz bil-laban	밥에 우유, 설탕을 넣어 만든 푸딩 같은 것	رُزّ بِاللَّبَن
쇼르비트 코다-르 ʃorbit xudaar	고기 국물에 야채를 넣어 넣어 만든 스프	شُرْبَة خُضَار

생활 회화

한글	설명	아랍어
리샌 아스푸-르 lesææn εasfuur	스프. 스프에 들어있는 알갱이가 새의 혀 모양과 같다고 붙여진 이름	لِسَان عَصفُورْ
골래-쉬 gollææʃ	종이처럼 얇은 페이스트를 여러장 겹쳐 고기나 치즈를 넣고 만든 것	جُلَّاشْ
쌀라따 카드라 salata xadra	토마토, 오이, 양파, 당근등의 야채를 잘게 썰어 소금,레몬즙 등을 넣어 만든 야채 샐러드	سَلَطَة خَضْرَة
떼히-나 teḥiina	참깨를 간 소스에 레몬즙,요거트를 넣어 만든 소스	طحِينة
또르쉬 torʃi	오이,당근, 고추, 순무, 레몬 등 이집트식 피클	طُرشِي
미칼릴 mixallel		مخَلِّل

11-5 디저트 & 스낵

한글	발음	아랍어
아이스크림	ʕayeṣ kreem 아이쓰 크림- jilææti 질래-티	أَيسْ كريم جيلَاتي
비스킷	baskoot(baskoota/) 바쓰코-트(바쓰코타/)	بَسكُوت(بَسكُوتة/)
감자튀김	baṭaaṭes mḥammara 바따-떼쓰 미함마라 감자를 길게 쓸어 만든 감자튀김	بَطَاطِس مُحَمَّرَة
군 고구마	baṭaaṭa maʃwiyya 바따-따 마쉬위야	بَطَاطَا مَشْوِيّة
군 옥수수	dora maʃwiyya 도라 마쉬위야	ذُرَة مَشْوِيّة
쿠내-파 kunææfa	아주 가늘고 긴 국수같은 모양의 패스츄리에 건과류, 버터, 설탕을 넣어 오븐에 요리한 것	كَنَافة
보으쑤마-뜨 buṣṣumaat	길쭉한 막대기 모양의 비스킷	بَقْسُمَاط
카으크 kafk	라마단 금식 이후 바이람 축제 때 먹는 비스킷(기독교인은 부활절에 먹음)	كَحْكْ
비티포-르 bitifoor	이집트 전통 비스킷으로 꽃모양, 동전 모양 등	بيتيفُور
바쓰부-싸 basbuusa	거친 밀가루를 사용하여 두꺼운 피자 모양으로 만든 후 설탕물을 입힌 것	بَسْبُوسَة

생활 회화

11-6 케이크의 종류

이집트 사람들은 단 음식을 좋아 하기 때문에 케익을 즐겨 먹습니다. 때문에 케익 이름도 크기와 크림의 유무에 따라 달라집니다.

크림을 올린 큰 케이크	tòrta	토르타	تُورْتَه
크림이 없는 큰 케이크	kęęka	케-카	كِيكَة
크림있는 케이크를 작게 자른 것	gatoo	개토-	جَاتُوه
크림이 없는 케이크를 작게 자른것	kęęk	케-크	كِيك

11-7 기호식품 & 견과류

각종 까 먹는 씨앗	lębb	립	لِبّ
호박씨	lębb abyaḍ	립 아비야드	لِبّ أَبْيَضْ
검은 색깔의 씨	lębb asmar lębb soobar	립 아쓰마르 립 쏘-바르	لِبّ أَسْمَرْ لِبّ سُوبَرْ
딱딱하고 네모진 모양의 씨	lębb xaʃab	립 카샵	لِبّ خَشَبْ
해바라기씨	lębb suuri	립 쑤-리	لِبّ سُورِي
티르미쓰 tęrmęs	삶아서 껍질을 벗겨 먹는 노란색 콩		تِرْمِسْ
땅콩	fuul sudææni sudææni	풀- 쑤대-니 쑤대-니	فُولْ سُودَانِي سُودَانِي
아몬드	looz	로-즈	لُوزْ
밤	ʕabu farwa	아부 파르와	أَبُو فَرْوَة
코코넛	gooz hęnd	고-즈 힌드	جُوزْ هِنْدْ
대추야자	balaḥ	발라흐	بَلَحْ
호두	gooz ʕęęn gamal	고-즈 아인 가말	جُوزْ عِين جَمَلْ
말린살구	męʃmęʃęyya	미쉬미쉬야	مِشْمِشِيَّة
아보카도(avocado)	ʕabukæædu	아부캐-두	أَبْكَادُو
피스타치오(pistachio)	fozdoʕ	포즈도으	فُزْدُقْ

생활 회화			
헤이즐넛(hazelnut)	bondoʕ	본도으	بُنْدُق

11-8 치즈 종류

치즈	gębna	깁나	جِبْنَة
얇고 둥근 통에 세모 모양으로 들어있는 치즈	gębna nęstu	깁나 네쓰투	جِبْنَة نِسْتُو
수입산 둥근 공 모양의 치즈	gębna falamank	깁나 팔라만크	جِبْنَة فَلَمَنْكْ
구멍뚫린 노란색 치즈	gębna ruumi	깁나 루-미	جِبْنَة رُومِي
하얀색 치즈	gębna bęęḍa	깁나 베-다	جِبْنَة بيضَة
하얀색 치즈, 농부들이 만들어 파는 것	gębna ʕariiʃ	깁나 아리-쉬	جِبْنَة قريشْ
노란색 체다 치즈	gębna ʃędar	깁나 쉬다르	جِبْنَة شيدَر

11-9 찻집 & 카페테리아에서

· 저는 ...를 원해요.
　ʕana ɛææyęz ···　　　　아나 아-이즈 ···　　　　أَنَا عَايِزْ ...

· (당신에게) ...이 있나요?
　ɛandak(f/ɛandik, pl/ɛandoku) ···　안닥(f/안딕, pl/안도쿠) ···　عَنْدَكْ ...؟

· 당신은 몇 스푼의 설탕을 넣길 원하나요?
　ɛææyęz kæɛm maɛlaʕęt sokkar
　　아-이즈 캠- 마을라잇 쏙카르　　　　عَايِزْ كَامْ مَعْلَقة سُكَّرْ ؟

· 저는 물담배를 피오고 싶은데요.
　ɛææyęz ʃaʃrab ʃiiʃæ　　아-이즈 아슈랍 쉬-샤　　عَايِزْ أَشْرَبْ شيشَة

11-9-1 음료의 종류			
음료	maʃrubaat	마쉬루바-트	مَشْرُوبَاتْ
홍차	ʃææy	쉬-이	شَاي
녹차	ʃææy ʕaxḍar	쉐이 아크다르	شَاي أَخْضَر
청량음료(시원한)	ɦæægæ saʕæʃ	해-가 싸아아	حَاجَة سَاقْعَة

생활 회화

한국어	발음	한글표기	العربية
주스	ɛaşiir	아시-르	عَصِيرْ
커피	ʕahwa	아흐와	قَهْوَة
코코아	kakææw	카캐-우	كَاكَاوْ
계피차	ʕɛrfa	이르파	قِرْفَة
카르카데- karkadęęh	진홍색의 꽃잎 말린 것으로 만든 차		كَرْكَدِيه
얀쑨- yansuun	누런 벼 색깔의 아니스		يَنْسُونْ
헬바 fęlba	녹두빛의 알갱이를 끓여 만든 차		حِلْبَة
과일 주스	ɛaşiir ęl-fawæækęh	아시르 일파왜-키흐	عَصِيرْ الْفَوَاكِه
오렌지 주스	ɛaşiir burtuʕaan	아시르 보르투안-	عَصِيرْ بُرْتُقَانْ
레몬 주스	ɛaşiir lamuun	아시르 라문-	عَصِيرْ لَيْمُونْ
망고 주스	ɛaşiir manga	아시르 만가	عَصِيرْ مَنْجَا
구아바 주스	ɛaşiir gawææfa	아시르 가왜-파	عَصِيرْ جوَافَة
바나나 주스	ɛaşiir mooz	아시르 모-즈	عَصِيرْ مُوزْ
석류 주스	ɛaşiir rummaan	아시르 룸만-	عَصِيرْ رُمَّانْ
사탕수수 주스	ɛaşiir ʕasab	아시르 아쌉	عَصِيرْ قَصَبْ
타므르 힌디 tamrᵉ hęndi	대추야자 열매로 만들어진 검은색 음료		تَمْرْ هِنْدِي
에르으 쑤-쓰 ɛęrʕa suus	주로 등에 매고 다니며 파는 진한 갈색 음료. 감초로 만듬.		عِرقْ سُوسْ
카룹- xarruub	주로 라마단 기간에 길거리에서 파는 검은색 음료		خَرُوبْ
쑤브야 subya	쌀과 설탕, 우유 등이 약간 발효된 하얀색 음료		سُوبْيَة
민트	nɛɛnææɛ	니아내-아	نِعْنَاعْ

생활 회화

11-9-2 홍차의 종류 ʃææy شاي

티백 홍차	ʃææy fatla	쉐-이 파틀라	شَايْ فَتْلَة
우유를 넣은 홍차	ʃææy bil-laban	쉐-이 빌 라반	شَايْ بِاللَّبَنْ
민트를 넣은 홍차	ʃææy bil-nɛnææʕ	쉐-이 빌 니아내-아	شَايْ بِالنِّعْنَاعْ
설탕만 넣은 홍차	ʃææy sææda	쉐-이 쌔-다	شَايْ سَادَة
진한 홍차	ʃææy tɛʕiil	쉐-이 티일-	شَايْ ثِقِيلْ
적당한진하기의 홍차	ʃææy mazbuut	쉐-이 마즈부-뜨	شَايْ مَظْبُوطْ
연한 홍차	ʃææy xafiif	쉐-이 카피-프	شَايْ خَفِيفْ

11-9-3 설탕이 들어가는 양에 따른 표현

설탕을 많이 넣은	sokkar ziyææda	속카르 지에-다	سُكَّرْ زِيَادَة
설탕을 적당하게넣은	sokkar mazbuut	속카르 마즈부-뜨	سُكَّرْ مَظْبُوطْ
설탕을 약간 넣은	sokkar xafiif	속카르 카피-프	سُكَّرْ خَفِيفْ
설탕을 넣지 않은	mɛn yɛɛr sokkar	민 게-르 속카르	مِنْ غِيرْ سُكَّرْ
1 스푼의 설탕	maɛlaʕɛt sokkar	마을라잇 속카르	مَعْلَقَة سُكَّرْ
2 스푼의 설탕	maɛlaʕtɛɛn sokkar	마을라으텐-속카르	مَعْلَقْتِينْ سُكَّرْ

11-9-4 커피의 종류 ʕahwa قهوة

필터 커피	ʕahwa ʕamrikææni ʕahwa faransææwi	아흐와 아므리캐-니 아흐와 파란쌔-위	قَهْوَة أَمْرِيكَانِي قَهْوَة فَرَنْسَاوِي
터키식 커피	ʕahwa torki	아흐와 토르키	قَهْوَة تُرْكِي
인스턴트 커피	nɛskafɛɛ	네쓰카페-	نِسْكَافِيه
우유를 넣은 커피	ʕahwa bɛl-laban	아흐와 빌 라반	قَهْوَة بِاللَّبَنْ
설탕을 넣지않은	ʕahwa sææda	아흐와 쌔-다	قَهْوَة سَادَة
설탕을 약간 넣은	ʕahwa ɛa-r-riiʃa	아흐와 아리-하	قَهْوَة عَ الرِّيحَة
설탕이 적당히 들어간 커피	ʕahwa mazbuut	아흐와 마즈부-뜨	قَهْوَة مَظْبُوطْ
설탕이 아주 많이 들어간	ʕahwa ziyææda	아흐와 지에-다	قَهْوَة زِيَادَة

생활 회화

원두 커피 가루	bonn	본	بُنْ
거칠게 간 원두커피 가루	mɑtħuun faransæævi	마뜨훈- 파란쌔-위	مَطْحُون فَرَنْساوِي
곱게 간 원두커피 가루	mɑtħuun torki næɛɛm	마뜨훈- 토르키 내-엠	مَطْحُون تُرْكِي ناعِم
갈지 않고 굽기만 한 것	mᵉħɑmmɑʂ meʃ mɑtħuun ħabb	미함마스 미쉬 마뜨훈- 합	مُحَمَّص مِش مَطْحُون حَب

11-9-5 물의 명칭

물	máyya	마야	مَيَّة، ماء
액체의	sææyel	쌔-엘	سائِل، سايِل
생수	mayya maɛdaniyya	마야 마아다니야	مَيَّة مَعْدَنِيَّة
증류수	mayya-meʃɑttara	마야 미앗따라	مَيَّة مِقَطَّرَة
수돗물	mayyet el-ħanafeyya	마야트 일하나페야	مَيَّة الْحَنَفِيَّة
뜨거운 물	mayya soxna	마야 쏘크나	مَيَّة سُخْنَة
차가운 물	mayya saʔɛa / mayya-metallega	마야 싸으아 / 마야 미탈리가	مَيَّة ساقِعَة / مَيَّة مثلّجة
끓인 물	mayya mayleyya	마야 마글레야	مَيَّة مَغْلِيَّة
얼음 물	mayya be-talg	마야 비탈그	مَيَّة بِالتَّلْج
물 한 모금	ʃafta	샤프따	شَفْطَة
물 한 잔	kobbææyet mayya	콥배-에트 마야	كُبَّايَة مَيَّة
물방울	buʃleelet mayya	부올릴-릿 마야	بَقْلِيلَة مَيَّة

12. 집을 구함

이집트에서 집 구하는 방법

이집트에는 전세 제도가 없고 월세 제도만 있습니다. 월세 제도는 두 가지 종류가 있는데요, 가구를 모두 갖추어 놓고 세를 놓는 것을 **샤아 마프루-샤** شقة مفروشة 라고 하고요, 집안 마무리 꾸밈은 되어 있지만 가구는 없는 상태로 세를 놓는 것을 **샤아 파디야** شقة فاضية 라고 합니다. 물론 가구를 갖춘 집은 비싸고 가구를 갖추지 않은 집은 비교적 싼 편이지요.

집을 구할 때는 여름의 무더위를 대비하여 옥상집이나 태양 광선이 너무 많이 들어오는 집을 피하는 것이 좋고요, 겨울의 추위를 대비하여서 바닥이 세라믹이 아닌 나무로 되어 있는 집이 좋습니다. 좋은 집을 선별하는 것과 가격 흥정을 함에 있어 이집트의 상황을 잘 아는 사람의 도움을 요청하는 것이 지혜롭습니다.

생활 회화
12-1 집을 구함

- 저는 집을 찾고 있어요.

  ʔana badawwar ɛala ʃaʔʔa 　　아나 바다와르 알라 샤아　　أَنَا بَادَوَّرْ عَلَى شَقَّة

- 월세집을 원해요.

  ɛææwiz ʃaʔʔa li-l-ʔigaar 　　아-위즈 샤아 릴 이가-르　　عَاوِزْ شَقَّة لِلْإِيجَارْ

- 여기에 가구를 갖춘 집이 있나요?

  fiih ʃaʔʔa mafruuʃa hena 　　피 샤아 마프루-샤 헤나　　فِيه شَقَّة مَفْرُوشَة هِنَا

- 월세(임대료)가 얼마죠?

  ʔigaar-ha kææm 　　이가-르하 캠-　　إِيجَارْهَا كَامْ ؟

- 그 집의 크기(면적)가 어느 정도죠?

  mesææɦat eʃ-ʃaʔʔa ʔaddᵉ ʔeeh 　　미쌔-하티 잇샤아 앗드 에-　　مِسَاحَة الشَّقَّة قَدّ إيه ؟

- 방이 몇개죠?

  kææm ʔooɖa 　　캠- 오-다　　كَامْ أُوضَة ؟

- 몇 층이죠?

  ʔed-door ek-kææm 　　잇도-르 익캠-　　الدُّور الكَامْ ؟

- 더 저렴한 것이 있나요?

  fiih ɦææga ʔarxaʂ 　　피- 해-가 아르카스　　فِيه حَاجَة أَرْخَصْ ؟

- 제가 그것(집)을 볼 수 있나요?

  momkęn ʔaʃuuf-ha 　　몸킨 아슈프하　　مُمْكِنْ أَشُوفْهَا ؟

- 당신은 선금(할부금의 첫 지불액)을 원하나요?

  ʔęnta ɛææwiz moʔaddam 　　엔타 아-위즈 무앗담　　إِنْتَ عَاوِزْ مُقَدَّمْ ؟

- 저는 집을 사기를 원해요.

  ɛææwiz ʔaʃteri ʃaʔʔa 　　아-위즈 아쉬티리 샤아　　عَاوِزْ أَشْتَرِي شَقَّة

- 이 빌딩에 팔려고 내놓은 집이 있나요?

  fiih ʃaʔʔa lęlbęeɛ fil-ɛęmaara di

  피- 샤아 릴비-아 필 에마-라 디　　فِيه شَقَّة لِلْبِيعْ فِي العِمَارَة دِي ؟

- 그 집은 음지쪽(바람이 잘 드는) 방향인가요? 양지쪽(남향) 방향인가요?

  ʔeʃ-ʃaʔʔa baɦari walla ʔębli

  잇샤아 바하리 왈라 이블리　　الشَّقَّة بَحْرِي وَلَّا قِبْلِي ؟

- 그 집은 마무리 공사(장식 등)가 끝난 집인가요? 아니면 아직 남았는가요?

  ʔeʃ-ʃaʔʔa meʈʃaʈʈaba walla meʃ meʈʃaʈʈaba

  잇샤아 밋샷따바 왈라 미쉬 밋샷따바　　الشَّقَّة مِتْشَطَّبَة وَلَّا مِشْ مِتْشَطَّبَة ؟

생활 회화

- 현금지불인가요? 아니면 할부도 가능한가요?

  kææʃ walla momken ʔesṭ 캐-쉬 왈라 몸킨 이쓰뜨?   كَاشْ وَلَّا مُمْكِن قِسْط ؟

- 선금(할부금의 첫 지불액)은 얼마죠?

  ɛææwiz muʔaddam kææm 아-워즈 무앗담 캠-   عَاوِزْ مُقَدَّمْ كَامْ ؟

- 제가 그것(집)을 언제 인수받죠?

  momken ʔastelem-ha(f) ʔemta 몸킨 아쓰틸림하 엠타?   مُمْكِن أَسْتِلِمْهَا إِمْتَى ؟

- 제가 언제 와서 그것을(집을) 볼 수 있나요?

  ʔagi ʔaʃuuf-ha(f) ʔemta 아기 아슈-프하 엠타?   آجِي أَشُوفْهَا إِمْتَى ؟

- 그것의 면적이 어느 정도 되죠?

  mᵉsææħet-ha kææm 미쌔-힛하 캠-?   مِسَاحِتْهَا كَامْ ؟

12-1-1 집 임대에 관한 용어

집	beet/ beyuut	베-트/비유-트	بِيتْ / بِيُوت
한 가구가 사는 집(flat)	ʃaʔʔa/ ʃoʔaʔ	샤아/쇼아으	شَقَّة/ شُقَق
주택, 연립주택	ɛɛmaara/-aat,ɛamææyɛr	에마-라/에마라-트, 아매-이르	عِمَارَة/عِمَارَات، عَمَايِر
단독 주택	villa/-ææt,vilal	빌라/빌래-트,빌랄	فِيلَّا/فِيلَّات، فِلَل
관공서 혹은 공장의 건물	mabna/mabææni	마브나/마배-니	مَبْنَى / مَبَانِي
빌딩	borg/ ʔabraag	보르그/아브라-그	بُرْج/ أَبْرَاج
가구를 갖춘 집	ʃaʔʔa mafruuʃa	샤아 마프루-샤	شَقَّة مَفْرُوشَة
가구가 없는 집	ʃaʔʔa faḍiya	샤아 파디-야	شَقَّة فَاضِيَة
세 놓은 집	ʃaʔʔa li-l-ʔigaar	샤아 릴 이가-르	شَقَّة لِلإِيجَار
매매를 위한 집	ʃaʔʔa tamleek	샤아 타믈릭-	شَقَّة تَمْلِيك
임대료(rent fee)	ʔigaar	이가-르	إِجَار
새 전세법에 따른 (조건)	bil-qanuun el-gediid	빌까눈- 일기디-드	بِالقَانُون الْجِدِيد
부동산중개소	maktab eʃ-ʃahr el-ɛaqaari	막탑 샤흐르 아까-리	مَكْتَب الشَّهْر الْعَقَارِي
부동산소개인	semsaar/samasra	심싸-르/싸마쓰라	سِمْسَار/ سَمَاسْرَة
이사하다	ɛazzel/yiɛazzel(fi,li)	아질/예아질(피,리)	عَزَّل/ يِعَزَّل (في، ل)

생활 회화

12-2 이사를 할 때

· 저는 이사를 해야 하는데요.

  ʔana meḥtæægʔ ɛaɛazzel   아나 매흐태-그 아앗질   أنَا مِحْتَاجْ أَعَزِّلْ

· (당신은) 그곳에서 얼마나 오래 사실 거예요?

  hatoɛod boʔaddᵉ ʔeeh   하토으오드 앗드 에-   هَاتُقْعُدْ قَدْ إِيه ؟

· (당신이) 트럭을 구해 주실수 있나요?

  momkẹn tẹgiib li ɛarabeyyẹt naʔl

  몸킨 티깁- 리 아라비옛 나을   مُمْكِنْ تِجِيبْ لِي عَرَبِيَّة نَقْلْ ؟

· 물건을 잃지 않도록 조심하세요.

  xalli bææælak ʔaḥsan ḥaaga tẹḍiiɛ

  칼리 밸-락 아흐싼 해-가 티디-아   خَلِّي بَالَكْ أَحْسَنْ حَاجَة تِضِيعْ

· 넘어지지 않게 조심하세요.

  xod bææælak ʔaḥsan ḥaaga toʔaɛ

  콧드 밸-락 아흐싼 해-가 토아아   خُدْ بَالَكْ أَحْسَنْ حَاجَة تُقَعْ

· 깨지지 않게 조심 하세요.

  xalli bææælak ʔaḥsan ḥaaga tẹtkẹsẹr

  칼리 밸-락 아흐싼 해-가 티트키씨르   خَلِّي بَالَكْ أَحْسَنْ حَاجَة تِتْكِسِر

· 중요한 물건이니 잘 다루어 주세요.

  ḥaafẹẓ ɛala el-ḥagæææt ɛaʔæææn muhemma

  하-피즈 알라 일하개-트 아샨- 무힘마   حَافِظْ عَلَى الْحَاجَاتْ عَشَانْ مُهِمَّة

· 이것은 이리로 놓아 주세요.

  nazzẹl di ḥena   낫질 디 헤나   نَزِّلْ دِي هِنَا

· (당신이) 이것 좀 같이 들어주실 수 있나요?

  momkẹn tẹrfaɛ maɛææya   몸킨 티르파아 마애-야   مُمْكِنْ تِرْفَعْ مَعَايَا ؟

· (당신이) 여기 청소 좀 해 주실 수 있나요?

  momkẹn tẹnaḍḍaf ḥena   몸킨 티낫다프 헤나   مُمْكِنْ تِتَضَّفْ هِنَا

· (당신이) 여기 이곳에 페인트 칠을 해 주실 수 있나요?

  momkẹn tẹdhẹn li el-ḥẹtta di

  몸킨 티드힌 리 일헷따 디   مُمْكِنْ تِدْهِنْ لِي الْحِتَّة دِي

· (당신이) 여기 이곳에 못을 박아 주실 수 있나요?

  momkẹn tidoʔʔ li musmaar ḥena

  몸킨 티도으 리 무쓰마-르 헤나   مُمْكِنْ تِدُقّ لِي مُسْمَارْ هِنَا

생활 회화

· (당신이) 전구를 갈아 끼워 주실 수 있나요?
momken teyayyar li el-lamba di
몸킨 티가야르 리 일람바 디

مُمْكِنْ تِغَيَّرْ لِي اللَّمْبَة دي

12-3 집안 구조와 가구류

12-3-1 집안 구조 용어들

방	ʔooḍa/ ʔuwaḍ	오-다/오와드	أُوضَة/ أُوضْ
거실	(거실과 응접실이 분리되지 않은 것) ṣaala 살-라		صَالَة
	(가족만을 위한 거실) ʔantireeh 안티레-		أَنْتيريه
손님을 위한 응접실	ṣaloon ʔoodet ṣaloon	살론- 오-딧 살론-	صَالُون أُوضَة صَالُون
침실	ʔoodet noom	오-딧 놈-	أُوضَة نُومْ
사무실	ʔoodet maktab	오-딧 막탑	أُوضَة مَكْتَبْ
식당방	ʔoodet sofra	오-딧 쏘프라	أُوضَة سُفْرَة
부엌	maṭbax/maṭaabex	마뜨바크/마따-비크	مَطْبَخْ/ مَطَابِخْ
욕실	ḥammæm/-æt	함맴-/함매매-트	حَمَّامْ/ حَمَّامَاتْ
창고	maxzan/maxæzen	마크잔/마캐-진	مَخْزَنْ/ مَخَازِن
차고	garaaj,garaaʃ/-aat	가라-지/가라자-트	جَرَاج/ جَرَاجَاتْ
발코니	balakoona	발라코-나	بَلَكُونَة
땅	ʔel-ʔarḍ	일아르드	الأَرْضْ
바닥, 바탕	ʔarḍeyya	아르데야	أَرضِيَّة
나무 바닥	barkeeh	바르키-	بَارْكيه
세라믹 바닥	seramiik	쎄라믹-	سيرَاميكْ
층	door/ ʔadwaar	도르/아드와-르	دُورْ/ أَدْوَارْ
승강기	ʔasanseer/-aat	아싼씨-르/아싼씨라-트	أَسَانْسيرْ/ أَسَانْسيرَاتْ
계단	sellem/ salæælem	쓸림/ 쌀렐-림	سِلِّمْ/ سَلَالِمْ
정원(garden)	geneena/ganæyen	기니-나/가내-인	جِنينَة/ جَنَائِنْ

생활 외화			
복도	ṭorʕa/ṭoraʕ	또르아/또라으	طُرقَة/ طُرق
천장	saʕf/ʕasʕuf	싸으프/아쓰우프	سَقْف
옥상,지붕표면	saṭḥ/suṭuuḥ	싸뜨흐/쑤뚜-흐	سَطْح/ سُطُوح
기둥	ʕamuud/ʕawamiid	아무-드/아와미-드	عَمُود/ عَوَامِيد
문	bææb/ʔabwææb	밥-/아브왑-	بَاب/ أَبْوَاب
창문	ʃebbææk/ʃababiik	쉽백/샤바빅-	شِبَّاك/ شَبَابِيك
덧문, 셔터	ʃiiʃ	쉬쉬	شِيش

12-3-2 가구류 용어들

가구	가구	farʃ	파르쉬	فَرْش
		ʕafʃ	앞쉬	عَفْش
	나무가구	mubelya	모빌야	مُوبِيلْيَا
	전자제품	gehææz/ʔagheza	게해-즈/아그히자	جِهَاز/ أَجْهِزَة
소파(긴 것)		kanaba/ -ææt	카나바/카나배-트	كَنَبَة/ كَنَب، كنبات
응접 세트 (소파와 테이블)		ʕanṭereeh/-ææt	안티레-	أَنْتِرِيه/ أَنْتِرِيهَات طَقَم أَنْتِرِيه
장식장		bufeeh/ -ææt	부페-/부페해-트	بُوفِيه/ بُوفِيهَات
		ʃofuneera	쇼푸니-라	شُفْنِيرَة
식탁		sofra/ sofar	쏘프라/ 쏘파르	سُفْرَة/ سُفَر
테이블		ṭarabeeza/-aat	따라비-자/따라비자-트	طَرَبِيزَة/طَرَبِيزَات
책상		maktab/makææteb	막탑/ 마캐-팁	مَكْتَب/ مَكَاتِب
책장		maktaba/ -ææt	막타바/막타배-트	مَكْتَبَة/ مَكْتَبَات
서랍		dorg/ʔadraag	도로그/아드라-그	دُرْج/ أَدْرَاج
의자		korsi/ karææsi	코르씨/ 카래-씨	كُرْسِي/ كَرَاسِي
옷장, 벽장		dulææb/ dawaliib	둘랩-/ 다왈립-	دُولَاب/ دَوَالِيب
샹들리에		nagaf(-a/)	나가프 (나가파/)	نَجَف/ نَجَفَة/ ( )
코모디-노		침대 옆에 취침등을 놓는 작은 서랍장 kumodiinu 코모디-노		كُمُودِينُو

생활 회화			
취침등,탁상등	ʃabajoora/-aat	아바조-라/아바조라-트	أَبَاجُورَة/ أَبَجُورَات
거울	mɛræɛya/ -tææt	미래-야/미래에-트	مِرَايَة/مَرَايَات
침대	sɛriir/sarææyɛr	씨리-르/싸래-이르	سَرِير/ سَرَايِر
매트리스	martaba/maræætɛb	마르타바/마래-팁	مَرَتَّبَة / مَرَاتِب
선반,책장의 칸	raff/ rufuuf	라프/ 루푸-프	رَفّ/ رُفُوف
옷걸이	ʃammææɛa/-ææt	샴매-아/샴매애-트	شَمَّاعَة/شَمَّاعَات
빨래줄	ḥablᵉ ɛl-ɣasiil	하블 일가씰-	حَبْل الْغَسِيل
빨래 건조대	manʃar/manææʃɛr	만샤르/마내-쉬르	مَنْشَر/ مَنَاشِر
초인종, 종	garas garas ɛl-bæɛb	가라쓰 가라쓰 일밥-	جَرَس جَرَس الْبَاب
열쇠	muftææḥ/mafatiiḥ	무프태-흐/마파티-흐	مُفْتَاح/ مَفَاتِيح
자물쇠, 쇠통	ʔɛfl/ ʔɛʔfææl	이플/ 이으팰-	قِفْل/ إِقْفَال
아파트 문 자물쇠	kaloon	칼론-	كَالُون
문 손잡이	ʃokra / ʃokar	오크라/오카르	أَكَرَة/ أَكَر
문걸이,문빗장	tɛrbææs/tarabiis	티르배-쓰/타라비-쓰	تِرْبَاس/ تَرَابِيس

12-3-3 전자제품 용어들			
전자제품	gɛhææz/ ʔaghɛza	게해-즈/아그히자	جِهَاز/ أَجْهِزَة
선풍기	marwaḥa/maraawɛḥ	마르와하	مَرْوَحَة/مَرَاوِح
에어컨	takyiif (에어컨이 되는) mukayyif	타키-프 무카이프	تَكْيِيف مُكَيِّف
세탁기	ɣassææla/ -ææt	갓쌜-라	غَسَّالَة
자동 세탁기	ɣassææla ʃotumatɛk	갓쌜-라 오투매틱	غَسَّالَة أَتُومَاتِك
텔레비젼	tɛlivizyoon,tɛlfizyoon	틸리피즈욘-	تِلِيفِزْيُون
위성방송 디쉬	diʃʃ	딧쉬	دِشّ
위성방송 수신기	rɛsiifar	리씨-바르	رِسِيفِر
라디오	radyu/ -haat	라드유/라드유하-트	رَادْيُو/رَادْيُوهَات

생활 외화

한국어	발음	한글 발음	아랍어
전화기	telifoon/-æt	틸리폰-/틸리포내-트	تليفون/ تليفونات
냉장고	tallæga/-æt	탈래-가/탈래개-트	ثلاجة/ ثلاجات
냉동고	fᵉreezar	프리-자르	فريزر
전자레인지	maikrowaiv	마이크로웨이브	ميكروويف
가스레인지	butagææz	부타개-즈	بوتاجاز
식기 세척기	ɣassæælet ʃatbaaʕ	갓쌜리트 아뜨바-으	غسالة أطباق
믹서기	xallaat/ -aat	칼라-뜨	خلاط/ خلاطات
쥬스짜는기계	ʕaʃʃaara	아샤-라	عصارة
난로	daffææya/-æt	닷패-야/닷패에-트	دفاية/ دفايات
컴퓨터	kombiyuutar	콤뷰-타르	كمبيوتر
스크린,모니터	ʃæʃa/ -æt	쉐-샤/ 쉐쉐-트	شاشة/ شاشات
팩스	faks	팍쓰	فاكس
진공청소기	maknasa kahrabaʕeyya maknasa bel-kahraba	마크나싸 카흐라바에야 마크나싸 빌카흐라바	مكنسة كهربائية مكنسة بالكهرباء
재봉틀	makanet xiyaata	마카닛 키야-따	ماكينة خياطة
다리미	makwa/makææwi	마크와/마캐-위	مكوى/ مكاوي
제품의 사양	muwaṣafaat, muwaṣfaat	무와사파-트	مواصفات

12-3-4 소모품류 용어들

한국어	발음	한글 발음	아랍어
카펫	seggææda/sagagiid	씨개-다/싹가기-드	سجادة/ سجاجيد
커튼	sᵉtaara/satææyir	씨타-라/싸태-이르	ستارة/ ستائر
수건, 타올	fuuta/ fowat (식탁용) fuutet sofra	푸-따/포와뜨 푸-따트 쏘프라	فوطة/ فوط فوطة سفرة
담요	battaneyya/bataṭiin	밧딴녜야/바따띤-	بطانية/ بطاطين
이불	ɣata	가따	غطاء
두꺼운 솜이불	lᵉḥææf/leḥefa	리해-프/리히파	لحاف/ لحفة
베개	maxadda/-æt	마캇다/마캇대-트	مخدة/ مخدات
베개잇	kiis maxadda	키-쓰 마캇다	كيس مخدة

생활 외화

한국어	발음	한글 발음	العربية
침대시트	mɛlæǽya/-ǽæt	밀래-야/밀래예-트	ملاية/ملايات
식탁보	mafraʃ mafraʃ sofra	마프라쉬 마프라쉬 쏘프라	مفرش مفرش سفرة
쿠션	(바닥에 앉기 위한 두꺼운 쿠션, 방석) ʃalta/ ʃɛlat (베개 혹은 기대기 위한 쿠션) xoddadęyya/ -ǽæt	샬타/쉴라트 콧다데야	شلتة/شلت خديّة/خديّات
액자, 액자틀	bɛrwǽæz/barawiiz	비르왜-즈/바라와-즈	برواز/براويز
꽃병	fáaza or vaaza/-aat zuhręyya/ -ǽæt	파-자/ 파자-트 주흐레야/주흐레예-트	فازة/ فازات زهريّة/ زهريّات
장식품	dɛkoor/ -aat	디코-르/디코라-트	ديكور/ ديكورات
빗자루 / 빗자루	mɛʃaʃʃa/ -ǽæt	미앗샤/미앗쉐-트	مقشّة/مقشّات
	maknása/makǽænɛs	마크나싸/마캐-니쓰	مكنسة/مكانس
브러쉬형	forʃɛt ɛl-balaat	포르쉣 일발라-뜨	فرشة البلاط
쓰레받기	garúuf/ gawariif	가루-프/가와리-프	جاروف/جواريف
걸레	ʕumǽæʃa/-ǽæt	우매-샤/우매쉐-트	قماشة/ قماشات
밀대걸레	mamsaḥa	맘싸하	ممسحة
와이퍼(wiper)	massǽæḥa/-ǽæt	맛쌔-하/맛쌔해-트	مسّاحة/مسّاحات
먼지털이	manfaḍa/manáafɛḍ	만파다/마나-피드	منفضة/منافض
재털이	ṭaffáaya ṭaffáayɛt sagǽæyɛr	따파-야 따파-잇 싸개-이르	طفاية طفاية سجاير
쓰레기통	baskɛt zɛbǽæla ṣafiiḥɛt zɛbǽæla	바쓰킷 지밸-라 싸피-힛 지밸-라	باسكت زبالة صفيحة زبالة

12-3-5 부엌용품

한국어	발음	한글 발음	العربية
숟가락	maɛlaʔa/maɛǽælɛʔ	마알라아/마애-리으	معلقة/معالق
차 숟가락	maɛlaʕɛt ʃǽæy	마알라이트 쉐-이	معلقة شاي
포크	ʃooka/ ʃɛwak	쇼-카/ 쉬왁	شوكة/ شوك

생활 외화

한국어	발음	한글 발음	العربية
칼	sękkiina/ sakakiin	씨키-나/ 싸카킨-	سِكِّينَة/ سَكَاكِين
도마	maxrata/maxaaret	마크라따/마카-리뜨	مَخْرَطَة/مَخَارِط
국자	mayrafa/mayæærẹf	마그라파/마개-리프	مَغْرَفَة/ مَغَارِف
내프킨	fuutẹt sofra	푸-띠트 쏘프라	فُوطَة سُفْرَة
이쑤시개	xilla	킬라	خِلَّة
라이터	wallæææa/-ææt	왈래-아/왈래애-트	وَلَّاعَة/ وَلَّاعَات
성냥	kabriit	카브리-트	كَبْرِيت
오프너(opener)	fattæǽʃa/-ææt	팟태-하/팟태해-트	فَتَّاحَة/ فَتَّاحَات
체	maşfa/ maşaafi	마스파/마사-피	مَصْفَى/ مَصَافِي
강판(감자등을 갈때)	mabʃara/mabæǽʃẹr	맙샤라/마배-쉬르	مَبْشَرَة/ مَبَاشِر
절구	hoon	혼-	هُون، هَاوَن
씽크대 (그릇씻는 곳)	ɦood/ ɦaʃwaad	오-드/ 아흐와-드	حُوض/أَحْوَاض
부엌장	dulæǽb ẹl-matbax	둘래-브 일마뜨바크	دُولَاب الْمَطْبَخ
선반	raff/ rufuuf	라프/ 루푸-프	رَف/ رُفُوف
가스레인지	butagææz	부타개-즈	بُوتَاجَاز
오븐(oven)	forn	포른	فُرْن
식기건조대	matbaʕẹyya	마뜨바에야	مَطْبَعِيَّة
식기세척기	yassæælẹt ʕatbaaʕ	갓쌜리트 아뜨바-으	غَسَّالَة أَطْبَاق
가스통	ʕanbuubẹt butagææz	안부-비트 부타개-즈	أَنْبُوبَة بُوتَاجَاز
바베큐용 그릴	ʃawwææya/-ææt	샤왜-야/샤왜예-트	شَوَّايَة/ شَوَّايَات

12-3-6 부엌용기

한국어	발음	한글 발음	العربية
접시	tabaʕ/ ʕatbaaʕ	따바아/아뜨바-으	طَبَق/ أَطْبَاق
컵	kobbææya/-ææt	콥배-야/콥배예-트	كُبَّايَة/ كُبَّايَات
와인그라스	kææs/-ææt	캐-쓰/ 캐쌔-트	كَاس/ كَاسَات
커피잔	fingææn/ fanagiin	핀갠-/ 파나긴-	فِنْجَان/ فَنَاجِين
머그잔	mag	막	مَج

생활 회화

한국어	발음	한글 발음	العربية
커피잔 받침	tabaʕ fingæn	따바으 핀갠-	طَبَق فِنْجَان
국그릇	tabaʕ ʃorba	따바으 쇼르바	طَبَق شُرْبَة
국그릇보다 큰것	soltaneyya/ -ææt, salatiin	쏠따네야/쌀라띤-	سُلْطَانِيَّة/سَلَاطِين
쟁반	ṣaneyya/ṣawaani	사녜야 /사와-니	صِنِيَّة/ صَوَانِي
냄비, 솥	ḥalla/ḥelal	할라 / 힐랠	حَلَّة/ حِلَل
프라이팬	taasa/ -aat	따-싸 / 따싸-트	طَاسَة/ طَاسَات
주전자(차끓이는)	barraad (ʃææy)	바란-드 (쉐-이)	بَرَّاد (شَاي)
주둥이가 좁은 유리병	ʕezææza/azææyez	이재-자/아재-이즈	قَزَازَة/ قَزَايِز
주둥이가 넓은 유리병, 단지	barṭamaan/-aat	바르따만-/바르따마나-트	بَرْطَمَان/بَرْطَمَانَات
페트병	ʕezææza bᵉlastek	이재-자 빌라쓰틱	إِزَازَة بِلَاسْتِيك
양념통 세트	taʕm tawææbil	따음 타왜-빌	طَقْم تَوَابِل
작은 소금통	mallææḥa/-ææt	말래-하/말래해-트	مَلَّاحَة/ مَلَّاحَات
작은 설탕통	sokkareyya/ -ææt	쏙카레야	سُكَّرِيَّة/ سُكَّرِيَّات
물통, 양동이	gardal/garæædel	가르달/가래-딜	جَرْدَل/ جَرَادِل
빨래 대야	tabaʕ bᵉlastek betææʕ yasiil 따바으 빌라쓰틱 비태-아 가씰-		طَبَق بِلَاسْتِيك بِتَاع غَسِيل

12-3-7 욕실용품

한국어	발음	한글 발음	العربية
욕조	banyu/ -hææt	반유/ 반유해-트	بَانْيُو/ بَانْيُوهَات
샤워기	doʃʃ/ ʕadʃææʃ	도쉬/ 아드쉐-쉬	دُشّ/ أَدْشَاشْ
세면대	ḥood, ḥammææm	오-드 함맴-	حُوض حَمَّام
거울	merææya/ -ææt	미래-아/미래에 트	مِرَايَة/ مِرَايَات
변기	dooreṭ mayya towaleṭṭ	도-릿 마야 토왈릿	دُورَة مَيَّة تُوَالِيت
변기에 붙은 물통	sifoon kombeneeʃan	씨 폰- 콤비니-샨	سِيفُونْ كُمْبِنِيشَنْ
타올걸이	fawwaaṭa/-aat	파와-따/파와따-트	فَوَّاطَة/ فَوَّاطَات

생활 외와			
타올, 수건	fuuṭa/ fowaṭ	푸-따/포와뜨	فُوطَة/ فُوَط
때타올	liifa	리-파	لِيفَة
드라이어	seʃwaar	씨쉬와-르	سِشْوَار
밸브(메인밸브)	maḥbas/maḥæebęs	마흐바쓰/마해-비쓰	مَحْبَس/ مَحَابِس
수도꼭지	ḥanafęyya/-æet	하나페야/하나페에-트	حَنَفِيَّة/حَنَفِيَّات
수도관(pipe)	masuura/mawasiir	마쑤-라/마와씨-르	مَاسُورَة/مَوَاسِير
상수도	masuuręt el-mayya	마쑤-릿 일마야	مَاسُورَة المَيَّة
하수구,배수구	ballæɛa/- æet	발래-아/발래애-트	بَلَّاعَة/بَلَّاعَات
하수도(거리의)	magæeri	마개-리	مَجَارِي

12-3-8 전기용구

빛	nuur/ ʕanwaar	누-르/ 안와-르	نُور/ أَنْوَار
전기	kahraba	카흐라바	كَهْرَبَاء
전구, 조명등	lamba/ -aat, lomaḍ	람바/ 로마드	لَمْبَة/ لَمْبَات، لُمَض
백혈등 전구 — 나선형	lamba ʕalawooz	람바 알라우-즈	لَمْبَة قَلَاوُوظ
백혈등 전구 — 걸이형	lamba musmaar	람바 무쓰마-르	لَمْبَة مُسْمَار
형광등 전구	lamba nęyoon lamba naylon	람바 니욘- 람바 나이론	لَمْبَة نِيُون لَمْبَة نَايْلُون
샹들리에전구	lamba balaḥa	람바 발라하	لَمْبَة بَلَحَة
쵸크 전구	ęstaytar	이쓰타이타르	إسْتَيْتَر
샹들리에	nagaf(-a/	나가프(나가파/)	نَجَف (نَجَفَة/)
스위치	kobs/ ʕakbæes muftæeḥ ęn-nuur	콥쓰/아크배-쓰 무프태-흐 인누-르	كِبْس/ إكْبَاس مِفْتَاح النُّور
플러그	fiiʃa/ - æet, fęyaʃ	피-샤/ 피쉐-트	فِيشَة/فِيشَات، فِيش
어댑터	ʕaḍabṭor	아답또르	أَضْبَطْر
(벽의)콘센트	bariiza/baræeyęz	바리-자/바래-이즈	بَرِيزَة/ بَرَائِز
멀티콘센트	muʃtarak muʃtarak (bęs-sęlk)	무쉬타락 무쉬타락 (빗씰크)	مُشْتَرَك مُشْتَرَك (بِالسِّلْك)

	생활 외와			
소켓		dawæya/ -æat dᵉwiil/dawæyel	다왜-야/다왜예-트 드윌-/다왜-일	دَوَايَة/ دَوَايَات دويل/ دَوَائل
전기선		sęlk kahraba	쎌크 카흐라바	سِلْك كَهْرَبَاء
전기제품을 연결하는 선		waṣla/ -aat	와슬라/와슬라-트	وَصْلَة/ وَصْلَات
퓨즈		feyuuz/ -æat	피유즈/피유재-트	فِيُوز/ فِيُوزَات
계량기		ɛaddæd/ -æat	앗대-드/앗대대-트	عَدَّاد/ عَدَّادَات
테 잎	전기테이프	ʃękartoon	쉐카르톤-	شِيكَرْتُون
	셀루테이프	sęlutiib	쎌루팁-	سلوتيب

12-3-9 연장들

망치	ʃakuuʃ/ ʃawakiiʃ	샤쿠-쉬/샤와키-쉬	شَاكُوش/ شَوَاكِيش
해머	merzabba	미르잡바	مِرْزَبَّة
펜치 (pincers)	bęnsa/ bęnas zarradeyya /-æat	벤싸/비나쓰 자라뎨야	بِنْسَة/ بِنَس زَرَّاديَّة/ زَرَّاديَّات
스패너, 렌치	muftææḥ/mafatiiḥ	무프태-흐/마파티-흐	مُفْتَاح/ مَفَاتِيح
드라이버	mafakk/-æat	마팍/ 마팍캐-트	مَفَك/ مَفَكَّات
톱	munʃaar/ manaʃiir	문샤-르/ 마나쉬-르	مُنْشَار/ مَنَشِير
대패	faara	파-라	فَارَة
드릴	ʃęnyuur	쉰유-르	شِنْيُور
줄(가는 연장)	mabrad/mabæred	마브라드/마배-리드	مِبْرَد/ مَبَارِد
사다리	sęllim/ salæælem	쎌림/ 쌀래-림	سِلَّم/ سَلَالِم
줄자	mitr mazuura/mawaziin	미트르 미주-리/마와지-ㄴ	مِتْر مَازُورَة/ مَوَازِير
솔(페인트용 등)	forʃa/ foraʃ	포르샤/포라쉬	فُرْشَة/ فُرَش
흙칼(미장용)	maḥaara	마하-라	مَحَارَة
못	musmaar/masamiir	무쓰마-르/마싸미-르	مُسْمَار/ مَسَامِير
볼트	musmaar ʕalawooz	무쓰마-르 알라우-즈	مُسْمَار قَلَوُوظ

생활 회화

너트	ṣamuula/ ṣawamiil	사물-라/사와밀-	صَمُولَة/ صَوَامِيل
사포	ṣanfara	산파라	صَنْفَرَة
삽	kuręęk/ kawariik, -aat	쿠릭-/카와릭-	كُورِيك/ كَوَارِيك
괭이	fææs	패-쓰	فَاس
곡괭이	ʕazma	아즈마	أَزْمَة
	ḥaggaari	학가-리	حَجَّارِي
도끼	balṭa/ bulaṭ	발따/불라뜨	بَلْطَة/ بُولَط
낫	mangal/manææɡel	만갈/만내-길	مَنْجَل/ مَنَاجِل

12-3-10 건축 재료

목재	xaʃab/ʔaxʃææb	카샵/아크샤-브	خَشَب/ أَخْشَاب
모래	raml	라믈	رَمْل
시멘트	ʕasmant	아쓰만트	أَسْمَنْت
흙	turaab	투랍-	تُرَاب
벽돌	ṭuub (-a/)	뚭-(또-바/)	طُوب (طُوبَة/)
콘크리트	xarasaana	카라싸-나	خَرَسَانة
철근	siix/ ʕasyææx	씨-크/아쓰에-크	سِيخ/ أَسْيَاخ
철사, 철망	selk/ʕaslææk, suluuk	셀크/아쓸랙-	سِلْك/أَسْلَاك، سُلُوك
스펀지	safeng(-a/)	싸펭그(싸펜가/)	سَفِنْج (سَفِنْجَة/)
스치로풀	fell (-a/)	펠(펠라/)	فِلّ (فِلَّة/)
페인트	buuya/-ææt	부-야/부에-트	بُويَة/ بُويَات
	deḥææn	디핸-	دِهَان
니스	warniiʃ	와르니-쉬	وَرْنِيش
	warniiʃ xaʃab	와르니-쉬 카샵	وَرْنِيش خَشَب

생활 외화

12-4 도량형

12-4-1 길이 ṭuul طول

너비(폭)	ɛarḍ	아르드	عَرْضْ
길이	ṭuul	뚤-	طُولْ
깊이	ɛomq	옴끄	عُمْقْ
거리	masæfa	마싸-파	مَسَافَة
밀리미터	mẹlli	밀리	مِلّي
센티미터	sànti	싼티	سَنْتي
미터	mẹtr/ ɛamtaar	미트르/ 암타-르	مِتْرْ/ أَمْتَارْ
킬로미터	kẹlumẹtr kiilu/ -hæt	킬루미트르 킬-로/킬로해-트	كِيلُومِتر كِيلُو/ كِيلُوهَاتْ

12-4-2 무게 wazn وزن

무게	wazn	와즌	وَزْنْ
그램(g)	gᵉraam	기람-	جِرَامْ
125그램(g)	tomn kiilu	톰느 킬-루	ثُمْنْ كِيلُو
250그램(g)	robɛ kiilu	로브아 킬-루	رُبْعْ كِيلُو
500그램(g)	noṣṣ kiilu	놋스 킬-루	نَصّ كِيلُو
750그램(g)	kiilu ɛella robɛ	킬-루 일라 롭아	كِيلُو إِلاّ رُبْعْ
킬로그램(Kg)	kiilu/-hæt kiilugᵉraam	킬-루/킬루해-트 킬-루기람-	كِيلُو/ كِيلُوهَاتْ كِيلُوجرام
톤(ton)	ṭẹn	띤	طَنْ

12-4-3 면적(넓이) mᵉsæɦja مساحة

면적(넓이)	mᵉsæɦja	미싸-하	مِسَاحَة
평방미터, m²	mẹtr murabbaɛ	미트르 무랍바아	مِتْرْ مُرَبَّعْ
1700 m² (농경지)	ɛiraaṭ	이라-뜨	قِيرَاطْ
4200 m² (농경지)	faddææn	팟댄-	فَدَّانْ

생활 회화

12-4-4 부피 ɦagm حجم

부피	ɦagm	하금	حَجْمْ
리터	litr	리트르	لِتْرْ
입방미터, m³	mẹtr mukaɛɛab	미트르 무카아압	مِتْرْ مُكَعَّبْ

12-5 연산용어

덧셈	gamɛ	감아	جَمْعْ
덧셈할 때	zææʕẹd	재-이드	زَائِدْ
뺄셈	ṭarɦ	따르흐	طَرْحْ
뺄셈을 할 때	naaʕẹṣ	나-이스	نَاقِصْ
곱셈	ḍarb	다릅	ضَرْبْ
곱셈 할 때	fi	피	فِي
나눗셈	ʕẹsma	이쓰마	قِسْمَة
나눗셈 할 때	ɛala	알라	عَلَى

- 2 더하기 2 는 4 입니다.
 ʕẹtnẹẹn zææʕẹd ʕẹtnẹẹn yisææwi ʕarbaɛa
 이트닌- 재-이드 이트닌- 예쌔-위 아르바아
 إِتْنِين زَائِدْ إِتْنِين يِسَاوِي أَرْبَعَة
- 4 빼기 2는 2 입니다.
 ʕarbaɛa naaʕẹṣ ʕẹtnẹẹn yẹsææwi ʕẹtnẹẹn
 아르바아 나-이스 이트닌- 예쌔-위 이트닌-
 أَرْبَعَة نَاقِص إِتْنِين يِسَاوِي إِتْنِين
- 2 곱하기 2 는 4 입니다.
 ʕẹtnẹẹn fi ʕẹtnẹẹn yisææwi ʕarbaɛa
 이트닌- 피 이트닌- 예쌔-위 아르바아
 إِتْنِين فِي إِتْنِين يِسَاوِي أَرْبَعَة
- 4 나누기 2 는 2 입니다.
 ʕarbaɛa ɛala ʕẹtnẹẹn yẹsææwi ʕẹtnẹẹn
 아르바아 알라 이트닌- 예쌔-위 이트닌-
 أَرْبَعَة عَلَى إِتْنِين يِسَاوِي إِتْنِين
- 전부를 합치면 얼마입니까?
 kollo ɛala baɛḍu kææm
 꼴로 알라 바아두 캠-
 كُلُّه عَلَى بَعْضُه كَامْ ؟

생활 회화
12-6 각종 용기 명칭과 세는 단위

12-6-1 각종 용기 명칭과 그것을 세는 단위

1	작은 상자	(과자 상자, 쵸코파이 상자, 담배갑, 성냥갑 등) ɛɛlba/ ɛɛlab 엘바/엘랍	علْبَة/ علَب
2	판지로 만든 박스, 달걀 판	(물 박스, 라면 박스, 달걀 판 등) kartoona/karatiin 카르토-나/카라틴-	كَرتُونَة/ كَرَاتين
3	마른 야자수 줄기로만든상자	(채소나 과일을 담는 케이지 같은 상자) ʃafaṣ/ ʃaʕfaaṣ 아파스/아으파-스	قَفَص/ أقْفَاص
4	플락스틱 혹은 철로 만든 상자	(콜라 상자, 우체통) sanduuʃ/sanadiiʃ 싼두-으/싸나디-으	صَندُوق/ صَنَاديق
5	종이로 싼 작은 사각의 묶음	(가루 홍차 박스, 초콜렛, 비스켓, 껌 등) bææku/bawææki 배-쿠/바왜-키	بَاكُو/ بَوَاكي
6	봉지 (비닐 혹은 종이)	kiis/ ʕakyææs 키-쓰/아크예-쓰 ʃanṭa/ ʃonaṭ 샨따/쇼나뜨 (비닐봉지)kiis bᵉlasṭɛk 키-쓰 빌라쓰틱	كيس/ أكْيَاس شنْطَة/ شنَط كيس بِلْستيك
7	포대	(쌀을 담는 작은 플라스틱 포대, 시멘트용 종이 포대) ʃɛkaara/ʃakææyɛr 쉬카-라/샤캐-이르	شِكَارَة/ شَكَاير
8	마대, 자루	(ʃɛkaara 보다 큰 마대) ʃɛwææl/ ʃɛwɛla 쉬웰-/쉬윌라	شوَال/ شوَلَة
9	유리병, 페트병	ʕɛzææza/ʕazææyɛz 이재-자/이재-이즈	قَزَازَة/ قَزَايز
10	스풀, 실패, 릴	(스풀, 테이프나 필름 따위의 릴) bakara/bakar 바카라/ 바카르	بَكَرَة/ بَكَر
11	세트	(그릇, 정장한벌, 기타 줄 등의 세트) ṭaʕm/ ʃaṭmoʕ 따음/아뜨옴	طَقْم/ أطْقُم
12	다스(12개)	dasta/ dɛsat 다쓰타/디싸트	دَسْتَة/ دِست
13	종이묶음단위	rozma/ rozam 로즈마/로잠	رَزْمَة/ رِزَم
14	담배 보루	xartuuʃa/xaraṭiiʃ카르뚜-샤/카라띠-쉬	خَرطُوشَة
15	한 쌍 중의 한 짝	farada 파르다	فَردَة
16	꾸러미, 포장한 것	laffa/ -ææt or lɛfaf 랏파/랏패-트	لَفَّة/ لَفَّات أو لِفَف

생활 회화
12-6-2 용기 명칭이 사용된 예

1	담배 한 갑	ɛɛlbɛt sagaæyer	엘빗 싸개-이르	علبة سجاير
	성냥 한 통	ɛɛlbɛt kabriit	엘빗 카브리-트	علبة كبريت
2	물 두 박스	kartontiin mayya	카르톤틴- 마야	كرتونتين مية
	계란 1판	kartonɛt bɛɛd	카르토닛 베-드	كرتونة بيض
3	한 닭장의 닭들	ʕafaʃ fʳræx	아파스 프래-크	قفص فراخ
4	우체통	sanduuʕ ʕɛl-bosṭa	싼두-으 일보쓰따	صندوق البوسطة
5	홍차 가루 두 상자(작은 상자)	bakuyiin ʃææy	배쿠인- 쉐이	باكوين شاي
6	쌀 한 봉지	kɛɛs rozz	키-쓰 로즈	كيس رز
	야채 한 봉지	ʃanṭɛt xoḍaar	싼띳 코다-르	شنطة خضار
7	시멘트 한 포대	ʃɛkaarɛt ʕasmant	쉬카-릿 아쓰만트	شكارة أسمنت
8	양파 한 마대	ʃɛwææl baṣal	쉬웰 바살	شوال بصل
9	맥주병 한 개	ʕɛzææzɛt biira	이재-짓 비-라	قزازة بيرة
10	셀루테이프 한 스풀	bakarɛt sɛlutiib	바카릿 쎌루팁-	بكرة سلوتيب
11	식기 한 세트	ṭaʕm sofra	따음 쏘프라	طقم سفرة
12	연필 한 다스	dastɛt ʕɛʕlææm	다쓰텃 이으램-	دستة أقلام
13	A4 용지 한묶음	rozmɛt waraʃ	로즈밋 와라으	رزمة ورق
14	담배 한 보루	xartuuʃɛt sagaæyer	카르뚜-쉿 싸개-이르	خرطوشة سجاير
15	구두 한 짝	fardɛt gazma	파르딧 개즈마	فردة جزمة
16	너가 가진 그 꾸러미는 뭐니?	ʕɛɛh ɛl-laffa ʕɛlli maʕææ-ki di	에 일라파 일리 마애-키 디	ايه اللفة اللي معاكي دي ؟

13. 교외, 농촌, 사막, 바다에서

이집트를 생각하면 가장 먼저 떠오르는 이미지가 나일강과 사막입니다. 나일강이 이집트 사람들의 젖줄이라면 사막은 모든 사람들이 의지하는 어머니 가슴라고 할 수 있습니다. 고대의 찬란한 이집트의 영광도 이 나일강과 사막이라는 환경이 있었기에 가능했고, 오늘날 이집트가 아름다운 것도 이런 이국적인 멋이 있기 때문입니다.

이집트는 국토의 95%가 사막입니다. 3-5월에 사막에서 불어오는 뜨거운 모래 바람을 **일카마씬-** el-xamasiin الخماسين 이라고 합니다. 이 말은 숫자 50에서 나온 말인데 바람이 50일 가까이 분다고 하여서 붙여진 이름입니다.

나일강변을 중심으로 형성된 녹지는 이집트를 중동의 곡창지대로 만듭니다. 모진 추위가 없는 겨울 날씨와 연간 일조량이 많아 일년에 3모작이 가능하며 단위면적당 작물 생산량도 높다고 합니다.

생활 외화

13-1 교외 농촌에서

13-1-1 자연 & 농촌 관련 용어

자연	ʕet-tabiiɛa	잇따비-아	الطَّبِيعَة
하늘	sama/ samawææt	싸마/싸마왜-트	سَمَاء / سَمَوَات
강	nahr/ ʕanhaar	나흐르/안하-르	نَهْر / أَنْهَار
나일강	nahr ęn-niil	나흐르 인닐-	نَهْر النِّيْل
호수	buḥęera/ -aat	부헤-라/부헤라-트	بُحَيْرَة / بُحَيْرَات
산	gabal/gębææl	가발/기밸-	جَبَل / جِبَال
언덕, 작은 산	tall/tęlææl	탈/틸랠-	تَلّ / تِلَال
계곡	wæædi/wędyææn	왜-디/ 위드옌-	وَادِي / وِدْيَان
해	ʃams(f)	샴쓰	شَمْس
별	nęgma/ nuguum	니그마/누굼-	نِجْمَة / نُجُوم
땅	ʕel-ʕarḍ (f)	일아르드	الأَرْض
흙	turaab	투랍-	تُرَاب
물	mayya	마얍	مَيَّة، مَاء
시골	riif/ʕaryææf	리-프/아르예-프	رِيف / أَرْيَاف
농업	zęraaɛa	지라-아	زِرَاعَة
농부	fallææḥ/-iin	팔래-흐	فَلَّاح / فَلَّاحِين
	muzææręɛ/-iin	무재-리아	مُزَارِع / مُزَارِعِين
마을	qarya/qora	까리야/꼬라	قَرْيَة / قُرَى
부락	ɛęzba/ ɛęzab	에즈바/에잡	عِزْبَة / عِزَب
물레바퀴	saʕya/sawææʕi	싸으야/싸왜-이	سَقْيَة / سَوَاقِي
농수로	tęrɛa/tęrɛɛ	티르아/티라아	تَرْعَة / تِرَع
농장	mazraɛa/mazææręɛ	마즈라아/마재-리아	مَزْرَعَة / مَزَارِع
포도농장	mazraɛęt ɛęnab	마즈라잇 에납	مَزْرَعَة عِنَب
망고농장	mazraɛęt manga	마즈라잇 만가	مَزْرَعَة مَنْجَا

생활 회화
13-1-2 식물 & 농작물 관련 용어

식물				
식 물	식물총칭	nabæət	나배-트	نَبَات
	작물	zarε(-a/)	자르으(자르아)	زَرْع (زَرْعَة/)
	농작물	zarε	자르아	زَرْع
	나무	ʃagar(-a/ʃaʃgaar)	샤가르(샤가라/아쉬가-르)	شَجَر (شَجَرَة/ أَشْجَار)
	나무잎	waraʔ eʃ-ʃagar	와라으 잇샤가르	وَرَق الشَّجَر
	심다, 재배하다	zaraε/yęzraε	자라아/예즈라아	زَرَعَ / يَزْرَعْ
	올리버나무	zatuun(-a/)	자툰-	زَيْتُون (زَيْتُونَة/)
	대추야자나무	naxl(-a/)	나클(나클라/)	نَخْل (نَخْلَة/)
	대추야자열매	balaɦ(-a/)	발라흐(발라하/)	بَلَح (بَلَحَة/)
	포도나무	karmęt εęnab	카르밋 에납	كَرْمِة عِنَبْ
	옥수수	dora	도라	ذُرَة
	사탕수수	ʔasab	아쌉	قَصَب
	해바라기	εabbæəd eʃ-ʃams	앞배-드 잇샴쓰	عَبَّاد الشَّمْس
	밀	ʔamɦ	암흐	قَمْح
	꽃, 장미	ward(-a/)	와르드(와르다/)	وَرْد (وَرْدَة/)
	아랍 재스민	foll	폴	فُلّ
	재스민	yasmiin	야쓰민-	يَاسْمِين
	카네이션	ʔuronfęl(-a/)	우론펠(우론펠라/)	قُرْنْفِل (قُرْنْفِلَة/)
	풀, 목초	ɦaʃiiʃ/ɦaʃæəyeʃ	하쉬-쉬/하쉐-이쉬	حَشِيش/ حَشَايِش
	잔디	nęgiil (-a/)	니길-	نِجِيل (نِجِيلَة /)
	잡초	zarε ʃitaaui	자르아 쉬따-니	زَرْع شِيطَانِي
	이집트 클로버	barsiim	바르씸-	بَرْسِيم
	약초	ʔaεʃæəb tębbęyya	아아샤-브 떱베야	أَعْشَاب طِبِّيَّة
	해초	ʔaεʃæəb baɦręyya	아아쌉- 바흐레야	أَعْشَاب بَحْرِيَّة

생활 회화
13-1-3 가축 종류

한국어	발음(라틴)	발음(한글)	العربية
가축	ḥayawææn ʕaliif	하야왠- 알리-프	حَيَوانْ أَليفْ
소	baʕar(-a/)	바아르(바아라/)	بَقَر(بَقَرَة/)
송아지	ɛegl/ ɛuguul	에글/ 에굴-	عِجْل/ عُجُول
물소	gamuus(-a/gawamiis)	가무-쓰(가무싸/가와미-쓰)	جَامُوس(جَامُوسَة/ جَوَامِيس)
수소	toor/tɛrææn	토-르/티랜-	ثَوْر/ ثِرَان
개	kalb/kɛlææb	칼브/킬랩-	كَلْب/ كِلَاب
고양이	ʕoṭṭa (m/ʕoṭṭ)/ ʕoṭaṭ	옷따(m/옷뜨)/옷따뜨	قُطَّة (قَطّ)/ قُطَط
닭	farxa/ fˤrææx	파르카/피래-크	فَرْخَة/ فِرَاخْ
수탉	diik/ diyuuk	디-크/디유-크	دِيكْ / دِيُوكْ
병아리	katkuut/katakiit	카트쿠-트/카타키-트	كَتَكُوتْ/ كَتَاكِيتْ
오리	baṭṭ(-a/)	밧뜨(밧따/)	بَطّ (بَطَّة/)
거위	wɛzz (-a/)	윗즈(윗자/)	وِزّ (وِزَّة/)
칠면조	diik ruumi	디크 루-미	دِيكْ رُومِي
비둘기	ḥamææm (-a/)	하맴-(하매마/)	حَمَامْ (حَمَامَة/)
공작새(숫컷)	tawuus	따우-쓰	طَاوُوسْ
당나귀	ḥomaar/ḥɛmiir	호마-르/히미-르	حُمَارْ/ حَمِيرْ
말	ḥuṣaan/ḥɛṣɛna	호싼-/히시나	حُصَان/ حِصِنَة
암말	farasa/ -aat	파라싸/파라싸-트	فَرَسَة / فَرَسَاتْ
양	xaruuf/xirfææn	카루-프/키르팬-	خَرُوفْ/ خِرْفَانْ
염소	maɛza/-ææt, mɛɛiiz	미아자/미아재-트	مِعْزَة/ مِعْزَات، مِعِيز
낙타	gamal/gɛmææl	가말/기맬-	جَمَلْ/ جِمَالْ
토끼	ʕarnab /ʕaræænɛb	아르납/아래-닙	أَرْنَبْ / أَرَانِبْ
돼지	xanziir/xanaziir	칸지-르/카나지-르	خَنْزِيرْ/ خَنَازِيرْ
우리(cage)	ʕafaṣ/ ʕaʕfaaṣ	아파스/아으파-스	قَفَصْ/ أَقْفَاصْ

생활 회화
13-1-4 야생 동물 종류

한국어	발음	한글 발음	아랍어
육상동물	ḥayawææn barri	하야왠- 바리	حَيَوَانٌ بَرِّي
맹수	ḥayawææn muftareṣ	하야왠- 무프타리쓰	حَيَوَانٌ مُفْتَرِسٌ
사자	ʕasad/ʕusuud	아싸드/우쑤-드	أَسَدٌ/ أُسُودٌ
호랑이	nemr/numuur	니므르/누무-르	نِمْرٌ/ نُمُورٌ
코끼리	fiil/ʕafyææl, feyala	필-/아피엘-	فِيلٌ/ أَفْيَالٌ، فِيلَة
기린	zaraafa/-aat	자라-파/자라파-트	زَرَافَةٌ/ زَرَافَاتٌ
곰	ḍebb/ḍebab, ḍebaba	딥/디 배바	دِبٌّ/ دِيبٌ، دِيبَةٌ
원숭이	ʕerd/ʕuruud	이르드/우루-드	قِرْدٌ/ قُرُودٌ
악어	temsææḥ/tamasiiḥ	팀쌔-흐/타마씨-흐	تِمْسَاحٌ/ تَمَاسِيحٌ
여우	taɛlab	타알랍	ثَعْلَبٌ
다람쥐	sengææb	씬갭-	سِنْجَابٌ
뱀	teɛbææn/taɛabiin	티아밴-/타아빈-	تِعْبَانٌ/ تَعَابِين
도마뱀 야생	seḥleyya/saḥææli	씨흘레야/싸핼-리	سِحْلِيَّةٌ/ سَحَالِي
도마뱀 집에 삼	borṣ/ʕabraaṣ	보르스/아브라-스	بُرْصٌ/ أَبْرَاصٌ
개구리	ḍufdaɛa/ḍafaadeɛ	두프다아/다파-디아	ضِفْدَعَةٌ/ ضَفَادِع
새	teer/ tuyuur	띠-르/뚜유-르	طَيْرٌ/طُيُورٌ
참새	ɛaṣfuur(-a/)	아스푸-르(아스푸라/)	عُصْفُورٌ(عُصْفُورَةٌ/)
비둘기	ḥamææm (-a/)	하맴-(하매마/)	حَمَامٌ (حَمَامَةٌ/)
까마귀	yuraab/ yerbææn	구랍-/기르밴-	غُرَابٌ / غِرْبَانٌ
독수리	neṣr/ nusuur	니쓰르/누쑤-르	نِسْرٌ / نُسُورٌ
타조	naɛææm (-a/)	나앰-(나애-마/)	نَعَامٌ (نَعَامَةٌ/)
쥐	faar/feræææn	파-르/피랜-	فَأْرٌ/ فِئْرَانٌ
박쥐	weṭwaaṭ/waṭawiiṭ	위뜨와-뜨/와따위-뜨	وَطْوَاطٌ/ وَطَاوِيطٌ
박쥐	xuffææʃ/xafafiiʃ	쿳패-쉬/카파피-쉬	خُفَّاشٌ/ خَفَافِيش
족제비	ɛersa/ ɛeras	에르싸/에라쓰	عِرْسَةٌ/ عِرَسٌ

생활 회화
13-1-5 곤충 종류

곤충	ḥaʃara/-aat	하샤라/하샤라-트	حَشَرَة/ حَشَرَات
개미	naml (-a/)	나믈 (나믈라/)	نَمْل(نَمْلَة/)
벌	naḥl(-a/)	나흘(나흘라/)	نَحْل(نَحْلَة/)
나비	faraaʃ(-a/)	파라-쉬(파라샤/)	فَرَاش(فَرَاشَة/)
파리	dẹbbææn(a/)	딥밴- (딥배-나/)	دِبَّان(دِبَّانَة/)
모기	namuus (-a/)	나무-쓰(나무-싸/)	نَامُوس (نَامُوسَة/)
거미	ɛankabuut/ɛanæækẹb	안카부-트	عَنْكَبُوت/ عَنَاكِب
구더기,애벌레	duud(-a/)	두-드(두다/)	دُودْ(دُودَة/)
벼룩	baryuut/barayiit	바르구-트/바라기-트	بَرْغُوث/ بَرَاغِيث
이	ʔaml(-a/)	아믈(아믈라/)	قَمْل(قَمْلَة/)
바퀴벌레	ṣurṣaar/ṣaraṣiir	수르사-르/사라시-르	صُرْصَار/صَرَاصِير
빈대	baʔʔ(-a/) ʔakalææn	바으(바알/) 아칼랜-	بَقّ(بَقَّة/) أَكَالَانْ
진드기	ʔuraada/ʔuraad	우라-다/우라-드	قُرَادَة/ قُرَاد
바구미,쌀벌레	suus(-a/)	쑤-쓰(쑤-싸/)	سُوس(سُوسَة/)

· 이 동물은 뭐죠?

ʔẹẹh ẹl-ḥayawææn da 에- 일하야왠- 다 إِيه الْحَيَوَانْ دَهْ؟

· 이 농작물은 뭐죠?

ʔẹẹh ẹz-zarɛ da 에- 잇자르아 다 إِيه الزَّرْعْ دَهْ؟

· 당신은 이것을 어디에다 사용하죠?

bẹtẹstaɛmẹl-u fi ʔẹẹh 비티쓰타아밀루 피 에- بِتِسْتَعْمِلُه فِي إِيه؟

· 이 농작물은 먹을 수 있는 것인가요?

ʔẹz-zarɛ da momkẹn yẹttæækẹl

잇자르아 다 몸킨 옛태-킬 الزَّرْعَ دَه مُمْكِنْ يِتَّاكِلْ؟

생활 회화
13-2 사막에서

사막	ṣaḥra/ṣaḥaari	사흐라/사하-리	صَحْرَاء/ صَحَارِي
오아시스	wææḥa/ -ææt	왜-하/왜해-트	وَاحَة/ وَاحَات
산	gabal/ gębææl	가발/기밸-	جَبَل/ جِبَال
계곡	wæædi/ wędyææn	왜-디/ 위디앤-	وَادِي/ وِدْيَان
언덕	tall/tęlææl	탈/틸랠-	تَلّ/ تِلَال
모래	raml	라믈	رَمْل
샘, 우물	biir/ʕabyaar	비-르/아비야-르	بِيرْ/ أَبْيَار
	ɛęęn mayya	에인- 마야	عَيْن مَيَّة
야자수 (palm tree)	naxl(-a/)	나클(나클라/)	نَخْل(نَخْلَة/)
야자수 열매	balaḥ(-a/)	발라흐(발라하/)	بَلَح(بَلَحَة/)
낙타	gamal/ gęmææl	가말/기맬-	جَمَل/ جِمَال
베두인	badawi/badw	바다위/바두	بَدَوِي/ بَدْو
별	nęgma/nuguum	니그마/ 누굼-	نَجْمَة/ نُجُوم
먼지 바람	hawa bęturaab	하와 비투랍-	هَوَاء بِتُرَاب
심한모래바람	ɛafara	아파라	عَفَرَة
산들바람, 미풍	nęsma	니쓰마	نَسْمَة
	nęsmęt hawa	니쓰밋 하와	نَسْمَة هَوَا
	nasiim	나씸-	نَسِيم
강풍, 폭풍	ɛaaṣęfa/ɛawaaṣęf	아-시파/아와-시프	عَاصِفَة/ عَوَاصِف
일카마씬- ʕel-xamasiin	봄기간에 사막에서 부는 심한 모래 바람		الْخَمَاسِين

생활 회화
13-3 캠핑

한국어	발음	한글 표기	العربية
텐트	xęema/xęyam	키-마/키얌	خيمة/خِيَم
캠핑장 야영장	muxayyam/ -æet (군대의 캠프) muɛaskar/-aat	무카얌/무카야매-트 무아쓰카르/무아쓰카라-트	مُخيَّم/مُخيَّمات مُعَسكَر/مُعَسكَرات
로프	ɦabl/ ɦᵉbæel	하블/ 히밸-	حَبل/ حِبال
슬리핑백	sᵉliibingbag	슬리-빙백	سليبِنباج
배낭	ʃantęt dahr	샨띠트 다흐르	شَنطة ضَهْر
횃불	ʃoɛla/ -æet, ʃoɛal	쇼알라/ 쇼알	شَعلة/شَعلات، شَعل
캠프파이어	naar ęl-muxayyam	나-르 일무카얌	نار المُخيَّم
버너	babuur/ bawabiir (알코올 버너) sębęrtæeya/-æet	바부-르/바와비-르 씨베르따예야/씨베르따예야-트	بابُور/ بَوابِير سبِرتَاية/سبِرتَايات
손전등	battaręyya/-aat kaʃʃæef/ -æet	밧따레야/밧따레야-트 캇쉐-프/카쉐패-트	بَطّارية/ بَطّاريَات كَشّاف/ كَشّافات
촛불	ʃamɛ(-a/)	샤마아(샤마아/)	شَمع(شَمعة/)
지도	xariita/ xaraayęt	카리-따/카라-이뜨	خَريطة/ خَرائط
나침반	ęl-buʃla	일부슬라	البُوصلة
망원경	tęliskoob	텔리쓰코브-	تِليِسكُوب
고도	ęrtᵉfæeɛ/-æetæet	이르테패-아/이르테파아-트	ارتفاع/ ارتفاعات
거리	masæefa/ -æet	마쌔-파/마쌔파-트	مَسافة/ مَسافات
위도	xatt ęl-ɛard	캇뜨 일아르드	خط العَرْض
경도	xatt ęt-tuul	캇뜨 잇뚤-	خط الطُول
응급처치	ęl- ęsɛafæeæt ęl-ʔawwalęyya	일이쓰아패-트 아월레야	الإسعَافات الأوَّلية
하이킹	tasalloq(cl)	타쌀루끄	تَسلُّق
등산	tasalloq ęg-gębæel rukuub ęd-daragaat tuluuɛ ęg-gabal	타쌀루끄 익기밸- 루쿱- 잇다라가-트 뚤루-아 익가발	تَسلُّق الجِبال رُكُوب الدَرَجات طُلُوع الجَبّل

생활 회화		
야영하다	xayyęm/yęxayyęm 카옘/에카옘	خَيَّمْ / يخَيَّمْ
걷다	męʃi/ yęmʃi 미쉬/엠쉬	مِشْي / يِمْشي
등산하다	tęlęɛ/ yętlaɛ eg-gabal 뗄리으/예뜰라으 익가발	طلِعْ / يطلَعْ الجَبَلْ

- 야영장이 근처에 있나요?(주로 베두인이 만든 간이 텐트 숙소)
  fiih muxayyam ʕorayyęb męn hęna
  피- 무카옘 오라옙 민 헤나 فِيهْ مُخَيَّمْ قُرَيِّبْ مِنْ هِنَا ؟

- 가장 가까운 야영장은 어디에 있나요? (간이 텐트 숙소)
  fęęn ʕaʕrab muxayyam **펜- 아아랍 무카옘** فِينْ أَقْرَبْ مُخَيَّمْ ؟

- 한 사람당 얼마죠?
  bᵉ-kææm li-l nafar **비캠- 릴 나파르** بِكَامْ لِلنَّفَرْ ؟

- 텐트 하나당 얼마죠?
  bᵉ-kææm el-xęęma **비캠- 일케-마** بِكَامْ الْخِيمَة ؟

- 제가 텐트를 어디에서 빌릴 수 있나요?
  ʕaʕaggar xęęma męnęęn **아악가르 케-마 미넨-** أَأَجَّرْ خِيمَة مِنِينْ ؟

- 이 땅은 누가 소유하고 있나요?
  ęl-ʕard di bętææɛęt miin **일아르드 디 비태-엣 민-?** الأَرْضْ دِي بِتَاعِة مين ؟

- 제가 그와 이야기할 수 있나요?
  momkęn ʕakallęm-u **몸킨 아칼림무** مُمْكِنْ أَكَلِّمُه ؟

- 우리는 여기에서 야영을 해도 되나요?
  momkęn nęxayyęm hęna **몸킨 니카옘 헤나** مُمْكِنْ نِخَيَّمْ هِنَا ؟

- 당신들은 침낭이 필요한가요?
  męḥtagiin slybinbag **미흐태긴 슬리빈백** مِحْتَاجِين سليبِنبَاج ؟

13-4 하이킹

- 제가 어떻게 이 산을 오릅니까?(등산길을 물을 때)
  ʕezzææy ʕatlaɛ eg-gabal **잇재-이 아뜰라아 익가발** إِزَّايْ أَطْلَع الجَبَلْ

- 이 산을 오르는 길이 어디에 있습니까?
  fęęn ęt-tariiʕ ʕęlli ʕatlaɛ bii eg-gabal
  펜- 잇따리-으 일이 아뜰라으 비- 익가발 فِينْ الطَّرِيق اللِّي أَطْلَعْ بِيه الجَبَلْ

- 가장 가까운 마을이 어디있나요?
  fęęn ʕaʕrab qarya **펜- 아으랍 까리야** فِينْ أَقْرَبْ قَرْيَة؟

생활 회화

- 산을 오르는 것이 안전한가요?

    ṭuluuɛ eg-gabal ʕamææn　똘루-아 익가발 아맨-　طُلُوع الجَبَل أَمَان؟

- 우리들은 가이드할 사람이 필요합니다.

    ʕeḥna meḥtagiin morʃed　에흐나 매흐태긴- 모르쉬드　إحْنَا مِحْتَاجِين مُرْشِد

- 저는 이 지역을 잘 아는 사람과 이야기하기를 원해요.

    ʔana ɛææyez ʔakallem ḥadd ɛææref el-manteʔa kuwayyes
    아나 아-이즈 아칼림 핫드 아-리프 일만띠아 꾸와예쓰
    أَنَا عَايِز أَكلِّمْ حَدّ عَارِف المَنْطِقَة كُوَيِّسْ

- 높이가 얼마나 되죠?

    ʔertˤfææɛ ʔaddᵒ ʔeeh　이르테빠-으 앗드 에-　إرْتِفَاع قَدّ إيه؟

- 어디가 쉬운 길인가요?

    ʔeeh ʔashal ṭariiʔ　에- 아쓰할 따리-으　إيه أَسْهَلْ طَرِيقْ؟

- 언제 날이 어두워지나요?

    ʕemta ʔed-donya beṭḍallem　엠타 잇도니야 비트달림　إمْتَى الدُّنْيَا بِتْضَلِّمْ؟

- 당신은 어디로 부터 왔죠?

    ʔenta geet meneen　엔타 기-트 미낸-　إنْتَ جِيتْ مِنِينْ؟

- 당신은 얼마나 걸렸죠?

    ʔaxat waʔt ʔaddᵒ ʔeeh　아캇트 와으뜨 앗드 에-　أَخَدْت وَقْت قَدّ إيه؟

- 이 길은 …로 향하는 가요?

    ʔes-sekka di tewaddi l…　잇씩카 디 티왓디 리…　السِّكَّة دي تِوَدِّي لِ....؟

- 그곳에 관광객을 사로잡을 것들이(유적지) 있나요?

    fiih ḥagææt tegzeb es-suyææḥ henææk

    피- 하개-트 티그집 잇쑤얘흐 히낵-　فيه حَاجَاتْ تِجْذِبْ السُّيَّاح هِنَاكْ؟

- 이곳에 제 물건을 잠시 나둬도 되나요?

    momken ʔasiib ḥagææti hena ʃᵂwayya

    몸킨 아씹- 하개-티 헤나 쉬와야　مُمْكِنْ أَسِيبْ حَاجَاتي هِنَا شُوَيَّة

- 우리 이곳을 통과할 수 있나요?

    momken nemorr men hena　몸킨 네모르 민 헤나　مُمْكِنْ نِمُرّ مِنْ هِنَا؟

- 이곳에 있는 물은 식수로 적합한가요?

    ʔel-mayya hena ṣalḥa liʃ-ʃorb　일마야 헤나 살하 릿쇼르브　المَيَّة هِنَا صَالِحَة لِلشُّرْبْ
    ʔel-mayya hena taṣluḥ liʃ-ʃorb　일마야 헤나 타슬루흐 릿쇼롭　المَيَّة هِنَا تَصْلُح لِلشُّرْبْ؟

- 저는 길을 잃었어요.

    ʔana toht　아나 토흐트　أَنَا تُهْتْ

생활 회화
13-5 바닷가에서 على شاطئ

한국어	발음	한글 발음	아랍어
바다	baḥr/buḥuur, biḥaar	바흐르/부후-르	بَحْر/بُحُور، بِحَار
대양(ocean)	muḥiit/-aat	무히-뜨/무히마-트	مُحِيط/ مُحِيطَات
홍해	ʔel-baḥr el-ʔaḥmar	일바흐르 일아흐마르	الْبَحْر الْأَحْمَر
지중해	ʔel-baḥr el-mutawasseṭ	일바흐르 일무타왓씨뜨	الْبَحْر الْمُتَوَسِّط
	ʔel-baḥr el-ʔabyaḍ el-mutawasseṭ 일바흐르 일아비야드 일무타왓씨뜨		الْبَحْر الْأَبْيَض الْمُتَوَسِّط
해변	ʃaaṭeʔ/ʃawaaṭeʔ	샤-띠으/샤와-띠으	شَاطِئ/ شَوَاطِئ
	bᵉlæej/-æet	빌래-쥐/빌래재-트	بِلَاج/ بِلَاجَات
	ʃaṭṭ	샷뜨	شَطّ
해변길	korniiʃ	코르니-쉬	كُرْنِيش
모래	raml	라믈	رَمْل
바위	ṣaxr(-a/)	사크르(사크라/)	صَخْر (صَخْرَة/)
산호	morgæænn	모르갠-	مُرْجَان
암초	ʃoɛba/ʃoɛab	쇼아바/쇼압	شُعْبَة/ شُعَب
파도	moog(-a/ -ææg, ʕamwææg) 모-그(모가/아므왜-그)		مَوْج (مَوْجَة/ مَوْجَات، أَمْوَاج)
밀물	ʕawʔææt el-madd	아우앳-트 일맛드	أَوْقَات الْمَدّ
썰물	ʕawʔææt el-gazr	아우앳-트 일가즈르	أَوْقَات الْجَزْر
물고기	samak(-a/)	싸막(싸마카/)	سَمَك (سَمَكَة/)
조개	gandofli	간도플리	جَنْدُوفْلِي
돌고래	dolfin	돌핀	دُولْفِين
	darfiil	다르필-	دَرْفِيل
바다거북	sulḥefa/salææḥef	쑬히파/쌀래히프	سُلْحْفَة/ سَلَاحِف
고무튜브 (물놀이용)	ɛawwææma/-ææt	아왜-마/아왜매-트	عَوَّامَة/ عَوَّامَات
썬텐크림	kʳriim baḥr	키림- 바흐르	كْرِيم بَحْر
타올	fuuṭa/fowaṭ	푸-따/포와뜨	فُوطَة/ فُوَط

생활 회화

한국어	발음	한글발음	아랍어
선글라스	naḑḑaareṭ ʃams	낫다-리트 샴쓰	نَضَّارة شَمْس
수영복	mayooh/ -hææt (비키니) bikiini	매요-/매요해-트 비키-니	مَايُوه/مَايُوهَات بِيكِينِي
의자	korsi/karææsi	코르씨/카래-씨	كُرْسِي/كَرَاسِي
파라솔	ʃamseyya/-ææt,ʃamææsi	샴쎄야/샴쎄에-트	شَمْسِيَّة/شَمْسِيَّات او شَمَاسِي
낚시	ṣẹẹd samak	시-드 싸막	صيدْ سَمَكْ
수영하다	ɛææm/yẹɛuum	앰-/예움	عَامْ/يَعُومْ
잠수하다 다이빙하다	vẹṭẹs/yẹγtas	기띠쓰/예그따쓰	غِطَس/يغْطَس
낚시하다	ʕẹṣṭaad/yẹṣṭaad	이스따-드/에스따-드	إصْطَاد/يِصْطَاد
햇볕에 그을리다	ʕẹsmarr/yẹsmarr	이쓰마르/에쓰마르	إسْمَرّ/يسْمَرّ
구명튜브,구명띠	ṭooʕ ẹn-nagææh	또-으 인나개-	طُوق النَّجَاة
구명재킷	jækẹt ẹl-ẹnqaaz sutreṭ ẹnqaaz sutreṭ ẹn-nagææh	재킷 인까-즈 쑤트릿 인까-즈 쑤트릿 인나개-	جَاكِت الإنْقَاذ سُتْرة إنْقَاذ سُتْرة النَّجَاة
응급처치	ʕẹl-ʕẹsɛafææt ẹl-ʕawwalẹyya	일이쓰아파트- 아월레야	الإسْعَافَات الأوّلِيَّة

· 우리 여기서 수영해도 되나요?
　momkẹn nẹɛuum hẹna　　몸킨 니움- 헤나　　　　　مُمْكِنْ نِعُومْ هِنَا؟

· 여기서 수영하는 것 안전하나요?
　ʕel-ɛoom hẹna ɛamææn　일움- 헤나 아맨-　　　　الْعُومْ هِنَا أَمَانْ؟

· 밀물과 썰물의 시간이 언제인가요?
　ʕẹeh ʕawʕaat ẹl-maddᵉ wẹl-gazr
　에- 아우애-트 일맛디 월 가즈르　　　　　　　إيه أوْقَات الْمَد والْجَزْر؟

생활 회화

14. 취미

생활 회화

14-1 취미 hęwææya هواية

• 취미를 묻는 질문

- 당신의 취미가 뭐죠?
  hęwææyt-ak(f/-ik) ɛęeh 히왜-이탁(f/히왜-이틱) 에- هوَايْتَكْ إيه ؟
- 당신은 한가할 때에 무엇을 즐겨하세요?
  lamma tękuun faaḍi tęḥębb tęɛmęl ɛęeh
  람마 티쿤- 파-디 티헵 티아밀 에- لَمَّا تِكُونْ فَاضِي تِحِبّ تِعْمِل إيه؟
- 당신은 ... 을 좋아하세요?
  bęthębb... 비트헵-... بِتْحِبّ ... ؟

• 취미를 묻는 질문의 답

- 제 취미는 음악이에요
  hęwææyti ɛęl-musiiqa 히왜-이티 일-무시-까 هِوَايْتِي الْمُوسِيقَى
- 저는 ... 을 좋아해요.
  ʔana baḥębb... 아나 바헵-... أَنَا بَاحِبّ ...
- 저는 ... 을 좋아하지 않아요.
  ʔana mabaḥębbʃ... 아나 마바헵쉬... أَنَا مَابَاحِبِّشْ ...
- 저는 ... 을 만들곤 해요.
  ʔana baɛmęl ... 아나 바아밀... أَنَا بَاعْمِلْ ...

저는 ... 하기를 좋아해요. (1인칭 미완료 동사를 사용할 때)			
ʔana baḥębb + 동사		아나 바헵 + 동사	أَنَا بَاحِبّ ...
요리하는 것	ʔaṭbox	아뜨보크	أَطْبُخْ
그리기, 미술	ʔarsęm	아르씸	أَرْسِمْ
뜨개질	ʔaxayyaṭ	아카야뜨	أَخَيِّطْ
여행하는 것	ʔasææfęr	아싸-피르	أَسَافِرْ
웃는 것	ʔaḍḥak	아드학	أَضْحَكْ
이야기 하는 것	ʔaḥki	아흐키	أَحْكِي

생활 회화

14-1-1 저는 … 하기를 좋아해요. (명사를 사용할 때)

ʕana baħebb + 명사　　아나 바헵 + 명사　　... أنا باحِبّ

요리	et-tɑbx	잇따브크	الطَّبْخْ
그림 그리기	ʕer-rasm	이라쓈	الرَّسْمْ
뜨개질	ʕel-xeyaatɑ	일키야-따	الْخِياطة
여행	ʕes-safar	잇싸파르	السَّفَرْ
웃는 것	ed-dḙḥk	잇디흐크	الضِّحْكْ
독서	ʕel-ʕiræeya	일이래-야	القِراءة
댄스	ʕer-raʕṣ	이라으사	الرَّقْصْ
음식	ʕel-ʔakl	일아클	الأكْلْ
사진촬영	ʕet-tɑṣwiir	잇타스위-르	التَّصْوِيرْ
이야기	ʕel-ḥᵒkæeya	일히캐-야	الحِكايات
걷는 것	ʕel-maʃy	일매쉬	المَشْي
뛰는 것	ʕeg-gary	익개리	الجَرِي
밖에 나가는 것	ʕel-xuruug	일쿠루-그	الخُروجْ
놀이하는 것	ʕel-lḙʕb	일 레으브	اللِّعْبْ
잠 자는 것	ʕen-nuum	인눔-	النَّوْمْ
음악	ʕel-mazziika ʕel-musiiqa	일맛지-카 일무씨-까	المَزِّيكا المُوسِيقَى
스포츠	ʕer-reyaaḍa	이리야-다	الرِّياضَة
수영	ʕel-ʕoom ʕes-sebæeḥa	일옴- 잇씨배-하	العَوْمْ السِّباحَة
축구	ʕel-koora kort el-qadam	일꼬-라 코르틸 까담	الكُورَة كُورَة القَدَمْ

☞ 위의 명사들의 대부분은 동사적 명사(Verbal Noun) 꼴입니다. 이에 대한 설명은 문법 부분을 보십시오.

저는 …을 모아요. (어떤 것을 모으는 취미에 대해 이야기 할 때)

ʕana bagammaʕ…　　아나 바감마아　　... أنا باجْمَع

생활 외화		
책	kʰtæb/kotob 키탭/코톱	كِتَاب/كُتُب
동전	ɛomla maɛdaneyya 오믈라 마아다네야	عُمْلَة مَعْدَنِيَّة
인형	ɛaruusa/ɛaraayɛs 아루-싸/아라-이쓰	عَرُوسَة/ عَرَائِس
우표	ṭaabɛɛ/ṭawaabɛɛ (bosṭa) 따-비아/따와-비아 (보쓰따)	طَابِع/طَوَابِع (بُوسْطَة)

14-2 예술

· 당신은 어떤 예술을 좋아하나요?
  ʕɛnta bɛtḥebb ʕanhi fann   엔타 비트헵 안히 판   اِنْتَ بِتْحِبّ أَنْهِي فَنّ ؟

· 당신은 어떤 예술에 관심을 갖고 있나요?
  ʕɛnta muhtamm bɛʕanhi fann 엔타 무흐땀 비 안히 판   اِنْتَ مُهْتَمّ بِأَنْهِي فَنّ ؟

· 저는 …에 관심을 가지고 있어요.
  ʕana muhtamm bi...   아나 무흐탐 비…   أَنَا مُهْتَمّ بـ ....

· 저는 …의(사람이름) 작품활동을 좋아해요.
  ʕana baḥebb ʃoγl...   아나 바헵 쇼골…   أَنَا بَاحِبّ شُغْل ....

· 이 음악은 제 마음에 들지 않아요.
  ʕɛl-musiiqa di mɛʃ ɛagbææ-ni
  일무씨-까 디 미쉬 아그배-니   الْمُوسِيقَى دِي مِشْ عَاجْبَانِي

예술 관련 용어들			
예술	fann/ funuun	판/ 푸눈-	فَنّ/ فُنُون
예술가	fannæn/ -iin	판낸-/ 판내닌-	فَنَّان/ فَنَّانِين
예술의,예술적인	fanni/ -yyiin	판니/ 판니인-	فَنِّي/ فَنِّيِّين
음악	mazziika musiiqa	맛지-카 무씨-까	مَزِّيكَا مُوسِيقَى
미술, 그림	fann ɛl-rasm	판 일 라씀	فَنّ الرَّسْم
조각	naḥt	나흐뜨	نَحْت
건축 예술	fann ɛl-ɛɛmaara	판 일에마-라	فَنّ الْعِمَارَة
시	ʃɛɛr	쉬아르	شِعْر
춤 예술	fann ɛl-raʕṣ	판 일 라으스	فَنّ الرَّقْص

생활 회화

발레	baleeh	발레-	باليه
밸리 댄서	raṣṣ baladi	라으스 발라디	رقْص بلَدي
연극	masrafieyya/-ææt	마쓰라헤야	مَسْرَحيَّة
영화	felm/ ʕaflææm	필름/아플램-	فيلْم/ أفْلام
그래픽 예술	fann eg-græefik	판 익그래-픽	فنَّ الجرَافيك
이슬람 예술	ʕel-fann el-ʕeslææmi	일판 일이쓸래-미	الفَنّ الإسْلامي
기독교 예술	ʕel-fann el-masiifii	일판 일마씨-히	الفَنّ الْمَسيحي
미술가	rassææm	랏쌤-	رَسّام
스타일	ʕusluub	우쓸룹-	أسْلوب

- 14-2-1 예술 작품(미술품, 영화, 연극, 음악회…)에 대한 생각 말하기

A: …에 대한 당신의 생각은 어떠세요?
  Ṣeeh raʕy-ak fi ...   에- 라이약 피...   إيه رأيك في...؟
B: 그것은... 해요
  howwa/ heyya...   오와/ 헤야...   هوَ/ هيَ ...

예쁜(pretty)	gamiil	가밀-	جَميل
좋은(good)	kuwayyes	꾸와예쓰	كُوَيِّس
멋진(sweet, nice)	ĥelw	헬루	حلْو
훌륭한(excellent)	momtææz	몸태-즈	مُمْتاز
	raaʕiʕ	라-이아	رَائِعْ
놀라운(amazing)	ʕagiib	아기-브	عَجيب
위대한(great)	ʕaziim	아짐-	عَظيم
아주 훌륭한	kuwayyes ʕawi	꾸와예쓰 아위	كُوَيِّس قَوي
	ĥelw ʕawi	헬루 아위	حلْو قَوي
재미있는 흥겨운, 즐거운 (enjoyable)	momtes	몸티아	مُمْتِعْ
	musalli	무쌀리	مُسَلِّي
	ʃayyeʕ	샤예으	شَيِّقْ
	zariif	자리-프	ظَريف
우스꽝스러운(좋은의미)	modĥek	무드히크	مُضْحِك

생활 외화			
감동적인	muʔasseṛ	무앗씨르	مُؤَثِّرْ
드라마틱한	deraami	디라-미	دِرَامِي
보통이 아닌	meʃ ɛaædi	미쉬 애-디	مِشْ عَادِي
…를 기억나게 하는 것이에요.	beyfakkar-ni bi...	비이팍카르니 비...	بِيفَكَّرْنِي بِ....
내 마음에 드는	(howwa) ɛæægebni	애-깁니	(هُوَّ) عَاجِبْنِي
	(heyya) ɛagbæ-ni	아그배-니	(هِيَّ) عَاجْبَانِي
그런대로 괜찮은 (not bad)	meʃ battaal	미쉬 밧딸-	مِشْ بَطَّالْ
그저 그런	noṣṣ noṣṣ	놋스 놋스	نُصّ نُصَّ
좋지 않은	meʃ kuwayyes	미쉬 꾸와예쓰	مِشْ كُوَيِّسْ
…처럼 좋지 않은	meʃ kuwayyes zayy...	미쉬 꾸와예쓰 자이...	مِشْ كُوَيِّسْ زَيِّ...
지루한	mumell	무밀	مُمِلّ
보기 흉한. 나쁜	weḥiʃ	위히쉬	وِحِشْ
이해되지 않는	meʃ mafhuum	미쉬 마프훔-	مِشْ مَفْهُومْ

☞ 위의 도표에서 3인칭 여성 단수 대명사 heyya هِيّ 를 사용하여 답을 할 경우 그 뒤에 보어로 사용되는 형용사도 여성 형태가 되어야 합니다. 이 책 문법 부분의 형용사의 일치 부분을 보십시오.

14-3 전시 예술

· 전시관이 어디있나요?
feen ṣaalet ɛard ʔel-funuun

펜- 살-릿 아르드 일푸눈- فِينْ صَالَةِ عَرْض الفُنُونْ ؟

· 전시관은 언제 열리나요?
ṣaalet ɛard el-funuun beteftaḥ ʔemta

살-릿 아르드 일푸눈- 비티프타흐 엠타 صَالَةِ عَرْض الفُنُونْ بِتِفْتَحْ إِمْتَى ؟

전시회	mɛaraḍ	마아라드	مَعْرَضْ
전시관	ṣaalet ɛard	살-라트 아르드	صَالَةِ عَرْضْ

생활 회화

개관식 (opening)	ʕeftetææɟ	이프티태-흐	إِفْتِتَاحٌ
도자기	ʕel-fuxxaar (중국식 도자기) xazaf	일풋카-르 카자프	الفُخَّارُ خَزَفٌ
이슬람 서체	zaxrafa	자크라파	زَخْرَفَةٌ
직물짜기	nasiig	나씨-그	نَسِيجٌ
보석	mugawharaat siiɣa	무가우하라-트 씨-가	مُجَوْهَرَاتٌ صِيغَةٌ
성화상(icons)	ʕaiquuna/-ææt	아이꾸-나/아이꾸내-트	إِيقُونَةٌ/ إِيقُونَاتٌ
양탄자	seggææda/sagagiid	씩개-다/싸가기-드	سِجَّادَةٌ/ سَجَاجِيد
건물	mabna	마브나	مَبْنَى
미이라	mumya/-ææt	무므야/무므에-트	مُومْيَاء/ مُومْيَاتٌ
파피루스	waraʕ el-bardi bardi	와라으 일바르디 바르디	وَرَقُ البَرْدِي بَرْدِي
동상	temsææl/tamasiil	팀쌀-/타마씰-	تِمْثَالٌ/ تَمَاثِيلْ
석관 (sarcophagus)	tabuut	타부-트	تَابُوتٌ
기념품 가게	maɟall tezkaraat	마할 티즈카라-트	مَحَلّ تِذْكَارَاتٍ

14-4 음악

- 당신은 음악 듣기를 좋아하세요?
  betɟebb tesmaʕ musiiqa 비트헵 티쓰마아 무씨-까 بِتْحِبّ تِسْمَعْ مُوسِيقَى ؟

- 당신은 어떤 종류의 음악을 좋아하나요?
  betɟebb ʕanhi nooʕ men el-musiiqa
  비트헵 안히 노-아 민 일무씨-까 بِتْحِبّ أَنْهِي نُوعْ مِنْ الْمُوسِيقَى ؟

- 당신은 (평소에) 노래하세요?
  betɣanni 비트간니 بِتْغَنِّي ؟

- 당신은 연주하는 악기가 있나요?
  beteʕzef ɟææga 비티아지프 해-가 بِتِعْزِفْ حَاجَة ؟

- 저는 피아노를 연주해요.
  baʕzef biyaanu 바아지프 비야-누 بَاعْزِفْ بِيَانُو

생활 회화

- 당신은 어떤 음악그룹을 좋아하나요?

  bętḥębb ʕanhi fariiʕ musiiqa   비트헵 안히 파리-으 무씨-까   بِتْحِبّ أَنْهِي فَرِيقْ مُوسِيقَي

- 저는 …그룹을 좋아해요.

  baḥębb fariiʕ…   바헵 파리-으…   بَاحِبّ فَرِيقْ…

- 당신은 …의 신곡 음악 테이프를 들었나요?

  sęmęʕt ʕææxęr ʕęriiṭ li…   씨미아트 애-키르 쉬리-뜨 리…?   سِمِعْتْ آخِرْ شَرِيطْ لِـ…؟

- 이 노래는 참 좋아요.

  ʕęl-ʕoynęyya di ḥęlwa ʕawi   일오그네야 디 헬와 아위   الأُغْنِيَّة دِي حِلْوَة قَوِي

- 이 노래 제목이 뭐죠?

  ʕęl-ʕoynęyya di ʕęsma-ha ęęḥ   일오그네야 디 이쓰마하 에-?   الأُغْنِيَّة دَي إِسْمَهَا إِيه؟

- 이 그룹(팀)의 이름이 뭐죠?

  ʕęl-fariiʕ da ʕęsm-u ęęḥ   일파리-으 이쓰무 다 에-?   الْفَرِيقْ دَه اِسْمُه إِيه؟

- 저는 기타줄을 튜닝하고 싶어요.

  ɛææyęz ʕazboṭ ʕawtaar ʕęl-gitaar

  아-이즈 아즈보뜨 아우타-르 일기타-르   عَايِزْ أَضْبُطْ أَوْتَارْ الْجِيتَارْ

음악	mazziika musiiqa	맛지-카 무씨-까	مَزِّيكَا مُوسِيقَى
악기	ʕælææt musęqęyya	앨래-트 무씨께야	آلَات مُوسِيقِيَّة
연주가	ɛææzif/-iin	애-지프/아지핀-	عَازِف/ عَازِفِين
음악팀(band)	fariiʕ musiiqa	파리-으 무씨-까	فَرِيقْ مُوسِيقَي
연주회	ḥafla musiqęyya ḥaflęt musiiqa konsęrt	하플라 무씨께야 하플리트 무씨-까 콘씨르트	حَفْلَة مُوسِيقِيَّة حَفْلَة مُوسِيقَى كُونْسِرْتْ
연주홀	ṣaalat ęl-ḥafla	쌀-라트 일하플라	صَالَة الْحَفْلَة
피아노	biyaanu	비야-누	بِيَانُو
키오보오드	kiboord	키보-르드	كِيبُورْد
바이올린	kamanga/kamangææt	카만가/카만개-트	كَمَانْجَة/ كَمَانْجَات
플루우트	fluut	플루-트	فِلُوت
기타	gitaar/-aat	기타-르/기타라-트	جِيتَارْ/ جِيتَارَات

생활 회화

기타줄	watar/ ʕawtaar	와타르/아우타-르	وتَر/ أوْتَار
오우드 (아랍식기타)	ɛuud	오우-드	عُود
드럼	ṭabla/ ṭubuul	따블라/뚜불-	طَبْلَة/ طُبُول
오페라	ʕubra	우브라	أوبْرَا
오페라하우스	daar el-ʕubra	다-르 오브라	دَار الأوبْرَا
오케스트라	orkęstra	오르케스트라	أورْكِسْتْرَا
노래, 가요	ʕoynęyya/ʕayææni	오그네야/아개-니	أغْنِيَة/ أغَاني
민요	ʕoynęyya ʃaɛbęyya	오그네야 샤아베야	أغْنِيَة شَعْبِيَّة
가수	muʁanni/-yyiin muṭreb/ -iin	무간니/무간니-인 무뜨립/무뜨리빈-	مُغَنِّي/ مُغَنِّيْن مُطْرِب/ مُطْرِبين
음정	naʁama/-ææt, ʕanyææm	나가마/나가매-트	نَغَمَة/ نَغَمَات، أنْغام
소리	ṣoot/ʕaṣwaat	소-트/아스와-트	صَوْت/ أصْوَات
음계	ęs-sęllem el-musiiqi	엣씰림 일무씨-끼	السِّلَّم الْمُوسِيقِي
악보	nuuta/ nęwat	누-타/니와트	نُوتَة/ نُوت

14-5 문학

· 당신이 가장 좋아하는 문인은 누구죠?
  miin kæætęb-ak el-mufaḍḍal 민- 캐-티박 일무팟달
  مين كَاتِبَك الْمُفَضَّل ؟

· 저는 나기브 마흐푸즈(노벨상 작가)의 작품들을 읽고 있어요.
  baʕra nagiib maħfuuz 바으라 나깁- 마흐푸-즈
  بَاقْرا نَجيب مَحْفُوظْ

· 저는 나왈 알 싸다위(작가)의 모든 것들을 읽었어요.
  ʕariit koll ħagɛææt nawal ęs-saɛadawi
  아리-트 꼴리 하개-트 나왈 엣싸아다위
  قَريت كُلّ حَاجَات نَوَال السَّعَدَاوِي

· 저는 따하 후세인(작가)이 만든 작품들을 더 좋아해요.
  ʕana bafaḍḍal ʕaɛmææl ṭaha ħusęęn
  아나 바팟달 아아맬- 타하 후쎈-
  أنَا بَافْضَّل أعْمَال طَه حُسين

· 당신은 어떤 종류의 책을 읽고 있나요?
  ʕęęh nooɛ ęk-kotob ʕęlli ʕęnta bęteʕra-ha
  에- 노-아 엑코톱 일리 엔타 비티으라하
  إيه نُوع الْكُتُب اللي اِنْتَ بِتِقْرَأَهَا ؟

213

생활 회화

- 저는 …을 좋아해요/좋아하지 않아요.

  ʕana baḥębb/ mabaḥębbʃ…   아나 바헵/ 마바헵쉬…   ...أَنَا بَاحِبّ \ مَابَاحِبِّشْ

- 당신은 … 을 읽은 적이 있는지요?

  ʕariit…   아리-트…   ؟... قَرِيتْ

- 저에게 책을 한 권 추천해 주실 수 있는지요?

  momkęn tęraʃʃaḥ li kętææb ʕaʕra-h

  몸킨 티라샤흐 리 키탭- 아으라-   مُمْكِنْ تِرَشَّحْ لِي كِتَابْ أَقْرَأُه؟

문학	ʕadab/ ʕadææb	아답/ 애댑-	أَدَبْ / أَدَابْ
시	ʃęʕr/ʕaʃʕaar	쉬아르/아쉬아-르	شِعْرْ / أَشْعَارْ
소설	ręwææya/ -ææt	리왜-야/리왜에-트	رِوَايَة / رِوَايَات
탐정소설	ręwayææt buliṣęyya	리왜에-트 불리-씨야	رِوَايَات بُولِيسِيَّة
이야기	qęṣṣa/ qęṣaṣ	낏사/끼사스	قِصَّصْ / قِصَصْ
단편이야기	qęṣaṣ qaṣiira	끼사스 까시-라	قِصَصْ قَصِيرَة
픽션의	xayææli	카옐-리	خَيَالِي
사실적인	waaqęʕi	와-끼이	وَاقِعِي
전기	siira	씨-라	سِيرَة
현대문학	ʕęl-ʕadab ęl-muʕaaṣir	일아답 일무아-시르	الأَدَبْ المُعَاصِرْ
고전문학	ʕęl-ʕadab ęl-kęlasiiki	일아답 일킬래씨-키	الأَدَبْ الْكِلَاسِيكِي
노벨상	gayzęt nobęl	개이지트 노벨	جَائِزَة نُوبِل

14-6 영화 & 연극

- 저는 …보러가고 싶어요.

  ʕææyęz ʕaʃuuf…   아-이즈 아슈-프…   ....عَايِزْ أَشُوفْ

- 오늘 저녁에 이 영화관에서 상영될 영화는 뭐죠?

  fiih ʕęęh fi ęs-sęnęma ęl-lęlææ di

  피- 에- 피 잇씨네마 일릴래- 디   فِيه إِيه في السِّينِمَا اللَّيلَة دي ؟

- 그것은 영어로 상영되나요?

  howwa bil-ęngęliizi   오와 빌 인글리-지   هُوَّ بِالإِنْجِلِيزِي ؟

- 영어자막이 있나요?

  fiih targama ęngęliiziyya   피- 타르가마 인글리지야   فِيه تَرْجَمَة إِنْجِلِيزِيَّة ؟

생활 회화

- 아랍어 자막이 있나요?
  howwa fiih targama ɛarabi　오와 피- 타르가마 아라비　هُوَّ فِيه تَرْجَمَة عَرَبِي ؟
- 빈 자리(좌석)가 있나요?
  fiih ɛamæækęn faḍiiya　피- 아매-킨 파디야　فِيه أَمَاكِنْ فَاضْيَة ؟
- 이 영화의 주인공이 누구죠?
  miin baṭal ęl-fęlm　민 바딸 일필름　مِين بَطَل الفِيلْمْ ؟
- 영화상영 전에 광고가 있나요?
  fiih ɛęɛlanææt ɛablᵉ ęl-fęlm　피- 에알라내-트 아블 일필름　فِيه إِعْلَانَات قَبْل الفِيلْمْ؟
- 이 좌석들(자리들)은 비어있나요?
  ɛel-karææsi di faḍiiya　일카래-씨 디 파디-야　الكَرَاسِي دِي فَاضْيَة ؟
- 당신은 …을 관람하셨나요?
  ʃoft...　쇼프트…　شُفْتْ ….. ؟
- 연기자들은 누구죠?
  miin ęl-mumassęliin　민- 일무맛씰린-　مِين المُمَثِّلِين ؟
- 그 (영화)에 대해 좋은 평이 있었어요.
  katabu ɛan-ha kuwayyęs　카타부 안하 꾸와예쓰　كَتَبُوا عَنْهَا كُوَيِّسْ
- 저는 영화관에 가기 원해요.
  ɛææwiz ɛaruuḥ ęs-sęnęma　아-위즈 아루-흐 잇씨네마　عَاوِزْ أَرُوح السِّينِمَا
- 이 영화에 대한 당신의 의견은 어떤가요?
  ɛęęh raʔy-ak fi ęl-fęlm　에- 라으약 피 일필름　إِيه رَأيَك فِي الفِيلْمْ
- 아주 제 마음에 들어요.
  ɛagabni ɛawi　아가브니 아위　عَجَبْنِي قَوِي

영화	fęlm/ɛaflææm	필름/아플램-	فِيلْم/ أَفْلَامْ
영화관	sęnęma/ -ææt siima	씨니마/씨니매-트 씨-마	سِينِمَا/ سِينِمَات سِيمَا
연극	masraḥęyya	마쓰라히야	مَسْرَحِيَّة
극장	masraḥ/masææręḥ	마쓰라흐/마쌔-리흐	مَسْرَح
다큐멘타리	ɛaflææm tasgiilęyya	아플램- 타쓰길레야	أَفْلَام تَسْجِيلِيَّة
드라마	dęraama	디라-마	دِرَامَا
코미디,희극	komędya	코미디야	كُومِيدْيَا

생활 외화

한국어	발음	한글 발음	아랍어
코믹 영화	ʕaflæææm komedya	아플램- 코미디야	أَفْلَامْ كُومِيدِيَّة
액션영화	ʕaflæææm ʕesaara	아플램- 이싸-라	أَفْلَامْ إِثَارَة
	ʕaflæææm akʃon	아플램- 악숀	أَفْلَامْ أَكْشُنْ
만화영화	ʕaflæææm kartoon	아플램- 카르툰-	أَفْلَامْ كَارْتُونْ
공포영화	ʕaflæææm roɛb	아플램- 로압	أَفْلَامْ رُعْبْ
역사영화	ʕaflæææm tariixɛyya	아플램- 타리-케야	أَفْلَامْ تَارِيخِيَّة
공상과학	ʕaflæææm xayææl ɛelmi	아플램- 카옐- 엘미	أَفْلَامْ خَيَال عِلْمِي
전쟁영화	ʕaflæææm ɦuruub	아플램- 우룹-	أَفْلَامْ حُرُوبْ
외설영화	ʕaflæææm ʕebaɦɛyya	아플램- 에바헤야	أَفْلَامْ إِبَاحِيَّة
단편영화	ʕaflæææm qaʂiira	아플램- 까시-라	أَفْلَامْ قَصِيرَة
배우	mumassel/-iin	무맛씰/무마씨린-	مُمَثِّلْ / مُمَثِّلِينْ
스타	negm(f/negma,pl/nuguum)	니금(f/니그마, pl/누굼)	نَجْمْ / نُجُومْ
주인공	baʈal/ʔabʈaal	바딸/압딸-	بَطَلْ / أَبْطَالْ
감독 (영화, 연극)	moxreg/-iin	모크리그/모크리긴-	مُخْرِجْ / مُخْرِجِينْ
공연, 상연	(영화,연극)ɛard/ɛuruuq	아르드/우루-드	عَرْضْ / عُرُوضْ
	(춤,발레)ʕesteɛraaq	이쓰티아라-드	إِسْتِعْرَاضْ
무대	sᵉtæææj	씨태즈	سِتَادْج
	masraɦ	마쓰라흐	مَسْرَحْ
	xaʃabet el-masraɦ	카샤빗 일마쓰라흐	خَشَبَة الْمَسْرَحْ
소품	dekoor/ -aat	디코-르/디코라-트	دِيكُورْ / دِيكُورَاتْ
좌석	korsi/ karæææsi	코르씨/카래-씨	كُرْسِي / كَرَاسِي
	maqɛad/maqaaɛad(cl)	마끄아드/마깨-아드	مَقْعَدْ / مَقَاعَدْ
통로	mamarr/mamarraat	마마르/마마라-트	مَمَرْ / مَمَرَّاتْ
스릴	ʕesaara	이싸-라	إِثَارَة
영화제, 페스티벌	mahragaan el-ʕaflæææm	마흐라간- 일아플램-	مَهْرَجَان الْأَفْلَامْ
	mahragaan es-senema	마흐라간- 잇씨네마	مَهْرَجَان السِّينَمَا

생활 외화

14-7 흡연에 대해

- 담배 한 갑 주세요.
  ɛɛlbit sagææyer law samaħt
  엘비트 싸개-이르 라우 싸마흐트
  عِلْبِة سَجَايرْ، لَوْ سَمَحْتْ.

- 라이터 있나요?
  ɛandak wallæɛa   안닥 왈래-아
  عَنْدَكْ وَلَّاعَة؟

- 제가 담배를 피워도 되나요?
  momkɛn ʃaʃrab sˤgaara   몸킨 아쉬랍 씨가-라 ؟
  مُمْكِنْ أَشْرَبْ سِيجَارَة ؟

- 담배를 피우지 말아 주십시오.
  law samaħt matdaxxanʃ   라우 싸마흐트 마트닷칸쉬
  لَوْ سَمَحْتْ مَاتْدَخَّنْشْ

- 흡연은 건강에 좋지 않아요.
  ʃɛt-tadxiin ḍaarr bɛʃ-ʃeħħa   잇타드킨- 다-르 빗시하
  التَّدْخِينْ ضَارّ بِالصِّحَّة

- 저는 담배를 끊으려고 시도하고 있어요.
  ʃana baħææwel ʃabaṭṭal ɛt-tadxiin
  아나 바해-웰 아밧딸 잇타드킨-
  أَنَا بَاحَاوِل أَبَطَّل التَّدْخِينْ

- 재털이 있나요?
  ɛandak ṭaffaaya   안닥 땃파-야
  عَنْدَكْ طَفَايَة

담배	sˤgaara/ sagææyer duxxææn/ ʃadxɛna	씨가-라/싸개-이르 둣캔-/아드키나	سِيجَارَة/سَجَائرْ دُخَان/ أَدْخِنة
담배 한 갑	ɛɛlbɛt sagææyer	엘빗 싸개-이르	عِلْبَة سَجَائرْ
담배 한 보루	xartuuʃet sagææyer	카르뚜-쉿 싸개-이르	خَرْطُوشِة سَجَائرْ
물담배	ʃiiʃa/ -ææt	쉬-샤/쉬샤-트	شِيشَة/ شِيشَات
라이터	wallææɛa/ -ææt	왈래-아	وَلَّاعَة/ وَلَّاعَات
성냥	kabriit	카브리-트	كَبْرِيت
재떨이	ṭaffaaya/ -aat	땃파-야/땃파야-트	طَفَايَة/ طَفَايَات
금연	mamnuuɛ ɛt-tadxiin	맘누-아 잇타드킨-	مَمْنُوع التَّدْخِين
담배를 피우다	ʃɛrɛb/yeʃrab sˤgaara 쉬랍/예슈랍 씨가-라		شرِب/يِشْرَبْ سِجَارَة

15. 스포츠

이집트의 축구에 대해

이집트에서 가장 인기있는 대중 스포츠는 축구입니다. 이집트에서 축구는 각박한 서민들의 삶에 여유와 즐거움을 선사하는 유일한 청량제라 할 수 있습니다. 이집트에서 가장 대표적인 프로축구 팀은 카이로를 연고로 하는 '자말렉' 팀과 '아흘리' 팀입니다. 이 두 팀이 경기를 하는 날에는 거리에 택시 운행이 현격히 줄어들 정도로 사람들의 관심이 높습니다. 너나 할 것없이 '아흘리' 팀 혹은 '자말렉' 팀을 응원하는 사람으로 나뉘어져 열광적으로 응원하는 것을 봅니다.

이곳 사람들은 축구를 시청하는 것도 좋아하지만 실제로 축구를 하는 것도 좋아합니다. 아무리 시골의 가난한 곳이라 하더라도 좁은 골목에서 공을 차고 노는 사람들을 볼 수 있습니다. 그들이 동네 축구한다고 얕보지는 마십시오. 아무리 동네축구라고 하더라도 타고난 중동의 개인기가 몸에 배여 있습니다.

이집트의 어느 곳을 가던지 축구의 언어는 하나입니다. 비록 말은 통하지 않아도 축구를 함께 하면서 마음을 전달할 수 있습니다. 시간을 내어 이들과 함께 축구 게임을 하는 것 참 좋은 친구 사귐의 수단이 됩니다.

15-1 스포츠

- 당신은 운동을 좋아하나요?
  beţḥebb er-reyæaḑa   비트헵 이리에-다   بِتْحِبّ الرِّيَاضَة ؟
- 예, 저는 무척 좋아해요.
  ʕaywa baḥebba-ha geddan   아이와 바헵바하 깃단   أَيْوَه بَاحِبّهَا جِدًّا
- 아니오. 저는 좋아하지 않아요.
  laʕ mabaḥebb-hææʃ   라 마바헵하-쉬   لأ مَابَاحِبّهَاش
  laʕ meʃ baḥebba-ha   라 미쉬 바헵바하   لأ مِشْ بَاحِبّهَا
- 당신은 어떤 운동을 하세요? (평소에)
  beţelʕab ʕanhi reyæaḑa   비틸아압 안히 리에-다   بِتِلْعَبْ أَنْهِي رِيَاضَة ؟
- 저는 ··· 운동을 해요.(평소에)
  ʕana balʕab ...   아나 발아압 ···   أَنَا بَالْعَبْ ...
- 당신은 어떤 종류의 운동경기를 보나요?
  ʕeeh nooʕ er-reyæaḑa ʕelli beţeţfarrag ɛaleę-ha
  에- 노-아 이리에-다 일리 비트파라그 알리하 ؟   إِيه نُوع الرِّيَاضَة اللِّي بِتِتْفَرَّج عَلِيهَا ؟
- 당신은 어떤 것을 즐겨보시나요?
  beţḥebb teţfarrag ɛala ʕeeh   비트헵 티트파라그 알라 에-   بِتْحِبّ تِتْفَرَّج عَلَى إِيه ؟
- 저는 축구경기 보는 것을 좋아해요.
  ʕana baḥebb ʕatfarrag ɛala kort el-qadam
  아나 바헵- 아트파라그 알라 꼬릿 일까담   أَنَا بَاحِبّ أَتْفَرَّج عَلَى كُورِة الْقَدَمْ
- 당신은 어떤 운동선수를 좋아하나요?
  miin el-læaʕeb el-mufaḑḑal ɛandak
  민- 일 래-엡 일무팟달 안닥   مِينْ اِلْلَاعِب الْمُفَضَّلْ عَنْدَكْ ؟
- 당신이 좋아하는 팀(클럽)은 어떤거죠?
  ʕeeh fariiʕ-ak el-mufaḑḑal   에- 파리-악 일무팟달   إِيه فَرِيقَكْ الْمُفَضَّلْ ؟
- 우리랑 경기에 갈래요?
  tiigi neruuḥ el-ʔatmʃ   티-기 니루-흐 일마취   تِيجِي نِرُوح الْمَاتْشْ ؟
- 티켓은 얼마죠?
  ʕeţ-tazææker bᵉ-kææm   잇타재-키르 비캠-   اِلتَّذَاكِرْ بِكَامْ ؟
- 어디가 가장 가까운 헬스클럽이죠?
  feen ʔaʕrab jiim   펜- 아으랍 짐-   فِينْ أَقْرَبْ جِيمْ ؟
- 달리기를 위해서 가장 좋은 곳은 어디죠?
  feen ʕaḥsan makææn lil-gary   펜- 아흐싼 마캔-릴 개리   فِينْ أَحْسَنْ مَكَانْ لِلْجَرِي ؟

생활 외화
15-1-1 스포츠 관련 용어들

한국어	발음	한글 발음	아랍어
스포츠	reyaada	리야-다	رِياضَة
스타디움	ṣeṣtææd	이쓰태-드	إستاد
클럽	næædi/nawæædi	내-디/나왜-디	نادي/نَوادي
운동장	malɛab/malææɛeb	말아압/말래-입	مَلعَب/مَلاعِب
축구장	malɛab koora	말아압 꼬-라	مَلعَب كُورة
테니스코트	malɛab tenis	말아압 테니쓰	مَلعَب تِنِس
수영장	ɦammææm sebæææfa	함맴- 씨 배-하	حَمّام سِباحَة
회원권	ɛodweyya/ -ææ-	오드웨야/오드워에트	عُضوِيَّة/عُضوِيّات
회원	ɛodw/ɑædɜɑʔ wbɔɜ muʃtarek/ -iin (fi)	오두/아으대- 무쉬타릭	عُضوُ/أعضاء مُشتَرِك/مُشتَرِكين
회원가입하다	ṣeʃtarak/yeʃterek fi	이쉬타락/에쉬티릭 피	إشتَرَك/يَشتَرِك في
공(ball)	koora/ kowar	꼬-라/ 꼬와르	كُورة/كُوَر
네트	ʃabaka	샤바카	شَبَكَة
농구골대그물	salla	쌀라	سَلَّة
배트, 라켓	maḍrab/ maḍaareb	마드랍/ 마다-립	مَضرَب/مَضارِب
세계선수권	buṭuula dawleyya	부뚤-라 다울레야	بُطُولة دَولِيَّة
올림픽게임	ʃel-ʕalɛææb el-olimbeyya/ el-olimbeyyææt	일알앱- 올림베야/ 일올림비에-트	الأَلعاب الأُولَمبِيَّة/الأُولَمبِيّات
금메달	medalya zahabeyya	미달야 자하베야	ميدالِيَة ذَهَبِيَّة
은메달	medalya faḍḍeyya	미달야 팟데야	ميدالِيَة فِضِّيَّة
동메달	medalya burunzeyya	미달야 부룬제야	ميدالِيَة بُرُونزِيَّة
에어로빅	airoobiks	아이로-빅쓰	أيرُوبِكس
헬스, 보디빌딩	jiim	짐-	جيم
마사지, 안마	masææj	마쌔-지	مَساج

생활 회화
15-2 스포츠 종목

한국어	발음	한글 표기	아랍어
축구	koora koreṭ ęl-qadam	꼬-라 꼬릿 일까담	كُورَة كُورَة الْقَدَم
농구	koreṭ salla baskeṭ baskeṭbool	꼬릿 쌀라 바쓰킷 바쓰킷볼-	كُورَة سِلَّة بَاسكِتْ بَاسكِتْبُولْ
배구	kora ṭayra vuli bool	꼬라 따이라 불리 볼-	كُورَة طَائِرَة فُلِي بُولْ
핸드볼	koreṭ yadd	꼬릿 얏드	كُورَة يَدّ
테니스	ṭęnis	테니쓰	تِنِس
미식축구	kort ęl-qadam ęl-ʕamrikęyy	꼬릿트 일까담 일아므리키야	كُورَة الْقَدَم الْأَمْرِيكِيَّة
야구	bęsbool	베-쓰볼-	بِيسْبُولْ
육상경기	(육상, 투기, 체조 모두 포함) ʕalæææb qowwa	알라앱- 꼬와	أَلْعَاب قُوَّة
달리기	ręyaḍeṭ ęl-gary gary	리야-딧 일가리 개리	رِيَاضَة الْجَرِي جَرِي
마라톤	marason	마라쏜	مَرَثُونْ
체조	gumbaaz	굼바-즈	جُمْبَازْ
역도	rafę ęl-ʕasqaal	라프아 일아쓰깔	رَفْع الْأَثْقَالْ
싸이클	rukuub ęl-ɛagal	루쿱- 일아갈	رُكُوب الْعَجَلْ
태권도	taikondo	타이콘도	تَايكُونْدُو
카라테	karatęęh	카라-테-	كَارَاتِيه
유도	judo	주도	جُودُو
쿵후	kungfuu	컹프후-	كُنْجفُو
레슬링	muṣarɛa rumaniyya	무사르아 루마니야	مُصَارَعَة رُومَانِيَّة
복싱	mulakma	물라크마	مُلاَكَمَة
경마	sabaʔ xoyuul	싸바으 코율-	سَبَقْ خُيُولْ

생활 회화			
양궁	ʃel-qoos wes-sahm	일꼬-쓰 윗싸흠	الْقَوْسُ وَالسَّهْمُ
승마	rukuub el-xeel	루쿱- 일킬-	رُكُوبْ الْخِيلْ
수영	ɛoom	움-	عُومْ
	sebææħa	씨배-하	سِبَاحَة
다이빙	ɣats (ɣatsa/)	가쯔쓰(가쯔싸/)	غَطْسْ(غَطْسَة/)
조정	tagdiif	타그디-프	تَجْدِيفْ

15-3 축구 kort el-qadam كُورَةُ الْقَدَم

- 당신은 축구를 할 줄 아나요?
  teɛraf telɛab koora   티아라프 틸아압 꼬-라   تَعْرَفْ تِلْعَبْ كُورَة ؟
- 당신은 내일 우리랑 축구할래요?
  tegi telɛab maɛææna koora bokra
  티기 틸아압 마애-나 꼬-라 보크라   تِيجِي تِلْعَبْ مَعَانَا كُورَة بُكْرَة ؟
- 당신은 우리와 함께 축구할래요?
  teħebb nelɛab maɛa baɛḍ   티헵 닐아압 마아 바아드   تِحِبّ نِلْعَبْ مَعَ بَعْضْ ؟
- 저도 당신과 함께 경기할 수 있나요?
  momken ʔalɛab maɛææku   몸킨 알아압 마애쿠   مُمْكِنْ أَلْعَبْ مَعَاكُو؟
- 우리가 게임을 할 수 있나요?
  momken neɛmel matʃ   몸킨 니암밀 마취   مُمْكِنْ نِعْمِلْ مَاتْشْ؟
- 이리로 공을 뛰우세요.
  ʔerfaɛ li-hena   이르파아 리 헤나   إِرْفَعْ لِهِنَا.
- 당신은 내가 당신에게 어떻게 경기하는지 가르쳐 주길 원하세요?
  ɛayezni Saɛallem-ak telɛab Sezzææy
  아이즈니 아알리막 틸아압 이재-이   عَايِزْنِي أَعَلِّمَكْ تِلْعَبْ إِزَّاي؟

게임을 시청하며

- (경기가) 언제 시작하는가요?
  hayebtedi Semta   하입티디 엠타   هَيِبْتِدِي إِمْتَى؟
- 어느 팀이 잘하나요?
  miin Saħsan fariiS   민- 아흐싼 파리-으   مِينْ أَحْسَنْ فَرِيقْ ؟

생활 회화

- 당신은 어느 팀을 응원하나요?

  beṭʃaggaɛ miin   비트샤가아 민-   بِتْشَجَّعْ مِينْ؟

- 저는 ...팀을 응원해요.

  ʕana baʃaggaɛ...   아나 바샤가아...   أَنَا بَاشَجَّعْ ...

- 누가(어느 팀)이 리그에서 1위인가요?

  miin ʕel-ʕawwɛl fi el-dawra   민 일아월 피 잇다우라   مِينْ الْأَوَّلْ فِي الدَّوْرَة؟

- 누가(어느 팀) 누구(다른 어느 팀)와 경기하나요?

  miin w-miin beyɛlɛab   민- 위 민- 비옐아압   مِينْ وَمِينْ بِيِلْعَبْ؟

  miin beyɛlɛab maɛa miin   민- 비옐아압 마아 민-   مِينْ بِيِلْعَبْ مَعَ مِينْ؟

- 어느 팀이 승자/패자인가요?

  miin el-fæyiz / el-xasraan   민- 일패-이즈/ 일카쓰란-   مِينْ الْفَايِزْ/ الْخَسْرَانْ؟

- 가장 잘하는 선수는 ...이에요.

  ʕafḍal læɛɛb ɛandi howwa...   아프달 래-엡 안디 호와...   أَفْضَلْ لَاعِبْ عَنْدِي هُوَّ ...

  ʕaḥsan læɛɛb ɛandi howwa...   아흐싼 래-엡 안디 호와...   أَحْسَنْ لَاعِبْ عَنْدِي هُوَّ ...

- 점수(스코어)가 얼마이죠?

  kææm kææm   캠- 캠-   كَامْ كَامْ؟

- 남은 시간이 얼마이죠?

  naaʕeṣ kææm ɛala el-matʃ   나-이스 캠- 알라 일매취?   نَاقِصْ كَامْ عَلَى الْمَاتْشْ؟

- 게임이 정말 멋있었어요.

  kææn matʃ gamiil   캔- 마취 가밀-   كَانْ مَاتْشْ جَمِيلْ!

- 게임이 재미없어요.

  matʃ mumɛll   마취 무밀   مَاتْشْ مُمِلّ

15-3-1 축구 관련 용어들

대표팀	muntaxab/-ææt	문타캅/문타카배-트	مُنْتَخَبْ/ مُنْتَخَبَاتْ
경기, 게임	matʃ/-aat, -ææt mubaraah	마취/ 마췌-트 무바라-	مَاتْشْ/ مَاتْشَاتْ مُبَارَاة
공격	huguum	후굼-	هُجُومْ
수비, 방어	dᵉfææɛ	디패-아	دِفَاعْ/ دِفَاعَاتْ
선수	lææɛb/-iin	래-입/래이빈-	لَاعِبْ/ لَاعِبِينْ
공격수	muhæægɛm/-iin	무해-김/무해기민-	مُهَاجِمْ/ مُهَاجِمِينْ

생활 외화

한국어	발음	한글 발음	아랍어
수비수	mudæfɛʕ/-iin	무대-피아/무대피아인-	مُدَافِع/ مُدَافِعِين
대기선수	ʕɛħteyaati læææib ʕɛħteyaati	이흐티야-띠 래-엡 이흐티야-띠	إِحْتِيَاطِي لَاعِب إِحْتِيَاطِي
골키퍼	goon gool kiibar ħæærɛs ɛl-marma	곤- 골- 키-바르 해-리쓰 일마르마	جُون جُول كِيبَر حَارِس المَرْمَى
플레이메이커	saanɛɛ lɛʕb	사-니아 레으브	صَانِع لَعْب
감독	mudiir fanni	무디-르 판니	مُدِير فَنِّي
코치	mudarrɛb/ -iin	무다립/무다리빈-	مُدَرِّب/ مُدَرِّبِين
주장, 코치, 감독	kaptɛn	캡틴	كَابْتِن
심판, 주심	ħakam/ ħukkææm	하캄/ 후캄-	حَكَم/ حُكَّام
부심	musææɛɛd ɛl-ħakam	무쌔-아이드 일하캄	مُسَاعِد الْحَكَم
응원하는 사람	muʃaggɛɛ/-iin	무샤기아/무샤기아인-	مُشَجِّع/ مُشَجِّعِين
프리킥	ḍarba ħorra	다르바 호라	ضَرْبَة حُرَّة
골킥	ḍarbɛt marma	다르빗 마르마	ضَرْبَة مَرْمَى
코너킥	ḍarba roknɛya koornᵊr	다르바 로크네야 코-르나르	ضَرْبَة رُكْنِيَّة كُورْنَر
페널터킥 승부차기	ḍarbɛt gazææʕ bɛnɛlti	다르빗 가재- 베넬티	ضَرْبَة جَزَاء بِنِلْتِي
파울	fawɛl/-ææt	파울/파울래-트	فَاوِل/فَاوْلَات
오프사이드	tasallol	타쌀롤	تَسَلُّل
경고	ʕenzaar	인자-르	إِنْذَار
옐로카드	kart ʕasfar	카르트 아스파르	كَارْت أَصْفَر
레드카드	kart ʕaħmar	카르트 아흐마르	كَارْت أَحْمَر
호각	suffaara/-aat,safafiir	숫파-라/사파피-르	صُفَّارَة/صُفَّارَات، صَفَافِير
이긴	fææyɛz/ -iin kasbææn/-iin ɣæælɛb/ ɣalbiin	패-이즈/패이진 카쓰밴-/카쓰배닌- 갤-립/갈빈-	فَائِز/ فَائِزِين كَسْبَان/كَسْبَانِين غَالِب/ غَالِبِين

생활 회화

한국어	발음	한글 발음	العربية
짐	xasraan/ -iin mayluub/ -iin	카쓰란-/카쓰라닌- 마글룹-/마글루빈-	خَسْرَان/خَسْرَانِين مَغْلُوب/مَغْلُوبِين
무승부, 비김	taɛæduI	타애-둘	تَعَادُلْ
무승부의	mɛtɛædɛl/ -iin	미트애-딜	مُتَعَادِل
교체	tabdiil	탑딜-	تَبْدِيل
퇴장당한	maṭruud/-iin	마뜨루-드	مَطْرُود/مَطْرُودِين
골, 득점	goon/ɑgwææn gool hadaf/ɑhdææf	곤/아그왠- 골- 하다프/아흐대-프	جُون/أَجْوَان جُول هدَف/أَهْدَاف
골대	ɛarḍa ɛarḍɛt goon	아르다 아르딧 곤-	عَارِضَة عَارِضة جُون
승점	noṣṭa/ noṣaṭ	노으따/노아쁘	نُقْطَة/ نُقَط
전반전	ʃeʃ-ʃoot el-ʔawwel	잇쇼-트 일아월-	الشُّوط الأَوَّل
후반전	ʃeʃ-ʃoot eṭ-ṭæni	잇쇼-트 잇태-니	الشُّوط الثَّانِي
추가 시간	waʔt ʔeḍaafi	와으트 이다-피	وَقْت إِضَافِي
연장전	ʃoot ʔeḍaafi	쇼-트 이다-피	شُوط إِضَافِي
16강	ʃed-door eṣ-ṣeṭ-ṭaaʃar	잇도-르 잇씻타-샤르	الدُّور الـ16
준결승전	ʔel-mubaraah ʔablᵉ en-nᵉhææʔi door el-ʔarbaɛa	일무바라- 아블 인니해-이 도-르 일아르바아	المُبَارَاة قَبْلَ النِّهَائِيَّة المُبَارَاة قَبْلَ النِّهَائِي دُور الأَرْبَعَة
결승전	ʔel-mubaraah en-nᵉhææʔeyya	일무바라- 인니해-에야	المُبَارَاة النِّهَائِيَّة
리그(leage)	dawra	다우라	دَوْرَة
아프리칸 컵	kææs ʔafreqya	캐-쓰 아프리끼야	كَأْس أَفْرِيقِيَا
월드컵	kææs el-ɛæælam ʔel-mundiyææl	캐-쓰 일알-람 일문디엘-	كَأْس العَالَم المُونْدِيَال
슛을 하다	ʃaat/ yeʃuut	샤-트/이슈-트	شَاتْ/ يَشُوتْ
골을 넣다	gææb/yegiib goon	갭-/이깁- 곤-	جَابْ/يِجِيبْ جُونْ

생활 회화		
자살골을넣다	gææb/yęgiib goon fi nafsu 갭/이갑- 곤 피 나프수	جاب/يجيب جون في نفسُه
이기다	kęsęb/ yęksab 키씹/엑쌉 ɣalab/ yęylęb 갈랍/예글립 fææz/ yęfuuz (cl) 패-즈/에푸-즈	كِسِب/يكْسِب غَلَب/يغْلِب فازْ/يفُوزْ
지다	sęty̆alab/ yętyęlęb 이트갈랍/에트길립 sęthazam/ yęthęzęm 이트하잠/에트히짐	إتْغَلَب/يتْغَلِب إتْهَزَم/يتْهِزِم
우승하다	kęsęb/yęksab ęk-kææs 키씹/엑쌉 익캐-쓰	كِسِب/يكْسِب الكَأس
응원하다	ʃaggaɛ/ yęʃaggaɛ 샥가아/예샥가아	شَجَّعْ/يشَجَّعْ

15-4 수영

· 탈의실이 어디죠?
　feen ʕoodęt tayyiir ęl-malææbęs
　펜- 오딧 타그이-르 일말래-비쓰　　فين أوْضية تَغْيير المَلابِس ؟

· 여기에 다이빙하는 장소가 있나요?
　fiih ʕamææken yɣats hęna　펜- 아매-킨 갓츠 헤나　فيه أمَاكِن غَطْسْ هِنَا ؟

· 우리가 배를 빌릴 수 있나요?
　momkęn nęʕaggar markęb　몸킨 나악가르 마르킵　مُمْكِنْ نأجَّرْ مَركِبْ ؟

· 우리는 다이빙 도구를 빌리기를 원해요.
　ɛayziin nęʕaggar ɛęddat yats
　아이진- 나악가르 엣다트 갓츠　عايْزِين نأجَّرْ عِدّة غَطْسْ

수영장	ḥammææm sębææʃa 함맴- 씨배-하	حَمَّام سِباحَة
탈의장	ʕoodęt tayyiir ęl-malææbęs 오-딧 타그이-르 말래-비쓰	أوْضة تَغْيير المَلابِس
수영복	mayooh/ -hææt 매요-/매요해-트 (비키니) bikiini 비키-니	مايْوه/ مايْوهات بيكِيني
수영모	bunęęh 부네-	بُونِيه
선글라스	naḍḍaaręt ʃams 낫다-릿 샴쓰	نَضّارة شَمْسْ

	생활 회화		
고무튜브 (물놀이용)	ɛawwæema/-æet	아왜-마/아왜매-트	عَوَّامَة/عَوَّامَات
썬텐크림	kęriim baʃr	키림- 바흐르	كريم بَحْرْ
타올	fuuṭa/fowaṭ	푸-따/포와뜨	فُوطَة/فُوطْ
의자	korsi/karæesi	코르씨/카래-씨	كُرْسِي/كَرَاسِي
파라솔	ʃamsęyya/ʃamæesi	샴쎄야/샤매-씨	شَمْسِيَّة/شَمَاسِي
수영하다	ɛæem/yęɛuum	앰-/예우움-	عَام/يَعُومْ
잠수하다 다이빙하다	vęṭęs/yęvṭɑs	기띠쓰/예그따쓰	غِطِسْ/يِغْطَسْ
샤워하다	xad/yæexod doʃʃ	카드/에-코드 돗쉬	خَدْ/يَاخُدْ دُشّ
사우나	sawna	싸우나	سَاوْنَة

15-5 놀이 공원 & 이집트 사람들이 즐기는 놀이

	15-5-1 놀이공원 관련 용어		
놀이공원	ʕel-malæehi	일말래-히	المَلَاهِي
그네,시소	murgęęḥa/maragiiḥ	무르기-하/마라기-흐	مُرْجِيحَة/مَرَاجِيحْ
미끄럼틀	zuḥlęęʕa	주흘리-아	زُحْلِيقَة
출입구	bawwæeba	바왜-바	بَوَّابَة
입장	duxuul	두쿨-	دُخُول
퇴장	xuruug	쿠루-그	خُرُوج
공원	genęęna/ganæeyęn ḥadiilqa/ʃadaayɛq(cl.)	기니-나/가내-인 하디-까/하대-이끄	جِنِينَة/جَنَائِنْ حَدِيقَة/حَدَائِقْ
동물원	genęęnet ḥayawanæet ḥadiiqęt ḥayawanæet(cl.)	기니-닛 하야와내-트 하디-낏 하야와내-트	جِنِينَة حَيَوَنَات حَدِيقَة حَيَوَنَات

생활 회화

15-5-2 이집트 사람들이 즐기는 놀이

서양장기, 체스	ʃatarang	샤따랑그	شَطْرَنْج
서양카드	kutʃiina	쿠취-나	كُوتْشِينَة
도미노	duminu	두미누	دُومِينُو، دُومنَة
따울라 tawla	두개의 주사위를 사용하여 노는 놀이 (backgammon)		طَاوِلَّة
살라흐 ṣallaḥ	술래가 뒤돌아서서 손바닥을 겨드랑이 밑으로 보여주면, 그룹중 한 사람이 손바닥을 치고 술래는 자기를 친 사람을 맞추는 놀이		صَلَّح
술래잡기	ʕustuyummææya	우쓰투굼매-야	أُسْتُغُمَّايَة
주사위	zahr	자흐르	زَهْر
내기	rahaan/ -aat	라한-	رِهَان/رِهَانَات
제비뽑기	ʔoreaa/ -aat	오르아	قُرْعَة/قُرْعَات

· 입장료가 얼마이죠?

be-kææm et-tazkara   비캠- 잇타즈카라   بِكَام التَّذْكَرَة

· 놀이 공원이 언제까지 열려있죠?

ʕel-malææhi fatḥa leyææyet es-sææɛa kææm

일말래-히 파트하 리개옛 잇쌔-아 캠-   اِلْمَلَاهِي فَاتْحَة لِغَايَة السَّاعَة كَامْ ؟

· 당신은 얼마에 내기할래요?

ʕenta teraahen ɛala kææm   엔타 티라-힌 알라 캠-   اِنْتَ تِرَاهِن عَلَى كَامْ ؟

16. 명절, 생일, 혼인, 장례

이집트의 결혼식

결혼식은 인생에서 가장 중요한 이벤트라고 할 수 있습니다. 이집트 사람들도 예외는 아닙니다. 결혼을 통해 이집트 사람들은 각박하고 복잡한 생활가운데서 삶의 안식과 위로를 찾으려고 합니다. 결혼식에 참여하는 사람들도 기쁨과 여유를 누립니다.

혼담의 시작은 적령기가 된 남자가 결혼하고 싶은 여자의 집을 찾아 청혼함으로 이루어집니다. 전통적으로 청혼은 남자가 결혼하고 싶은 여자 개인에게 하는 것이 아니라 여자의 가족, 특히 여자의 아버지에게 청혼하는 성격이 강합니다. 그래서 '청혼하다' 는 아랍어 표현도 우리말로 직역하면 '그녀의 아버지로 부터 그녀의 손을 요청하다' 라는 의미입니다.

이집트에서 결혼을 위한 남자의 전제 조건은 신방을 꾸밀 집을 구비하는 것입니다. 그런데 임금은 싸고 집값은 비싸기 때문에 적령기가 된 남자가 결혼을 하지 못하는 경우도 많고 이로인해 사회문제가 되기도 합니다.

한편 이집트의 약혼식과 결혼식은 밤에 진행됩니다. 이것은 고대로 부터 내려오는 근동의 풍습입니다. 이집트의 주말인 목요일 저녁이 되면 길거리 곳곳에서 차의 경적 소리를 들을 수 있는데 이것이 바로 결혼식 행렬입니다.

16-1 명절과 새해 그리고 생일 인사

A: 한 해 동안 좋은 일이 많길…
koll^e sana w-ęnta(f/w-ęnti, pl/w-ęntu) ţayyęb(f/ţayyęba, pl/ţayyębiin)
꼴 싸나 웬타(f/웬티, pl/웬투) 따읩(f/따예바, pl/따예빈-)

كُلّ سَنَة وِانْتَ(/اِنْتِ/ اِنْتُوا) طَيِّب (/طَيِّبَة / طَيِّبِين)

B: 응답
w-ęnta(f/ɛnti, pl/ɛntu) ţayyęb(f/ţayyęba, pl/ţayyębiin)

وِانْتَ(/اِنْتِ/ اِنْتُوا) طَيِّب (/طَيِّبَة / طَيِّبِين)
웬타(f/웬티, pl/웬투) 따읩(f/따이바, pl/따이빈-)

• 생일을 맞은 사람에게

· 한해동안 좋은 일이 많길…
koll^e sana w-ęnta ţayyęb　　꼴 싸나 웬타 따읩　　كُلّ سَنَة وِانْتَ طَيِّب

· 100살 까지 오래 사세요
ɛuʕbææl miit sana　　오으밸- 미-트 싸나　　عُقْبَال مَائِة سَنَة

• 생일파티에서

싸미르: 아하메드! 생일 축하해!(한 해 동안 좋은 일이 많길…)
koll^e sana w-ęnta ţayyęb ya ʕaħmad
꼴 싸나 웬타 따읩 야 아흐마드　　سَمِير: كُلّ سَنَة وِانْتَ طَيِّب يَا أَحْمَدْ

아흐마드: 고마워, 싸미르!
w-ęnta ţayyęb ya samiir　　웬타 따읩 야 싸미-르　　أَحْمَدْ: وِانْتَ طَيِّب يَا سَمِيرْ

싸미르: 올해는 네가 결혼도 하고, 집도 장만하길 바래!
zayy ʕęs-sana di tękuun ʕętgawwęzt w-fataħt bęęt
자이 잇싸나 디 티쿤- 이트가웠즈트 위파타흐트 베-트
سَمِيرْ: زَيِّ السَّنَة دِي تِكُونْ اِتْجَوِّزْتْ وَفَتَحْتْ بِيت

아흐마드: 주님께서 너도 축복하시길! 하지만 아직은 일러.
rabbę-na yęxallii-k lęssa badri
랍베나 에칼릭- 렛싸 바드리　　أَحْمَدْ: رَبَّنَا يِخَلِّيكْ لِسَّة بَدْرِي

싸미르: 네가 올해에 바라는 것이 뭐야?
nęfsak fi ʕęeh ʕęs-sanææ di　니프싹 피 에- 잇싸내- 디?　سَمِيرْ: نِفْسَكْ فِي إِيه السَّنَة دِي؟

아흐마드: 주님이 내 사업이 잘되도록 도와주시고, 내 길에 함께 계시길 원해.
nęfsi rabbę-na yęsææɛędni fęʃ-ʃoyl
니프씨 랍베나 에쌔-에드니 핏 쇼골　　أَحْمَدْ: نِفْسِي رَبَّنَا يِسَاعِدْنِي فِي الشُّغْلْ

생활 회화

싸미르: 주님께서 네가 원하는 것을 주시길!
rabbe-na yęddi-k ʃęlli ʃęnta ɛæǣyęz-u
랍베나 옛딕 일리 엔타 아-이주-
سَمِيرْ: رَبَّنَا يِدِّيكْ اللِّي انْتَ عَايِزُه

아흐마드: 참석해 주어서 고마워, 싸미르 야.
ʃokran li ɦuduur-ak ɛiid milæædi ya samiir
쇼크란 리 후두-락 아이드 밀래-디 야 싸미-르
أَحْمَدْ: شُكْراً لِحُضُورَكْ عِيدْ مِيلَادِي يَا سَمِيرْ

싸미르: 촛불을 꺼
ʃętfi eʃ-ʃamɛʔ   에뜨피 잇샴아
سَمِيرْ: اِطْفِي الشَّمْعْ!

양초	ʃamɛ(-a/)	샴아(샴아/)	شَمْعْ(شَمْعَة/)
생일케익	(크림을 올린 것) torta 토르타 (크림이 없는 케이크) kęęka 케-카		تُورْتَة كِيكَة
선물	hędęyya/ hadæǣya	헤데야/ 하대-야	هَدِيَّة/ هَدَايَا
파티	ɦafla/ ɦafalæǣt	하플라/ 하팔래-트	حَفْلَة/ حَفَلَاتْ
선물을 교환하다	ʕętbæædęl/ yętbæædęl (hędęyya) (maɛa) 이트배-딜/ 에트배-딜 (헤데야) (마아)		اِتْبَادِلْ/ يِتْبَادِلْ هَدِيَّة (مَع)

16-2 약혼 & 결혼   ig-gawæǣz   الجواز

• **약혼 혹은 결혼한 신랑 신부와 나누는 인사**

하객: 축하합니다
ʔalf mabruuk   알프 마브룩-
الْحَاضِرْ: أَلْفْ مَبْرُوكْ

신랑, 신부: 응답(하나님이 당신을 축복하시길!)
ʔallaah yębaarik fiik(f/fiiki, pl/fiiku)
알라- 예바-릭 픽-(f/피-키, pl/피-쿠)
الْعَرِيسْ أَوْ الْعَرُوسَة : الله يِبَارِكْ فِيكْ

• **신랑 신부가 식에 참석한 사람들에게 나누는 인사**

· 당신도 이렇게 동일하게 되기를 바래요.
(결혼하는 당사자가 하객에게, 혹은 하객이 하객에게 하는 인사말)
ɛuʕbæǣl-ak/ ɛuʕbæǣl-ik   오으밸-락/ 오으밸-릭
عُقْبَالَكْ/ عُقْبَالِكْ

· 당신의 자녀들도 이렇게 결혼하길!
ɛuʕbæǣl wilæǣd-ak   오으밸- 윌래-닥
عُقْبَالْ أَوْلَادَكْ

생활 외화

- 당신의 자녀들로 인해서도 이렇게 함께 기뻐할 수 있길!
  ɛuʕbææl ma nefraḣ bewilææd-ak

  오으밸- 마 니프라흐 비윌래-닥

  عُقْبَالْ مَا نِفْرَحْ بِأَوْلَادَكْ.

- **예식을 마치고 인사를 나누며 나누는 대화**

하객 : (신부를 향해) 신부! 축하해요. 무척 예뻤어요(달덩이 같았어요)
ʕalf mabruuk ya ɛaruusa konti zayy el-ʕamar

알프 마브룩- 야 아루-싸 콘티 쟈이 일아마르

الْحَاضِرْ : أَلْفْ مَبْرُوكْ يَا عَرُوسَة. كُنْتِي زَيِّ الْقَمَرْ

신부 : 고마워요(신이 축복하시길). 당신에게도 이런 경사가 있기를 바래요.
ʕallaah yebaarik fiik, ɛuʕbææl-ak

알라- 에바-릭 픽- 오으밸-락

الْعَرُوسَة : الله يِبَارِكْ فِيكْ, عُقْبَالَكْ

하객 : (신랑을 향해) 신랑! 축하해요. 결혼식이 멋졌어요.
ʕalf mabruuk ya ɛariis, el-faraḣ kææn gamiil

알프 마브룩- 야 아리-쓰, 일파라흐 캔- 가밀-

الْحَاضِرْ : أَلْفْ مَبْرُوكْ يَا عَرِيسْ, الْفَرَحْ كَانْ جَمِيلْ

신랑 : 고마워요. 당신의 아들에게도 이런 경사가 있기를 바래요.
ʕallaah yebaarik fiik, ɛuʕbææl wilææd-ak

알라- 에바-릭 픽-, 오으밸- 윌래-닥

الْعَرِيسْ: الله يِبَارِكْ فِيكْ, عُقْبَالْ أَوْلَادَكْ

16-2-1 약혼 & 결혼 관련 용어들

신랑	ɛariis/ ɛɛrsææn	아리-쓰/에르쌘-	عَرِيس/ عِرْسَان
신부	ɛaruusa/ ɛaraayes	아루-싸/아라-이쓰	عَرُوسَة/ عَرَائِس
남편	gooz + 사람 zoog	고-즈+ 사람 주-그	جُوزْ + شخص زُوج
아내	meraat + 사람 zooga	미라-트+ 사람 주-가	مَرَاتْ + شخص زُوجَة
청혼하다	talab/ yotlob ʕiid-ha	딸랍/요뜰롭 이-드하	طَلَبْ/ يُطْلُبْ إِيدَهَا
약혼	xutuuba	쿠뚜-바	خُطُوبَة
약혼식	faraḣ/ ʕafraaḣ ḣaflet xutuuba	파라흐/아프라-흐 하플릿 쿠뚜-바	فَرَح/ أَفْرَاحْ حَفْلَة خُطُوبَة
	(콥틱 약혼식) noṣṣ ʕekliil 놋스 이클릴-		نُصّ إِكْلِيل

생활 회화

한국어	발음	한글 발음	العربية
약혼자	xaṭiib/ xuṭṭaab	카띱-/쿳땁-	خَطِيب/ خُطَّاب
약혼녀	xaṭiiba/ -aat	카띠-바/카띠바-트	خَطِيبَة/ خَطِيبَات
약혼한 (남)	xaaṭeb/ -iin	카-띱	خَاطِب/ خَاطِبِين
약혼한 (녀)	maxṭuuba/maxṭubiin	마크뚜-바/마크뚜빈-	مَخْطُوبَة/مَخْطُوبِين
약혼하다 (남)	xaṭab/ yoxṭob ʃabak/ yoʃbok (Isl)	카땁/요크또브 샤박/요쉬복	خَطَب/ يخْطُب شَبَك/ يُشْبُك
약혼하다 (녀)	ʔetxaṭabeṭ/ tetxeṭeb li 이트카따비트/ 티트키땁 리 setʃabaket, seʃʃabaket/ tetʃebek 잇샤바키트/ 티트쉬빅		اتْخَطْبِت/ تِتْخْطِب لـ اتْشَبْكِت/ تِتْشِبِك
부케	bukeeh	부케-	بُوكِيه
초청장	daɛwa	다아와	دَعْوَة
자그루-타 zayruuta	여성들이 입안에서 혀를 움직이며 내는 축하의 소리		زَغْرُوتَة/ زَغَارِيت
결혼식(약혼식) 행렬	zaffa	잣파	زَفَّة
결혼 지참금	ʔel-mahr	일마흐르	الْمَهْرْ
약혼 예물	ʃabka	샵카	شَبْكَة
예물 반지	debla/ debal	디블라/디발	دِبْلَة/ دِبَل
예물 목걸이	selsela/ salææsel	씰씰라/쌀래-씰	سِلْسِلَة/ سَلَاسِل
결혼	gawææz	가왜-즈	جَوَازْ
결혼식	faraħ/ ʔafraaħ	파라흐/아프라-흐	فَرَحْ/ أَفْرَاحْ
결혼식 (콥틱 결혼식)	ʔekliil	이클릴-	إكْلِيل
신방들기	doxla	도클라	دُخْلَة
결혼한 (남)	metgawwez/-iin	미트가우즈/ 미트가윔진	مِتْجَوِّز/ مِتْجَوِّزِين
결혼한 (녀)	metgawweza/-iin	미트가워자/ 미트가워진-	مِتْجَوِّزَة/مِتْجَوِّزِين
결혼하다	ʔetgawwez/yetgawwez	이트가워즈/예트가워즈	اتْجَوِّز/ يتْجَوِّز
결혼계약을 하다	(Isl) katab/yektеb (ek-kᵉtææb)	카탑/엑팁 (익키탭-)	كَتَبْ/ يكْتِبْ الْكِتَابْ

233

생활 외화			
	(Ch) ɛamal/yɛmɛl (ʃɛkliil) 아말/예아밀 이클릴-		عمل/ يعمل إكْلِيل
결혼계약서	ɛaʕd eg-gawæez bʕaʔ 아으드 익가왜-즈		عَقْد الجَواز
비밀결혼	결혼계약이나 혼인신고도 없이, 가족이나 이웃들도 모르게 하는 결혼 eg-gawæez el-ɛorfi (Isl) 익가왜-즈 엘오르피		الجَواز العُرْفي
허니문	ʃahr-ɛl-ɛasal	샤흐르 일아쌀	شَهْر العَسل
결혼기념일	ɛiid gawæez	아이드 가와-즈	عِيد جَواز
이혼	talaaʔ	딸라-으	طَلَاق
이혼한	남	mɛtallaʔ/-iin	미딸라으	مِطَلَّق
	여	mɛttallaʕa/-iin	미딸라아	مِتَلَّقة/مِتْلَقِين
이혼하다	tallaʔ/ yɛtallaʔ	딸라으/예딸라으	طَلَّق / يطَلِّق
여자가 이혼 당하다	ʔɛttallaʕɛt/tɛttallaʔ 잇딸라이트/팃딸라으		اِتْطَلَّقت/ تِتْطَلَّق

16-3 장례   ganæezа   جنازة

이집트의 장례식은 사망 당일 혹은 익일에 이루어집니다. 만일 고인이 아침에 사망하였을 경우 그날 매장을 하고 저녁에 애도식을 치릅니다. 고인이 저녁에 사망하였을 경우 익일 아침에 매장을 한 뒤 그날 저녁에 애도식을 치릅니다. 이렇게 매장을 빨리 하는 이유는 사체가 빨리 부패하기 때문입니다. 고인을 애도하기 위한 애도식은 매장 이후 저녁 시간에 이루어집니다. 애도식의 장소는 모스크나 교회의 홀 또는 집 근처의 임시 천막에서 이루어집니다. 사망 당일의 애도식이 끝나면 애도하는 장소를 집으로 옮겨 3일 동안 고인을 애도합니다. 그리고 사망 이후 7일과 40일 그리고 1년째 되는 날에도 가족들이 모여 고인을 애도합니다.

• 애도식장에서   في العزاء

조문객 : 그의 남은 생애가 당신의 삶 가운데 있기를…
ʕel-bæeʕɛyya fi ɦayæetak (f/-ik)

일배-이야 피 하예-탁 (f/-틱)   اَلْبَاقِيَّة في حَياتَكَ

상주 : 당신도 그렇게 되기를…
ɦayæetak(f/-ik) el-bæeʕɛyya

하예-탁(f/-틱) 일배-이야   حَياتَكَ الْبَاقِيَّة

생활 외화

조문객 : 힘을 내세요.
ʃedd ḥẹẹl-ak　　　쉿드 힐-락　　　شِدَّ حِيلَكْ
상주 : 하나님을 의지하길! 고통을 하나님께 드리길!
ʕeʃ-ʃedda ɛal-llaah　　잇쉿다 알랄라-　　الشِّدَّة عَلَى الله

· 주님이 당신의 도움이세요.
　rabbẹna yekuun fi ɛoon-ak　랍베나 여쿤- 피 오-낙　رَبَّنَا يكُون في عُوْنَكْ
· 주님께서 도와주시길!
　rabbẹna yesææɛdak　　　랍베나 예쌔-으닥　　رَبَّنَا يِسَاعْدَكْ
· 당신 자신을 돌보세요.
　xalli bææl-ak mẹn nafs-ak　칼리 밸-락 민 낲싹　خَلِّي بَالَكْ مِنْ نَفْسَكْ
· 오직 하나님만 영원십니다!
　ʕel-baqaa li-llah　　　　일바까- 릴라-　　البَقَاء لله

· 기독교인 애도식에서

조문객 : 주님께서 당신을 위로하시길…
　rabbẹna yeɛazziik　　　랍베나 예앗짘-　　رَبَّنَا يِعَزِّيكْ
상주 : 당신도 위로하시길…
　wẹyeɛazziik　　　　　　위예앗짘-　　　وِيعَزِّيكْ

· 애도식에 대해서 물을 때

· 애도식은 모스크에 있어요.
　ʕel-ɛaza fil-masgẹd　　일아자 필 마쓰기드　　العَزَاء في المَسْجِدْ
· 저는 조문하러 갑니다.
　ʔana haruuḥ ʕaɛazzi　　아나 하루-흐 아앗지　　أنَا هَارُوحْ أَعَزِّي
· 애도 모임은 어디에서 있죠?
　ʕel-ɛaza fẹẹn　　　　일아자 펜-　　　العَزَاء فِينْ ؟
· 애도식을 하는 천막이 뒷편에 있는 거리에 있어요.
　fii ṣˤwaan fi fæærẹɛ ʕelli waraana
　피 스완- 피 쉐-리아 일리 와라-나　　فيه صِوَان في الشَّارِع اللِّي وَرَانَا

생활 회화

16-3-1 장례 관련 용어들

한국어	발음	한글 표기	العربية
장례식 / 장례행렬	ganææza/ -ææt	가내-자/가내재-트	جَنَازَة/جَنَازَات
애도식	ɛaza	아자	عَزَاء
애도	taɛzeya	타아지야	تَعْزِيَة
홀 (애도식 공간)	qaaɛa/ -aat	까-아/까아-트	قَاعَة/قَاعَات
천막 (애도식 공간)	xẹẹma/ xẹyam ṣʷwaan ɛaɜa	키-마/키옘- 스완- 아자	خِيمَة/خِيَم صِوَان عَزَاء
수의	kafan/ ʔakfææn	카판/아크팬-	كَفَن/أَكْفَان
조문받는 장소	maɛza	마아자	مَعْزَى
관	naɛʃ/ nuɛuuʃ	나아쉬/누우-쉬	نَعْش/نُعُوش
무덤	madfan/madææfẹn ʔabr/ ʔubuur	마드판/마대-펜 아브르/우부-르	مَدْفَن/مَدَافِن قَبْر/قُبُور
죽은, 죽은사람	mayyit/-iin,ʔamwææt	매에트/매에틴, 암왜-트	مَيِّت/مَيِّتِين, أَمْوَات
시체	gossa/ gosas	고싸/고싸쓰	جُثَّة/جُثَث
죽다	mææt/ yẹmuut	매-트/ 에무-트	مَات/يَمُوت
별세하다	ʔitwaffa/yẹtwaffa	이트왓파/에트왓파	إتْوَفَّى/يِتْوَفَّى
조문객을 맞이하다	ʔaxad/ yææxod el-ɛaza	아카드/ 예-코드 일아자	أَخَذ/يَاخُذ الْعَزَا
위로하다	ɛazza/ yẹɛazzi	앗자/예앗지	عَزَّى/يِعَزِّي
삼일제	ʔet-tææelẹt	잇탤-리트	التَّالِت
7일제	ʔẹs-sææbẹɛ	잇쌔비아	السَّابِع
40일제	ʔẹl-ʔarbẹɜiin	일아르비인-	الأَرْبَعِين
추도식(1년)	ʔẹs-sanawẹya	잇싸나웨야	السَّنَوِيَّة

생활 회화

16-4 명절 & 축제 εiid عيد

아흐마드 : 싸미르! 좋은 명절이야! (명절 인사)
kollᵉ sana w-ęnta ṭayyęb ya samiir

꼴 싸나 웬타 따입 야 싸미-르   أَحْمَدْ: كُلّ سَنَة وِانْتَ طَيِّبْ يَا سَمِيرْ

싸미르 : 그래, 좋은 명절이야!
w-ęnta ṭayyęb   웬타 따입   سَمِيرْ: وِانْتَ طَيِّبْ

아흐마드 : 좋은 명절이 되길!
εiid saεiid   아이드 싸아이드   أَحْمَدْ: عِيدْ سَعِيدْ

싸미르 : 우리 모두에게 좋은 명절이야, 주님의 뜻 가운데!
saεiid εalęę-na kollęna ʃεn ʃaaʃ ʃallaah

싸아이드 알리나 꼴레나 인 샤-아 알라-   سَمِيرْ: سَعِيدْ عَلَينَا كُلِّنَا إِنْ شَاءْ الله

아흐마드 : 명절에 뭐 할거야?
hatęmęl ʃęęh ęn-naharda fil-εiid

하타아밀 에- 인나하르다 필 아이드   أَحْمَدْ: هَتِعْمِلْ إِيه النَّهَارْدَة فِي الْعِيدْ؟

싸미르 : 아침에는 친지들한테 가서 명절인사를 할꺼야.
haruuʃ lil-εęęla ęs-ṣobḩ ʃaεayyid εalęę-hom

하루-흐 릴 아일라 잇쏩흐 아아이드 알리홈   سَمِيرْ: هَارُوحْ لِلْعِيلَة الصُّبْحْ أَعَيِّدْ عَلَيهُمْ

아흐마드 : 아주 좋아!
kuwayyęs ʃawi   꾸와예쓰 아위   أَحْمَدْ: كُوَيِّسْ قَوِي

싸미르 : 그런데 너는?
w-ęnta   웬타   سَمِيرْ: وِانْتَ؟

아흐마드 : 나는 아인소크나에 여행을 갈거야.
ʃana hasææfęr ęl-εęęn ęs-soxna

아나 하쌔-피르 일아인잇쏘크나   أَحْمَدْ: أَنَا هَاسَافِر الْعِين السُّخْنَة

싸미르 : 야! 정말 좋겠다. 즐거운 여행되길…
ʃallaah, ḥęlw ʃawi, ręḥla saεiida

알라-, 헬루 아위, 리흘라 싸이-다   سَمِيرْ: الله , حِلُو قَوِي, رِحْلَة سَعِيدَة

아흐마드 : 고마워.
ʃokran   쇼크란   أَحْمَدْ: شُكْراً

생활 회화

16-4-1 명절 & 축제 종류

명절, 축제	ɛiid/ ʕaɛyææd	아이드/아으에-드	عِيد/ أعْيَاد
소 바이람 (라마단 끝)	ɛiid ęl-fęṭr ʕel-ɛiid eṣ-ṣuyayyar	아이드 일피트르 잇아이드 잇수가야르	عِيد الْفِطْر الْعِيد الصَّغِيَّر
대 바이람 (희생의 축제)	ʕel-ɛiid ęk-kibiir ɛiid ęl-ʕadḥa	잇아이드 익키비-르 아이드 일아드하	الْعِيد الْكِبِير عِيد الْأَضْحَى
성인(聖人)의 생일 축제	muulęd	물-리드	مُولَد
무함마드 탄신일	ʕęl-muulęd muulęd ęn-nabi ʕęl-mawlęd ęn-nabawi(cl)	일물-리드 물-리드 인나비 일마울리드 인나바위	الْمُولَد مُولَد النَّبِي الْمَوْلَد النَّبَوِي
축제전야 (lsi)	yoom ęl-waʕfa leęlit ęl-ɛiid	욤-일 와으파 릴-릿 일아이드	يُوم الْوَقْفَة لَيْلَة الْعِيد
새해 전야	leęlit raas ęṣ-sana	릴-릿 라-쓰 잇싸나	لَيْلَة رَأْس السَّنَة
아기 생후 7일째 축하의식	subuuɛ	쑤부-아	سُبُوع
봄의 축제	(부활절 다음 월요일) ʃamm ęn-nęsiim	샴 인네씸-	شَمّ النَّسِيم
어머니의 날	ɛiid ęl- ʕomm	아이드 일옴	عِيد الْأُمّ
노동절	ɛiid ęl-ɛummæœl	아이드 일움맬-	عِيد الْعُمَّال
세례식	(Ch) maɛmudęyya	마으무데야	مَعْمُودِيَّة
부활절	(Ch) ɛiid ęl-qęyææma	아이드 일끼에-마	عِيد الْقِيَامَة
크리스마스	ʕęk-kręsmas	익크리쓰마쓰	الْكِرِيسْمَاس
콥틱성탄절 (1월 7일)	ɛiid ęl-mᶜlææd	아이드 일밀래-드	عِيد الْمِيلَاد

16-4-2 국정 공휴일 أجازات رسمية

휴일, 공휴일	ʕagææza/-tææt	아개-자/아개재-트	أَجَازَة/أَجَازَات
1월 7일 콥틱 성탄절	ɛiid ęl-mᶜlææd	아이드 일밀래-드	عِيد الْمِيلَاد
4월 25일 시나이 반환일	ɛiid taḥriir siina	아이드 타흐리-르 씨-나	عِيد تَحْرِير سِينَاء

생활 회화

	5월 1일 노동절	εiid el-εommææl 아이드 일옴맬-	عيدْ الْعُمَّالْ
	7월 23일 혁명기념일	εiid eṣ-sawra 아이드 잇싸우라	عيدْ الثَّوْرَة
	10월 6일 전승기념일	εiid en-naṣr 아이드 인나스르	عيدْ النَّصْرْ
날짜가 바뀌는 공휴일	봄의 축제일	ʃamm en-nesiim 샴 인네씸-	شَمّ النَّسِيمْ
	대바이람(희생절) (3일 동안)	εiid el-ʕadḥa 아이드 일아드하	عيدْ الأضْحَى
	소바이람(라마단 직후, 2일 동안)	εiid el-feṭr 아이드 일피트르	عيدْ الفِطرْ
	이슬람 신년	raas es-sana el-hegreyya 라-쓰 잇싸나 일헤그리야	رَأسْ السَّنَة الهِجْرِيَة
	무함마드 탄생일	muuled en-nabi 물-리드 인나비	مُولِدْ النَّبِي
	콥틱 부활절 (기독교인들만)	εiid el-qeyææma 아이드 일끼에-마	عيدْ القِيَامَة

17. 느낌, 감정, 성격

이집트 사람들의 감정 표현

일반적으로 이집트 사람들은 솔직하고 적극적으로 자신의 감정을 표현합니다. 이들은 대개 자신이 화가 났으면 화가 났다고, 슬프면 슬프다고, 기쁘면 기쁘다고 상대방에게 표현합니다. 또한 이들은 상대방의 감정이 어떤지 물어보길 좋아하고, 상대방의 그 감정에 민감하게 반응하기도 합니다. 때문에 아랍어에서 사람의 희노애락을 표현하는 용어가 풍부합니다.

이집트 사람들은 다양한 방식으로 자신의 감정을 표현합니다. 언어적인 방식 뿐만 아니라 손신호나 표정 등의 비언어적인 방식으로도 감정을 표현합니다. 장례 등 슬픈 일을 당할 때에는 가슴을 치며 통곡합니다. 혼인 등의 기쁜 일이 있을 때에는 여인들이 '자그루따 زغروتة' 라는 특이한 축하의 소리를 내거나 함께 노래를 부르고 춤을 춥니다. 또한 억울한 일을 당하거나 화가 났을 때는 두 손을 위로 치켜 들었다 놓았다 하며 흥분하기도 하고, 길거리 등에서 큰 소리와 몸짓으로 말다툼을 하기도 합니다.

이집트에서 생활하며 좋은 관계를 가지기 위해서는 이들의 감정 표현 방식을 빨리 이해할 필요가 있습니다. 그런 의미에서 다음에 나오는 느낌과 감정 그리고 성격에 대한 표현과 용어들이 크게 도움이 될 것입니다.

생활 외화

17-1 느낌과 감정 표현 maʃæææer مشاعر

- 저는 당신 때문에 화났어요.

  ʔana zaɛlææn menn-ak   아나 자알랜- 민낙   أَنَا زَعْلَانْ مِنَّك

- 당신은 무엇때문에 화가 났나요?

  ʔenta zaɛlææn men ʔeeh   엔타 자알랜- 민 에-   إِنْتَ زَعْلَانْ مِنْ إِيه ؟

- 저 한테 화나셨어요?

  ʔenta zaɛlææn menn-i   엔타 자알랜- 민니   إِنْتَ زَعْلَانْ مِنِّي ؟

- 저는 아주 화가 났어요. 왜냐하며...

  ʔana zaɛlææn ʔawi ɛalaʃææn...

  아나 자알랜- 아위 알라쉔-   أَنَا زَعْلَانْ قَوِي عَلْشَانْ ...

- 얼굴이 화난 것처럼 보여요.

  ʃakl-ak zaɛlææn   샤클락 자알랜-   شَكَّلَكْ زَعْلَانْ

- 저는 ...이유로 슬퍼요.

  ʔana ɦaziin ɛalaʃææn/bisabab...

  아나 하진 알아쉔-/비싸밥...   أَنَا حَزِينْ عَلْشَانْ/ بِسَبَب ...

- 저는 당신한테 화났어요.

  ʔana meddæeyeʔ menn-ak   아나 밋대-에으 민낙   أَنَا مِتْضَايِقْ مِنَّك

- 저는 매우 기뻐요.

  ʔana farɦaan ʔawi   아나 파르한- 아위   أَنَا فَرْحَانْ قَوِي

- 저는 매우 만족해요, 기뻐요.

  ʔana mabsuut geddan   아나 맙쑤-뜨 깃단   أَنَا مَبْسُوطْ جِدًّا

- 저는 먹을 기분이 아니에요. 먹고 싶지 않아요.

  maliiʃ nefs   말리-쉬 닢쓰   مَالِيشْ نِفْسْ

  maliiʃ mazææg   말리-쉬 마잭-   مَالِيشْ مَزَاجْ

- 이것은 매우 슬픈 일이에요.

  di ɦæega moɦzena   디 해-가 모흐지나   دِي حَاجَة مُحْزِنَة

- 제 기분이 아주 좋지 않아요(심리적으로 아주 피곤하다)

  nafseyyeti taɛbææna   나프쎄에티 타아배-나   نَفْسِيِّتِي تَعْبَانَة

- 우리는 기분전환을 원해요.

  ɛayziin neɣayyar gaww   아이진- 니가야르 가우   عَايْزِين نِغَيَّرْ جَوّ

생활 외화

17-1-1 느낌과 감정

감정	ʃuɛuur maʃæɛɛʕr (사랑 혹은 증오하는 감정, 복수를 주로 사용) ɛaatˤefa/ ɛawaatˤef	슈우-르 마쉐-에르 아-띠파/아와-띠프	شُعُورْ مَشَاعِرْ عَاطِفَة/ عَوَاطِف
느낌	ʕeɦsææs/ʕaɦasiis	이흐쌔-쓰/아하씨-쓰	إحْسَاس/ أَحَاسِيس
기분 (mood)	mazææg/ʕamzęga (심리적 상태) nafsęyya	마재-그/암지가 나프쎄야	مَزَاج/ أَمْزِجَة نَفْسِيَّة
분위기	gaww	가우	جَوْ
기쁜	farɦaan/ -iin saɛiid/ soɛada	파르한-/ 파르하닌- 싸아이드/ 쏘아다	فَرْحَانْ/ فَرْحَانِينْ سَعِيدْ/ سُعَدَاء
만족하는, 즐거운	mabsuutˤ/ -iin	맙쑤-뜨/ 맙쑤띤-	مَبْسُوطْ/ مَبْسُوطِينْ
지루함을 느끼는	zahʔææn/-iin (męn)	자흐앤-/자흐애닌-	زَهْقَان/زَهْقَانِين (من)
슬픈 (sad)	ɦaziin/ɦazæɛna zaɛlææn/ -iin (męn)	하진/하재-나 자알랜-/자알래닌-	حَزِين/ حَزَانَى زَعْلَانْ/ زَعْلَانِين (من)
화난 (angry)	męddææyę/-iin zaɛlææn/ -iin (męn)	밋대-이으/밋대이-인- 자알랜-/자알래닌-	مِتْضَايِق/ مِتْضَايِقِين زَعْلَانْ/ زَعْلَانِين (من)
분개한	ɣadˤbaan/ -iin (męn) mᵉtɣaaz/ -iin (męn)	가드반-/가드바닌- 미트가-즈/미트가진-	غَضْبَان/غَضْبَانِين (من) مِتْغَاظ/ مِتْغَاظِينْ (من)
신경질을 부리는	mętnarfęz/-iin	미트나르피즈/미트나르피진	مِتْنَرْفِز/ مِتْنَرْفِزِين
무서워하는	xææyęf/ -iin (męn)	캐-이프/ 캐이핀-	خَايِف/خَايِفِين (من)
아픈	ɛayyææn/ -iin	아옌-/ 아예닌-	عَيَّان/ عَيَّانِين
염려하는	ʔalʔææn/ -iin xææyęf/ -iin (ɛala)	알앤-/ 알애닌- 캐-이프/ 캐이핀-	قَلْقَان/ قَلْقَانِين خَايِف/ خَايِفِين (على)
부끄러운	maksuuf/ -iin	막쑤-프/ 막쑤핀-	مَكْسُوف/ مَكْسُوفِين
고마워하는	mutʃakkęr/ -iin	무착키르/무착키린-	مُتْشَكِّر/ مُتْشَكِّرِينْ
그리운	wææɦęʃ/-iin+사람	왜-히쉬/왜으쉰-	وَاحِش/وَاحِشِين + شخص

생활 회화

한국어	발음	한글 표기	العربية
배고픈	gaɛææn/ -iin	가앤-/ 가앤닌-	جَعَان/ جَعَانِين
목마른	ɛatˤʃaan/ -iin	아뜨샨-/ 아뜨샤닌-	عَطْشَان/ عَطْشَانِين
졸리는	naɛsææn/ -iin	나아쌘-/나아쌘닌-	نَعْسَان/ نَعْسَانِين
피곤한, 지친	taɛbææn/ -iin morhaq/ -iin	타아밴-/타아배닌- 모르학/ 모르하낀-	تَعْبَان/ تَعْبَانِين مُرْهَق/ مُرْهَقِين
인상을 찡그린	mᵉkaʃʃar/ -iin	미카샤르/미카샤린-	مكَشَّر/ مكَشَّرِين
긴급한, 서두르는	mestaɛgel/iin	미쓰타아길-/미쓰타아길린-	مُسْتَعْجِل/مُسْتَعْجِلِين
급한(돈, 화장실 등)	maznuuʃ/ -iin	마즈누-으/마즈누일-	مَزْنُوق/ مَزْنُوقِين
바쁜	maʃɣuul/ -iin(ɛala)	마쉬굴-/마쉬굴린-	مَشْغُول/مَشْغُولِين (على)
공상에 잠긴	sarɦææn/ -iin	싸르핸-/싸르해닌-	سَرْحَان/ سَرْحَانِين
밤늦게까지 깨어있는	sahraan/ -iin	싸흐란-/싸흐라닌-	سَهْرَان/ سَهْرَانِين
잘 차려입은, 우아한, 멋진	ʃiik (invar)	쉬-크	شِيك
감동을 받은	metʔassar/-iin (be)	미트아싸르/미트아싸린-	مِتْأَثَّر/ مِتْأَثَّرِين (ب)
자랑스럽게 여기는	faxuur/ -iin (bi) meftexer/ -iin (bi)	파쿠-르/ 파쿠린- 미프티키르- / 미프티키린-	فَخُور/ فَخُورِين ب مِفْتِخِر/ مِفْتِخِرِين ب
후회하는	nadmææn/ -iin (ɛala) næædem/ -iin (ɛala)	나드맨-/ 나드매닌- 내-딤/ 내드민-	نَدْمَان/ نَدْمَانِين (على) نَادِم/ نَادِمِين (على)
주장하는	muʃammem/ -iin muʃerr/ -iin (ɛala)	무샬밈/무샬미민- 무시르-/무시릳-	مُصَمِّم/ مُصَمِّمِين (على) مُصِرّ/ مُصِرِّين (على)
확실하다고 생각하는	muqtaneɛ/ -iin	무끄타니아	مُقْتَنِع/ مُقْتَنِعِين
옳은	ʃafiɦ (invar)	사흐	صَحّ
틀린, 잘못한	ɣaltˤaan/ -iin	갈딴-/ 갈따닌-	غَلْطَان/ غَلْطَانِين
	ɣalatˤ (invar)	갈라뜨	غَلَط
질투하는	ɣayraan/ -iin	가이란-/가이라닌-	غَيْرَان/ غَيْرَانِين
말하지 않는	sææket/ -iin	쌔-킷/쌔키틴-	سَاكِت/ سَاكِتِين

생활 회화

침울한	muktaʒɛb/-iin	묵타읻/묵타이빈-	مُكتَئِب/ مُكتَئِبين
숨막힐듯한	maxnúux/-iin	마크누-으/마크누-인-	مَخنُوق/ مَخنُوقين
상처를 입은 (신체적,정신적)	magruuɦ/ -iin	마그루-흐/마그루힌-	مَجرُوح/ مَجرُوحين
피해를 본 억울한	mazluum/ -iin	마즐룸-/마즐루민-	مَظلُوم/ مَظلُومين
실망한	moɦbatˤ/ -iin	모흐바뜨/모흐바띤-	مُحبَط/ مُحبَطين

17-2 성격 표현 ʃaxsˤeyya شَخصيّة

사람의 성격 관련 용어들

성격	tˤabɛ/ tˤɛbaaɛ	따브아/따바-아	طَبع/ طِبَاع
	ʃaxsˤeyya/-aat	샥세야	شَخصيّة
	sˤefaat eʃ-ʃaxsˤeyya	시파-트 잇샥세야	صِفَات الشَّخصيّة
	tˤabiiɛa/ tˤabaayɛ	따비-아/따바-이아	طَبيعة/ طَبائع
착한, 친절한	tˤayyeb/ -iin	따읻/ 따이빈-	طَيِّب/ طَيِّبين
악한	ʃerriir/ ʃaʃraar	쉬리-르/아쉬라-르	شِرّير/ أشرَار
용감한, 강한(brave)	ʃugæɛ/ ʃugæɛæn	슈개-아/슈그앤-	شُجَاع/ شُجعَان
비겁한 (coward)	gabæːn/ gobana	가밴-/ 고바나	جَبَان/ جُبَنَة
겁이없는 대담한	gariiʔ/ goraʔa	가리-으/고라아	جَريء/ جُرَاء
겁이 많은	xawwæːf/-iin	카왜-프/카왜핀-	خَوَّاف/ خَوَّافين
겸손한	mutawaadˤɛ/ -iin	무타와-디아	مُتَوَاضِع/ مُتَوَاضِعين
교만한	mutakabber/ -iin	무타캅비르	مُتَكَبِّر/ مُتَكَبِّرين
	mayruur/-iin	마그루-르	مَغرُور/ مَغرُورين
	mutaɛagref/-iin	무타아그리프	مُتَعَجرِف/ مُتَعَجرِفين
관대한, 주길 좋아하는	kariim/ korama	카림-/코라마	كَريم/ كُرَمَاء
	saxi/ ʔasxeya	싸키/아쓰키야	سَخي/ أسخِيَاء

생활 회화

한국어	발음	한글 발음	العربية
인색한	baxiil/ bóxala gelda (invar) baxiil gelda	바킬-/ 보컬라 길다 바킬 길다	بَخِيل/ بُخَلَاء جِلْدَة بَخِيل جِلْدَة
작은 것에도 만족하는	qanuuɛ/-iin	까누-아/까누아인-	قَنُوع/ قَنُوعِين
욕심많은	ṭammaaɛ/-iin	땀마-아/땀마엔-	طَمَّاع/ طَمَّاعِين
이기적인	ɛanææni/-yyiy	아내-니/아내니인-	أَنَانِي/ أَنَانِيِّين
유머감각이있는	damm-u/-aha xafiif	담무 카피-프	دَمُّه خَفِيف
유머감각이없는	damm-u/-aha teʃiil	담무 티일-	دَمُّه تَقِيل
정직한 (돈이나 물건과 관련)	ʔamiin/ ʔomana	아민-/오마나	أَمِين/ أُمَنَاء
정직하지 않은, 도둑	meʃ ʔamiin ɦaraami/-yya	미쉬 아민- 하라-미/하라메야	مِشْ أَمِين حَرَامِي/ حَرَامِيَّة
진실한, 거짓이 없는	ṣaadeʔ/-iin	사-디으/사디인-	صَادِق/ صَادِقِين
거짓말쟁이	kazzææb, kaddææb/-iin	캇잽-/캇재빈-	كَذَّاب/كَذَّابِين
정의로운	ɛæædel/-iin	애-딜/애딜린-	عَادِل/ عَادِلِين
불의한	ẓaalem/ ẓalama	잘-림/잘라마	ظَالِم/ ظَلَمَة
부지런한	mugtahed/-iin	묵타히드/묵타히딘-	مُجْتَهِد/ مُجْتَهِدِين
게으른	kaslææn/-iin kasuul/ kasææla	카쓸랜-/카쓸래닌- 카쑬-/카쌜-라	كَسْلَان/ كَسْلَانِين كَسُول/ كَسَالَة
지능이 좋은	zaki/ ʔazkeya	자키/아즈키야	ذَكِي/ أَذْكِيَاء
바보의	ɣabi/ ʔaɣbeya	가비/아그베야	غَبِي/ أَغْبِيَاء
이성적인	ɛææʔel/-iin	아-일/아일린-	عَاقِل/ عَاقِلِين
미친	magnuun/maganiin	마그눈-/마가닌-	مَجْنُون/ مَجَانِين
지혜로운	ɦakiim/hukama	하킴-/후카마	حَكِيم/ حُكَمَاء
어리석은	* ɛabiiṭ/ ɛobaṭa	아비-뜨/오바따	عَبِيط/ عُبَطَاء
현명한	naaṣeɦ/-iin, noṣaɦa	나-시흐/노사하-	نَاصِح/ نَاصِحِين، نُصَحَاء
멍청한,어리석은	* ʔahbal/ hobl	아흐발/오블	أَهْبَل/ هُبْل

생활 외화

한국어	발음	한글 표기	العربية
예의바른	muʔaddab/ -iin	무앗답/무앗다빈-	مُؤَدَّب/مُؤَدَّبِين
예의없는	ʃaliil el-ʔadab	알릴 일아답	قَلِيل الأَدَب
무례한, 뻔뻔스런	waqiħ/ -iin	와끼흐/와끼힌-	وَقِح/وَقِحِين
영리한	ʃaatẹr/ ʃatriin, ʃuttaar	샤-떼르/샤-뜨린-, 슛따-르	شَاطِر/شَاطْرِين،شُطَّار
둔한	baliid/ bọlada	발리-드/볼라다	بَلِيد/بُلَداء
참을성있는	ṣabuur/-iin	사부-르/사부린-	صَبُور/صَبُورِين
쉽게 화를 잘 내는	ɛaṣabi/ -yyiin	아사비/아사비인-	عَصَبِي/عَصَبِيِّين
성격이 급한	mutasarrẹʕ/-iin	무타싸리아/무타싸리엔-	مُتَسَرِّع/مُتَسَرِّعِين
교양있는	musaqqaf/ -iin	무싹까프/무싹까핀-	مُثَقَّف/مُثَقَّفِين
무지한	gæǣhẹl/ -iin, gahala	개-힐/개힐린-, 가할라	جَاهِل/جَاهِلِين،جَهَلَة
종교심이 깊은	mutadayyin/ -iin	무타다인/무타다이닌-	مُتَدَيِّن/مُتَدَيِّنِين
세속적인	ɛelmææni/ -iin/ɛelmæniʔ	엘매-니/엘매니인-	عِلْمَانِي/عِلْمَانِيِّين
조용한	hæǣdi/ -yyiin	해-디/해디인-	هَادِي/هَادِيِين
시끄러운, 개구장이의	ʃaʕi/ ʃaʕʔeya, ʃuʕæǣy	샤이/아쉬에야	شَقِي/أَشْقِيَة او شُقَاي
대담한	gariiʔ/ goraʕa	가리-으/고라아	جَرِيء/جُرَاء
부끄러움을 잘 타는	xaguul/ -iin	카굴-/카굴린-	خَجُول/خَجُولِين
낙천주의의	mutafæǣʔẹl/ -iin	무타패-일	مُتَفَائِل/مُتَفَائِلِين
비관주의의	mutaʃæǣʔẹm/-iin (mẹn)	무타쉐-일	مُتَشَائِم/مُتَشَائِمِين
거친,강인한 (남자의특징)	xeʃẹn/ -iin	키쉰/키쉬닌-	خَشِن/خَشِنِين
섬세한 (여자의특징)	raʕiiʔ/ ruʕæʔaʔ	라이-으/루애-으	رَقِيق/رُقَاق
민감한	ħassææs/ -iin	핫쌔-쓰/핫쌔씬-	حَسَّاس/حَسَّاسِين
둔감한,상황에 맞지 않는	bæǣrẹd/ bardiin * ħalluuf/ħalaliif	배-리드/바르딘- 할루-프/할랄리-프	بَارِد/بَارِدِين حَلُّوف/حَلَالِيف

생활 회화

존경받는	moḥtaram / -iin	모흐타람/모흐타라민-	مُحتَرَم/ مُحتَرَمين
비하하는	mehazzaʔ meʃ moḥtaram	미핫자으 미쉬 모흐타람	مِهَزَّء مِش مُحتَرَم
자신을존중 (품위유지)	ʕeḥteraam en-nafs	이흐티람-인낲쓰	إحتِرام النَّفس
열등감	ṣeɣar en-nafs ẓ2an-nɐ ssæsẓæʔ	시가르 인낲쓰 에흐쌔-쓰 빈나쓰	صِغَر النَّفس إحساس بالنَّقص
자존심등으로 사양하는자세	ʕezzet en-nafs ʕeʕtezææz bɐn-nafs	엣지트 인낲쓰 이아티잼-즈 빈낲쓰	عِزَّة النَّفس إعتِزاز بالنَّفس
침울한	kaʕiib/ koʕaba	카이-브/코아바	كَئيب/كُوبَا
잘 잊는	nassæey/-iin	나쌔-이/나쌔이인-	نَسَّاي/ نَسَّايين

☞ 사람의 성격 표현의 단어들을 익힐 때 반대말을 염두에 두면서 익히시면 개념 파악에 많은 도움이 됩니다. 위의 표에서 반대되는 개념의 단어를 묶어서 표기하려고 노력하였습니다.

☞ 위의 표에서 * 가 붙은 단어들은 욕 혹은 심한 모멸감을 주는 단어입니다.

17-3 그리움을 표현하는 방법

이집트 구어체 아랍어에서 '나는 당신이 그립습니다.' '당신이 보고 싶습니다.' 라는 표현을 어떻게 할까요? 아랍어에서 '그리워하는, 보고싶어 하는'의 의미를 가진 분사 wæeæheʃ واحش 를 사용하거나 waḥaʃ/ yewḥaʃ وحش/يوحش 라는 동사를 사용합니다. 여기서 주의할 것은 주어와 목적어의 순서가 우리말과 반대라는 것입니다. 아래의 표에서 확인하십시오. (이책 문법 부분의 어순이 독특한 문장들 부분을 보십시오.)

의미	표현		
나는 그가 그립다	howwa wææheʃni	오와 왜-히쉬니	هُوَّ واحِشنِي
나는 그녀가 그립다	heyya waḥʃæeni	헤야 와흐섀-니	هِيَّ واحِشَانِي
나는 그들이 그립다	homma waḥʃiinni	홈마 와흐쉰-니	هُمَّ واحِشيِنِّي

생활 회화			
나는 네가(m) 그립다	ʕenta wææɦeʃniʕ	엔타 왜-히쉬니	إِنْتَ وَاحْشْنِي
나는 네가(f) 그립다	ʕenti waɦʃææniʕ	엔티 와ㅎ섀-니	إِنْتِي وَاحْشَانِي
나는 너희들이 그립다	ʕentu waɦʃiinniʕ	엔투 왜ㅇ쉰-니	إِنْتُوا وَاحْشِينِّي

의미	표현		
나는 그가 그리울 것이다	howwa hayewɦaʃni	오와 하예우하쉬니	هُوَّ هَيِوْحَشْنِي
나는 그녀가 그리울 것이다	heyya hatewɦaʃni	헤야 하티우하쉬니	هِيَّ هَتِوْحَشْنِي
나는 그들이 그리울 것이다	homma hayewɦaʃuuni	옴마 하예우하슈-니	هُمَّ هَيِوْحَشُونِي
나는 네가(m) 그리울 것이다	ʕenta hatewɦaʃni	엔타 하티우하쉬니	إِنْتَ هَتِوْحَشْنِي
나는 네가(f) 그리울 것이다	ʕenti hatewɦaʃiini	엔티 하티우하쉬-니	إِنْتِي هَتِوْحَشِينِي
나는 너희들이 그리울 것이다	ʕentu hatewɦaʃuuni	엔투 하티우하슈-니	إِنْتُوا هَتِوْحَشُونِي

RAMSES II, SEATED BEFORE THE SACRED TREE ON WHICH THE GODS ARE WRITING HIS NAME.
After L. D. iii. 169.

생활 회화

18. 병원, 약국에서

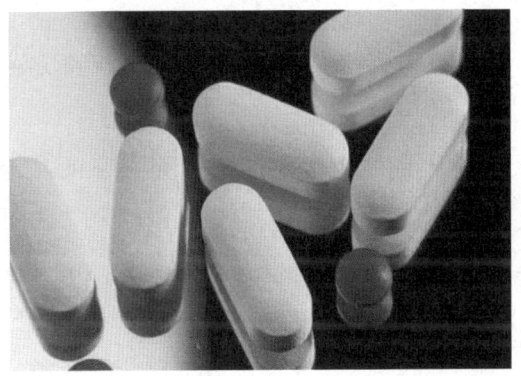

생활 회화

18-1 병원에서 fi il- mustaʃfa في المستشفى

- 제가 아파요.

  ʔana ɛayyææn (f/ -a)   아나 아옌-(f/아예나)   أَنَا عَيَّانْ (/عَيَّانَة)

  ʔana taɛbææn (f/ -a)   아나 따아밴-(f/따아베나)   أَنَا تَعْبَانْ (/تَعْبَانَة)

- 제 목이 아파요

  zoor-i beyewgaɛ-ni   조-리 비에우가아니   زُورِي بِيوْجَعْنِي

- 제 친구가 아파요.

  ṣadiiqi ɛayyææn   사디-끼 아옌-   صَدِيقِي عَيَّانْ

- 의사가 여기 있나요?

  fii doktoor hena   피 독토-르 헤나   فِيه دُكْتُورْ هِنَا؟

- 의사가 언제 오죠?

  ʔed-doktoor hayiigi ɛemta   독토-르 하이-기 엠타   الدُّكْتُورْ هَيِجِي إِمْتَى؟

- 의사와 7시에 약속이 있는데요.

  ɛandi maɛææd maɛa ed-doktoor es-sææɛa sabaɛa

  안디 마애-드 마아 엣독토-르 잇쎄-아 싸바아   عِنْدِي مِيعَادْ مَعَ الدُّكْتُورْ السَّاعَة سَبْعَة

- 의사에게 전화 좀 빨리 해주실 수 있나요?

  momken tettẹṣel be-doktoor be-sorɛa men faḍl-ak

  몸킨 텟티슬 비독토-르 비쏘르아 민파들락   مُمْكِنْ تِتّصِلْ بِدُكْتُورْ بِسُرْعَة مِنْ فَضْلَكْ

- 영어를 하실 수 있는 분이 필요한대요.

  ʔana meḥtææg ḥadd beyetkallem ɛengeliizi

  아나 미흐태-그 핫드 비에트칼림 인글리-지   أَنَا مِحْتَاج حَدّ بِيتْكَلِّمْ إِنْجِلِيزِي

- 진료비가 얼마죠?

  beʔ-kææm el-kaʃf   비캠- 일 카쉬프   بِكَامْ الْكَشْفْ؟

18-1-1 병원 관련 용어들			
개인병원, 진료소	ɛeyææda/ -ææt	아예-다	عِيَادَة/ عِيَادَاتْ
종합병원	mustaʃfa/ -yææt	무쓰타쉬파	مُسْتَشْفَى/مُسْتَشْفَيَاتْ
검사소 (피, 변 등)	maɛmal/maɛææmel maɛmal taḥaliil	마아말/마애-밀 마아말 타할릴-	مَعْمَلْ مَعْمَلْ تَحَالِيلْ
검사(피,변 등)	taḥliil/ taḥaliil	타흐릴-/타할릴-	تَحْلِيلْ/ تَحَالِيلْ
보건소	maktab eṣ-ṣeḥḥa	막탑 잇시하	مَكْتَبْ الصِّحَّة

생활 회화

한국어	발음	한글 발음	العربية
응급실	eṭ-ṭawaareʔ	잇따와-리으	الطَّوَارِيء
병실	yorfet el-mariiḍ	고르펫 일마리-드	غُرْفة المَريض
병상	seriir lil-mariiḍ seriir lil-marḍa	씨리-르 릴마리-드 씨리-르 릴마르다	سَريرْ لِلْمَريض سَريرْ لِلْمَرْضى
의사	doktoor/ dakatra ṭabiib/ ʔaṭebba(cl)	독토-르/다카트라 따빕-/아띱바	دُكْتور/ دَكاترة طَبيب/ أطِبَّاء
담당의사	eṣ-doktoor el-masʔuul	잇독토-르 일마쓰울-	الدُّكْتور المَسْؤول
간호사	mumarreḍa/-aat	무마리다/무마리다-트	مُمَرِّضة/مُمَرِّضاتْ
수간호사	ḥakiima	하키-마	حَكيمة
환자	mariiḍ/ marḍa ɛayyææn/-iin	마리-드 아옌-/아예닌--	مَريضْ / مَرْضى عَيَّان/ عَيَّانين
진찰	kaʃf/ kuʃufææt	카쉬프/쿠슈패-트	كَشْف/ كُشوفات
두번째 의사방문	ʔestᵉʃaara	이쓰티샤-라	إسْتِشارة
의사의 처방	ɛelææʒ	엘래-그	عِلاج
처방전	ruʃetta/ -ææt	루쉿타/루쉿태-트	رُوشِتَّة/ رُوشِتَّاتْ
예방접종	taṭɛiim	타뜨엠-	تَطْعيم
수술(operation)	ɛamaleyya/ ææt	아말레야	عَمَلِيَّة/ عَمَلِيَّاتْ
외과수술(surgery)	geraaḥa	기라-하	جِراحة
레이저 수술	ɛamaleyya bel-leyzr	아말레야 빌 레이즈르	عَمَلِيَّة بِاللَّيزَر
혈압	ḍayṭ ed-damm	다그뜨 잇담	ضَغْط الدَّمّ
심장박동	ḍarabaat el-ʔalb	다라바-트 일알브	ضَرَبات القَلْب
체온	daragęt el-ḥaraara	다라깃 일하라-라	دَرَجة الحَرارة
청진기	sammææɛat eṭ-ṭabiib	쌈매-아트 잇따빕-	سَمَّاعة الطَّبيب
체온계	termometr mizææn ḥaraara	티르모미트르 미잰- 하라-라	تَرْمومِتْر ميزان حَرارة
주사기	ḥoʔna/ ḥoʔan	호으나/ 오안	حُقْنة/ حُقَن
엑스레이	ʔaʃɛaʔ	아쉬아아	أشِعَّة
침	ʔebar ṣiineyya	이바르 시네야	إبَر صينِيَّة

생활 외화

한국어	발음	한글 발음	العربية
흡입기	baxxæxa	밧캐-카	بَخَّاخَة
목발	ɛokkæːz/ ɛakakiiz	옥캐-즈/악카키-즈	عُكَّاز/ عَكَاكِيز
피임방법	wasæːɛl manɛ ɛl-ħaml	와쌔-일 만아 일함르	وَسَائِل مَنْع الحَمْل
자궁내피임기구	lawlab	라울랍	لَوْلَب
해산, 분만	wᵉlæːda	윌래-다	وِلادَة
	(자연분만) wᵉlæːda ṭᵘbiːɛyya 윌래-다 뚜비에야		وِلادَة طَبِيعِيَّة
	(난산) wᵉlæːda ɛɛsra 윌래-다 에쓰라		وِلادَة عَسِرَة
해산하다	węldęt/ tęwlęd	윌딧/티울리드	وَلَدت/ تَوْلَد
혈압을 재다	ʕæːs/yęʕęs ęd-ḍayṭ	애-쓰/예이쓰 잇다그뜨	قَاس/يَقِيس الضَّغْط
진찰하다	kaʃaf/yękʃef (ɛala)	카샤프/ 엑쉬프	كَشَف/يَكْشِف عَلَى
진료, 치료하다	ɛæːlęg/yęɛæːlęg	앨-리그/예앨-리그	عَالِج/يعَالِج
주사맞다	xad, ɛaxad/ yæːxod ħoʕna bax	캇드/ 예-코드 호으나	خَد/ يَاخُذ حُقْنَة
주사주다	ʕędda/yęddi ħoʕna	잇다/예디 호으나	إدَّى/ يدِّي حُقْنَة
수술하다, 수술받다	ɛamal/yęɛmęl ɛamalęyya	아말/예아밀 아말리야	عَمَل/يعْمِل عَمَلِيَّة
건강	ṣęħħa	시하	صِحَّة
건강진단서	ʃęhæːda ṣęħħęyya	쉬해-다 시헤야	شَهادة صِحِّيَّة
의학적 돌봄 (medical care)	rᵉæːya ṭębbęyya	리애-야 띱베야	رِعَايَة طِبِّيَّة
중환자 돌봄, 중환자실 (intensive care)	ɛęnæːya murakkaza ęl-ɛęnæːya ęl-murakkaza	에내-야 무락카자	عِنَايَة مُرَكَّزَة العِنَايَة المُرَكَّزَة

18-2 의사의 질문

- 당신은 어디가 아프시죠?

  ɛandak ʕęęh?　　　　　　　안닥 에-　　　　　　　عَنْدَكْ إيه؟

  fii ʕęęh?　　　　　　　　　피- 에-　　　　　　　　فِيه إيه؟

생활 외화

- 선생님! 어디가 불편하시죠? (무엇 때문에 불평하시지요?)

  bɛtɛʃtɛki mɛn ʕɛɛh ɦadrɛt-ak

  비트쉬티키 민 에- 하드리탁　　　　　　　　بِتِشْتِكي مِنْ إِيه حَضرْتَكْ؟

- 통증을 느끼는 가요?

  ɦasɛs bᵉwagaɛ　　　　　　하씨쓰 비와가아　　　　　　حَاسِسْ بِوَجَعْ؟

- 무엇을 느끼시죠?

  bɛtoʃɛor bɛ ʕɛɛh　　　　　비토쇼오르 비 에-　　　　　بِتِشْعُرْ بِإِيه؟

- 어디에 통증이 있죠?

  ʕɛl-wagaɛ fɛɛn　　　　　　일와가아 펜-　　　　　　الْوَجَع فِين؟

- 등의 어디가 아픈가요?

  dahrak bɛyɛwgaɛak fɛɛn　　다흐락 비에우가악 펜-　　ضَهْرَك بِيوْجَعَكْ فِينْ؟

- 당신은 열이 있나요?

  ɛandak(f/ -ik) suxunɛyya　안닥(f/안딕) 쏘크네야　　عَنْدَكْ سُخُونِيَّة؟

- 언제 부터 그랬죠?

  mɛn ʕɛmta kɛda　　　　　민 엠타 께다　　　　　مِنْ إِمْتَى كِدَه؟

- 전에도 이런 적이 있나요? (이 증세가 이전에도 당신에게 왔는가요?)

  gæɛl-ak da ʕablᵉ kɛda　　갤-락 다 아블리 께다　　جَالَكْ دَه قَبْل كِدَه؟

- 입을 열어 보시죠

  ɛftaɦ(f/ɛftaɦi) boʔʔ-ak(f/-ik)　이프타하(f/이프타히)보악(f/보익)　　إِفْتَحْ بُقَّكْ؟

- 숨을 깊게 들이 마쉬세요.

  xod nafas ɛamiiq　　　　　콧 나파쓰 아미-끄　　　　خُدْ نَفَسْ عَمِيقْ

- 당신은 임신중이신가요?

  ʕɛnti ɦææmɛl　　　　　　엔티 해-밀　　　　　إِنْتِي حَامَلْ؟

- 당신은 어떤 것에 알레르기가 있으신가요?

  ɛandak(f/ -ik) ɦasasɛyya mɛn ʕayy ɦææga

  안닥(f/안딕) 하싸쎄야 민 아이 해-가　　عَنْدَكْ حَسَاسِيَّة مِنْ أَيِّ حَاجَة؟

- 당신은 드시는 약이 있으신가요?

  bɛtææxod ʕadwɛya　　　　비태-코드 아드웨야　　　بِتَاخُدْ أَدْوِيَة؟

- 당신은 생리중이신가요?

  ɛand-ik ɛl-dawra　　　　　안딕 일다우라　　　　عَنْدِكِ الْدَوْرَة؟

생활 외화

18-3 자신의 증세를 설명함

18-3-1 명사 형태의 표현

아래와 같이 عندي 혹은 ب حاس 라는 단어 뒤에 구체적인 증체에 대한 명사가 따라 오는 표현들입니다.

나는 …을 가지고 있습니다.(직역)	ɛand-i عندي + 증세에 대한 명사
나는 …을 느낍니다.	(m) ḥaaseṣ bᵉ حاسس ب + 증세에 대한 명사
	(f) ḥassa bᵉ حاسسة ب + 증세에 대한 명사

- 제가 어지러워요.(저는 어지러움을 가지고 있어요.)

    ɛand-i dooxa   안디 도-카   عَنْدي دُوخَة

- 제가 두통이 있어요.

    ɛand-i ṣudaaɛ   안디 수다-아   عَنْدي صُدَاع

- 저는 배에 통증이 있어요.

    ɛandi maɣaṣ   안디 마가스   عَنْدي مَغَص

- 제가 통증을 느껴요.

    ḥaaseṣ bᵉwagaɛ   하-씨쓰 비와가아   حَاسِس بْوَجَع

☞ 아래 도표의 증세에 대한 명사들을 사용해 자신의 증세를 설명해 보세요.

18-3-1-1 증세 - 명사 형태

가래	balɣam	발감	بَلْغَم
감기	bard	바르드	بَرْد
고열	suxuneyya	쏘쿠네야	سُخُونِيَّة
기침	koḥḥa	코하	كُحَّة
독감	ʔenfelwanza	인필완자	إِنْفِلْوِنْزَا
물집	buʕleelet mayya	부울릴-릿 마야	بُقْلِيلة مَيَّة
발진, 뾰루지	ṭafḥ	따프흐	طَفْح
변비	ʔemsæk	임쌕-	إِمْسَاك
설사	ʔeshæl	이쓰핼-	إِسْهَال

생활 회화

한국어		발음	한글 발음	العربية
소화불량		εosr haḍm	오쓰르 하듬	عُسْر هضْمْ
		ṣuεuuba f-el-haḍm	소우-바 필 하듬	صعُوبَة فى الهضْمْ
알레르기		ḥasasęyya	하싸쎄야	حَسَاسِيَّة
어지러움		dooxa	도-카	دُوخَة
재채기		εaṭs	아뜨쓰	عَطْسْ
천식		ʕazma	아즈마	أَزْمَة
코막힘		zukææm	주캠-	زُكَامْ
콧물		raʃḥ	라쉬흐	رَشْحْ
토함		targiiε	타르기-아	تَرْجِيعْ
통증	통증	wagaε	와가아	وَجَعْ
		ʕalam / ʕalææm	알람 / 앨램-	أَلَمْ / آلاَمْ
	두통	ṣudaaε	수다-아	صُدَاعْ
	편두통	ṣudaaε neṣfi	수다-아 니스피	صُدَاعْ نِصْفِي
	복통	mayaṣ	마가스	مَغَصْ
	생리통	ʕalam ęd-dawra	알람 잇다우라	أَلَمْ الدَّوْرَة
	어금니	wagaε ęd -ḍęrs	와가아 잇디르쓰	وَجَعْ الضِّرْسْ
	치통	wagaε eṣ-sᵉnææn	와가아 잇씨낸-	وَجَعْ السِّنَانْ
혈압	고혈압	ḍayt ęd-damm æææli	다그뜨 잇달 앨-리	ضَغْطْ الدَّمْ عَالِي
	저혈압	ḍayt ęd-damm waaṭi	다그뜨 잇달 와-띠	ضَغْطْ الدَّمْ وَاطِي
호흡곤란		ṣuεuuba fit-tanaffus	소우-바 핏타낫푸쓰	صعُوبَة في التَّنَفُّسْ
혼수상태		ɣaybuuba	가이부-바	غَيْبُوبَة

생활 외화
18-3-1-2 질병 - 명사 형태

한국어	발음	한글 표기	العربية
담석증	ḥaṣwa fik-kila	하수와 핏 킬라	حصْوة في الكلَى
당뇨병	maraḍ es-sokkar sokkar	마라드 잇쏙카르 쏙카르	مَرض السُكَّر سُكَّر
빈혈	ʕanęmeya or ʕenęmeya faʕrᵉ ed-damm	아니메야 파으리 잇담	أنيميا فَقْر الدَّم
성병	ʕamraaḍ tanasuliyya	아므라-드 타나쑬리야	أمْراضْ تَناسُلِيَّة
소아마비	ʃalal el-ʕaṭfaal	샬랄 일아뜨팔-	شَلَل الأطْفال
수두	godari godęęri	고다리 고디-리	جُدَري جُديري
식중독	tasammom ɣezææʕi	타쌈몸 기재-이	تَسَمُّم غِذائي
신경과민	narfaza ɛaṣabęyya	나르파자 아사베야	نَرْفَزة عَصبيَّة
신경쇠약	ʕenhiyaar ɛaṣabi	인히야-르 아사비	انْهِيار عَصبي
심장발작, 마비	ʕazma ʕalbęyya	아즈마 알베야	أزْمَة قَلْبِيَّة
암	saraṭaan	싸라딴-	سَرَطان
열병(fever)	ḥomma	홈마	حُمَّى
위궤양	qorḥa	꼬르하	قُرْحَة/ قُرح
일사병	ḍarbit ʃams	다르빗 샴쓰	ضَرْبة شمْس
염증, 감염	ʕeltęhæb/-ææt	일티햅-	الْتِهابْ/ الْتِهاباتْ
간염, 황달	ʕeṣ-ṣafra	잇사프라	الصَفْرة
갑상선염	ʕeltęhæb el-yodda-ęn-nakafęyya 일트햅- 일곳다 나카페야		الْتِهاب الغُدَّة النكَفِيَّة
관절염	ʕeltęhæb fil-mafaaṣel 일티햅- 필 마파-셀		الْتِهاب في المَفاصِل
기관지염	ʕeltęhæb fis-ṣedr 일티햅- 핏 시드르		الْتِهاب في الصَدْر
맹장염	ʕelętehæb ęz-zayda 일티햅- 잇-자이다		الْتِهاب الزّائدة
방광염	ʕeltęhæb fil-masæna 일티햅- 필 마쌔-나		الْتِهابْ في المَثانة
아구창	ʕeltęhæb fęṭri 일태햅- 피뜨리		الْتِهاب فِطْري

생활 외화

	위염	nazla maɛwęyya	나즐라 마아웨야	نَزْلَة مَعَوِيَّة
	인후염	ʕeltęhæǣb fiz-zoorʔ	일트핸- 핏 조-르	إلْتِهَاب في الزُّور
	질염	ʕeltęhæǣb fil-mihbal	일트핸- 필 미흐발	إلْتِهَاب في الْمِهْبَل
	폐렴	ʕeltęhæǣb reʕawi	일트핸- 리아위	إلْتِهَاب رِئَوِي
종양종기	종양, 종기	waram/ʃawraam	와람/아우람	وَرَم/ أوْرَام
	양성종양	waram ɦamiid	와람 하미-드	وَرَم حَمِيد
	악성종양	waram xabiis	와람 카비-쓰	وَرَم خَبِيث
중풍		ʕeʃ-ʃalal ęr-raʒʒæælʃ	잇샬랄 이라애-쉬	الشَّلَل الرَّعَّاش
천연두, 수두		godari	고다리	جُدَرِي
협심증		zabɦa	잡하	ذَبْحَة
		zabɦa ṣadręyya	잡하 사드레야	ذَبْحَة صَدْرِيَّة
홍역		ʕel-ɦaṣba	일하스바	الْحَصْبَة

18-3-1-3 기타 - 명사 형태

기생충, 회충	duud(duuda/)	두-드(두-다/)	دُوذ(دُودَة/)
낙태, 유산	ʕeghaad̲	이그하-드	إجْهَاض
	saʕṭ	싸아뜨	سَقْط
벌레 물림	ʕarṣ	아르스	قَرْص
뱀(염좌)	gazʒ	가즈아	جَزْع
상처, 외상	garɦ/ guruuɦ	가르흐/구루-흐	جَرْح/ جُرُوح
	taɛwiira	타아위-라	تَعْوِيرَة
중독	ʕidmææn	이드맨-	إدْمَان
화상	ɦarʕ	하르으	حَرْق
흉터	ʕasar ęg-garɦ	아싸르 잇가르흐	أثَر الجَرْح
상태 (환자의 상태)	ʕel-ɦæǣla	일핼-라	الحَالَة

생활 외화
18-3-2 형용사(혹은 분사) 형태의 표현

아래는 형용사(혹은 분사)의 형태로 자신의 증세를 설명할 때 사용하는 문장과 단어들입니다. 단어에 따라 사람이 주어가 되는 경우도 있고 아픈 부위가 주어가 되는 경우도 있습니다.

- 제 코가 맹맹해요.
  ʔana mezakkęm 　　　　아나 미작킴　　　　أَنَا مِزكِّمْ
- 제가 힘이 없어요.
  ḣaasęs ʔęnni daɛiif 　　하씨쓰 인니 다이-프　　حَاسِسْ إِنِّي ضَعِيفْ
- 제 어금니에 충치가 있어요.
  dęrs-i męsawwęs 　　　디르씨 미싸위쓰　　　ضِرْسِي مِسَوِّسْ
- 제 손을 삐었어요.
  ʔiidi magzuuɛa 　　　　이-디 마그주-아　　　إِيدِي مَجْزُوعَة
- 제 목을 삐었어요.
  raʔabti maluuḣa 　　　라알티 말루-하　　　رَقَبْتِي مَلُوحَة
- 그 상처가 곪았어요.
  ʕęl-garḣ mutaqayyaḣ 　일가르흐 무타까야흐　　الْجَرْح مُتَقَيَّحْ

증세 - 형용사 형태

한국어		발음	한글 발음	아랍어
아픈 (sick)		ɛayyææɜ/ -iin	아옌-/아예닌-	عَيَّان/ عَيَّانِين
통증을 느끼는		motaʔallim	모타알림	مُتَأَلِّم
어지러운		dææyęx/ dayxiin	대-예크/대이킨-	دَايِخْ/ دَايْخِين
두통이 있는		męṣaddaɛ	미사다아	مِصَدَّع
코가 맹맹한		mezakkęm	미작킴	مِزكِّم
감염된		multahib	물타힙	مُلْتَهِب
삔	손	magzuuɛ	마그주-아	مَجْزُوع
	목	malwuuh	말루-흐	مَلْوح
충치의		mᵉsawwęs	미싸위쓰	مِسَوِّس
피곤한		taɛbææn/ -iin	타아밴-/타아배닌-	تَعْبَان/ تَعْبَانِين
		morhę/ -iin	모르하으/모르하인-	مُرْهَق/ مُرْهَقِين
임신한		ḣææmęla (f)/ḣawææmęl	해-밀라/하왜-밀	حَامِل/ حَوَامِل

생활 외화			
의식불명의	yææyeb ɛan el-waɛy	개-입 안 일와에이	غَائِب عَنْ الْوعي
곪은(고름)	mutaqayyaḥ	미트까야흐	مُتَقَيِّح

18-3-3 동사 형태의 표현

· 제가 토할 것 같아요.

  ɛææyez ʔaraggaɛ   아-이즈 아락가아   عَايِز أَرجَّع

· 제가 넘어졌어요.

  ʔana weʔeɛt   아나 웨이아트   أَنا وِقِعْت

· 제가 벌레에 물렸어요.

  ʔana ʔetʔarraṣt   아나 이트아라시트   أَنا إتْقَرَّصْتْ

· 제가 (개에) 물렸어요.

  ʔana ʔetɛaddit   아나 이트앗딧트   أَنا اِتْعَضِّيت

· 제가 상처가 났어요.

  ʔana ʔetɛawwart   아나 이트아와르트   أَنا اِتْعَوَّرْت
  ʔana ʔetgaraḥt, ʔeggaraḥt   아나 익가라흐트   أَنا إتْجَرَحْت

· 제가 미끄러졌어요.

  ʔana ʔetzaḥlaʔt   아나 이트자흘라으트   أَنا اِتْزَحْلَقْتْ

· 제 발을 삐었어요.

  regl-i ʔetlawet   리글리 이틀라워트   رِجْلي اِتْلَوِت
  regl-i ʔettaneṭ   리글리 잇타니-트   رِجْلي اِتِّنيت

· 제 목을 삐었어요.

  raʔabti ʔetlawaḥet   라알티 이틀라와히트   رقَبْتي اِتْلَوَحِت

증세 - 동사 형태				
통증을느끼다		ʔetʔallem/ yetʔallem	이트알림/에트알림	اِتْأَلَّم/ يتْأَلَّم
		ʔetwaggaɛ/yetwaggaɛ	이트와기아/에트악가아	اِتْوَجَّع/ يتْوَجَّع
상처를 입다	외상	ʔetɛawwar/yetɛawwar	이트아와르/에트아와르	اِتْعَوَّر/ يتْعَوَّر
	외상, 감정적	ʔetgaraḥ/yetgeraḥ	이트가라흐/에트기리흐	اِتْجَرَح/ يتْجِرح
기침하다		kaḥḥ/ yekoḥḥ	카흐/에코흐	كَحّ/ يكُحّ
재채기하다		ɛaṭes/ yeɛṭas	에떠쓰/에으따쓰	عطس/ يعطُس

생활 회화

토하다		raggaɛ/ yeraggaɛ	락가아/예락가아	رَجَّع/يرَجَّع
넘어지다		weʒaɛ, waʒaɛ/ yoʒaɛ	위이아/요아아	وقع/يقَع
미끄러지다		ʕetzaḫlaʕ/yetzaḫlaʕ	이트자흘라으/에트자흘라으	إتزحْلَق/بِتزحْلَق
뼈다	팔	ʕetgazaɛ/yetgęzęɛ	이트가자아/에트기지아	اتْجزع/يتجزع
	다리	ʕetlawa/ yetlęwi	이틀라와/예틀리위	اتْلَوى/يتْلَوي
		ʕettana/ yettęni	잇타나/엣티니	اتْنى/يتْني
	목	ʕetlawaḫ/ yetlęwęḫ	이트라와흐/에트리워흐	اتْلَوح/يتْلوح
물리다	곤충에	ʕetʕaraṣ/yetʕęręṣ	이트아라스/에트아라스	اتْقَرص/بِتقْرص
	개에	ʕetɛaḍḍ/ yetɛaḍḍ	이트앋드/에트앋드	اتْعَض/يتْعَض

18-3-4 wagaɛ/yęwgaɛ 와가아/예우가아 وجع/يوجع 동사를 이용한 형태

이 동사는 '아프게 하다'는 의미의 타동사입니다. 타동사란 목적어를 가진다는 말이죠. 이 동사를 사용하여 '이빨이 나를 아프게 해요.' '다리가 나를 아프게 해요' 등으로 신체의 증세를 표현합니다. 아래의 예를 보십시오.

- 이빨이 아파요. (제 이빨이 나를 아프게 해요)

  sęnææn-i bętęwgaɛ-ni   씨내-니 비티우가아니   سِنانِي بِتوْجَعْني

- 목이 아파요. (제 목이 나를 아프게 해요)

  zoor-i bęyęwgaɛ-ni   조-리 비예우가아니   زُورِي بِيوْجَعْنِي

- 다리가 아파요. (제 다리가 나를 아프게 해요)

  ręgl-i b-tęwgaɛ-ni   리글리 비티우가아니   رِجْلِي بِتوْجَعْنِي

- 두통이 있어요. (두통이 나를 아프게 해요)

  dęmææɣ-i b-tuwgaɛ-ni   디매-기 비티우가아니   دِمَاغِي بِتوْجَعْنِي

생활 회화

18-4 신체 기관   ʕaɛbæʕ eg-geʂm   أعضاء الجسم

신체기관	ʕaɛbæʕ eg-geʂm	아아댸-으 익기쏨	أَعْضَاء الجِسْمْ
18-4-1 외부 신체 부위			
몸	geʂm/ ʔagsmæm	기쏨/ 아그쌤-	جِسْمْ/ أَجْسَامْ
머리	raas(f) (pl/ruus)	라-쓰/ 루-쓰	رَأَسْ/ رُوْسْ، رُؤُوسْ
눈	ɛɛɲ/ɛuyuun (두눈)ɛɲeɲɛ	아인-/ 오윤- 아이넨-	عين/ عُيُونْ عِنين
코	manaxiir ʕanf (cl)	마나키-르 안프	مَنَاخِيرْ أَنْفْ
귀	weɖn (f) (pl/wedæn) ozun/ ʕazæn(cl)	위든/ 위댄- 오즌/ 애-잰-	وِدْنْ/ وِدَانْ أُذُنْ/ آذَانْ
입	boʔʔ famm (cl)	보으 팜	بُقّ فَمّ
뺨	xadd/ xuduud	캇드/ 쿠두-드	خَدّ/ خُدُودْ
이마	ʕuura/ -aat gebiin	우-라/ 우라-트 기빈-	قُورَة/ قُورَاتْ جَبِينْ
턱	daʔn(f)(pl/duʕuun)	다은/ 두운-	دَقْنْ، ذَقْنْ/ ذُقُونْ
이(tooth)	seɲna/sˈnææn,ʔasnææn	씬나/씨낸-, 아쓰낸-	سِنَّة/ سِنَانْ، أَسْنَانْ
입술	ʃeffa /ʃafæɛyef	쉣파/샤패-이프	شِفَّة/ شَفَايِفْ
혀	lesææn /leseɲa	리쌘-/리씨나	لِسَانْ/ لِسَنَة
목	raʔaba /ræʔæb	라아바/ 리앱-	رَقَبَة/ رِقَابْ
목구멍, 인후	zoor ħangara	조-르 한가라	زُورْ حَنْجَرَة
어깨	ketf/ ketææf	키트프/ 키타-프	كِتْفْ/ كِتَافْ
가슴	sedr, ʂadr/ ʂuduur	사드르/ 수두-르	صِدْرْ/ صُدُورْ
등	ɖahr/ ɖuhuur	다흐르/ 두후-르	ضَهْرْ، ظَهْرْ/ ضُهُورْ
배	baʈn(f)/buʈuun	바뜬/ 부뚠-	بَطْنْ/ بُطُونْ
배꼽	sorra/ surar	쏘라/ 쑤라르	سُرَّة/ سُرَرْ

\multicolumn{4}{c}{**생활 외화**}			

한국어	발음	한글 발음	아랍어
겨드랑이	baaṭ/ -aat	바-뜨/ 바따-트	باط/ باطات
팔	dˤræɛ/ -æɛt	디래-아/ 디래애-트	ذراع/ ذراعات
팔꿈치	kuuɛ/ kęɛæn	쿠-아/ 키앤-	كوع/ كيعان
주먹	ɣabḍa ɣabḍet ɣiiḍ	압다 압딧 이-드	قَبْضة قَبْضة ايد
손	ɣiid(f)/ɣayæædi (양손) ɣideen	이-드/ 아에-디 이덴-	اِيد/ أيادي اِيدين
손바닥	kaff/ kufuuf	캎프/ 쿠푸-프	كَفّ/ كُفُوفْ
손가락	ṣubaaɛ, ṣaabęɛ/ ṣawaabęɛ	수바-아, 사-비아/ 사와비아	صُبَاع، صابِع/ صَوَابِع
손톱, 발톱	ḍofr/ ḍawaafęr	도프르/ 다와-피르	ضُفْر/ ضَوَافِر
다리	ręgl(f)/ruguul (양다리) ręglęen	리글/ 루굴- 리글린-	رِجْل/ رُجُول رِجْلِين
허벅지	faxd/ ɣafxææd	파크드/ 아프캐-드	فَخْذ/ أَفْخَاذ
무릎	rokba/ rokab	로크바/ 로캅	رُكْبة/ رُكَب
발	ɣadam/ mæɛbʔaɣdææm	아담/ 아으댐-	قَدَم/ أَقْدَام
발목	ɣankl	안클	أنْكل
발가락	ṣawaabęɛ ręgl	사와-비아 리글	صَوَابِع رِجْل
발바닥	baṭn er-ręgl	바뜬 이리글	بَطْن الرِّجْل
발등앞쪽	mef̣ṭ er-ręgl	미쉬뜨 이리글	مِشْط الرِّجْل
\multicolumn{4}{c}{**18-4-2 신경 & 혈관**}			

혈관	ɛęrɣ/ɛuruuɣ (정맥)wariid/ɣawręda (동맥)ʃuryææn/ʃarayiin	에르으/오루-으 와리-드/ 아우리다 슈르옌-/ 샤라인-	عِرْق/ عُرُوق وَريد/ أَوْرِدة شِرْيان/ شَرَايين
신경	ɛaṣab/ ɣaɛṣaab	아사브/아으사-브	عَصَب/ أَعْصَاب
근육	ɛaḍal(-a/)	아달(아달라/)	عَضَل(عضلة/)
\multicolumn{4}{c}{**18-4-3 내장 기관**}			
위	męɛda	미아다	مِعْدة

생활 회화			
심장	ʕalb	알브	قَلْبْ
폐, 허파	reʕa/reʕææt	리아/리애-트	رِئَة/رِئَات
신장, 콩팥	kelya/ kela kelyeteen	킬야/킬라 킬예틴-	كِلْيَة/ كِلَى كِلِيتين
간	kebd (or kabed)	킵드 (또는 카비드)	كِبْدْ
창자, 장	ʕamaaaʕ	암아-으	أمْعَاء
소장	ʕel-ʕamaaʕ el-daqiqa	일암아-으 일다끼-까	الأمْعَاء الدَّقِيقَة
대장	ʕel-ʕamaaʕ el-ɣaliiza	일암아-으 일갈리-자	الأمْعَاء الغَلِيظَة
방광	masææna	마쌔-나	مَثَانَة
18-4-4 골격			
뼈	ɛadm(-a/)	아듬(아드마/)	عضم، عَظْم (عَضْمَة/)
관절	mafsal/ mafaasel	마프살/마파-실	مَفْصَل/ مَفَاصِل
두개골	gomgoma/gamæægim	곰고마/가매-김	جُمْجُمَة/ جَمَاجِم
어깨뼈	looɦ il-ketf	루-흐 일키트프	لُوح الكَتِفْ
갈비뼈, 늑골	ʕel-ʕafaʕ eʃ-ʃadri ɛadm eʃ-ʃedr dɛlɛ/duluuʕ	일아파스 일사드리 아듬 잇시드르 딜아/둘루-아	القَفَص الصَّدْري عَضْم الصَّدْر ضِلْع/ضُلُوع
등뼈, 척추	ʕel-ɛamuud el-faqri	일아무-드 일파끄리	العَمُود الفَقْرِي
골반	ɛadm il-ɦood	아듬 일호-드	عَضْم الحُوض
무릎뼈	ʃabuunit er-rokba	사부-니트 이로크바	صَبُونَة الرُّكْبَة
복사뼈	bezz er-regl	빗즈 이리글	بِزّ الرِّجْل

18-5 의사 진료 과목 분류

의사 진료과목 분류		
의사	doktoor(f/doktora, pl/dakatra) 독토-르(f/독토라, pl/다카트라)		دكْتُور/دكْتُورَة/دكَاتْرَة
내과의사	doktoor batna	독토-르 바뜨나	دكْتُور باطْنَة
	doktoor baateni	독토-르 바-띠니	دكْتُور بَاطِني

생활 외화

한국어	발음	한글 표기	아랍어
치과의사	doktoor ɛasnææn	독토-르 아쓰낸-	دُكتُورْ أَسْنَانْ
외과의사	garraaɦ	가라-흐	جَرَّاحْ/ جَرَّاحِينْ
소아과의사	doktoor ɛatfaal	독토-르 아뜨팔	دُكْتُورْ أَطْفَالْ
산부인과의사	doktoor ɛamraad nesa	독토-르 아므라-드 니쌔-	دُكْتُورْ أَمْرَاضْ نِسَاء
이비인후과 의사	doktoor ɛanf weɛozon weɦangara	독토-르 안프 위오존 위한가라	دُكْتُورْ أَنْفْ وَأُذُنْ وَحَنْجَرَة
안과의사	doktoor ramad doktoor ɛuyuun	독토-르 라마드 독토-르 우윤-	دُكْتُورْ رَمَدْ دُكْتُورْ عُيُونْ
피부과	doktoor ɛamraad geldeyya	독토-르 아므라-드 길데야	دُكْتُورْ أَمْرَاضْ جِلْدِيَّة
비뇨기과	doktoor ɛamraad tanææsuleyya	독토-르 아므라-드 타내-쑬레야	دُكْتُورْ أَمْرَاضْ تَنَاسُلِيَّة
정신과 의사	doktoor nafsææni	독토-르 나프쌔-니	دُكْتُورْ نَفْسَانِي
마취 의사	doktoor taxdiir	독토-르 타크디-르	دُكْتُورْ تَخْدِيرْ
신경외과	doktoor moxx we-ɛaɛsaab	독토-르 모크 위 아아삽-	دُكْتُورْ مُخّ وَأَعْصَابْ
정형외과	doktoor ɛɛzaam	독토-르 에잠-	دُكْتُورْ عِظَامْ
물리치료사	doktoor ɛɛlææg tabiiɛi	독토-르 엘래-그 따비-에이	دُكْتُورْ عِلَاجْ طَبِيعِي

18-6 각종 신체 검사

· '보르그'란 의료검진센터가 어디에 있나요?
feen maɛmal taɦaliil el-borg law samaɦt

펜- 마아말 타할릴- 일보르그 라우 싸마흐트   فِينْ مَعْمَلْ تَحَالِيلْ البُرْج لَوْ سَمَحَتْ؟

· 제가 대변검사를 하려고 하는데요.
ɛææyez ɛaɛmel taɦliil buraaz

아-이즈 아아밀 타흘릴- 부라-즈   عَايِزْ أَعْمِلْ تَحْلِيلْ بُرَازْ

· 제가 엑스레이를 찍으려고 하는데요.
ɛææyez ɛaɛmel ɛaɛɛaa   아-이즈 아아밀 아쉐아   عَايِزْ أَعْمِلْ أَشِعَّة

생활 회화

신체 검사 종류

의료검사	taḥliil/ taḥaliil	타흘릴-/타할릴-	تَحْلِيل/ تَحَالِيل
의료검사소	maεmal taḥaliil	마아말 타할릴-	مَعْمَل تَحَالِيل
엑스레이센터	markaz ɛel-ʔaʃɛεa	마르카즈 일아쉐아	مَرْكَز الأَشِعَّة
피검사	taḥliil damm	타흘릴- 담	تَحْلِيل دَمّ
대변검사	taḥliil buraaz	타흘릴- 부라-즈	تَحْلِيل بُرَاز
소변검사	taḥliil bool	타흘릴- 불-	تَحْلِيل بُول
혈압검사	ʔiyææs ęl-dayt	이예-쓰 일다그뜨	قِيَاس الضَّغْط
초음파검사	sonaar	쏘나-르	سُونَار
엑스레이검사	ʔaʃεεa	아쉐아-	أَشِعَّة
팹스미어 Pap smear	masḥ εala εonoq ęr-raḥm 마쓰하 알라 오노끄 이라흠		مَسْح عَلَى عُنُق الرَّحْم
유방촬영	ʔaʃεεa εala ęl-ṣedr	아쉐아- 알라 일씨드르	أَشِعَّة عَلَى الصَّدْر
임신검사	taḥliil ḥaml	타흘릴- 하믈	تَحْلِيل حَمْل

18-7 환자를 방문할 때

• **병원에서 치료중인 환자 싸미르 씨를 방문할 때**

문병객 : 싸미르 씨! 안녕하세요!
  masææ ʔæɛęr. izzayy-ak ya samiir
  마새-으 일키-르, 이쟈약 예 싸미-르   الزَّائِر: مَسَاء الْخِيْر. اِزَّيَّك يَا سَمِير

싸미르 : 하나님을 찬양!
  ʔel-ḥamdu lęl-læææh   일함두 릴래-   سَمِير: الْحَمْدُ لله

문병객 : 빠른 쾌유가 있기를 바래요. 시금은 좀 어떠세요?
  ʔalfᵉ salææma εaleek, εææmęl ʔeeḥ dęlwa7ti
  알프 쌀래-마 알릭-, 애-밀 에- 딜와으티   الزَّائِر: أَلْف سَلَامَة عَلِيك، عَامِل إيه دِلْوَقْتِي؟

싸미르 : 그런대로… 좋아요.
  yaεni kuwayyęs   야아니 꾸와예쓰   سَمِير: يَعْنِي، كُوَيِّس

문병객 : 주님께서 치료하시길!
  rabbę-na yęʃfi-ik   랍베나 이쉬픽-   الزَّائِر: رَبَّنَا يِشْفِيك

생활 회화

싸미르 : 주님!(=그렇게 되게 하소서)

ya rabb　　　　　　　　　야 랍　　　　　　　　　　سَمِيرْ: يَا رَبّ

문병객 : 저희가 도울 수 있는 것이 있나요?

fi ɦæːga momken ʕasaɛd-ak bi-ha

피 해-가 몸킨 아싸아닥 비하　　　　　الزَّائِرْ: فِي حَاجَة مُمْكِن أُسَاعْدَكْ بِهَا؟

싸미르 : 고마워요. 정말 고마워요. (=당신의 호의가 더 많게 되길!)

ʃokran kattar xeer-ak　　　　　쇼크란 캇타르 케-락　　سَمِيرْ: شُكْرَاً, كَتَّرْ خِيرَكْ

문병객 : 어떤 것이라도 도와드리고 싶어요.

ʕana nefsi ʕasæːed-ak bi-ʕayy ɦæːga

아나 넢씨 아쌔-아닥 비 아이 해-가　　　الزَّائِرْ: أَنَا نِفْسِي أُسَاعْدَكْ بِأَيِّ حَاجَة

싸미르 : 주님께서 당신에게 함께 하시길! 저는 괜찮아요.

ʕallaah yexallii-k ʕana kuwayyes

알라- 이칼릭- 아나 꾸와예쓰　　　سَمِيرْ: الله يخَلِّيكْ، أَنَا كُوَيِّسْ

문병객 : 건강하시길! 싸미르!

salæːmt-ak ya samiir　　　　쌀램-탁 에 싸미-르　　الزَّائِرْ: سَلَامْتَكْ يَا سَمِيرْ

싸미르 : 고마워요.

ʃokran　　　　　　　　　쇼크란　　　　　　　　　　سَمِيرْ: شُكْرَاً

18-8 치과　ɛɛyæːedat ʕasnæːen　عيادة أسنان

· 치통이 있어요. (제 이빨이 아파요)

senæːn-i-beteweɡaɛ-ni　　씨내-니 비티우가아니　　سِنَانِي بِتِوْجَعْنِي

· 저는 채우기(필링)를 원해요.

ɛæːwiz ʕaɛmel ɦaʃw　　　아-위즈 아아멜 하슈　　عَاوِزْ أَعْمِلْ حَشْوُ

· 저는 어금니를 빼기 원해요.

ɛæːwiz ʕaxlaɛ ders-i　　　아-위즈 아클라아 디르씨　　عَاوِزْ أَخْلَعْ ضِرْسِي

· 저는 인공치아를 만들어 넣기 원해요.

ɛæːwiz ʕarakkeb senna　　아-위즈 아락킵 씬나　　عَاوِزْ أَرَكِّب سِنَّة

· 제 어금니에 충치가 있어요.

ders-i mesawwis　　　　디르씨 미싸위쓰　　　ضِرْسِي مِسَوِّسْ

· 채운 것(필링)이 떨어져 나갔어요.

ʕel-ɦaʃw weʃeɛ　　　　일하슈 위이으　　　　الْحَشُو وِقِعْ

· 채운 것(필링) 깨졌어요.

ʕel-ɦaʃw ʕitkasar　　　일하슈 이트카싸르　　الْحَشُو اِتْكَسَرْ

생활 회화

- 어금니가 깨졌어요.

  ḍers-i ʕitkasar　　　디르씨 이트카싸르　　　ضِرْسي إِتْكَسَرْ

- 아직 아파요. (아직 그것이 나를 아프게 해요)

  lessa beyewgaɛ-ni　　　렛싸 비유가아니　　　لِسَّة بِيُوْجَعْني

- 저는 그것을 (이빨) 뽑기를 원치 않아요.

  ʔana meʃ ɛææyez ʔaʃiil-u　아나 미쉬 아-이즈 아쉴-루　أَنَا مِشْ عَايِزْ أَشِيلُه

- 마취제를 저에게 주세요. (=마취해주세요)

  ʕeddii-ni beng men faḍl-ak　잇디니 빈그 민 파들락　اِدّيني بِنْجْ مِنْ فَضْلَكْ

- 저는 (치아) 클리닝/표백(희게하기)하기 원해요.

  ɛææwiz ʕaɛmel tanḍiif/tabyiiḍ men faḍl-ak

  아-위즈 아아밀 탄디-프/ 타비-드 민 파들락　عَاوِزْ أَعْمِلْ تَنْظِيفْ/تَبْيِيضْ مِنْ فَضْلَكْ

치과의사	doktoor ʕasnææn	독토-르 아쓰낸-	دُكْتُورْ أَسْنَانْ
이, 앞니	senna/sⁿnææn,ʕasnææn	씬나/씨낸, 아쓰낸-	سِنَّة/سِنَانْ، أَسْنَانْ
의치	sⁿnææn senaɛeyya	씨낸- 시나에야	سِنَانْ صِنَاعِيَّة
송곳니	nææb/ʕanyææb,niyææb	낸-/안옙-	نَابْ/أَنْيَابْ
어금니	ḍers/ḍuruus	디르쓰/두루-쓰	ضِرْسْ/ضِرُوسْ
사랑니	ḍers el-ɛaʔl	디르쓰 일아알	ضِرْسْ العَقْلْ
충치	tasawwos	타싸우쓰	تَسَوُّسْ
충치를먹은	mesawwis	미싸위쓰	مِسَوِّسْ
채우기	ḥaʃw	하슈	حَشُو
마취	beng	빈그	بِنْجْ
이가 흔들리다	ʕetlaxlax/yetlaxlax	이트라크라크/예트라크라크	اِتْلَخْلَخْ/يِتْلَخْلَخْ

생활 외화

18-9 약국 ṣaydalęyya صَيْدَلِيَّة

- 당신에게 … 을 위한 어떤 약이 있나요?

  ɛandak ḫæægalı... 안닥 해-가 리,,, عَنْدَكْ حَاجَة لِ...

  예) 당신에게 복통을 위한 어떤 약이 있나요?

  ɛandak ḫæægalıl-mayaṣ 안닥 해-가 릴 마가스 عَنْدَكْ حَاجَة لِلْمَغَصْ؟

- 하루에 몇 번 복용(사용)해야 하나요?

  kææn marra fil-yoom 캠- 마랃 필 욤- كَامْ مَرَّة فِي الْيُومْ؟

- 하루에 한 번 사용하세요.

  marra waḥda fil-yoom 마랃 와흐다 필 욤- مَرَّة وَاحْدَة فِي الْيُومْ

- 하루에 두 번 사용하세요.

  marrateen fil-yoom 마랃텐- 필 욤- مَرَّتِين فِي الْيُومْ

- 여기에 처방전이 있어요.

  ʔetfaḍḍal ęr-ruʃetta 이트팟달 이루쉬탇 اِتْفَضَّلْ الرُّوشِتَّة

- 음식하고 같이요?

  maɛa ęl-ʔakl 마아 일아클 مَعَ الْأَكْلْ

약 종류

약국	ṣaydalęyya	사이달레야	صَيْدَلِيَّة
약	dawa/ ɛadwęya	다와/ 아드웨야	دَوَاءْ/ أَدْوِية
알약	ʔorṣ/ ʔaʔraaṣ ḫabbææya/ḫubuub bęrʃææm(-a/)	오르스/아으라-스 핟배-야/ 후붑- 비르쉠-(비르쉠-마/)	قُرْصْ/ أَقْرَاصْ حَبَّايَة/ حُبُوب بِرْشَام(بِرْشَامَة/)
시럽	ʃaraab	샤랍-	شَرَابْ
배아픈약	dawa lil-mayaṣ	다와 릴마가스	دَوَاء لِلْمَغَصْ
감기약	dawa lil-bard	다와 릴바르드	دَوَاء لِلْبَرْدْ
기침약	dawa lil-koḫḫa	다와 릴 코하	دَوَاء لِلْكُحَّة
진통제	musakkęn	무싹킨	مُسَكِّنْ
항생제	muḍaadd ḫayawi	무닷-드 하야위	مُضَادّ حيوي
수면제	ʔorṣᵉ munawwęm ḫubuub munawwęma	오르스 무나윔 후붑 무나윔마	قُرْصْ مُنَوِّمْ حُبُوب مُنَوِّمَة

생활 회화		
경구피임약	ḥubuub manε el-ḥaml 우붑- 만아 일하믈	حُبُوبْ مَنْعِ الْحَمْلْ
비타민	vitaamin 비타-민	فِيتَامِينْ
안약	ʕaṭra 아뜨라 noʕaṭ 노아뜨	قَطْرَة نُقَطْ
연고	marham 마르함	مَرْهَمْ
소독약	muṭahḥer 무따히르	مُطَهِّرْ
소독솜	ʔoṭn ṭebbi 오뜬 띱비	قُطْنْ طِبِّي
알코올	(치료용 알코올) sebertu ʕabyaḍ 씨비르투 아비야드	سِبِرْتُو أَبْيَضْ
거즈	ʃæʃ 쉐-쉬	شَاشْ
밴드	bilastar 빌라쓰타르	بِلَسْتَرْ
붕대	rubaaṭ 루바-뜨	رِبَاطْ
파스(pasta)	lazʕa 라즈아	لَزْقَة

생활 회화

19. 정치

생활 외화

19 정치

- 당신은 …에 대해서 들어보았나요?

    sɛmɛʕt ɜan…　　　씨메아트 안…　　　سِمِعْتْ عَنْ …؟

- 저는 오늘 신문에서 …에 대해서 읽었어요.

    ʔariit fil-gornaal ɛn-naharda ʕinn…

    애리-트 필 고르날- 인나하르다 인…　　قَرِيتْ في الْجُرْنَالْ النَّهَارْدَة إنّ …

- 당신 나라의 정부 형태는 어떤 것이죠?

    ʔayy nooʕ el-ḥokuuma ʕelli ɛandoku fi balad-ku

    아이 노-아 일후쿠-마 일리 안도쿠 피 발라드쿠 ؟أيّ نوعْ الْحُكومَة اللي عَنْدُكُو في بَلَدْكُو

- 우리 나라 정부는 민주주의 정부이에요.

    ɛandᵉ-na ḥukuuma dimuqraṭeyya fi balad-na

    안디나 후쿠-마 디무끄라뗴야 피 발라드나　　عَنْدِنَا حُكومَة دِيمُوقْرَاطِيَّة في بَلَدْنَا.

- …에 대한 사람들의 생각은 어떤가요?

    ʔeeh raʕy ɛn-næɛs fi…　　에- 라이 인내-쓰 피…　　إيه رَأي النَّاسْ في …؟

- …에 대한 당신의 의견은 어떤가요?

    ʔeeh raʕy-ak fi…　　에- 라이약 피…　　إيه رَأيُكْ في …؟

19-1 · 나는 … 정책에 대해 동의해요.

ʔana muwæɛfeʔ ɛala seyæɛseṭ…

아나 무왜-피으 알라 씨예-씻… أنا مُوافِق عَلى سِياسة …

- 나는 … 정책에 대해 동의하지 않아요.

ʔana meʃ muwæɛfeʔ ɛala seyæɛseṭ…

아나 미쉬 무왜-피으 알라 씨예-씻… أنا مش مُوافِق عَلى سِياسة …

환경	biiʕa/ -æɛt	비-아/ 비애-트	بيئَة/ بيئَاتْ
경제	ʔeqteṣaad	이끄티사-드	إقْتِصَادْ
교육	ʔet-tarbeya wet-taɛliim	잇다르비예야 윗타알림-	التَّرْبية والتَّعْليمْ
사회복지	ʔel-rafaheya el-ʕegtimaɛeyya	일 라파헤야 일이그티마에야	الرَّفاهية الإجْتِماعِيَّة
실업, 실직	baṭaala	바딸-라	بَطَالة
마약	muxaddaraat	무캇다라-트	مُخَدَّرَاتْ
세금	ḍariiba/ ḍaraayib	다리-바/ 다라-입	ضَريبة/ ضَرائبْ

생활 회화

19-2 나는 … 주의자이에요. (예: 나는 사회주의자예요.)

ʔana … 아나 … … أنا

ʔana ʔeʃteraaki 아나 이쉬티라-키 أنا إشتراكي

사회주의자	ʔeʃteraaki/-yyiin	이쉬티라-키/이쉬티라키인-	إشْتِراكي/إشْتِراكيّين
공산주의자	ʃiyuɛi/-yyiin	쉬유-에이/쉬유에이인-	شيوعي/شيوعيّين
민주주의자	dimuqraati/-yyiin	디무끄라-띠	ديمُوقْراطي/ديمُوقْراطيّين
보수주의자	mufaafez/-iin	무하-피즈/무하프진-	مُحافِظ/مُحافِظين
근본주의자	ʔuʂuulli/-yyiin	우술-리/우술리인-	أُصولي/أُصولِيّين
극단주의자	mutaṭarref/-iin	무타따리프/무타따리핀-	مُتَطَرِّف/مُتَطَرِّفين
온건주의자	muɛtadel/-iin	무으타딜/무으타들린-	مُعْتَدِل/مُعْتَدِلين
우익주의자	yamiini	야미-니	يميني
좌익주의자	yasaari	야싸-리	يساري

19-3 나는 …을 지지해요.

ʔana ʔaʔayyid…   아나 아아이드…   … أَنا أُوَيِّد

나는 …을 반대해요.

ʔana dedd…   아나 딛드…   … أَنا ضِدَّ

기회의 균등	takææfuʔ el-foraʂ	타카-푸으 일포라스	تَكافُؤ الفُرَص
언론의 자유	ɦorreyyet eʂ-ʂaɦaafa	오레예트 잇사하-파	حُرِّيّة الصَّحافة
표현의 자유	ɦorreyyet et-taɛbiir	오레예트 잇타아비-르	حُرِّيّة التَّعْبير
종교의 자유	ɦorreyyet ed-diin	오레예트 잇딘-	حُرِّيّة الدّين
인간의기본권	ɦuʔuʔ el-ʔensææn	오우-으 일인쌘-	حُقوق الإنْسان
여성의 권리	ɦuʔuuʔ el-marʔa	오우-으 일마르아	حُقوق المَرْأة
인종차별	ʔet-tafreqa el-ɛonʂoreyya	잇타프리까 일온소레야	التَّفْرِقة العُنْصُرِيّة

19-4 정치관련 용어들

| 정치, 정책 | seyææsa | 씨예-싸 | سِياسة |
| 정치적인 | seyææsi/-yyiin | 씨예-씨/씨예씨인- | سِياسي/سِياسِيّين |

생활 외화

한국어	발음	한글 발음	아랍어
정치연설	xoṭba seyaseyya	코뜨바 씨야쎄야	خُطْبَة سِيَاسِيَّة
정치학	ɛuluum seyaseyya	올룸 - 씨야쎄야	عُلُوم سِيَاسِيَّة
대통령	raʕiis/ roʔasaʔ	라이-쓰/로아싸	رَئِيس/ رُؤَسَاء
국무총리	raʕiis el-wozaʔ	라이-쓰 엘우자라	رَئِيس الوُزَرَاء
국무회의	maglis el-wozara	마글리쓰 엘우자라	مَجْلِس الوُزَرَاء
정부	ḥokuuma/-ææt	오쿠-마/오쿠매-트	حُكُومَة/ حُكُومَات
임시정부	ḥokuuma ʕenteqaaleyya	오쿠-마 인티깔-레야	حُكُومَة إنْتِقَالِية
장관	waziir/ wozara	와지-르/우자라	وَزِير/ وُزَرَاء
국회	maglis eʃ-ʃaɛb ʔel-barlamææn	마글리쓰 잇샤앞 일바르라맨-	مَجْلِس الشَّعْب البَرْلَمَان
국회의장	raʕiis maglis eʃ-ʃaɛb	라이-쓰 마글리쓰 잇샤앞	رَئِيس مَجْلِس الشَّعْب
국회의원	ɛoḍw maglis eʃ-ʃaɛb ɛoḍw el-barlamææn	오두 마글리쓰 잇샤앞 오두 바르라맨-	عُضْو مَجْلِس الشَّعْب عُضْو البَرْلَمَان
법원	maḥkama/maḥæækem	마흐카마/마해-킴	مَحْكَمَة/ مَحَاكِم
대법원	maḥkama ɛolya	마흐카마 올야	مَحْكَمَة عُلْيَا
대법원장	raʕiis el-maḥkama	라이-쓰 엘마흐카마	رَئِيس المَحْكَمَة
검찰	wakiil neyææba	와킬- 니예-바	وَكِيل نِيَابَة
검찰총장	ɛen-nææyeb el-mææmʔ	인내-입 일암-	النَّائِب العَامّ
행정권	es-solṭa et-tanfiizeyya	잇쏠따 잇탄피제야	السُّلْطَة التَّنْفِيذِيَّة
입법권	es-solṭa et-taʃriiɛeyya	잇쏠따 잇타쉬리-에야	السُّلْطَة التَّشْرِيعِيَّة
사법권	es-solṭa el-qaḍaaʔeyya	잇쏠따 일까다-에야	السُّلْطَة القَضَائِيَّة
법	qanuun/ qawaniin	까눈-/까와닌-	قَانُون/ قَوَانِين
	(이슬람 법) ʃariiɛa/ʃarayɛ	샤리-아/샤라예아	شَرِيعَة/ شَرَائِع
헌법	dostoor	도쓰토-르	دُسْتُور
선거	ɛentexæb/-ææt	인티캅-/인티캐배-트	إنْتِخَاب/ إنْتِخَابَات
후보자, 출마자	moraʃʃaḥ/ -iin	모랏샤흐/모랏샤힌-	مُرَشَّح/مُرَشَّحِين
투표	taṣwiit	타스위-트	تَصْوِيت

생활 회화

한국어	발음	한글 발음	العربية
한 표(vote)	ṣoot/ ʔaṣwaat	소-트/ 아스와-트	صَوْت/ أَصْوَات
투표하다	ṣawwat/ yeṣawwat	사와트/ 예사와트	صَوَّت/ يُصَوِّت
다수	ʔaγlabeyya	아글라베야	أَغْلَبِيَّة
소수	ʔaqalleyya	아깔레야	أَقَلِّيَّة
정당	ḥezb/ ʔaḥzææb	헤즙/ 아흐잽-	حِزْب/ أَحْزَاب
민주주의	dimoqraṭeyya	디모끄라-떼야	دِيمُوقْرَاطِيَّة
시위	muẓahra/ -aat	무자흐라/무자흐라-트	مُظَاهْرَة/مُظَاهْرَات
자유	ḥorreyya/ -ææt	호레야/ 호레예-트	حُرِّيَّة/ حُرِّيَّات
혁명	sawra/ -aat	싸우라/싸우라-트	ثَوْرَة/ ثَوْرَات
계엄령	qanuun eṭ-ṭawaareʔ	까눈- 잇따와-리으	قَانُون الطَّوَارِئ
독재자	diktatoor	딕타토-르	دِكْتَاتُور
자본주의	raʔsmaleyya / eṇ-neẓẓam er-raasmææli	라아쓰말레야 / 인닛잠 이라쓰맬-리	الرَّأْسْمَالِيَّة / النِّظَّام الرَّأْسْمَالِي
공산주의	eʃ-ʃiyuʕeyya	잇쉬유-에야	الشِّيُوعِيَّة
사회주의	ʔeʃterakeyya	이쉬티라케야	إشْتِرَاكِيَّة
지지하는	muʔayyed/ -iin	무아이-드/무아이딘-	مُؤَيَّد/ مُؤَيَّدِين
반대하는	muʕaared/ -iin	무아-리드/무아리딘-	مُعَارِض/مُعَارِضِين
인종차별	tafreʕa ʕonṣoreyya / ʕonṣoreyya	타프리아 온소레야 / 온소레야	تَفْرِقَة عُنْصُرِيَّة / عُنْصُرِيَّة
성차별	tafreʕa ʕonṣoreyya	타프리아 온소레야	تَفْرِقَة عُنْصُرِيَّة
종교적 억압	taʕaṣṣub diini	타앗숩 디-니	تَعَصُّب دِينِي
파업	ʔeḍraab/ -aat	이드랍-/이드라바-트	إضْرَاب/إضْرَابَات
실업, 실직	baṭaala	바딸-라	بَطَالَة
평등	musawææh	무싸웨-	مُسَاوَاة
빈곤	faʔr	파으르	فَقْر
공해	talawwos	탈라우쓰	تَلَوُّث
폭력	ʕunf	온프	عُنْف

생활 회화

한국어	발음	한글 발음	العربية
폭동	ʃayab	샤갑	شَغَبْ
폭발	ʕenfᵉgaar/ -aat	인피가-르	اِنْفِجَار/ اِنْفِجَارَات
테러리즘	ʕirhæɑb	이르햄-	اِرْهَابْ
테러리스트	ʕirhæɑbi/	이르해-비	اِرْهَابِي
전쟁	ɦarb (f)/ ɦuruub	하릅/우룹-	حَرْب/ حُرُوب
위기	ʕazma/ ʕazamæɑt	아즈마/아자매-트	أَزْمَة/ أَزَمَات
재해, 재앙	muṣiiba/ maṣaayęb karsa/ kawæɑręṣ	무시-바/마사-입 카르싸/카왜-리쓰	مُصِيبَة/ مَصَائِبْ كَارْثَة/ كَوَارِثْ
대화	ɦęwaar/ -aat	히와-르	حِوَار/ حِوَارَات
협상 (negociation)	mufawaḑaat tafaawoḑ	무파와다-트 타파-오드	مُفَاوَضَات تَفَاوُضْ
부패	fasæɑd	빠쌔-드	فَسَاد
부패한	fæɑsęḑ fasdæn/ -iin	패-씨드 파쓰댄-/파쓰대닌-	فَاسِدْ فَسْدَان/ فَسْدَانِين
계층	ṭabaʕa/ -aat	따바아/따바아-트	طَبَقَة/ طَبَقَاتْ
중산계층	ʕeṭ-tabaʕa-l-mutawasseṭa	잇따바아 일무타왓씨따	الطَّبَقَة الْمُتَوَسِّطَة
상류계층	ʕeṭ-tabaʕa-l-ɜolya	잇따바아 일울리야	الطَّبَقَة الْعُلْيَا
가난한계층	ʕeṭ-tabaʕa-l-faʕiira	잇따바아 일파이-라	الطَّبَقَة الْفَقِيرَة
신문	gornaal/ garaniil gariida/ garaayęd	고르날-/가라닐- 가리-다/가라-이드	جُرْنَال/ جَرَانِيلْ جَرِيدَة/ جَرَائِدْ
신문머리기사	ɛęnwæɑn/ɛaanawiin	엔왠-/아-나윈-	عِنْوَان/ عَنَاوِينْ
신문의 논단	maqaal/ -æɑt	마깔-/마깔래-트	مَقَال/ مَقَالَاتْ
잡지	magalla/ -æɑt	마갈라/마갈래-트	مَجَلَّة/ مَجَلَّاتْ
저널리즘 (journalism)	ṣaɦaafa	사하-파	صَحَافَة
기자 저널리스트	ṣaɦafi/ -yyiin	사하피/사하피인-	صَحَفِي/ صَحَفِيِّينْ

생활 회화

통신사 (news agency)	wikæælęt ʕabæadʔ	위캘럿 안바애으	وِكَالَة أَنْبَاء
특파원	muraasęl/-iin	무라-셀/무라-실린-	مُرَاسِل/مُرَاسِلِين
대변인	mutafjaddęs/-iin	무타핫드쓰-/무타핫디씬-	مُتَحَدِّث/مُتَحَدِّثِين
유엔(UN)	ʕel-ʕomam el-muttafjida	일오맘 일못타히다	الأُمَم الْمُتَّحِدة
유엔상임이사회	maglęs el-ʕamn	마글리쓰 일암느	مَجْلِس الأَمْن

19-5 행정 관청, 지역 구분, 기관장

정부	fjukuuma/ -æt	오쿠-마	حُكُومة/حُكُومَات
정부의 부처	węzaara/ -aat	위자-라	وِزَارَة/وِزَارَات
내무부	węzaaręt ęd-daxęlęyya	위자-릿 잇대-킬레야	وِزَارة الدَّاخِلِيَّة
외무부	węzaaręt el-xarigiyya	위자-릿 일캐-리게야	وِزَارة الْخَارِجِيَّة
재무부	węzaaręt el-mææleyya	위자-릿 일맬-레야	وِزَارة الْمَالِيَّة
국방부	węzaaręt ed-defææs	위자-릿 잇디패-아	وِزَارة الدِّفَاع
교육부	węzaaręt ęt-tarbęya węt-taɛlęęm	위자-릿 잇타르베야 윗타알림-	وِزَارة التَّرْبِية والتَّعْلِيم
고등교육부	węzaaręt ęt-taɛlęęm el-ɛææli	위자-릿 잇타알림- 일알-리	وِزَارة التَّعْلِيم الْعَالِي
문화부	węzaaręt ęs-saqaafa	위자-릿 잇싸까-파	وِزَارة الثَّقَافَة
교통,통신부	węzaaręt ęn-naʕl węl-muwaşlaat	위자-릿 잇나올 월무와슬라-트	وِزَارة النَّقْل والْمُوَاصَلَات
국세청	maşlafjęt ęd-daraayęb	마스라힛 잇다라-입	مَصْلَحَة الضَّرَائِب
관세청	maşlafjęt ęg-gamææręk	마슬라힛 익가매-릭	مَصْلَحَة الْجَمَارِك
기상청	hayʕęt el-ʔarşaad eg-gaweyya	하이엣 일아르사-드 익가웨야	هَيْئَة الأَرْصَاد الْجَوِّيَّة
통계청	hayʕęt ęt-taɛabiʕa węl-ʕęfjşa	하이엣 잇타아비아 월에흐사	هَيْئَة التَّعْبِئَة والإِحْصَاء
연금관리공단	ʔędaaręt el-maɛaʃææʔ	이다-릿 일마아쉐-트	إِدَارة الْمَعَاشَات
수도(capital)	ɛaaşęma/ɛawaaşęm	아-시마/아와-심	عَاصِمَة/عَوَاصِم
도(province)	mufjafza/ -aat	무하프자/무하프자-트	مُحَافَظَة/مُحَافَظَات

생활 회화

한국어	발음	한글 발음	العربية
도시(city)	madiina/ modon	매디-나/모돈	مَدِينَة/ مُدُنْ
타운(town)	balad/ bᵉlææd	발라드/빌래-드	بَلَد/ بِلَاد
구, 동 (section of town)	ɦayy/ ʕaɦyææʔ (지역)ɦetta/ ɦetat	하이/ 아흐예으 헷타/헤타트	حَيّ/ أَحْيَاء حِتَّة/ حِتَت
군, 읍	markaz/maræækez	마르카즈/마래-키즈	مَرْكَز/ مَرَاكِزْ
시골 마을 (village)	qarya/ qora	까리야/ 꼬라	قَرْيَة/ قُرَى
qarya 보다 작은 촌락	ɛezba/ ɛezab	에즈바/ 에잡	عِزْبَة/ عِزَب
동사무소	segell madani	씨길 마다니	سِجِلّ مَدَنِي
경찰서	ʕesm eʃ-ʃorṭa ʕesm el-boliis	이씀 쇼르따 이씀 볼리-쓰	قِسْم الشُّرْطَة قِسْم البُولِيسْ
지서	noʔṭet ʃorṭa	노으뜨 쇼르따	نُقْطَة شُرْطَة
여권계	ʕesm eg-gawazææt	이씀 익가와재-트	قِسْم الجَوَازَاتْ
병무계	ʕet-tagniid	잇타그니-드	التَّجْنِيدْ
선거구	(몇 개의 구(ɦayy)가 한 선거구) dayra/dawææyer	다이라/ 다왜-이르	دَائِرَة، دَائِرَة/ دَوَائِر
도지사	muɦaafezˤ/ -iin	무하-피즈/무하-피진-	مُحَافِظْ/ مُحَافِظِينْ
시장	raʔiis el-madiina	라이-쓰 일마디-나	رَئِيس المَدِينَة
구청장	raʔiis el-ɦayy	라이-쓰 일하이	رَئِيس الحَيّ
통장, 반장	ʃeex el-ɦaara	쉐-크 일하-라	شِيخ الحَارَة
시골의 이장	ɛomda/ ɛomad	옴다/ 오마드	عُمْدَة/ عُمَدْ

생활 외화

20. 경제

생활 외화

20-1 경제 생활

- 이집트 경제가 어떻습니까?
  ʕeeh el-ḥææla el-ʕeqteṣaadeyya fi maṣr
  에- 일핼라-라 일이끄티사-디야 피 마스르   إيه الْحَالَة الاِقْتِصَادِيَّة في مِصْرْ ؟

- 이집트는 관광으로 유명합니다.
  maṣr maʃhuura beṣ-ṣeyææḥa   마스르 마쉬후-라 빗씨야-하   مَصْرْ مَشْهُورَة بالسِّياحَة

- 이집트는 수입국 중의 하나입니다.
  maṣr men el-bᵉlææd el-mustawreda
  마스르 민 일빌래-드 일무쓰타우리다   مَصْرْ مِن البِلادِ الْمُسْتَوْرِدَة

- 한국은 공업 생산국입니다.
  korya balad ṣenaaɛeyya   꾸리야 발라드 시나-아이야   كُورْيَا بَلَدْ صِنَاعِيَّة

- 저는 이 회사에 빌려준 돈이 있어요.
  ʕana medææyen eʃ-ʃerka di   아나 미대-인 잇쉬르카 디   أنا مِدَايِن الشِّركَة دي

- 저는 …에게 얼마를 받아야 해요. (ɛala + 받을 사람 + le + 액수)
  예) 나는 당신에게 1000 파운드를 받아야 해요.
  ɛaleek(f/-ki) leyya ʕalf ginee   알릭- 레야 알프 기니-   عَلِيكْ لِيَّ أَلْفْ جِنِيه

- 저는 물건을 수입하려 해요.
  ɛææyez ʕastawred montagææt men barra
  아-이즈 아쓰타우리드 문타개-트 민 바라   عَايِزْ أَسْتَوْرِدْ مُنْتَجَاتْ مِنْ بَرَّة

- 수입된 화물이 항구에 도착했습니까?
  yatara ʃoḥneti waṣaleṭ fil-miina walla laʕ
  야타라 쇼흐나티 와살릿 필미-나 왈라 라으   يَاتَرَى شُحْنَتِي وَصَلِت في الْمِينا وَلاَّ لأ ؟

20-1-1 경제 관련 용어들

경제	ʕeqteṣaad	이끄티사-드	إقْتِصَادْ
상업, 교역	tᵉgaara	티가-라	تِجَارَة
상업의	tugææri/ -yyiin	투개-리/투개리인-	تُجَارِي/تُجَارِيين
회사	ʃerka/ ʃarikææt	쉬르카/샤리캐-트	شِرْكَة/شَرِكَاتْ
공업	ṣenaaɛa	시나-아	صِنَاعَة
공업의	ṣenaaɛi/ -yyiin	시나-아이	صِنَاعِي/صِنَاعِيِّين
공장	maṣnaɛ/maṣaaneɛ	마스나아/마사-니아	مَصْنَعْ/مَصَانِعْ

생활 외화

한국어	발음	한글 발음	아랍어
생산	ʔentææg	인태-그	إنْتَاج
생산자	muntęg/ -iin	문텍/ 문테긴-	مُنْتِج/ مُنْتِجِين
생산품, 물품	muntag/ -ææt (주로 복수를 사용)	문탁/ 문타개-트	مُنْتَج/ مُنْتَجَات
국산품	muntagææt maħalleyya	문타개-트 마할레야	مُنْتَجَات مَحَلِّيَّة
상품	bęḍaaɛa/ baḍaayęɛ	비다-아/바다-이아	بِضَاعَة/ بَضَائِع
제품	maʃnuɛaat	마스누아-트	مَصْنُوعَات
전자제품	gęhææz/ ʔaghęza	게해-즈/아그헤자	جِهَاز/ أَجْهِزَة
소비	ʔęstęhlææk	이쓰티흘래-크	إسْتِهْلَاك
소비적인	mustahlęk/ -iin	무쓰타흘릭	مُسْتَهْلِك/مُسْتَهْلِكِين
공급	ʔel-ɛarḍ	일아르드	الْعَرْض
수요	ęt-talab	잇딸랍	الطَّلَب
투자	ʔęstęsmaar	이쓰티쓰마-르	إسْتِثْمَار
투자하다	ʔęstasmar/yęstasmęr	이쓰타쓰마르/에쓰티쓰미르	إسْتَثْمَر/ يِسْتَثْمِر
투자자	mustasmęr	무쓰타쓰미르	مُسْتَثْمِر
비즈니스맨	ragul ʔaɛmææl	라굴 아으맬-	رَجُل أَعْمَال
상인(merchant)	tææger/ tuggaar	태-기르/툭가-르	تَاجِر/ تُجَّار
세일즈맨	bayyææɛ/-iin	바예-아/바예아인-	بَيَّاع/ بَيَّاعِين
구매인(buyer)	muʃtari	무쉬타리	مُشْتَرِي
구입	ʃera	쉬라	شِرَاء
구입하다	ʔęʃtara/ yęʃtęri	이쉬타라/에쉬티리	إشْتَرَى/ يِشْتَرِي
판매	bęęɛ	비-아	بِيع
판매하다	bææɛ/ yębiiɛ	배-아/예비-아	بَاع/ يِبِيع
고객	zębuun/ zabææyęn ɛamiil/ ɛomala	지분/ 자배-인 아밀-/ 오말라	زِبُون/ زَبَائِن عَمِيل/ عُمَلَاء
수출	taʃdiir	타스디-르	تَصْدِير
수출하다	ʃaddar/yęʃaddar	샷다르/예샷다르	صَدَّر/ يِصَدِّر
수입	ʔęstiraad	이쓰티라-드	إسْتِيرَاد

생활 외화			
수입하다	ęstawrad/yęstawręd	이쓰타우라드/예쓰타우리드	إستَوْرَد/يَسْتَوْرِد
수입업자	mustawręd/-iin	무스타우리드	مُسْتَوْرِد/مُسْتَوْرِدين
화물(cargo)	ʃoḥna/-æːt	쇼흐나/쇼흐내-트	شُحْنَة/شُحْنَات
세금	ḍariiba/ḍaraayib	다리-바/다라-입	ضَرِيبَة/ضَرائِب
세관, 관세	gomrok/ gamæːręk	고므록/ 가매-릭	جُمْرُك/جَمارِك
상품	bęḍaaɛa/baḍaayęɛ	비다-아/바다-이아	بِضاعَة/بَضائِع
제품	maṣnuɛaat	마스누아-트	مَصْنُوعات
전자제품	gęhæːz/ ɁaghęZa	게해-즈/아그헤자	جِهاز/أجْهِزَة
주식, 증권	sahm/ ʃashum	싸흠/ 아쓰홈	سَهْم/أسْهُم
주식시장	borṣa/ -aat	보르사/보르사-트	بُرْصَة/بُرْصات
암시장 (black market)	ęs-suuɁ ęs-sooda	잇쑤-으 잇쑤-다	السُّوق السُّودَة
바겐세일	Ɂokazyoon/-æːt	오카지온/오카지요내-트	أوكازْيُون/أوكازْيُونات
자원	mawrid/mawæːrid	마우리드/마왜-리드	مَوْرِد/مَوارِد
천연자원	mawæːrid ṭabiɛęyya	마왜-리드 따비아에야	مَوارِد طَبيعِيَّة

20-2 각종 요금 & 돈(Money) 관련 용어들

이집트 사람들에게 머니 머니해도 Money가 중요합니다. 이집트 아랍어에서 돈에 대한 용어들이 다양한데요, 구체적인 상황에 따라 다르게 사용되는 용어들을 확인하십시오.

가격, 요금	sęɛr/ Ɂasɛaar	씨아르/아쓰아-르	سِعْر/أسْعار
요금, 지불해야 할 돈, 계산해야 할 돈	ḥęsæːb/-æːt	히쌥-/히쌔배-트	حِساب/حِسابات
교통 요금	Ɂogra	오그라	أُجْرَة
임대료, 대여료	Ɂigaar	이가-르	إيجار
팁	baɁʃiiʃ	바으쉬-쉬	بَقْشِيش
수고비 (변호사, 의사 등)	Ɂatæːæb	아트앱-	أتْعاب
수리비, 공예품 제조위한 수고비	maṣnaɛęyya	마스나에야	مَصْنَعِيَّة

생활 외와

한국어	발음	한글 발음	아랍어
임금	ʔagr/ ʔuguur	아그르/우구-르	أَجْر/ أُجُور
월급	murattab/-aat	무랏탑/무랏타배-트	مُرَتَّب/ مُرَتَّبَات
보너스, 일을 잘 했다고 더 받는 것	mukafʔa/-aat	무카프아/무카프애트	مُكَافَأَة/ مُكَافَآت
대가, 수고한 댓가로 받는 것	muqaabel	무까-빌	مُقَابِل
수수료, 입장료 등의 적은 요금	rasm/ rusuum	라쏨/ 루쑴-	رَسْم/ رُسُوم
회비 (membership fee)	rasm eʃteraak	라쏨 이쉬티락-	رَسْم إِشْتِرَاك
클럽이나 도서관 등의 회원 회비	rasm εodwεyya	라쏨 오드웨야	رَسْم عُضْوِيَّة
벌금	ɣaraama/-aat	가라-마/가라마트	غَرَامَة/ غَرَامَات
세금	ḍariiba/ḍaraayib	다리-바/다라-입	ضَرِيبَة/ ضَرَائِب
커미션	εumuula	우물-라	عُمُولَة
보증금, 전세 보증금 등	(나중에 돌려 받음) taʔmiin/-aat 타으민-/타으미내-트		تَأْمِين/ تَأْمِينَات
선금 (advance payment)	(할부금의 첫 지불액) muʔaddam 무앗담		مُقَدَّم
선금 (down payment) 나중에 돌려받지 못함	εarbuun/εarabiin 아르분-/아라빈- (물건을 미리 신청할 경우 확실히 구입할 것이라는 의미로 지불하는 적은 돈)		عَرْبُون/ عَرَابِين
	(주로 집을 구입할 때) xelεww 켈레우		خِلُوّ
	xelεwwe regl	켈레우 리글	خِلُوّ رِجْل
외상	ʃokok	쇼콕	شُكُوك
뇌물	raʃwa/raʃaæwi	라쉬와/라쉐-위	رَشْوَة/ رَشَاوِي
결혼지참금	ʔel-mahr	일마흐르	الْمَهْر
가정(가계) 소득	daxl	다클	دَخْل
비용, 경비, 가정(가계) 지출	maṣrufaat	마스루파-트	مَصْرُوفَات
	maṣariif	마사리-프	مَصَارِيف
교육비, 수업료	maṣariif el-madrasa	마사리-프 일마드라싸	مَصَارِيفِ الْمَدْرَسَة
	maṣariif ed-deraasa	마사리-프 잇디라-싸	مَصَارِيفِ الدِّرَاسَة
용돈(자녀에게)	maṣruuf	마스루-프	مَصْرُوف

생활 외화

직원등에 주는용돈 (pocket money)	maṣruuf el-geeb	마스루-프 일깁-	مَصْرُوفُ الْجِيبِ
가계비	maṣruuf el-beet	마스루-프 일베-트	مَصْرُوفُ الْبَيْتِ
가게(회사)의 수입 (하루 수입 등)	ʕiraad/ -aat	이라-드/이라다-트	إِيرَادْ/ إِيرَادَاتْ
생산원가, 생산비용 (basic cost)	taklefa	타클리파	تَكْلِفَة
이익, 수익(profit)	rebḥ/ʕarbaaḥ maksab/makææseb	립흐/아르바-흐 막쌉/막캐-씨브	رِبْحْ/ أَرْبَاحْ مَكْسَبْ/ مَكَاسِب
순이익	rebḥ ṣaafi ʕarbaaḥ ṣafya	립흐 사-피 아르바-흐 사프야	رِبْحْ صَافِي أَرْبَاحْ صَافْيَة
이자(은행이자 등)	fayda/fawææyed	파이다/파왜이드	فَائِدَة/ فَوَائِدْ
남은 돈	ʔel-bææʕi	일배-이	الْبَاقِي
비용 총계	ḥesææb/-æt	헤쌥-/헤쌔배-트	حِسَابْ/حِسَابَاتْ
빚	deen/ diyuun	딘-/ 디윤-	دَيْنْ/ دُيُونْ
빌려준	medææyen/-iin	미대-인/미대이닌-	مِدَايِنْ/ مِدَايِنِينْ
빚진	madyuun/-iin	마디윤-/마디유닌-	مَدْيُونْ/مَدْيُونِينْ
손해	xusaara/xasææyer	쿠싸-라/카쌔-이르	خَسَارَة/ خَسَائِرْ
(비용)…가 들다	kallef/ yekallef ʔetkallef/yetkallef	칼리프/예칼리프 이트칼리프/예트칼리프	كَلِّفْ/ يْكَلِّفْ اِتْكَلِّفْ/ يِتْكَلِّفْ

20-3 직업에 대해

· 당신은 어떤 일을 하시나요? (직업을 물을 때)
  ʕenta beteʃtayal ʕeeh 엔타 비티쉬타갈 에- إِنْتَ بِتِشْتَغَلْ إِيهْ؟

· 월급이 얼마죠?
  ʔel-murattab kææm 일무랏탑 캠- الْمُرَتَّبْ كَامْ؟

· 저는 새로운 직장을 찾고 있어요.
  ʔana badawwar ʕala ʃoyl gediid
  아나 바다와르 알라 쇼굴 기디-드 أَنَا بَادَوَّرْ عَلَى شُغْلْ جَدِيدْ

· 저는 월급이 많은 직장을 원해요.
  ʕææyez ʃoyl murattab-u kuwayyes
  아-이즈 쇼굴 무랏타부 꾸와예쓰 عَايِزْ شُغْلْ مُرَتَّبُه كُوَيِّسْ

생활 회화

- 일하는 시간은 언제인가요?
  mawaɛiid eʃ-ʃoyl ɛemta   마와에-드 잇쇼글 엠타   مَوَاعِيد الشُّغْل إمْتَى؟

직업	waziifa/ wazaayef 와지파/와자-이프	وَظِيفَة/ وَظَائِف
	mehna/ mehan (cl) 미흐나/ 미한	مِهْنَة/ مِهَن
일	ʃoyl/ ʃaʃyæl- 쇼글/ 아쉬갤-	شُغْل/ أشْغَال
일하다	ɛeʃtayal/yeʃtayal 이쉬타갈/예쉬타갈	إشْتَغَل/ يِشْتَغَل
월급	murattab/ -æet 무랏탑/무랏타배-트	مُرتَّب/ مُرَتَّبَات
보너스	mukafʃa/-æet 무카프아/무카프애-트	مُكَافَأة/ مُكَافَآت
회사	ʃerka/ ʃarekæet 쉬르카/ 쉬리캐-트	شِرْكَة/ شَرِكَات
사장	ṣaaḩeb ʃerka 사-헵 쉬르카	صَاحِب شِرْكَة
회사 경영인	mudiir/ -iin 무디-르/무디린-	مُدِير/ مُدِيرِين
직원, 점원	muwazzaf/ -iin 무왓자프/무앗자핀-	مُوَظَّف/ مُوَظَّفِين
임명인	muɛayyen/ -iin 무아인/무아예인-	مُعَيِّن/ مُعَيِّنِين
임명된(뽑힌)사람	metɛayyen/ -iin 미트아인/미트아이닌-	مِتعَيِّن/ مِتعَيِّنِين
현장 조사관	muɛaayen/ -iin 무아-인/무아이닌-	مُعَايِن/ مُعَايِنِين
검사관,감독관	mufatteʃ/ -iin 무팟티쉬/무팟티쉰-	مُفَتِّش/ مُفَتِّشِين
전문가	xabiir/ xobara 카비-르/ 코바라	خَبِير/ خُبَرَاء
	muḩtaref/ -iin 무흐타리프/무흐타리핀-	مُحْتَرِف/ مُحْتَرِفِين
인맥(관공서의 아는 사람)	wasṭa/ wasaayeṭ 와쓰따/와싸-이뜨	وَاسْطَة/وَسَائِط
	kuusa 꾸-싸	كُوسَة
뇌물	raʃwa/raʃæewi 라쉬와/라쉐-위	رِشْوَة/ رَشَاوِي
팁	baɛʃiiʃ 바으쉬-쉬	بَقْشِيش

20-4 주요 직업 명칭

20-4-1 주요 직업 - 전문직

의사	doktoor/dakatra 독토-르/ 다카트라	دُكْتُور/ دَكَاتِرَة
	doktoora (f) 독토-라 (f)	دُكْتُورَة
	ṭabiib/ ʃaṭebba(cl) 따빕-/ 아띱바	طَبِيب/ أطِبَّاء

생활 외화

한국어	발음	한글 표기	아랍어
간호사	mumarreḍa/ -aat	무마리다/무마리다-트	مُمَرِّضَة/مُمَرِّضَات
약사	ṣaydali/ṣaydalaneyya(f) /ṣayadla	사이달리/사이달라네야(f)/ 사야들라	صَيْدَلِى/صَيْدَلَانِيَّة/ صَيَادلَة
사장	ṣaafjeb ʃerka	사-헵 쉬르카	صَاحِبْ شِرْكَة
회사 경영인	mudiir/ -iin	무디-르/무디린-	مُدِيرْ/ مُدِيرِينْ
비서, 서기	sekirteer/sekirteera(f)	씨키르테-르/씨키르테라(f)	سِكِرْتِيرْ/سِكِرْتِيرَة
회계사	muħæeseb/ -iin	무해-씹/무해쓰빈-	مُحَاسِب/مُحَاسِبِينْ
엔지니어	muhandes/ -iin	무한디쓰/무한디씬-	مُهَنْدِس/مُهَنْدِسِين
건축가	muhandes meεmææri	무한디쓰 미아매-리	مُهَنْدِس مِعْمَارِي
변호사	muħææmi/ -yiin	무해-미/무해미인-	مُحَامِي/مُحَامِيِينْ
검사	nææyeb/nuwwææb	내-입/누웹-	نَائِب/ نُوَّابْ
판사	ʕaadi/ ʕuḍaah	아-디/ 우다-	قَاضِي/ قُضَاة
교수	(m)ʕustææz/ʕasatza (f)ʕustææza/-ææt	우쓰태-즈/아싸트자 우쓰태-자/우쓰태재-트	أُسْتَاذْ/ أَسَاتِذَة أُسْتَاذَة/ أُسْتَاذَات
교사	mudarres/ -iin	무다리쓰/무다리씬-	مُدَرِّس/مُدَرِّسِين
개인교사	mudarres xuṣuusi	무다리쓰 쿠수-씨	مُدَرِّسْ خُصُوصِي
학생	(m) ṭaaleb/ tullaab, ṭalaba (f) ṭaaleba/ṭalibaat	딸-립/ 딸라바 딸-리바/ 딸리바-트	طَالِب/طُلَّاب،طَلَبَة طَالِبَة/ طَلِبَات
공무원	muwazzaf/ -iin	무왓자프/무왓자핀-	مُوَظَّف/ مُوَظَّفِين
경찰	ʃorṭa buliis	쇼르따 볼리-쓰	شُرْطَة بُولِيس
군인	gondi/ gunuud	곤디/구누-드	جُنْدِي/ جُنُودْ
장교(군인,경찰)	zaabeṭ/ zubbaaṭ	자-비뜨/ 줍바-뜨	ظَابِط/ ظُبَّاطْ
사병(군인,경찰)	εaskari/εasæækeṛ	아쓰카리/아쌔-키르	عَسْكَرِي/ عَسَاكِرْ
소방관	ragul maṭaafi	라굴 마따-피	رَجُلْ مَطَافِي
보안경찰	ʕamn ed-dawla	암느 잇다울라	أَمْن الدَّوْلَة
코치	mudarreb/ -iin	무다립/무다리빈-	مُدَرِّبْ/ مُدَرِّبِينْ

생활 회화

한국어	발음	한글표기	العربية
음악가	musiiqi/ -yyiin	무씨-끼/ 무씨끼인-	مُوسيقي/مُوسيقيّين
예술가	fannææn/ -iin	판낸-/판내닌-	فَنَّان/ فَنَّانين
비평가	naaqęd/nuqqaad	나-끼드/누까-드	نَاقِد/ نُقَّاد
예술비평가	naaqęd fanni	나-끼드 판니	نَاقِد فَنِّي
은행원	muwazzaf bank	무왓자프 반크	مُوَظَّف بَنْك
상인	tæegęr/ tuggaar	태-기르/툭가-르	تَاجِر/ تُجَّار
비즈니스맨	ragul ʕaɛmææl	라굴 아아맬-	رَجُلْ أعْمَال
통역원	mutargęm/ -iin (동시통역원) mutargęm fawri	무타르김/무타르기민- 무타르김 파우리	مُتَرْجِم/ مُتَرْجِمين مُتَرْجِم فَوْرِي
가수	muyanni/-yyiin muṭręb/ -iin	무간니/무간니인- 무뜨립/무뜨리빈-	مُغَنِّي/ مُغَنِّيْن مُطْرِب/ مُطْرِبين
작가	kæætęb/ kuttææb muʕallęf/ -iin	캐-팁/쿳탭- 무알리프/무알리핀-	كَاتِب/ كُتَّاب مُؤَلِّف/ مُؤَلِّفين
기자 저널리스트	ʂaɦafi/ -yyiin	사하피/사하피인-	صَحَفي/ صَحَفيّين
감독(영화,연극)	moxręg/-iin	모크리그/모크리긴-	مُخْرِج/ مُخْرِجين
연예인	fannææn/ -iin	판낸-/ 판내닌-	فَنَّان/ فَنَّانين
아나운서	muziiɛ/ -iin	무지-아/무지아인-	مُذيع/ مُذيعين
카메라맨 (방송, 신문)	muṣawwęr/ -iin	무사윌르/무사윌린-	مُصَوِّر/ مُصَوِّرين
성직자(종교인)	ragul ęd-diin	라굴 잇딘-	رَجُلْ الدّين
모스크의 이맘, 장로	ʃeex/ʃuyuux	쉐-크/슈유-크	شيخْ/ شُيُوخْ
목사	ʕassiis/ʕosos	앗씨-쓰/오쏘쓰	قَسّيس/ قُسُسْ
비행기조종사	ṭayyaar/ -iin	따야-르/ 따야린-	طَيَّار/ طَيَّارين
스튜어드	muḍiif/ -iin	무디-프/ 무디핀-	مُضيف/ مُضيفين
스튜어디스	muḍiifa/ -aat	무디-파/ 무디파-트	مُضيفة/ مُضيفات

생활 회화

20-4-2 주요 직업 - 숙련 노동직

한국어	발음	한글 발음	아랍어
장인 (skilled worker)	ṣanayɛi/-yya	사나이아이/사나이에야	صنَايعِي/صنَايعيَّة
목수	naggaar/-iin	낙가-르/낙가린-	نَجَّار/ نَجَّارين
배관공	sabbæk/-iin	쌉배-/쌉배킨-	سبَّاك/ سبَّاكِين
대장장이	ḥaddæsh/-iin	핫대-드/핫대딘-	حدَّاد/ حدَّادِين
전기공	kahrabaai/-yya	카흐라바-이/카흐라바에야	كَهْرَبائي/كَهْرَبائيَّة
페인트공	naʃʃææʃ/-iin	나애-쉬/ 나애쉬인-	نقَّاش/ نقَّاشِين
	(솔을 가지고 작업하는 사람. 자동차, 신발, 집 등) buhyagi/-yya	부히야기/부히야기야	بُوهْيجِي/ بُوهْيجيَّة
미장이	mębayyaḍ/-iin	미바야드/미바야딘-	مبيَّض/ مبيَّضِين
자동차 수리공	mikaniiki/ -yya	미캐니-키/미캐니키야	ميكَانِيكِي/ ميكَانِيكيَّة
자동차 차체 수리공	samkari/samkaręyya	쌈카리/ 쌈카레야	سَمكَرِي/سَمكَرِيَّة
이발사	ḥallæʃ/-iin	할래-으/ 할래인-	حلَّاق/ حلَّاقِين
미장원, 미용사	kuwafęęr/ -ææt	쿠와피-르/쿠와피래-트	كُوَافِير/ كُوَافِيرَات
세탁소직공	makwagi/ -yya	마크와기/마크와기야	مكْوجِي/ مكْوجيَّة
양복제단사	tarzi/ -yya	타르지/타르지야	ترْزيَّة/ ترْزيَّة
	tarzi ręgææli	타르지 리갤-리	ترْزي رجَالي
	(여성복)tarzi ḥariimi	타르지 하리-미	ترْزي حَرِيمي
옷수선공 재봉사	xayyaat/ -iin	카야-뜨/카야띤-	خيَّاط/ خيَّاطِين
구두 수선공	gazmagi/ -yya	가즈마기/가즈마기야	جَزْمجِي/ جَزْمجيَّة

20-4-3 주요 직업 - 판매직

한국어	발음	한글 발음	아랍어
과일장수	fakahææni/-yya	파카해-니/파카해니야	فكَهَاني/ فكَهَانيَّة
채소장수	xoḍari/ xoḍaręyya	코다리/ 코다리야	خُضرِي/خُضرِيَّة
식료품장수	baʔʔææl/-iin	바앨-/ 바앨린-	بقَّال/ بقَّالِين
정육점	gazzaar/ -iin	갓자-르/ 갓자린-	جَزَّار/ جَزَّارِين
보석상	sææęyęy/sææyaa,suyyææs	쌔-이그/ 쑤에-그	صَائغ/ صَاغَة، صيَّاغ
	gawahęrgi/-yya	가와히르기/가와히르기야	جَوَاهْرِجِي/ جَوَاهْرِجيَّة

생활 회화

제과점, 단음식파는곳	ɦalawææni/-yya	할라왜-니/할라와녜야	حَلَوَانِي/حَلَوَانِيَّة
향료 장수	ɛaṭṭaar/-iin	앗따-르/앗따린-	عَطَّار/عَطَّارِين
우유배달원	labbææn/-a beṭææɛ laban	랍밴-/랍배-나 비태-아 라반	لَبَّان/لَبَّانَة بِتَاع لَبَن
판매하는사람	bayyææɛ/ -iin	바예-아/바예인-	بَيَّاع/بَيَّاعِين

20-4-4 그외 서비스직

문지기	bawwææb/ -iin	바웹-/ 바웨빈-	بَوَّاب/بَوَّابِين
하인, 청소부 (servant)	ʃayyææl/ -iin xaddææm/ -iin	샤걜-/ 샤걜린- 캇댐-/ 캇대민-	شَغَّال/شَغَّالِين خَدَّام/خَدَّامِين
심부름꾼	farraaʃ/-iin	파라-쉬/파라쉬인-	فَرَّاش/فَرَّاشِين
경비	ɦææreṣ/ ɦurraas ʕamn	해-리쓰/ 후라-쓰 암느	حَارِس/حُرَّاس أَمْن
부동산소개인	ṣemsaar/ samasra	씸싸-르/ 싸마쓰라	سِمْسَار/سَمَاسِرَة
우체부	busṭagi/ -yya	부쓰따기/부쓰따기야	بُوسْطَجِي/بُوسْطَجِيَّة
운전기사	sawwææʔ/ -iin	싸웨-으/ 싸웨인-	سَوَّاق/سَوَّاقِين
차장 (conductor)	komsari/komsareyya	콤싸리/콤싸리야	كُمْسَارِي/كُمْسَارِيَّة
마부 (horse driver)	ɛarbagi/ -yya	아르바기/아르바기야	عَرْبَجِي/عَرْبَجِيَّة
정원사	ganayni/-yya	가나이니/가나이녜야	جَنَايِنِي/جَنَايِنِيَّة
농부	fallææɦ/-iin (기르는 사람)muzææreɛ/-iin 무재-리아	팔래-흐/팔래힌-	فَلَّاح/فَلَّاحِين مُزَارِع/مُزَارِعِين
요리사	ṭabbaax/-iin	땁바-크/땁바킨-	طَبَّاخ/طَبَّاخِين
빵굽는사람 (아랍식 빵)	xabbææz/ -iin	캅배-즈/캅배진-	خَبَّاز/خَبَّازِين
빵굽는 곳 (아랍식 빵)	forn/ ʔafraan maxbaz/maxææbez	포른/아프란- 마크바즈/마캐-비즈	فُرْن/أَفْرَان مَخْبَز/مَخَابِز
사진사	meṣawwaraati/-yya	미사와라티/미사와라티야	مِصَوَّرَاتِي/مِصَوَّرَاتِيَّة
건설노동자,일꾼	ɛææmel/ɛommææɜ	아-밀/옴맬-	عَامِل/عُمَّال

생활 회화

한국어	발음	한글 발음	Arabic
거리청소부	kannææs/-iin	칸내-쓰/칸내씬-	كَنَّاسْ/ كَنَّاسِين
넝마지기 쓰레기수집인	zabbææl/ -iin	잡밸-/ 잡밸린-	زَبَّالْ/ زَبَّالِينْ
거지	ʃaḥḥææt/ -iin	샤해-트/샤해틴-	شَحَّاتْ/ شَحَّاتِين
장의사	ḥanuuti/ -yya	하누-티/하누테야	حَانُوتِي/ حَانُوتِيَّة
창고지기 (시골에서)	ɣafiir/ ɣafar	가피-르/ 가파르	غَفِير/ غَفَر
검침원 — 검침원	kaʃʃææf/ -fiin	카쉐-프/ 캇쉐핀-	كَشَّافْ/كَشَّافِينْ
검침원 — 전기검침	kaʃʃææf en-nuur	카쉐-프 인누-르	كَشَّاف النُور
검침원 — 가스검침	kaʃʃææf el-ɣææz	카쉐-프 일개-즈	كَشَّاف الغَاز
세금징수원 — 징수원	muḥaṣṣel/ -iin	무핫실/ 무핫실린-	مُحَصِّل/ مُحَصِّلِين
세금징수원 — 전기	muḥaṣṣel en-nuur	무핫실 인누-르	مُحَصِّل النُور
세금징수원 — 가스	muḥaṣṣel el-ɣææz	무핫실 일개-즈	مُحَصِّل الغَاز
웨이터	garsoon/ -ææt metr	가르쏜-/가르쏘내-트 미트르	جَرْسُون/جَرْسُونَات مِتْر
찻집 직원	ʃahwagi/ʃahwageyya	아흐와기/아흐와게야	قَهْوَجِي/ قَهْوَجِيَّة
주차보조원	sææyes/suyyææs menæædi/-iin	쌔-이쓰/쑤에-쓰 미내-디/미내디인-	سَايِسْ/ سِيَّاسْ مِنَادِي/ مِنَادِيين
구두닦이	beṭææʕ warniiʃ buhyagi/ -yya	비태-아 와르니-쉬 부흐야기/부흐야기야	بِتَاعْ وَرْنِيشْ بُهْيَجِي/ بُهْيَجِيَّة

20-5 서류 작성에 대해

아래는 이집트에서 사용하는 공문서를 기록하거나 사용할 때 필요한 용어들입니다. 글자를 기록하거나 읽을 때는 구어체와는 다른 문어체 형식으로 읽고 기록한다는 것을 기억하십시오.

한국어	발음	한글 발음	Arabic
서류양식	namuuzag/namææzeg ʔestemaara/-aat	나무-작/나매-직 이쓰티마-라/이쓰티마라-트	نَمُوذَجْ/ نَمَاذِجْ إِسْتِمَارَة/إِسْتِمَارَات
이름	ʔesm/ʔasææmi, ʔasmææʕ	이쓰음/아쌔-미	إِسْمْ/ أَسَامِي، أَسْمَاء
성별	gens (no pl)	긴쓰	جِنْسْ

생활 회화

한국어	발음	한글 발음	Arabic
생년월일	tariix el-milæad	타리-크 일밀래-드	تاريخ الميلاد
나이	sẹnn ɛomr/ ʕaɛmaar	씬 오므르/ 아아마-르	سن عُمْر/ أَعْمَار
주소	ɛɛnwææn/ɛanawiin	엔왠-/아나윈-	عنوان/ عَناوين
국적	gẹnsẹyya/ -ææ tæɛ	긴쎄야/ 긴쎄에-트	جِنسيّة/ جنسيّات
여권번호	raqam el-basboor	라깜 일바쓰보-르	رقم الباسبور
출생지	maḥall el-milæad	마할 일밀래-드	محلّ الميلاد
직업	mẹhna/ mẹhan (cl) waziifa/ wazaayef	미흐나/ 미한 와지-파/와자-이프	مِهنة/ مِهَن وظيفة/ وظائف
종교	dẹyææna/-ææt	디에-나/디에내-트	ديانة/ ديانات
사회적 상태	ʔel-ɦææla el-ẹgtẹmaɛeyya 일핼-라 일이그티마에야		الحالة الإجتماعيّة
결혼한	mutazawwig	무타자윅	متزوّج
미혼의	ʕazab	아으잡	أَعزب
이혼한 (남성) (여성)	muṭallaq muṭallaqa	무딸라-끄 무딸라까	مُطلّق مُطلّقة
홀아비/미망인	ʕarmal/ (f)ʕarmala	아르말/ 아르말라	أرمل/ أرملة
방문목적	sabab ez-ziyaara	싸밥 잇지야-라	سبب الزيارة
여행목적	sabab es-safar	싸밥 잇싸파르	سبب السّفر
비자	taʔʃiira/ -ææt viiza/ -ææt	타으쉬-라/타으쉬래-트 비-자/ 비재-트	تأشيرة/ تأشيرات فيزة/ فيزات
운전면허증	roxṣẹt ẹs-suwææʔa	로크시트 쑤왜-으	رُخصة السّواقة
자동차 등록증	roxṣẹt ẹs-sayaara	로크시트 잇싸야-라	رخصة السيّارة
신분증 (주민등록증)	bᵋṭaaʕa/baṭaayeʕ bᵋṭaaʕa ʃaxṣẹyya	비따-아/바따-이으 비따-아 샥셰야	بطاقة/ بطايق بطاقة شخصيّة

생활 회화

21. 현지 고용인과의 대화

생활 회화

21-1 청소부와의 대화 (여자 청소부에게 일을 지시함)

- 여기를 청소세요.

  naḍḍafi hena   낫다피 헤나   نَضَّفِي هِنَا

- 방 바닥을 닦으세요

  ʕemsaḥi el-ʕard   엠싸히 일아르드   إِمْسَحِي الْأَرْضْ

- 깨끗하게 닦으세요.

  ʕemsaḥi kuwayyes   임싸히 꾸와예쓰   إِمْسَحِي كُوَيِّسْ

- 창문의 먼지를 터세요.

  naffaḍi eṭ-turaab men ʕala-ʃ-ʃebbæek

  낫파디 잇투랍- 민- 알라 잇쉽백-   نَفَضِي التُّرَابْ مِنْ عَلَى الشُّبَّاكْ

- 설겆이 하세요.

  ʕeyseli el-mawaʕiin   엣씰리 일마와에인-   إِغْسِلِي الْمَوَاعِين

- 옷을 세탁하세요.

  ʕeyseli el-heduum   엣씰리 일히둠-   إِغْسِلِي الْهُدُومْ

- 옷을 빨래줄에 너세요.

  ʕonʃori el-heduum ʕ-al-ḥabl

  온쇼리 일히둠- 알 하블   أُنْشُرِي الْهُدُومْ عَ الْحَبْلْ

21-2 운전 기사와의 대화 (운전 기사에게 지시함)

- (사무실, 집, 기차 역 등)…로 오세요.

  taʕæla fi...   타앨-라 피…   تَعَالَى فِي...

  ʕæbelni fi...   애-빌니 피…   قَابِلْنِي فِي...

- 사무실에서 만나요(사무실로 오세요).

  ʕæbelni fil-maktab   애-빌니 필 막탑   قَابِلْنِي فِي الْمَكْتَبْ

- (만날 약속 장소로서 눈에 띠는 장소를 지정하여) …로 오세요.

  ʕæbelni ʕand...   애-빌니 안드…   قَابِلْنِي عَنْدْ...

- KFC (가 있는 곳으로)로 오세요.

  ʕæbelni ʕand kentæeki   애-빌니 안드 켄태-키   قَابِلْنِي عَنْدْ كِنْتَاكِي

- 차를 청소하세요.

  ʕeysel el-ʕarabeyya   엣씰 일아라베야   إِغْسِل الْعَرَبِيَّة

생활 외화

- 학교에서 아이를 데리고 오세요.
  hæt el-ʕawlæd min el-madrasa
  해-트 일아울래-드 민 일마드라싸
  هَاتِ الأَوْلَادَ مِنِ المَدْرَسَة

- 아이를 … 집 까지 데리고 가세요.

  waṣṣal el-ʕawlæd el-beet 왓살 일아울래-드 일베-트 وَصِّلِ الأَوْلَادَ البَّيتْ
  waṣṣal el-ʕawlæd lel-beet 왓살 일아울래-드 릴베-트 وَصِّلِ الأَوْلَادَ لِلْبَيتْ
  raggaʕ el-ʕawlæd lel-beet 락가아 일아울래-드 릴베-트 رَجَّعِ الأَوْلَادَ لِلْبَيتْ
  waddi el-ʕawlæd el-beet 왓디 일아울래-드 일베-트 وَدِّي الأَوْلَادَ البَيتْ

- 5시에 정문에서 만나요(기다려요).
  ʕæbelni es-sææʕa xamsa ʕand el-bææb er-raʔiisi
  애-빌니 잇쌔-아 캄싸 안드 일뱁- 이라이-씨
  قَابِلْنِي السَّاعَة خَمْسَة عَنْدِ البَابِ الرَّئِيسِي

- 5시에 정문에서 기다리세요.
  ʕestanna ʕand el-bææb er-raʔiisi es-sææʕa xamsa
  이쓰탄나 안드 일뱁- 이라이-씨 잇쌔-아 캄싸
  إِسْتَنَّى عَنْدِ البَابِ الرَّئِيسِي السَّاعَة خَمْسَة

- 차를 천천히 모세요!

  mategriʃ 마티그리쉬 مَاتِجْرِيشْ
  suuʕ ʕala mahl-ak 쑤-으 알라 마흘락 سُوقْ عَلَى مَهْلَكْ

- …에 주의하세요.

  xod bææl-ak men... 콧 밸-락 민... خُدْ بَالَكْ مِنْ...
  xalli bææl-ak men... 칼리 밸-락 민... خَلِّي بَالَكْ مِنْ...

- 길을 주의하세요.
  xod bææl-ak men eṭ-ṭariiʕ 콧 밸-락 민 잇 따리-으 خُدْ بَالَكْ مِنِ الطَّرِيق

- 차를 주의하세요.
  xod bææl-ak men el-ʕarabeyya 콧 밸-락 민 일아라베야 خُدْ بَالَكْ مِنِ العَرَبَيَّة

- 만일 사고가 나면 당신이 고쳐야합니다!
  law ʕetxabaṭit ʕenta ʕelli hatṣallaḥha
  라우 이트카바핏트 엔타 일리 하트살라으하
  لَوْ اِتْخَبَطِتْ اِنْتَ اللِي هَتْصَلَّحْهَا

생활 회화
21-3 작업장에서의 대화 (작업장에서 인부들에게)

- 나는 일이 잘 되길 원해요.

  ʕana ɛææyęz ʃoyl kuwayyęs   아나 아-이즈 쇼글 꾸와예쓰   أَنَا عَايِزْ شُغْلْ كُوَيِّسْ

- 나는 일이 정확하게 되길 원해요.

  ʕana ɛææyęz ʃoyl mazbuut   아나 아-이즈 쇼글 마즈부-뜨   أَنَا عَايِزْ شُغْلْ مَظْبُوطْ

- 내가 하는 것 처럼 하세요.(일하는 것을 보여 주면서)

  ʕęęmęl-u zayy ma ʕana ɛææml-u

  에아밀루 자이 마 아나 아-믈루   إِعْمِلْهُ زَيِّ مَا أَنَا عَامِلْهُ

- 내가 당신에게 가르친 그대로 일하세요.

  ʕęʃtayal zayy ma ʕana ɛallęmt-ak

  이쉬타갈 자이 마 아나 알림탁   إِشْتَغَلْ زَيِّ مَا أَنَا عَلِّمْتَكْ

- 당신이 하는 일에 집중하세요.

  rakkęz fi ʃoyl-ak   락키즈 피 쇼글락   رَكِّزْ فِي شُغْلَكْ

  rakkęz fi ęlli ʕęnta bętęɛmęl-u

  락키즈 피 일리 엔타 비티아밀루   رَكِّزْ فِي اللِّي إِنْتَ بِتِعْمِلْهُ

- 일하기 전에 손을 깨끗이 씻으세요.

  ʕęysęl ʕiid-ak ʕablᵉ ma tęʃtayal

  익씰 이-닥 아블리 마 티쉬타갈   إِغْسِلْ إِيدَكْ قَبْلْ مَا تِشْتَغَلْ

- (당신의 몸이 다치지 않게) 조심하세요.

  xalli bææl-ak męn nafs-ak   칼리 밸-락 민 낲싹   خَلِّي بَالَكْ مِنْ نَفْسَكْ

- 옷이 더럽혀지지 않도록 조심하세요.

  xalli bææl-ak męn hęduum-ak

  칼리 밸-락 민히둠-막   خَلِّي بَالَكْ مِنْ هِدُومَكْ

- 상처나지 않도록 조심하세요.

  xalli bææl-ak ʕaħsan tᵗɛawwar

  칼리 밸-락 아흐싼 티트아와르   خَلِّي بَالَكْ أَحْسَنْ تِتْعَوَّرْ

- 넘어지지 않도록 조심하세요.

  xalli bææl-ak ʕaħsan toʕaɛ

  칼리 밸-락 아흐싼 토아아   خَلِّي بَالَكْ أَحْسَنْ تُوقَعْ

- 중요한 것은 당신의 안전입니다.

  ęl-muhęmm salæmtak   일무힘 쌀램-탁   الْمُهِمّْ سَلَامْتَكْ

- 작업시간은 A 시부터 B 시 까지입니다.

  mawaɛiid ęʃ-ʃoyl min ęs-sææɛa A lęs-sææɛa B

생활 회화

마와에-드 잇쇼글 민 잇쌔-아 A 릿쌔-아 B 아-쌔-아 B مَوَاعِيدِ الشُّغْلِ مِنِ السَّاعَة A لِلسَّاعَة B

- 그리고 A 시부터 B 시까지는 휴식이고, C 시부터 D시까지는 작업입니다.
we-min ęs-sææɛa A lęs-sææɛa B rɑɑɦa we-min ęs-sææɛa A lęs-sææɛa B ʃoyl

위 민 잇쌔-아 A 릿쌔-아 B 라-하 위 민 이쌔-아 A 릿쌔-아 B 쇼글

وَمِنَ السَّاعَة A لِلسَّاعَة B رَاحَة وَمِنَ السَّاعَة C لِلسَّاعَة D شُغْل

- 조금 쉬세요.

rayyaɦ nafs-ak ʃʷwayya　　라야흐 납싹 쉬와야　　رَيَّحْ نَفْسَكْ شُوَيَّة

- 시간을 잘 지키세요.

ɦɑɑfęz̧ ɛala ęl-mawaɛiid gęddan

하-피즈 알라 일마와에-드 깃단　　حَافِظْ عَلَى الْمَوَاعِيدْ جِدّاً

- 내 말을 잘 지키세요.

ʃęsmaɛ ʃilli baʔuul-lak ɛalęęh

에쓰마아 일리 바울락 알리-　　إِسْمَعْ اِللِّي بَاقُولَكْ عَلِيه

- 고객은 언제나 왕입니다.(고객은 항상 권리가 있습니다.)

ʔęz-zębuun dayman ɛala ɦaʔʔ 잇지분- 다이만 알라 하으

الزَّبُون دَايماً عَلَى حَقّ

- 만일 당신이 하는 일에 좋은 결과가 나거든 내가 보상할께요.

law ʃoyl-ak ṭęlęɛ kuwayyęs ʔana hakafʔ-ak

라우 쇼글락 띨리아 꾸와에쓰 아나 하카프악　　لَوْ شُغْلَكْ طِلِعْ كُوَيِّسْ أَنَا هَاكَافْئَكْ

- 만일 내 말을 잘 지키면 사례할께요.

law sęmęɛt kalæmæ-i kuwayyęs ʔana hakafʔ-ak

라우 씨미아트 칼래-미 꾸와에쓰 아나 하카프악　　لَوْ سِمِعْت كَلَامِي كُوَيِّسْ أَنَا هَاكَافْئَكْ

현지인이 집에 들어올 때

- 집에 들어오기 전에 신발을 벗어주세요.

law samaɦt ʃęʃlaɛ ęg-gazma ʃablę ma tędxol ęl-bęęt

라우 싸마흐트 에올라아 익게즈마 아블 마 티드콜 일베-트

لَوْ سَمَحْتْ اِقْلَعْ الجَزْمَة قَبْلَ مَا تِدْخُلِ الْبِيتِ

생활 외화

22. 종교

 이집트 사람은 참 종교적입니다. 이집트 사람들 가운데 종교가 없는 사람은 거의 없습니다. 인구의 다수를 차지하는 이슬람이든 소수를 차지하는 기독교이든 각자가 자신의 종교를 가지고 있습니다. 이들은 절대자인 신이 계신 것을 믿고 있고, 그 신에 의해 자연과 인간이 창조되었으며, 따라서 인간은 그 신에게 복종하며 예배해야 함을 고백하고 있습니다. 이들에게 있어서 종교는 추상적인 철학이 아니라 생활 자체로서 매일 삶에서 만나는 실체입니다. 이집트 사람들의 종교생활을 관찰해 보십시오. 그들에게 직접 물어보는 것도 좋은 방법입니다. 이들에게 종교는 은밀하게 감추는 개인의 프라이버시가 아니라 자랑하고 소개하며 선언하는 것이기에 오히려 여러분에게 잘 설명해 줄 것입니다.

생활 회화

22 종교에 대해   diin   دين

- 당신은 무슬림 입니까?

  ʕęnta muslim   엔타 무쏠림   اِنْتَ مُسْلِمْ ؟

- 무슨 종교를 갖고 계시죠?

  ʕęnta diyæænt-ak ʕęęh   엔타 디엔-탁 에-   اِنْتَ دِيَانْتكْ إيه ؟

  ʕęnta diin-ak ʕęęh   엔타 디-낙 에-   اِنْتَ دِينكْ إيه ؟

- 저는 무슬림이예요.

  ʕana muslim(f/muslima)   아나 무쏠림(f/무쏠림마)   أَنَا مُسْلِمْ (/ مُسْلِمَة)

- 저는 기독교인이예요.

  ʕana męsiiħi (f/męsiiħiyya)   아나 메씨-히(f/메씨-헤야)   أَنَا مِسِيحي (/ مِسِيحيَّة)

- 저는 하나님을 믿어요.

  ʕana ʕoʕmin bi-llææh   아나 오으민 빌래-   أَنَا أُومِنْ بِالله

- 저는 운명을 믿어요.

  ʕana ʕoʕmin bęl-qadar   아나 오으민 빌 까다르   أَنَا أُومِنْ بِالْقَدَرْ

- 여기서 기도할 수 있나요?

  momkęn ʕaṣalli ħęna   몸킨 아살리 헤나   مُمْكِنْ أَصَلِّي هِنَا

- 교회가 어디이죠?

  fiin ęl-kiniisa   펜- 일키니-싸   فِين الْكِنيسَة

22-1 일반 종교 용어들

종교	diin /ʕadyææn (종파) diyæna/-ææt	딘-/아디옌- 디예-나/디애내-트	دين/ أدْيانْ دِيانة/ دِيانات
종교적인(사물)	diini/-yyiin	디-니/ 디니인-	ديني/دِينِيِّين
종교심이 깊은 (사람)	mutadayyin/-iin	무타다인/무타다이닌-	مُتَدَيِّنْ/ مُتَدَيِّنين
믿음, 신앙	ʕimææn	이맨-	إيمانْ
믿는사람,신앙인	muʕmęn/-iin	무으민/무으미닌-	مُؤْمِنْ/مُؤْمِنين
양심	ḍamiir/ ḍamaayęr	다미-르/다마-이르	ضَمير/ ضَمائِرْ
기독교	ʕęl-masiiħęyya	일마씨-헤야	المَسيحيَّة
기독교인	masiiħi/-iin	미씨-히/미씨히인-	مَسيحي/مَسيحيين

생활 회화

한국어	발음	한글 발음	العربية
이슬람교	ʔel-ʔeslæːm	일이쏠램-	الإسلامْ
무슬림	muslim/ -iin	무쏠림/무쏠리민-	مُسْلِمْ/مُسْلِمِينْ
불교	ʔel-buzeyya	일부제야	البُوذِيَّة
불교인	buuzi	부-지	بُوذِى
유대교	ʔel-yahudeyya	일야후데야	اليَهُدِيَّة
유대교인	yahuudi/yahuud	야후-디/야후-드	يَهُودِي/يَهُودْ
힌두교	ʔel-henduus	힌두-쓰	الهِنْدُوسْ
힌두교인	henduusi/-iin	힌두-씨	هِنْدُوسِي/هِنْدُوسِيِّين
유교	ʔel-komfuʃeyya	일콤퓨쉐야	الكُمْفُوشِيَّة
무신론자	mulfied/iin	물히드/물히딘-	مُلْحِد/مُلْحِدين
유일신 (하나님, God)	ʔallaah	알라-	الله
일반적인 신 (god)	ʔelææh/ʔææleha	일래-/앨-리하	إلَه/ آلِهَة
우리 주님	rabbe-na	랍비나	رَبَّنَا
오! 주님!	ya rabb	야 랍	يَا رَبّ
하나님께 맹세코!!	w-allaahi	왈라-히	وَالله
신의 뜻이라면	ʔen ʃaaʔ allaah ʔen ʃa-lla	인 샤- 알라- 인 샬라	إنْ شَاءَ الله
하나님께 찬양을!	ʔel-ḥamdu le-llææh	일 함두릴래-	الْحَمْدُ لله
종교적인대화	ḥewaar	히와-르	حِوار/ حِوارَات
신전	maɛbad/maɛææbid	마아바드/마애-비드	مَعْبَد/ مَعَابِدْ
염주	sebḥa/ sebaḥ	씹하/ 씨바흐	سِبْحَة/ سِبَح
기도	ṣala/ṣalawaat	살라/살라와-트	صَلاة/ صَلَوَاتْ
기도하다	ṣalla/yeṣalli	살라/예살리	صَلَّى/ يصَلِّي

생활 회화

22-2 이슬람 용어들

한국어	발음	한글 발음	아랍어
이슬람교	ʕel-ʕeslææmʔ	일이쏠램-	الإسلَامْ
무슬림	muslim/ -iin	무쏠림/무쏘리민-	مُسْلِمْ/مُسْلِمِينْ
모스크	masged/masægged gæmeʕ/gawææmeʕ	마쓰기드/마쌔-기드 개-미아/가왜-미아	مَسْجِدْ/مَسَاجِدْ جَامِعْ/جَوَامِعْ
무슬림 형제단	ʕel-ʕexwææn ʕel-muslemiin	일에크왠- 일무쏘리민-	الإخْوَانِ الْمُسْلِمِينْ
꾸란	ʕel-qurʕaan ʕel-qurʕaan ʕel-kariim	일꾸르안- 일꾸르안- 일 카림-	الْقُرْآنْ الْقُرْآنِ الْكَرِيمْ
종교적 금지사항	ḥaraam	하람-	حَرَامْ
종교적 허용사항	ḥalææl	할랠-	حلَالْ
이슬람법 공식 해석자	mufti	무프티	مُفْتِي
지도자, 장로	ʃeex/ʃuyuux	쉐-크/슈유-크	شِيخْ/شُيُوخْ
예배 인도자	ʕemææm/ʕaʕemma	이맴-/ 아임마	إمَامْ/ أئِمَّة
간구	doʕa/ʕadʕeya	도아/아드아이야	دُعَاءْ/ أدْعِيَا
모스크의 설교	xoṭba/ xoṭab	코뜨바/ 코땁	خُطْبَةْ/ خُطَبْ
기도에의 부름	ʕadææn/-ææt	아댄-/아대내-트	أذَانْ/ أذَانَاتْ
기도로 부르다	ʕaddin/ yeʕaddin	앗딘/예앗딘	أذِّنْ/ يَأذِّنْ
이슬람의 매일 5번 기도의 명칭	(새벽기도) ṣalaat ʕel-fagr	쌀라-트 일파그르	صَلَاةِ الْفَجْرْ
	(오후 1시경 기도) ṣalaat ʕel-ḍohr	쌀라-트 일도흐르	صَلَاةِ الظُّهْرْ
	(오후 4시경 기도) ṣalaat ʕel-ʕaṣr	쌀라-트 일아쓰르	صَلَاةِ الْعَصْرْ
	(해질녁, 석양 기도) ṣalaat ʕel-mayreb 쌀라-트 일마그립		صَلَاةِ الْمَغْرِبْ
	(저녁기도, 석양 후 1시간 30분경 후) ṣalaat ʕel-ʕaʃa 쌀라-트 일에샤		صَلَاةِ الْعِشَاء
금요기도회	ṣalaat eg-gomʕa	쌀라-트 익고마아	صَلَاةِ الْجُمْعَة

생활 회화			
이슬람의 5대 기둥	(신앙고백)	ʕeʃ-ʃehæda ʕeʃ-ʃehadteen	잇쉬해-다 잇쉬핫텐-	الشِّهَادَة الشَّهَادَتِين
	(기도)	ʕeṣ-ṣala	잇쌀라	الصَّلَاة
	(금식)	ʕeṣ-ṣoom ʕeṣ-ṣeyaam	잇쑴- 잇시얌-	الصَّوْم الصِّيَام
	(성지순례)	ʕel-ḥagg	일학그	الْحَجّ
	(자선)	ʕez-zakææh	잇자캐-	الزَّكَاة

22-3 기독교 용어들

기독교	ʕel-masiiḥeyya	일마씨-히야	الْمَسِيحِيَّة
기독교인	masiiḥi/-iin	매씨-히/매씨히인-	مَسِيحي/مَسِيحيين
콥틱의	ʕebṭi	입띠	قِبْطي/ أَقْبَاط، قِبْط
이집트정교회 (Orthodox)	ʕorsozokseyya	오르쏘족씨야	أُرْثُوذُكْسِيَّة
정교회 교인	ʕorsozoksi	오르쏘족씨	أُرْثُوذُكْسِي
교회	kiniisa/kanææyes	키니-싸/카내-이쓰	كَنِيسَة/كَنَائِس
성경	ʕik-kitææb il-muqaddas 익키탭- 일무깟다쓰		الْكِتَاب الْمُقَدَّس
성인(saint)	qeddiis/-iin	낏디-쓰/낏디씬-	قِدِّيس/ قِدِّيسِين
수도원	deer/ʕadyora	디-르/아드요라	دِير/ أَدْيِرَة
수도사	raaheb/rohbaan	라-힙/로흐반-	رَاهِب/ رُهْبَان
수녀	rahba/ rahbaat	라흐바/라흐바-트	رَاهِبَة/ رَاهِبَات
사제, 목사	ʕaboona ʕassiis/ʕosos	아부-나 앗씨-쓰/오쏘쓰	أَبُونَا قَسِّيس/ قُسُس
예수	(Ch) yasuuɛ (Isl) ɛiisa	예쑤-아 에이싸	يَسُوع عِيسَى
세례	(Ch) maɛmudeyya	마아무데야	مَعْمُودِيَّة
장로	ʃeex/ʃuyuux	쉐-크/슈유-크	شِيخ/ شُيُوخ

\multicolumn{4}{c}{생활 회화}			
집사	ʃammææs/ʃamamsa	샴매-쓰/샤맘싸	شَمَّاسْ / شَمَامْشَة
예배	ɛɛbææda/-tææt	에배-다/에배대-트	عِبَادة/ عِبَادَاتْ
미사	ʕuddææs/-tææt	옷대-쓰/옷대쌔-트	قُدَّاسْ/ قُدَّاسَات
모임(meeting)	ʕɛgtɛmææɛ/-ææt	익트매-아	اِجْتِمَاع/اِجْتِمَاعَاتْ
찬양	tarniima/taraniim	타르니-마/타라-님-	تَرْنِيمة/ تَرَانِيمْ
설교	wɑɛz xędma (no pl)	와아즈 케드마	وَعْظْ خِدْمَة
강단	mɑmbar/mɑnææbir	맘바르/마내-비르	مِنْبَر/ مَنَابِرْ
찬양하다	rannęm/yęrannęm(cl)	란님/예란님	رَنَّمْ/ يِرَنَّمْ

생활 회화

23. 위급 상황

생활 외화
23-1 위급할 때

- 살려주세요! (위급한 때 구조요청)

  ʔelḥaʕuu-ni 일하우-니 اِلْحَقُونِي

- 빨리 의사에게 데려다 주세요.

  ʔelḥaʕuu-ni będ-doktoor 일하우-니 빗 독토-르 اِلْحَقُونِي بِالدُّكْتُورْ

- 멈춰요!

  ʔoʕaf 오아프 أُقِفْ

- 도둑이야!

  ḥaraami 하라-미 حَرَامِي !

- 불이야!

  ḥariiʕ 하리-으 حَرِيقْ!

- 조심해!

  ḥæǽsęb / ḥasbi(f) / ḥasbu(pl) 해-씹 / 하쓰비(f) / 하쓰부(pl) حَاسِبْ!

  xalli bææla k/ -ik(f) / ku(pl) 칼리 밸-락 خَلِّي بَالَكْ!

- 지금 응급상황이에요!

  fiih ṭawaaręʕ 피- 따와-리으 فِيه طَوَارِيء

- 구급차 불러 주세요! (구급차에 전화해주세요!)

  ettęṣel bęl-ʕęsææf 잇티실 빌 이쓰애-프 اِتَّصِلْ بِالإِسْعَافْ

- 나는 한국대사관에 연락하길 원해요.

  ʕææyęz ʕattęṣel bęs-sęfaara ęk-kuręyya

  아-이즈 앗티실 빗 씨파-라 익꾸레야 عَايِزْ أَتَّصِل بِالسِّفَارَة الكُورِيَّة

- 제가 길을 잃었어요.

  ʔana tææyęḥ 아나 태-에으 أَنَا تَايِه

  ʔana toht 아나 토으트 أَنَا تُهْتْ

- 좀 도와 주실 수 있나요?

  momkęn tęsææsęd-na law samaḥt

  몸킨 티쌔-에드나 라우 싸마으트 مُمْكِن تِسَاعِدْنَا لَوْ سَمَحْتْ؟

- 전화를 사용해도 되나요?

  momkęn ʕatkallęm fit-tęlifoon 몸킨 아트칼림 핏 텔리폰- مُمْكِن أَتْكَلِّمْ فِي التِّلِيفُونْ؟

- 화장실이 어디있나요?

  fęęn ęl-ḥammam 핀- 일함맴- فِين الحَمَّام ؟

  fęęn ęt-towalętt/ dooręt ęl-mayya 펜- 잇토왈릿트? فِين التُّوَالِيتْ/ دُورَة المَيَّة؟

생활 회화
23-2 길거리의 아이들이 성가시게 할 때

- 네가 그렇게 하는 것은 좋지 않은 행동이야.

  ʔenta keda meʃ kuwayyes   엔타 께다 미쉬 꾸와예쓰   اِنْتَ كِدَه مِشْ كُوَيِّسْ

- 네가 그렇게 하는 것은 틀린 행동이야.

  ʔenta keda ɣalaṭ   엔타 께다 갈라뜨   اِنْتَ كِدَه غَلَطْ

- 저리 가!

  ʔemʃi baʕa   엠쉬 바아   إِمْشِي بَقَى

- 나로 부터 떨어져!

  ʔebʕed ʕanni   에브에드 안니   اِبْعِدْ عَنِّي

- 그렇게 하는 것은 수치야.

  keda ʕeeb   께다 에입   كِدَه عِيبْ

- 그것은 금지사항이야

  ḥaraam ʕaleek   하람 알릭-   حَرَامْ عَلِيكْ

- 이제 충분해!! (그만해!!)

  kefæya keda   키퍠-야 께다   كِفَايَة كِدَه

  kefæya baʕa   키퍠-야 바아   كِفَايَة بَقَى

- 네가 하는 이 행동은 옳지 않은 행동이야.

  ʔelli ʔent beteʕmel-u da mayeṣaḥḥiʃ

  일리 엔타 비티아밀루 다 마예사흐쉬   اللِّي اِنْتَ بِتِعْمِلُه دَه مَايِصَحّشْ

  ʔelli ʔent beteʕmel-u da ɣalaṭ

  일리 엔타 비티아밀루 다 갈라뜨   اللِّي اِنْتَ بِتِعْمِلُه دَه غَلَط

- 이렇게 한다면 너는 예의없는 사람이야.

  ʔenta keda meʃ moḥtaram   엔타 께다 미쉬 무흐타람   اِنْتَ كِدَه مِشْ مُحْتَرَمْ

  ʔenta keda ʕaliil el-ʔadab   엔타 께다 알릴- 일아답   اِنْتَ كِدَه قَلِيل الأَدَب

- 예의있게 행동해. (너의 품위를 지켜)

  ʔeḥterem nafsak   에흐티림 낲싹   اِحْتَرِم نَفْسَك

23-3 경찰서에 갔을 때

- 경찰서가 어디 있나요?

  feen ʔesm el-buliis   펜- 이씀 일불리-쓰   فِينْ قِسْم الْبُولِيسْ؟

- 경찰을 불러 주세요.

  ʔendah li el-buliis   엔다-흐 리 일불리-쓰   اِنْدَهْ لِي الْبُولِيسْ!

생활 외화

- 경찰에게 전화해 주세요.

  ʃettesel bel-buliis　　잇티실 빌 불리-쓰　　اِتِّصِل بِالبُولِيس!

- 우리는 경찰에게 신고하길 원해요.

  ɛayziin neballaɣ el-buliis　　아이진- 니발라그 일불리-쓰　　عَايْزِين نِبَلَّغ البُولِيسْ

- 나는 도둑 맞았어요.

  ʔana ʔetsaraʔt　　아나 이트싸라으트　　أَنَا اِتْسَرَقِتْ

- 나는 지갑을 도둑맞았어요.

  ʔelmaħfaza betææɛati ʔetsaraʔet

  일마흐파자 비태-아티 이트싸라잇　　المَحْفَظَة بِتَاعْتِي اِتْسَرَقِتْ

- 나는 강간당했어요.

  ʔana ʕuɣtaʂabt(cl)　　아나 오그타샵트　　أَنَا أُغْتَصَبْتْ

- 나는 그것이 틀린 것인줄 몰랐어요.

  maɛrafʃ ʃinnu da ɣalat　　다 마아라프쉬 인누 다 갈라뜨　　مَاعْرَفْش إنُّه دَه غَلَطْ

- 나는 그것을 하지 않았어요.

  maɛamalt-u-ʃ　　마아말투쉬　　مَاعَمَلْتُهْش

- 나는 결백해요.

  ʔana bariiʃ　　아나 바리-으　　أَنَا بَرِيءْ

- 우리는 결백해요.

  ʔeħna ʔabriyææʔ　　에흐나 아브리에-으　　إحْنَا أَبْرِيَاءْ

- 나는 외국인이예요.

  ʔana ʔagnabi　　아나 아그나비　　أَنَا أَجْنَبِي

- 우리는 외국인이예요.

  ʔeħna ʔagæænqb　　에흐나 애개-닙　　إحْنَا أَجَانِبْ

- 우리가 벌금을 내고 문제를 끝낼 수 있나요?

  momken nedfaɛ ɣaraama w-nexallaʂ el-mawɖuuɛ

  몸킨 니드파아 가라-마 위니칼라스 일마우두-아？ مُمْكِن نِدْفَعْ غَرَامَة ونِخَلَّصْ المَوْضُوعْ؟

- 나는 무엇으로 기소되었나요?

  ʔana muttaham be-ʔeeh　　아나 뭇타함 비 에-　　أَنَا مُتَّهَمْ بإيهْ؟

23-3-1 경찰 종류

교통경찰	ʃorteṭ muruur	쇼르뜨 무루-르	شُرْطَة مُرُورْ
관광경찰	ʃorteṭ seyæǣħa	쇼르뜨 씨에-하	شُرْطَة سِيَاحَة
공항경찰	ʃorteṭ el-mataar	쇼르뜨 일마따-르	شُرْطَة المَطَارْ

생활 회화			
철도경찰	ʃorṭeṭ eṣ-ṣekka el-ḥadiid	쇼르띧 잇씩카 일하디-드	شُرْطَة السِّكَّة الْحَديد
헌병	ʃorṭeṭ eg-geeʃ	쇼르띧 익게-쉬	شُرْطَة الْجيْش
보안경찰	ʕamn ed-dawla	암느 잇다울라	أَمْن الدَّوْلَة
형사 (detective)	ẓaabeṭ mabæaeʃeṣ	자-비뜨 마배-히쓰	ظَابِط مَباحث
사복비밀경찰	moxber/ -iin	모크비르/모크비린-	مُخْبِر/مُخْبِرين
의무경찰	ɛaskari buliis	아쓰카리 불리-쓰	عَسْكَرى بُوليس
교통의무경찰	ɛaskari muruur	아쓰카리 무루-르	عَسْكَرى مُرُور

23-3-2 법 관련 용어			
법	qanuun/ qawaniin	까눈-/까와닌-	قَانُون/قَوانين
변호사	muḥæaemi/ -yiin	무해-미/무해미인-	مُحَامي/مُحَاميين
검사	næayeb/nuwwæab	내-입/누웹	نَائِب/نُوَّاب
판사	ʕaaḍi/ ʕuḍaah	아-디/ 우다-	قَاضِي/قُضاة
소송	ʕaḍeyya/ʕaḍaaya,ʕawaaḍi	아데야/아다-야	قَضِيَّة/قَضايا,قَواضي
소송을 걸다	rafaɛ/yerfaɛ (ʕaḍeyya)	라파아/예르파아 아데야	رفع/يرفع قضية
법원	maḥkama/maḥkaekem	마흐카마/마해-킴	مَحْكَمَة/مَحاكِم
가정법원	maḥkameṭ el-ʕosra	마흐카밋 일오쓰라	مَحْكَمَة الأُسْرَة
검찰	wakiil neyæaeba	와킬- 니에-바	وَكيل نِيابَة
기소, 고발	ʔettʰhæaem	잇티햄-	اتِّهَام
기소된 사건	tohma	토흐마	تُهْمَة
기소된,고발된	muttaham/ -iin	뭇타함/무탓하민-	مُتَّهَم/مُتَّهَمين
재판, 공판	muḥakma/ -æat	무하크마/무하크매-트	مُحَاكَمَة/مُحَاكَمَات
한번의 공판	galsa/-æat	갈싸/갈쌔-트	جَلْسَة/جَلْسات
판결	ḥokm/ʕaḥkæaem	오큼/아흐캠-	حُكْم/أَحْكَام
죄를범한,범죄자	mogrem/ -iin	모그림/모그리민-	مُجْرِم/مُجْرِمين
무죄의,결백의	bariiʕ/ ʕabriyæaeʕ	바리-으/아브리에-으	بَريء/أبْرِياء

생활 회화

한국어	발음	한글 발음	العربية
가해자	ẓaalęm/ ẓalama	잘-림/잘라마	ظَالِم/ ظَلَمَة
피해자	mazluum/ -iin	마즐룸-/ 마즐루민-	مَظْلُوم/ مَظْلُومِين
수감자	masguun/masagiin	마쓰군/마싸긴-	مَسْجُون/ مَسَاجِين
감옥	sęgn/ suguun	씨근/쑤군-	سِجْن/ سُجُون
범죄	gariima/ garaayęm	가리-마/가라-임	جَرِيمَة/ جَرَائِم
도둑질	sęrʃa/ sęrʃæęt	씨르아/씨르애-트	سِرقَة/سِرقَات
도둑	ḥaraami/ -yya	하라-미/하라미야	حَرَامِي/ حَرَامِيَة
강도	lęṣṣ/ luṣuuṣ	릿스/루수-스	لِصّ/ لُصُوص
살인	ʔatl	아틀	قَتْل
강간	ʕeɣtęṣaab	이그티삽-	إغْتِصَاب
사생활 침해	ʕamal ʕzææɣ	아말 이즈앤-	عَمَل إزْعَاج
반정부 활동	naʃaat muxæælęf lęl-ḥukuuma	나샤-뜨 무캘리프 릴후쿠-마	نَشَاط مُخَالِف للحُكُومَة
테러	ʕirhææb	이르햅-	إرْهَاب
테러리스트	ʕirhææbi	이르해-비	إرْهَابِي
체포하다	ʕabad/ yoʔboḍ ʕala	아바드/요으보드 알라	قَبَض/ يُقْبَض عَلَى
	ẓabaṭ/ yoẓboṭ	자바뜨/요즈보뜨	ظَبَط/ يُظْبَطْ
	męsęk/ yęmsęk	미씩/ 엠씩	مِسِك/ يِمْسِكْ
범칙금,벌금	ɣaraama/-aat	가라-마/가라-마-트	غَرَامَة/غَرَامَات
교통사고	ḥadsa/ ḥawæædęs	하드싸/하왜디쓰	حَادِثَة/ حَوَادِث
교통위반	muxalfa/ -ææt	무칼파/무칼파-트	مُخَالفَة/ مُخَالفَات
보험	taʕmiin	타으민-	تَأْمِين
생명보험	taʕmiin ʕala ḥayæh	타으민- 알라 하예-	تَأمِين عَلَى حَيَاة
강제보험	taʕmiin ʕęgbæærri	타으민- 이그배-리	تَأمِين إجْبَارِي
조서,사고진술서	maḥḍar/ maḥaaḍęr	마흐다르/마하-디르	مَحْضَر/ مَحَاضِر
경찰의심문,조사	tafʕiiʕ	타흐이-으	تَحْقِيق
범죄 현장 조사	muɛayna	무아이나	مُعَايَنَة
범죄신고	balææɣ/ -ææt	발래-그/발래개-트	بَلَاغ/ بَلَاغَات

생활 회화
24 부록

24-1 이집트 학교 관련 용어

학교		madrasa/madæǽris	마드라싸/마대-리쓰	مَدْرَسَة/مَدَارِس
유치원		ḥaḍaana/ -aat	하다-나/하다나-트	حَضَانَة/حَضَانَات
초등학교		madrasa ʕebtęḑæǽʔi madrasa ʕebtęḑaʔeyya	마드라싸 입티대-이 마드라싸 입티대에야	مَدْرَسَة اِبْتِدَائِي مَدْرَسَة اِبْتِدَائِيَّة
중등학교		madrasa ʕęɛdæædi madrasa ʕęɛdadiyya	마드라싸 에으대-디 마드라싸 에으대디야	مَدْرَسَة إعْدَادِي مَدْرَسَة إعْدَادِيَّة
고등학교	고등학교	madrasa sanawi madrasa sanawęyya	마드라싸 싸나위 마드라싸 싸나웨야	مَدْرَسَة ثَانَوِي مَدْرَسَة ثَانَوِيَّة
	인문계	sanawęyya ɛamma	싸나웨야 암마	ثَانَوِيَّة عَامَّة
	실업계	dębloom	디블롬-	دِبْلُومْ
전문대학		maɛhad/maɛǽehęd	마아하드/마애-히드	مَعْهَدْ/مَعَاهِدْ
대학교,학부		kollęyya	꼴레야	كُلِّيَّة/كُلِّيَات
종합대학교		gamɛa/ -ǽæt	감아/감애-트	جَامِعَة/جَامِعَات
사립학교		madrasa xaaṣṣa	마드라싸 캇-사	مَدْرَسَة خَاصَّة
공립학교		madrasa ḥokuumęyya	마드라싸 호쿠-메야	مَدْرَسَة حُكُومِيَّة
1학년		sana ʔuula	싸나 울-라	سَنَة أُولَى
2학년		sana tanya	싸나 탄야	سَنَة ثَانِيَة
3학년		sana talta	싸나 탈타	سَنَة ثَالِثَة
4학년		sana rabɛa	싸나 랍아	سَنَة رَابِعَة
마지막학년		ʔǽæxir sana	애-키르 싸나	آخِرُ سَنَة

생활 외화
24-2 대학 학과 이름

한국어	발음	한글 발음	아랍어
대학 대학의 학부	kollẹyya/ -ææt	꼴레야/꼴레에-트	كُلِّيَة/ كُلِّيَات
종합대학교	gamɛa/ -ææt (카이로 대학교) gamɛęt el-qahera	감아/감애-트 감엣 엘까히라	جَامْعَة/ جَامْعَات جَامْعَة القَاهِرَة
전문대학	maɛhad/maɛææhed	마아하드/마애-히드	مَعْهَد/ مَعَاهِدْ
인문계열 대학	kollẹyya ɛadabẹyya	꼴레야 아다베야	كُلِّيَة أَدَبِيَّة
이공계열대학	kollẹyya ɛelmẹyya	꼴레야 엘메야	كُلِّيَة عِلْمِيَّة
어문대학 Faculty of Arts	kollẹyyęt el-ɛadææb	꼴레옛 일아댑-	كُلِّيَة الآدَابْ
외국어대학	kollẹyyęt el-ɛalson	꼴레옛 일알쏜	كُلِّيَة الأَلْسُنْ
상업대학	kollẹyyęt ęt-tˢgaara	꼴레옛 잇티가-라	كُلِّيَة التِجَارَة
의과대학	kollẹyyęt ęt-tebb	꼴레옛 잇떱	كُلِّيَة الطِبّ
치과대학	kollẹyyęt tebb el-ɛasnææn	꼴레옛 떱 일아쓰낸-	كُلِّيَة طِبّ الأَسْنَانْ
약학대학	kollẹyyęt ęs-saydala	꼴레옛 사이달라	كُلِّيَة الصَيْدَلَة
예술대학 (음악, 미술)	kollẹyyęt funuun gamiila	꼴레옛 푸눈- 가밀-라	كلية فُنُونِ جَمِيلَة
법학대학	kollẹyyęt el-ɧoɛuuɛ	꼴레옛 일호우-으	كُلِّيَة الحُقُوقْ
공과대학	kollẹyyęt el-handasa	꼴레옛 일한다싸	كُلِّيَة الهَنْدَسَة
교육대학	kollẹyyęt ęt-tarbẹya	꼴레옛 잇타르베야	كُلِّيَة التَرْبِيَة
대학의 학과	qesm/ ɛaqsææm	끼쏨/아끄쌤-	قِسْم/ أَقْسَامْ
대학 총장	raɛiis el-gamɛa	라이-쓰 일감아	رَئِيس الجَامْعَة
대학 학장	ɛamiid/ ɛomada	아미-드/ 오마다	عَمِيدْ/ عُمَدَاء

생활 회화
24-3 선과 도형

도형	ʃaʃkææl handaseyya	아쉬캘- 한다쎄야	أَشْكَال هَنْدَسِيَّة
점	noʕta/ noʕat	노으따/노아뜨	نُقْطة/ نُقَط
선	xatt/ xutʿuut	캇뜨/쿠뚜-뜨	خَط/ خُطُوط
직선	xatt mustaqiim	캇뜨 무쓰타낌-	خَط مُسْتَقِيم
직선의	mustaqiim	무쓰타낌-	مُسْتَقِيم
곡선	xatt munħani	캇뜨 문하니	خَط مُنْحَني
곡선의	munħani	문하니	مُنْحَني
삼각형	musallas/ -æææt	무쌀라쓰/무쌀라쌔-트	مُثَلَّث/ مُثَلَّثَات
정사각형	mᶜrabbaɛ/ -aat	미랍바아/미랍바아-트	مرَبَّع/ مرَبَّعَات
직사각형	mustatiil/ -aat	무쓰타띨-/무쓰타띨라-트	مُسْتَطِيل/مُسْتَطِيلَات
원	dayra/ dawææyer	다이라/다왜-이르	دَائِرَة/ دَوَائِر
둥근	mᶜdawwar	미다와르	مِدَوَّر
타원형의	baydaawi	바이다-위	بَيْضَاوِي
정육면체	mukaɛɛab/ -æææt	무카암/무카아배-트	مُكَعَّب/ مُكَعَّبَات

생활 회화

24-4 무기의 종류

무기	silæḥ/ ʔaslęḥa	씰래-흐/아쓸리하	سِلاَحْ/ أَسْلِحَة
권총	musaddas/ -ææt	무쌋다쓰/무쌋다쌔-트	مُسَدَّس/ مُسَدَّسَات
장총	bunduęyya/banææbędę	분두에야/바내-디으	بُنْدُقِيَّة/ بَنَادِقْ
검	sęęf/ suyuuf	씨-프/쑤유-프	سِيفْ/ سُيُوفْ
창(spear)	ḥarba/ ḥęraab	하르바/히랍-	حَرْبَة/ حِرَابْ
미사일	ṣaruux/ ṣawariix	사루-크/사와리-크	صَارُوخْ/ صَوَارِيخْ
대포	madfaɛ/ madææfęɛ	마드파아/마대-피아	مَدْفَعْ/ مَدَافِعْ
탱크	dabbææba/ -ææt	답배-바/답바배-트	دَبَّابَة/ دَبَّابَاتْ
폭탄	qombęla/ qanææbęl	꼼빌라/까내-빌	قُنْبِلَة/ قَنَابِل
수류탄	qombęla yadawęyya	꼼빌라 야다웨야	قُنْبِلَة يَدَوَايَّة
시한폭탄	qombęla mawquuta	꼼빌라 마우꾸-타	قُنْبِلَة مَوْقُوتَة
핵폭탄	qombila nawawęyya qombęla zarręyya	꼼빌라 나와웨야 꼼빌라 자레야	قُنْبِلَة نَوَوِيَّة قُنْبِلَة ذَرِّيَّة

24-5 이집트 군대 · 경찰 계급

계급	rotba/ rotab		로트바/로탑	رُتْبَة/ رُتَبْ
소위	(별하나)	mulææzęm	물래-짐	مُلاَزِم
중위	(별 둘)	mulææzęm ʔawwal	물래-짐 아왈	مُلاَزِم أَوَّلْ
대위	(별 셋)	naqiib	나낍-	نَقِيبْ
소령	(독수리)	raaʕęd	라-이드	رَائِدْ
중령	(독수리에 별 하나)	muqaddęm	무깟딤	مُقَدَّمْ
대령	(독수리에 별 둘)	ʕaqiid	아끼-드	عَقِيدْ
준장	(독수리에 별 셋)	ʕamiid	아미-드	عَمِيدْ
소장	(독수리에 대검)	lęwa	리와	لِوَاء
중장	(반쪽 올리브 나무에 대검)	fariiʕ	파리-으	فَرِيقْ
대장	(올리버 나무에 대검)	fariiʕ ʔawwal	파리-으 아왈	فَرِيقْ أَوَّلْ
국방부장관	(올리버 나무와 대검에 별)	muʃiir	무쉬-르	مُشِير

생활 외화

24-6 대륙과 국가 이름 / أسماء القارّات والبلاد

	사람 혹은 민족		대륙 or 국가 이름	
아프리카	ʕafriiqi/ʕafaarqa	أفْرِيقي/أفَارِقَة	ʕafręqya	أفْرِيقْيَا
아시아	ʕasyawi	آسْيَوِي	ʕasya	آسْيَا
북아메리카			ʕamriika eʃ-ʃamæliya	أمْرِيكَا الشَّمَالِية
남아메리카			ʕamriika eg-ganuubiya	أمْرِيكَا الجَنُوبِية
유럽	ʕurobbi	أُورُوبِّي	ʕurobba	أُورُوبَّا
오스트레일리아	ʕusturaali	أُسْتُرَالِي	ʕusturalyya	أُسْتُرَالْيَا
극동			eʃ-ʃarq el-ʕaqsa	الشَّرْق الأقْصَى
중동	ʃarʕi ʃarq ʕawsaṭi	شَرْقي شَرْق أوْسَطي	eʃ-ʃarq el-ʕawsaṭ	الشَّرْق الأوْسَط
아랍	ɛarabi/ɛarab	عَرَبي/عَرَبْ		
이란	ʕiraani	إيرَاني	ʕiraan	إيرَانْ
터키	turki/ ʕatraak	تُرْكي/ أتْرَاكْ	turkęyya	تُرْكِيَّا
이스라엘	ʕesraʕiili	إسْرَائيلي	ʕesraʕiil	إسْرَائيلْ
미국	ʕamriiki ʕamrikææni	أمْرِيكي أمْرِيكَاني	ʕamriika	أمْرِيكَا
	ʕel-welayææt el-muttafięda			الوِلاَيَات المُتَّحِدَة
영국	ʕengeliizi/ʕengeliiz	إنْجِليزي/إنْجِليزْ	ʕengeltęra	إنْجِلْتِرَا
프랑스	faransææwi faransi	فَرَنْسَاوي فَرَنْسِي	faransa	فَرَنْسَا
독일	ʕalmææni/ʕalmææn	ألْمَاني/ ألْمَانْ	ʕalmanya	ألْمَانْيَا
이탈리아	ʕeṭaali	إيطَالي	ʕeṭalya	إيطَالْيَا
그리스	yunææni	يُونَاني	ʕel-yunææn	الْيُونَانْ
스페인	ʕasbææni	أسْبَاني	ʕasbanya	أسْبَانْيَا
러시아	ruusi/ ruus	رُوسي/ رُوسْ	rosya	رُوسْيَا

		생활 외화			
	인도	hęndi	هِنْدي	ʕel-hęnd	الهِنْد
	중국	ṣiini	صِيني	ʕeṣ-ṣiin	الصِّين
	일본	yabææni	ياباني	ʕel-yabææn	اليابان
한국	한국	koori	كُوري	korya	كُورْيا
	남한		korya ęg-ganuubęyya		كُورْيا الجَنُوبِيَّة
	북한		korya ęṣ-ʃamæælęyya		كُورْيا الشَّمالِيَّة

☞ 위의 표에서 사람 혹은 민족을 표현하는 낱말들이 대부분 규칙적인 변화를 일으키는 형용사입니다. 불규칙으로 변하는 낱말들만 복수 형태를 기록하였고 나머지는 모두 남성 단수 형태만 기록하였습니다. 규칙적으로 변하는 낱말의 여성 단수와 복수 꼴은 아래의 예와 같이 변화합니다.

· 한국 사람의 koori *(m)*/ koręyya *(f)*/ koryyin *(pl)*   كُوري/كُورِيَّة/كُورِيِّين

24-7 아랍 연맹 국가들 (22개) الوطن العربي					
		사람 혹은 민족		국가 이름	
1	이집트	maṣri	مِصْري	maṣr	مِصْر
2	리비아	liibi	ليبي	lębya	ليبيا
3	튀니지아	tunsi, tuunisi	تُونسي	tuunis	تُونُس
4	알제리	gazayri	جَزائري	ʕeg-gazææyęr	الجَزائر
5	모로코	mayrębi	مَغْربي	el-mayręb	المَغْرب
6	모르타니아	muritææni	مُوريتاني	muritæænya	مُوريتانيا
7	수단	sudææni	سُوداني	ʕeṣ-sudææn	السُّودان
8	소말리아	ṣumaali	صُومالي	ʕeṣ-ṣumaal	الصُّومال
9	지부티			jębuuti	جيبُوتي
10	코모로 (Comoros)			gozr el-ʕamar	جُزُر القَمَر
11	요르단	ʕordoni	أُرْدُني	ʕel-ʕordon	الأُرْدُن
12	시리아	suuri	سُوري	surya	سُوريا
13	레바논	lębnææni	لِبْناني	lębnææn	لِبْنان

생활 외화

14	팔레스틴	feleṣṭiini	فِلِسْطِينِى	feleṣṭiin	فِلِسْطِين
15	이라크	ʕiræqæ3i	عراقي	ʕel-ʕeqræ3	الْعِرَاقْ
16	사우디아라비아	suɛuudi	سُعُودِي	ʕeʒ-suɛdẹyya	المَمْلَكَة الْعَرَبِيَّة السُعُودِيَّة
17	아랍에메레이트	ʕemaraati	إمَارَاتِي	dawlet el-ʕemaraat	دَوْلَة الإِمَارَاتْ
18	카타르	qaṭari	قَطَرِي	qaṭar	قَطَرْ
19	바레인	baḥriini	بَحْرِينِي	ʕel-baḥriin	الْبَحْرِينْ
20	쿠웨이트	kuweeṭi	كُوِيتِي	ʕek-kuweeṭ	الْكُوِيتْ
21	예멘	yamani	يَمَنِي	ʕal-yaman	الْيَمَنْ
22	오만	ɛomæææni	عُمَانِي	ɛomæææn	عُمَانْ

24-8 이집트 내의 종족 & 지역 이름

	종족 or 지역 사람		지역 이름	
누비안	nuubi	نُوبِي	ʕen-nuuba	النُّوبَة
시와	siiwi	سِيوِي	siiwa	سِيوَا
베두인	ʕelbadu badawi/badw	الْبَدُو بَدَوِي/ بَدْو		
남부지역 (Upper Egypt)	ṣeɛiid	صِعِيدِي	ʕeṣ-ṣeɛiid	الصَّعِيدْ
델타지역			ʕed-delta	الدِّلْتَا
시내 반도			siina	سِينَاء
카이로	qaheri	قَاهِرِي	ʕal-qahera	الْقَاهِرَة
알렉산드리아	ʕeskandaraani	إِسْكَنْدَرَانِي	ʕeskenderẹyya	إِسْكَنْدَرِيَّة
페윰	feyuumi	فِيُومِي	ʕal-feyuum	الْفَيُومْ
포트사이드	borsaɛiidi	بُورْسَعِيدِي	borsaɛiid	بُورْسَعِيدْ
이스마엘리야	ʕesmaɛlæwi	إِسْمَعْلَاوِي	ʕel-ʕesmaɛelẹyya	الإِسْمَاعِيلِيَّة
아시우트	ʕasyuuṭi	أَسْيُوطِي	ʕasyuuṭ	أَسْيُوطْ

구어체 문법

　우리가 외국어를 배울 때 어휘와 표현들을 익힘과 동시에 문법적인 체계를 잡아 가야 그 언어를 정복할 수 있습니다. 다음은 이집트 구어체 아랍어 문법을 기초부터 중급 이상 까지 정리한 것입니다. 최대한 자세하게 설명하려고 노력하였고 예문도 충실히 들고 있습니다. 차근차근 공부하시되 어렵게 느껴지는 부분은 그냥 지나가시고 나중에 다시 시도하시기 바랍니다.

구어체 문법
1 악센트의 원칙

1. 이집트 구어체 아랍어에서는 일반적으로 끝에서 두번째 모음에 악센트가 붙습니다. (이 책에서 악센트 표기는 영어와 한글 발음 표기 위에 점을 찍는 것으로 합니다.)

악센트			의미
maktab	막탑	مَكْتَب	책상, 사무실
maktaba	막타바	مَكْتَبَة	도서관
ţaaleb	딸−립	طَالِب	학생
ţaaleba	딸−리바	طَالِبَة	여학생
kuuri	꾸−리	كُورِي	한국의, 한국 사람

2. 마지막 모음이 장모임일 경우 그 장모음에 악센트가 옵니다.

악센트			의미
salææm	쌀램−	سَلاَمْ	평화
ketææb	키탭−	كِتَابْ	책
xeyaar	케야−르	خِيَارْ	오이
telifoon	텔리폰−	تِلِيفُونْ	전화

3. 단어 끝에 두개의 자음이 겹칠 때 마지막 모음에 악센트가 옵니다.

악센트			의미
muhemm	무힘	مُهِمّ	중요한
ʕaʔall	아알	أَقَلّ	더 적은
yeħebb	예헵	يحِبّ	좋아하다

4. 대개 단어가 CvCvCv(C) 순서로 나열될 경우 맨 뒤에서 세번째의 모음에 악센트가 옵니다.(C는 자음(consonant), v는 모음(vowel)을 의미)

악센트			의미
ɛagala	아갈라	عَجَلَة	자전거
kanaba	카나바	كَنَبَة	소파
salaţa	쌀라따	سَلَطَة	샐러드

구어체 문법
2 아랍어 단어의 형태 – 어근(root)과 파생 단어들

아랍어 단어는 어근을 중심으로 파생되고 발전합니다. 여기서 어근(root)이란 세 개의 자음으로 형성된 단어의 기본 단위를 말합니다. (두 개 혹은 네 개의 자음으로 형성된 어근도 드물게 존재합니다) 예를들어 ك ت ب 라는 자음 세 개가 모이면 'كَتَب katab 카탑'라는 단어가 되는데, 이 단어의 의미는 '그가 글을 쓰다' 입니다. 이 자음 세 개에 부수적인 자음이 붙어 여러 가지 다른 단어로 발전하는데 그 의미들이 모두 '글을 쓰다'와 연관된 단어들입니다. 이때 동일한 의미를 가진 파생어들의 근간이 되는 자음 ك ت ب 을 어근(root)이라 합니다.

어근(root)	파생어		
ك ت ب كَتَب katab 카탑 (그가 글을 쓰다)	كِتَاب	ketæeb 키탭-	(책)
	مَكْتَب	maktab 막탑	(사무실)
	مَكْتَبَة	maktaba 막타바	(도서관)
	كَاتِب	kæætęb 캐-팁	(작가)
	مَكْتُوب	maktuub 막툽-	(기록된)

다른 예를 살펴봅시다. د ر س 라는 자음 세 개가 모이면 'دَرَس daras 다라쓰'는 단어가 되며 그 의미는 '그가 공부하다'는 의미입니다. 여기에서 파생된 단어들은 아래와 같은데 모두 '공부하다'와 연관성이 있는 단어들이며, 이때 د ر س 를 어근이라 합니다.

어근(root)	파생어		
د ر س دَرَس daras 다라쓰 (그가 공부하다)	مَدْرَسَة	madrasa	마드라싸 (학교)
	مُدَرِّس	mudarręs	무다릳쓰 (교사)
	دِرَاسَة	dęraasa	디라-싸 (공부)
	دَرْس	dars	닳쓰 (레슨)

따라서 아랍어 단어들을 공부할 때 어근을 염두에 두면서 새로운 단어를 공부하면 의미를 파악하는데 효과적입니다. 또한 같은 어근에서 온 단어들을 일괄적으로 익히면 어휘를 늘려 가는데 큰 도움이 됩니다.

구어체 문법

3 명사

3-1 명사의 성(性)
아랍어에는 남성과 여성의 두 가지 성(性)이 있습니다.

남성 명사				여성 명사			
집	beet	베-트	بيت	사진	ṣuura	수-라	صُورَة
걸상	korsi	코르씨	كُرْسِي	시계	sææɜa	쌔-아	سَاعة
펜	ɜalam	알람	قَلَم	방	ɜooʔa	오-다	أُوضَة
문	bææb	뱁-	بَاب	고양이	ɜotta	옷따	قُطَّة

위 표의 여성 명사들은 단어의 끝에 -a 'ة'가 붙어 있습니다. 이와 같이 단어의 끝에 -a 'ة'가 붙어 있는 명사들은 대개 여성 명사입니다. 하지만 모든 여성 명사의 끝에 -a 'ة'가 붙는 것은 아닙니다. 아래는 단어의 끝에 -a 'ة' 붙지 않은 여성 명사의 예들입니다.

땅	ʔard̠	아르드	أَرْض	태양	ʃams	샴쓰	شَمْس
이집트	maṣr	마스르	مَصْر				

3-2 명사의 수(數)
아랍어 명사의 수(數)에는 단수, 쌍수(兩數 dual), 복수가 있습니다.

의미	단수(singular)		쌍수(dual)		복수(plural)	
책	ketææb 키탭-	كِتَاب	ketææbeen 키태벤-	كِتَابِين	kotob 코톱	كُتُب
문	bææb 뱁-	بَاب	bææbeen 배벤-	بَابِين	ʔabwææb 아브웹-	أَبْوَاب
펜	ɜalam 알람	قَلَم	ɜalameen 알라멘-	قَلَمِين	ɜaʔlææm 아으램-	أَقْلَام

위의 표에서 단수는 갯수가 하나인 것을 의미하고, 쌍수(dual)는 갯수가 두 개, 복수는 세 개 이상을 의미합니다. 즉 책이란 단어의 단수는 책 한 권, 쌍수는 책 두 권, 복수는 책 세 권 이상을 의미합니다.

구어체 문법

3-2-1 명사의 쌍수(兩數,dual)

쌍수(dual)는 갯수가 두 개인 것을 의미합니다. 위의 표에서 볼 수 있듯이 일반적인 명사의 쌍수(dual) 꼴은 단수 명사 끝에 'een' 'ين'을 붙여서 만듭니다.

또한 약간 변형된 쌍수(dual) 꼴도 있습니다. 단수 명사의 끝이 -a 'ة' 로 끝나는 여성 명사의 경우 그 쌍수(dual) 꼴은 단수 명사 끝의 -a 'ة'를 제거하고 'teen' 'تين'을 붙여 만듭니다.

단수(singular)			쌍수(dual)		
소년,아들	walad	왈라드	وَلَدٌ	두 아들	waladeen	왈라덴-	وَلَدَين
소녀, 딸	bent	빈트	بِنْتٌ	두 딸	benteen	빈텐-	بِنْتَين
사진	ṣuura	수-라	صُورَةٌ	두 사진	ṣurteen	수르텐-	صُورَتَين
여학생	taaleba	딸-리바	طَالِبَةٌ	두여학생	talebteen	딸립텐-	طَالِبَتَين

3-2-2 명사의 복수

아랍어 명사의 복수꼴에는 규칙 변화와 불규칙 변화가 있습니다. 규칙 변화에는 단수에서 복수로 변할 때 규칙성이 있기 때문에 단어를 익히기 쉽습니다. 여기에 비해 불규칙 변화는 규칙성이 없기 때문에 많이 듣고 암기하셔야 합니다. (앞의 3-2 명사의 수(數) 도표에서 책, 문, 펜 이란 명사들은 복수 꼴이 모두 불규칙으로 변하는 것들입니다.)

1) 규칙변화 - 남성 명사

단수(singular)			복수(plural)		
선생님	mudarreṣ	무다릳쓰	مُدَرِّسٌ	선생님들	mudarreṣiin	무다릳씬-	مُدَرِّسِين
엔지니어	muhandeṣ	무한디쓰	مُهَنْدِسٌ	엔지니어들	muhandeṣiin	무한디씬-	مُهَنْدِسِين
직원	muwazzaf	무왓잦프	مُوَظَّفٌ	직원들	muwazzafiin	무왓자펜-	مُوَظَّفِين

규칙적으로 변하는 남성명사는 위의 표와 같이 단수꼴에 -iin 'ين'을 붙여 복수꼴을 만듭니다.

** 남성 명사의 쌍수(dual)와 규칙변화 남성 명사와의 구분

일반 명사의 쌍수(dual)꼴 'een' 'ين'은 규칙적으로 변하는 남성 명사의 복수꼴 'iin' 'ين'과 아랍어 표기가 동일합니다. 하지만 그것의 발음은 약간의 차이가 있고, 국제음운 기호의 표기도 약간 차이가 있습니다. 이 발음차이를 구분하기는 쉽지 않지만 미세한 차이가 있음을 기억하십시오.

구어체 문법

2) 규칙변화 - 여성 명사

의미	단수(singular)		복수(plural)	
여자 선생님	mudarresa 무다리싸	مُدَرِّسَة	mudarresææt 무다리쌔-트	مُدَرِّسَات
여자엔지니어	muhandesa 무한디싸	مُهَنْدِسَة	muhandesææt 무한디쌔-트	مُهَنْدِسَات
여자 간호사	mumarreḍa 무마리다	مُمَرِّضَة	mumarreḍaat 무마리다-트	مُمَرِّضَات

규칙적으로 변하는 여성 명사는 모두 단수 단어의 끝 철자가 -a 'ة' 인 단어들입니다. 이 단어의 복수꼴은 단어의 끝 철자 -a 'ة'를 제거한 뒤 -ææt (혹은 -aat) 'ات' 를 붙여 복수꼴을 만듭니다.

3) 불규칙 변화

아래는 불규칙 명사의 예들을 기록하였습니다. 아래와 같이 불규칙 변화는 그 변화의 규칙성이 없기 때문에 많이 듣고 암기하셔야 합니다.

의미	단수(singular)			복수(plural)		
소년,아들	walad	왈라드	وَلَد	ʔawlææd	아울래-드	أَوْلَاد
소녀, 딸	bent	벤트	بِنْت	banææt	바내-트	بَنَات
학생	ṭaaleb	딸-립	طَالِب	ṭullaab	뚤랍-	طُلَّاب
레슨	dars	달쓰	دَرْس	duruus	두루쓰	دُرُوس
책상	maktab	막탑	مَكْتَب	makææteb	마캐-텝	مَكَاتِب
걸상	korsi	코르씨	كُرْسِي	karææsi	카래-씨	كَرَاسِي
집	beet	베-트	بِيت	beyuut	비유-트	بُيُوت
사진	ṣuura	수-라	صُورَة	ṣowar	소와르	صُوَر
창문	ʃebbæk	쉽백-	شِبَّاك	ʃababiik	샤바빅-	شَبَابِيك
거리	ʃææreʕ	쉐-리아	شَارِع	ʃawææreʕ	샤왜-리아	شَوَارِع
학교	madrasa	마드라싸	مَدْرَسَة	madææris	마대-리쓰	مَدَارِس
날	yoom	욤-	يُوم	ʔayyææm	애얨-	أَيَّام
동물	ḥayawææn	하야왠-	حَيَوَان	ḥayawænææt	하야웨내-트	حَيَوَانَات

구어체 문법

3-2-3 집합명사의 단수

이집트 아랍어 명사들 가운데는 단수 복수 구분없이 사용하는 집합명사들이 있습니다. 예를들면 주로 과일이나 채소 등을 지칭하는 용어들이 대부분인데 아래 도표에서 집합명사라고 표시한 단어들이 그 예입니다. 예를들어 '나는 사과를 좋아합니다' 라는 문장을 만들 때 집합명사로서 '사과' 라는 단어를 사용합니다. (여기에서 말하는 집합명사의 의미는 영문법에서 말하는 가족, 민족, 군대 등을 일컫는 집합명사의 의미와는 다릅니다.)

그렇다면 이 단어들을 단수로 지칭할 때는 어떻게 할까요? 예를들어 과일 가게에서 '사과 한 개 주세요'라고 이야기 할 때 '사과 한 개'는 어떻게 표현할까요? 이 때는 아래에 기록되어 있는 집합명사의 단수 꼴을 사용합니다. 이와같이 **집합명사의 단수꼴은 -a ' ة '** 라는 접미어를 붙여서 사용합니다.

	집합 명사			집합 명사의 단수	
사과	toffææɦ 톳패-흐	تُفَّاح	사과 한 개	toffææɦa 톳패-하	تُفَّاحَة
수박	baṭṭiix 밧띠-크	بَطِّيخ	수박 한 개	baṭṭiixa 밧띠-카	بَطِّيخَة
나무	ʃagar 샤가르	شَجَر	나무 한그루	ʃagara 샤가라	شَجَرَة
생선	samak 싸막	سَمَك	생선 한마리	samaka 싸마카	سَمَكَة

3-3 사물이나 사람의 숫자를 세는 법

위에서 명사의 단수, 쌍수, 복수를 다루었습니다. 이러한 명사들의 수에 따라 갯수를 셀 때 어떻게 세는지 이 책 회화 부분의 4장 숫자 부분에서 자세하게 설명하고 있습니다. 그 장에서 공부하시기 바랍니다.

구어체 문법

4 관사

4-1 부정관사, 정관사

부정관사란 어떤 명사가 정해져 있지 않는 막연한 하나의 사물을 나타낼 때 사용하는 것이고, 정관사란 어떤 명사가 특정한 사물로 이미 정해져 있을 때 사용하는 것입니다.

아랍어에서 부정관사를 위한 특별한 형태는 없습니다. 단지 각각의 명사 자체가 부정관사의 의미를 가집니다. 예를들어 kɛtææb 키탭- كِتَاب 란 단어만으로 부정관사의 의미인 '한 책'이란 의미를 지닙니다.

한편 아랍어에서 정관사는 'ʕɛl 일 الـ'입니다. 이 정관사는 항상 명사 앞에 접두어로 붙어서 사용됩니다. 아래에서 부정관사와 정관사의 형태와 의미를 구분하십시오.

	부정관사			정관사	
한 책	kɛtææb 키탭-	كِتَاب	그 책	ʕɛl-kɛtææb 일키탭-	الكِتَاب
한 소년	walad 왈라드	وَلَد	그 소년	ʕɛl-walad 일왈라드	الوَلَد
한 소녀	bɛnt 빈트	بِنْت	그 소녀	ʕɛl-bɛnt 일빈트	البِنْت

4-2 정관사 ʕɛl- الـ 의 발음

정관사 'الـ'의 발음은 'ʕɛl 일'입니다. 하지만 모든 경우에 'ʕɛl 일'으로 발음되는 것은 아닙니다. 아랍어 명사의 첫 자음이 ت، د، ر، ز، س، ش، ص، ض، ط، ظ، ن (때때로 ج، ك 도 가능) 로 시작되는 단어에 정관사 'الـ'이 접두어로 결합하게 될 경우 그 발음은 'ʕɛl' 이 아닌 'ʕɛ + 첫 자음 음가'가 됩니다. 아래의 올바른 발음 부분을 확인하십시오.

의미	틀린 발음		올바른 발음		단어
태양	ʕɛl-ʃams	일샴쓰	eʃ-ʃams	잇샴쓰	الشَّمْس
레슨	ʕɛl-dars	일달쓰	ed-dars	잇달쓰	الدَّرْس
식용유	ʕɛl-zeet	일지-트	ez-zeet	잇지-트	الزِّيت
손님	ʕɛl-dˤeef	일디-프	ed-dˤeef	잇디-프	الضَّيْف
학생	ʕɛl-tˤaaleb	일딸-립	et-tˤaaleb	잇딸-립	الطَّالِب
사진	ʕɛl-sˤuura	일수-라	esˤ-sˤuura	잇수-라	الصُّورَة

구어체 문법

☞ **한정명사**(마아리파 maɛrefa معرفة)**와 비한정 명사**(나키라 nakera نكرة)**에 대해**

아랍어의 정관사와 부정관사의 개념을 이 책 6-4에서 한정명사(**마아리파** maɛrefa معرفة)와 비한정 명사(**나키라** nakera نكرة)란 용어로 그 개념을 설명합니다.

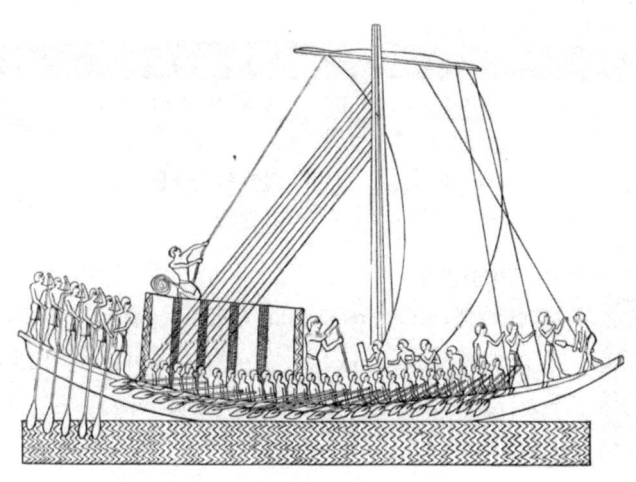

구어체 문법

5 형용사

아랍어에서 형용사 꼴은 명사를 수식하는 수식형태와, 문장에서 주어를 설명하는 서술 형태로 사용됩니다.

- **수식형태의 형용사** - 항상 명사 다음에 옵니다.(명사 + 형용사)

이때 앞의 명사에 정관사 ʔel ال 가 붙으면 뒤의 형용사에도 정관사 ʔel ال 가 붙습니다. 반면 앞의 명사에 정관사 ʔel ال 가 없으면 뒤의 형용사에도 정관사 ʔel ال 가 붙지 않습니다. 이는 뒤에 오는 형용사가 앞에 오는 명사의 지배를 받기 때문입니다.

의미	수식 형태의 형용사		
큰 집	beet kebiir	베-트 키비-르	بيت كبير
그 큰 집	ʔel-beet el-kebiir	일베-트 일키비-르	البيت الكبير
쉬운 책	ketææb sahl	키탭- 싸흘	كتاب سهل
그 쉬운 책	ʔel-ketææb el-sahl	일키탭- 일싸흘	الكتاب السهل

- **서술형태의 형용사** - 정관사 ʔel ال 가 붙은 명사 다음에 오며 서술 형태의 형용사 자신에는 정관사 ʔel ال 이 붙지 않습니다. 다른 말로 하면 정관사 ʔel ال가 붙은 명사 다음에 서술형태의 형용사가 오면 그 말은 구(句)가 아니라 문장이 됩니다.

의미	서술 형태의 형용사		
그 집은 크다	ʔel-beet kebiir 주어 + 술어	일베-트 키비-르	البيت كبير
그 책은 쉽다	ʔel-ketææb sahl 주어 + 술어	일키탭- 싸흘	الكتاب سهل

5-1 문장인가? 구(句)인가?

A 구(句)	① 한 쉬운 책	ketææb sahl	키탭- 싸흘	كتاب سهل
	② 그 쉬운 책	ʔel-ketææb es-sahl	일키탭- 잇싸흘	الكتاب السهل
B 문장	③ 그 책은 쉽다.	ʔel-ketææb sahl 주어 + 술어	일키탭- 싸흘	الكتاب سهل

위의 표에서 보는 것 처럼 같은 명사와 형용사의 조합이지만 정관사 ʔel ال 의 유무 혹은 그것의 위치에 따라 의미가 크게 달라집니다. 위의 A는 문장이 아닌 구(句 phrase)이며 아래 B는 완전한 문장(sentence)입니다.

구어체 문법

위의 표 A에서 단어의 조합으로 구성된 구(句)가 문장이 되기 위해서는 그것이 ②과 같이 정관사 ʕel ال 가 붙은 구(句)이어야 하며 그 뒤에 술어의 역할을 하는 다른 단어가 추가되어야 합니다. 아래의 예를 참고 하십시오.

그 쉬운 책은 비싸다		
ʕel-ketææb el-sahl	yææli 일키탭- 일싸흘 갤-리	الكِتَابُ السَّهْلُ غَالِي
주어 +	술어	

☞ 일반적으로 아랍어에서 주어에 사용되는 단어는 **의미의 한정이 있는 명사**이어야 합니다. 의미의 한정이 있는 명사를 예를들어 설명하면 이렇습니다. 아랍어에서 ketææb كتاب 는 '한 책(a book)'이란 의미입니다. 그것에 정관사 ʕel ال이 붙어 ʕel-ketææb الكتاب 가 되면 여러권의 책 가운데 '그 책'이란 의미로 의미의 한정이 됩니다. 이러한 의미의 한정이 있는 다른 단어로는 정관사가 붙은 명사, 고유명사, 인칭대명사, 지시대명사 등이 있습니다. 자세한 내용은 이 책 6-4의 한정명사 (maɛrefa معرفة)와 비한정 명사(nakera نكرة)부분에서 다룹니다.

☞ '주어 + 술어'의 문장의 구조는 이 책 13-5에서 주어 - 술어 부분을 참고 하십시오.

5-2 형용사의 일치

형용사는 수식하는 명사의 지배를 받습니다. 다시말해 수식하는 명사와 성과 수가 일치해야 합니다. 따라서 어떤 명사를 수식하는 형용사를 만들 때 그 형용사는 앞에 오는 명사의 성(性)과 수(數)에 따라 모양을 달리해야 합니다.

5-2-1 단수 남성명사 + 형용사

형용사가 수식하는 명사가 단수 남성명사일 경우 그 형용사는 형용사의 기본형태(남성형)를 사용합니다.

큰 집	beet kebiir	베-트 키비-르	بيت كبير
쉬운 책	ketææb sahl	키탭- 싸흘	كِتَابٌ سَهْلٌ
그 집은 크다	ʕel-beet kebiir	일베-트 키비-르	البيت كبير

5-2-2 단수 여성명사 + 형용사의 여성형

형용사가 수식하는 명사가 단수 여성명사일 경우 그 형용사는 **기본형태에 -a 가 붙여진** 형용사의 여성형을 사용합니다. 다음은 형용사의 여성형을 보여주는 도표입니다.

구어체 문법

의미	형용사의 기본형태(남성형)			형용사의 여성형		
큰	kębiir	키비-르	كبير	kębiira	키비-라	كبيرة
좋은	kuwayyęs	꾸와예쓰	كُوَيِّس	kuwayyęsa	꾸와예싸	كُوَيِّسَة
쉬운	sahl	싸흘	سَهل	sahla	싸흘라	سَهْلَة
친절한	ṭayyęb	따옙	طَيِّب	ṭayyęba	따예바	طَيِّبَة
영리한	ʃaatęr	샤띠르	شاطر	ʃaatra	샤뜨라	شاطرة
짧은	ʕuṣayyar	우사야르	قُصَيَّر	ʕuṣayyara	우사야라	قُصَيَّرَة

이에따라 여성명사 + 여성형 형용사가 사용된 예를 봅시다.

큰 사진	ṣuura kębiira	수-라 키비-라	صُورَة كبيرة
좋은 차	ɛarabęyya kuwayyęsa	아라베야 꾸와예싸	عَرَبِيَّة كُوَيِّسَة
그 딸은 친절하다	ʕęl-bęnt ṭayyęba	일빈트 따예바	البِنْت طَيِّبَة

5-2-3-1 사람 지칭 복수 명사 + 형용사

사람을 지칭하는 복수명사 다음에 오는 형용사는 **형용사의 복수꼴**을 취합니다. 형용사의 복수꼴은 5-3 장에서 다시 다룹니다.

단수		복수	
친절한 선생님 mudarręs ṭayyęb 무다리쓰 따옙	مُدَرِّس طَيِّب	친절한 선생님들 mudarręsiin ṭayyębiin 무다리씬- 따에빈-	مُدَرِّسِين طَيِّبِين
똑똑한 학생 ṭaalęb ʃaatęr 딸-립 샤-띠르	طَالِب شاطر	똑똑한 학생들 ṭullaab ʃaatriin 뚤랍- 샤뜨린-	طُلَّاب شاطرين
그 딸은 키가 작다. ʕęl-bęnt ʕuṣayyara 일빈트 우사야라	البِنْت قُصَيَّرَة	그 딸들은 키가 작다. ʕęl-banææt ʕuṣayyariin 일바내-트 우사야린-	البَنَات قُصَيِّرِين

5-2-3-2 사물 지칭 복수 명사 + 형용사

사람이 아닌 사물을 지칭하는 복수 명사 다음에 오는 형용사는 복수형이 아닌 단수형이 옵니다. 이는 이집트 사람들이 복수의 사물을 여성 단수로 생각하는 습관에 기인한 것입니다. 따라서 사물 지칭 복수 명사 뒤에는 **형용사의 여성형 –a** 를 취합니다.

구어체 문법

단수		복수	
큰 집 beet kebiir 베-트 키비-르	بيت كبير	큰 집들 beyuut kebiira 비유-트 키비-라	بيُوتْ كِبيرَة
쉬운 책 ketææb sahl 키탭- 싸흘	كِتَاب سَهْل	쉬운 책들 kotob sahla 코톱 싸흘라	كُتُبْ سَهْلَة
그 책상은 새것이다. ʕel-maktab gediid 일막탑 기디-드	المكْتَبْ جديد	그 책상들은 새것이다. ʕel-makææteb gediida 일마캐-팁 기디-다	المَكَاتِبْ جَديدَة
그 자동차는 값이 싸다. ʕel-ɛarabeyya rexiişa 일아라베야 리키-사	العَرَبيَّة رخيصَة	그 자동차들은 값이 싸다. ʕel-ɛarabeyyaat rexiişa 일아라베야-트 리키-사	العَرَبيَّاتْ رخيصَة

5-3 형용사의 복수

형용사의 복수꼴에는 규칙변화와 불규칙 변화가 있습니다.

5-3-1 규칙변화 – 형용사 복수꼴의 일반적인 형태로 형용사의 기본형태에 -iin 'ين'을 붙입니다.

의미	단수		복수	
친절한	tayyeb	따옙	طَيِّب	tayyebiin	따예빈-	طَيِّبين
똑똑한	ʃaater	샤-떠르	شاطِر	ʃaatriin	샤뜨린-	شاطِرين
짧은	ʕuʃayyar	우샤야르	قُصَيَّر	ʕuʃayyariin	우샤야린-	قُصَيَّرين

5-3-2 불규칙변화

명사의 복수형에 불규칙 변화가 있듯이 형용사의 복수형에도 불규칙이 있습니다. 다음은 주요 불규칙 변화 형용사들입니다.

의미	단수 형용사			복수 형용사		
큰	kebiir	키비-르	كبير	kubaar	쿠바-르	كُبَار
많은	ketiir	키티-르	كتير	kutaar	쿠타-르	كُتَار
부자의	ɣani	가니	غَني	ɣayneya	아그네야	أغْنِيَا
가난한	faʕiir	파이-르	فقير	foʕara	포아라	فُقَرَا
아름다운	gamiil	가밀-	جَميل	gumææl	구맬-	جُمَال
값싼	rexiiş	리키-스	رخيص	ruxaaş	루카-스	رُخَاص

구어체 문법

뚱뚱한	texiin	티킨-	تَخِين	tuxææn	투캔-	تُخَان
긴	tawiil	따윌-	طَوِيل	tuwaal	뚜왈-	طُوَال
먼	bɛɛiid	베에-드	بَعِيد	buɛææd	부애-드	بُعَاد
새로운	gediid	기디-드	جَدِيد	gudææd	구대-드	جُدَاد
오래된	ʕadiim	아딤-	قَدِيم	ʕudææm	우댐-	قُدَام
깨끗한	neḍiif	니디-프	نَضِيف	nuḍaaf	누다-프	نُضَاف
미련한	ɣabi	가비	غَبِي	ʕaybeya	아그베야	أَغْبِيَا

불규칙 변화 형용사가 구절이나 문장에서 사용된 예입니다.

단수		복수	
새로운 선생님 mudarres gediid 무다리쓰 기디-드	مُدَرِّس جَدِيد	새로운 선생님들 mudarresiin gudææd 무다리씬- **구대-드**	مُدَرِّسِين جُدَاد
가난한 아이 walad faʕiir 왈라드 파이-르	وَلَد فَقِير	가난한 아이들 ʕawlææd foʕara 아울래-드 **포아라**	أَوْلَاد فُقَرَا
그 딸은 예쁘다. ʕel-bent gamiila 일빈트 가밀-라	الْبِنْت جَمِيلَة	그 딸들은 예쁘다. ʕel-banææt gumææl 일바내-트 **구맬-**	الْبَنَات جُمَال
그는 부자이다. howwa ɣani 호와 가니	هُوَّ غَنِي	그들은 부자이다. homma ʕayneya 홈마 **아그네야**	هُمَّ أَغْنِيَا

5-4 주요 형용사와 그 변화

아래는 주요 형용사의 변화표입니다. 아래의 단어들을 많이 읽고 듣고 익히십시오.

의미	남성 단수		여성 단수		복수	
긴	tawiil 따윌-	طَوِيل	tawiila 따윌-라	طَوِيلَة	tuwaal 뚜왈-	طُوَال
짧은	ʕuṣayyar 우사야르	قُصَيَّر	ʕuṣayyara 우사야라	قُصَيَّرَة	ʕuṣayyariin 우사야린-	قُصَيَّرِين
뚱뚱한	texiin 티킨-	تَخِين	texiina 티킨-나	تَخِينَة	tuxææn 투캔-	تُخَان

구어체 문법

뜻	남성		여성		복수	
야윈,가는	rufayyaɛ 루파야아	رُفَيَّع	rufayyaɛa 루파야아	رُفَيَّعَة	rufayyaɛiin 루파야인-	رُفَيَّعِين
큰	kębiir 키비-르	كِبِير	kębiira 키비-라	كِبِيرَة	kubaar 쿠바-르	كُبَار
작은	ṣuɣayyar 수가야르	صُغَيَّر	ṣuɣayyara 수가야라	صُغَيَّرَة	ṣuɣayyariin 수가야린-	صُغَيَّرِين
먼	bęɛiid 베에-드	بِعِيد	bęɛiida 베에-다	بِعِيدَة	buɛææd 부애-드	بُعَاد
가까운	ʕorayyęb 오라옙	قُرَيِّب	ʕorayyęba 오라예바	قُرَيِّبَة	ʕorayyębiin 오라예빈-	قُرَيِّبِين
새로운	gędiid 기디-드	جَدِيد	gędiida 기디-다	جَدِيدَة	gudææd 구대-드	جُدَاد
오래된	ʕadiim 아딤-	قَدِيم	ʕadiima 아디-마	قَدِيمَة	ʕudææm 우댐-	قُدَام
값싼	rexiiṣ 리키-스	رخِيص	rexiiṣa 리키-사	رخِيصَة	ruxaaṣ 루카-스	رُخَاص
값비싼	ɣææli 갤-리	غَالِي	ɣalya 갈리야	غَالْيَة	ɣaliyiin 갤리인-	غَالِين
폭이 넓은	ɛariiḍ 아리-드	عَرِيض	ɛariiḍa 아리-다	عَرِيضَة	ɛuraaḍ 우라-드	عُرَاض
넓은	wææsęɛ 왜-씨아	وَاسِع	wasɛa 왜쓰아	وَاسْعَة	wasɛiin 왜쓰인-	وَاسْعِين
좁은	dayyaʕ 대예으	ضَيِّق	dayyaʕa 대예아	ضَيِّقَة	dayyaʕiin 다얀인-	ضَيِّقِين
깨끗한	nędiif 니디 프	نِضِيف	nędiifa 니디-파	نِضِيفَة	nuḍaaf 누다-프	نُضَاف.
*더러운	węsęx 위씨크	*وِسِخ	węsxa 위쓰카	*وِسْخَة	węsęxiin 위씨킨-	*وِسْخِين
가벼운	xafiif 카피-프	خَفِيف	xafiifa 카피-파	خَفِيفَة	xufææf 쿠패-프	خُفَاف
무거운	teʕiil 티일-	تَقِيل	teʕiila 티일-라	تَقِيلَة	tuʕææl 투앨-	تُقَال

구어체 문법

한국어	남성단수		여성단수		복수	
좋은	kuwayyęs 꾸와예쓰	كُوَيِّس	kuwayyęsa 꾸와예싸	كُوَيِّسَة	kuwayyęsiin 꾸와예씬-	كُوَيِّسِين
나쁜	węʃʃęʃ 위히쉬	وِحِش	węʃʃa 위흐샤	وِحْشَة	węʃʃiin 위흐쉰-	وِحْشِين
높은	ɛæǣli 아앨-리	عَالِي	ɛalya 알야	عَالْيَة	ɛalyiin 알리인-	عَالْيِين
낮은	waaṭi 와-띠	وَاطِي	waṭya 와뜨야	وَاطْيَة	waṭyiin 와뜨인-	وَاطْيِين
부드러운	ṭari 따리	طَرِي	ṭaręyya 따리야	طَرِيَّة	ṭuraay 뚜라-이	طُرَاي
단단한 물기없는	næǣʃęf 내-쉬프	نَاشِف	naʃfa 나쉬파	نَاشْفَة	naʃfiin 내쉬핀-	نَاشْفِين
추운	bææręd 배-리드	بَارِد	barda 바르다	بَارْدَة	bardiin 바르딘-	بَارْدِين
추운, 시원한	aȝæǣɛ 싸-이아	سَاقِع	saȝɛa 싸으아	سَاقْعَة	saȝɛiin 싸이엔-	سَاقْعِين
뜨거운	soxn 쏘큰	سُخْن	soxna 쏘크나	سُخْنَة	soxniin 쏘크닌-	سُخْنِين
쉬운	sahl 싸흘	سَهْل	sahla 싸흘라	سَهْلَة	sahliin 싸흘린-	سَهْلِين
어려운	ṣaɛb 사아브	صَعْب	ṣaɛba 사아바	صَعْبَة	ṣaɛbiin 사아빈-	صَعْبِين
가득찬	malyææn 말옌	مَلْيَان	malyææna 말예-나	مَلْيَانَة	malyaniin 말야닌-	مَلْيَانِين
빈, 한가한	faaḍi 파-디	فَاضِي	faḍya 파드야	فَاضْيَة	faḍyiin 파드인-	فَاضْيِين
바쁜 사용중인	maʃɣuul 마쉬굴-	مَشْغُول	maʃɣula 마쉬굴-라	مَشْغُولَة	maʃɣuliin 마슈굴린-	مَشْغُولِين
가난한	faʔiir 파이-르	فَقِير	faʔiira 파이-라	فَقِيرَة	foʔara 포아라	فُقَرَاء
부유한	ɣani 가니	غَنِي	ɣanęyya 가니야	غَنِيَّة	ʕaynęya 아그니야	أَغْنِيَاء/غِنَائ

구어체 문법

뜻	남성 단수 (발음/한글)	남성 단수 (아랍어)	여성 단수 (발음/한글)	여성 단수 (아랍어)	복수 (발음/한글)	복수 (아랍어)
똑똑한	zaki 자키	ذَكِي	zakẹyya 자키야	ذَكِيَّة	ʕazkẹya 아즈키야	أَذْكِيَاء
멍청한	γabi 가비	غَبِي	γabẹyya 가비야	غَبِيَّة	ʕaybẹya 아그비야	أَغْبِيَاء
*멍청한	ɛabiiṭ 아비-뜨	*عَبِيط	ɛabiiṭa 아비-따	*عَبِيطَة	ɛobṭ 옵뜨	*عُبْط
젊은	ʃæbb 섑-	شَابّ	ʃabba 섑바	شَابَّة	ʃabæb 샤뱁-	شَبَاب
늙은	ɛaguuz 아구-즈	عَجُوز	ɛaguuza 아구-자	عَجُوزَة	ɛawagiiz 아와기-즈	عَوَاجِيز
아름다운	gamiil 가밀-	جَمِيل	gamiila 가밀-라	جَمِيلَة	gumæl 구맬-	جُمَال
즐거운 신사적인	laṭiif 라띠-프	لَطِيف	laṭiifa 라띠-파	لَطِيفَة	luṭaaf 루따-프	لُطَاف
맛이 단 아름다운	ḥẹlw 헬루	حلْو	ḥẹlwa 헬와	حلْوَة	ḥẹlwiin 헬윈-	حلْوِين
영리한	ʃaaṭer 샤-떠르	شَاطِر	ʃaṭra 샤뜨라	شَاطْرَة	ʃaṭriin 샤뜨린-	شَاطْرِين
현명한	ɛaʕʒel 아-일	عَاقِل	ɛaʕla 아을라	عَاقْلَة	ɛaʕliin 아을린-	عَاقْلِين
미친	magnuun 마그눈-	مَجْنُون	magnuuna 마그누-나	مَجْنُونَة	maganiin 마가닌-	مَجَانِين
중요한	muhẹmm 무힘	مُهِمّ	muhẹmma 무힘마	مُهِمَّة	muhẹmmiin 무힘민-	مُهِمِّين

* 표가 있는 단어는 욕 혹은 아주 상스러운 말로서 사용시 조심해야 합니다.

5-5 형용사의 비교급

두 개의 사물(혹은 사람)을 서로 비교하는 경우 형용사의 비교급을 사용합니다. 형용사의 비교급 형태는 형용사의 기본형태에서 어근(root)을 추출한 이후, 첫 어근 앞과 세째 어근 앞에 모음 'a'를 붙이면 됩니다.

구어체 문법

형용사 비교급의 기본 형태 - a○○a○ (○ - 어근을 의미)

기본형	어근	비교급
kȩbiir 키비-르 كبير (큰)	k b r ك ب ر	akbar → ʔakbar 악바르 أكْبَر (…보다) 더 큰

아래는 기본적인 비교급 형용사 단어들과 그 비교급을 열거한 것입니다. 많이 읽고 많이 들어서 완전히 익히도록 하시기 바랍니다.

의미	기본 형용사		어근(root)		비교급 형용사	
큰	kȩbiir	키비-르 كبير	k b r	ك ب ر	ʔakbar 악바르	أكْبَر
작은	ṣuɣayyar	수가야르 صُغَيَّر	ṣ ɣ r	ص غ ر	ʔaṣɣar 아스가르	أصْغَر
많은	kȩtiir	키티-르 كتير	k t r	ك ت ر	ʔaktar 악타르	أكْتَر
적은	ʔulayyȩl	울라옐 قَلَيِّل	ʔ l l	ق ل ل	ʔaʔall 아알	أقَلّ
비싼	ɣæɛli	갤-리 غَالِي	ɣ l y	غ ل ي	ʔaɣla 아글라	أغْلَى
값싼	rȩxiiṣ	리키-스 رخيص	r x ṣ	ر خ ص	ʔarxaṣ 아르카스	أرْخَص
좋은	kuwayyȩṣ	꾸와예쓰 كُوَيِّس	불규칙		ʔaḥsan 아흐싼	أحْسَن
나쁜	wȩḥȩʃ	위히쉬 وحش	w ḥ ʃ	و ح ش	ʔawḥaʃ 아우하쉬	أوْحَش
쉬운	sahl	싸홀 سَهْل	s h l	س ه ل	ʔashal 아쓰할	أسْهَل
어려운	ṣaɛb	사아브 صَعْب	ṣ ɛ b	ص ع ب	ʔaṣɛab 아스압	أصْعَب
빠른	sariiɛ	싸리-아 سَريع	s r ɛ	س ر ع	ʔasraɛ 아쓰라아	أسْرَع
느린	baṭiiʔ	바띠-으 بَطيء	b ṭ ʔ	ب ط ي ء	ʔabṭaʔ 압따으	أبْطَئ
긴	ṭawiil	따윌- طَويل	ṭ w l	ط و ل	ʔaṭwal 아뜨왈	أطْوَل
짧은	ʔuṣayyar	우사야르 قُصَيَّر	ʔ ṣ r	ق ص ر	ʔaʔṣar 아으사르	أقْصَر
먼	bȩʒiid	베이-드 بَعيد	b ʒ d	ب ع د	ʔabɛad 아브아드	أبْعَد
가까운	ʔorayyȩb	오라옙 قُرَيِّب	ʔ r b	ق ر ب	ʔaʔrab 아으랍	أقْرَب
높은	ɛæɛli	아앨-리 عَالِي	ɛ l y	ع ل ي	ʔaɛla 아을라	أعْلَى
낮은	wɑɑṭi	와-띠 وَاطِي	w ṭ y	و ط ي	ʔawṭa 아우따	أوْطَى
뚱뚱한	tȩxiin	티킨- تَخين	t x n	ت خ ن	ʔatxan 아트칸	أتْخَن
야윈	rufayyaɛ	루파야아 رُفَيَّع	r f ɛ	ر ف ع	ʔarfaɛ 아르파아	أرْفَع

구어체 문법

한국어	발음	한글	아랍어	발음	한글	아랍어
부유한	ɣani	가니	غَنِي	ɣny غ ن ي	ʔaɣna	아그나	أَغْنَى
가난한	faʔiir	파이-르	فَقِير	fʔr ف ق ر	ʔafʔar	아프아르	أَفْقَر
넓은	wææsɛʕ	왜-씨아	وَاسِع	wsʕ و س ع	ʔawsaʕ	아우싸아	أُوسَع
좁은	dayyaʔ	대예으	ضَيَّق	dyʔ د ي ق	ʔadyaʔ	아드야으	أَضْيَق
무거운	teʔiil	티일-	تَقِيل	tʔl ت ق ل	ʔatʔal	아트알	أَتْقَل
가벼운	xafiif	카피-프	خَفِيف	xff خ ف ف	ʔaxaff	아카프	أَخَفّ
새로운	gediid	기디-드	جديد	gdd ج د د	ʔagdad	아그다드	أَجْدَد
오래된	ʔadiim	아딤-	قديم	ʔdm ق د م	ʔaʔdam	아으담	أَقْدَم
영리한	ʃaaṭeṛ	샤-뜨르	شَاطِر	ʃtr ش ط ر	ʔaʃṭar	아쉬따르	أَشْطَر
미련한	ɣabi	가비	غَبِي	ɣby غ ب ي	ʔaɣba	아그바	أَغْبَى
깨끗한	neḍiif	니디-프	نضيف	nḍf ن ض ف	ʔanḍaf	안다프	أَنْضَف
*더러운	wesex	위씨크	*وسخ	wsx و س خ	ʔawsax	아우싸크	*أَوْسَخ
친절한	ṭayyeb	따옙	طَيِّب	tyb ط ي ب	ʔaṭyab	아뜨얍	أَطْيَب
위대한	ɛaziim	아짐-	عَظِيم	ʕẓm ع ظ م	ʔaɛzam	아으잠	أَعْظَم
중요한	muhɛmm	무함	مُهِمّ	hmm ه م م	ʔahamm	아함	أَهَمّ
예쁜	gamiil	개밀-	جَمِيل	gml ج م ل	ʔagmal	아그말	أَجْمَل
멋진	ḥelw	헬루	حلو	ḥlw ح ل و	ʔaḥla	아흘라	أَحْلَى

* 표가 있는 단어는 아주 상스러운 말로서 사용할 때 조심해야 합니다.

5-5-1 형용사의 비교급 표현

비교급 문장에서는 비교의 주체와 비교의 대상이 되는 객체가 있기 마련입니다. 예를들어 한 소년과 다른 한 소녀의 덩치 크기를 비교할 때 '이 소년은 저 소녀 보다 크다' 라고 하여야 합니다. 아랍어 문장에서 '… 보다 … 하다' 라고 할 때 **비교급 l mɛn مِن** 을 사용합니다.

예문 ① 그 소년은 그 소녀보다 (덩치가) 크다.	
ʕel-walad ʔakbar mɛn el-bɛnt 일왈라드 악바르 민 일빈트	الْوَلَدْ أَكْبَر مِن البِنْت

예문 ② 그 자동차는 그 집보다 비싸다.	
ʕel-ɛarabɛyya ʕayla mɛn el-bɛet 일아라베야 아글라 민 일베-트	الْعَرَبِيَّة أَغْلَى مِن البِيت

구어체 문법

5-6 형용사의 최상급

형용사의 최상급은 어떤 것이 가장 뛰어남을 표현하는 것입니다. 아랍어에서 최상급을 표현할 때에 비교급 형태가 사용되며 아래와 같이 두 가지 형태로 표현할 수 있습니다.

아래의 예문들에서 ① 꼴은 형용사의 비교급 형태에 접두어 ال 'el'을 붙인 형태입니다. 이 형태의 최상급 꼴은 이미 언급된 내용 가운데서 '가장 …하다' 할 경우에 사용됩니다. 예를들어 어떤 아이들에 대해서 이야기 하다가 그 중에 한 명에 대해 "그런데 그 소년이 가장 똑똑해"라고 이야기 할 때 이 꼴을 사용합니다. 다시말해 어떤 언급된 상황 가운데서 한 사람이나 한 물건을 최상이라 할 때 사용합니다.

② 꼴은 비교급 뒤에 주어와 연관이 있는 다른 명사가 사용된 꼴입니다. 이 꼴은 이미 언급된 내용에 구애받지 않고 언제든지 사용할 수 있습니다.

1-① 이 소년은 가장 똑똑하다.	
ʕel-walad da el-ʕaʃṭar 일왈라드 다 일아쉬따르	الْوَلَدْ ده الأَشْطَرْ
1-② 이 소년은 가장 똑똑한 사람이다.	
ʕel-walad da ʕaʃṭar wæɛħed 일왈라드 다 아쉬따르 왜-히드	الْوَلَدْ ده أَشْطَرْ وَاحِدْ

위의 1-② 문장에서 واحد 대신 طالب , ولد 등의 명사를 사용할 수 있습니다.

2-① 이 딸은 가장 아름답다.	
ʕel-bent di el-ʕagmal 일빈트 디 일아그말	الْبِنْتْ دي الأَجْمَلْ
2-② 이 딸은 가장 아름다운 딸이다	
ʕel-bent di ʕagmal bent 일빈트 디 아그말 빈트	الْبِنْتْ دي أَجْمَلْ بِنْتْ

위의 2-② 문장에서 بنت 대신에 واحدة , طالبة 등의 명사를 사용할 수 있습니다.

3-① 이 차는 가장 비싸다.	
ʕel-ɛarabeyya di el-ʕayla 일아라베야 디 일아글라	الْعَرَبِيَّة دي الأَغْلَى
3-② 이 차는 가장 비싼 것이다.	
ʕel-ɛarabeyya di ʕayla ħææga 일아라베야 디 아글라 하가	الْعَرَبِيَّة دي أَغْلَى حَاجَة

구어체 문법
6 명사의 소유격 인칭대명사와 소유에 대한 표현

이집트 구어체 아랍어에서 '누구의 것'이란 소유의 주체를 밝히는 방법은 세 가지입니다. 먼저는 명사 뒤에 소유격 인칭대명사를 붙이는 방법이고, 다음은 bętææʒ بتاع 를 사용하는 경우이며, 마지막으로는 연결형(ędaafa إضافة)을 사용하는 경우입니다. 아래 각각의 경우를 보십시오.

6-1 소유격 인칭대명사

'책'이란 단어 'kętæææb كتاب '의 소유격 인칭 대명사 변화입니다. 인칭에 따라 명사의 접미사가 변화화는 것과 그 소유격의 의미가 변화하는 것을 확인하시고 그 내용을 암기하십시오.

인칭		접미어	소유격 접미사 변화		의미
3인칭	그의 그것의	-u	kętæææbu 키태-부	كِتَابُه (كتاب + ه)	그의 책
	그녀의 그것의	-ha	kętæææbha 키탭- 하	كِتَابهَا (كتاب + ها)	그녀의 책
	그들의	-hom	kętæææbhom 키탭- 홈	كِتَابهُم (كتاب + هم)	그들의 책
2인칭	너의 (남성)	-ak	kętæææbak 키태-박	كِتَابَك (كتاب + ك)	너의(남성) 책
	너의 (여성)	-ik	kętæææbik 키태-빅	كِتَابَك (كتاب + ك)	너의(여성) 책
	너희들의	-ku	kętæææbku 키탭- 쿠	كِتَابكُو (كتاب + كو)	너희들의 책
1인칭	나의	-i	kętæææbi 키태-비	كِتَابِي (كتاب + ي)	나의 책
	우리들의	-na	kętæææbna 키탭- 나	كِتَابنَا (كتاب + نا)	우리들의 책

6-1-1 마지막 철자가 ة 로 끝나는 단어의 경우

모든 남성 명사의 소유 접미사는 위의 표의 ' kętæææb كتاب '와 같이 변화합니다. 하지만 여성 명사중 마지막 철자가 ' ة '로 끝나는 단어들은 마지막 철자를 ' ت '로 바꾼 뒤 그 뒤에 위의 소유격 접미사를 붙입니다. 다시말해 마지막 발음이 '-a'로 끝나는 단어들은 '-a' 발음을 '-ęt'로 바꾼 뒤 위의 접미사를 붙입니다. 아래는 여성명사 شنطة ʃanta 샨따 (의미 - 가방)의 소유격 접미사 변화입니다. شنطة 의 마지막 철자가 ' ة '임에 유의하시고 소유격 접미사의 변화가 어떻게 다른지 확인하시기 바랍니다.

구어체 문법

인칭		ة 로 끝나는 여성 명사		의미
3인칭	그의	ʃantetu	샨뜨투	شَنْطَتُه (شنطة + ه)	그의 가방
	그녀의	ʃantetha	샨뜨하	شَنْطَتْهَا (شنطة + ها)	그녀의 가방
	그들의	ʃantethom	샨뜨홈	شَنْطَتْهُم (شنطة + هم)	그들의 가방
2인칭	너의(남)	ʃantetak	샨뜨탁	شَنْطَتَك (شنطة + ك)	너의(남성)가방
	너의(여)	ʃantetik	샨뜨틱	شَنْطَتِك (شنطة + ك)	너의(여성)가방
	너희들의	ʃantetku	샨뜨쿠	شَنْطَتْكُو (شنطة + كو)	너희들의 가방
1인칭	나의	ʃanteti	샨뜨티	شَنْطَتِي (شنطة + ي)	나의 가방
	우리들의	ʃantetna	샨뜨나	شَنْطَتْنَا (شنطة + نا)	우리들의 가방

이와 같은 형태로 소유격이 변하는 명사들의 예는 아래와 같습니다.

تَذْكِرَة، كِلْمَة، عَرَبِيَّة، مَدْرَسَة، مَكْتَبَة، صُورَة، مُدَرِّسَة ...

☞ 마지막 철자가 ة 인 단어에 다른 접미어가 붙을 경우 항상 ة 가 ت 로 변한 뒤 그 뒤에 접미어가 붙습니다.

6-2 비태-아 (betæææ بتاع) 를 이용한 소유의 표현

소유의 의미를 표현하는 두 번째 방법은 betæææ بتاع 를 사용하는 것입니다. 이 단어의 원래 의미는 '…에 속한'(belong to)인데 소유격을 나타내고자 하는 명사 다음에 위치하여 '…에 속한'의 의미를 나타냅니다. 아래는 지금까지 배운 소유격 표현의 두 가지 형태를 나타내는 도표입니다. 두번째 방법에서 **정관사 + 명사 + betæææ بتاع 비태-아 + 소유격 접미사** 순서를 확인하시기 바랍니다.

소유에 대한 표현의 형태 (의미 - 나의 책)		
일반적인 형태	ketææb-i	키태-비	كِتَابِي
betæææ بتاع 를 사용한 형태	ʃek-ketææb betæææ-i	익키탭- 비태-아이	الْكِتَاب بِتَاعِي
	정관사 + 명사 + betæææ بتاع + 소유격 접미사		

betæææ بتاع 도 함께 사용되는 명사의 성(性)에 따라 변화합니다. 함께 오는 명사가 남성일 경우 betæææ بتاع 를 사용하고, 함께 오는 명사가 여성일 경우 betæææ بتاعة, 함께 오는 명사가 복수일 경우 betuuɛ بتوع 를 사용합니다.

구어체 문법

명사의 성(性)에 따른 bɛtææʕ بِتاع 의 변화

남성	bɛtææʕ بِتاع	나에게 속한 책(나의 책) ʕel-ketææb bɛtææʕ-i 일키탭- 비태-아이	الْكِتَابْ بِتَاعِي
여성	bɛtææʕa بِتاعَة	나에게 속한 자동차(나의 자동차) ʕel-ɛarabeyya bɛtææʕ-i 일아라베야 비태-아티	الْعَرَبِيَّة بِتَاعْتِي
복수	bɛtuuʕ بِتوع (두 경우 다 가능)	나에게 속한 책들(나의 책들) ʕel-kotob bɛtææʕ-ti 일코톱 비태-아티	الْكُتُبْ بِتَاعْتِي
		ʕel-kotob bɛtuuʕ-i 일코톱 비투-이이	الْكُتُبْ بِتُوعِي

☞ 위의 도표에서 복수 명사인 ʕel-kotob 를 여성 단수인 bɛtææʕa بِتاعَة 로 받아 ʕel-kotob bɛtææʕ-ti بِتَاعْتِي الْكُتُبْ 로 만드는 경우는 의외일 수 있습니다. 하지만 이집트 구어체 아랍어에서는 사물을 지칭하는 복수 명사는 여성 단수로 여겨질 경우가 많다는 것을 기억하십시오.

여러분은 위에서 명사의 성(性)에 따른 bɛtææʕ بِتاع 의 변화를 보았습니다. 지금까지는 '나에게 속한 책'이나 '나에게 속한 자동차' 등 1인칭 소유격만 살펴보았습니다. 그렇다면 '너에게 속한 책', '그녀에게 속한 책' 혹은 '그들에게 속한 책' 등 인칭이 변화할 경우 bɛtææʕ بِتاع 는 어떻게 변화할까요?

bɛtææʕ بِتاع 의 소유격 접미사 변화

인칭		남성		여성		복수	
3	그의	bɛtææʕu 비태-우	بِتَاعُه	bɛtææʕtu 비태-아투	بِتَاعْتُه	bɛtuuʕu 비투-우	بِتُوعُه
	그녀의	bɛtææʕha 비태-아하	بِتَاعْهَا	bɛtææʕetha 비태-에트하	بِتَاعِتْهَا	bɛtuuʕha 비투-아하	بِتُوعْهَا
	그들의	bɛtææʕhom 비태-아홈	بِتَاعْهُم	bɛtææʕethom 비태-에트홈	بِتَاعِتْهُم	bɛtuuʕhom 비투-아홈	بِتُوعْهُم
2	너의 (남)	bɛtææʕak 비태-악	بِتَاعَك	bɛtææʕetak 비태-아탁	بِتَاعِتَك	bɛtuuʕak 비투-악	بِتُوعَك
	너의 (여)	bɛtææʕik 비태-익	بِتَاعِك	bɛtææʕetik 비태-아틱	بِتَاعِتِك	bɛtuuʕik 비투-익	بِتُوعِك
	너희들의	bɛtææʕku 비태아쿠	بِتَاعْكُو	bɛtææʕetku 비태-에트쿠	بِتَاعِتْكُو	bɛtuuʕku 비투-아쿠	بِتُوعْكُو
1	나의	bɛtææʕi 비태-이	بِتَاعِي	bɛtææʕeti 비태-아티	بِتَاعِتِي	bɛtuuʕi 비투-아이	بِتُوعِي

구어체 문법					
우리들의	bętææɛna 비태-아나	بِتَاعْنَا	bętæææɛtna 비태-에트나	بِتَاعِتْنَا	bętuuɛna 비투-아나	بِتُوعْنَا

 이와같은 인칭에 따른 bętææɛ بتاع 의 소유격 접미사 변화를 '자동차'란 여성명사 ɛarabęyya 'عَرَبِيَّة' 와 함께 사용해 보면 아래와 같습니다. 이 단어가 여성 명사란 것을 기억하시고 그에 따라 bętæææa بتاعة 의 소유격 접미사 변화를 적용하면 됩니다.

	의미	bęt-ææɛ بتاع 의 변화	
3인칭	그의 자동차	ʕel-ɛarabęyya bętæææu 일아라베이야 비태-아투	العَرَبِيَّة بِتَاعتُه
	그녀의 자동차	ʕel-ɛarabęyya bętæææetha 일아라베야 비태-에트하	العَرَبِيَّة بِتَاعِتْهَا
	그들의 자동차	ʕel-ɛarabęyya bętæææethom 일아라베야 비태-에트홈	العَرَبِيَّة بِتَاعِتْهُم
2인칭	너의(남) 자동차	ʕel-ɛarabęyya bętæææak 일아라베야 비태-아탁	العَرَبِيَّة بِتَاعتَك
	너의(여) 자동차	ʕel-ɛarabęyya bętæææik 일아라베야 비태-아틱	العَرَبِيَّة بِتَاعتِك
	너희들의 자동차	ʕel-ɛarabęyya bętæææetku 일아라베야 비태-에트쿠	العَرَبِيَّة بِتَاعِتْكُو
1인칭	나의 자동차	ʕel-ɛarabęyya bętæææi 일아라베야 비태-아티	العَرَبِيَّة بِتَاعتِي
	우리들의 자동차	ʕel-ɛarabęyya bętæææetna 일아라베야 비태-에트나	العَرَبِيَّة بِتَاعِتْنَا

☞ 소유의 의미를 표현하는 bętææɛ بتاع (bętæææa بتاعة , bętuuɛ بتوع)는 사람에 대한 소유의 표현으로는 사용되지 않고 사물에 대해서만 사용합니다.

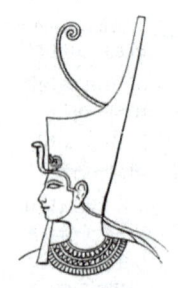

구어체 문법

6-3 연결형(이다-파 ʔedaafa اضافة)을 사용한 소유의 표현

아랍어에서 소유 혹은 한정의 관계로 두 명사가 결합되어 있을 때 이를 연결형(이다-파 ʔedaafa اضافة)이라 합니다. 다음 표에서 연결형으로 결합된 두 명사를 A와 B로 표기하여 설명하려고 합니다. 이 때 결합된 명사 'A + B'의 의미는 'B 의 A'가 됩니다. 예를들어 아래 ①의 예에서 B 명사는 '그 아들'이라는 아랍어 الولد ʔel-walad 이고 A 명사는 '책'이라는 아랍어 كتاب ketææb 입니다. 따라서 'B 의 A'란 의미는 '**그 아들의 책**'이란 의미가 됩니다. 여기에서 앞에 오는 A 명사는 뒤에 오는 B 명사에 의해 의미가 한정되었습니다. 다시말해 책은 책인데 누구의 책이냐고 한다면 바로 '그 아들의 책'이 되는 것입니다. 때문에 여기에서 의미의 한정 혹은 소유의 의미가 있음을 알 수 있는 것입니다.

의미	문장 구조	
B 의 A	A + B	
① 그 아들의 책 키탭- 일왈라드	ketææb ʔel-walad A + B	كِتَاب الوَلَد
② 그 큰 아들의 책 키탭- 일왈라드 일키비-르	ketææb el-walad el-kebiir A + B	كِتَاب الوَلَد الكَبِير
③ 그 큰 딸의 책 키탭- 일빈트 일키비-라	ketææb el-bent el-kebiira A + B	كِتَاب البِنْت الكَبِيرَة
④ 해니의 책 키탭- 해-니	ketææb hææni A + B	كِتَاب هَانِي

☞ A 명사는 뒤에 오는 B 명사에 의해 의미가 한정되고, B 명사에 의해 A 명사의 소유주가 누구인지 밝혀지게 됩니다. 아랍어에서 A 명사를 전연결(muḍaaf **무다프** مضاف)라 하고 뒤에 오는 B 명사를 후연결(muḍaaf ʔelayhi **무다프 일라이히** مضاف إليه)라 합니다.

☞ ①번의 예에서 ketææb كِتَاب 란 단어에 자체에는 정관사 ال 가 붙지 않았습니다. 만일 ' ketææb كِتَاب ' 란 단어 하나만 있다면 그 의미는 '한 책 (a book)'이란 의미로 부정관사의 의미입니다. 하지만 이 단어 뒤에 ʔel-walad الوَلَد 란 정관사가 있는 단어가 와서 연결형(ʔedaafa اضافة)을 이루게 되면 ketææb كِتَاب 란 단어는 뒤에 오는 단어에 의해 의미가 한정되는 것입니다. 따라서 ketææb ʔel-walad كِتَاب الوَلَد 란 두 단어가 조합되어 전체의 의미가 한정적인 의미가 되는 것입니다. 여기에 대해서 이 책 6-4 한정명사(maɛrefa معرفة)와 비한정 명사(nakera نكرة) 부분에서 자세히 다룹니다.

구어체 문법

☞ ②번과 ③번 문장에 나오는 형용사는 바로 앞에 오는 명사를 수식하고 있습니다. 이 때 형용사는 수식하는 명사와 성(性)과 수(數)에서 일치해야 합니다. 앞의 문장에서 수식하는 형용사는 연결형(ʕeḍaafa إضافة)의 B 부분(후연결어 مضاف إليه)과 성과 수가 일치합니다.

그 큰 아들 ʕel-walad el-kebiir الْوَلَد الْكَبِير

그 큰 딸 ʕel-bent el-kebiira الْبنْت الْكَبِيرة

☞ ④ 번 문장에서 B 명사 부분의 해니는 고유명사(사람 이름)이기 때문에 정관사 ال 가 붙지 않아도 의미가 한정됩니다. 왜냐하면 고유명사는 이 세상에서 유일한 것이므로 정관사 ال 가 붙지 않아도 그 자체로서 한정이 되기 때문입니다.

☞ **연결형(ʕeḍaafa إضافة) 문장에서 B 부분의 명사에 정관사 ال 가 없는 경우**

의미	문장 구조	
B 의 A	A + B	
한 소년의 책 키탭- 왈라드	keṭææb walad A + B	كِتاب وَلَد

B 부분의 명사에 정관사 ال 가 없을 경우에도 연결형(ʕeḍaafa إضافة)은 성립됩니다. 이 경우 형태적으로는 정관사가 없기 때문에 의미가 한정되지 않으나 의미적으로는 A 명사가 B 명사에 의해 한정되어 A 명사가 한정명사(maɛrefa معرفة)의 의미를 지니게 합니다. (이 책 6-4 참조)

☞ **A 부분 명사의 마지막 철자가 ة 로 끝나는 경우의 발음**

연결형(ʕeḍaafa إضافة)에 사용된 두 명사 중 앞의 명사(A 부분의 명사)의 마지막 철자가 'ة'로 끝날 경우 그것을 발음하는데 유의해야 합니다. 즉 마지막 발음되는 '-a' 발음을 '-et'로 바꾼 뒤 그 뒤의 명사(B 부분의 명사)와 연결하여 발음해야 합니다.

	의미	문장 구조	
①	그 아들의 가방 **샨텟 일왈라드**	ʃanṭeṭ el-walad	شنْطة الْوَلَد
②	아슈라프의 자동차 **아라비옛 아슈라프**	ɛarabeyyeṭ ʕaʃraf	عَرَبِيّة أشْرَف
③	나의 친구의 사진 **수-렛 사흐비**	ṣuureṭ ṣaaḥb-i	صُورة صاحبِي

☞ 위의 ② 문장에서 아슈라프는 고유명사(사람이름)이므로 의미가 한정되는 한정명사(**마아리파** maɛrefa معرفة)의 의미입니다. (6-4 참조)

구어체 문법

☞ 앞의 ③ 문장에서 'ṣaaḥb-i صَاحبِي'는 ṣaaḥeb صاحب (친구)란 명사 뒤에 소유격 인칭 대명사 ي 가 붙은 경우입니다. 일반 명사 뒤에 접미사로 소유격 인칭 대명사가 붙을 경우 의미가 한정됩니다. '나의 친구'란 말은 이미 막연한 많은 친구 가운데 '나의 친구'로 한정되었기 때문에 의미의 한정이 일어나고 이를 한정명사(**마아리파** maɛrefa معرفة)라 합니다. (6-4 참조)

☞ 아래는 비슷한 단어로 구성한 구(句)와 문장들입니다. 명사와 형용사의 조합, 명사의 정관사 ال 의 유무, 연결형(ṣedaafa إضافة) 등에 따라 구와 문장의 의미가 어떻게 달라지는지 살펴보십시오.

	의미	표현	
① 구 (句)	쉬운 책	kętææb sahl 키탭- 싸흘	كِتَابْ سَهْل
	그 쉬운 책	ʕel-kętææb ęl-sahl 일키탭- 일싸흘	الكِتَاب السَّهْل
	그 아들의 책	kętææb ęl-walad 키탭- 일왈라드	كِتَاب الْوَلَدْ
	그 큰 아들의 책	kętææb ęl-walad ęl-kębiir 키탭- 일왈라드 일키비-르	كِتَاب الْوَلَدْ الْكِبِيرْ
② 문 장	그 책은 쉽다	ʕel-kętææb sahl 일키탭- 싸흘	الكِتَابْ سَهْل
	그 쉬운 책은 싸다	ʕel-kętææb ęl-sahl ręxiiṣ 일키탭- 일싸흘 리키-스	الكِتَاب السَّهْل رخيص
	그 아들의 책은 쉽다	kętææb ęl-walad sahl 키탭- 일왈라드 싸흘	كِتَاب الْوَلَدْ سَهْل
	그 큰 아들의 책은 쉽다	kętææb ęl-walad ęl-kębiir sahl 키탭- 일왈라드 일키비-르 싸흘	كِتَاب الْوَلَدْ الْكِبِيرْ سَهْل

☞ 위의 도표의 ②의 문장들은 모두 주어 - 술어 형태의 문장입니다. 주어 - 술어 형태의 문장에 대해서는 이 책 문법 부분 13-5 를 참고 하십시오.

☞ '이것은 해니의 집입니다.' 라는 문장을 만들어 봅시다. 이 문장을 아래의 ① ②와 같이 표현할 수 있습니다. 연결형(ṣedaafa)을 사용한 문장과 **비태-아** (bętææɛ)를 사용한 문장 둘 다 소유의 의미를 나타내는 문장으로 흔히 사용하는 문장입니다.

①	연결형(ṣedaafa)을 사용한 문장	da bęęt hææni 다 베-트 해-니	دَه بِيت هَانِي
②	**비태-아** (bętææɛ)를 사용한 문장	da ęl-bęęt bętææɛ hææni 다 일베-트 비태-아 해-니	دَه الْبِيت بتاعْ هَانِي

구어체 문법

6-4 한정명사(마아리파 maɛrefa معرفة)와 비한정 명사(나키라 nakera نكرة)에 대해

아랍어의 정관사와 부정관사의 개념을 우리말이나 영어식 개념으로 설명하기가 쉽지 않습니다. 때문에 여기서 아랍어 문법에서 말하는 용어와 그 개념을 풀어서 설명합니다. (이 부분의 설명이 어렵게 느껴지시면 그냥 넘어가시고 다음에 다시 공부하시면 됩니다.)

어떤 단어의 의미가 한정되는 경우를 한정명사(maɛrefa 마아리파 معرفة)라 하고 의미의 한정이 없는 경우를 비한정 명사(nakera نكرة)라 합니다. 예를들어 아랍어에서 ketææb كتاب 는 '한 책(a book)'이란 의미입니다. 여기서는 많은 책들 가운데서 한 권의 책이란 의미이며, 어떤 책인지에 대해서는 의미의 한정이 없는 상태입니다. 이렇게 의미의 한정이 없는 명사를 아랍어에서 비한정 명사(나키라 nakera نكرة)라 합니다.

의미의 한정이 없는 이 명사에 정관사 ɛel ال 이 붙어서 ɛel-ketææb الكتاب 란 명사가 되면 그 의미는 여러권의 책 가운데 '그 책'이란 의미가 됩니다. 또한 말하는 사람이나 말을 듣는 사람이 '그 책'이 어떤 책인지를 이미 알고 있는 상태가 됩니다. 이럴 때 ɛel-ketææb الكتاب 는 의미의 한정이 있는 명사가 되며 아랍어 문법에서 이를 한정명사(maɛrefa 마아리파 معرفة)라 합니다. (이에 비해 ketææb كتاب 란 의미의 한정이 없는 명사를 비한정 명사(nakera 나키라 نكرة)라 합니다.)

이와같이 아랍어에서 의미의 한정이 있는 한정명사(maɛrefa 마아리파 معرفة)가 되는 단어들은 아래와 같습니다.

	종류	설명	실례	
①	정관사가 붙은 명사	정관사 ɛel ال 이 붙는 명사	ɛel-ketæəb일키탭- (그책) ɛel-mudarreṣ일무다리쓰(그선생)	الْكِتَاب الْمُدَرِّس
②	고유명사	사람이름, 지명 등	ɛaʃraf 아슈라프 (사람이름) maṣr 마스르 (이집트)	أَشْرَف مَصَر
③	지시대명사	이것은, 저것은, 이것들은	da 다 (이것은) dool 둘- (이것들은)	دَه دُول
④	인칭대명사	나는, 너는, 그는, 그녀는 …	ɛana 아나 (나는) ɛenta 인타 (너는)	أَنَا إِنْتَ
⑤	명사 + 소유격 인칭 대명사		ṣaaḥb-i 사흐비(나의 친구) ɛarabeyyet-ha 아라베에트-하 (그녀의 자동차)	صَاحْبِي عَرَبِيَّتْهَا
⑥	한정형태의 연결형 (ɛedaafa إضافة)		ketææb et-taaleb 키탭- 잇딸-리브(그 학생의 책) ketææb hæni 키탭- 해-니 (해니의 책)	كِتَاب الطَّالِب كِتَاب هَانِي

구어체 문법

⑥의 내용인 **한정형태의 연결형**에 대해 부연 설명합니다.

의미	실례	
'책'이란 단어 kętææb كتاب 는 한정되지 않은 비한정 명사(nakęra)이지만 '그 학생'이란 한정명사(maɛręfa)의 한정을 받음으로 단어의 조합 전체가 한정명사(maɛręfa)가 됨	kętææb ęt-ṭaalęb 비한정명사 + 한정명사 (그 학생의 책)	كِتَاب الطَّالِبْ
'책'이란 단어 kętææb كتاب 는 한정되지 않은 비한정 명사(nakęra)이지만 '해니'란 고유명사(maɛręfa)의 한정을 받음으로 단어의 조합 전체가 한정명사(maɛręfa)가 됨	kętææb hææni 비한정명사 + 한정명사 (해니의 책)	كِتَابْ هَانِي

☞ 아랍어에서 대부분의 문장의 주어는 한정명사가 사용됩니다. 몇몇의 예외도 있긴 하지만 대개는 위의 여섯 가지 형태의 한정명사가 주어로 사용됩니다.

구어체 문법

7 대명사

7-1 지시대명사

이집트 구어체 아랍어의 지시대명사는 아래와 같습니다.

	의미	남성	여성
단수	이것은, 저것은, 이 사람은, 저 사람은	da 다 دَه، دا	di 디 دي
복수	이것들은, 저것들은, 이사람들은, 저사람들은	dool 돌- دُول	

☞ 이집트 구어체 아랍어에서는 '이것 this', '저것 that'의 구분이 없습니다. 다시말해 지시하는 대상의 거리에 따라 '이것', '저것'이라고 구분하지 않습니다. 단지 단수일 경우 지시하는 명사의 성(性)에 따라 남성 단수이면 da 다 دَه 를 사용하고, 여성 단수이면 di 디 دي 를 사용하며, 복수일 경우는 dool 돌- دُول 을 사용합니다. 그리고 그 의미는 지시하는 사람의 뉘앙스에 따라 '이것'이 될 수도 있고 '저것'이 될 수도 있습니다.

지시대명사는 형용사와 마찬가지로 지시하는 명사의 성과 수와 일치하여야 합니다. 아래는 지시대명사를 사용한 간단한 문장입니다. 각각의 경우들을 잘 비교해 봅시다.

	단수		복수	
남성	이것은 책입니다. da kętææb 다 키탭-	دَه كِتَاب	이것들은 책들입니다. dool kotob 돌-코톱 di kotob 디 코톱	دُول كُتُب دي كُتُب
여성	이것은 그림입니다. di ṣuura 디 수-라	دي صُورَة	이것들은 그림들입니다. dool ṣewar 돌-소와르 di ṣowar 디 소와르	دُول صُوَر دي صُوَر

☞ 여기서 di kotob دي كُتُب 과 di ṣowar دي صُوَر 가 수(數)의 일치에 위배됨을 발견할 수 있습니다. 하지만 앞에서 다룬대로 사물을 지칭하는 복수 명사는 여성 단수로 여겨질 경우가 많다는 것을 기억하면 아무 문제가 없습니다. (이 책 문법 부분 5-2-3-2를 참고 하십시오.)

구어체 문법

7-1-1 지시대명사가 들어간 구(句)의 사용

우리는 사물이나 사람을 가르키면서 '이 집(this house)' 혹은 '저 자동차들(those cars)'이라고 말합니다. 이렇게 사람이나 사물을 가르킬 때 지시 대명사가 필요하지요. 아랍어에서도 동일한 개념이지만 그 순서가 달라집니다. 지시 대명사의 위치에 유의하십시오. (**정관사 + 명사 + 지시대명사**)

의미	표현	
이(저) 집 (this house)	ʔel-beet da 일베-트 다	اَلْبِيتْ دَه
이(저) 자동차 (this car)	ʔel-ɛarabeyya di 일아라베야 디	اَلْعَرَبِيَّة دِي
이(저) 동물들 (those animals)	ʔel-ḥayawænææt di 일하야웨내-트 디	اَلْحَيَوَانَاتْ دِي
이(저) 책상들 (these desks)	ʔel-makææteb di 일마캐-텝 디	اَلْمَكَاتِب دِي
이(저) 선생님들 (those teachers)	ʔel-mudarresiin dool 일무다리씬- 둘-	اَلْمُدَرِّسِين دُول

'저 동물들', '이 책상들'에서 사용되는 지시 대명사는 dool 둘 이 아닌 여성 단수꼴 di دي 입니다. 이와같이 동물이나 사물을 나타내는 복수 명사 뒤에 오는 지시 대명사는 여성 단수꼴인 di دي 를 많이 사용합니다. (dool 둘 도 사용가능 하지만 **di دي** 가 더 많이 사용됩니다.) 하지만 사람을 나타내는 복수 명사 뒤에 오는 지시대명사는 반드시 dool 둘 을 사용합니다. '저 선생님들'에서는 dool 둘 이 사용되었습니다.

7-1-2 지시 대명사가 들어간 예문(문장)

의미	표현	
이(저)것(사람)은 좋다	da kuwayyes 다 꾸와예쓰	دَه كُوَيِّس
이(저)(사람)들은 좋다	dool kuwayyesiin 둘 꾸와예씬-	دُول كُوَيِّسِين
이(저) 집은 좋다	ʔel-beet da kuwayyes 일베-트 나 꾸와예쓰	اَلْبِيتْ دَه كُوَيِّس
이(저) 자동차는 비싸다	ʔel-ɛarabeyya di ɣææleya 일아라베야 디 갤-리야	اَلْعَرَبِيَّة دِي غَالِية
이(저) 그림들은 아름답다	eṣ-ṣowar di gamiila 잇소와르 디 가밀-라	اَلصُّوَرْ دِي جَمِيلَة
이(저)선생님들은 똑똑하다	ʔel-mudarresiin dool ʃaaṭriin 일무다리씬- 둘- 샤-뜨린-	اَلْمُدَرِّسِين دُول شَاطْرِين

구어체 문법

☞ 앞의 각 문장에서 주어로 사용된 명사와 지시 대명사의 일치를 눈여겨 보시고, 또한 술어로 사용된 형용사와 주어로 사용된 명사와의 일치 여부를 눈여겨 보십시오.

7-2 인칭대명사

인칭대명사에는 주격 인칭대명사와 목적격 인칭대명사 그리고 소유격 인칭대명사 세 가지가 있습니다.

7-2-1 주격 인칭대명사 – 주격 인칭 대명사란 문장에서 주어로 사용되는 인칭 대명사를 말합니다. 아래와 같은 주격 인칭 대명사를 그대로 암기하시기 바랍니다.

	단 수				복 수		
3인칭	그는	howwa 오와	هُوَّ	그들은	homma 홈마	هُمَّ
3인칭	그녀는	ḥeyya 헤야	هِيَّ			
2인칭	너는(m)	ʕenta 엔타	اِنْتَ	너희들은	ʕentu 엔투	اِنْتُوا
2인칭	너는(f)	ʕenti 엔티	اِنْتِي			
1인칭	나는	ʕana 아나	أَنَا	우리들은	ʕeḥna 에흐나	اِحْنَا

7-2-2 목적격 인칭대명사

목적격 인칭 대명사란 문장에서 동사의 목적어로 사용되는 인칭 대명사를 말합니다.

아래와 같이 **동사의 접미사** 형태로 결합되어 문장에서 목적어 역할을 합니다. 아래는 '…에게 말하다 to speak to'라는 동사 kallem كلّم 의 목적어로 인칭대명사가 올 경우 그 목적격 인칭대명사의 변화 형태를 나타내는 도표입니다. 각 변화꼴의 주어는 인칭대명사 3인칭 단수 '그가 howwa هُوَّ '이며, 문장의 어순은 주어 + 동사 + 목적어 임을 확인하시기 바랍니다.

구어체 문법

	의미	접미사	예문	
3 인칭	그를(그것을),그에게 (그가 그에게 말했다)	-u	howwa kallęmu 호와 칼리무	هُوَّ كَلِّمُه (كلّم + ه)
	그녀를(그것을),그녀에게 (그가 그녀에게 말했다)	-ha	howwa kallęmha 호와 칼림하	هُوَّ كَلِّمْهَا (كلّم + ها)
	그들을, 그들에게 (그가 그들에게 말했다)	-hom	howwa kallęmhom 호와 칼림홈	هُوَّ كَلِّمْهُم (كلّم + هم)
2 인칭	너를(남성),너에게 (그가 너에게(m)말했다)	-ak	howwa kallęmak 호와 칼림막	هُوَّ كَلِّمَك (كلّم + ك)
	너를(여성),너에게 (그가 너에게(f)말했다)	-ęk	howwa kallęmęk 호와 칼림믹	هُوَّ كَلِّمِك (كلّم + ك)
	너희를, 너희에게 (그가 너희에게 말했다)	-ku	howwa kallęmku 호와 칼림쿠	هُوَّ كَلِّمْكُو (كلّم + كو)
1 인칭	나를, 나에게 (그가 나에게 말했다)	-ni	howwa kallęmni 호와 칼림니	هُوَّ كَلِّمْنِي (كلّم + ني)
	우리를, 우리에게 (그가 우리에게 말했다)	-na	howwa kallęmna 호와 칼림나	هُوَّ كَلِّمْنَا (كلّم + نا)

목적격 인칭 대명사가 사용된 다른 예들입니다.

그가 너에게 말했다. howwa kallęmak	호와 칼림막	هُوَّ كَلِّمَك
내가 그들을 보았다. ʕana ʃuftohom	아나 슈프토홈	أَنَا شُفْتُهُم
내가 그녀를 사랑한다. ʕana baḥębbaha	아나 배햅바하	أَنَا بَاحِبَّهَا
너는(m.) 그를 방문했다. ʕenta zortu	엔타 조르투	إِنْتَ زُرْتَه
너는(f.) 나를 초청했다. ʕenti ɛazamtini	엔티 아잠티니	إِنْتِي عَزَمْتِينِي

☞ 위의 예문에서 의미가 다른 6개의 동사가 나옵니다. 이 동사들의 격변화 등에 대해서는 이 책 동사 부분을 참고하시기 바랍니다.

구어체 문법

7-2-3 소유격 인칭대명사

소유격 인칭대명사에는 두 가지가 있습니다. 먼저는 명사 뒤에 와서 명사의 소유에 대한 표현으로 사용되는 것과 전치사 뒤에 오는 소유격 인칭대명사가 있습니다.

1) 명사 뒤의 소유격 인칭대명사

여기에 대해서는 앞의 6-1에서 공부하였습니다.

2) 전치사 뒤의 소유격 인칭대명사

다음은 전치사 'ل' 뒤에 소유격 인칭대명사가 사용된 경우입니다. 동사 '말하다 to say'는 동사 'قَال -ʔæl ʕææl?'의 변화표 입니다. 동사 ʕææl? قَال- ʔæl'은 전치사 'ل' 과 항상 함께 사용되어 '…에게 말하다'는 의미로 사용됩니다. 아래를 확인하십시오.

	의미	접미사	예문	
3인칭	그에게 (그가 그에게 말했다)	-lu	howwa ʕal-lu 오와 알루	هُوَّ قَالْ لُه (ل + ه)
	그녀에게 (그가 그녀에게 말했다)	-laha	howwa ʕal-laha 오와 알라하	هُوَّ قَالْ لَهَا (ل + ها)
	그들에게 (그가 그들에게 말했다)	-lohom	howwa ʕal-lohom 오와 알로홈	هُوَّ قَالْ لُهُم (ل + هم)
2인칭	너에게(남) (그가 너에게 말했다)	-lak	howwa ʕal-lak 오와 알락	هُوَّ قَالْ لَك (ل + ك)
	너에게(여) (그가 너에게 말했다)	-lęk	howwa ʕal-lęk 오와 알릭	هُوَّ قَالْ لِك (ل + ك)
	너희들에게 (그가 너희에게 말했다)	-loku	howwa ʕal-loku 오와 알로쿠	هُوَّ قَالْ لُكُو (ل + كو)
1인칭	나에게 (그가 나에게 말했다)	-li	howwa ʕal-li 오와 알리	هُوَّ قَالْ لِي (ل + ي)
	우리들에게 (그가 우리에게 말했다)	-lęna	howwa ʕal-lęna 오와 알리나	هُوَّ قَالْ لِنَا (ل + نا)

이와같이 전치사 'ل'와 함께 사용되는 동사들의 다른 예는 아래와 같습니다.

…에게 이야기 하다	ḩaka/ yeḩki lę	حَكَى/ يِحْكِى ل
…에게 오다	geh/ yiigi lę	جِه/ يِجِي ل
…를 보다	baṣṣ/ yęboṣṣ lę	بَصّ/ يِبُصّ ل
…에게 가다	raaḩ/ yęruuḩ lę	رَاح/ يِرُوح ل

구어체 문법

| …에게 쓰다(적다) | katab/ yęktęb lę | كَتَب/ يِكْتِب لـ |

위에서 전치사 لـ 뒤에 소유격 인칭대명사가 오는 경우를 보았습니다. 아랍어에서 'بـ', 'عَلى', 'في' 등의 전치사가 있고 그 뒤에 인칭대명사가 올 경우 위와 같은 소유격 인칭대명사의 변화를 합니다. 구체적인 내용은 이 책 전치사 부분과 동사 부분을 참고하시기 바랍니다.

** 우리말과 다른 간접 목적어의 사용

때때로 아랍어에서 간접목적어의 사용이 우리말과 다른 경우들이 있습니다. 아래는 "그가 나에게 편지를 적었다." 라는 문장을 아랍어로 말할 때 틀린 문장과 맞는 문장을 기록한 것입니다.

틀린 문장 (×)	맞는 문장 (○)
هُوَّ كَتَبْني جَوَاب	هُوَّ كَتَبْ لي جَوَاب

كتب 동사를 사용하여 '…에게 (…을) 적다'란 표현을 할 때는 전치사 لـ 을 반드시 사용해야 합니다. 만일 كتب 동사에 전치사를 사용하지 않고 목적어를 바로 사용할 경우 그 의미는 달라집니다. 아래의 ②의 경우가 그런 예입니다.

① 그가 나에게 편지를 적었다.
howwa katab li gawæb 오와 카탑블리 가웹-   هُوَّ كَتَبْ لي جَوَاب
② 아버지는 나를 그의 여권에 기록했다.(동반여권을 만들었다는 의미)
baaba katabni ɛala gawææz safaru 오와 카탑니 알라 가왜-즈 싸파루   بَابَا كَتَبْني عَلَى جَوَازْ سَفَرُه

구어체 문법
8 전치사

구어체 아랍어의 주요 전치사와 그 의미는 다음과 같습니다.

전치사				의미
①	męn	민	مِن	…으로부터(from)
②	εan	안	عَن	…에 대해서(about)
③	εand	안드	عَندْ	…에(at the place)
④	maεa	마아	مَعَ	…와 함께(with)
⑤	fi	피	فِي	…안에 (in)
⑥	li	리	لِ	…을 위하여(for)
⑦	bę	비	بِ	…와 함께(by/with)
⑧	ʕabl	아블	قَبْل	…이전에(before)
⑨	baεd	바아드	بَعْد	…이후에(after)
⑩	εaʃæœæn	아쉔-	عَشَان	…때문에(because)
⑪	εala	알아	عَلَى	…위에, …에 대항하여, …에 대해서 (on, against, to, about)
⑫	bęen	빈-	بِين	…사이에(between)
⑬	zayy	자이	زَيّ	… 같이 (as, like)
⑭	ɦawalęen	하웰렌-	حَوَالِين	… 주위에 (around)

8-1 전치사의 격변화

앞에서 전치사 뒤에 오는 소유격 인칭 대명사에 대해 배웠습니다. 아래는 아랍어 전치사 męn 민 مِن 의 변화와 그 의미입니다. 아래에서 전치사 뒤에 오는 소유격 인칭 대명사 변화는 명사 뒤에 오는 소유격 인칭대명사 변화와 동일함을 확인하십시오.

전치사		뜻	격변화	
3	him	그로부터	męnnu 민누	مِنْهُ (من + ه)
	her	그녀로부터	męnnaha 민나하	مِنْهَا (من + ها) *
	their	그들로부터	męnnohom 민노홈	مِنْهُم (من + هم) *

구어체 문법

2	you	너로부터	mẹnnak	민낙	مِنّكَ (من + كَ)
2	you	너로부터	mẹnnẹk	민닉	مِنّكِ (من + كِ)
	you	너희로부터	mẹnku	민쿠	مِنْكُو (من + كو) *
1	me	나로부터	mẹnni	민니	مِنِّي (من + ني)
1	us	우리로부터	mẹnna	민나	مِنَّا (من + نا) *

일반적으로 전치사 뒤에 오는 소유격 인칭대명사 변화는 명사 뒤에 오는 소유격 인칭대명사 변화와 동일하지만 몇몇 전치사에서 약간 다르게 변화할 때도 있습니다. 아래는 여러 가지 아랍어 전치사의 격변화를 도표화 하였습니다. 아래의 표에서 확인하시기 바랍니다.

전치사	① mẹn مِن		② ɛan عَن		③ ɛand عِنْد	
의미	⋯으로부터 (from)		⋯에 대해서 (about)		⋯에 (at the place)	
3 him	mẹnnu 민누	مِنْه	ɛannu 안누	عَنْه	ɛandu 안두	عِنْدَه
3 her	mẹnnaha 민나하	مِنْهَا *	ɛnnaha 안나하	عَنْهَا *	ɛandaha 안다하	عِنْدَهَا
3 their	mẹnnohom 민노홈	مِنْهُم *	ɛannohom 안노홈	عَنْهُم *	ɛandohom 안도홈	عِنْدَهُم
2 you(m)	mẹnnak 민낙	مِنّكَ	ɛannak 안낙	عَنّكَ	ɛandak 안닥	عِنْدَكَ
2 you(f)	mẹnnẹk 민닉	مِنّكِ	ɛannẹk 안닉	عَنّكِ	ɛandẹk 안딕	عِنْدَكِ
2 you(pl)	mẹnku 민쿠	مِنْكُو *	ɛanku 안쿠	عَنْكُو *	ɛandoku 안도쿠	عِنْدُكُو
1 me	mẹnni 민니	مِنِّي	ɛanni 안니	عَنِّي	ɛandi 안디	عِنْدِي
1 us	mẹnna 민나	مِنَّا *	ɛanna 안나	عَنَّا *	ɛandẹna 안디나	عِنْدَنَا

* mẹnha مِنْهَا   mẹnhom مِنْهُم   mẹnnoku مِنْكُو   mẹnnẹna مِنَّا 도 가능

ɛanha عَنْهَا   ɛanhom عَنْهُم   ɛannoku عَنْكُو   ɛannẹna عَنَّا 도 가능

구어체 문법

전치사	④ maɛa مع		⑤ fi في		⑥ li لـ	
의미	…와 함께 (with)		…안에 (in)		…을 위하여(for)	
3 him	maɛææh 마애-	مَعَاهُ	fiih 피-	فِيهِ	liih 리-	لِيهْ
3 her	maɛææha 마애-하	مَعَاهَا	fiiha 피-하	فِيهَا	liiha 리-하	لِيهَا
3 their	maɛææhom 마애-홈	مَعَاهُم	fiihom 피-홈	فِيهُم	liihom 리-홈	لِيهُم
2 you(m)	maɛææk 마액-	مَعَاكْ	fiik 피-	فِيكَ	liik 릭-	لِيكْ
2 you(f)	maɛææki 마애-키	مَعَاكِي	fiiki 피-키	فِيكِي	liiki 리-키	لِيكِي
2 you(pl)	maɛææku 마애-쿠	مَعَاكُو	fiiku 피-쿠	فِيكُو	liiku 리-쿠	لِيكُو
1 me	maɛææya 마애-야	مَعَايَا	fiiyya 피-야	فِيَّ	liiyya 리-야	لِيَّ
1 us	maɛææna 마애-나	مَعَانَا	fiina 피-나	فِينَا	liina 리-나	لِينَا

전치사	⑦ bɛ بـ		⑧ ʕabl قَبل		⑨ baɛd بعد	
의미	..와 함께(by/with)		..이전에(before)		..이후에(after)	
3 him	biih 비-	بِيهْ	ʕablu 아블루	قَبْلُه	baɛdu 바아두	بَعْدُه
3 her	biiha 비-하	بِيهَا	ʕablaha 아블라하	قَبْلَهَا	baɛdaha 바아다하	بَعْدَهَا
3 their	biihom 비-홈	بِيهُم	ʕablohom 아블로홈	قَبْلُهُم	baɛdohom 바아도홈	بَعْدُهُم
2 you(m)	biik 빅-	بِيكْ	ʕablak 아블락	قَبْلَكْ	baɛdak 바아닥	بَعْدَكْ
2 you(f)	biiki 비-키	بِيكِي	ʕablęk 아블릭	قَبْلِكْ	baɛdęk 바아딕	بَعْدِكْ
2 you(pl)	biiku 비-쿠	بِيكُو	ʕabloku 아블로쿠	قَبْلُكُو	baɛdoku 바아도쿠	بَعْدُكُو
1 me	bęyya 비야	بِيَّ	ʕabli 아블리	قَبْلِي	baɛdi 바아디	بَعْدِي
1 us	biina 비-나	بِينَا	ʕablęna 아블리나	قَبْلِنَا	baɛdęna 바아디나	بَعْدِنَا

구어체 문법

전치사	⑩ ɛaʃææn عشان		⑪ ɛala على		⑫ bẹẹn بين	
의미	…때문에(because)		on, against, to, about		사이에(between)	
3 him	ɛaʃæænu 아샤-누	عَشَانهُ	ɛalẹẹh 알리-	عَلَيه	bẹẹnu 비-누	بينه
3 her	ɛaʃæænha 아샨-하	عَشَانهَا	ɛalẹẹha 알리-하	عَلَيهَا	bẹẹnha 빈-하	بينهَا
3 their	ɛaʃæænhom 아샨-홈	عَشَانهُم	ɛalẹẹhom 알리-홈	عَلَيهُم	bẹẹnhom 빈-홈	بينهُم
2 you(m)	ɛaʃæænak 아샨-낙	عَشَانَك	ɛalẹẹk 알릭-	عَلَيكْ	bẹẹnak 비-낙	بينَكْ
2 you(f)	ɛaʃæænẹk 아샨-닉	عَشَانِك	ɛalẹẹki 알리-키	عَلَيكِي	bẹẹnik 비-닉	بينِكْ
2 you(pl)	ɛaʃæænku 아샨-쿠	عَشَانكُو	ɛalẹẹku 알리-쿠	عَلَيكُو	bẹẹnku 빈-쿠	بينكُو
1 me	ɛaʃææni 아샤-니	عَشَانِي	ɛalayya 알라야	عَلَيَّ	bẹẹni 비-니	بيني
1 us	ɛaʃæænna 아샨-나	عَشَانَا	ɛalẹẹna 알리-나	عَلَينَا	bẹẹnna 빈-나	بينَا

전치사	⑬ zayy زَيّ		⑭ ḥawalẹẹn حَوَالين	
의미	… 같이 (as, like)		… 주위에 (around)	
3 him	zayyu 자유	زَيُّه	ḥawalẹẹ 하웰리-	حَوَاليه
3 her	zayyaha 자야하	زَيْهَا	ḥawalẹẹha 하웰리-하	حَوَاليهَا
3 their	zayyohom 자요홈	زَيُّهم	ḥawalẹẹhom 하웰리-홈	حَوَاليهُم
2 you(m)	zayyak 자얙	زَيَّك	ḥawalẹẹk 하웰릭-	حَوَاليك
2 you(f)	zayyẹk 자익	زَيِّك	ḥawalẹẹki 하웰리-키	حَوَاليكِي
2 you(pl)	zayyoku 자요쿠	زَيُّكُو	ḥawalẹẹku 하웰리-쿠	حَوَاليكُو
1 me	zayyi 자이이	زَيِّي	ḥawalayya 하웰래야	حَوَاليَّا
1 us	zayyina 자이이나	زَيِّنَا	ḥawalẹẹna 하웰리-나	حَوَالينَا

☞ 위의 ③ ⑫ ⑭ 등은 장소의 부사라고도 볼 수 있습니다.

구어체 문법

8-2 전치사를 사용한 예문

아래에서 볼드체로 기록된 부분이 전치사의 격변화를 표시한 것입니다. 각 문장에서 다른 전치사의 격변화를 적용하여 연습해 보시기 바랍니다.

①	나는 **그로부터** 책을 취하였다. ʕana ʔaxat **mennu** el-ketæb　　아나 아캇트 **민누** 일키탭-	أَنَا أَخَدْتُ **مِنُّه** الكِتَاب
②	그는 **나에 대해서** 글을 썼다. howwa katab **ɛanni**　　호와 카탑 **안니**	هُوَّ كَتَبْ **عَنِّي**
③	그녀는 차를 가지고 있다. **ɛandaha** ɛarabeyya　　**안다하** 아라베야	**عِنْدَها** عَرَبيَّة
④	그는 **나와 함께** 있었다. howwa kæn **maɛææya**　　호와 캔 **마애-야**	هُوَّ كَانْ **مَعَايَا**
⑤	우리 가운데 한 사람이 거짓말장이다. wææħed **fiina** kazzæb　　왜-히드 **피-나** 카잽-	وَاحِدْ **فِينَا** كَذَّاب
⑥	내가 **너(m)를 위해** 선물을 샀다. ʕeʃtareet **lak** hedeyya　　이슈타리-트 **락** 히데야	اِشْتَرِيتْ **لَك** هِدِيَّة
⑦	나는 **너에게(m)** 전화를 하겠다 ʕana hatteʃel **biik**　　아나 하타실 **빅-**	أَنَا هَاتِّصِلْ **بِيك**
⑧	너는 **나 이전에**(내 앞에) 왔다. ʕenta giit **ʕabli**　　엔타 기-트 **아블리**	اِنْتَ جِيت **قَبْلِي**
⑨	그는 **그녀 다음에** 떠났다. howwa meʃi **baɛdaha**　　오와 미쉬 **바아다하**	هُوَّ مِشِي **بَعْدَها**
⑩	그는 **너희들 때문에**(너희들을 위하여) 그 차를 팔았다. howwa bææɛ el-ɛarabeyya **ɛaʃæænku** 오와 배-아 일아라베이야 **아샌-쿠**	هُوَّ بَاغْ الْعَرَبِيَّة **عَشَانْكُو**
⑪	그녀는 **나에 대해** 물어보았다. heyya saʕalet **ɛalayya**　　헤야 싸알릿 **알라야**	هِيَّ سَأَلِتْ **عَلَيَّ**
⑫	이 이야기는 **너와 나 사이의** 이야기야(비밀이야) ʕek-kalææm da **beeni wi-beenak** 잇칼램- 다 **비-니 위비-낙**	اِلْكَلَامْ دَه **بِينِي وبِينَك**
⑬	그것(f)의 맛이 식초같다. taɛm-a-ha **zayy** el-xall　　따아마하 **자이** 일칼	طَعْمَها **زَيّ** الْخَلّ
⑭	그의 주위에는 말이 많다. (그에 대해 평판이 좋지 않다) **ħawalee** kalææm ketiir　　**하웰리-** 칼램- 키티-르	**حَوَالِيه** كَلَامْ كِتِير

구어체 문법

8-3 전치사 عَنْدَ 를 통한 '가지고 있다(To have)' 의 표현법

전치사 عَنْدَ 의 원래적인 의미는 '… 장소에 (at the place of)'입니다. 이것이 소유격 접미사와 함께 사용되어 '가지고 있다'는 동사적인 의미를 지닙니다.

인칭			변화		의미
그는	howwa هُوَ	ɛandu	안두	عَنْدُه	그가 가지고 있는
그녀는	heyya هِيَ	ɛandaha	안다하	عَنْدَهَا	그녀가 가지고 있는
그들은	homma هُمَّ	ɛandohom	안도홈	عَنْدُهُم	그들이 가지고 있는
너는(m)	ʔenta إِنْتَ	ɛandak	안닥	عَنْدَك	너가 가지고 있는
너는(f)	ʔenti إِنْتِي	ɛandek	안딕	عَنْدِك	너(f)가 가지고 있는
너희들은	ʔentu إِنْتُوا	ɛandoku	안도쿠	عَنْدُكُو	너희들이 가지고 있는
나는	ʔana أَنَا	ɛandee	안디	عَنْدِي	내가 가지고 있는
우리들은	ʔeɦna إِحْنَا	ɛandena	안디나	عَنْدِنَا	우리가 가지고 있는

예문 ① 나는 돈을 많이 가지고 있습니다.	
ʔana ɛandee fᵉluus keṭiir 아나 안디 필루-쓰 키티-르	أَنَا عَنْدِي فُلُوس كِتِير
예문 ② 그녀는 큰 집(flat)을 가지고 있습니다.	
ɛandaha ʃaʔʔa kebiira 안다하 샤아 키비-라	عَنْدَهَا شَقَّة كِبِيرَة

구어체 문법

9 동사

아랍어 동사는 동사의 어근에 약자음(ي ،و ،أ)이 있는 유무에 따라 크게 강동사(强動詞 strong verb 규칙동사)와 약동사(弱動詞 weak verb 불규칙 동사)로 나눕니다. 강동사는 동사의 어근에 약자음이 없는 동사를 말하고, 약동사는 동사의 어근에 약자음이 있는 동사를 말합니다.

모든 동사에는 시제에 따른 변화인 완료형 변화와 미완료형 변화가 있습니다. 완료형 변화는 과거의 시제를 표현합니다. 미완료형 변화는 기본적으로 현재 시제를 표현하며, 다른 접두어와 함께 사용되어 진행형과 미래형에 사용되거나, 조동사와 함께 사용되어 조동사의 의미를 분명히 하기도 합니다.

모든 강동사는 인칭에 따라서 규칙적으로 변화합니다. 약동사는 약자음의 발음 문제로 몇몇 인칭에 변형이 있고, 이에 따라 불규칙 동사라고 말하기도 합니다. 하지만 약동사도 정해진 변화의 규칙이 있기 때문에 엄밀하게는 불규칙 동사라고 보기 어렵습니다.

여기서는 강동사 '글을 쓰다'(to write)란 단어 katab 'كتب'의 완료형과 미완료형 변화를 먼저 다룹니다. 이 변화는 다른 수 많은 강동사에 똑같이 적용되고 약동사의 변화를 익히는데도 뼈대가 되므로 잘 익혀 두시기 바랍니다.

9-1 강동사 'katab/ yęktęb كتب/يكتب'의 완료형 변화

어근에 약자음(ي ،و ،أ)이 없는 강동사의 완료형 변화는 아래와 같이 인칭과 수에 따라 접미어가 변화합니다. 각 인칭에서 볼드체로 표기된 변화에 유념하시며 변화를 익히시기 바랍니다.

대개 완료형의 시제는 단순 과거 시제를 의미합니다. 때문에 어떤 동작이나 사건의 과거를 표현하고 싶을 때 완료형 변화를 사용하면 됩니다.

인칭	접미어	완료형 변화			의미
그는 howwa هُوَّ	-	katab 카탑		كَتَبْ	그는 글을 썼다
그녀는 hęyya هِيَّ	-ęt	katabęt 카타빗	(كتب + ت)	كَتَبِتْ	그녀는 글을 썼다
그들은 homma هُمَّ	-u	katabu 카타부	(كتب + وا)	كَتَبُوا	그들은 글을 썼다
너는(m) ʕęnta إنْتَ	-t	katabt 카탑트	(كتب + ت)	كَتَبْتْ	너는(m) 글을 썼다
너는(f) ʕęnti إنْتِي	-ti	katabti 카탑티	(كتب + تي)	كَتَبْتِي	너는(f) 글을 썼다
너희들은 ʕęntuʔ إنْتُوا	-tu	katabtu 카탑투	(كتب + توا)	كَتَبْتُوا	너희들은 글을 썼다
나는 ʕana أَنَا	-t	katabt 카탑트	(كتب + ت)	كَتَبْتْ	나는 글을 썼다
우리들은 ʕęɦnaʔ إحْنَا	-na	katabna 카탑나	(كتب + نا)	كَتَبْنَا	우리들은 글을 썼다

구어체 문법

또 다른 예를 봅니다. 이번에는 ' fehem/ yefham فهم/يفهم '를 보십시오.

인칭		접미어	완료형 변화			의미
그는	howwaˀ هُوَّ	-	fehem	페험	فهم	그는 이해했다
그녀는	heyyaˀ هِيَّ	-et	fehmet	페흐멭	فهمت (فهم + ت)	그녀는 이해했다
그들은	hommaˀ هُمَّ	-u	fehmu	페흐무	فهموا (فهم + وا)	그들은 이해했다
너는(m)	ˀenta إنْتَ	-t	fehemt	페험트	فهمت (فهم + ت)	너는(m) 이해했다
너는(f)	ˀenti إنْتِي	-ti	fehemti	페험티	فهمتي (فهم + تي)	너는(f) 이해했다
너희들은	ˀentuˀ إنْتُوا	-tu	fehemtu	페험투	فهمتوا (فهم + توا)	너희들은 이해했다
나는	ˀana أَنَا	-t	fehemt	페험트	فهمت (فهم + ت)	나는 이해했다
우리들은	ˀeḥnaˀ إحْنَا	-na	fehemna	페험나	فهمنا (فهم + نا)	우리들은 이해했다

9-2 강동사 ' katab/ yektẹb كتب/يكتب ' 의 미완료형 변화

강동사의 미완료형 변화는 아래와 같이 인칭과 수에 따라 접두어와 접미어 둘 다 변화합니다. 각 인칭에서 볼드체로 표기된 변화에 유념하시며 변화를 익히시기 바랍니다.

인칭		접두어 접미어	미완료형 변화			의미
그는	howwaˀ هُوَّ	ye-	yektẹb	옉텝	يكْتُبْ (ي + كتب)	그는 글을 쓴다
그녀는	heyyaˀ هِيَّ	te-	tektẹb	틱텝	تكْتُبْ (ت + كتب)	그녀는 쓴다
그들은	hommaˀ هُمَّ	ye--u	yektẹbu	옉티부	يكْتُبوا (ي + كتب + وا)	그들은 쓴다
너는(m)	ˀenta إنْتَ	te-	tektẹb	틱텝	تكْتُبْ (ت + كتب)	너는(m) 쓴다
너는(f)	ˀenti إنْتِي	te- -i	tektẹbi	틱티비	تكْتُبِي (ت + كتب + ي)	너는(f) 쓴다
너희들은	ˀentuˀ إنْتُوا	te- -u	tektẹbu	틱티부	تكْتُبوا (ت + كتب + وا)	너희들은 쓴다
나는	ˀana أَنَا	ˀa-	ˀaktẹb	악텝	أكْتُبْ (أ + كتب)	나는 쓴다
우리들은	ˀeḥnaˀ إحْنَا	ne-	nektẹb	닉텝	نكْتُبْ (ن + كتب)	우리들은 쓴다

구어체 문법

또 다른 예를 봅니다. 이번에는 'fehem/ yefham فهم/يفهم'를 보십시오.

인칭		접두어 접미어	미완료형 변화		의미
그는	howwa هُوَّ	ye-	yefham 예프함	يفْهَم (ي + فهم)	그는 이해한다
그녀는	heyya هِيَّ	te-	tefham 티프함	تفْهَم (ت + فهم)	그녀는 …
그들은	homma هُمَّ	ye--u	yefhamu 예프하무	يفْهَمُوا (ي + فهم + وا)	그들은 …
너는(m)	ʕenta إنْتَ	te-	tefham 티프함	تفْهَم (ت + فهم)	너는(m) …
너는(f)	ʕenti إنْتِي	te--i	tefhami 티프하미	تفْهَمِي (ت + فهم + ي)	너는(f) …
너희들은	ʕentu إنْتُوا	te--u	tefhamu 티프하무	تفْهَمُوا (ت + فهم + وا)	너희들은 …
나는	ʕana أَنَا	ʕa-	ʕafham 아프함	أفْهَم (أ + فهم)	나는 …
우리들은	ʕeḥna إحْنَا	ne-	nefham 니프함	نفْهَم (ن + فهم)	우리들은 …

☞ **사전에 나오는 동사를 보고 완료형과 미완료형을 만드는 법**

이집트 구어체 아랍어 사전에서 동사를 표기할 때는 보통 3인칭 단수 '그는'(he)의 완료형과 미완료형 꼴만 표기하고 있습니다. 예를들어 이 책 뒷편에 있는 소사전에서 '이해하다' 라는 단어를 찾아보면 'fehem/yefham فهم/يفهم' 이라 기록하고 있습니다. 여기에서 ' / ' 표시 앞부분에 표기된 'fehem'은 3인칭 단수 '그는' 의 완료형(과거)을 말하는 것이고, ' / ' 표시 뒷부분에 표기된 'yefham'은 3인칭 단수 '그는' 의 미완료형을 말하는 것입니다. 이집트 구어체 아랍어의 모든 강동사와 많은 약동사들은 이 표기를 기본으로 하여 각 인칭과 시제에 따른 동사의 변화(완료형과 미완료형)를 만들 수 있습니다. 지금까지 배웠던 완료형 변화와 미완료형 변화를 잘 익히시면 구어체 아랍어의 모든 규칙 변화 동사를 정복할 수 있습니다.

9-3 미완료형의 의미와 사용되는 형태

문어체 아랍어에서 미완료형은 우리말의 현재형이라 보면됩니다. 그러나 구어체 아랍어에서 미완료형은 특정한 접두사 혹은 접미사와 함께 사용되어 현재 진행형이나 미래형 그리고 부정문에 사용됩니다. 또한 조동사나 분사 그리고 전동사(preverb)와 함께 사용되어 미완료형 동사의 의미를 보조합니다. 미완료형이 사용되는 여러 가지 경우를 다음을 통해 확인하시고 익히시기 바랍니다.

구어체 문법
9-3-1 동사의 현재 진행형 변화

동사의 미완료형이 가장 흔하게 사용되는 경우가 바로 현재 진행중인 동작에 대해 표현할 때입니다. 그것은 바로 미완료형 동사 앞에 접두어 'bę ـب'를 추가하여 현재 진행형의 의미(지금 …을 하고 있다는 의미)를 만드는 것입니다. 이런 의미의 동사를 사용할 경우 이미 알고 있는 미완료형 변화에 접두어 'bę ـب'만 추가하면 됩니다. 아주 간단하지요?

인칭	접두어 접미어	현재 진행형 변화			의미
그는 howwa	هُوَّ	bę + yę-	bęyęktęb	비예크팁	بِيِكْتِب (ب + يكتب)	그는 글을 쓰고있다
그녀는 hęyya	هِيَّ	bę + tę-	bętęktęb	비틱팁	بِتِكْتِب (ب + تكتب)	그녀는 쓰고있다
그들은 homma	هُمَّ	bę + yę--u	bęyęktębu	비예크티부	بِيِكْتِبُوا (ب + يكتبوا)	그들은 쓰고있다
너는(m) ęnta	إِنْتَ	bę + tę-	bętęktęb	비틱팁	بِتِكْتِب (ب + تكتب)	너는(남) 쓰고있다
너는(f) ęnti	إِنْتِي	bę + tę--i	bętęktębi	비틱티비	بِتِكْتِبِي (ب + تكتبي)	너는(여) 쓰고있다
너희들은 ęntu	إِنْتُوا	bę + tę--u	bętęktębu	비틱티부	بِتِكْتِبُوا (ب + تكتبوا)	너희들은 쓰고있다
나는 ęana	أَنَا	ba-	baktęb	박팁	بَاكْتِب (ب + أكتب)	나는 쓰고있다
우리들은 ęęhna	إِحْنَا	bę + nę-	bęnęktęb	비닉팁	بِنِكْتِب (ب + نكتب)	우리들은 쓰고있다

☞ 아랍어 동사에 접두어 ـب 가 붙으면 항상 현재 진행의 의미가 되는 것은 아닙니다. 종종 동사의 미완료형에 ـب 가 붙어 습관적인 동작이나 점진적인 동작의 의미를 가지기도 합니다. 또 كان 이란 과거 시제 보조어가 사용되어 과거 진행을 나타내기도 합니다. 이러한 내용에 대한 자세한 설명은 이 책 14장의 분사 부분에서 확인하십시오.

9-3-2 동사의 미래형 변화

두번째로 동사의 미완료형이 많이 쓰이는 경우가 동사의 미래를 표현할 때 입니다. 방식은 동사의 미완료형에 접두어 ha 하 'ـهـ'를 붙이는 것입니다. 이 변화도 미완료형을 숙지하고 있으면 어려울 것이 없습니다.

인칭	접두어	미래형 변화	의미

구어체 문법						
		접미어				
그는 howwa	هُوَّ	ha + yę-	hayęktęb	하옉팁	(هـ + يكتب) هيكْتب	그는 쓸것이다
그녀는 hęyya	هِيَّ	ha + tę-	hatęktęb	하틱팁	(هـ + تكتب) هتكْتب	그녀는 쓸것이다
그들은 homma	هُمَّ	ha + yę--u	hayęktębu	하옉티부	(هـ + يكتبوا) هيكتْبوا	그들은 쓸것이다
너는(m) ęnta	إنْتَ	ha + tę-	hatęktęb	하틱팁	(هـ + تكتب) هتكْتب	너는(남) 쓸것이다
너는(f) ęnti	إنْتِي	ha + tę--i	hatęktębi	하틱티비	(هـ + تكتبي) هتكْتبي	너는(여) 쓸것이다
너희들은 ęntu	إنْتُوا	ha + tę--u	hatęktębu	하틱티부	(هـ + تكتبوا) هتكْتبوا	너희들은 쓸것이다
나는 ęana	أَنَا	ha-	haktęb	학팁	(هـ +اكتب) هَاكْتب	나는 쓸것이다
우리들은 ęęhna	إحْنَا	ha + nę-	hanęktęb	하닉팁	(هـ + نكتب) هنكْتب	우리들은 쓸것이다

9-3-3 분사와 함께 사용되는 경우

동사의 미완료형은 ęææyęz 아-이주 عايز, næęwi 내-위 ناوي, męfitææg 미으태-그 محتاج 등의 분사와 함께 사용됩니다. 여기서 분사는 동사의 의미를 보조하는 역할을 합니다. 이에 대해서는 분사 부분에서 다룹니다.

9-3-4 조동사와 함께 사용되는 경우

동사의 미완료형은 momkęn 몸킨 ممكن, læęzim 래-짐 لازم, ḑaruuri 다루-리 ضروري, mafruuḑ 마프루-드 مفروض 등의 조동사와 함께 사용됩니다. 이에 대해서 이 책의 조동사 부분에서 다룹니다.

9-3-5 전동사(preverb)와 함께 사용되는 경우

동사의 미완료형은 badaę 바다으 بدأ, raaḥ 라-흐 راح, ęędęr 이디르 قدر 등의 전동사(preverb)와 함께 사용됩니다. 이에 대해서도 조동사 부분에서 다룹니다.

9-3-6 부정문에서 사용되는 경우

동사의 미완료형은 현재 시제의 동사를 부정할 때 사용됩니다. 이에 대해서 이 책의 부정문 부분에서 다룹니다.

9-4 약동사(弱動詞 weak verb) 변화

구어체 문법

 동사의 어근에 약자음(أ، و، ي)이 포함된 동사를 약동사라고 하였습니다. 이 동사는 약자음으로 인한 발음상의 문제로 약간의 변화가 있습니다. 아래에 약동사의 대표적인 것들을 실었습니다. 동사의 자음 몇 번째 (2번째 혹은 3번째)에 어떤 약자음이 오는지 주의하여 보십시오. 그리고 강동사 변화와 비교하여 보십시오. 아래에서 * 표는 불규칙변화가 일어나는 부분입니다.

① 가다(to go) raaɦ/ yeruuɦ راح/يرُوح 동사의 변화

인칭		완료			미완료		
그는	هُوَّ howwa	raaɦ	라-흐	رَاح	yeruuɦ	예루-흐	يرُوح
그녀는	هِيَّ heyya	raaɦet	라-힛	رَاحَت	teruuɦ	티루-흐	تَرُوح
그들은	هُمَّ homma	raaɦu	라-후	رَاحُوا	yeruuɦu	예루-후	يرُوحُوا
너는(m)	إنْتَ ɛenta	*roɦt	루흐트	رُحْت	teruuɦ	티루-흐	تَرُوح
너는(f)	إنْتِي ɛenti	*roɦti	루흐티	رُحْتِي	teruuɦi	티루-히	تَرُوحِي
너희들은	إنْتُوا ɛentu	*roɦtu	루흐투	رُحْتُوا	teruuɦu	티루-후	تَرُوحُوا
나는	أنَا ɛana	*roɦt	루흐트	رُحْت	ɛaruuɦ	아루-흐	أرُوح
우리들은	إحْنَا eɦna	*roɦna	루흐나	رُحْنَا	neruuɦ	니루-흐	نرُوح

☞ 변화 형태가 같은 동사 - 운전하다 ساق/يسوق , 방문하다 زار/يزور, 보다 شاف/يشوف , 말하다 قال/يقول 등

② 잊다(to forget) nesi/ yensa نسي/ينسَى 의 변화

인칭		완료			미완료		
그는	هُوَّ howwa	nesi	니씨	نِسِي	yensa	옌싸	يِنْسَى
그녀는	هِيَّ heyya	*nesyet	니쓰옛	نِسْيِت	tensa	틴싸	تِنْسَى
그들은	هُمَّ homma	*nesyu	니쓰유	نِسْيُوا	yensu	옌쑤	يِنْسُوا
너는(m)	إنْتَ ɛenta	nesiit	니씨-트	نِسِيت	tensa	틴싸	تِنْسَى
너는(f)	إنْتِي ɛenti	nesiiti	니씨-티	نِسِيتِي	tensi	틴씨	تِنْسِي
너희들은	إنْتُوا ɛentu	nesiitu	니씨-투	نِسِيتُوا	tensu	틴쑤	تِنْسُوا
나는	أنَا ɛana	nesiit	니씨-트	نِسِيت	ɛansa	안싸	أنْسَى
우리들은	إحْنَا eɦna	nesiina	니씨-나	نِسِينَا	nensa	닌싸	نِنْسَى

☞ 변화 형태가 같은 동사 - 깨다 صحِي/يِصْحَى 달리다 جري/يجْري 걷다 مشي/يمْشي 등

구어체 문법

③ 남겨두다, 남기다(to leave) sææb/ yęsiib سَاب/يسيب 의 변화

인칭	완료			미완료		
그는	howwa هُوَ	sææb	쌔-브	سَابْ	yęsiib	예씨-브	يسِيبْ
그녀는	hęyya هِيَ	sææbęt	쌔-빗	سَابِتْ	tęsiib	티씨-브	تسِيبْ
그들은	homma هُمْ	sææbu	쌔-부	سَابُوا	yęsiibu	예씨-부	يسِيبُوا
너는(m)	ʕęnta إنْتَ	*sębt	씹트	سِبْتْ	tęsiib	티씨-브	تسِيبْ
너는(f)	ʕęnti إنْتِي	*sębti	씹티	سِبْتِي	tęsiibi	티씨-비	تسِيبِي
너희들은	ʕęntu إنْتُوا	*sębtu	씹투	سِبْتُوا	tęsiibu	티씨-부	تسِيبُوا
나는	ʕana أَنَا	*sębt	씹트	سِبْتْ	ʕasiib	아씨-브	أَسِيبْ
우리들은	ʕęfna احْنَا	*sębna	씹나	سِبْنَا	nęsiib	니씨-브	نسِيبْ

☞ 변화 형태가 같은 동사 - 가져오다 شَال/يشِيل, 들고 가다 جَاب/يجِيب

팔다 بَاع/يبِيع 등

④ 잠자다(to sleep) næǣm/ yęnæǣm نام/ينام 의 변화

인칭	완료			미완료		
그는	howwa هُوَ	næǣm	냄-	نَامْ	yęnæǣm	예냄-	ينَامْ
그녀는	hęyya هِيَ	næǣmęt	내-밋	نَامِتْ	tęnæǣm	티냄-	تِنَامْ
그들은	homma هُمْ	næǣmu	내-무	نَامُوا	yęnæǣmu	예내-무	ينَامُوا
너는(m)	ʕęnta إنْتَ	*nęmt	님트	نِمْتْ	tęnæǣm	티냄-	تِنَامْ
너는(f)	ʕęnti إنْتِي	*nęmti	님티	نِمْتِي	tęnæǣmi	티내-미	تِنَامِي
너희들은	ʕęntu إنْتُوا	*nęmtu	님투	نِمْتُوا	tęnæǣmu	티내-무	تِنَامُوا
나는	ʕana أَنَا	*nęmt	님트	نِمْتْ	ʕanæǣm	아냄-	أَنَامْ
우리들은	ʕęfna احْنَا	*nęmna	님나	نِمْنَا	nęnæǣm	니냄-	ننَامْ

구어체 문법

⑤ 놓다(to put) ḥaṭṭ/ yeḥoṭṭ حَطَّ/يحُطَّ 의 변화 (중복자음이 왔을 때)

인칭			완료		미완료	
그는	howwa هُوَّ	ḥaṭṭ	핫뜨	حَطَّ	yeḥoṭṭ 예홋뜨	يحُطَّ
그녀는	heyya هِيَّ	*ḥaṭṭit	핫띳	حَطَّتْ	teḥoṭṭ 티홋뜨	تحُطَّ
그들은	homma هُمَّ	ḥaṭṭu	핫뚜	حَطُّوا	yeḥoṭṭu 예홋뚜	يحُطُّوا
너는(m)	ʔenta اِنْتَ	ḥaṭṭeet	핫떼-트	حَطَّيْتَ	teḥoṭṭ 티홋뜨	تحُطَّ
너는(f)	ʔenti اِنْتِي	ḥaṭṭeeti	핫떼-티	حَطَّيْتِي	teḥoṭṭi 티홋띠	تحُطِّي
너희들은	ʔentu اِنْتُوا	ḥaṭṭeetu	핫떼-투	حَطَّيْتُوا	teḥoṭṭu 티홋뚜	تحُطُّوا
나는	ʔana أَنَا	ḥaṭṭeet	핫떼-트	حَطَّيْتَ	ʔaḥoṭṭ 아홋뜨	أحُطَّ
우리들은	ʔeḥna اِحْنَا	ḥaṭṭeena	핫떼-나	حَطَّيْنَا	neḥoṭṭ 니홋뜨	نحُطَّ

☞ 변화 형태가 같은 동사 – 쳐다보다 بَصّ/يبُصّ , 느끼다 حَسّ/يحِسّ

사랑하다 حَبّ/يحِبّ 등

⑥ 내려가다 nezel/ yenzel نزِل/ينزِل 의 변화

인칭			완료		미완료	
그는	howwa هُوَّ	nezel	니질	نزِل	yenzel 옌질	ينزِل
그녀는	heyya هِيَّ	*nezlit	니즐릿	نزِلْتْ	tenzel 틴질	تنزِل
그들은	homma هُمَّ	*nezlu	니즐루	نزِلُوا	yenzelu 옌질루	ينزِلُوا
너는(m)	ʔenta اِنْتَ	nezelt	니질트	نزِلْتَ	tenzel 틴질	تنزِل
너는(f)	ʔenti اِنْتِي	nezelti	니질티	نزِلْتِي	tenzeli 틴질리	تنزِلِي
너희들은	ʔentu اِنْتُوا	nezeltu	니질투	نزِلْتُوا	tenzelu 틴질루	تنزِلُوا
나는	ʔana أَنَا	nezelt	니질트	نزِلْتَ	ʔanzel 안질	أنزِل
우리들은	ʔeḥna اِحْنَا	nezelna	니질나	نزِلْنَا	nenzel 닌질	نِنزِل

☞ 이 동사의 경우 어근에 약자음(ي، و، أ)이 없음에도 약간의 불규칙 변화가 있습니다.

☞ 변화 형태가 같은 동사 – 입다 لِبِس/يلبِس 등

구어체 문법

⑦ **여행하다** sæefer/ yesæefer سَافَر/يِسَافِر 의 변화

인칭	완료			미완료		
그는 howwa هُوَّ	sæefer	쌔-피르	سَافِر	yesæefer	예쌔-피르	يِسَافِر
그녀는 heyya هِيَّ	*safrit	쌔프리트	سَافْرِت	tesæefer	티쌔-피르	تِسَافِر
그들은 homma هُمَّ	*safru	쌔프루	سَافْرُوا	*yesafru	티쌔-프루	يِسَافْرُوا
너는(m) enta اِنْتَ	*safert	쌔피르트	سَافِرْت	tesæefer	티쌔-피르	تِسَافِر
너는(f) enti اِنْتِي	*saferti	쌔피르티	سَافِرْتِي	*tesafri	티쌔-프리	تِسَافْرِي
너희들은 entu اِنْتُوا	*safertu	쌔피르투	سَافِرْتُوا	*tesafru	티쌔-프루	تِسَافْرُوا
나는 ana أَنَا	*safert	쌔피르트	سَافِرْت	asæefer	아쌔-피르	أَسَافِر
우리들은 eḥna اِحْنَا	*saferna	쌔피르나	سَافِرْنَا	nesæefer	니쌔-피르	نِسَافِر

☞ 변화 형태가 같은 동사 - 공부하다 ذاكِر/يِذاكِر , 만나다 قابِل/يِقابِل 등

⑧ **읽다** ara / yeara قَرَأ/يِقْرَأ 의 변화

인칭	완료			미완료		
그는 howwa هُوَّ	ara	아라	قَرَأ	yera	예으라	يِقْرَأ
그녀는 heyya هِيَّ	*arit	아릿	قَرِت	tera	티으라	تِقْرَأ
그들은 homma هُمَّ	*aru	아루	قَرُوا	yeru	예으루	يِقْرُوا
너는(m) enta اِنْتَ	*areet	아리-트	قَرِيت	tera	티으라	تِقْرَأ
너는(f) enti اِنْتِي	*areeti	아리-티	قَرِيتِي	teri	티으리	تِقْرِي
너희들은 entu اِنْتُوا	*areetu	아리-투	قَرِيتُوا	teru	티으루	تِقْرُوا
나는 ana أَنَا	*areet	아리-트	قَرِيت	ara	아으라	أَقْرَأ
우리들은 eḥna اِحْنَا	*areena	아리-나	قَرِينَا	nera	니으라	نِقْرَأ

☞ 변화 형태가 같은 동사 - 던지다 رَمَى/يِرْمِي , 채우다 حَشَى/يِحْشِي

짓다 بَنَى/يِبْنِي 등

구어체 문법

⑨ 오다(to come) gęh/ yiigi يجي/جهـ 의 변화

인칭		완료			미완료		
그는	howwa هُوَّ	gęh	게	جهْ	yiigi	이-기	يجي
그녀는	hęyya هِيَّ	*gat	갯	جَتْ	tiigi	티-기	تيجي
그들은	homma هُمَّ	*gomm	곰	جُمْ	yiigu	이-구	يجُوا
너는(m)	ʕęnta إنْتَ	*giit	기-트	جِتْ	tiigi	티-기	تيجي
너는(f)	ʕęnti إنْتِي	*giiti	기-티	جيتي	*tiigi	티-기	تيجي
너희들은	ʕęntu إنْتُوا	*giitu	기-투	جِيتُوا	tiigu	티-구	تيجُوا
나는	ʕana أَنَا	*giit	기-트	جِتْ	ʕæægi	애-기	آجي
우리들은	ʕęḥna إحْنَا	*giina	기-나	جينَا	niigi	니-기	نيجي

☞ 이 동사는 불규칙이 심한 동사이고 이와같이 변하는 예를 찾을 수 없는 동사입니다.

⑩ ..이다(to be) kææn/ yękuun كَان/يكُون 의 변화

인칭		완료			미완료		
그는	howwa هُوَّ	kææn	캔-	كَانْ	yękuun	예쿤-	يكُونْ
그녀는	hęyya هِيَّ	kæænęt	캐-넷	كَانتْ	tękuun	티쿤-	تكُونْ
그들은	homma هُمَّ	kæænu	캐-누	كَانُوا	yękuunu	예쿠-누	يكُونُوا
너는(m)	ʕęnta إنْتَ	*kont	콘트	كُنْتْ	tękuun	티쿤-	تكُونْ
너는(f)	ʕęnti إنْتِي	*konti	콘티	كُنْتي	tękuuni	티쿠-니	تكُوني
너희들은	ʕęntu إنْتُوا	*kontu	콘투	كُنْتُوا	tękuunu	티쿠-누	تكُونُوا
나는	ʕana أَنَا	*kont	콘트	كُنْتْ	ʕakuun	아쿤-	أكُونْ
우리들은	ʕęḥna إحْنَا	*konna	콘나	كُنَّا	nękuun	니쿤-	نكُونْ

구어체 문법

9-5 kææn/ yękuun كَانَ/يَكُون 동사에 대해

kææn/ yękuun كَانَ/يَكُون 동사의 의미는 '…이다(to be)'로서 영어의 be 동사와 같은 뜻입니다. 하지만 이 동사가 아랍어 문장에서 사용될 경우 영어의 be 동사 처럼 사용되지 않습니다. 예를들어 '그는 영리하다'라는 문장을 영어로 표현하면 'He is clever.' 입니다. 하지만 이 문장을 아랍어로 만들 경우 kææn/ yękuun كَانَ/يَكُون 동사가 사용되지 않습니다.

그는 영리하다 (He is clever)	
howwa ʃaatęr 오와 샤-떠르	هُوَ شَاطِرْ
현재 시제의 주어 - 술어 문장에서 be 동사가 사용되지 않습니다. (주어 - 술어 형태의 문장. 이 책 13-5 주어 - 술어 문장을 참고하십시오)	

하지만 이 문장을 '그는 영리했다' 라는 **과거 시제로** 바꿀 경우 완료시제인 kææn كَان 을 사용합니다. 다시 말해 주어 - 술어 형태의 문장을 과거 시제로 표현할 때 항상 kææn كَان 동사가 사용됩니다. (물론 주어의 인칭에 따라 كَان 동사가 변화합니다.)

그는 영리했다 (He was clever)	
howwa kææn ʃaatęr 오와 캔- 샤-떠르	هُوَ كَانْ شَاطِرْ
완료시제 كَان은 과거시제를 표현하는 보조어로 사용된다.	

☞ 이 책 13-5 부분의 주어 - 술어 문장 형태를 참고하십시오.

يَكُون 의 사용에 대해

그렇다면 يَكُون 은 언제 사용될까요? 미완료형인 يَكُون은 주어 - 술어 문장의 미래 시제를 나타낼 때, 주어 - 술어 문장을 부정할 때, 혹은 조동사와 등과 함께 사용됩니다.

그는 영리할 것이다 (He will be clever)	
howwa haykuun ʃaatęr 오와 하이쿤- 샤-떠르	هُوَ هَيْكُونْ شَاطِرْ
يَكُون + هـ - 미래의 시제를 나타냄	

그는 영리한 것이 틀림없다. (He must be clever)	
howwa ęl-mafruuḍ yękuun ʃaatęr 오와 일마프루-드 예쿤- 샤-떠르	هُوَ الْمَفْرُوضْ يِكُونْ شَاطِرْ
مفروض 란 조동사 뒤에 يِكُون 이 사용됨 - 조동사와 함께 사용됨	

구어체 문법

9-6 '…이 있다(there is)'의 표현에 대해

이집트 구어체 아랍어에서 '…이 있다'를 표현할 때는 fii 피- فيه 를 사용합니다. 또한 fii 피- فيه 를 부정하여 '…이 없다'라는 표현을 할 때는 ش … ما 를 사용하여 mafiiʃ 마피-쉬 مافيش 라고 합니다. 또한 이 문장을 과거 시제로 사용할 때에는 كان 동사를 사용하여 kæn fii 캔 피- كان فيه 라고 하고요, 또 그것을 부정할 때에는 ش … ما 를 사용하여 makæænʃ fii 마캔-쉬 피- ماكانش فيه 라고 합니다.

구분	의미	표현	
① 현재 긍정	…이 있다.	fii 피	فيه
② 현재 부정	…이 없다.	mafiiʃ 마피-쉬	مَافِيش
③ 과거 긍정	…이 있었다	kææn fii 캔 피	كَانْ فيه
④ 과거 부정	…이 없었다.	makææn ʃ fii 마캔-쉬 피	مَاكَانْش فيه

의미	표현

예문 ① 빈 집(아파트)이 있다.

| fii ʃaʔʔa faḍya   피- 샤아 파디야 | فيه شَقَّة فَاضيَّة |

예문 ② (그) 집에 돈이 없다.

| mafiiʃ fᵊluus fil-beet   마피-쉬 필루-쓰 필베-트 | مَافِيش فِلُوس في البِيت |

예문 ③ 사람이 아주 많았다.

| kææn fii næs ketiir 캔 피- 내쓰 키티-르 | كَانْ فيه نَاسْ كِتير |

예문 ④ 음식이 없었다.

| makææn ʃ fii ʔakl   마캔-쉬 피- 아클 | مَاكَانْش فيه أَكْل |

☞ 이집트 구어체 아랍어에서 fii 피- فيه 와 fi 피- في 는 다른 의미입니다. fii 피- فيه 는 '…이 있다(to be)'의 의미이고 fi 피- في 는 전치사 '…안에, in'의 의미입니다. 다음 문장에서 그 차이를 확인하십시오.

예문 ① 그 건물(안)에 빈 집이 있다.   피- 샤아 파드야 피 일에마-라

| fii ʃaʔʔa faḍya fil-ɛęmaara | فيه شَقَّة فَاضِيَّة في العِمَارَة |

예문 ② 그 학교(안)에 학생이 많다.   피- 똘랍- 키티-르 피 일마드라싸

| fii ṭullaab ketiir fil-madrasa | فيه طُلَّاب كِتير في المَدْرَسَة |

구어체 문법

9-7 주요 동사들 모음

아래는 이집트 구어체 아랍어에서 가장 많이 사용되는 동사들을 모은 것입니다. 각 동사는 사전에서 표기하듯이 3인칭 단수의 완료형/미완료형 꼴만 기록하고 있습니다. 아래를 많이 읽고 들어 익히시길 바라고, 각각의 완료형과 미완료형의 인칭별 변화를 연습해 보시기 바랍니다.

가다	raaḥ/ yeruuḥ	라-흐/ 예루-흐	راح/يروح
오다	geh/ yiigi	게-/ 이-기	جه/يجي
되돌아가다	regɛʕ/ yergaʕ	레게아/ 예르가아	رِجِع/يرْجَع
집으로 가다	rawwaḥ/yerawwaḥ	라와흐/예라와흐	رَوَّح/يروَّح
걷다	meʃi/ yemʃi	메쉬/ 옘쉬	مِشي/يمْشي
달리다, 뛰다	geri/ yegri	기리/ 에그리	جِري/يجْري
들어가다	daxal/ yodxol	다칼/ 에드콜	دَخَل/يُدْخَل
	xaʃʃ/ yexoʃʃ	카쉬/ 에코쉬	خَشّ/يخُشّ
나가다(to go out)	xarag/ yoxrog	카라그/ 요크로그	خَرَج/يخْرُج
내려가다	nezel/ yenzel	니질/ 엔질	نِزِل/ينْزِل
올라가다	teleʕ/ yetlaʕ	틸리아/ 예뜰라아	طِلِع/يطْلَع
타다	rekeb/ yerkab	리키브/ 예르캅	رِكِب/يرْكَب
운전하다	sææʔ/ yesuuʔ	쌔-으/ 에쑤-으	سَاق/يسُوق
들고가다(to carry)	ʃææl/ yeʃiil	섈-/ 예쉴-	شَال/يشيل
가져오다(to bring)	gæeb/ yegiib	갭-/ 예깁-	جَاب/يجيب
놓다(to put)	ḥatt/ yeḥott	하뜨/ 에호뜨	حَطّ/يحُطّ
들어올리다	rafaʕ / yerfaʕ	라파아/ 에르파아	رفَع/يرْفَع
일어서다	weʔef/ yoʔaf	웨이프/ 요아프	وِقِف/يُقَف
앉다	ʕaʕad/ yoʕʕod	아아드/ 요으오드	قَعَد/يُقْعُد
멈추다	weʔef/ yoʔaf	웨이프/ 요아프	وِقِف/يُقَف
기다리다	ʕestanna/yestanna	이쓰탄나/에쓰탄나	إسْتَنَّى/يسْتَنَّى
놀다	leʕeb/ yelʕab	레아에브/엘라아브	لعِب/يلْعَب

368

구어체 문법

노래하다	ɣanna/ yeɣanni	간나 / 예간니	غنّى/يغنّي
하다(to do)	ɛamal/ yeɛmel	아말 / 예아밀	عَمَل/يعْمِل
일하다	ʃeʃtaɣal/yeʃtaɣal	이쉬타갈/예쉬타갈	إشْتَغَل/يشْتَغِل
쉬다	ʃeʔstarayyaɦ/yeʃtᵉrayyaɦ 이쓰타라야흐/예쓰티라야흐		إسْتَرَيَّح/يِسْتَرَيَّح
잠자다	næm/ yeŋæm	냄- / 예냄-	نام/ينام
(잠에서)깨다	seɦi/ yesɦa	시히 / 에스하	صحي/يصحى
듣다	semɛɑ/ yesmɑɛ	쎄메으 / 에쓰마으	سمع/يسْمَع
보다	ʃæf/ yeʃuuf	섀-프 / 예슈-프	شاف/يشُوف
쳐다보다	baṣṣ/ yeboṣṣ (le or ɑala)	밧스 / 예봇스	بصّ/يبُصّ
시청하다	ʔetfarrag/ yetfarrag ɑala 이트파라그 / 예트파라그		إتْفَرَّج/يتْفَرَّج على
냄새맡다	ʃamm/ yeʃemm	샴 / 예쉼	شَمّ/يشُمّ
맛보다	dæʔʃ/ yeduuʃ	대-으 / 예두-으	ذاق/يذُوق
만지다	lamas/ yelmes	라마쓰 / 옐미쓰	لَمَس/يلْمِس
느끼다	ɦass/ yeɦess (be)	하쓰 / 예히쓰	حَسّ/يحِسّ (ب)
먹다	ʔakal, kal/ yækol	아칼 / 예-콜	أَكَل، كَل/ياكُل
마시다	ʃereb/ yeʃrab	쉬립 / 예쉬랍	شرب/يشْرب
점심을 먹다	ʔetɣadda/ yetɣadda	이트갓다 / 에트갓다	إتْغَدَّى/يتْغَدَّى
저녁을 먹다	ʔetɛaʃʃaʔ/ yeʃʃaʔa	이트앗샤 / 예트앗샤	إتْعَشَّى/يتْعَشَّى
아침을 먹다	feṭer/ yefṭar	피티르 / 에프타르	فِطِر/يفْطَر
요리하다	ṭubax/ yoṭbox	따바크 / 요뜨보크	طَبَخ/يُطبْخ
읽다	ʔara / yeʔra	아라 / 예으라	قَرَأ/يقْرَأ
글을 쓰다	katab/ yektep	카탑 / 옉팁	كَتَب/يكْتِب
공부하다	zækeṛ/yezækeṛ	재-키르/예재-키르	ذاكِر/يذاكِر
배우다	ʔetɛallem/ yetɛallem	이트알림 / 에트알림	إتْعَلَّم/يتْعَلَّم

구어체 문법

한국어	발음	한글 발음	Arabic
이해하다	fehem/ yefham	피험/ 에프함	فهم/ يفهم
피곤하다	teɛb/ yetɛab	테엡/ 에트압	تعب/ يتعب
좋아하다, 사랑하다	ḥabb/ yeḥebb	합/ 에힙	حبّ/ يحبّ
말하다(to say)	ʔæl/ yeʔuul (li)	앨-/ 예울-	قال/ يقُول (لـ)
말하다(to speak)	kallem/ yekallem	칼림/ 에칼림	كلّم/ يكلّم
전화하다	ʔettaṣal/ yetteṣel be	잇타살/ 엣타실	اتّصل/ يتّصل ب
내버려두다	sææb/ yisiib	쌥-/ 예씨-브	ساب/ يسيب
지불하다	dafaɛ/ yedfaɛ	다파으/ 에드파으	دفع/ يدفع
빌리다	ʔestalaf/ yesṭelef (men) 이쓰탈라프/ 예쓰틸리프		استلف/ يستلف (من)
빌려주다	sallef/ yesallef	쌀리프/ 예쌀리프	سلّف/ يسلّف
취하다(to take)	xad, ʔaxad/ yææxod	아카드/ 에-코드	خد، أخذ/ ياخد
주다(to give)	ʔedda/ yeddi	잇다/ 옛디	ادّى/ يدّي
보내다(to send)	baɛat/ yebɛat	바아트/ 에브아트	بعت/ يبعت
받다, 수령하다	ʔestalam/ yestelem	이쓰탈람/ 예쓰틸림	استلم/ يستلم
(옷 등을) 입다	lebes/ yelbes	리비쓰/ 엘비쓰	لبس/ يلبس
(옷 등을) 벗다	ʔalaɛ/ yeʔlaɛ xalaɛ/ yexlaɛ	알라으/ 에을라으 칼라으/ 에클라으	قلع/ يقلع خلع/ يخلع
방문하다	zaar/ yezuur	자-르/ 에주-르	زار/ يزور
초대하다	ɛazam/ yeɛzem (ɛala)	아잠/ 에아짐	عزم/ يعزم (على)
만나다	ʔæbel/ yeʔææbel	애-빌/ 에애-빌	قابل/ يقابل
씻다	ɣasal/ yeɣsel	가쌀/ 에그씰	غسل/ يغسل
청소하다	naddaf/ yenaddaf	낫다프/ 에낫다프	نضّف/ ينضّف
사다	ʔeʃtara/ yeʃteri	이쉬타라/ 예쉬티리	اشترى/ يشتري
팔다	bææɛ/ yebiiɛ	배-으/ 에비-으	باع/ يبيع
이발하다	ḥalaʔ/ yeḥlaʔ	할라으/ 에흘라으	حلق/ يحلق

구어체 문법

10 부정문

문장을 부정하는 부정문에 대해서 알아봅니다.

10-1 명사나 형용사, 분사를 부정할 때 - meʃ مِش 를 사용

• **명사를 부정하는 예**

| 나는 학생이다 | ʔana ṭaaleb | 아나 딸-립 | أنا طَالِب |
| 나는 학생이 아니다 | ʔana meʃ ṭaaleb | 아나 **미쉬** 딸-립 | أنا مِش طَالِب |

• **형용사를 부정하는 예**

| 그는 좋다(그는 좋은 사람이다.) | howwa kuwayyes | 오와 꾸와예쓰 | هُوَّ كُوَيِّس |
| 그는 좋지 않다. | howwa meʃ kuwayyes | 오와 **미쉬** 꾸와예쓰 | هُوَّ مِش كُوَيِّس |

• **분사를 부정하는 예** (분사는 형용사의 의미입니다.)

| 그가 오고 있다 | howwa gayy | 오와 개이 | هُوَّ جَايّ |
| 그가 오고 있지 않다 | howwa meʃ gayy | 오와 **미쉬** 개이 | هُوَّ مِش جَايّ |

☞ 분사에 대해서는 다음장에서 다룹니다.

10-2 동사를 부정할 때

10-2-1 완료형(단순과거)의 동사를 부정할 때 ma…ʃ ما...ش 를 사용합니다.

그는 갔다.	howwa raaħ 오와 라-흐	هُوَّ رَاح
그는 가지 않았다.	howwa maraaħʃ 오와 마라-흐쉬	هُوَّ مَارَاحْش (**ما** + راح + **ش**)
나는 잠을 잘 잤다.	ʔana nemt kuwayyes 아나 넴트 꾸와예쓰	أنَا نِمْت كُوَيِّس
나는 잠을 잘 못 잤다.	ʔana manemtʃ kuwayyes 아나 마넴티쉬 꾸와예쓰	أنَا مَانِمْتِش كويس (**ما** + نِمْت + **ش**)

371

구어체 문법

다음은 '글을 쓰다'란 단어의 완료형인 كَتَب 의 부정 형태를 각 인칭별로 정리한 것입니다.

인칭			동사의 완료형 부정 형태	
그는	هُوَّ howwa	makatabʃ	마카탑쉬	مَاكَتَبْش (ما + كَتَب + ش)
그녀는	هِيَّ heyya	makatabetʃ	마카타빗취	مَاكَتَبِتْش (ما + كَتَبِت + ش)
그들은	هُمَّ homma	makatabuuʃ	마카타부-쉬	مَاكَتَبُوش (ما + كَتَبُوا + ش)
너는(m)	إِنْتَ ꜥenta	makatabteʃ	마카탑티쉬	مَاكَتَبْتِش (ما + كَتَبْت + ش)
너는(f)	إِنْتِي ꜥenti	makatabteeʃ	마카탑티-쉬	مَاكَتَبْتِيش (ما + كَتَبْتِي + ش)
너희들은	إِنْتُوا ꜥentu	makatabtuuʃ	마카탑투-쉬	مَاكَتَبْتُوش (ما + كَتَبْتُوا + ش)
나는	أَنَا ꜥana	makatabteʃ	마카탑티쉬	مَاكَتَبْتِش (ما + كَتَبْت + ش)
우리들은	إِحْنَا ꜥeḥna	makatabnææʃ	마카탑내-쉬	مَاكَتَبْنَاش (ما + كَتَبْنَا + ش)

10-2-2 미완료형 동사를 부정할 때 ما ... ش ma...ʃ **를 사용합니다.**

인칭			동사의 미완료형 부정 형태	
그는	هُوَّ howwa	mayektebʃ	마옉팁쉬	مَايِكْتِبْش (ما + يِكْتِب + ش)
그녀는	هِيَّ heyya	matektebʃ	마틱팁쉬	مَاتِكْتِبْش (ما + تِكْتِب + ش)
그들은	هُمَّ homma	mayektebuuʃ	마옉티부-쉬	مَايِكْتِبُوش (ما + يِكْتِبُوا + ش)
너는(m)	إِنْتَ ꜥenta	matektebʃ	마틱팁쉬	مَاتِكْتِبْش (ما + تِكْتِب + ش)
너는(f)	إِنْتِي ꜥenti	matektebiiʃ	마틱티비-쉬	مَاتِكْتِبِيش (ما + تِكْتِبِي + ش)
너희들은	إِنْتُوا ꜥentu	matektebuuʃ	마틱티부-쉬	مَاتِكْتِبُوش (ما + تِكْتِبُوا + ش)
나는	أَنَا ꜥana	maktebʃ	막팁쉬	مَاكْتِبْش (ما + أَكْتِب + ش)
우리들은	إِحْنَا ꜥeḥna	manektebʃ	마닉팁쉬	مَانِكْتِبْش (ما + نِكْتِب + ش)

10-2-3 동사의 현재 진행형 혹은 습관적인 동작을 나타내기 위해 بـ 가 사용된 문장을 부정할 때

현재 진행형을 나타내는 동사나 습관적인 동작을 나타내는 동사를 부정할 경우 ما ... ش ma...ʃ 형태를 취하거나 혹은 동사 앞에 مِش meʃ 란 부정어를 사용합니다.

구어체 문법

동사의 현재 진행형을 부정하기 위해 ma...ʃ / ما ... ش 를 사용할 경우 변화 형태

인칭			동사의 현재 진행형 부정 형태	
그는	howwa هُوَّ	mabeyektebʃ	마비엑팁쉬	مَابِيكْتِبْش (ما + بِيكْتِب + ش)
그녀는	heyya هِيَّ	mabtektebʃ	맙틱팁쉬	مَابْتِكْتِبْش (ما + بْتِكْتِب + ش)
그들은	homma هُمَّ	mabeyektebuuʃ	마비엑티부-쉬	مَابِيكْتِبُوش (ما + بِيكْتِبُوا + ش)
너는(m)	ʕenta اِنْتَ	mabtektebʃ	맙틱팁쉬	مَابْتِكْتِبْش (ما + بْتِكْتِب + ش)
너는(f)	ʕenti اِنْتِي	mabtektebiiʃ	맙틱티비-쉬	مَابْتِكْتِبِيش (ما + بْتِكْتِبِي + ش)
너희들은	ʕentu اِنْتُوا	mabtektebuuʃ	맙틱티부-쉬	مَابْتِكْتِبُوش (ما + بْتِكْتِبُوا + ش)
나는	ʕana أَنَا	mabaktebʃ	마박팁쉬	مَابَكْتِبْش (ما + بَاكْتِب + ش)
우리들은	ʕeḥna اِحْنَا	mabenektebʃ	마비닉팁쉬	مَابِنِكْتِبْش (ما + بِنِكْتِب + ش)

동사의 현재 진행형을 부정하는 예

긍정문	나는 편지를 쓰고 있다.	ʕana baktęb gawææb 아나 박팁 가웹-	أَنَا بَاكْتِب جَوَاب
부정문	나는 편지를 쓰고 있지 않다.	ʕana meʃ baktęb gawææb 아나 미쉬 박팁 가웹	أَنَا مِشْ بَاكْتِب جَوَاب
		ʕana mabaktębʃ gawææb 아나 마박팁쉬 가웹	أَنَا مَابَاكْتِيبْش جَوَاب

동사의 현재 진행형과 습관적 동작을 나타내는 동사를 부정하는 예

현재 진행형	나는 차를 마시고 있다.	ʕana baʃrab ʃææy 아나 바쉬랍 쉐-이	أَنَا بَاشْرَبْ شَايْ
	나는 차를 마시고 있지 않다.	ʕana mabaʃrabʃ ʃææy 아나 마바쉬랍쉬 쉐-이	أَنَا مَابَاشْرَبْش شَايْ
		ʕana meʃ baʃrab ʃææy 아나 미쉬 바쉬랍 쉐-이	أَنَا مِشْ بَاشْرَبْ شَايْ
습관적 동작	나는 매일 차를 마신다. (습관)	ʕana baʃrab ʃææy kolle yoom 아나 바쉬랍 쉐-이 꿀리 욤-	أَنَا بَاشْرَبْ شَايْ كُلِّ يُوم
	나는 매일 차를 마시지 않는다. (습관)	ʕana meʃ baʃrab ʃææy kolle yoom 아나 미쉬 바쉬랍 쉐-이 꿀리 욤-	أَنَا مِشْ بَاشْرَبْ شَايْ كُلِّ يُوم
		ʕana mabaʃrabʃ ʃææy kolle yoom 아나 마바쉬랍쉬 쉐-이 꿀리 욤-	أَنَا مَابَاشْرَبْش شَايْ كُلِّ يُوم

구어체 문법

10-2-4 동사의 미래형에 대한 부정

동사의 미래형을 부정할 때는 주로 meʃ مش 를 동사 앞에 놓습니다.

미래형	나는 차를 마실 것이다.	ʔana haʃrab ʃææy 아나 하쉬랍 쉐-이	أَنَا هَاشْرَبْ شَاي
	나는 차를 마시지 않을 것이다.	ʔana meʃ haʃrab ʃææy 아나 **미쉬** 하쉬랍 쉐-이	أَنَا **مِشْ** هَاشْرَبْ شَاي

☞ 간혹 동사의 미래형에 대한 부정을 아래와 같이 ma…ʃ ما … ش 를 사용하여 표현하기도 하지만 아주 드물게 사용됩니다.

나는 차를 마시지 않을 것이다.	ʔana mahaʃrabʃ ʃææy 아나 **마하쉬랍쉬** 쉐-이	أَنَا مَاهَاشْرَبْــشْ شَاي

10-3 여러 가지 다른 부정문의 예

	긍정문에서			부정문에서		
1	있다	fiih 피	فِيه	없다	ma-fii-ʃ 마피-쉬	مَافِيشْ
2	내게 있다	ɛandi 안디	عَنْدِي	내게 없다	ma-ɛandii-ʃ 마안디-쉬	مَاعَنْدِيـــشْ
3	내 수중에 있다	maɛææya 마애-야	مَعَايَا	내 수중에 없다	ma-mɛææyi-ʃ 마므애-이쉬	مَامْعَايِيـــشْ
					meʃ maɛææya 미쉬 마애-야	مِشْ مَعَايَا
4	누구 (anyone)	ḥadd 핫드	حَدّ	아무도 … 않다.(No one)	maḥaddeʃ 마핫디쉬	مَاحَدِّشْ
5				결코 … 않다.(never)	ɛomri ma 오므리 마	عُمْرِ + ي مَا

예문)

1	시간이 없다 ma-fii-ʃ waʔt	مَافِيشْ وَقْتْ
2	나는 차를 가지고 있지 않다 ma-ɛandii-ʃ ɛarabeyya	مَاعَنْدِيشْ عَرَبِيَّة
3	나의 수중에 돈이 전혀 없다. ma-mɛææyi-ʃ fᵉluus xaaleṣ	مَامْعَايِيشْ فُلُوسْ خَالِصْ

구어체 문법

	나의 수중에 돈이 전혀 없다. meʃ maɛææya fᵉluus xaaleṣ	مِشْ مَعَايَا فِلُوس خَالِصْ
4	아무도 그것을 모른다 maħaddeʃ ɛaaref-ha	مَاحَدِّشْ عَارِفْهَا
5	나는 한 번도 그를 본적이 없다 ɛomri ma ʃoftuʃ ʔablᵉ keda	عُمْرِي مَا شُفْتُه قَبْل كِدَه
	그는 한 번도 거짓말을 한 적이 없다 ɛomru ma beyekzeb	عُمْرُه مَا بِيِكْذِبْ

10-4 부정문과 함께 사용되는 부사들

부정문에 사용되어 부정의 의미를 강조하는 부사들이 있습니다. xaaleṣ خالص 와 ʕabadan أبداً 이 그것입니다. 아래 문장을 보십시오.

① 그는 전혀 숙제를 하지 않았다.	
maɛamalʃ el-wæægeb **xaaleṣ**	مَاعَمَلْش الْوَاجِبْ **خَالِصْ**
② 나는 한 번도 슬리퍼를 신고 길에 나가본 적이 없다.	
ɛomri ma nezelt eʃ-ʃææreɛ beʃ-ʃebʃeb **ʕabadan**	عُمْرِي مَا نِزِلْتْ الشَّارِع بِالشُّبْشِبْ **أَبَداً**

☞ 위의 문장에서 xaaleṣ خالص 와 ʕabadan أبداً 가 없어도 문장의 의미는 통하지만 이 부사들이 사용되어 부정의 의미가 더욱 강해집니다.

구어체 문법

11 명령형

11-1 일반적인 명령형

명령형은 2인칭(너는(m), 너는(f), 너희는)에 해당되는 사람들에게 요청이나 명령을 할 때 사용하는 것입니다. 이집트 구어체 아랍어의 명령형 꼴도 동사의 2인칭을 사용하며 약간의 접미사 변화가 있습니다. 변화의 형태는 두 종류인데, 먼저는 동사의 2인칭 미완료 형태에서 접두어 ـتـ 를 빼기만 하면 되는 형태와, 동사의 2인칭 미완료 형태에서 접두어 ـتـ 를 빼고 ا 을 추가해야 하는 형태가 있습니다.

11-1-1 동사의 미완료형 2인칭에서 접두어 ـتـ 를 빼기만 하면 되는 형태

'가다' راح/يروح 의 명령형						
2인칭		미완료형		명령형		
너는(m) ʕenta	اِنْتَ	teruuɦ	티루-으	تَرُوح	ruuɦ 루-으	رُوح
너는(f) ʕenti	اِنْتِ	teruuɦi	티루-히	تَرُوحي	ruuɦi 루-히	رُوحي
너희들은 ʕentu	اِنْتُوا	teruuɦuu 티루-우-	تَرُوحُوا	ruuɦuu 루-우-	رُوحُوا

예문) 당신이 원한다면 가시오.

ruuɦ law ʕenta ɛææwez 루-으 라우 엔타 아-위즈	رُوحْ لَوْ اِنْتَ عَاوِزْ

'들다, 들고가다, 제거하다' شال/يشيل 의 명령형						
2인칭		미완료형		명령형		
너는(m) ʕenta	اِنْتَ	teʃiil	티쉴-	تِشيل	ʃiil 쉴-	شيل
너는(f) ʕenti	اِنْتِ	teʃiili	티쉴-리	تِشيلي	ʃiili 쉴-리	شيلي
너희들은 ʕentu	اِنْتُوا	teʃiilu	티쉴-루	تِشيلُوا	ʃiilu 쉴-루	شيلُوا

예문) 위에 있는 가방을 제거하시오.

ʃiil eʃ-ʃanṭa ʔelli fooʔ 쉴 잇샨따 일리 푸-으	شيل الشَّنْطَة اللِّي فُوقْ

구어체 문법

'잠자다' نام/ينام 의 명령형

2인칭	미완료형			명령형		
너는(m) ʕenta	إنْتَ	tenæ̈æm 티냄-	تِنَام	næ̈æm 냄-	نَام
너는(f) ʕenti	إنْتِي	tenæ̈æmi 티내-미	تِنَامِي	næ̈æmi 내-미	نَامِي
너희들은 ʕentu	إنْتُوا	tenæ̈æmu 티내-무	تِنَامُوا	næ̈æmu 내-무	نَامُوا

예문) 당신은 아프기 때문에 잠을 충분히 자시오.

næ̈æm kuwayyes ɛaʃæ̈æn ʕenta taɛbæ̈æn
냄- 꾸와예쓰 아샌 엔타 타아밴-

نَامْ كُوَيِّسْ عَشَانْ إنْتَ تَعْبَانْ

11-1-2 동사의 미완료형에서 접두어 تـ 를 빼고 إ 을 추가해야 하는 형태

'글을 쓰다' كتب/يكتب 의 명령형

2인칭	미완료형			명령형		
너는(m) ʕenta	إنْتَ	tektęb 틱팁	تِكْتِب	ʕektęb 엑팁	إكْتِب
너는(f) ʕenti	إنْتِي	tektębi 틱티비	تِكْتِبِي	ʕektębi 엑티비	إكْتِبِي
너희들은 ʕentu	إنْتُوا	tektębu 틱티부	تِكْتِبُوا	ʕektębu 엑티부	إكْتِبُوا

예문) 당신의 친구에게 편지를 쓰시오.

ʕektęb gawæ̈æb le-ṣaḥb-ak
엑팁 가와-브 리사흐박

إكْتِبْ جَوَابْ لِصَاحْبَكْ

'되돌아가다' رجع/يرجع 의 명령형

2인칭	미완료형			명령형		
너는(m) ʕenta	إنْتَ	tergaɛ 티르가아	تِرْجَع	ʕergaɛ 에르가아	إرْجَع
너는(f) ʕenti	إنْتِي	tergaɛi 티르가이	تِرْجَعِي	ʕergaɛi 에르가이	إرْجَعِي
너희들은 ʕentu	إنْتُوا	tergaɛu 티르가우	تِرْجَعُوا	ʕergaɛu 에르가우	إرْجَعُوا

예문) 뒤로 조금 물러가시오.

ʕergaɛ ʃ ͤwayya 에르가아 슈와야

إرْجَع شْوَيَّة

구어체 문법

'들어가다' دَخَلَ/يَدْخُلَ 의 명령형

2인칭	미완료형			명령형		
너는(m) ʕenta	إنْتَ	todxol	토드콜	تِدْخُلْ	ʕodxol	오드콜	أُدْخُلْ
너는(f) ʕenti	إنْتِي	todxoli	토드콜리	تِدْخُلِي	ʕodxoli	오드콜리	أُدْخُلِي
너희들은 ʕentu	إنْتُوا	todxolu	토드콜루	تِدْخُلُوا	ʕodxolu	오드콜루	أُدْخُلُوا

예문) 그 가게에 들어가서 물을 사시오.

ʕodxol el-maħall w-eʃteri mayya	أُدْخُلِ الْمَحَلَّ وِاشْتِرِي مَيَّة
오드콜 일마할 위쉬티리 마야	

11-2 불규칙적으로 변하는 명령형

명령형 형태가 동사의 미완료 형태와는 완전히 다르게 변하는 동사는 아래와 같이 두 가지 입니다. 아주 빈번히 사용되므로 잘 익혀 두시기 바랍니다.

오다(to come) gęh/ yiigi جَه/يجي 의 명령형

2인칭	미완료형			명령형		
너는(m) ʕenta	إنْتَ	tiigi	티-기	تِيجِي	taɛææla	타앨-라	تَعَالَى
너는(f) ʕenti	إنْتِي	tiigi	티-기	تِيجِي	taɛææli	타앨-리	تَعَالِي
너희들은 ʕentu	إنْتُوا	tiigu	티-구	تِيجُوا	taɛæælu	타앨-루	تَعَالُوا

예문) 빨리 이리로 오시오.

taɛææla hęna bę-sorɛa	تَعَالَى هِنَا بِسُرْعَة
타앨-라 헤나 비쏘라아	

가져오다 (to bring from) gææb/ yęgiib جَاب/يجيب 의 명령형

2인칭	미완료형			명령형		
너는(m) ʕenta	إنْتَ	tęgiib	티기-브	تِجِيب	hææt	해-트	هَات
너는(f) ʕenti	إنْتِي	tęgiibi	티기-비	تِجِيبِي	hææti	해-티	هَاتِي
너희들은 ʕentu	إنْتُوا	tęgiibu	티기-부	تِجِيبُوا	hæætu	해-투	هَاتُوا

구어체 문법

예문) 내 돈 이리줘

| hæææt li el-fᵉluus beṭææææt-i
해-트 리 일필루-쓰 비태-아티 | هَاتْ لِي الفُلُوسْ بِتَاعْتِي |

11-3 부정 명령문
명령 형태 가운데 어떤 일을 금지 시킬 때 부정 명령을 사용합니다. 예를들면 '먹지 마라', '가지 마라', '놀지 마라' 등이 그것입니다. 구어체 아랍어에서 부정명령은 미완료형 동사의 부정문 형태와 동일합니다.

11-3-1 일반적인 형태 – ما ... ش 를 사용하는 형태

가장 일반적인 부정 명령문은 동사를 부정할 때와 마찬가지로 ما ... ش 를 사용하는 것입니다. 명령문은 2인칭에만 해당되기 때문에 2인칭의 상대에게 위협하는 듯한 억양으로 ما ... ش 를 말하면 되는 것입니다. 아래는 '…하다 (to do)'라는 의미의 동사 εamal/ yεεmεl عَمَل/ يَعْمِل 에 대한 부정 명령 형태입니다.

2인칭		미완료형		명령형	
너는(m) ʕenta	اِنْتَ	tεεmεl 티아밀	تِعْمِل	matεεmεlʃ 마티아밀-쉬	مَاتِعْمِلْش (ما + تِعمل + ش)
너는(f) ʕenti	اِنْتِي	tεεmεli 티아밀리	تِعْمِلِي	matεεmεliiʃ 마티아밀리-쉬	مَاتِعْمِلِيش (ما + تِعملي + ش)
너희들은 ʕentu	اِنْتُوا	tεεmεlu 티아밀루	تِعْمِلُوا	matεεmεluuʃ 마티아밀루-쉬	مَاتِعْمِلُوش (ما + تِعملو + ش)

예문) 그렇게 하지마시오.

| matεεmεlʃ kεda 마티아밀-쉬 께다 | مَاتِعْمِلْش كِدَه |

11-3-2 balææʃ بلاش 를 사용한 형태

두번째 형태는 동사의 미완료형 앞에 balææʃ بلاش 라는 단어를 사용하는 것입니다.

· **먹다 (to eat)** ʔakal, kal/ yæækol أَكَل، كَل/ يَاكُل 를 사용한 예

2인칭		미완료형		명령형	
너는(m) ʕenta	اِنْتَ	tæækol 태-콜	تَاكُل	balææʃ tæækol 발래-쉬 태-콜	بَلاش تَاكُل
너는(f) ʕenti	اِنْتِي	takli 태클리	تَاكْلِي	balææʃ takli 발래-쉬 태클리	بَلاش تَاكْلِي
너희들은 ʕentu	اِنْتُوا	taklu 태클루	تَاكْلُوا	balææʃ taklu 발래-쉬 태클루	بَلاش تَاكْلُوا

구어체 문법

☞ 아래와 같이 balæɛʃ بَلاش + **명사** 꼴도 사용 가능합니다. 아래의 ①과 ②의 의미는 거의 같습니다.

①	balæɛʃ بَلاش + 명사	balæɛʃ ʔakl بَلاش أَكْل	음식을 (먹지)마라
②	balæɛʃ بَلاش + 미완료형	balæɛʃ tæækol بَلاش تاكُل	너는 먹지마라

11-3-3 ʕawʔa إِوْعَى 를 사용한 형태

ʕawʔa إِوْعَى 는 2인칭 남성/ 2인칭 여성/ 2인칭 복수에서 각각 약간의 변화가 있습니다. (너는 그녀와 함께 가지 마라)

2인칭	미완료형	명령형
너는(m) إِنْتَ ʕenta	tɛruuħ maɛæɛha تَرُوح مَعَاهَا 티루-흐 마애하-아	ʕawʔa tɛruuħ maɛæɛha إِوْعَى تِرُوح مَعَاهَا 에와아 티루-흐 마애하-아
너는(f) إِنْتِي ʕenti	tɛruuħi maɛæɛha تَرُوحِي مَعَاهَا 티루-히 마애하-아	ʕawʔi tɛruuħi maɛæɛha إِوْعِي تِرُوحِي مَعَاهَا 에와이 티루-히 마애하-아
너희들은 إِنْتُوا ʕentu	tɛruuħu maɛæɛha تَرُوحُوا مَعَاهَا 티루-후 마애하-아	ʕawʔuw tɛruuħu maɛæɛha إِوْعُوا تِرُوحُوا مَعَاهَا 에와우 티루-후 마애하-아

11-4 유용한 명령형 표현들

어서 들어오세요. 여기에 있습니다.	ʕetfaddal	이트팟달	إتْفَضَّل
오시오 이리로 오시오	taɛææla taɛææla hena	타앨-라 타앨-라 헤나	تَعَالَى تَعَالَى هِنا
앉으시오	boʔoʔod	오_으_으_드	أُقْعُد
일어서시오	ʔoʔaf	오아프	أُقَف
멈추시오	ʔoʔaf	오아프	أُقَف
나에게 보여 주시오	warriini	와리-니	وَرِّيني
기다리시오	ʕestanna	이쓰탄나	إسْتَنَّى
참으시오	ʔoṣbor	오스보르	أُصْبُر
생각하시오	fakkar	팍카르	فَكَّر
기억하시오	ʕeftekɛr	에프티키르	إفْتِكِر

구어체 문법

암기하시오	ʕefɦfaz	에흐파즈	إِحْفَظْ
가시오	ʕemʃi	엠쉬	إِمْشِي
썩 꺼져!	ʕemʃi baʕa	엠쉬 바아	إِمْشِي بَقَى
비키시오!	ʕewʕa	에와아	إِوْعَى
조심해 (take care)	xalli bæælak xodd bæælak	칼리 밸-락 콧드 밸-락	خَلِّي بَالَك خُدْ بَالَك
조심해!(위험할 때)	ɦæesẹb ʕewʕa	해-씨브 에와아	حَاسِب إِوْعَى
살려주세요	ʕelɦaʕuu-ni	일하우-니	إِلْحَقُونِي
늦지 마세요.	matẹtʔaxxarʃ	마티트악카르쉬	مَاتِتْأَخَّرْشْ
잊지 마세요.	matẹnsæeʃ	마틴쌔-쉬...	مَاتِنْسَاشْ
울지 마세요.	matiɛayyaʃ	마티아얏쉬	مَاتِعِيَّطْشْ

☞ 위의 예에서는 남성형만 기록하고 있습니다. 여성형과 복수형을 유념해서 연습하시기 바랍니다.

구어체 문법
12 의문문

의문문에는 의문사를 사용하지 않는 일반적인 의문문과 의문사를 사용하는 의문문이 있습니다.

12-1 일반적인 의문문
의문사를 사용하지 않고 평서문 문장을 그대로 사용합니다. 다른 사람에게 질문할 때 말끝의 억양을 올려 질문의 의미를 전달하듯 평서문 문장의 말끝을 올리기만 하면 의문문이 됩니다.

	문장		의미
평서문	hɛyya gamiila 헤야 가밀-라	هِيَّ جَمِيلَة	그녀는 아름답다.
의문문	hɛyya gamiila 헤야 가밀-라 (문장의 끝 억양을 올림)	هِيَّ جَمِيلَة؟	그녀는 아름답니?
평서문	howwa gɛh 오와 개-	هُوَّ جَه	그가 왔다.
의문문	howwa gɛh 오와 개- (문장의 끝 억양을 올림)	هُوَّ جَه؟	그가 왔니?

12-2 의문사를 사용하는 의문문
12-2-1 여러 가지 의문사
구어체 아랍어에서 6하 원칙에 따른 질문을 위해 사용되는 의문사는 아래와 같습니다. 아래의 의문사와 그 다음의 예문을 살펴 보십시오.

	의미	의문사		
1	언제 (when)	ʕɛmta	엠타	إِمْتَى
2	어디서 (where)	fɛɛn	핀-	فِين
3	누가 (who)	miin	민-	مِين
4	무엇을 (what)	ʕɛɛh	에-	إِيه
5	어떻게 (how)	ʕɛzzææy	잇째-이	إِزَّاي
6	왜 (why)	lɛɛ	리-	لِيه
7	어느 것 어느 사람 어느 쪽 (which)	ʕanhu(m) ʕanhi(f) ʕanhom(pl)	안후 안히 안홈	أَنْهُو أَنْهِي أَنْهُم

구어체 문법

8	얼마나, 얼마동안 (시간)	ʔaddᵉ ʕeeh kææm	앗드 에- 캠-	قَدّ إيه كَامْ
9	얼마나, 얼마만큼(량)	ʔaddᵉ ʕeeh kææm	앗드 에- 캠-	قَدّ إيه كَامْ

	의미	아랍어 예문
1	당신은 언제 옵니까? hatiigi ʕemta 하티-기 엠타	هَتِيجِي إمْتَى؟ إمْتَى هَتِيجِي؟
2	그 학교가 어디입니까? feen el-madrasa 핀- 일마드라싸	فِينْ الْمَدْرَسَة؟ الْمَدْرَسَة فِينْ؟
3	당신은 누구입니까? miin ʕenta 민- 엔타	إنْتَ مِينْ؟ مِينْ إنْتَ؟
4	당신은 무엇을 했습니까? ʕenta ɛamalt ʕeeh 엔타 아말트 에-	إنْتَ عَمَلْتَ إيه؟
5	어떻게 당신에게 갈까요? hagii lak ʕezzææy 하길-락 잇재-이	هَاجِيلَكْ إزَّايْ؟ إزَّايْ هَاجِيلَكْ؟
6	왜 늦었습니까? ʕetɑxxart leę 이트악카르트 리-	إتْأخَّرْتْ لِيه؟ لِيه إتْأخَّرْتْ؟
7	당신은 어떤 책을 원합니까? ʕanhu kętææb ʕenta ɛææyęz-u 안후 키탭- 엔타 아-이즈 당신은 어떤 학교에 대해서 묻고 있니? ʕanhi madrasa bętęsʔal ɛaliiha 안히 마드라싸 비티쓰알 알리-하	أنْهُو كِتَابْ إنْتَ عَايِزُه؟ أنْهِي مَدْرَسَة بِتِسْأَلْ عَلِيهَا؟
8	얼마나 오랫동안 여기에 앉아있을 예정입니까? hanoʕɔod hęna ʕaddᵉ ʕeeh 하노으오드 헤나 앗드 에- 그 여행은 몇 시간 걸리지요? ʕer-reħla kææm sææɛa 이리흘라 캠- 쌔-아	هَانُقْعُدْ هِنَا قَدّ إيه؟ الرِّحْلَة كَامْ سَاعَة؟
9	얼마나 많이 원하십니까? (양을 물을 때) ʕenta ɛææyęz ʕaddᵉ ʕeeh 엔타 아-이즈 앗드 에- 이것은 얼마입니까? (가격을 물을 때) bᵉ-kææm da 비캠- 다	إنْتَ عَايِزْ قَدّ إيه؟ بِكَامْ دَه؟

의문사의 위치에 대해

아랍어에서 의문사의 위치는 의문사에 따라 다릅니다. 어떤 의문사는 문장의 맨 처음에 오고, 어떤 의문사는 문장의 중간, 어떤 의문사는 맨 끝에 오기도 합니다. 각각의 경우를 예문에서 확인하십시오.

구어체 문법

13 문장의 구조

영어 문장과 한글 문장이 그 구조에서 차이가 많듯이 이집트 구어체 아랍어 문장도 한글 문장과 차이가 많습니다.

아랍어 문장은 크게 두 가지로 나뉩니다. 문장이 동사로 시작하는 동사문과 문장이 명사로 시작하는 명사문이 있습니다.

아랍어 문장을 정확하고 효과적으로 이해하기 위해서는 아랍어식 문법 용어로 문장을 이해할 수 있어야 합니다. 그러나 여기에서는 독자 여러분이 쉽게 이해할 수 있도록 영어식 문법 용어인 '문장의 5형식'을 토대로 명사문을 먼저 공부하고, 그 뒤에 동사문에 대해서 공부합니다.

여기서 아랍어 명사문의 주어(**뭅타다** muftata مبتدأ)의 특징 한 가지를 설명합니다. 아랍어 명사문의 주어는 대부분 한정명사(maɛrefa معرفة)가 사용됩니다. 다시말해 문장의 주어는 말하는 사람이나 말을 듣는 사람들에게 의미의 한정이 된 것이어야 한다는 것입니다. 이 책 6-4에서 설명한 한정명사(maɛrefa معرفة)의 종류를 확인하시고 아래를 공부하시기 바랍니다.

13-1 주어-동사 형태의 문장

영어의 1형식 문장과 같습니다. 아랍어에서 이런 문장들은 아주 흔합니다.

예문 ①	그는 갔다.	
	howwa geh	هُوَّ جِه
예문 ②	그녀는 노래를 부르고 있다.	
	heyya betyanni	هِيَّ بِتْغَنِّي
예문 ③	그 개는 먹고 있다.	
	ʔek-kalb beyæækol	الكَلْبْ بِيَاكُلْ

주어-동사-부사 형태의 문장

아래는 영어의 1형식 문장 형태이지만 거기에 부사가 첨가된 문장입니다.

예문 ①	나는 빨리 걸었다.	
	ʔana meʃiit be-sorɛa	أَنَا مِشِيتْ بِسُرْعَة
	☞ 문장 어순 - '나는' '걸었다' '빨리'	
예문 ②	그녀는 한국에 갔다.	
	heyya raaḥet korya	هِيَّ رَاحِتْ كُورْيَا
	☞ 문장 어순 - '그녀는' '갔다' '한국에'	
예문 ③	그 개는 천천히 먹고 있다.	
	ʔek-kalb beyæækol ɛala mahl-u	الكَلْبْ بِيَاكُلْ عَلَى مَهْلُه
	☞ 문장 어순 - '그 개는' '먹고 있다' '천천히'	

구어체 문법

13-2 주어-동사-목적어 형태의 문장

영어의 3형식 문장과 문장 구조가 동일합니다.

예문 ① 나는 음악을 좋아한다.	
ʕana baḥebb el-musiiqaʔ	أَنَا بَاحِبّ الْمُوسِيقَى
☞ 문장 어순 - '나는' '좋아한다' '음악을'	

예문 ② 그는 그의 자동차를 고쳤다.	
howwa ṣallaḥ ɛarabeyyet-u	هُوَّ صَلَّحْ عَرَبِيَّته
☞ 문장 어순 - '그는' '고쳤다' '그의 자동차를'	

예문 ③ 그 개는 빠르게 뼈를 먹고 있다.	
ʕek-kalb beyæækol el-ɛaḍm bᵉsorɛa	الكَلْبّ بِيَاكُلْ الْعَضْمْ بِسُرْعَة
☞ 문장 어순 - '그 개는' '먹고 있다' '뼈를' '빠르게'	

이 문장에서는 목적어 뒤에 부사가 사용되었습니다.

13-3 주어-동사-목적어-목적어 형태의 문장

예문 ① 나는 그녀에게 그 돈을 주었다.	
ʕana ʕeddiit-ha el-fᵉluusʔ	أَنَا إِدِّيتِهَا الْفُلُوسْ
☞ 문장 어순 - '나는' '지불했다' '그녀에게' '돈을'	

예문 ② 나는 그에게 차를 전달했다.	
ʕana sallemt-u ɛarabeyyaʔ	أَنَا سَلَّمْته عَرَبِيَّة
☞ 문장 어순 - '나는' '전달했다' '그에게' '차를'	

13-4 주어-동사-목적어-목적술어 형태의 문장

예문 ① 나는 그녀를 만족스럽게 했다.	
ʕana xalliit-ha mɒbsuuṭɑ	أَنَا خَلِّيتهَا مَبْسُوطَة
☞ 문장 어순 - '나는' '하게 했다' '그녀를' '만족스럽게'	

예문 ② 나는 그를 미치게 만들었다.	
ʕana xalliit-u yeṭgannen	أَنَا خَلِّيته يتجنّن
☞ 문장 어순 - '나는' '만들었다' '그를' '미치게'	

여기서 يتجنن 은 동사의 현재형 꼴이다.

구어체 문법

13-5 주어-술어 형태의 문장

영어 문장의 2형식 형태는 주어-동사-술어의 형태입니다. 이 형태에서 동사는 be 동사가 온다는 것을 알고 있습니다. 아랍어 문장에서는 영어 문장과 의미는 동일하지만 구문 형식에 차이가 있습니다. 아랍어 문장에서는 동사(be 동사)가 아예 사용되지 않고 주어 - 술어의 형태를 취합니다. 아래의 문장을 확인하십시오.

예문 ①	그녀는 아름답다.(She is beautiful)
ḥeyya gamiila	هِيَّ جَمِيلَة

예문 ②	나일강은 길다.(The Nile is long)
nahr en-niil ṭawiil	نَهْرِ النِّيلْ طَوِيلْ

예문 ③	그는 잠을 잔다. (He is sleeping)
howwa næœyim	هُوَّ نَايِمْ

이 문장에서는 동사가 없이 주어와 술어만으로 한 문장을 이룹니다. 이 때 술어는 형용사나 명사 혹은 분사로 이루어 집니다. 동사가 없어 어색하게 보이지만 아랍어에서는 지극히 정상적이며 아주 흔한 형태의 표현입니다.

13-5-1 주어 - 술어 형태 문장의 과거 시제

문장에서 동사의 기능 중 한 가지는 시제를 표현하는 것입니다. 그렇다면 동사가 사용되지 않는 주어 - 술어 문장에서 과거나 미래 시제를 어떻게 표현할까요?

그는 영리했다.	howwa kææn ʃaaṭer	هُوَّ **كَانْ** شَاطِرْ
그녀는 예뻤다.	ḥeyya kææneṭ gamiila	هِيَّ **كَانِتْ** جَمِيلَة
나는 부자였다.	ʕana kont ɣani	أَنَا **كُنْتْ** غَنِي

이와같이 주어 - 술어 꼴 문장을 과거 시제로 표기할 경우 كان 을 사용합니다. 이 때 주어의 인칭에 따라 كان 동사가 변화합니다. (동사 كان 의 변화꼴(9-4-10)을 참조하십시오)

13-5-2 주어 - 술어 형태 문장의 미래 시제

그는 영리할 것이다.	howwa haykuun ʃaaṭer	هُوَّ **هَيْكُونْ** شَاطِرْ
그녀는 예쁠 것이다.	ḥeyya hatkuun gamiila	هِيَّ **هَتْكُونْ** جَمِيلَة
나는 부자일 것이다.	ʕana hakuun ɣani	أَنَا **هَاكُونْ** غَنِي

이와같이 주어 - 술어 꼴 문장을 미래 시제로 표기할 경우 كان/يكون 동사의 미래형 꼴을 사용합니다.

구어체 문법

13-6 어순이 독특한 문장들

아래의 표현들은 우리말에서 찾아 볼 수 없는 독특한 문장들입니다. 문장의 어순이나 의미를 유심히 살펴봅시다.

나는 당신을 그리워 한다.(혹은 나는 당신이 그립다)
ʔenta wæægħeʃni   إنْتَ وَاحِشْنِي
문장 어순 - '당신은' '그리워하게 한다' '나를'.
한글에서는 주어가 '나는' 으로 시작하여 '나는 당신이 그립다'라고 표현하는 반면 아랍어에서는 주어가 '당신은' 으로 시작하여 '당신은 나를 그리워 하게 한다' 로 표현합니다.

☞ 이 문장의 변화 형태를 이 책의 회화 부분 17-3 그리움을 표현하는 방법 에서 확인하십시오.

나의 이빨이 아프다
senæen-i beteɡwaɛ-ni   سِنَانِي بِتِوْجَعْنِي
문장 어순 - '나의 이빨이' '아프게 한다' '나를'.
한글에서는 '나의 이빨이 아프다'라고 표현하는 반면 아랍어에서는 '나의 이빨이 나를 아프게 한다'로 표현합니다.

이 모바일은 나를 기쁘게 한다.(이 모바일은 나의 마음에 든다)
ʔel-mobayel da ɛææɡeb-ni   الْمُوبَايِل دَه عَاجِبْنِي
문장 어순 - '모바일은' '이것은' '기쁘게 한다 혹은 마음에 들게한다' '나를'
한글에서는 '나는 이 모바일이 내 마음에 든다' 라고 표현하는 반면 아랍어에서는 '이 모바일이 나를 마음에 들게 한다'로 표현합니다.
'마음에 든다'는 동사는 عَجَب/يَعْجِب 이지만 여기서는 분사꼴 عَاجِب이 사용됨

나는 지갑을 도둑 맞았어요
ʔel-maħfaza betææsti ʔetsaraʔet   الْمَحْفَظَة بِتَاعْتِي اِتْسَرَقِت
문장 어순 - '지갑이' '나에게 속한' '도둑맞았다'
한글에서는 '내가 지갑을 도둑맞았다' 라고 표현하는 반면 아랍어에서는 '나의 지갑이 도둑 맞았다'라고 표현합니다.

우리말 문장과 아랍어 문장의 어순이 정말 많이 다르지요? 이런 문장들은 이집트 아랍어의 독특한 특징이라 할 수 있습니다. 따라서 이런 문장들과 단어들이 나올 때 마다 그 단어의 특징과 문장에서의 사용 방법을 하나 하나 익혀갈 수 밖에 없습니다.

구어체 문법

13-7 동사문에 대해

아랍어 문장이 명사나 인칭대명사로 시작되지 않고 동사로 시작되는 경우입니다. 이 경우 동사의 주어(패-알 fææɛɛel فاعل)가 그 뒤에 옵니다. 아래를 확인하십시오.

	① - 인칭 대명사 혹은 명사로 시작하는 문장 ② - 동사로 시작하는 문장	
나는 그 아이들을 보았다.	1-① ʕana ʃuft el-ʕawlææd	أَنَا شُفْتِ الأَوْلاَدْ
	1-② ʃuft el-ʕawlææd	شُفْتِ الأَوْلاَدْ
그는 도착했다.	2-① howwa weṣel	هُوَّ وِصِل
	2-② weṣel	وِصِل
그 남자는 집으로 부터 밖으로 나갔다.	3-① ʕer-raagel xarag men el-beet	الرّاجِلْ خَرَجْ مِن البِّيتْ
	3-② xarag er-raagel men el-beet	خَرَجْ الرّاجِلْ مِن البِّيتْ

위 문장들에서 ① 문장은 모두 인칭 대명사 혹은 명사로 시작하는 문장이고 ② 문장은 동사로 시작하는 문장입니다. 동사로 시작하는 ② 문장들에서는 비록 독립된 인칭 대명사가 표기되지 않았지만 동사 자체에 주어의 인칭과 성 그리고 수에 대한 정보가 포함되어 있습니다. شفت ʃuft 는 1인칭 단수를 말하고(혹은 2인칭 남성 단수도 가능), وصل weṣel 은 3인칭 남성 단수를 말합니다. 따라서 문장에서 독립된 인칭 대명사가 생략되고 동사로 문장을 시작하더라도 전혀 문제가 되지 않습니다.

3-① 문장은 인칭대명사가 아닌 명사가 문장의 처음에 온 문장입니다. 3-② 문장은 주어인 명사가 동사 뒤에 오는 문장입니다. 이렇게 동사가 문장의 처음에 나오고 주어(패-알 fææɛɛel فاعل)가 되는 명사가 뒤로 가는 문장도 있음을 확인하십시오.

문장의 시작을 명사(인칭대명사)로 하느냐? 동사로 하느냐? 의 문제는 문장에서 무엇에 강조점을 둘 것인지의 차이라고 할 수 있습니다. 즉 명사(인칭 대명사)로 문장을 시작할 경우 동작을 행하는 주어에 강조점이 있고, 동사로 문장을 시작할 경우 동작 자체에 강조점이 있습니다.

구어체 문법
14 분사

분사란 동사에서 나온 동사의 활용형으로 명사적 기능과 형용사적인 기능을 함께 가지는 단어를 말합니다.

14-1 능동분사 & 수동분사
아랍어 동사는 능동분사(active verbal adjective)와 수동분사(passive verbal adjective)라는 변형된 형태의 단어를 가집니다.

동사	능동분사		수동분사	
katab/yektęb كَتَبَ/يَكْتُبْ	kææteb 캐-텝 (문필가, 저자)	كَاتِبْ	maktuub 막툽- (기록된)	مَكْتُوبْ
fęhęm/yęfham فِهِم/يِفْهَم	fææhęm 패-힘 (이해하는)	فَاهِمْ	mafhuum 마프훔- (이해되는)	مَفْهُومْ
ɛamal/yęɛmęl عَمَل/يِعْمِل	ɛææmęl 아-밀 (하고있는)	عَامِل	maɛmuul 마아물- (만들어진, 행해진)	مَعْمُولْ
ʃęręb/yęʃrab شِرِب/يِشْرَب	ʃææręb 쉐-립 (마시고 있는)	شَارِبْ	maʃruub 마슈룹- (마셔진)	مَشْرُوبْ
ɦabb/yęɦębb حَبّ/يِحِبّ	ɦææbęb 해-빕 (좋아하는)	حَابِبْ	maɦbuub 마흐붑- (사랑을 받는)	مَحْبُوبْ

분사는 동사에서 파생되었기에 동사의 의미와 밀접한 연관을 가집니다. 능동분사는 동사 동작의 진행 혹은 상태의 계속을 의미합니다. 능동분사의 의미는 '..하고 있는' 혹은 '..하는'이거나, 동사의 동작을 수행하는 사람을 나타내어 '..하는 사람'이 됩니다. 이에 비해 수동분사는 동사의 동작이 피동적으로 진행되고 있거나 진행된 경우를 나타냅니다. 수동분사의 의미는 '...되어지는(되어진)' 혹은 '...행해지는(행해진)' 이거나, 피동적으로 수행한 사람을 나타내어 '..되어진 사람'이 됩니다.

위의 예들에 나와있는 동사들은 능동분사와 수동분사 두 형태 모두 사용되는 동사들입니다.

14-2 분사의 활용
이집트 사람들은 일상대화에서 분사꼴을 많이 사용합니다. 예를들어 "그가 지금 자고 있다."는 표현을 원할 경우 현재 진행형 꼴을 사용하지 않고 분사꼴을 사용합니다. (이 경우 현재 진행형 꼴을 사용하면 습관적인 동작의 의미가 됩니다.)
다른 예로 "나는 방금 밥을 먹었다."는 표현을 원할 경우 과거형태로 표현하지 않고 분사꼴을 사용합니다. 또 다른 예로 "나는 내일 여행을 떠날 것이다"는 표현을 원할 경우 미래형 꼴을 사용하지 않고 분사꼴을 사용합니다.

구어체 문법		
그가 지금 자고 있다.	howwa næɛyim dɘlwa?ti 호와 내-임 딜와으티	هُوَّ نايمْ دِلْوَقْتِي
나는 방금 밥을 먹었다.	ʔana lɛssa wæækɘl 아나 릿싸 왜-킬	أَنا لِسَّة واكِلْ
나는 내일 여행을 떠날 것이다.	ʔana mɛsæɛfɘr bokrɑ 아나 미쌔-피르 보크라	أَنا مِسافِرْ بُكْرَة

14-3 주요 능동분사꼴

아래는 이집트 구어체 아랍어에서 가장 많이 사용되는 능동분사 꼴을 유형별로 묶은 것입니다. 이것들을 많이 읽고 암기하여서 자신의 것으로 만드시기 바랍니다.

14-3-1 주어의 현재 상태에 대한 표현으로 사용되는 분사

의미	남성 단수 (1,2,3인칭)		여성 단수 (1,2,3인칭)		복수 (1,2,3인칭)		동사 미완료/완료
잠자고있는	næɛyim 내-임	نايم	nayma 나이마	نايْمَة	naymiin 나이민-	نايْمين	نام/ينام
깨어있는	ṣaaḥi 사-히	صاحي	ṣaḥya 사흐야	صاحْيَة	ṣaḥyiin 사힌인-	صاحْيين	صِحى/يصْحى
알고있는	ɛæɛrɘf 아-리프	عارِف	ɛarfa 아르파	عارْفَة	ɛarfiin 아르핀-	عارْفين	عِرِفْ/يِعْرَفْ
이해하는	fæɛhɘm 패-힘	فاهِم	fahma 파흐마	فاهْمَة	fahmiin 패흐민-	فاهْمين	فِهِم/يفْهَم
기억하는	fæɛkɘr 패-키르	فاكِر	fakra 파크라	فاكْرَة	fakriin 패크린-	فاكْرين	فَكَّر/يفَكَّر
잊고있는	næɛsi 내-씨	ناسي	nasya 나쓰야	ناسْيَة	nasiin 내씬-	ناسْيين	نِسى/ينْسى
앉아있는	ʔæɛɛɛd 애-이드	قاعِد	ʔaɛda 아으다	قاعْدَة	ʔaɛdiin 아으딘-	قاعْدين	قَعَد/يقْعُد
서있는	wæɛʔɘf 왜-이프	واقِف	waʔfa 와으파	واقْفَة	waʔfiin 와으핀-	واقْفين	وِقِف/يِقِف
보고있는	ʃæɛyɘf 쉐-이프	شايف	ʃayfa 쉐이파	شايْفَة	ʃayfiin 쉐이핀-	شايْفين	شاف/يشُوف
듣고있는	sæɛmɛɛ 쌔-미아	سامِع	samɛa 싸므아	سامْعَة	samɛiin 싸므인-	سامْعين	سِمِع/يسْمَع

구어체 문법

느끼고있는	ḥæsæsęṣ 해-씨쓰	ḥaasis حَاسِس	ḥassa 핫싸	ḥassa حَاسَة	ḥassiin 핫씬-	ḥaasiin حَاسِّين	حَسّ/يحِسّ
기다리는	męstanni 미쓰탄니	mistanni مِسْتَنِّي	męstannęyya 미쓰탄니야	mistannyya مِسْتَنِّيَة	męstanniin 미쓰탄닌-	mistanniin مِسْتَنِّين	اِسْتَنَّى/يِسْتَنَّى
타고있는	ræækęb 래-킵	raakib رَاكِب	rakba 라크바	raakba رَاكْبَة	rakbiin 라크빈-	raakbiin رَاكْبِين	رِكِب/يرْكَب
운전하고 있는	sææyęʕ 쌔-예으	sayʕa سَايِق	sayʕa 싸이싸	sayʕa سَايْقَة	sayʕiin 싸이씬-	sayʕiin سَايْقِين	سَاق/يسُوق
거주하는	sææken 쌔-킨	saakin سَاكِن	sakna 싸크나	saakna سَاكْنَة	sakniin 싸크닌-	saakniin سَاكْنِين	سِكِن/يِسْكُن
살고있는	ʕææyæʒ 아-이쉬	ʕaayiš عَايِش	ʕayʃa 아이샤	ʕayša عَايْشَة	ʕayʃiin 아이쉰-	ʕaayšiin عَايْشِين	عَاش/يعيش
가능한	ʕææderʒ 애-디르	ʕaadir قَادِر	ʕadra 아드라	ʕaadra قَادْرَة	ʕadriin 아드린-	ʕaadriin قَادْرِين	قِدِر/يقْدَر
원하는	ɛææwęʒ 아-워즈	ʕaawiz عَاوِز	ʕawza 아우자	ʕawza عَاوْزَة	ʕawziin 아우진-	ʕaawziin عَاوْزِين	عَاز/يعُوز
	ɛææyęʒ 아-이즈	ʕaayiz عَايِز	ʕayza 아이자	ʕayza عَايْزَة	ʕayziin 아이진-	ʕaayziin عَايْزِين	
결혼한	mętgawwęz 미트가위즈	mitgawwiz مِتْجَوِّز	mętgawwęza 미트가위자	mitgawwza مِتْجَوْزَة	mętgawwęziin 미트가위진-	mitgawwziin مِتْجَوِّزِين	اِتْجَوَّز/يِتْجَوَّز
옷을입은	læææbęṣ 래-비쓰	laabis لاَبِس	labsa 랍싸	laabsa لاَبْسَة	labsiin 랍씬-	laabsiin لاَبْسِين	لِبِس/يلْبِس

아랍어에서 주어의 현재 상태를 표현할 때 많은 경우 현재 진행형 꼴이 아닌 분사꼴을 사용합니다. 다음을 비교하시기 바랍니다.

	분사꼴	형태가 현재 진행형 꼴
의미	그가 잠을 잔다.	그는 늦게 잠을 잔다.
문장	howwa nææyim 오와 내-임 هُوَّ نَايِم	howwa bęynææm mᵉtʕaxxar 오와 비냄- 미트아카르 هُوَّ بِيْنَامْ مِتْأَخَّرْ
설명	현재 잠을 자고 있는 상태. 주어의 현재 상태.	습관적인 동작. 즉 매일 혹은 습관적으로 늦게 잠을 잔다는 의미.(현재 진행의 의미가 아님)

구어체 문법

	분사꼴	형태가 현재 진행형 꼴
의미	그는 양복을 입고 있다.	1. 그는 양복을 입곤 한다. 2. 그는 지금막 양복을 입고 있다.
문장	howwa læɛbęs badla 호와 래-비쓰 바들라 هُوَّ لابِسْ بَدْلَة	howwa bęyęlbęs badla 호와 비일비쓰 바들라 هُوَّ بِيِلْبِسْ بَدْلَة
설명	현재 양복을 차려 입고 있는 상태. 주어의 현재 상태.	1. 습관적인 동작(자주 양복을 입음) 2. 막 시작된 동작(지금 현재 양복을 입기 위한 동작을 하고 있음)을 의미

위의 예들의 분사꼴에서 보듯이 다수의 분사꼴은 동작을 하는 주어의 현재 상태에 촛점을 맞추고 있습니다. 반면에 같은 의미의 동사를 현재 진행형꼴로 표현할 경우 주어의 현재 상태가 아닌 습관적인 동작이나 막 시작된 동작을 의미하게 됩니다.

14-3-2 동작이 현재 진행 중이거나, 혹은 가까운 미래에 확실하게 일어날 동작에 대한 표현으로 사용되는 분사

의미	남성 단수 (1,2,3인칭)		여성 단수 (1,2,3인칭)		복수 (1,2,3인칭)		동사 미완료/완료
가고있는	raayęḥ 라-에흐	رَايح	rayᵉḥa 라예하	رَايْحَة	rayᵉḥiin 라예힌-	رَايْحِين	رَاح/ يِرُوح
오고있는	gayy 개이	جَاي	gayya 개야	جَيَّة	gayyiin 개인-	جَايِّين	جِه/ يِجِي
여행중인	męsææfęr 미쌔-프르	مِسَافِر	męsafra 미싸프라	مِسَافْرَة	męsafriin 미싸프린-	مِسَافْرِين	سَافِر/ يِسَافِر
돌아오는	ræægęɛ 래-기아	رَاجِع	ragɛa 라그아	رَاجْعَة	ragɛiin 라그인-	رَاجْعِين	رِجِع/ يِرْجَع
나가고있는	xææręg 캐-리그	خَارِج	xarga 카르가	خَارْجَة	xargiin 카르긴-	خَارْجِين	خَرَج/ يُخْرُج
들어오고 있는	dææxęl 대-킬	دَاخِل	daxla 다클라	دَاخْلَة	daxliin 다클린-	دَاخْلِين	دَخَل/ يُدْخُل
내려가고 있는	næęzęl 내-질	نَازِل	nazla 나즐라	نَازْلَة	nazliin 나즐린-	نَازْلِين	نِزِل/ يِنْزِل
올라가고 있는	ṭaalęɛ 딸-리아	طَالِع	ṭalɛa 딸아	طَالْعَة	ṭalɛiin 딸인-	طَالْعِين	طِلِع/ يِطْلَع

구어체 문법					
도착하고 있는	waaṣel 와-셸	وَاصِل	waṣla 와슬라	وَاصْلَة	waṣliin 와슬린-	وَاصْلِين	وِصِل/يُوصَلْ وَاصِلِين

 바로 위의 도표에 나오는 동사들은 모두 왕래발착의 의미를 지니는 동사들입니다. 왕래발착 동사(locomotion verb)란 '가다', '오다', '떠나다', '나가다', '들어오다' 등등의 움직임을 표현하는 동사들을 말합니다. 이 동사들의 분사꼴은 모두 가까운 미래에 확실하게 일어날 동작에 대한 표현 혹은 현재 진행중인 동작에 사용됩니다.

	분사꼴	형태가 현재 진행형 꼴
의미	1. 나는 지금 여행중이다. 2. 나는 곧 여행을 갈 것이다.	나는 매월 여행을 하곤한다.
문장	ʔana mәsæfẹr 아나 미쌔-피르 أَنَا مِسَافِرْ	ʔana basæfẹr kollº ʃahr 아나 바쌔-피르 콜로 샤흐르 أَنَا بَاسَافِرْ كُلّْ شَهْرْ
설명	1. 현재 동작이 진행중인 상태 2. 가까운 미래에 있어질 동작을 의미	습관적인 동작을 의미

14-3-3 동작이 방금 끝난(Recent Past) 상태의 표현으로 사용되는 분사

의미	남성 단수 (1,2,3인칭)		여성 단수 (1,2,3인칭)		복수 (1,2,3인칭)		동사 미완료/완료
(조금전에) 마신	ʃæærẹb 쉐-립	شَارِب	ʃarba 샤르바	شَارْبَة	ʃarbiin 쉐르빈-	شَارْبِين	شِرِب/يِشْرَبْ
(조금전에) 먹은	wæækẹl 왜-킬	وَاكِل	wakla 와클라	وَاكْلَة	wakliin 와클린-	وَاكْلِين	أَكَل/يَاكُلْ
아침먹은	faaṭẹr 패-티르	فَاطِر	faṭra 파트라	فَاطْرَة	faṭriin 파트린-	فَاطْرِين	فِطِر/يِفْطَرْ
점심먹은	mẹtyaddi 미트갓디	مِتْغَدِّي	mẹtyaddeyya 미트갓데야	مِتْغَدِّيَّة	mẹtyaddeyyiin 미트갓디인-	مِتْغَدِّيِين	اِتْغَدَى/يِتْغَدَى
저녁먹은	mẹtʃaʃʃi 미트앗쉬	مِتْعَشِّي	mẹtʃaʃʃeyya 미트앗쉬야	مِتْعَشِّيَّة	mẹtʃaʃʃeyyiin 미트앗쉬인-	مِتْعَشِّيِين	اِتْعَشَّى/يِتْعَشَّى
깨어있는	ṣaaḥi 사-히	صَاحِي	ṣaḥya 사흐야	صَاحْيَة	ṣaḥyiin 사흐인-	صَاحْيِين	صِحِي/يِصْحَى

구어체 문법				
	분사꼴		현재 진행형 꼴	
의미	나는 밥을 먹었다.		나는 먹고 있다.	
문장	ʕana wæækel 아나 왜-킬	أَنَا وَاكِل	ʕana bæækol 아나 배-콜	أَنَا بَاكُل
설명	조금전에 먹은 상태. 그래서 배가 부르거나 먹을 필요가 없는 상태		현재 진행의 의미. 동작이 진행중인 상태.	

14-4 인칭에 따른 분사의 사용

이와같은 능동 분사들의 주어는 대부분 사람입니다. 문장에서 분사는 대개 술어의 역할을 하며(분사 + 미완료형인 형태는 예외. 이 책 문법 14-3 부분 참조) 그 변화는 주어의 성(性)과 수(數)에 일치하여야 합니다. 아래는 능동분사 عارف 와 صاحي 그리고 رايح 의 인칭에 따른 변화입니다. 아래에서 각 분사의 주어와 인칭에 따른 변화는 형용사의 변화와 동일한 것을 확인하십시오.

인칭			عارف		صاحي		رايح	
그는	howwa	هُوَّ	ɛææref 아-리프	عَارِف	ṣaaḥi 사-히	صَاحِي	raayeḥ 라-예흐	رَايِح
그녀는	heyya	هِيَّ	ɛarfa 아르파	عَارْقَة	ṣaḥya 사흐야	صَاحْيَة	rayḥa 라이하	رَايْحَة
그들은	homma	هُمَّ	ɛarfiin 아르핀-	عَارْقِين	ṣaḥyiin 사흐인-	صَاحْيِين	rayḥiin 라이힌-	رَايْحِين
너는(m)	ʕenta	إِنتَ	ɛææref 아-리프	عَارِف	ṣaaḥi 사-히	صَاحِي	raayeḥ 라-예흐	رَايِح
너는(f)	ʕenti	إِنتِي	ɛarfa 아르파	عَارْقَة	ṣaḥya 사흐야	صَاحْيَة	rayḥa 라이하	رَايْحَة
너희들은	ʕentu	إِنتُوا	ɛarfiin 아르핀-	عَارْقِين	ṣaḥyiin 사흐인-	صَاحْيِين	rayḥiin 라이힌-	رَايْحِين
나는(m)	ʕana (m)		ɛææref 아-리프	عَارِف	ṣaaḥi 사-히	صَاحِي	raayeḥ 라-예흐	رَايِح
나는(f)	ʕana (f)		ɛarfa 아르파	عَارْقَة	ṣaḥya 사흐야	صَاحْيَة	rayḥa 라이하	رَايْحَة
우리들은	ʕeḥna	إِحْنَا	ɛarfiin 아르핀-	عَارْقِين	ṣaḥyiin 사흐인-	صَاحْيِين	rayḥiin 라이힌-	رَايْحِين

구어체 문법
15 조동사

조동사(Modal Auxiliary)란 본동사와 연결하여 본동사의 의미를 보조하거나 서술어를 완성시키는 동사를 말합니다. 영어에서는 may, can, must, should 와 같은 단어들을 조동사라 합니다. 이집트 구어체 아랍어에서도 이런 성격의 단어들이 제법 있습니다.

15-1 일반적인 조동사 문장의 예

너는 반드시 지금 기록해야 한다.

| læӕzim tęktęb dęlwaʕti 래-짐 틱팁 딜와으티 | لازِمْ تِكْتِبْ دِلوَقتي |

læӕzim لازِمْ + 동사의 미완료형

위의 문장에서 لازِمْ 이라는 조동사는 영어의 must 와 같은 의미입니다. 이러한 조동사 다음에 오는 본동사는 **미완료형 변화를** 취합니다.

15-2 조동사의 종류 - 영어의 may, can, must 등은 뒤의 본동사를 받을 때 주어의 인칭과 수가 변해도 자신들은 변하지 않습니다. 마찬가지로 아랍어에서도 주어의 인칭과 수가 변해도 조동사 자신은 변하지 않습니다. 하지만 조동사 뒤에 사용된 본동사는 **미완료형의 변화를** 취합니다. 아래는 여러 가지 조동사의 종류와 그 예문을 기록하였습니다.

	의미		조동사	
1	…이 가능한 (possible, can)	momkęn	몸킨	مُمْكِنْ
2	반드시 …한, 틀림없이 …한 (must)	læӕzim	래-짐	لازِمْ
3	필수적으로…하는 (necessary, must)	ḍaruuri	다루-리	ضَرُوري
4	당연히 …해야 하는 (supposed, should)	mafruuḍ	마프루-드	مَفْرُوضْ
		ʕęl-mafruuḍ	엘마프루-드	المَفْرُوضْ
5	아마도 …한 (might)	ʕeħtęmæӕl	에흐티맬-	إحْتِمالْ
		moħtamal	모흐타말	مُحْتَمَلْ
6	아마도 …한 (might)	gæӕyęz	개-이즈	جايِزْ
7	아마도 …한 (might)	yęmkęn	임킨	يِمْكِنْ
8	아마도 …한 (might)	robbama	롭바마	رُبَّما
9	…하는 것이 불가능한(impossible)	mustaɦiil	무쓰타힐-	مُسْتَحيلْ
10	…하는 것이 중요한(important)	muhęmm	무힘	مُهِمّْ

구어체 문법

	의미	예문
1	지금 올 수 있니? momkẹn tiigi dẹlwaʕti	مُمْكِنْ تِيجِي دِلْوَقْتِي ؟
2	너는 열심히 공부해야 한다. ʕẹnta læǣzim yẹzæǣkẹr kuwayyẹs	إِنْتَ لَازِمْ تِذَاكِرْ كُوَيِّسْ
3	그 직원은 필히 사장을 만나야 한다. ʕẹl-muwazzaf ḍaruuri yẹʔǣbẹl ẹl-mudiir	الْمُوَظَّفْ ضَرُورِي يقَابِل الْمُدِير
4	그 직원은 마땅히 사장의 말을 들어야 한다. ʕẹl-muwazzaf mafruuḍ yẹsmaʕ kalǣæm ẹl-mudiir	الْمُوَظَّفْ مَفْرُوضْ يِسْمَعْ كَلَامْ الْمُدِير
5	아마 아빠가 오늘 올 것이다. baaba ʕẹḥtẹmǣæl yiigi ʕẹn-naharda	بَابَا احْتِمَال يِيجِي النَّهَارْدَة
6	어쩌면 우리는 택시를 탈 것이다. ʕẹḥna gæǣyẹz nẹrkab taksi	إِحْنَا جَايِز نِرْكَبْ تَاكْسِي
7	어쩌면 이집트로 여행갈수도 있다. yẹmkẹn ʕasæǣfẹr maṣr	يِمْكِنْ أَسَافِرْ مَصْرْ
8	어쩌면 내가 너와 함께 갈 것이다. robbama ʕaruuḥ maʕææk	رُبَّمَا أَرُوحْ مَعَاكْ
9	내가 그를 방문하는 것은 불가능하다. ʕana mustaḥiil ʕazuur-u	أَنَا مُسْتَحِيلْ أَزُورُه
10	너가 일찍 가는 것이 중요하다. ʕẹnta muhẹmm tẹmʃi badri	إِنْتَ مُهِمْ تِمْشِي بَدْرِي

아래의 도표는 조동사 momkẹn ممكن 을 이용한 인칭별 변화를 기록한 것입니다. 아래에서 인칭과 수에 따라 본동사의 미완료형이 어떻게 변화하는지 확인하시고, 아울러 조동사에의 모습에는 변함이 없는 것을 확인하십시오. (아래 문장을 평서문 혹은 의문문으로 사용할 수 있습니다.)

인칭		ممكن + 동사의 미완료형 (의미 - 그는 지금 올 수 있다)	
그는	howwa هُوَّ	momkẹn yiigi dẹlwaʔti	مُمْكِنْ يِيجِي دِلْوَقْتِي
그녀는	hẹyya هِيَّ	momkẹn tiigi dẹlwaʔti	مُمْكِنْ تِيجِي دِلْوَقْتِي
그들은	homma هُمَّ	momkẹn yiigu dẹlwaʔti	مُمْكِنْ يِيجُوا دِلْوَقْتِي
너는(m)	ʕẹnta إِنْتَ	momkẹn tiigi dẹlwaʔti	مُمْكِنْ تِيجِي دِلْوَقْتِي ؟
너는(f)	ʕẹnti إِنْتِي	momkẹn tiigi dẹlwaʔti	مُمْكِنْ تِيجِي دِلْوَقْتِي ؟
너희들은	ʕẹntu إِنْتُوا	momkẹn tiigu dẹlwaʔti	مُمْكِنْ تِيجُوا دِلْوَقْتِي ؟
나는	ʕana أَنَا	momkẹn ʕæægi dẹlwaʔti	مُمْكِنْ آجِي دِلْوَقْتِي ؟
우리들은	ʕẹḥna إِحْنَا	momkẹn niigi dẹlwaʔti	مُمْكِنْ نِيجِي دِلْوَقْتِي ؟

구어체 문법
15-3 조동사와 같은 역할을 하는 분사 (분사 + 동사의 미완료형)

위에서 조동사 뒤에는 동사의 미완료형이 온다고 했습니다. 분사에서도 이와같은 꼴을 가지는 것들이 있습니다. 앞장에서 분사에 대해서 다루었고 여기에서 조동사의 역할을 하는 분사에 대해서 다룹니다. 아래의 분사들은 미완료형 동사의 앞에 올 경우 조동사와 같은 역할을 합니다. 즉 뒤에 오는 미완료형 동사의 의미를 보조하는 역할을 합니다.

	의미	조동사	
1	원하는 (want)	ɛææwez̧/ -a/ -iin 아-위즈/아우자/아워진-	عَاوِز/ عَاوْزَة/ عَاوْزِين
		ɛææyez̧/ -a/ -iin 아-이즈/아이 자/아이진-	عَايِز/ عَايْزَة/ عَايْزِين
2	필요로 하는 (need)	meḥtææg/ -a/ -iin 매흐태-그/ -가/ -긴	مِحْتَاج/ مِحْتَاجَة/ مِحْتَاجِين
3	의도하는 (intend)	næævi/ -a/ -iin 내-위/내위야/내위인-	نَاوِي/ نَاوِيَة/ نَاوِيِين
4	… 하려 하는 (going to do …)	raayeḥ/ -a/ -iin 라예흐/라예하/라예힌-	رَايِح/ رَايْحَة/ رَايْحِين
5	좋아하는(like) 원하는 (want)	ḥææbeb/ -a/ -iin 하-빕/ 합바/ 합빈-	حَابِب/ حَابَّة/ حَابِّين
6	계속해서 …하는 (continue to…)	ɛammæl/ -a / -iin 암맬-/ 암맬라/ 암맬린-	عَمَّال/ عَمَّالَة/ عَمَّالِين
7	계속해서 …하는 (continue to…)	ʕæɛæɛd/ -a / -iin 아-이드/아아다/아아딘-	قَاعِد/ قَاعْدَة/ قَاعْدِين

	의미	예문
1	나는 커피를 마시길 원한다. ɛææyez̧ ʕaʃrab ʕahwa	عَايِز أَشْرَب قَهْوَة
2	나는(f) 일찍 집에 가야할 필요가 있다. meḥtææga ʕarawwaḥ badri	مِحْتَاجَة أَرَوَّحْ بَدْرِي
3	너 이번 여름에 무엇을 할거니? næævi teɛmel ʕeeh es-ṣeef da	نَاوِي تِعْمِلْ إِيه الصَّيْفْ دَه؟
4	지금 나는 공부를 하려고 한다. raayeḥ ʕazæækęr delwaʕti	رَايِح أُذَاكِرْ دِلْوَقْتِي
5	나는 지금 홍차를 마시고 싶다. ḥææbeb ʕaʃrab ʃææy delwaʕti	حَابِب أَشْرَب شَاي دِلْوَقْتِي

	구어체 문법	
6	그 직원들은 계속해서 일을 하고 있다. ʕel-muwazˤzˤafiin ɛammæɛliin yeʃtaɣalu	الْمُوَظَّفِين عَمَّالِين يِشْتَغَلُوا
7	그는 계속해서 나에게 불평을 늘어놓았다. howwa ʕææsˤed yeʃtɛki li	هُوَّ قَاعِدْ يِشْتِكِي لِي

미완료형 동사와 함께 사용되는 분사는 형용사의 변화와 같이 주어의 성(性)과 수(數)에 따라 변화합니다. 즉 주어가 남성인가, 여성인가, 아니면 단수인가 복수인가에 따라 변화를 달리합니다. 아래의 도표를 보십시오.

인칭			عاوز + 동사	
그는	howwa هُوَّ	howwa ɛææwiz yetɛallem		هُوَّ عَاوِزْ يِتْعَلَّمْ
그녀는	heyya هِيَّ	heyya ɛawza tetɛallem		هِيَّ عَاوْزَة تِتْعَلَّمْ
그들은	homma هُمَّ	homma ɛawziin yetɛallemu		هُمَّ عَاوْزِينْ يِتْعَلَّمُوا
너는(m)	ʕenta إنْتَ	ʕenta ɛææwiz tetɛallem		إنْتَ عَاوِزْ تِتْعَلَّمْ
너는(f)	ʕenti إنْتِي	ʕenti ɛawza tetɛallemi		إنْتِي عَاوْزَة تِتْعَلَّمِي
너희들은	ʕentu إنْتُوا	ʕentu ɛawziin tetɛallemu		إنْتُوا عَاوْزِينْ تِتْعَلَّمُوا
나는(m)	ʕana أَنَا	ʕana ɛææwiz ʕatɛallem		أَنَا عَاوِزْ أَتْعَلَّمْ
나는(f)	ʕana أَنَا	ʕana ɛawza ʕatɛallem		أَنَا عَاوْزَة أَتْعَلَّمْ
우리들은	ʕeɦna إحْنَا	ʕeɦna ɛawziin netɛallem		إحْنَا عَاوْزِينْ نِتْعَلَّمْ

☞ 위 예문에서 عاوز 대신에 عايز 를 사용해도 마찬가지입니다. 두 단어는 같은 뜻으로 개인의 습관에 따라 전자나 후자를 사용합니다.

15-4 전동사(preverb)

조동사의 역할과 비슷한 전동사(preverb)입니다. 전동사는 미완료형의 본동사 앞에 와서 본동사의 의미를 보조하는 역할을 합니다. 아래에 전동사로 사용되는 동사들을 확인하십시오.

	의미	조동사	
1	…하는 것이 가능한(to be able to)	ʕederˤ/ yeʕdar	قِدِر/ يِقْدَرْ
2	…하고 싶다, …하길 좋아하다(to like to)	ɦabb/ yeɦebb	حَبّ/ يِحِبّ
3	… 하려 하다 (going to do …)	raaɦ/ yeruuɦ	رَاحَ/ يِرُوحْ
4	…하기 시작하다(to begin to)	bada/ yebda badaʕ/ yebdaʕ	بَدَا/ يِبْدَا بَدَأ/ يِبْدَأ

	구어체 문법		
5	계속해서 …하다 (to continue to…)	boʢod/ yoʢʢod	قَعَد/ يُقْعُدْ
6	계속해서 …하다 (to continue to…)	feḍel/ yefḍal	فِضِلْ/ يِفْضَلْ

	의미	문장
1	우리는 올 수 없었다. maʢedernææʃ niigi	ماقِدرْناش نيجي
	어제 어떤 일이 일어났는지 나에게 말해 줄 수 있겠니? teʢdar teʢuul li ḥaṣal ʢeeḥ ʢimbææreḥ	تِقْدَرْ تِقُولْ لِي حَصَلْ إيه إمْبَارِحْ
2	옴무 칼숨의 노래를 들어보고 싶니? (단지 현재 무엇을 듣고 싶은지 물어봄) teḥebb tesmaʢ ʢoyneyya li-ʢomm kalsuum	تِحِبّ تِسْمَعْ أُغْنِيَة لأُمّ كَلْثُومْ؟
	옴무 칼숨의 노래 듣는 것을 좋아하니? (습관 혹은 취미를 물어봄) beteḥebb tesmaʢ ʢayææni ʢomm kalsuum	بِتِحِبّ تِسْمَعْ أَغَاني أُمّ كَلْثُومْ؟
	나는 산책하는 것을 좋아한다. (습관 혹은 취미를 말함) ʢana baḥebb ʢatmaʃʃa	أنا باحِبّ أَتْمَشَّى
3	그는 언제 오려고 하니? raaḥ yiigi ʢemta	رَاحْ يِيجِي إمْتَى؟
	아흐마드는 그의 친구들과 놀려고 한다. ʢaḥmad raayeḥ yelʢab maʢa ʢaṣḥaab-u	أَحْمَدْ رَايحْ يِلْعَبْ مَعَ أَصحَابُه
4	그 학생들은 배우는 것을 시작했다. ʢet-tullaab badu yetʢallemu	الطُّلابْ بَدُوا يِتْعَلَّمُوا
5	사람들이 계속해서 그 택시를 불렀다. en-nææs ʢaʢadu ynæædu ʢat-taksi	النَّاسْ قَعَدُوا ينادُوا عَ التَّاكْسِي
	열이 계속해서 올랐다가 내렸다가 했다. eṣ-suxuneyya ʢaʢadeṭ teruuḥ we-tiigi	السُخُونيَّة قَعَدِتْ تْرُوحْ وِتِيجِي
6	그는 계속해서 그의 시계를 쳐다보았다. feḍel yeboṣṣ f-sææʢt-u	فِضِلْ يِبُصّ فِي سَاعْتُه

☞ 위의 예에서 전동사(preverb)는 사용하는 문장의 시제에 따라 완료형과 미완료형 둘 다 사용됨을 알 수 있습니다.

☞ 위의 3번 두번째 예에서 راح 대신에 رايح 가 사용되었습니다. 동사꼴이 아닌 분사꼴로 사용된 경우입니다. 이는 15-3의 조동사와 같은 역할을 하는 분사와 같은 형태입니다.

구어체 문법

15-5 본동사가 미완료형이 아닌 경우

다시 조동사로 돌아갑니다. 지금까지는 조동사가 있는 문장에서 본동사가 미완료형인 경우를 보았습니다. 조동사가 있는 문장에서 본동사가 미완료형을 취하는 것이 일반적이긴 하지만 항상 그런 것은 아닙니다. 아래에서 본동사가 완료형 변화 혹은 미래형을 취하는 경우를 확인하십시오.

본동사가 미완료형을 취하는 경우

너는 반드시 지금 기록해야 한다.		
læǽzim tęktęb dęlwaʕti	래-짐 틱팁 딜와으티	لازِمْ تِكْتِبْ دِلْوَقْتِي

본동사가 완료형을 취하는 경우

너는 그것을 기록했음이 틀림없다. (you must have written it)		
læǽzim katabtu	래-짐 카탑투	لازِمْ كَتَبْتُه

본동사가 미래형을 취하는 경우

아마도 그녀는 내일 올 것이다.		
ʕęħtęmǽæl hatiigi bokra	애흐티맬- 하티-기 보크라	إحْتِمَال هَتِيجِي بُكْرَة

구어체 문법

16 동명사 (Verbal Noun)

동명사(verbal noun المَصْدَر)란 영어 문법의 동명사와 같은 개념입니다. 예를들어 '마시다, to drink'란 동사는 ʃereb/yeʃrab شِرِبْ/يِشْرَبْ 입니다. 이 동사를 동명사로 표현하면 '마심 drinking'이 되는데 아랍어에서는 ʃorb شُرْبْ 이 바로 그것입니다. 즉 동명사(verbal noun المَصْدَر)란 동사의 어근에서 파생되어 동사와 명사의 의미 및 기능을 함께하는 단어를 말합니다. 동명사는 동사와 달리 시제가 표시되지 않고 동작의 발생 혹은 상태의 유지의 의미를 나타냅니다. 이러한 동명사(verbal noun المَصْدَر)는 동작을 표현하는 동사와 상태를 표현하는 동사에서 파생됩니다.

동명사(verbal noun)		동작 표현 동사	
마심 ʃorb	شُرْب	마시다 ʃereb/yeʃrab	شِرِبْ/يِشْرَبْ
걸음, 떠남 maʃy	مَشْي	걷다, 떠나다 meʃi/ yemʃi	مِشِي/يِمْشِي

동명사(verbal noun)		상태 표현 동사	
이해함 fehm	فَهْم	이해하다 fehem/ yefham	فِهِم/ يِفْهَمْ
똑똑함 zakææʕ	ذَكَاء	똑똑하다 zaki/ yezka	ذَكِي/ يَذْكَى *
아름다움 gamææl	جَمَال	아름답다 gamola/ yegmol	جَمُلَ/ يِجْمُلْ *

→ * 표가 있는 동사의 형용사는 각각 zaki ذَكِي 와 gamiil جَمِيل 이다.

16-1 동명사(verbal noun المَصْدَر)의 파생 형태

원형동사(Ⅰ형식 동사)의 동명사 형태는 일정한 규칙이 없습니다. 따라서 새로운 단어들이 나올 때 마다 동명사 형태도 따로 암기해야 합니다. 하지만 Ⅱ형식에서 Ⅹ형식의 동사들은 그 동명사에 정해진 형태가 있습니다. 아래는 원형동사(Ⅰ형식 동사)의 대표적인 예들입니다. Ⅱ형식에서 Ⅹ형식 까지의 동명사들은 곧 배우는 '동사의 10가지 형태'에서 공부하시기 바랍니다.

	동명사(verbal noun)		동사	
①	글씀, 글쓰기 ketææba	كِتَابَة	글을 쓰다 katab/ yektẹb	كَتَبْ/ يِكْتِبْ
	공부함, 공부 deraasa	دِرَاسَة	공부하다 daras/ yedres	دَرَسْ/ يِدْرِسْ

구어체 문법

	동명사		동사	
	읽음, 읽기 ɡɪrææya	قِرَاءَة	읽다 ɡara/ yeɡra	قَرَأَ/ يَقْرَأ
	동명사 꼴에 ا 와 ة 가 사용되었고 같은 모음부호가 붙음			
②	올라감 ṭuluuɛ	طُلُوع	올라가다 ṭeleɛ/ yeṭlaɛ	طلع/ يطْلَع
	들어감 duxuul	دُخُول	들어가다 daxal/ yedxol	دَخَل/ يدْخُل
	내려감 nuzuul	نُزُول	내려가다 nezel/ yenzel	نزل/ ينْزِل
	동명사 꼴에 و 가 사용되었고 같은 모음 부호가 붙음			
③	이해함, 이해 fehm	فَهْم	이해하다 fehem/ yefham	فِهِم/ يفْهَم
	때림, 두드림 ḍarb	ضَرْب	때리다, 두드리다 ḍarab/ yeḍrab	ضَرَب/ يضْرَب
	그리기 rasm	رَسْم	그리다 rasam/ yersem	رَسَم/ يرْسِم
	동명사 꼴에 붙은 모음 부호가 같음			

그외 동명사(verbal noun)의 여러 가지 형태

		동명사		동사	
①	강동사	마심 ʃorb	شُرْب	마시다 ʃereb/ yeʃrab	شرب/ يشْرَب
②	약자음(ا و ي)이 동사 중간에 오는 동사	잠 noom	نُوم	잠자다 næ:m/ yenæ:m	نَام/ ينَامْ
		들고감 ʃeel	شيل	들고가다(to carry) ʃæ:l/ yeʃiil	شَال/ يشيل
③	중복자음이 있는 동사	사랑, 사랑함 ḥobb	حُبّ	사랑하다 ḥabb/ yeḥebb	حَبّ/ يحبّ
		대답, 대답함 radd	رَدّ	대답하다 radd/ yerodd	رَدّ/ يرُدّ
④	약자음(ا و ي)이 끝에 오는 동사	던짐 ramy	رَمْي	던지다 rama/ yermi	رَمَى/ يرمْي
		채움 maly	مَلْي	채우다 mala/ yemla	مَلَا/ يمْلَا

구어체 문법

16-2 동명사의 사용

16-2-1 일반 명사와 같은 용법으로 사용됨

- 주어 – 술어 형태의 문장에서 주어

| 그 공부는 지루하다
ęd-dęraasa mumęlla | الدِّرَاسَة مُمِلَّة |

- 주어 – 술어 형태의 문장에서 술어로

| 지금 더 중요한 것은 공부이다.
ʔahamm ḫaaga dęlwaʔti ḫeyya ęd-dęraasa | أَهَمَّ حَاجَة دِلْوَقْتِي هِيَّ الدِّرَاسَة |

- 주어 – 동사 형태의 문장에서 주어

| 그 공부는 일주일 전부터 시작되었다.
ęd-dęraasa badaʔet men ʔesbuuε | الدِّرَاسَة بَدَأْتِ مِنِ اسْبُوع |

- 주어 – 동사 – 목적어 문장에서 목적어

| 우리들은 일주일 전부터 공부를 시작했다.
ʔebtadiina ęd-dęraasa men ʔesbuuε | إِبْتَدِينَا الدِّرَاسَة مِنِ اسْبُوع |

- 전치사의 목적어

| 그들은 나에게 대학교에서의 공부에 대해서 물어보았다.
saʔaluuni εan ęd-dęraasa fil-gamεa | سَأَلُونِي عَنِ الدِّرَاسَة فِي الْجَامْعَة |

16-2-2 전치사 بـ 와 함께 부사로 사용됨

| 우리는 그 주제에 대해 아주 간단하게 이야기했다.
ʔetkallęmna fil-mawḍuuε bę-basaaṭa | اِتْكَلَّمْنَا فِي الْمَوْضُوع بِـبَسَاطَة |
| 우리는 그 레슨을 아주 어렵게 이해했다.
fęhęmna ęd-dars bę-ṣuεuuba | فِهِمْنَا الدَّرْسْ بِـصَعُوبَة |

☞ 전치사 بـ + 동명사는 부사의 의미가 됩니다.

예) 빨리 bę-sorεa بِسُرْعَة
느리게 bę-boṭʔ ببطء

16-2-3 상태목적어(ɧæææl حال)로 사용

나는 걸어서 집으로 돌아갈 것이다. harawwaɧ **maʃy**	هَارُوحْ مَشِي
나는 뛰어서 왔다. giit **gary**	جِيتْ جَرْي

☞ 상태목적어(ɧæææl حال)이란 아랍어의 문법 용어로서 동사의 동작이 진행되는 동안의 주어나 목적어의 상태가 어떠한지를 나타내는 말입니다. 위의 예문에서 내가 집으로 가는 동작이 진행되는 동안 나는 걷고 있는 상태였습니다. 또한 그 다음 문장에서는 내가 오고있는 동작이 진행되는 동안 나는 뛰는 상태였습니다. 이와같이 동사의 동작이 진행되는 동안의 주어나 목적어의 상태를 나타내는 말을 상태목적어(ɧæææl حال) 이라고 합니다. 사실 문어체 아랍어에서의 상태목적어(ɧæææl حال)은 위의 문장과 약간의 차이가 있지만 구어체 아랍어에서도 그 개념은 똑같습니다.

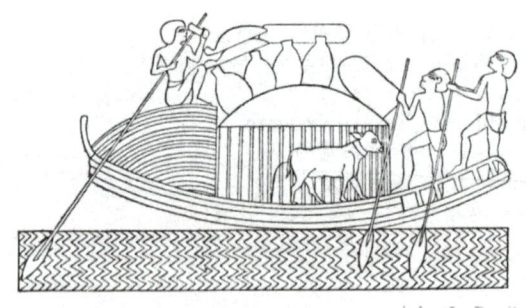

구어체 문법

17 동사의 10가지 형태

아랍어 단어는 어근을 중심으로 파생되고 발전한다고 배웠습니다. 이 어근을 기준으로 아랍어 동사를 크게 두 가지로 나눌 수 있습니다. 어근 자음으로만 이루어진 원형동사(الفِعْل المُجَرَّد)와 원형동사에 자음이 추가되어 일정한 패턴을 이룬 첨가동사(الفِعْل المَزيد)가 있습니다.

17-1 Ⅰ 형식(Form Ⅰ) 동사 - 원형동사(الفِعْل المُجَرَّد)

어근 자음으로만 이루어진 동사를 원형동사(الفِعْل المُجَرَّد)라 합니다. 여기서는 동사의 10가지 형태를 다루고 있으므로 이 원형동사를 편의상 Ⅰ 형식(Form Ⅰ) 동사라고 지칭합니다. Ⅰ 형식(Form Ⅰ) 동사(원형동사)는 그것의 3인칭 과거의 형태가 세 개의 자음으로 이루어져 있습니다. 이 책 문법 부분의 '16 동명사' 장에서 소개된 모든 동사들이 Ⅰ 형식 동사들입니다. 그리고 '9-7 주요 동사표'에 나오는 동사들 중 세 자음만으로 구성된 동사들 모두가 이 Ⅰ 형식 동사들입니다. (만일 중간 자음 위에 ʃadda شدة 꼴 즉 ' ّ ' 표가 붙으면 중복자음이 되므로 자음이 네 개가 되고 따라서 Ⅱ 형식 동사가 됩니다.)

☞ Ⅰ 형식 동사(원형동사)의 동명사(verbal noun المَصْدَر) 형태는 일정한 규칙이 없습니다. '16 동명사' 부분의 동명사의 유형들을 참고하십시오.

17-2 Ⅰ 형식(Form Ⅰ)동사 에서 파생되는 다른 형식의 동사 - 첨가동사

원형동사에 자음이 추가되어 일정한 패턴을 가진 다른 동사가 될 때 이를 첨가동사(الفِعْل المَزيد)라 합니다. Ⅰ 형식 동사에 특정한 자음이 추가되어 Ⅰ 형식 동사와 의미의 연관성이 있는 다른 형식의 동사가 되는 것들이 많이 있습니다. 아래의 ① 에서 semεɛ/yesmaɛ سمِع/يسْمَع 는 Ⅰ 형식의 동사로서 '듣다'의 의미를 지닌 자동사입니다. 이 동사의 중간 자음에 중복자음(ʃadda شدة)이 추가되어 sammaɛ/yesammaɛ سمَّع/يسَمِّع 가 될 경우 그 의미는 '듣게 하다'라는 타동사가 됩니다. 또한 ' ا '과 ' ت ' 자음이 추가되어 ʃestamaɛ/yestemeɛ استمع/يستمع 가 될 경우 '경청해서 듣다'라는 의미가 됩니다. 우리는 앞의 중복자음(ʃadda شدة)이 추가된 꼴을 Ⅱ 형식 동사라고 하며 ' ا '과 ' ت ' 가 추가된 꼴을 Ⅷ 형식 동사로 구분합니다.

아래의 ②는 또 다른 예인 ʃaɣal/ yeʃɣel شَغَل/يِشْغَل 의 경우입니다. 이 경우도 ①의 경우아 같은 원리입니다.

① semεɛ/ yesmaɛ سمِع/يسْمَع 동사의 경우

형식 Ⅰ(Form Ⅰ)		형식 Ⅱ (Form Ⅱ)	
semεɛ/ yesmaɛ	سمِع/يسْمَع	sammaɛ/yesammaɛ	سَمَّع/يسَمَّع
듣다(자동사)		듣게 하다(타동사) (형식 Ⅰ 동사의 중간 자음 م 에 중복자음 ʃadda شدة 가 붙음)	

405

구어체 문법

형식 Ⅰ(Form Ⅰ)		형식 Ⅷ (Form Ⅷ)	
sǝmǝʕ/ yǝsmaʕ	سمع/ يسمَع	ʕǝstamaʕ/yǝstǝmǝʕ	اِستَمَع/ يِستَمِع
듣다(자동사)		경청해서 듣다 (형식 Ⅰ 동사에 자음 ا과 ت가 추가됨)	

② ʃayal/ yǝʃyǝl شَغَل/ يِشْغْل 동사의 경우

형식 Ⅰ(Form Ⅰ)		형식 Ⅱ (Form Ⅱ)	
ʃayal/ yǝʃyǝl	شَغَل/ يِشْغْل	ʃayyal/ yǝʃayyal	شَغَّل/ يِشَغَّل
(마음, 생각을)차지하다, 바쁘다		작동 시키다 (형식 Ⅰ 동사의 중간 자음 غ 에 중복자음 ʃadda شدة 가 붙음)	

형식 Ⅰ(Form Ⅰ)		형식 Ⅷ (Form Ⅷ)	
ʃayal/ yǝʃyǝl	شَغَل/ يِشْغْل	ʕǝʃtayal/ yǝʃtayal	اِشْتَغَل/ يِشْتَغَل
(마음, 생각을)차지하다, 바쁘다		일하다, 작동되다 (형식 Ⅰ 동사에 자음 ا과 ت가 추가됨)	

아래의 ③은 위의 경우와 조금 다른 동사의 변화를 설명한 것입니다. ɛǝlǝm/ yǝʕlam عِلِم/يِعْلَم 동사는 Ⅰ 형식의 동사로서 '알다'는 뜻을 지닌 자동사입니다. 이 동사의 중간 자음에 중복자음(ʃadda شدة)이 추가되어 ɛallǝm/ yǝɛallǝm عَلَّم/ يِعَلَّم 이 될 경우 그 의미는 '가르치다'는 타동사가 됩니다. 또한 Ⅱ 형식의 동사에 ' اِتـ ' 자음이 추가되어 ʕǝtɛallǝm/ yǝtɛallǝm اِتْعَلَّم/ يِتْعَلَّم 이 될 경우 Ⅱ 형식의 수동의 의미 즉 '배우다'는 의미가 됩니다. 우리는 앞의 중복자음 (ʃadda شدة)이 추가된 꼴을 Ⅱ 형식 동사로 하며, Ⅱ 형식 동사에 ' اِتـ ' 자음이 추가된 꼴을 Ⅴ 형식 동사라 합니다.

③ ɛǝlǝm/ yǝɛlam عِلِم/يِعْلَم 동사의 경우

형식 Ⅰ(Form Ⅰ)		형식 Ⅱ (Form Ⅱ)	
ɛǝlǝm/ yǝɛlam	عِلِم/ يِعْلَم	ɛallǝm/ yǝɛallǝm	عَلَّم/ يِعَلَّم
알다		가르치다(알게 하다는 의미) (형식 Ⅰ 동사의 중간 자음 ل 에 중복자음 ʃadda شدة 가 붙음)	

형식 Ⅱ (Form Ⅱ)		형식 Ⅴ (Form Ⅴ)	
ɛallǝm/ yǝɛallǝm	عَلَّم/ يِعَلَّم	ʕǝtɛallǝm/ yǝtɛallǝm	اِتْعَلَّم/ يِتْعَلَّم
가르치다		배우다 (형식 Ⅱ 동사에 자음 ' اِتـ '가 붙음)	

구어체 문법

이와같이 아랍어 첨가동사는 I 형식의 동사에 특정한 자음이 추가되어 I 형식의 동사와 의미의 연관성에 대한 규칙을 가지는 다른 형식의 동사로 발전합니다. 여기에는 1형식 동사에서 다른 형식의 동사로 변하는 것도 있고, 변화된 다른 형식에서 또 다른 형식으로 변하는 것도 있습니다. 이러한 동사변화의 규칙성을 다음 페이지의 '첨가동사 변화표'에서 정리하고 있습니다.

☞ 다음의 표에서 '文'이란 표시는 문어체 아랍어에서 동사의 변화를 표시한 것이고, 'ㅁ'란 표시는 이집트 구어체 아랍어에서 동사의 변화를 표시한 것입니다. 각 형식의 변화에서 '文'이란 부분은 ' فعل '이란 한 개의 동사를 사용하여 각각의 형식 변화의 표준을 기록하였고, 'ㅁ' 부분에서는 각각의 형식 변화의 표준을 기록함과 더불어 그 아래에 각각의 실례도 기록하였습니다.

☞ 문어체 아랍어를 배운 사람은 아래의 표를 쉽게 이해할 수 있을 것입니다. 다음에서 보듯 이집트 구어체 아랍어에서는 각각의 형식에서 모음 부호가 문어체 아랍어와 약간 다르다는 것을 확인할 수 있습니다.

☞ 첨가동사 변화표에서 동사 뿐만 아니라 명령형, 동명사(verbal noun), 능동분사(active verbal adjective), 수동분사(passive verbal adjective)의 꼴이 규칙적으로 변화하는 것을 확인하십시오. 동사 뿐만 아니라 명령형과 동명사, 능동분사, 수동분사의 형태까지 다 익히시기 바랍니다.

☞ 첨가동사에 대한 더 자세한 설명은 '종합 아랍어 문법' 01 어형과 품사편(이병학, 문예림)을 보시기 바랍니다.

구어체 문법
17-2-1 첨가동사 변화표

형식	구분	동사 الماضي/المضارع	의미	명령형 الأمر	동명사 المصدر	능동분사 اسم الفاعل	수동분사 اسم المفعول
II	文	فَعَّلَ / يُفَعِّلُ		فَعِّلْ	تَفْعِيلٌ	مُفَعِّلٌ	مُفَعَّلٌ
II		فَعَّلْ / يفَعِّلْ		فَعِّلْ	تَفْعِيلْ	مُفَعِّلْ	사용안함
II	口	عَلَّمَ / يعَلِّمُ	가르치다	عَلِّمْ	تَعْلِيمْ	مُعَلِّمْ	사용안함
II	口	دَرَّسْ / يدَرِّسْ	가르치다	دَرِّسْ	تَدْرِيسْ	مُدَرِّسْ	사용안함
III	文	فَاعَلَ / يُفَاعِلُ		فَاعِلْ	مُفَاعَلَةٌ	مُفَاعِلٌ	مُفَاعَلٌ
III		فَاعِلْ / يفَاعِلْ		فَاعِلْ	مِفَاعَلَة	مِفَاعِلْ	사용안함
III	口	ذَاكِرْ / يذَاكِرْ	공부하다	ذَاكِرْ	مُذَاكَرَة	مِذَاكِرْ	사용안함
III	口	قَابِلْ / يقَابِلْ	만나다	قَابِلْ	مُقَابِلَة	مُقَابِلْ	사용안함
IV	文	أَفْعَلَ / يُفْعِلُ		يُفْعِلْ	إِفْعَالٌ	مُفْعِلٌ	مُفْعَلٌ
IV	口	사용안함		사용안함	사용안함	사용안함	사용안함
V	文	تَفَعَّلَ / يتَفَعَّلُ		تَفَعَّلْ	تَفَعُّلْ	مُتَفَعِّلٌ	مُتَفَعَّلٌ
V		اتْفَعَّلْ / يتْفَعَّلْ		اتْفَعَّلْ	تَفَعُّلْ	مِتْفَعِّلْ	사용안함
V	口	اتْعَلَّمْ / يتْعَلَّمْ	배우다	اتْعَلَّمْ	تَعَلُّمْ	مِتْعَلِّمْ	사용안함
V	口	اتْقَدَّمْ / يتْقَدَّمْ	진보하다	اتْقَدَّمْ	تَقَدُّمْ	مِتْقَدِّمْ	사용안함
VI	文	تَفَاعَلَ / يتَفَاعَلُ		تَفَاعَلْ	تَفَاعُلْ	مُتَفَاعِلٌ	مُتَفَاعَلٌ
VI		اتْفَاعِلْ / يتْفَاعِلْ		اتْفَاعِلْ	تَفَاعُلْ	مِتْفَاعِلْ	사용안함
VI	口	اتْقَابِلْ / يتْقَابِلْ	만나지다	اتْقَابِلْ	تَقَابُلْ	مِتْقَابِلْ	사용안함
VI	口	اتْعَامِلْ / يتْعَامِلْ	거래하다	اتْعَامِلْ	تَعَامُلْ	مِتْعَامِلْ	사용안함
VII	文	إنْفَعَلَ / ينْفَعِلُ		إنْفَعِلْ	إنْفِعَالٌ	مُنْفَعِلٌ	مُنْفَعَلٌ
VII	口	اتْفَعِلْ / يتْفِعِلْ		사용안함	사용안함	مِتْفِعِلْ	사용안함

구어체 문법						
사용안함	مُتَكْتِبْ	사용안함	사용안함	기록되다	اِنْكَتَبْ/يِتْكِتِبْ	
사용안함	مُتْكِسِرْ	사용안함	사용안함	부서지다	اِتْكَسَرْ/يِتْكِسِرْ	
مُفْتَعَلٌ	مُفْتَعِلٌ	إِفْتِعَالٌ	إِفْتَعِلْ		إِفْتَعَلَ/يَفْتَعِلُ	文	
사용안함	مُفْتَعِلْ	إِفْتِعَالْ	إِفْتَعِلْ		إِفْتَعَلْ/يِفْتِعِلْ		VIII
사용안함	مِسْتِلِفْ	اِسْتِلَافْ	اِسْتِلِفْ	빌리다	اِسْتَلَفْ/يِسْتِلِفْ	口	
	مُجْتَمِعْ	اِجْتِمَاعْ	اِجْتِمِعْ	모이다	اِجْتَمَعْ/يِجْتِمِعْ		
مُفْعَلٌّ	مُفْعِلٌّ	إِفْعِلَالٌ	إِفْعَلَّ		إِفْعَلَّ/يَفْعَلُّ	文	
사용안함	مِفْعِلّْ	إِفْعِلَالْ	إِفْعَلّْ		إِفْعَلّْ/يِفْعَلّْ		IX
사용안함	مِحْمِرّْ	اِحْمِرَارْ	اِحْمَرّْ	붉게되다	اِحْمَرّْ/يِحْمَرّْ	口	
사용안함	مِصْفِرّْ	اِصْفِرَارْ	اِصْفَرّْ	노랗게되다	اِصْفَرّْ/يِصْفَرّْ		
مُسْتَفْعَلٌ	مُسْتَفْعِلٌ	إِسْتِفْعَالٌ	إِسْتَفْعِلْ		أَسْتَفْعَلَ/يَسْتَفْعِلُ	文	
مُسْتَفْعَلْ	مُسْتَفْعِلْ	إِسْتِفْعَالْ	إِسْتَفْعِلْ		إِسْتَفْعَلْ/يِسْتَفْعِلْ		X
مُسْتَخْدَمْ	مُسْتَخْدِمْ	اِسْتِخْدَامْ	اِسْتَخْدِمْ	사용하다	اِسْتَخْدَمْ/يِسْتَخْدِمْ	口	
مُسْتَقْبَلْ	مُسْتَقْبِلْ	اِسْتِقْبَالْ	اِسْتَقْبِلْ	영접하다	اِسْتَقْبَلْ/يِسْتَقْبِلْ		

☞ '사용안함'은 구어체 아랍어에서는 사용되지 않는다는 표시입니다.

17-3 동사 변화에서 의미의 연관성에 대해

위의 규칙변화표의 동사 변화에서 각각의 형식에 있는 동사는 Ⅰ 형식의 동사 혹은 다른 형식의 동사와 의미의 연관성을 갖습니다. 다시말해 변화의 형태의 규칙성 뿐만 아니라 의미에 있어서도 규칙성을 찾을 수 있습니다. 아래의 표들을 확인하십시오.

17-3-1 아래의 Ⅶ 형식 동사는 Ⅰ 형식 동사의 수동의 의미입니다.

Ⅰ 형식		Ⅶ 형식	
기록하다	كَتَبْ/يِكْتِبْ	기록되다	اِنْكَتَبْ/يِنْكِتِبْ
부수다	كَسَرْ/يِكْسَرْ	부서지다	اِنْكَسَرْ/يِنْكِسِرْ

구어체 문법

17-3-2 아래의 Ⅴ 형식 동사는 Ⅱ 형식 동사의 수동의 의미입니다.

Ⅱ 형식		Ⅴ 형식	
가르치다	عَلِّمْ/ يِعَلِّمْ	배우다	إتْعَلِّمْ/ يِتْعَلِّمْ
고치다	صَلَّحْ/ يِصَلَّحْ	고쳐지다	إتْصَلَّحْ/ يِتْصَلَّحْ

17-3-3 아래의 Ⅵ 형식 동사는 Ⅲ 형식 동사의 수동의 의미입니다.

Ⅲ 형식		Ⅵ 형식	
만나다	قَابِلْ/ يِقَابِلْ	만나지다 함께 만나다	إتْقَابِلْ/ يِتْقَابِلْ
발견하다	لاَقَى/ يِلاَقِي	발견되다	إتْلاَقَى/ يِتْلاَقَى

17-3-4 아래의 Ⅰ 형식 동사는 자동사이지만 Ⅱ 형식으로 바뀌면서 목적어를 가지는 타동사가 됩니다. 여기서 사용된 중복자음(ʃadda شدة)은 '…을 하게 하다' '…을 시키다'라는 사역동사의 의미를 부여합니다.

Ⅰ 형식		Ⅱ 형식	
돌아가다	رِجِعْ/ يِرْجَعْ	…을 돌아가게하다	رَجَّعْ/ يِرَجَّعْ
공부하다	دَرَسْ/ يِدْرِسْ	…에게 공부를 시키다(가르치다)	دَرِّسْ/ يِدَرِّسْ

17-3-5 아래는 17-3-4와 같은 형태이지만 그 의미가 다릅니다. Ⅰ 형식 동사에 중복자음(ʃadda شدة)이 추가되어 Ⅱ 형식 동사가 되는데 이 때의 중복자음(ʃadda شدة)은 동작의 강함 혹은 반복의 의미를 부여하는 것입니다. 다시말해 Ⅰ 형식 동사의 동작을 강하게 하거나 여러번 반복할 때 Ⅱ 형식 동사의 의미가 되는 것입니다.

Ⅰ 형식		Ⅱ 형식	
부수다	كَسَرْ/ يِكْسَرْ	잘게 부수다 여러조각으로 부수다	كَسَّرْ/ يِكَسَّرْ
자르다	قَطَعْ/ يِقْطَعْ	잘게 자르다 여러개로 자르다	قَطَّعْ/ يِقَطَّعْ

구어체 문법
18 접속사에 대해

접속사는 단어와 단어 혹은 문장과 문장을 연결하는 역할을 하는 단어를 말합니다. 이집트 구어체 아랍어에는 다양한 종류의 접속사가 있습니다. 그것들을 아래와 같이 몇 종류로 나눌 수 있습니다.

18-1 연결하는 단어 혹은 문장이 대등관계로 이루어진 접속사

아래의 접속사들은 단어와 단어를 연결하기도 하고 문장과 문장을 연결하기도 합니다. 단어와 단어 혹은 문장과 문장이 연결될 때 연결되는 양쪽이 대등한 관계로 이루어집니다. 아래의 접속사들과 예문들을 잘 익혀보십시오.

	접속사			의미
1	wi	위	وَ	그리고
2	ʕaw	아우	أَوْ	… 혹은(or) (평서문에 사용)
3	walla	왈라	وَلاَّ	… 혹은, 아니면(or) (의문문에 사용)
4	ya … ya … 예… 예…		يَا … يَا …	…하거나 아니면 … (either … or …)
5	ya imma … ya imma … 예 임마 … 예 임마 …		يَا إِمَّا … يَا إِمَّا …	…하거나 아니면 … (either … or …)
6	la … wala … 라 … 왈라		لاَ … وَلاَ …	…도 아니고 …도 아닌 (neither …nor)

예문)

	의미	문장
1	알리와 하산이 밖으로 나갔다.(단어와 단어) ʕali wę-ḥasan xaragu 나는 그 아들과 그 딸을 보았다. ʔana ʃuft ęl-walad węl-bęnt 나는 공부하고(그리고) 잠을 잤다.(문장과 문장) ʔana zæækęrt wę-nęmt	عَلِي وحَسَن خَرَجُوا أَنَا شُفْت الْوَلَدْ والْبِنْت أَنَا ذَاكِرْت وِنِمْت
2	나는 현대차 혹은 피아트 차를 살 것이다. haʃtęri ɛarabęyya honday ʕaw fiyaat	هَاشْتِرِي عَرَبِيَّة "هُنْدَاي" أَوْ "فِيَات"
3	당신은 한국인이세요 아니면 일본인이세요? ʕęnta kuuri walla yabææni	اِنْتَ كُورِي وَلاَّ يَابَانِي ؟

구어체 문법

4	나는 사우디아라비아로 떠나거나 아니면 이집트에서 일하도록 시도할 것이다. ya ʕasæːfer ʕeṣ-suɛudeyya ya ʕaħæːwel ʕaʃtaɣal fi maṣr	يَا أُسَافِر السُعُوديَّة يَا أَحَاوِل أَشْتَغَل فِي مِصْرْ
5	나는 저녁에 공부하거나 아니면 아침 일찍 공부할 것이다. hazæːker ya imma bel-leel ya imma ʕeṣ-ṣobħ badri	هَاذَاكِرْ يَا إِمَّا بِاللَّيلْ يَا إِمَّا الصُبْحْ بَدْرِي
6	나는 그를 보지도 못했고 만나지도 못했다.(문장과 문장) ʕana la ʃuftu wala ʕæbeltu	أَنَا لاَ شُفْتُه وَلاَ قَابِلْتُه
	그 남자아이도 그 여자 아이도 여기에 없었다.(단어와 단어) la el-walad wala el-bent kæːnu hena	لاَ الْوَلَدْ وَلاَ الْبِنْتْ كَانُوا هِنَا

18-2 접속사 뒤에 구(句, phrase)가 오는 접속사

아래의 접속사들은 단어와 단어 혹은 문장과 문장으로 연결되는 것이 아니라, 접속사 앞에는 문장이 오고 접속사 뒤에는 단어 즉 구(句, phrase)가 옵니다. 따라서 연결되는 양쪽이 대등관계가 아닙니다.

	접속사			의미
1	ɛaʃæːn ɛalaʃæːn	아쉔- 알라쉔-	عَشَان/عَلَشَان	··· 때문에/ ··· 위하여 (because of/ for)
2	bᵉ-sabab	비싸밥	بِسَبَب	··· 때문에 (because of)
3	ʕella	일라	إِلاَّ	···을 제외하고 (except)
4	raɣm	라금	رَغْم	···에도 불구하고 (in spite of)
5	beɾ-raɣmᵉ min	비라금 민	بِالرَّغْم مِنْ	···에도 불구하고 (in spite of)

예문)

	의미	문장
1	그는 돈 때문에 점심 외식을 못한다. mabetyaddaʃ barra ɛaʃæːn el-fᵉluus	مَابِيتْغَدَّاش بَرَّة **عَشَان** الفُلُوسْ
	그녀 때문에(위하여) 나는 파티에 오지 않았다. magiitʃ el-ħafla ɛaʃæːn-ha	مَاجِيتْش الْحَفْلَة **عَشَانــــــهَا**
	그는 여행중이라 오지않았다. magæːʃ ɛaʃæːn mesæːfeɾ	مَاجَاش **عَشَان** مِسَافِر

	구어체 문법	
2	그녀는 내가 말한 그 말 때문에 화를 낼 것이다. hatezɛal bᵉ-sabab ek-kalæɛm ʕelli ʔult-u	هَتِزْعَلْ بِسَبَبِ الكَلَامِ اللِّي قُلْتُه
3	두 명을 제외한 모든 학생들이 다 왔다. kolli eṭ-ṭullaab gomm ʕella ʔetneen	كُلَّ الطُّلَابْ جُمْ إلّا اِتْنِينْ
4	이런 상황에도 불구하고 너는 성공할 수 있다. momken tengaɦ fi ɦayæɛtak raym ez-zuruuf di	مُمكن تنجح في حَياتَك رغم الظُرُوف دِي
5	그의 병에도 불구하고 그는 경기에 참가했다. bɛr-raymᵉ min marad-u ʕeʃtarak fi el-matʃ	بِالرَّغْمْ مِنْ مَرَضُه اِشْتَركْ في المَاتش

☞ 접속사 εaʃæɛn عشان 은 그 뒤에 구가 올 수도 있고, 절이 올 수도 있습니다. 18-3의 5번 예문을 보십시오.

18-3 접속사 뒤에 절(문장)이 오는 접속사

아래의 접속사들은 문장과 문장을 연결하는 접속사들입니다. 따라서 접속사 뒤에 반드시 문장이 와야 합니다.

	접속사			의미
1	læɛken	래-킨	لَكِن	그러나, … 하지만, (but)
2	bass	밧쓰	بَسّ	그러나, … 하지만 (but)
3	fa	파	فَ	그래서 (so)
4	lamma	람마	لَمَّا	… 했을 때 (when)
5	εaʃæɛn	아쉔-	عَشَان	… 때문에 (because) … 하기 위해 (in order to)
6	ʕaʃl	아슬	أَصْل	… 때문에 (because)
7	liʕenn	리엔	لِإنّ	… 때문에 (because)
8	ʕaɦsan l-aɦsan	아흐싼 라흐싼	أَحْسَن/ لَأَحْسَن	…하지 않도록 (lest) … 때문에 (because)
9	la	라	ـَ	…하지 않도록 (lest)
10	ʕablᵉ ma	아블리 미	قَبْلَ مَا	…하기 전에 (before)
11	baɛd ma	바아드 마	بَعْدَ مَا	…한 이후에 (after)
12	ʕawwel ma	아월 마	أَوَّلَ مَا	…하자마자 (as soon as)
13	sæɛɛʕet ma	쌔-아잇 마	سَاعَةَ مَا	…할 그 때 (just as)
14	waʕt ma	와으트 마	وَقْتَ مَا	…할 때 (when)

		구어체 문법	
15	leɣæːyet ma 리가옛 마	لِغَايةِ مَا	···할 때까지 (until)
16	le-ħadd ma 리핫드 마	لِحَدِّ مَا	···할 때까지 (until)
17	ɛala bæːel ma 알라밸- 마	عَلَى بَالِ مَا	···할 때까지, (by the time that, until) (..하는 시간동안)
18	ɛala ma 알라 마	عَلَى مَا	···할 때까지, (by the time that, until) (..하는 시간동안)
19	ṭuul ma 뚤- 마	طُولِ مَا	···하는 동안은, ···하는 한 (as long as)
20	madæːm 마댐-	مَا دَامِ	···하는 한, ···하는데도 (since)
21	men ɣeyr ma 민기-르 마	مِنْ غَيْرِ مَا	···이 없이 (without)
22	badal ma 바달 마	بَدَلِ مَا	···하는 대신에 (instead)
23	maṭraħ ma 마뜨라흐 마	مَطْرَحِ مَا	···한 장소에 (where)
24	koll ma···(koll ma) 꼴로 마	كل ما...(كل ما)...	···하면 할수록 더욱 ···하다
25	mahma + 완료형 마흐마	مَهْمَا	무엇이라하든지 (no matter what)
26	maɛa ʕenn 마아 인	مَعَ اِنَّ	···에도 불구하고 (although)
27	raɣmᵉ ʕenn 라금 인	رَغْمِ اِنَّ	···에도 불구하고 (although)

예문)

	의미	문장
1	나는 일찍 끝내려고 노력했지만 불가능했다. ħæːwelt ʕaxallaṣ badri **læːken** maʕdertiʃ	حَاوِلْتُ أَخْلَّصْ بَدْرِي **لَكِنْ** مَاقْدِرْتِشْ
2	그(의 상태는)는 좋지만 약간 피곤하다. howwa kuwayyes **bass** taɛbæːn ʃᵉwayya	هُوَّ كُوَيِّسْ **بَسّ** تَعْبَانْ شْوَيَّة
3	나에게 돈이 없어서 은행에 갔다. makæːenʃ maɛæːya fᵉluus **fa** ruħt el-bank	مَاكَانْشْ مَعَايَا فِلُوسْ **فَـ** رُحْتْ البَنْك
4	그가 올 때 우리는 먹을 것이다. hanæːekol **lamma** yiigi	هَنَاكُلْ **لَمَّا** يِيجِي
	내가 그를 볼 때 너에게 이야기하겠다. **lamma** ʕaʃuuf-u haʕuulak	**لَمَّا** أَشُوفُه هَاقُولَكْ

구어체 문법

5	내가 너에게 화가 났어. 왜냐하면 나에게 오지 (방문) 않기 때문이에.ʔana zaɛlæɛn mennak ɛaʃæɛn meʃ beṭiigi li ʕabadan 그 나무가 자라기 위해서 시간이 좀 걸린다. eʃ-ʃagara beṭæɛxud waʔt ɛaʃæɛn tekbar	أَنَا زَعْلَانْ مِنَّكْ **عَشَانْ** مِشْ بتِيجِي لِي أَبَدَأ الشَّجَرَة بتَاخُدْ وَقْت **عَشَان** تكْبَرْ
6	내가 그의 안부를 묻는 것은 오늘 그가 오지 않았기 때문이다. ʔana basʔal ɛaliih **ʔaʃl-u** magæɛʃ ʔen-naharda 그녀는 알레르기를 가지고 있는데 왜냐하면 요즘 날씨가 좋지 않기 때문이다. ɛandaha ḥasaseyya **ʔaʃl** ʔel-gaww weḥeʃ ʃawi el-yoomeen dool	أَنَا بَاسْأَلْ عَلِيه **أَصْلُــه** مَاجَاشْ النَّهَارْدَة عَنْدَهَا حَسَاسِيَّة **أَصْل** الجَوّ وِحِشْ قَوِي الْيُومِينْ دُولْ
7	그들은 아무것도 보지못했는데 왜냐하면 그들이 밖에 있었기 때문이다. maʃæɛfuuʃ ḥæɛga **liʔennohom** kæɛnu barra	مَاشَافُوشْ حَاجَة **لِإنَّــهُمْ** كَانُوا بَرَّة
8	그녀는 늦지 않기 위해서 택시를 탔다. xadet taksi **ʔaḥsan(/leʕaḥsan)** tetʔaxxar 시험이 다가왔기 때문에 너는 열심히 공부해야 한다. læɛzem tezæɛker **ʔaḥsan(/laḥsan)** ʔel-ʔemteḥæɛn ʔarrab	خَدِتْ تَاكْسِي **أَحْسَن(/ لأَحْسَن)** تِتْأَخَّرْ لَازِمْ تِذَاكِرْ **أَحْسَنْ(/ لأَحْسَنْ)** الاِمْتِحَان قَرَّبْ
9	이 구멍에 빠지지 않도록 조심해 ḥæɛseb **latoʔaɛ** fi l-ḥofra di	حَاسِبْ **لَــتُوقَعْ** فِي الحُفْرَة دِي
10	먹기 전에 너의 손을 씻으라. ʔeysel ʔiidak **ʔablᵉ ma** tæɛkol	اِغْسِلْ إيدَكْ **قَبْل مَا** تَاكُلْ
11	나는 저녁을 먹고 난 후 잠을 잤다. ʔana nemt ɛala ṭuul **baɛd ma** ʔetʕaʃʃiit	أَنَا نِمْت عَلَى طُولْ **بَعْدْ مَا** اتْعَشِّيت
12	그가 들어가자 마자 음식을 요청했다. **ʔawwel ma** daxal ṭalab ʔel-ʔakl	**أَوَّلْ مَا** دَخَلْ طَلَبْ الأكْلْ
13	학생들은 선생님이 들어올 때 조용히했다. ʔeṭ-ṭollaab beyoskotu **sæɛsʔet ma** ʔel-mudarres yodxol	الطُّلَّابْ بِيُسْكِتُوا **سَاعِة مَا** الْمُدَرِّسْ يُدْخُلْ
14	우리가 만난 그 시간에 그녀는 아주 바빴다. **waʔt ma** ʔetʔæɛbelna heyya kæɛnet maʃyuula ʔawi	**وَقْتْ مَا** اتْقَابِلْنَا هِيَّ كَانِتْ مَشْغُولَة قَوِي
15	그가 그것의 가격을 낮추기 전 까지는 우리는 그로 부터 사지 않겠다. meʃ haneʃteri mennu **leyæɛyet ma** yenazzel seʕraha	مِشْ هَانِشْتِرِي مِنْه **لِغَايَة مَا** يِنَزِّلْ سِعْرَهَا

구어체 문법

16	그가 돌아올 때 까지 우리는 그를 기다렸다. ʕestannenææh **le-ɦadd ma** regeʕ	إسْتَنِّيْنَاه **لِحَدْ مَا** رِجع
17	잠이올 때 까지 그는 책을 읽고 있었다. beyeʕra rewææya **ʕala bææl ma** yiigi lu nuum	بِيقْرَأ روايَة **عَلَى بَالْ مَا** يِيجي لُه نُومْ
18	그가 올 때 까지 공부할 것이다. **ʕala ma** yiigi hazææker	**عَلَى مَا** يِيجي هَاذَاكِرْ
19	실장이 없는 내내 그들은 일하지 않았다. mabeyʃtayaluuʃ **ṭuul ma** el-mudiir yææyeb	مَابِيشْتَغَلُوشْ **طُول مَا** المُدير غَايب
20	이집트에 있는 한 반드시 아랍어를 배워야 한다. **madææm** hatoʔʕud fi maṣr lææzem tetʕallem ʕarabi	**مَا دَامْ** هَتُقْعُدْ في مَصْرْ لَازِمْ تِتْعَلِّمْ عَرَبي
	한가한데도 너(f)는 왜 오지 않았니? magitiiʃ leeh **madææm** konti faḍya	مَاجِيتِيش ليه **مَا دَامْ** كُنْتي فَاضْيَة
21	아침을 먹지 않고 밖으로 나갔다. xaragu **men yeer ma** yefṭaru	خَرَجُوا **مِنْ غِيْرْ مَا** يِفْطُرُوا
22	그는 공부하는 대신에 계속해서 TV를 보았다. ʕaʕad yetfarrag ʕala televizyoon **badal ma** yezææker	قَعَد يِتْفَرَّجْ عَلَى التِّليفِزْيُون **بَدَلْ مَا** يِذَاكِرْ
23	그가 그 책을 남겨둔 곳에서 나는 그 책을 찾았다. leʔiit ek-ketææb **maṭraɦ ma** sebtu	لِقيتِ الكِتَاب **مَطْرَحْ مَا** سِبْتُه
24	그가 크면 클수록 책임이 늘어날 것이다. **koll ma** yekbar hateziid el-masʔuleyya	**كُلَ مَا** يِكْبَرْ هَتِزيد المَسْؤُلِيَّة
25	그녀가 무슨 이야기를 하던지 그녀의 이야기를 듣지 않겠다. **mahma** ʔææleṭ meʃ hasmaʕ kalææmha	**مَهْمَا** قَالِت مش هَاسْمَعْ كَلَامْهَا
	어떤 사람들은 농담이 재미없음에도 불구하고 웃는다. fiih nææs beteḍɦak **mahma** kææneṭ en-nokta bææyxa	فيه نَاسْ بِتِضْحَكْ **مَهْمَا** كَانِت النُّكْتَة بَايْخَة
26	그는 성적이 1등으로 나왔는데도 불구하고 조교로 발탁되지 못했다. mateʕayyenʃ muʕiid **maʕa ʕenn-u** ṭeleʕ ʕel-ʔawwel	مَاتْعَيِّنْش مُعيد **مَعَ إنَّــــه** طِلِعَ الأَوَّل
	나는 날씨가 좋음에도 불구하고 스웨터를 입었다. lebest bloovar **maʕa ʕenn** eg-gaww kuwayyes	لِبِسْت بْلُوفَر **مَعَ إنّ** الْجَوّ كُوَيِّس
27	나는 담배가 물담배보다 비쌈에도 불구하고 담배를 좋아한다. baɦebb es-sagææyer **raymᵉ ʕenn-aha** ʕayla men eʃ-ʃiiʃa	بَاحِبّ السَّجَايِرْ **رَغْمَ إنَّها** أَغْلَى مِنِ الشِّيشَة

구어체 문법

18-4 접속사 اِنّ (혹은 불변화사, partical) 의 사용에 대해

영어 문법에서 접속사 that 절을 기억하시나요?
I know that Egypt is famous for tourism.
나는 이집트가 관광으로 유명하다는 것을 알고 있다.
이집트 아랍어에서도 이와 동일한 문장 형태로서 아주 많이 사용되는 접속사가 있습니다. 바로 ʕenn اِنّ 인데요 이 단어의 의미는 영어의 that 과 동일합니다. 아래의 예를 보십시오.

나는 이집트가 관광으로 유명하다는 것을 알고 있다.
ʕana εæærεf ʕenn maṣr maʃhuura bεs-sεyæxfja   أَنَا عَارِف اِنّ مَصْر مَشْهُورَة بِالسِّيَاحَة
عارِف 란 분사 뒤에 اِنّ 이 왔으며 그 뒤에 완전한 문장이 따라왔음.

동사와 함께 사용된 접속사 اِنّ

많은 경우 접속사 اِنّ 은 특정 동사와 함께 사용됩니다. 따라서 어떤 동사가 접속사 اِنّ 을 동반하는지 익히실 필요가 있습니다. 아래는 접속사 اِنّ 이 가장 흔히 사용되는 동사들의 예입니다.

①	…을 말하다	ʕææl/ yeʕuul (li) ʕenn	... اِنّ قَال/ يِقُول
②	…을 듣다	sεmεʕ/ yεsmaʕ ʕenn	... اِنّ سِمِع/ يِسْمَع
③	…을 알다	εærεf/ yεεraf ʕenn	... اِنّ عِرِف/ يِعْرَف
④	…을 두려워하다	xææf/ yεxææf ʕenn	... اِنّ خَاف/ يِخَاف

예문)

①	그들이 나에게 그 서점의 문이 잠겼다는 것을 말했다.
	ʕæælu li ʕenn el-maktab maʕfuul قَالُوا لِي اِنّ الْمَكْتَب مَقْفُول
②	나는 그 사장이 한국을 여행중이라고 들었다.
	sεmεεt ʕenn el-mudiir mεsææfεr korya سِمِعْت اِنّ الْمُدِير مِسَافِر كُورْيَا

③과 ④의 경우 동사의 형태보다는 다음의 분사 형태를 많이 사용합니다.

분사형태 혹은 특정한 구(句)와 함께 사용된 접속사 اِنّ

아래의 ①과 ② 문장은 각각 위의 εærεf/ yεεraf ʕenn ... اِنّ عِرِف/ يِعْرَف 동사의 능동분사와 수동분사 꼴이 접속사 اِنّ 과 함께 사용된 경우입니다. 또한 아래의 ③ 문장은 위의 xææf/ yεxææf ʕenn ... اِنّ خَاف/ يِخَاف 문장의 능동분사 꼴이 접속사 اِنّ 과 함께 사용된 경우입니다. 그리고 아래의 ④ 문장은 동사나 분사 형태가 아닌 특정한 구(句)가 접속사 اِنّ 과 함께 사용된 경우입니다.

구어체 문법

①	…을 알고 있다	ɛææreʔ ʕenn	عَارِف إنّ …
②	…이 알려져 있다	maʕruuf ʕenn	مَعْرُوف إنّ …
③	…을 두려워한다	xææyeʔ ʕenn	خَايِف إنّ …
④	…하는 것이 낫다	men ʕel-aħsan ʕenn	مِن الأحْسَن إنّ …

예문)

①	나는 너가 이집트에 살고 있는 것을 알고 있다.
	ʔana ɛææreʔ ʕennak sææken fi maṣr
	أنَا عَارِف إنّكْ سَاكِن في مَصْر
②	이집트 기후가 좋다는 것은 알려진 사실이다.(모두가 알고 있다)
	maʕruuf ʕenn gaww maṣr gamiil
	مَعْرُوف إنّ جَوّ مَصْرْ جَمِيل
③	그녀는 그녀의 아들이 시험에 떨어질까봐 걱정하고 있다.
	heyya xayfa ʕenn ʕebnaha yesʔaṭ fi-l-ʕemteħææn
	هيَّ خَايقَة إنّ إبْنَهَا يسقَطْ في الامْتِحَان
④	당신은 지금 잠을 자는 것이 더 낫다.
	men ʕel-aħsan ʕennak tenææm delwaʕti
	مِن الأحْسَن إنّكْ تِتَام دِلْوَقْتِي

18-5 동시 동작을 나타내는 접속사 wi و

주어의 동작이 진행되는 동안 다른 동작이 동시에 일어나는 상황을 묘사해야 할 때가 있습니다. 예를들어 '… 하는 동안 … 하다', '…할 때 … 하다' 같은 문장을 말하는 것으로 영어에서 while의 의미입니다. 아래에서 사용된 wi و 를 유의해서 살펴보십시오.

그녀가 그의 딸과 이야기하고 있을 때 그가 들어갔다.
howwa daxal wi-heyya beṭeṭkallem maɛa bentu
هُوَّ دَخَلْ وِهِيَّ بِتِتْكَلِّم مَعَ بِنْتُه
그가 들어가는 것과 그녀가 그의 딸과 이야기하는 것이 동시에 일어난 동작

그는 마이크를 손에 잡고 노래를 한다.
howwa byeɣanni wi-howwa mææsek maykrofoon
هُوَّ بِيغَنِّي وهُوَّ مَاسِكْ مَيْكْرُوفُون
그가 노래하는 것과 마이크를 잡고 있는 것이 동시 동작

☞ 문어체 아랍어 문법에서 이런 동시동작을 ḥæl gomla جملة حال 이라 합니다. 16-2-3 에서 다룬 ḥæl حال 과 의미가 같은 것입니다.

구어체 문법

18-6 양보절을 이끄는 접속사 maɛa ʕenn اِن مع 과 ḥatta law حتّى لو

양보절은 '비록 … 할찌라도'의 의미를 가진 부사절을 말합니다. 이미 위의 예에서도 양보의 의미를 가진 접속사가 있었습니다. koll ma كل ما…, mahma مهما, raymᵉ ʕenn رغم اِن, maɛa ʕenn مع اِن, (كل ما)… 등이 그것입니다. 여기서는 양보의 접속사 중에서 미묘한 차이 때문에 구분하기 힘들어하는 maɛa ʕenn مع اِن 과 ḥatta law حتّى لو 에 대해서 살펴보고자 합니다.

아래의 두 문장을 비교해 봅시다.
문장 ① "비록 내가 가난할찌라도 먹는 것은 가장 좋은 것을 먹는다"
문장 ② "비록 내가 비행기로 간다할찌라도 제시간에 도착하는 것은 불가능하다"

문장 ①은 자신이 현재 실제로 가난한 상황에서 하는 말입니다. 그러나 문장 ②는 자신이 실제로 비행기로 가는 것이 아니라 다른 교통 편으로 가던지 아니면 가는 것을 포기한 상황입니다. 다시 말해 문장 ①은 실제 상황이고 문장 ②는 실제 상황이 아닌 가정의 상황입니다. 이와같이 실제 상황을 묘사할 때는 maɛa ʕenn مع اِن 을 사용하고 실제로 실행하지 않고 가정의 양보절을 만들 때에는 ḥatta law حتّى لو 를 사용합니다. 아래의 문장을 확인하십시오.

내가 아주 아픔에도 불구하고 너와 함께 갈 것이다.
maɛa ʕenni taɛbæææn ʕawi lækken ḥaruuḥ maɛæææk

مَعَ إِنِّي تَعْبَانْ قَوِي لَكِن هَارُوحْ مَعَاكْ

실제로 아픈 상황 – maɛa ʕenn مع اِن

비록 내가 그에게 더 많은 금액을 제시한다고 할찌라도 그는 동의하지 않을 것이다.
ḥatta law ɛaraḍt ɛaleeh mablaɣ ʕaktar howwa meʃ haywææfeʕ

حَتّى لَوْ عَرَضْتْ عليه مبلغ أَكْتَرْ هُوَّ مِشْ هَيْوَافِقْ

더 많은 금액을 제시한다는 가정의 상황 – ḥatta law حتّى لو

419

구어체 문법
19 관계대명사

관계 대명사는 연관된 두 문장을 연결하는 기능을 하는 대명사입니다. 이 때 관계대명사는 선행명사와 관계종속절 중간에 사용되어 양쪽을 연결하는 역할을 합니다. 영어에 이러한 역할을 하는 관계 대명사로서 that, who, what 등이 있듯이, 이집트 구어체 아랍어에서는 'ʕelli 일리 اللي'를 사용합니다.

	문장 Ⅰ(주절)	문장 Ⅱ(종속절)
문장	ʕana baḥebb el-bent 아나 바헵 일 빈트 أَنَا بَاحِبّ الْبِنْت	heyya betyanni delwaʕti 헤야 비티간니 딜와으티 هِيَّ بِتْغَنِّي دِلْوَقْتِي
의미	나는 그 여자를 사랑한다.	그녀는 지금 노래를 부른다.
관계대명사 문장	나는 지금 노래를 부르는 그 여자를 사랑한다. (I love the girl who is singing.) ʕana baḥebb el-bent ʕelli betyanni delwaʕti 아나 바헵 일빈트 일리 비티간니 딜와으티 أَنَا بَاحِبّ الْبِنْت اللي بِتْغَنِّي دِلْوَقْتِي ☞ 이 문장에서 선행명사는 البنت 이고, 관계대명사는 اللي 이며, اللي 이하의 문장은 선행명사 البنت 를 수식(설명)하는 관계종속절입니다.	

	문장 Ⅰ(주절)	문장 Ⅱ(종속절)
의미	나는 그 우체부를 보았다.	그 우체부는 그 편지를 가져왔다.
문장	ʃuft el-bosṭagi شُفْت الْبُوسْطَجِي	ʕel-bosṭagi gææb el-gawabææt الْبُوسْطَجِي جَاب الْجَوَابَات
관계대명사 문장	나는 그 편지들을 가져온 그 우체부를 보았다. (I saw the postman who brought the letters.) ʃuft el-bosṭagi ʕelli gææb el-gawabææt شُفْت الْبُوسْطَجِي اللي جَاب الْجَوَابَات ☞ 이 문장에서 선행명사는 البوسطجي 이고, 관계대명사는 اللي 이며, اللي이하는 선행명사를 수식(설명)하는 관계종속절입니다.	

19-1 관계대명사와 선행명사
19-1-1 관계대명사 'ʕelli اللي'를 받는 선행명사가 'ʕelli اللي' 바로 앞에 온다.

문장의 구조가 '선행명사 + اللي'가 되는 이유는 이집트 사람들이 말을 하는 도중 어떤 단어(선행명사)에 대해 좀더 부연 설명해야 할 경우 그 단어(선행명사) 바로 다음에 'اللي'를 사용하여 선행명사를 수식하는 관계종속절을 만들기 때문입니다. ('اللي'가 문장의 맨 처음에 오는

구어체 문법

경우는 선행명사의 생략으로 볼 수 있습니다. 이에 대해서는 조금 뒤에 다룹니다.)

위의 두 문장에서 선행명사 'البنت'와 'البوسطجي'는 관계대명사 'اللي' 바로 앞에 있습니다. 위의 두 문장에서 'ʕelli اللي' 이후의 관계종속절은 선행명사 ʕel-'bent البنت'와 'ʕel-bostɑgi البوسطجي'를 부연 설명하기 위한 관계종속절입니다.

19-1-2 관계대명사 'ʕelli اللي'를 받는 선행명사는 항상 한정명사(정관사가 붙은 maɛrefɑ معرفة)이어야 한다.

관계대명사 'ʕelli اللي'는 관계대명사 뒤에 오는 관계종속절의 의미를 선행명사에 한정시킵니다. 따라서 선행명사로 사용되는 명사는 정관사 'ال'이 붙은 명사 혹은 고유명사를 사용해야 합니다.(다시말해 한정명사 maɛrefɑ معرفة 를 사용한다는 말입니다)

위의 두 문장에서 'bent البنت'와 'ʕel-bostɑgi البسطجي'는 모두 정관사 'ال'가 붙은 보통 명사입니다. 다음의 문장도 마찬가지 입니다.

나는 어제 나에게 온 선생님과 이야기 했다.
kallęmt ʕel-mudarres ʕelli gææ-li ʕimbæære̱ǵ كَلِمْت الْـمْدَرِّس اللي جَالي اِمْبَارَح

☞ 관계대명사 앞의 선행명사에 정관사 'ال...'이 붙어 있습니다.

☞ 선행명사가 정관사가 아닌 부정관사인 경우는 아래에서 다시 다룹니다.
☞ جالي 는 جَه لِي 의 단축형태입니다.

19-2 주어 - 술어 형태의 문장에서 관계대명사

지금까지 살펴본 관계대명사 문장들은 종속절에 동사가 사용된 꼴이었습니다. 아래는 종속절에 동사가 사용되지 않고 주어 - 술어 형태가 사용된 문장입니다. 이 종속절에는 동사 대신에 전치사구나 부사가 오는 꼴입니다. (주어 - 술어 형태의 문장은 문법 13-5에서 살펴보십시오)

	문장 Ⅰ (주절)	문장 Ⅱ (종속절)
문장	ʕana ɛææyęz el-ʕalam أَنَا عَايِز الْقَلَمْ	ʕel-ʕalam fil-vɑtriinɑ الْقَلَم في الْفَتْرِينَة
의미	나는 그 펜을 원한다.	그 펜은 상품 진열장에 있다.
관계대명사	나는 상품 진열장에 있는 그 펜을 원한다. ʕana ɛææyęz el-ʕalam ʕelli **fil-vɑtriinɑ** أَنَا عَايِز الْقَلَم اللي في الْفَتْرِينَة ☞ 이 문장에서 종속절은 주어 - 술어 형태의 문장입니다. 관계종속절에 전치사구가 술어로 사용되었습니다.	

구어체 문법

그는 마디에 있는 그의 집에서 산다.

howwa sææken fi bẹẹtu ʔelli fi-l-maʕaædi ︰ هُوَّ سَاكِنْ فِي بِيتُه اللِّي فِي الْمَعَادِي

☞ 여기서 주절은 분사가 사용된 주어 – 술어 형태의 문장이고, 관계종속절은 전치사구가 술어로 사용되었습니다.

그는 그 집의 윗층에 있다.

howwa mawguud fiʃ-ʃaʔʔa ʔelli fooʔ ︰ هُوَّ مَوْجُودْ فِي الشَّقَّة اللِّي فُوقْ

☞ 여기서는 종속절 관계대명사 뒤에 바로 부사가 왔습니다. 하지만 종속절의 문장 자체는 주어 – 술어의 형태입니다.

나는 그 책방에 있는 그 책을 샀다.

ʕeʃtarẹẹt el-ketææb ʔelli fi-l-maktaba ︰ اِشْتَرِيت الْكِتَاب اللِّي فِي الْمَكْتَبَة

☞ 여기서 주절은 동사가 있는 문장이고 종속절은 주어 + 술어의 문장입니다.

19-3 선행명사와 관계종속절의 특정 부분과의 일치

관계대명사는 화자가 말을 할 때에 어떤 단어(선행명사)에 대해 좀더 부연 설명해야 할 경우 그 단어(선행명사) 바로 다음에 'اللي'를 사용하여 선행명사를 수식하는 형용사절을 만드는 것이라고 하였습니다. 따라서 화자가 부연 설명하려고 하는 선행명사와 'اللي' 이후에 나오는 관계종속절(형용사절)의 어떤 단어와 성(性)과 수(數)에 있어 일치하여야 합니다. 만일 일치하지 않을 경우 화자가 무엇을 부연 설명하는지 파악을 할 수 없게 됩니다.

19-3-1 선행명사와 관계종속절의 동사의 주어와 일치

나는 한국에서 내게 온 그 소포를 수령했다.

ʕestalamt eṭ-ṭard ʔelli gææ-li men korya ︰ اِسْتَلَمْت الطَّرْد اللِّي جَالِي مِنْ كُورِيَا

☞ 선행명사 الطرد 는 주절의 목적어로 사용됨. 선행명사 الطرد 는 관계종속절의 주어인 هو 와 성과 수에서 일치함.

19-3-2 선행명사와 관계종속절의 목적어로 쓰인 대명사와 일치

이 공책은 그가 어제 가져온 그것이다.

di el-kurraasa ʔelli gææb-ha ʔimbæærẹḥ ︰ دِي الْكُرَّاسَة اللِّي جَابْـهَا اِمْبَارَحْ

☞ 선행명사 الكراسة 는 주절의 술어로 사용됨. الكراسة 는 관계종속절의 목적어인 ها (목적격 인칭대명사)와 성과 수에서 일치

구어체 문법

19-3-3 선행명사와 관계종속절 문장에서 주어로 사용된 명사의 소유격 인칭대명사와(소유격으로 사용된) 일치

이 소년은 책을 잃어버린 그 소년이다.

da el-walad ʃelli ketææb-u ɖaaɛ دَه الْوَلَد اللِّي كِتَابُـه ضَاعْ

☞ 선행명사 الولد 는 주절의 술어로 사용됨. 선행명사 الولد 는 관계종속절 주어의 소유격 인칭대명사 ه 와 성과 수에서 일치함

책을 잃어버린 그 학생은 어디로 갔니?

et-taaleb ʃelli ketææb-u ɖaaɛ raaḥ feen الطَّالِب اللِّي كِتَابُـه ضَاعْ رَاحْ فِين؟

☞ 이 문장은 선행명사와 선행명사를 수식하는 관계종속절이 전체 문장에서 주어가 됨

<u>et-taaleb ʃelli ketææb-u ɖaaɛ</u>   <u>raaḥ</u>   <u>feen</u>
         주어   +   동사 + 부사

주어절 안의 선행명사 الطالب 는 관계종속절의 주어인 كتاب 의 소유격 인칭 대명사 ه 와 성과 수에서 일치함

드레스가 빨간(빨간색의 드레스를 입고 있는) 그 부인은 사장의 비서이다.

es-sett ʃelli fustææn-ha ʃaḥmar sekirteeret el-mudiir السِّتّ اللِّي فُسْتَانـهَا أَحْمَرْ سِكِرْتِيرَة الْمُدِير

☞ 이 문장도 선행명사와 선행명사를 수식하는 관계종속절이 전체 문장에서 주어가 됨.

<u>es-sett ʃelli fustææn-ha ʃaḥmar</u>   <u>sekirteeret el-mudiir</u>
        주어   +   술어

주어절 안의 선행명사 الست 는 관계종속절의 주어인 فستان 의 소유격 인칭 대명사 ها 와 성과 수에서 일치함

19-3-4 선행명사와 전치사의 목적격 인칭대명사와의 일치

어제 너에게 이야기한 그 주제를 기억하니?

fææker el-mawduuɛ ʃelli kallemtak ɛann-u ʃimbææreḥ فَاكِر الْمَوْضُوع اللِّي كَلِّمْتَكْ عَنّـه إِمْبَارِحْ؟

☞ 선행명사 الموضوع 는 주절의 목적어로 사용됨. 선행명사 الموضوع 는 관계종속절의 동사와 함께 사용된 전치사의 목적격 인칭대명사인 ه 와 성과 수에서 일치함

구어체 문법

너에게 말한 그 책이 어디에 있니?

feen **el-ketææb** ʕelli ʕult̪ lak ɛaliih
فِينِ **الْكِتَاب** اللِّي قُلْتَ لَكَ عَلَيْـهِ؟

☞ 선행명사 الكتاب 는 주절의 주어로 사용됨.

<u>feen</u>　**el-ketææb**　ʕelli ʕult̪ lak ɛaliih
의문사　+　주어　+　관계종속절

선행명사 الكتاب 는 관계종속절의 동사와 함께 사용된 전치사의 목적격 인칭대명사인 ه 와 성과 수에서 일치함

나는 에어컨이 있는 그 아파트를 세를 놓고 있다.

ʔaggart **eʃ-ʃaʕʕa** ʕelli fii-ha takyiif
أَجَّرْتُ **الشَّقَّة** اللِّي فِيـهَا تَكْيِيف

☞ 선행명사 الشقة 는 주절의 목적어로 사용됨. 선행명사 الشقة 는 관계종속절에 사용된 전치사의 목적격 인칭대명사인 ها 와 성과 수에서 일치함
(관계종속절 자체는 주어 + 술어의 형태)

19-4 관계대명사로 시작하는 문장(선행명사가 없는 경우)

아래의 문장들을 보면 관계대명사 ʕelli اللي 가 문장의 맨 앞에 와 있습니다. 따라서 선행명사도 생략되었습니다. 이러한 형태의 문장에서는 관계대명사가 사용된 관계종속절이 전체 문장의 주어가 되고, 그 뒤에 동사가 오거나 술어가 옵니다.

어제 온 사람들은 모두 선생님들이다.

ʕelli gomm ʕimbææreħ kollo-hom mudarresiin
اللِّي جُمّ اِمْبَارِحْ كُلُّهُمْ مُدَرِّسِين

<u>ʕelli gomm ʕimbææreħ</u>　<u>kollo-hom</u>　<u>mudarresiin</u>
　　　주어　　　　+　강조어　+　술어

이해하지 못하는 사람들은 지금 나에게 질문하시오.

ʕelli meʃ fææhem yesʕal-ni delwaʕti
اللِّي مِشْ فَاهِمْ يِسْأَلْنِي دِلْوَقْتِي

<u>ʕelli meʃ fææhem</u>　<u>yesʕal</u> - <u>ni</u>　<u>delwaʕti</u>
　　주어　　+　동사　+목적어+부사

서 있는 사람들이 앉아 있는 사람들보다 더 많다.

ʕelli wææʕefiin ʕaktar men ʕelli ʕæææʕediin
اللِّي وَاقِفِين أَكْتَرْ مِن اللِّي قَاعِدِين

<u>ʕelli wææʕefiin</u>　<u>ʕaktar men ʕelli ʕæææʕediin</u>
　　주어　　+　　　　술어

구어체 문법

19-5 관계대명사 ʕelli اللي 가 없는 경우 - 수식절의 사용

수식절은 비한정 선행명사를 수식하는 절을 말합니다. 관계종속절이 한정명사(الـ 이 붙은 명사 혹은 고유명사)를 수식(혹은 설명)하는 절이라면 수식절은 비한정 명사(الـ이 붙지 않은 명사, 부정관사)를 수식하는 절을 말합니다. 관계종속절에는 관계대명사 اللي 가 사용되지만 수식절에서는 관계대명사 اللي 를 사용하지 않습니다. 다음에서 관계대명사 문장 ①과 관계대명사가 없는 수식절 문장 ② 를 비교하십시오.

①	zorna **el-maɛrad** ʕelli nazzametu wezaareṭ eṣ-saqaafa	زُرْنَا **الْمَعْرَض** اللّي نَظَّمْتَه وِزَارِة الثَّقَافَة
	우리는 문화부가 주관한 그 전시회를 방문했다.	
	☞ 선행명사에 정관사가 붙어 한정적인 의미가 됨. 따라서 관계대명사가 있는 관계종속절이 따라옴. 이 문장을 듣는 사람들이 알고 있는 '그 전시회'란 의미의 한정이 이루어짐	
②	zorna **maɛrad** nazzametu wezaareṭ eṣ-saqaafa	زُرْنَا **مَعْرَض** نَظَّمْتَه وِزَارِة الثَّقَافَة
	우리는 문화부가 주관한 한 전시회를 방문했다.	
	☞ 관계대명사 اللي 가 없음. 하지만 نظمته 이하는 معرض 를 수식하는 수식절. 이 문장을 듣는 사람들이 아직은 잘 모르는 '어떤 전시회', 혹은 많은 전시회 중의 '한 전시회'란 의미	

①	ʃelt **ed-ders** ʕelli kææn beyewgaɛni	شِلْتِ **الضِّرْس** اللّي كَانْ بِيُوْجَعْني
	나는 통증이 있었던 그 어금니를 제거했다.	
	☞ 선행명사에 정관사가 붙어 한정적인 의미가 됨. 따라서 관계대명사가 있는 관계종속절이 따라옴. 이 문장을 듣는 사람들이 알고 있는 '그 어금니'	
②	fiih **ders** beyewgaɛni	فِيه **ضِرْس** بِيُوْجَعْني
	통증이 있는 어금니(어금니 한 개)가 있다.	
	☞ 관계대명사 اللي 가 없음. 하지만 بيوجعني 이하는 선행명사 ضرس 를 수식하는 수식절. 이 문장을 듣는 사람들이 아직은 잘 모르는 '어떤 어금니', 혹은 여러개의 어금니 중 '한 어금니'	

구어체 문법

① ʔestalamt **et-tard** ʔelli gææ-li men korya   اِسْتَلَمْتُ **الطَّرْدَ** اللِي جَالِي مِنْ كُورْيَا
한국에서 나에게 온 그 소포를 수령했다.
☞ 선행명사에 정관사가 붙어 한정적인 의미가 됨. '그 소포'

② fiih tard gææ-li men korya   فِيهْ طَرْدْ جَالِي مِنْ كُورْيَا
한국에서 나에게 소포(하나의 소포)가 왔다.
☞ 관계대명사 اللي 가 없음. جَ 이하의 문장은 선행명사 طرد 를 수식하는 수식절. '어떤 소포', 혹은 여러개의 소포 중 '하나의 소포'

① ʔaggart **eʃ-ʃaʔʔa** ʔelli fiiha takyiif   أَجَّرْتُ **الشَّقَّةَ** اللِي فِيهَا تَكْيِيفْ
나는 에어컨이 있는 그 아파트를 세 놓고 있다.
☞ 선행명사에 정관사가 붙어 한정적인 의미가 됨. '그 아파트'

② laʔiit ʃaʔʔa fiiha takyiif   لَقِيتْ شَقَّةْ فِيهَا تَكْيِيفْ
나는 에어컨이 있는 아파트(한 아파트)를 발견했다.

☞ 관계대명사에 대한 자세한 공부는 '종합 아랍어 문법' 02 구문편(이병학, 문예림)의 '관계대명사와 관계종속절 & 수식절에 대해'를 보십시오.

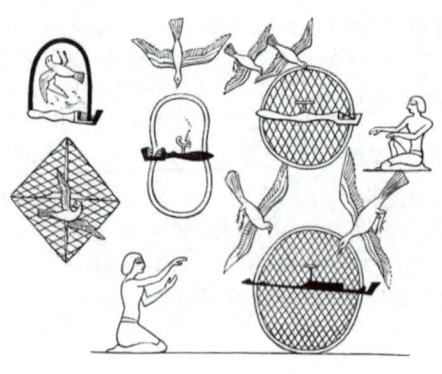

구어체 문법

20 시제

앞의 9장 동사 부분에서 현재 진행형과 단순 과거, 미래 등의 시제에 대해서 공부했습니다. 여기에서는 과거 완료, 과거 진행, 과거의 습관적 동작, 미래 완료, 미래 진행형에 대해 살펴 봅니다.

20-1 과거 완료 - كان + 완료형(단순 과거)

과거에 이미 이루어진 사실을 표현할 때(과거 완료의 의미)
كَانْ + 완료형 동사

예문 ① 경찰이 (그곳에) 도착했을 때 그는 이미 (다른 곳으로) 도망했다.	
εala ma weṣel el-buliis, kææn hereb	عَلَى مَا وِصِل البُولِيس، كَانْ هِرِبْ
☞ 이 문장에서 كان 다음에 هرب 라는 완료형(단순 과거) 동사가 왔다.	

만일 두 문장간의 시간적 관계가 분명할 경우 كان 이 없어도 됩니다. 주로 قبل ما, بعد ما 등이 사용된 경우입니다.

예문 ① 그는 우리가 돌아오기 전에 도착했다.	
weṣel ʕablᵉ ma nergaε	وِصِل قَبْلَ مَا نِرْجَعْ
예문 ② 손님들이 떠나고 난 뒤에 나는 들어가서 잤다.	
baεd ma el-ḍeyuuf miʃuu daxalt ʕanææm	بَعْدْ مَا الضِّيُوفْ مِشِيُوا، دَخَلْتْ أَنَامْ

20-2 과거 진행 혹은 과거의 습관 - كَانْ + 현재 진행형꼴 동사

과거 어느 시점을 기준으로 진행하고 있었던 동작(과거 진행), 과거에 습관적으로 행하던 것(과거의 습관)
كَانْ + 현재 진행형꼴 동사

예문 ① 내가 그에게 갔을 때 그는 공부하고 있었다.	
lamma ruḥtⁱ lu kææn beyezææker	لَمَّا رُحْتْ لُه كَانْ بِيذَاكِرْ
예문 ② 그는 하루 종일 놀았다.(과거진행) 혹은 그는 하루 종일 놀곤 했다.(과거의 습관)	
kææn beyelεab ṭuul en-nahaar	كَانْ بِيلْعَبْ طُولْ النَّهَارْ

구어체 문법

어떤 동사들은 'كَانْ + 현재 진행형꼴'이 과거의 습관만을 의미한다.

예문 ① 그는 오후에 한 시간 잠을 자곤 했다. (과거의 습관)	
kææn byęnææm sææɛa baɛd iḍ-ḍohr	كَانْ بِيِنَامْ سَاعَة بَعْد الضُّهْرْ

예문 ② 그는 여행을 많이하곤 했다. (과거의 습관)	
kææn byęsææfęr kętiir	كَانْ بِيِسَافِرْ كِتِيرْ

20-3 과거 진행 혹은 과거의 상태 – كَانْ + 동사의 분사꼴

과거 어느 시점을 기준으로 진행하고 있었던 동작(과거 진행) 혹은 상태

كَانْ + 동사의 분사꼴

예문 ① 내가 그에게 갔을 때 그는 잠을 자고 있었다. (과거진행)	
lamma ruḥt lu kææn nææyim	لَمَّا رُحْتْ لُه كَانْ نَايِمْ

예문 ② 어제 저녁무렵 그는 찻집에 앉아 있었다. (과거의 상태)	
ʕimbææreḥ ʕel-mayręb kææn ʕææɛ̣ɛ ɛala ʔ-ʔahwa	إمْبَارِحْ الْمَغْرِبْ كَانْ قَاعِدْ عَلَى الْقَهْوَة

예문 ③ 그녀를 만났을 때 그녀는 시내로 가고 있었다.	
lamma ʕææbęltᵃ-ha kæænęt nazla ęl-balad	لَمَّا قَابِلْتَهَا، كَانِتْ نَازْلَة الْبَلَدْ

20-4 과거에 막 진행하려는 동작 – كَانْ + 미래형 꼴 동사

**과거 어느 시점에 막 진행되려고 하는 동작,
혹은 과거에 일어났어야 했는데 일어나지 못한 일**

كَانْ + 동사의 미래형

예문 ① 그들이 왔을 때 나는 막 잠을 자려고 했다.	
kont hanææm lamma gomm	كُنْتْ هَانَامْ لَمَّا جُمْ

예문 ② 그녀는 어제 여행을 하려했지만 그 여행이 취소되었다.	
kæænęt hatsææfęr ʕimbææręḥ lææken ęr-reḥla ʕętlaɣet	كَانِتْ هَتْسَافِرْ إمْبَارِحْ لَكِن الرُّحْلَة إتْلَغِتْ

☞ 위의 예문 ①을 이렇게 이해해 봅시다. 과거 어느 시점에 여러분이 막 잠을 자려고 했다고 가정하십시다. 그 때 여러분은 "나는 잠 잘 꺼야" ʕana hanææm أنَا هَانَامْ 이라고 할 것입니다. 이 문장이 과거에 있었던 일이므로 과거 시제로 kont hanææm كنت هانام 이 되는 것이다. 그런데 그 때 다른 사람들이 찾아 온 것입니다. 그래서 하는 말이 예문 ① 입니다.

구어체 문법

20-5 미래 진행 – هيكون + 현재 진행형꼴, 혹은 هيكون + 분사꼴

미래의 어떤 시점을 기준으로 어떤 행동이 진행되고 있을 것을 표현 (미래진행)

هيكون + 완료형 동사

예문 ① 우리가 도착할 때 쯤 그들은 점심을 먹고 있을 것이다.

εala ma newsal haykuunu beyetyaddu   عَلَى مَا نُوصَلْ، هَيْكُونُوا بِيتْغَدُّوا

예문 ② 우리가 도착할 때 쯤 그는 밖에 나가려고 할 것이다.

εala ma newsal haykuun xææreg   عَلَى مَا نُوصَلْ هَيْكُونْ خَارِجْ

20-6 미래 완료 – هيكون + 완료형 동사

미래의 어떤 시점을 기준으로 어떤 특정한 행동이 완성될 것을 표현함 (미래 완료)

هيكون + 완료형 동사

예문 ① 우리가 (거기에) 도착할 때 쯤 그는 이미 자고 있을 것이다.

εala ma newsal haykuun nææm   عَلَى مَا نُوصَلْ، هَيْكُونْ نَامْ

예문 ② 우리가 떠나기 전에 그녀는 이미 와 있을 것이다.

hatkuun gat m es-safar ʕablº ma nemʃi   هَتْكُونْ جَت م السَّفَرْ قَبْلْ مَا نِمْشِي

☞ 미래 진행형과 미래 완료형의 차이

예문 ① 우리가 도착할 때 쯤 그녀는 밖에 나가려고 할 것이다.

εala ma newsal hatkuun xarga   عَلَى مَا نُوصَلْ هَتْكُونْ خَارْجَة

미래 진행형. 우리가 도착할 때 쯤 그녀는 밖에 나가려고 옷을 입고 있거나, 현관문을 나서는 상황일 것이다.

예문 ② 우리가 도착할 때 쯤 그녀는 밖에 나가고 없을 것이다.

εala ma newsal hatkuun xaraget   عَلَى مَا نُوصَلْ هَتْكُونْ خَرَجَتْ

미래 완료형. 우리가 도착할 때 쯤 그녀는 밖에 나가고 없는 상황일 것이다.

구어체 문법
21 가정법

이집트 구어체 아랍어에서 사용되는 가정법 접속사는 세 가지입니다.

의미	가정법 접속사	
만일 (현재 혹은 미래의 일에 대한 가정)	law	لَوْ
만일 (현재 혹은 미래의 일에 대한 가정)	ʕezaʔ	إذَا
만일 (현재 혹은 미래의 일에 대한 가정)	ʕenʔ	إنْ

위의 세 가정법 접속사 가운데 이집트 구어체 아랍어에서 가장 많이 사용되는 것은 'لو' 입니다. 다른 것은 사용빈도가 적습니다.

21-1 가정법의 일반적인 예

가정법은 과거에 일어난 일이나 현재 혹은 미래의 일어날 일에 대한 가정이나 조건을 말할 때 사용합니다. 예를들어 '만일 내일 너가 온다면 내가 너에게 돈을 주겠다'고 말했을 경우, 내일이라는 미래에 상대방이 올 경우 돈을 주겠다는 말입니다. 이를 아랍어 문장으로 표현해 봅시다.

만일 내일 너가 온다면 내가 너에게 돈을 주겠다.	
law giit bokra, haddi lak el-fᶜluus	لَوْ جِيتْ بُكْرَة هَـادِّي لَكْ الْفِلُوسْ
لو + 완료형 동사 …, 동사의 미래형 …	

위의 예문의 문장을 아래와 같이도 사용합니다. 여기서는 가정법 접속사 لو 대신에 إذا 와 إن 을 사용한 경우입니다. 하지만 이집트 구어체 아랍어에서 그 사용빈도는 لو 에 비해 아주 적습니다.

만일 내일 너가 온다면 내가 너에게 돈을 주겠다.	
① ʕeza giit bokra haddi lak el-fᶜluus	إِذَا جِيتْ بُكْرَة، هَادِّي لَكْ الْفِلُوسْ
إذا + 완료형 동사 …, 동사의 미래형 …	
② ʕen giit bokra haddi lak el-fᶜluus	إِنْ جِيتْ بُكْرَة، هَادِّي لَكْ الْفِلُوسْ
إن + 완료형 동사 …, 동사의 미래형 …	

21-2 과거 사실에 대한 가정법

이해를 돕기 위해 이런 가정을 해 봅시다.
어느날 학교에서 돌아온 아들이 아버지에게 "아빠! 학교에서 친구가 나에게 욕을 했어요" 그럴 때 아버지는 이렇게 말할 수 있습니다 "만일 내가 너였다면 나는 그를 때려버렸을 것이다"
여기서 아빠가 한 이 말은 아들의 친구가 아들에게 욕을 하던 과거 상황에 대한 이야기입니다. 때문에 여기서는 과거 사실에 대한 가정법이 와야 합니다. 이를 아랍어 문장으로 만들어 봅시다.

구어체 문법

만일 내가 너의 위치에 있었다면(만일 내가 너였다면) 나는 그를 때려버렸을 것이다.

① law kont makææneak, kont ḍarabtu	لَوْ كُنْتْ مَكَانَكْ، كُنْتْ ضَرَبْتُه
لو + كان 동사(주어 - 술어 형태의 문장), كان 동사 + 완료형 동사	
② law kont makææneak, kont haḍrab	لَوْ كُنْتْ مَكَانَكْ، كُنْتْ هَاضْرَبُه
لو + كان 동사(주어 - 술어 형태의 문장), كان 동사 + 미래 시제 동사	

☞ 문장 ①과 ②는 같은 의미이고 둘 다 구분없이 많이 사용합니다.

만일 너가 어제 왔다면 내가 너에게 돈을 주었을 텐데…

① law kont giit ʕimbææreḥ, kont ʕeddiit lak el-fᵉluus	لَوْ كُنْتْ جِيتْ إِمْبَارِحْ، كُنْتْ إِدِّيتْ لَكْ الِفْلُوسْ
لو + كان 동사 + 완료형 동사, كان 동사 + 완료형 동사	
② law kont giit ʕimbææreḥ, kont haddi lak el-fᵉluus	لَوْ كُنْتْ جِيتْ إِمْبَارِحْ، كُنْتْ هَادِّي لَكْ الِفْلُوسْ
لو + كان 동사 + 완료형 동사, كان 동사 + 미래 시제 동사	

☞ 문장 ①과 ②는 같은 의미이고 둘 다 구분없이 많이 사용합니다.

만일 어제 너에게 가려고 했다면 너에게 이야기했을 것이다.

① law kont hagii lak ʕimbææreḥ, kont hakallemak	لَوْ كُنْتْ هَاجِي لَكْ إِمْبَارِحْ، كُنْتْ هَاكَلِّمَكْ
لو + كان 동사 + 동사의 미래형꼴, كان 동사 + 동사의 미래형꼴	
② law kont hagii lak ʕimbææreḥ, kont kallemtak	لَوْ كُنْتْ هَاجِي لَكْ إِمْبَارِحْ، كُنْتْ كَلِّمْتَكْ
لو + كان 동사 + 동사의 미래형꼴, كان 동사 + 완료형 동사	

☞ 문장 ①과 ②는 같은 의미이고 둘 다 구분없이 많이 사용합니다.

21-3 현재 사실에 대한 가정법

이해를 돕기 위해 또 다른 가정을 해 봅시다. 만일 한 친구가 여러분에게 찾아와서 그의 여자 친구와의 문제를 이야기 합니다. 한참 그 문제에 대해서 이야기 한 뒤에 "너라면 이 상황에서 어떻게 하겠니?" 라고 물었습니다. 그 물음에 여러분은 이렇게 답할 수 있습니다. "만일 내가 너라면 그녀에게 미안하다고 말하겠다"

여기에서 친구의 질문에 여러분이 답을 한 시제는 현재입니다. '지금 현재 어떻게 하겠다'는 답변입니다. 바로 이 경우에 현재 사실에 대한 가정법을 사용합니다.

구어체 문법

만일 내가 너의 위치에 있다면(만일 내가 너라면) 그녀에게 미안하다고 말하겠다.	
law ʕana makæænak haʕuul laha "ʕana ʕææsęf"	لَوْ أَنَا مَكَانَكَ هَاقُول لَهَا "أَنَا آسِف"
لو + 현재 시제(주어 - 술어 형태의 문장), 동사의 미래형	

만일 네가 지금 온다면 내가 너에게 돈을 줄께	
law tiigi dęlwaʕti haddi lak ęl-fᵉluus	لَوْ تِيجِي دِلْوَقْتِي هَادِّي لَكْ الْفِلُوس
لو + 현재 시제 동사, 동사의 미래형	

21-4 미래 일어날 일에 대한 가정법

가정법 미래에 대한 문장은 앞의 21-1 가정법의 일반적인 예 부분에서 다루었습니다. 다음의 문장 ①과 ②는 같은 의미이고 둘 다 구분없이 많이 사용합니다.

만일 내일 네가 온다면 내가 너에게 돈을 주겠다.	
① law giit bokra, haddi lak ęl-fᵉluus	لَوْ جِيتْ بُكْرَة هَادِّي لَكْ الْفِلُوسْ
لو + 완료형 동사 + 미래를 나타내는 부사, 동사의 미래형	
② law hatiigi bokra, haddi lak ęl-fᵉluus	لَوْ هَتِيجِي بُكْرَة، هَادِّي لَكْ الْفِلُوسْ
لو + 동사의 미래형꼴···, 동사의 미래형	

만일 내일 내가 너에게 가게 되거든 전화를 하겠다.	
① law giit lak bokra ʕana hakallęmak	لَوْ جِيتْ لَكْ بُكْرَة، أَنَا هَاكَلِّمَكْ
لو + 완료형 동사 + 미래를 나타내는 부사, 동사의 미래형	
② law hagii lak bokra ʕana hakallęmak	لَوْ هَاجِي لَكْ بُكْرَة، أَنَا هَاكَلِّمَكْ
لو + 동사의 미래형꼴···, 동사의 미래형	

만일 내일 오게 되거든 나에게 전화해라	
① law kont hatiigi bokra kallęmni	لَوْ كُنْتْ هَتِيجِي بُكْرَة، كَلِّمْنِي
لو + 완료형 동사 + 미래를 나타내는 부사, 명령형	
② law hatiigi bokra kallęmni	لَوْ هَتِيجِي بُكْرَة، كَلِّمْنِي
لو + 동사의 미래형꼴···, 명령형	

구어체 문법
22 소원이나 소망에 대한 표현

단순한 요구 혹은 어떤 것을 원함에 대한 표현은 ɛææyɛz عايز (혹은 ɛææwɛz عاوز)를 사용합니다. 이 단어에 대해서는 분사 부분이나 조동사 부분에서 살펴보았습니다. 그렇다면 이루기 힘든 소원이나 소망에 대해서는 어떻게 표현할까요? 이 때는 nɛfs 넾쓰 نفس 혹은 yarɛɛt 예리-트 يا ريت 를 사용합니다. 이 두 단어는 비슷한 의미이지만 이루기가 약간 힘든 소망을 표현할 때는 nɛfs نفس 를 사용하고 불가능한 일 혹은 아주 이루기 힘든 소원을 표현할 때는 yarɛɛt يا ريت 를 사용합니다.

22-1 약간 이루기 힘든 소망 – nɛfs 넾쓰 نفس

나는 미국을 여행하길 소원한다.

ʔana nɛfsi ʔasæfɛr ʔamriika أَنَا نِفْسِي أَسَافِرْ أَمْرِيكَا

نفس + 명사의 소유격 + 미완료형 동사

그는 회사에 채용되길 소원한다.

howwa nɛfsu yɛtɛayyɛn fiʃ-ʃɛrka هُوَّ نِفْسُه يِتْعَيِّنْ فِي الشِّرْكَة

نفس + 명사의 소유격 + 미완료형 동사

나는 자동차를 가지길 소원한다.

ʔana nɛfsi fi ɛarabɛyya أَنَا نِفْسِي فِي عَرَبِيَّة

نفس + 명사의 소유격 + 문장 (주어 – 술어 형태의 문장)

22-2 아주 이루기 힘든 소원 – yarɛɛt 예리-트 يا ريت 의 사용

제발 부자 아가씨와 결혼할 수 있으면 좋으련만…

yarɛɛt ʔatgawwɛz waɣda ɣanɛyya يَا رِيتْ أَتْجَوِّزْ وَاحْدَة غَنِيَّة
yarɛɛtni ʔatgawwɛz waɣda ɣanɛyya يَا رِيتْنِي أَتْجَوِّزْ وَاحْدَة غَنِيَّة

يا ريت + 미완료형 동사 or
يا ريت + 목적격 인칭 대명사 + 미완료형 동사

제발 미국에 갈 수 있으면 좋으련만…

yarɛɛt ʔasæfɛr ʔamriika يَا رِيتْ أَسَافِرْ أَمْرِيكَا
yarɛɛtni ʔasæfɛr ʔamriika يَا رِيتْنِي أَسَافِرْ أَمْرِيكَا

يا ريت + 미완료형 동사 … or
يا ريت + 목적격 인칭 대명사 + 미완료형 동사 …

구어체 문법

22-3 과거에 이루지 못한 소원 혹은 후회를 표현할 때

내가 엔지니어였으면 좋았을 텐데
(지금 엔지니어가 아닌 것에 대한 아쉬움 혹은 후회)

| yareet kont muhandes | يَا رِيتْ كُنْتْ مُهَنْدِسْ |
| yareetni kont muhandes | يَا رِيتْنِي كُنْتْ مُهَنْدِسْ |

يَا رِيتْ + كان 동사 … (주어 – 술어 형태의 문장)

내가 어제 파티에 갔었다면 좋았을 것을…
(가지 않은 것을 지금 아쉬워함 혹은 후회함)

| yareet kont roḫt el-ḥafla ʕimbææreḥ | يَا رِيتْ كُنْتْ رُحْتِ الْحَفْلَة اِمْبَارِح |
| yareetni kont roḫt el-ḥafla ʕimbææreḥ | يَا رِيتْنِي كُنْتْ رُحْتِ الْحَفْلَة اِمْبَارِح |

يَا رِيتْ + كان 동사 + 완료형 동사

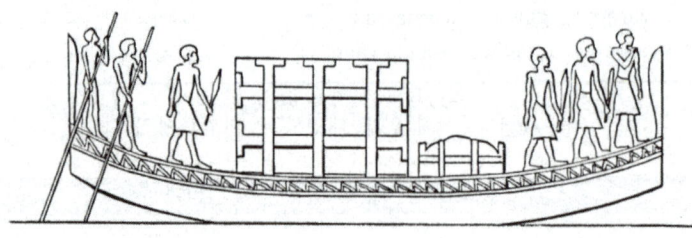

이집트 구어체 아랍어 소사전

이 소사전의 내용은 필자가 저작한 "이집트 구어체 아랍어 사전 (문예림)"에서 빈출 단어 3500 여개를 따로 뽑아 정리한 것입니다. 여기에는 이전 사전에 기록되지 않았던 한글식 발음 표기와 아랍어 모음 부호, 그리고 단어의 악센트를 표기하였습니다. 따라서 아랍어를 처음 배우거나 국제음운기호와 아랍어 문자에 익숙하지 않은 분들에게 많은 도움이 될 것입니다.

이 소사전에서 사용한 한글식 발음 표기는 그 표기 자체와 음독에 한계가 있습니다. 따라서 이 책 일러두기 부분의 '한글 발음 표기와 발음 방법'을 꼭 읽어주시기 바랍니다. 아울러 정확한 발음을 구사하기 위해 국제음운기호나 아랍어 문자 음독에 익숙해지도록 노력해 주시기 바랍니다.

여기에 기록되지 않은 단어들은 필자의 저작 "이집트 구어체 아랍어 사전 (문예림)"을 참고하시기 바랍니다.

소사전

(ㄱ)

| 가게 | maḥall/ -ææt | 마할/마할래-트 | مَحَل/ مَحَلات |

가격 seɛr/ ʔasɛaaar 씨아르/ 아쓰아-르 سِعر/ أَسْعَار

taman/ ʔatmææn 타만/ 아트맨- ثَمَن/ أَثْمَان

가구(furniture) farʃ 파르쉬 ; ɛafʃ 앞쉬 عَفْش ; فَرْش

가구를 갖춘(furnished)

mafruuʃ/ -iin 마프루-쉬/마프루쉰- مَفْرُوش/ مَفْرُوشِين

(가구를 갖춘 아파트) ʃaʔʔa mafruuʃa 샤앝 마프루-샤 شَقَّة مَفْرُوشَة

가까운, 가까이에(near)

ʔurayyeb/ -iin (men) 오라입/오라이빈- (민) قَرِيِّب/ قُرَيِّبِين (من)

가까이 가다, 가까이 오다 (거리, 시간이 가까와 지다)

ʔarrab/ yeʔarrab (men or ɛala)

아랍/ 예아랍 (민 or 알라) قَرَّب/ يُقَرَّب (من أَوْ عَلَى)

가끔, 때때로 ʔaḥyæænan 아히예-난 أَحْيَانَاً

kollº ʃwayya 꼴로 쉬와야 ; kollº fatra 꼴로 파트라 كُلّ فَتْرَة ; كُلّ شُوَيّة

가난한 faʔiir/ foʔara 파이르/ 포아라 فَقِير/ فُقَرَة

가는, 얇은(thin)

rufayyaɛ/ -iin 루파야아/ 루파야엔- رُفَيَّع/ رُفَيَّعِين

가다 raaḥ/ yeruuḥ 라-흐/ 예루-흐 رَاح/ يُرُوح

(가고 있는) raayeḥ/ rayḥiin 라-에흐/ 라에힌- رَايَح/ رَايْحِين

(걸어 가고 있는, 떠나고 있는)

mææʃi/ -yiin 매-쉬/ 매쉬인- مَاشِي/ مَاشِيِين

(집으로 가다) rawwaḥ/ yerawwaḥ 라와흐/ 예라와흐 رَوَّح/ يُرَوَّح

(집으로 가고 있는)

mᵉrawwaḥ/ -iin 미라와흐/ 미라와힌- مِرَوَّح/ مِرَوَّحِين

(자 가자! Let's go!)

yalla 얄라 يَاللا ; yalla biina 얄라 비-나 يَاللا بِنَا

가득찬(full) malyææn (be) 말리엔- مَلْيَان (ب)

(가득찬, 사용중인) maʃɣuul 마쉬굴- مَشْغُول

가루 bodra 보드라 بُدْرَة

소사전

가르치다(to teach)

   darrɛs/ yɛdarrɛs   다리쓰/ 예다리쓰   دَرَّس/ يدَرِّس

   ɛallɛm/ yɛɛallɛm   알림/ 예알림   عَلِّم/ يعَلِّم

가르침, 교육

   tadriis   다드리-쓰   تَدْريس   ;   taɛliim   타알림-   تَعْليم

가르키다 (손으로)

   ʃæewɛr/ yɛʃæewɛr   쉐-위르/ 예쉐-위르   شَاوِر/ يِشَاوِر

가방   ʃanṭa/ ʃonaṭ   샨따/ 쇼나뜨   شَنْطَة/شُنَط

가벼운(light)   xafiif/ xufæɛf   카피-프/ 코패-프   خَفِيف/خُفَاف

가수(singer)   muɣanni/ -yyiin   무간니/ 무간니인-   مُغَنِّي/مُغَنِّين

             muṭrɛb/ -iin   무뜨립/ 무뜨리빈-   مُطْرِب/مُطْرِبِين

가스   ɣæɛz/ -æɛt   개-즈/개재-트   غَاز/غَازَات

   (천연가스) ɣæɛz ṭabiiɛi   개-즈 따비-에이   غَاز طَبِيعي

가스레인지, 스토브

   butagæɛz/ -æɛt   부타개-즈/ 부타개재-트   بُوتَاجَاز/ بُتَجَازَات

가스통 (가정 취사용 가스통)

   ʕambuuba, ʕanbuuba/ ʕanabiib   안부-바/ 아나비브-   أَنْبُوبَة/ أَنَابِيب

   ʕanbuubɛt butagæɛz   안부-빗 부타개-즈   أَنْبُوبة بُوتَاجَاز

   (가스통 배달부)

   bɛtæɛɛ ʕanabiib   비태-아 아나비브-   بِتَاع أَنَابِيب

가슴   sɛdr, ṣadr/ ṣuduur   시드르/ 수두-르   صِدْر/ صُدُور

가시(thorn)   ʃook(-a/-æɛt, ʃaʃwæɛk)   쇼-크(쇼카/쇼캐-트, 아쉬왜-크)   شُوك(شُوكَة/ شُوكَات، أَشْوَاك)

가위   maʕaṣṣ/ -aat   마앗스/마앗사-트   مَقَصّ/ مَقَصَّات

가위로 자르다 ʕaṣṣ/ yɛʕoṣṣ   앗스/ 예옷스   قَصّ/ يقُصّ

가을   ɛl-xariif   일카리-프   الْخَرِيف

   faṣl ɛl-xariif   파슬 일카리-프   فَصْل الْخَرِيف

가이드, 관광 안내인(guide)

   morʃɛd/ -iin   모르쉬드/ 모르쉬딘-   مُرْشِد/ مُرْشِدين

가입비, 구독료

소사전

	ʃeʃtɛraak/ -æat	이쉬티라-크/ 이쉬티락캐-트	إشْتِرَاك/ إشْتِرَاكَات

가정부(여성)

| | ʃayyæala/ -æat | 샤걜-라/ 샤걜래-트 | شَغَّالَة/ شَغَّالَات |
| | xaddæma/ xaddamæat | 캇대-마/ 캇다매-트 | خَدَامَة/ خَدَامَات |

가져오고 있는(bringing)

| | gæayeb/ -iin | 개-입/ 개이빈- | جَايِب/ جَايِبِين |

가져오다 gæab/ yegiib   갭-/ 예깁-   جَاب/ يِجِيب

(가져오라) (명령형) hæat/ -i/ -u 해-트/해-티/해-투 هَاتُ/ هَاتِي/ هَاتُوا

가족 ɛɛela/ -æat   아일라/ 아일래-트   عِيلَة/ عِيلَات
ʃosra/ ʃosar   오쓰라/ 오싸르   أُسْرَة/ أُسَر

가죽 geld(gelda/ guluud)   길드(길다/ 굴루-드)   جِلْد(جِلْدَة/ جُلُود)

가지(나뭇 가지) farɛ/ furuuɛ   파르아/ 푸루-아   فَرْع/ فُرُوع

가지(채소) bedingan, bitingæan (-a/)   비틴갠-   بَاذِنْجَان

가지다(to have)

	ɛand-u (-ak, -ik, etc)	안두(안닥, 안딕)	عَنْدُه
	maɛæah (maɛæak, -ki, etc)	마애-(마액-, 마애-키)	مَعَاه
	loh (liik, -ki, etc)	로-(릭, 로-키)	لُه

가축 ɦayawæan ʃaliif   하야왠- 알리-프   حَيَوَان أَلِيف
bɛhiima/ bahæayim   비히-마/ 바해-임   بِهِيمَة/ بَهَائِم

가치, 가치기준 qiima, ʃiima/ qeyam   끼-마, 이-마/ 끼얌   قِيمَة/ قِيَم

각자(each one) kollᵉ wæaɦed   꼴리 왜-히드   كُلّ وَاحِد

간(liver) kebd (or kabed)   킵드 (or 카비드)   كِبْد

간격(장소, 시간) masæafa/ -æat   마쌔-파/ 마쌔패-트   مَسَافَة/ مَسَافَات

간구, 간구기도 (Isl) doɛa/ʃadɛeya   도아/ 아드에야   دُعَاء/ إدْعِيَا

간식 taʃbiira/ -aat   타스비-라/ 타스비라-트   تَصْبِيرَة/ تَصْبِيرَات

간접, 스파이 gasuus/ gawasiis   가쑤-쓰/ 가와씨-쓰   جَاسُوس/ جَوَاسِيس

간판 yafta/ yofat   야프따/ 요파뜨   يَافْطَة/ يُفَط

간호사 mumarreḍa/ -aat   무마리다/ 무마리다-트   مُمَرَّضَة/ مُمَرَّضَات

갈다(to grind)

(쇠고기 등을 갈다) faram/ yofrom   파람/ 요프롬   فَرَم/ يُفْرَم

소사전

(줄로서 쇠나 손톱을 갈다) barad/ yobrod 바라드/ 요브로드 بَرَدَ/ يُبْرُد

(당근이나 감자를 채에 갈다) baʃar/ yobʃor 바샤르/ 욥쇼르 بَشَرَ/ يُبْشُر

감(과일) kaaka 카-카 كَاكَا

감기 bard 바르드 بَرْد

감다(실 등을 감다, to wind) laff/ yęlęff 라프/ 옐리프 لَفَّ/ يلفّ

(눈을 감다) ɣammad/ yeɣammad 감마드/ 예감마드 غَمَّضَ/ يغَمَّض

감독(director), 메니저 mudiir/ -iin 무디-르/ 무디린- مُدِير/ مُدِيرِين

(코치, coach) mudarręb/ -iin 무다립/ 무다립빈- مُدَرِّب/ مُدَرِّبِين

(영화, 연극 감독) moxręg/ -iin 모크리그/ 모크리긴- مُخْرِج/ مُخْرِجِين

감독하다(일 등을 감독하다, 책임지다)

  ʕaʃraf/ yeʃręf 아쉬라프/ 에쉬리프 أَشْرَفَ/ يشْرِف

(영화, 연극을 감독하다)

  ʕaxrag/ yęxręg 아크라그/ 에크리그 أَخْرَجَ/ يخرِج

감독함 (영화, 연극을 감독함, direction) ʕęxraag 이크라-그 إِخْرَاج

감동 taʕsiir/ -aat 타으씨-르/ 타으씨라-트 تَأْثِير/ تَأْثِيرَات

감동하다 (사람이 주어)

  ʕętʕassar/ yetʕassar (bę) 이트앗싸르/ 에트앗싸르 (비) إِتَأَثَّرَ/ يتأَثَّر (ب)

감사 ʃokr 쇼크르 شُكْر

감사하다 ʃakar/ yoʃkor (ɛala) 샤카르/ 요쉬코르 (알라) شَكَرَ/ يشْكُر (عَلَى)

감염 ʕęltihæb/ -æt 일티햅-/ 일티해배-트 إِلْتِهَاب/ إِلْتِهَابَات

감옥, 교도소 sęgn/ suguun 씨근/ 쑤군- سِجْن/ سِجُون

감자 bataatęs(f) (batatsaaya/) 바따-띠쓰 (바따뜨싸-야/)

بَطَاطِس(بَطَاطْسَايَة/ بَطَاطْسَايَات)

감정 ɛaatęfa/ ɛawaatęf 아-띠파/ 아와띠프 عَاطِفَة/ عَوَاطِف

  maʃææɛęr 마쉐-에르 مَشَاعِر

갑(성냥 등) bææku/ bawææki 배-쿠/ 바왜-키 بَاكُو/ بَوَاكِى

값, 가치 taman/ ʕatmææn 타만/ 아트맨- ثَمَن/ إِثْمَان

값싼 rexiiʂ/ ruxaaʂ 리키-스/ 루카-스 رخِيص/ رُخَاص

강(river) nahr/ ʕanhaar 나흐르/ 안하-르 نَهْر/ إِنْهَار

(나일강) nahr ęn-niil 나흐르 인닐- نَهْر النِّيل

소사전

| 강당, 홀 | qaaɛa/ -aat | 까-아/ 까아-트 | قَاعَة/ قَاعَات |

강당, 홀　　qaaɛa/ -aat　　까-아/ 까아-트　　قَاعَة/ قَاعَات

강변길　　kurniiʃ or kurnęęʃ　　코르니-쉬　　كرنيش

강의(lecture)　mufiaḍra/ -aat　무하드라/ 무하드라-트　مُحَاضَرَة/ مُحَاضَرَات

강인한(tough)　xęʃęn/ -iin　케쉰/ 케쉬닌-　خِشن/ خِشنِين

강제로, 억지로(by force)　bęl-ɛafya　빌아프야　بالْعَافْيَة

강철(steel)　ṣolb　솔브　صُلْب

강한, 힘이 센, 튼튼한　qawi/ ʔaqweya　까위/ 아끄위야　قَوي/ أَقْوِيَاء

　　　ʃędiid/ ʃudæɛd　쉬디-드/ 슈대-드　شِديد/ شِدَاد

갖다주다(to bring to)

　　wadda/ yęwaddi (li+사람)+사물　왓다/ 예왓디 (리)　وَدَّى/ يودِّي ل

같은, 동일한, 동등한(길이, 넓이, 높이, 저울, 월급, 기회 등)

　　mętsææwi, mutasææwi/ -yyiin　밑쌔-위/ 밑쌔위인-　مِتْساوي/ مِتْسَاوِيين

zayy baɛḍ　자이 바아드　زَيّ بَعْض

ʔadd baɛḍ　앗드 바아드　قَد بَعْض

nafs　나프쓰　نَفْس

(..와) 같은, (..와) 비슷한(like)　zayy　자이　زَيّ

갚다 (빚 등)　saddęd/ yęsaddęd　쌋딧드/ 예쌋딧드　سَدَّد/ يسَدِّد

개(dog)　kalb/ kęlææb　칼브/ 킬랩-　كَلْب/ كِلاب

개구리　ḍufdaɛa/ ḍafaadęɛ　두프다아/ 다파-디아　ضُفْدَعَة/ ضَفَادِع

개념(concept)　fękra/ ʔafkaar　피크라/ 아프카-르　فِكرَة/ أَفْكَار

개미　naml (-a/)　나믈 (나믈라/)　نَمْل(نَمْلَة/)

개선, 개선함(making better)　taħsiin　타흐씬-　تَحْسِين

개업식, 취임식　ʔęftętææħ　이프티태-흐　إِفْتِتَاح

개인(individual)　fard/ ʔafraad　파르드/ 아프라-드　فَرْد/ أَفْرَاد

　　nafar/ ʔanfaar　나파르/ 안파-르　نَفَر/ أَنْفَار

　　ʃaxṣ/ ʔaʃxaaṣ　샥스/ 아쉬카-스　شَخْص/ أَشْخَاص

개인교사　mudarręs xuṣuusi/ mudarręsiin xuṣuṣiyyiin

　무다리스 쿠수-씨/ 무다리씬- 쿠수시인-　مُدَرِّس خُصُوصي/ مُدَرِّسِين خُصُوصِيِّين

개인적으로　ʃaxṣęyyan　샥세얀　شَخْصِيًّا

소사전

한국어	발음	한글 발음	아랍어

거기, 거기에(there) hęnæek 헤낵- هناك

거꾸로 된, 뒤집힌(adv) bel-maʕuub 빌마을룹- بالْمقْلُوب

거대한(huge) ḑaxm/ duxaam 다큼/ 두캄- ضخْم/ ضخَام

거래(업무의 처리, 취급)

  muɛamla/ -æet 무아믈라/ 무아믈래-트 مُعَامْلَة/ مُعَامَلَات

거리(street) ʃæereɛ/ ʃawæeręɛ 쉐-리아/ 샤와-리아 شارع/ شوارع

거리(distance) masæefa/ -æe- tæet 마싸-파/ 마싸패-트 مَسَافة/ مَسَافات

  boɛd 보아드 ; meʃwaar 미쉬와르 مِشوار ; بعْد

거미 ɛankabuut/ ɛanæekęb 안카부-트/ 아내-킵- عنكبُوت/ عناكِب

거부하다, 거절하다 rafaḑ/ yorfoḑ 라파드/ 요르포드 رفض/ يرفُض

거북(바다) sulḥęfa/ salæeæʃęf 쑬히파/ 쌀래-히프 سُلحْفة/ سَلاحِف

거스름돈(the change) ęl-bæeɛi 일배-이 الباقي

거실 (거실과 손님 접대용 응접실이 분리되지 않은 것)

  ṣaala/ -aat 살-라/ 살라-트 صالة/ صالات

  (손님 접대용 응접실로 따로 분리된 방)

  ṣaloon 살론- ; ʔoodęt ṣaloon 오디트 살론- أوضية صالون ؛ صالُون

거울 męræeya/ -æet 미래-야/ 미래-에트 مِرايَة/ مِرايَات

거위(goose) węzz (-a/) 윗즈(윗자/) وزّ (وزَّة/)

거의, 대략 taʕriiban 타으리-반 تقْريبًا

거의 확실하게 ɣæelęban 갤-리반 ; fel-yæelęb 필-갤-립 في الغالِب ؛ غالِبًا

거주하고 있는 sæekin/ -iin 싸-킨/ 싸-킨닌- ساكِن/ ساكْنين

거주하다 sękęn, sakan/ yoskon 싸칸/ 요쓰콘 سكن/ يسكُن

거주허가(residence permit) taṣriiḥ ʕeqaama

   타스리-ㅎ 이까-마 تصْريح إقامة

거지(beggar) ʃaḥḥææt/ -iin 샤해-트/ 샤해틴- شحّات/ شحَّاتين

거짓말 kęzba/ -æet 케즈바/ 케즈배-트 كِذْبة/ كِذْبات

거짓말을 하다 kęzęb/ yękzęb or kędęb/ yękdęb (ɛala)

   케집/ 에크집 (알라) كذب/ يكْذِب (علَى)

거짓말쟁이 kazzæeb, kaddæeb/ -iin 캇잽-/ 캇재빈- كذّاب/ كذّابين

거친, 거칠거칠한(rough) xeʃen/ -iin 케쉔/ 케쉰닌- خشِن/ خشِنين

441

소사전

한국어	발음	한글 발음	아랍어
걱정	ʔalaʔ	알라으	قَلَق
걱정하는, 염려하는	ʔalʔææn/ -iin (mææʔaʔ)	알앤-/ 알앤닌-	قَلْقَان/ قَلْقَانِين
	xææyef/ -iin (ʕala)	캐-이프/ 캐이핀- (알라)	خَايِف/ خَايِفِين(عَلَى)
건강	ṣeḥḥa	시하	صِحَّة
건강진단서	ʃehææda ṣeḥḥeyya	쉐해-다 시헤야	شَهَادَة صِحِّيَّة
건너다(강, 다리, 도로 등을)	ʕadda/ yeʕaddi	앗다/ 예앗디	عَدَّى/ يُعَدِّي
건전지	ḥagar/ ḥegaara	하가르/ 헤가-라	حَجَر/ حِجَارَة
건조대(빨래 등)	manʃar/ manææʃer	만샤르/ 마내-쉬르	مَنْشَر/ مَنَاشِر
건포도	zibiib (-a/)	지빕-(지비바/)	زِبِيب(زِبِيبَة/زِبِيبَات)
건축	benææʔ (cl)	베내-	بِنَاء
건축하다	bana/ yebni	바나/ 옙니	بَنَى/ يَبْنِي
걷고있는(ava)	mææʃi/ -yiin	매-쉬/ 매쉬인-	مَاشِي/ مَاشِيِّين
걷다(to walk)	meʃi/ yemʃi	메쉬/ 옘쉬	مِشِي/ يِمْشِي
걸다(고리에 걸다)	ʃabak/ yoʃbok	샤바크/ 요쉬보크	شَبَك/ يُشْبُك
(매달다)	ʕallaʔ/ yeʕallaʔ	알라으/ 예알라으	عَلَّق/ يُعَلِّق
걸레	ʔumææʃa/ -ææt	우매-샤/ 우매쉐-트	قُمَاشَة/ قُمَاشَات
(물을 닦아내는 밀대, wiper)			
	massææḥa/ -ææt	맛쌔-하/ 맛쌔해-트	مَسَّاحَة/ مَسَّاحَات
걸어서, 도보로(on foot)			
	ʕala regleę (-ha, etc)	알라 리글리-(알라 리글리하 etc)	عَلَى رِجْلِيه
	be-regleę (-ha, etc)	비리글리-(비리글리하 etc)	بِرِجْلِيه
걸음, 단계(stage)	xaṭwa/ xaṭawaat	카뜨와/ 카따와-트	خَطْوَة/ خَطَوَات
검(sword)	seef/ suyuuf	씨-프/ 쑤유-프	سِيف/ سُيُوف
검사 (검사, 진찰)	kaʃf/ kuʃuuf	카쉬프/ 쿠슈-프	كَشْف/ كُشُوف
(단속, 수색, 검열)	taftiiʃ	타프티-쉬	تَفْتِيش
검사(의료적인)	taḥliil/ taḥaliil	타흘릴-/ 타할릴-	تَحْلِيل/ تَحَالِيل
검사소(피검사 등의 각종 의료검사를 하는 곳)			
	maɛmal/ maɛææmel	마아말/ 마애-밀	مَعْمَل/ مَعَامِل
검사하다, 체크하다, 진찰하다			
	kaʃaf/ yekʃef ʕala	카샤프/ 엑쉐프 알라	كَشَف/ يِكْشِف عَلَى

소사전

검정색, 검정색의

ʃęswęd/ sooda(f)/ suud 이쓰워드/ 쑤-다/쑤-드 　　　إِسْوَد/ سُودَاء/ سُود

겁나다 xæf/ yęxæf, yęxaaf (męn) 캐-프/예캐-프(민) 　　خَاف/ يَخَاف (مِن)

것(thing, 물건이나 일 등을 의미)

ɦæga/ -ææt 해-가/ 해개-트 　　حَاجَة/ حَاجَات

게(crab) kaborya(kaboryææya/) 카보리야(카보리에-야/) 　　كَبُورِيَا(كَبُورِيَايَة/)

게시판 looɦa/ -ææt, lęwaɦ 루-하/ 라우해-트, 리와흐 　　لُوحَة/ لُوحَات، لَوح

게으른 kaslææn/ -iin 카쓸랜-/ 카쓸래닌- 　　كَسْلَان/ كَسْلَانِين

게임, 놀이 (eg 장기, 주사위 놀이)

lęəba/ ʃalęææb 리아바/ 알앱- 　　لِعْبَة/ أَلْعَاب

겨우..하다 (conj) yadoob, yadoobak 야돕-, 야도-박 　　يَادُوب، يَادُوبَك

겨울 ʃęta 쉬타- 　　شِتَاء

겨자 musṭarda 무스따르다 　　مُصْطَرْدَة

격려 taʃgiiɛ 타쉬기-아 　　تَشْجِيع

격려하다 ʃaggaɛ/ yęʃaggaɛ 샤가아/ 예샤가아 　　شَجَّع/ يِشَجَّع

격언, 속담 masal/ ʃamsææl 마쌀/ 암쌜- 　　مَثَل/ أَمْثَال

견과(nuts) mękassaraat 미캇싸라-트 　　مُكَسَّرَات

견적하다, 어림잡다 ɛaddar/ yęɛaddar 앗다르/ 예앗다르 　　قَدَّر/ يِقَدَّر

견해, 관점 węghęt nazar 위그핫 나자르 　　وجهة نَظَر

결과(result) natiiga/ natææyęg 나티가/ 나태-에그 　　نَتِيجَة/ نَتَائِج

결석한 ɣææyęb/ -iin 개-입/ 개이빈- 　　غَائِب/ غَائِبِين

결점(defect) ɛęɛb/ ɛuyuub 에입-/ 오읍- 　　عَيب/ عُيُوب

결정, 결심 qaraar/ -aat 까라-르/ 까라라-드 　　قَرَار/ قَرَارَات

결정하다 qarrar/ yęqarrar 까랄르/ 예까랄르 　　قَرَّر/ يِقَرَّر

결정한, 결심한, 주장하는

muṣammęm/ -iin (ɛala) 무삼밈/ 무삼미민- (알라) 　　مُصَمِّم/ مُصَمِّمِين (عَلَى)

결코(never) (adv) ɛabadan 아바단 　　أَبَدًا

결코..하지 않다 ɛomri(-u, etc) ma.. 오므리(오므루, etc) 마 .. 　　عُمرِ مَا ..

결혼 gawææz 가와-즈 ; zawææg 자왜-그 　　جَوَاز ؛ زَوَاج

소사전

결혼식 faraḥ/ ʔafraaḥ 파라흐/ 아프라-흐 فَرَح/ أَفْرَاح

결혼하다 ʔetgawwez/ yetgawwez 이트가왜즈/ 에트가워즈 اِتْجَوِّز/ يِتْجَوِّز

결혼한 metgawwez/ -iin 밋가워즈/ 밋가워진- مِتْجَوِّز

겸손 tawaaḍuʕ 타와-두아 تَوَاضُع

겸손한 mutawaaḍeʕ/-iin 무타와-디아/무타와-디아인- مِتَوَاضِع/ مُتَوَاضِعِين

경계 혹은 경계선(border) ḥuduud 후두-드 حُدُود

경고 taḥziir 타흐지-르 تَحْذِير

경고하다 ḥazzar/ yeḥazzar 핫자르/ 예핫자르 حَذَّر/ يِحَذَّر

경과하다(시간 등) fæt/ yefuut 패-트/ 에푸-트 فَات/ يِفُوت

경기(game) matʃ/ -aat,-ææt 마취/ 마췌-트 مَاتْش/ مَاتْشَات

 mubaraah 무바라-흐 مُبَارَاة

경보장치 gehææz ʔenzaar 게해-즈 인자-르 جِهَاز إِنْذَار

경비원 ḥææres/ ḥurraas 해-리쓰/ 후라-쓰 حَارِس/ حُرَّاس

 ʕamn 암느 أَمْن

경비하다 ḥaras/ yoḥros 하라쓰/ 요흐로쓰 حَرَس/ يُحْرُس

경연(contest) musabʕa/ -ææt 무쌉아/ 무쌉애-트 مُسَابْقَة/ مُسَابْقَات

경영, 행정 ʔedaara/ ʔedaraat 이다-라/ 이다라-트 إِدَارَة/ إِدَارَات

경영자, 메니저 mudiir/ -iin 무디-르/ 무디린- مُدِير/ مُدِيرِين

경우(case) ḥææla/ -ææt 핼-라/ 핼래-트 حَالَة/ حَالَات

경쟁(competition) munafsa 무나프싸 مُنَافَسَة

경쟁하는 munææfes/ -iin (li) 무내-프쓰/무내프씬- (리) مُنَافِس/ مُنَافِسِين لِ

경적, 경음기(자동차)

 kalaks, kalaks/ -aat, -ææt 칼락쓰/ 칼락새-트 كَلَكْس/ كَلَكْسَات

경적을 울리다 zammar/ yezammar 잠마르/ 예잠마르 زَمَّر/ يِزَمَّر

경제(economics) ʔeqteṣaad 이끄티사-드 إِقْتِصَاد

경제의, 경제적인, 절약하는

 ʔeqteṣaadi/ -yyiin 이끄티사-디/ 이끄티사딘- إِقْتِصَادِي/ إِقْتِصَادِيِين

경주(말,자동차 등)

 sabaʕ, sebææʕ/ -ææt ʔadas 싸바으/ 싸바애-트 سَبَق او سِبَاق/ سِبَاقَات

경주하다(to race against)

소사전

sæabeʕ/ yeʂsæabeʕ/ʂdæsæs 쌔-비으/ 예쌔-비으	سَابِق/ يُسَابِق
경찰 buliis 볼리-쓰 ; ʃorṭa 쇼르따	شُرْطَة
경찰서 ʕesm ʃorṭa 이씀 쇼르따	قِسم شُرْطَة
ʕesm buliis 이씀 볼리-쓰	قِسم بُولِيس
경치, 전망 manẓar/ manaazer 만자르/ 마나-지르	مَنْظَر/ مَنَاظِر
경험 xebra/ -aat 키브라/ 키브라-트	خِبرَة/ خِبرَات

경험이 많은, 경험이 많은 사람, 전문가(expert)

xabiir/ xobara 카비-르/ 코바라	خَبِير/ خُبَرَاء
경호 ḥaras 하라쓰 ; ḥaras xaaṣṣ 하라쓰 카-스	حَرَس خَاصّ
곁에, 옆에 (adv) (prep) gamb 감브	جَنْب
계곡, 골짜기 wæædi/ wedyææn 왜-디/ 워디엔-	وَادِي/ وِدْيَان
계단(stairs) sellem/ salæælem 쌜렘/ 쌀랠-림	سُلَّم/ سَلَالِم
계란 beeḍ(-a/ -aat) 베-드(베-다/베다-트)	بيض(بيضَة/ بيضَات)
계량기 (전기, 수도 등) ʕaddææd/ -ææt 앗대-드/ 앗대-대트	عَدَّاد/ عَدَّادَات
(계량기 검침원) kaʃʃææf nuur 캇쉐-프 누-르	كَشَّاف/ كَشَّافِين نُور

계산, 계산서, 지불해야 할 돈

ḥesææb/ -ææt 헤쌥-/ 헤쌔배-트	حِسَاب/ حِسَابَات
계산기 ʕæælat ḥasba/ ʕalææt ḥasba 앨-라트 하쓰바/ 앨래-트 하쓰바	آلَة حَاسْبَة/ آلَات حَاسْبَة
계산대(가게의) kææʃeer 캐쉐-르	كَاشِير
(은행, 백화점 등의 출납계) xazna/ xezan 카즈나/ 케잔	خَزْنَة/ خِزَن
계산하다 ḥasab/ yeḥseb 하쌉/ 예흐씹	حَسَب/ يَحْسِب
계속, 계속적으로 ʕala ṭuul 알라 뚤-	عَلَى طُول
be-stemraar 비쓰티므라-르	بِاسْتِمْرَار
계약(contract) ʕaʕd/ ʕuʕuud 아으드/ 오우-드	عَقْد/ عُقُود
계절 faṣl/ fuṣuul 파슬/ 푸술-	فَصْل/ فُصُول
계획(plan) xeṭṭa/ xeṭaṭ 킷따/ 키따뜨	خُطَّة/ خُطَط
고객(customer) zebuun/ zabææyen 지분-/ 자배-인	زَبُون/ زَبَائِن
ʕamiil/ ʕomala 아밀-/ 오말라	عَمِيل/ عُمَلَاء
고구마 baṭaaṭa(-aaya/) 바따-따(바따따-야/)	بَطَاطَا

445

소사전

한국어	발음	한글 발음	아랍어
고기	laḥma/ luḥuum	라흐마/ 루훔-	لَحْمَة/ لُحُوم
고등학교	madrasa sanawi	마드라싸 싸나위	مَدْرَسَة ثَانَوِيّ
	madrasa sanaweyya	마드라싸 싸나위야	مَدْرَسَة ثَانَوِيَّة
고리(둥근 모양의 고리)	ḥala2a/ -æet	할라아/ 할라애-트	حَلْقَة/ حَلْقَات
(열쇠고리)	ḥala2et mafatiiḥ	할라이트 마파티-흐	حَلْقَة مَفَاتِيح
고모	ɛamma/ -æet	암마/ 암매-트	عَمَّة/ عَمَّات
고무줄	ʔastek/ ʔasæætek	아쓰틱/ 아쌔-틱	أَسْتِك/ أَسَاتِك
고물상	betææɛ er-rubabekya	비태-아 이루바비키야	بِتَاع الرُّوبَابِكِيَا
고아, 고아의			
	yatiim/ ʔaytææm, yatææma	야팀-/ 아이탬-	يَتِيم/ أَيْتَام، يَتَامى
고아원	malga2/ malææge2	말가으/ 말래-기으	مَلْجَأ/ مَلَاجِأ
고양이	ʔotta (m. ʔott)/ ʔotat	옷따/ 옷따뜨	قُطَّة (قُطّ)/ قُطَاط
고용인, 직원	muwazzaf/ -iin	무왓자프/ 무왓자핀-	مُوَظَّف/ مُوَظَّفِين
고운 (가루가 고운)	næɛmæn/ -iin	내-엠/ 내에민-	نَاعِم/ نَاعْمِين
고장난	baayiz/ -iin	바-이즈/ 바이진-	بَايِظ/ بَايْظِين
	ɛatlaan/ -iin	아뜰란-/ 아뜰라닌-	عَطْلَان/ عَطْلَانِين
고정하다	sabbet/ yesabbet	쌉비트-/ 에쌉비트	ثَبِّت/ يِثَبَّت
고집센, 완고한	ɛaniid/ -iin	아니-드/ 에나이딘-	عَنِيد/ عِنِيدِّين
고추	felfel(-a/)	펠필(펠필라/)	فِلْفِل
고춧가루	ʃatta	샷따	شَطَّة
고치다 (고장난 것, 틀린 것을)			
	sallaḥ/ yesallaḥ	살라흐/에살라흐	صَلَّح/ يِصَلَّح
고침 (고장난 것)	taṣliiḥ/ -æet	타슬리-흐/타슬리해-트	تَصْلِيح/ تَصْلِيحَات
(틀린 것)	taṣḥiiḥ/ -aat	타스히-흐/ 타스히해-트	تَصْحِيح/ تَصْحِيحَات
고통(pain)	ʔalam/ ʔalææm	알람/ 알램-	أَلَم/ أَلَام
고통을 느끼다	ʔetʔallem/ yetʔallem	이트알림/ 에트알림	إِتْأَلَّم/ يِتْأَلَّم
고함치다	zaɛɛaʔ/ yezaɛɛaʔ (le)	자아으/ 에자아으	زَعَّق/ يِزَعَّق (ل)
고향, 고향 마을	balad/ belæd	발라드/ 빌래-드	بَلَد/ بِلَاد
곡(melody)	laḥn	라흔	لَحْن
곡물류(grains) (coll)	ḥabb/ ḥubuub	합/ 우붑-	حَبّ/ حُبُوب

소사전

한국어	발음	한글 발음	아랍어
곤충(류) (coll)	ḥaʃara/ -aat	하샤라/ 하샤라-트	حَشَرَة/ حَشَرَات
곧(soon) (adv)	ʔurayyęb	오라옙	قَرِّيب
(조금 이후에)	baɛd ʃwayya	바아드 쉬와야	بَعْد شْوَيَّة
곧바로	ḥælan	핼-란 ;	حَالاً ؛
	ɛawææm	아왬-	قَوَام
	ɛala ṭuul	알라 뚤-	عَلَى طُول

곧은 (일직선의 혹은 정신적으로 곧은)

	mustaqiim/ -iin	무쓰타낌-/ 무쓰타끼민-	مُسْتَقِيم/ مُسْتَقِيمِين
골, 득점(축구 등)	goon, gool/ ʔagwææn	곤-, 골-/ 아그왠-	جُون/ أَجْوَان
골목, 골목길	ḥaara/ ḥawææri	하-라/ 하왜-리	حَارَة/ حَوَارِي
골키퍼(축구 등) goon 곤- ;		جُون ؛	
	gool 골-		جُول
	ḥææręs el-marma	해-리쓰 일마르마	حَارِس اَلْمَرْمَى
곱셈	ḍarb	다릅	ضَرْب
공(ball)	koora/ kowar	꼬-라/ 꼬와르	كُورَة/ كُوَر
공간, 장소	makææn/ ʔamææken	마캔-/ 아매-킨	مَكَان/ أَمَاكِن
공격 (전쟁이나 스포츠에서)	huguum	우굼-	هُجُوم
공기	hawa (m)	하와	هَوَاء
공무원, 직원	muwazzaf/ -iin	무왓자프/ 무왓자핀-	مُوَظَّف/ مُوَظَّفِين

공부 (학교의 교과과정 등)

	dęraasa/ -ææt	디라-싸/ 디라쌔-트	دِرَاسَة/ دِرَاسَات
(개인적인 학습)	muzakra	무자크라	مُذَكَّرَة
공부방, 서재	ʔoodęt maktab	오디트 막탑	أُوضِية مَكْتَب

공부하다(과정 이수, 학교의 수업 등)

	daras/ yędręs	다라쓰/ 예드리쓰	دَرَس/ يَدْرِس
(숙제, 개인 렛슨 등)			
	zæækęr/ yęzææker	재-키르/ 예재-키르	ذَاكِر/ يِذَاكِر
공산주의	ʃęʃ-ʃiyuɛęyya	이쉬유에야	اَلشِّيُوعِيَّة
공식적인	rasmi/ -yyiin	라쓰미/ 라쓰미인-	رَسْمِي/ رَسْمِيِّين
공업(industry)	ṣęnaaɛa	시나-아	صِنَاعَة
공업의	ṣęnaaɛi/ -yyiin	시나-아이/ 시나아인-	صِنَاعِي/ صِنَاعِيِّين
공연(영화, 연극 등)	ɛard/ ɛuruud	아르드/ 우루-드	عَرْض/ عُرُوض

(춤, 발레 등의 시연) ʃestesraad 이쓰티아라-드 | اِستِعْرَاض

공원 geneena/ ganææyen 기네-나/ 가내-인 | جَنِينَة/ جَنَائِن

ħadiiqa/ ħadææyeq (cl) 하디-까/ 하대-읶 | حَدِيقَة/ حَدَائِق

공장 maṣnaɛ/ maṣaaneɛ 마스나아/ 마사-니아 | مَصْنَع/ مَصَانِع

공정한, 정의로운 ɛæædil/ -iin 아-딜/ 아들린- | عَادِل/ عَادْلِين

공학(engineering) handasa 한다싸 | هَنْدَسَة

공항 maṭaar/ -aat 마따-르/ 마따라-트 | مَطَار/ مَطَارَات

공휴일 ʔagææza/ -ææt 아개-자/ 아개재-트 | أَجَازَة/ أَجَازَات

과거(past) (문법) maaḍi 마-디 | مَاضِي

과녁 hadaf/ ʔahdææf 하다프/ 아흐대-프 | هَدَف/ أَهْدَاف

과목(학교 과목) madda/ mawæædd 맛다/ 마왯-드 | مَادَّة/ مَوَادّ

과속방지턱 maṭabb/ -ææt 마땁/ 마땁배-트 | مَطَبّ

과일 fakha/ fawæækeh 파크하/ 파왜-키흐 | فَاكْهَة/ فَوَاكِه

과일장수 fakahææni/ -yya 파카해-니/ 파카해니야 | فَكَهَانِي/ فَكَهَانِيَّة

과자 (감자칩, 포테이토칩스) ʃebsi 쉽씨 | شِبْسِي

과정(교육 과정, 강좌) kors/ -aat 코르쓰/ 코르싸-트 | كُورْس/ كُورْسَات

과학 ɛelm/ ɛuluum 엘름/ 울-룸- | عِلْم/ عُلُوم

과학자 ɛæælim/ ɛolama, ɛolamææʔ (cl) 앨-림/ 올라마 | عَالِم/ عُلَمَاء

관(pipe) masuura/ mawasiir 마쑤-라/ 마와씨-르 | مَاسُورَة/ مَوَاسِير

관계 (relation) ɛelææqa/-ææt 엘래-까/ 엘래깨-트 | عَلَاقَة/ عَلَاقَات

(connection) ṣela/ -aat 실라/ 실라-트 | صِلَة/ صِلَات

관광 seyæǣħa 씨에-하 | سِيَاحَة

관광객 sææyeħ/ suwwææħ 쌔-예흐/ 쑤왜-흐 | سَايِح/ سُوَّاح

관광지 manṭeʔa seyaħeyya/ manaaṭeʔ seyaħeyya

만떼아 씨야헤야 / 마나-띠으 씨야헤야 | مَنْطِقَة سِيَاحِيَّة/ مَنَاطِق سِيَاحِيَّة

관대한 kariim/ korama 카림-/ 코라마 | كَرِيم/ كُرَمَاء

..에 관련하여(prep) ben-nesba li 빈니쓰바 리 | بِالنِّسْبَة لِ

(eg 나와 관련하여) ben-nesbææ-li 빈니쓰밸 리 | بِالنِّسْبَة لِي

관세 gomrok/ gamæærek 고므록/ 가매-릭 | جُمْرُك/ جَمَارِك

관습(custom) ɛadææt 아대-트 | عَادَات

소사전

(습관, habit)	ɛææda/ ɛadææt	애-다/ 아대-트	عَادَة/ عَادَات

관심을 가지는 muhtamm/-iin (bɛ) 무흐탐/무흐탐민- (비) مُهتَمّ/ مُهتَمِّين (بِ)

관심을 가지다, 돌보다

    ʕɛhtamm/ yɛhtamm (bɛ) 이흐탐/ 예흐탐 (비)   اِهتَمّ/ يَهتَمّ (بِ)

(관심을 가지다, 조심하다)

    xad/ yææxud bææl-u (-ha, etc) mɛn

    카드/ 예-쿠드 밸-루 (밸-하, *etc*)   خَد/ يَاخُد بَالَه مِن

    xalla/ yɛxalli bææl-u (-ha, etc) mɛn

    칼라/ 예칼리 밸-루 (밸-하, *etc*)   خَلَّى/ يخَلِّي بَالَه مِن

관중 mutafarrɛgiin 무타파리긴- مُتَفَرِّجِين

    muʃææhɛdiin, muʃahdiin 무쉐헤딘- مُشَاهِدِين

광경, 풍경 manẓar/ manaaẓɛr 만자르/ 마나-지르 مَنظَر/ مَنَاظِر

광고 (상업 광고) ʕɛɛlææn/-ææt 에알랜-/ 에알래내-트 إِعلَان/ إِعلَانَات

(알림) tanbiih/ -ææt 탄비-흐/ 탄비해-트 تَنبِيه/ تَنبِيهَات

광고하다 ʕaɛlan/ yɛʕlɛn 아알란/ 에알린 أَعلَن/ يُعلِن

광물(minerals) maɛæædɛn 마애-딘 مَعَادِن

광장 midææn/ mayadiin 미댄-/ 마야딘- مَيدَان/ مَيَادِين

광택을 내다, 윤을 내다

    lammaɛ/ yɛlammaɛ 람마아/ 옐람마아 لَمَّع/ يِلَمَّع

괜찮은 (그런대로 괜찮은) mɛʃ baṭṭaal 미쉬 밧딸- مِش بَطَّال

괭이 fææs 패-쓰 فَاس

괴로운 mɛddææyɛʕ/ -iin 밋대-예으/ 밋대예인- مِتضَايِق/ مِتضَايِقِين

(괴로운, 화가난) zaɛlææn/-iin 자알랜-/ 자알래닌- زَعلَان/ زَعلَانِين

굉장한(amazing) ɛagiib/ ɛugææb 아깁-/ 우갭- عَجِيب/ عُجَاب

교만 kɛbriyææʕ 키브리애-으 ; كِبرِيَاء ; takabbur 타캅부르 تَكَبُّر

교만한, 거만한, 자만심 강한(conceited)

    mutakabbɛr, mɛtkabbar/-iin 무타캅비르/무타캅비린- مُتَكَبِّر/ مُتَكَبِّرِين

교사 mudarrɛs/ -iin 무다리쓰/ 무다리씬- مُدَرِّس/ مُدَرِّسِين

    muɛallɛm/ -iin 무알림/ 무알리민- مُعَلِّم/ مُعَلِّمِين

교수 ʕustææz(m)/ ʕasatza 오쓰태-즈/ 아삿자 أُستَاذ/ أَسَاتِذَة

소사전

한국어	발음	한글 표기	아랍어
	ʕustæœza(f)/ -æœt	오쓰태-자/ 오쓰태재-트	أُسْتَاذَة/ أُسْتَاذَات
교시, 수업시간	ḥęṣṣa/ ḥęṣaṣ	헷사/ 헤사쓰	حِصَّة/ حِصَاص
교실	faṣl/ fuṣuul	파슬/ 푸술-	فَصْل/ فُصُول
교양있는, 교양이 풍부한			
	musaqqaf/ -iin	무쌋까프/ 무쌋까핀-	مُثَقَّف/ مُثَقَّفِين
교육 (일반적인 교육)	taɛliim	타알림-	تَعْلِيم
(양육, 자녀양육)	tarbęya	타르베야	تَرْبِيَة
(교육)	ęt-tarbęya węt-taɛliim	잇타르베야 윗타알림-	التَّرْبِيَة و التَّعْلِيم
교육대학	kollęyyęt tarbęya	꼴레옛 타르베야	كُلِّيَّة تَرْبِيَة
교육받은, 교육을 많이 받은			
	mutaɛallęm/ -iin	무타알림/ 무타알리민-	مُتَعَلِّم/ مُتَعَلِّمِين
교육비	maṣariif ęd-dęraasa	마사리-프 잇디라-싸	مَصَارِيف الدِّرَاسَة
	maṣariif ęl-madrasa	마사리-프 일마드라싸	مَصَارِيف الْمَدْرَسَة
교육적인	taɛliimi 타알리-미 ; tarbawi 타르바위		تَرْبَوِي
교장	mudiir/-iin	무디-르/무디린-	مُدِير/ مُدِيرِين
교차로	taqaaṭuɛ/ -aat	타까-뚜아/ 타까뚜아-트	تَقَاطُع/ تَقَاطُعَات
교통	muruur	무루-르	مُرُور
교통경찰	ʃorṭęt muruur	쇼르떼트 무루-르	شُرْطَة مُرُور
교통사고	ḥadsa/ḥawæœdęs	하드싸/하왜-디쓰	حَادِثَة/ حَوَادِث
교통수단	muwaṣla/ -aat	무와슬라/ 무와슬라-트	مُوَاصَلَة/ مُوَاصَلَات
교통신호, 교통신호등	ʔeʃaara/-aat	이샤-라/이샤라-트	إِشَارَة/ إِشَارَات
교통위반	muxalfa/ -æœt	무칼파/ 무칼패-트	مُخَالَفَة/ مُخَالَفَات
교환하다 (다른 사람과 어떤 것을 교환하다)			
	ʔetbæœdęl/ yętbæœdęl (maɛa)	이트배-딜/ 에트배-딜 (마아)	اِتْبَادِل/ يتْبَادِل (مَع)
교황	ʔęl-baaba	일바-바	البَابَا
교회	kiniisa/ kanæœyęṣ	키니-싸/ 카내-이쓰	كَنِيسَة/ كَنَائِس
구걸하다(거지가)	ʃaḥat/ yęʃḥat	샤하트/ 예쉬하트	شَحَتْ/ يِشْحَت
구겨진	mękalkaɛ/ -iin	미칼카아/ 미칼카아인-	مِكَلْكَع/ مِكَلْكَعِين
(많이 구겨져 쭈글쭈글한)			

소사전

	mękarmęʃ/ -iin	미카르미쉬/ 미카르미쉬인-	مِكَرْمِش/ مِكَرْمِشين

구경, 구경을 위해 바깥으로 나감

| | foshɑ/ fosaḫ | 포쓰하/ 포싸흐 | فُسْحَة/ فُسَح |

구경시켜주다, 데리고 나가 구경시키다

	fassaḫ/ yęfassaḫ	팟싸흐/ 예팟싸흐	فَسَّح/ يفَسَّح
구급차	εarabęyyęt ęl-ʕęsæɛæf	아라비에옐 일이쓰애-프	عَرَبيَّة الإسْعَاف
구덩이	ḫofra/ ḫofar	호프라/ 호파르	حُفْرَة/ حُفَر
구두	gazma/ gęzam	가즈마/ 기잠	جَزْمَة/ جِزَم
구두쇠의	baxiil/ boxala	바킬-/ 보칼라	بَخيل/ بُخَلَاء
	gęlda (invar)	길다	جِلْدَة
구름	saḫæb(-a/)	싸햅-(싸해바/)	سَحَاب(سَحَابَة/)
구멍	xorm/xuruum, xęraam, ʕaxraam	코름/코룸-	خُرم/ خُرُوم، خِرَام، أخْرَام
구부러진	maɛwuug/ -iin	마아우-그/ 마아우긴-	مَعْووج/ مَعْووجين
	munḫani/ -yiin	문하니/ 문하니인-	مُنْحَني/ مُنْحَنيين
(꼬불꼬불한)	mᵉmawwęg/ -iin	미마웍그/ 미마웍긴-	مُمَوَّج/ مُمَوَّجين
구성하다, 형성하다	kawwęn/yękawwęn	카원/ 예카원	كَوَّن/ يكَوَّن
구십	tęsɛiin	티쓰아인-	تِسْعين

구와바(과일, guava)

| | gawææfa(-ææya/) | 가왜-파(가왜패-야/) | جَوَافَة(جَوَافَايَة/) |

구운 (grilled, 숯불이나 가스불로 구운)

	maʃwi/ -yiin	마쉬위/ 마쉬위인-	مَشْوي/ مَشْويين
구입(buying)	ʃęra	쉬라	شِرَاء
구입하다(to buy)	ʕęʃtara/ yęʃtęri	이쉬타라/ 예쉬테리	إشْتَرَى/ يشْتَرِي
구토	targiiɛ	타르기-아	تَرْجيع
구토하다	raggaɛ/ yęraggaɛ	락가아/ 예락가아	رَجَّع/ يرجَّع
국(soup)	ʃorba	쇼르바 ; maraʃa 마라아	شُرْبَة ; مَرَقَة
국가(nation)	dawla/ duwal	다울라/ 두왈	دَوْلَة/ دُوَل
국가의, 국가적인	waṭani/ -yyiin	와따니/ 와따니인-	وَطَنى/ وَطَنيّين
baladi (invar) 발라디 بَلَدي ; qawmi/-iin 까우미/까우미인-			قَوْمى/قَوْميّين
국경(border)	ḫuduud	후두-드	حُدُود

소사전

한국어	발음	한글발음	아랍어
국기(national flag)	ɛel-ɛalam el-waṭani	일알람 일와따니	الْعَلَم الْوَطَني
국내의(domestic)	dææxili/ -yiin	대-킬리/ 대킬리인-	دَاخِلي/ دَاخْلِيين
국립의(national)	ʃahli	아흘리	أَهْلي
국무총리	raʕiis el-wozara	라이-쓰 일우자라	رَئِيس الْوُزَراء
국민, 백성	ʃaɛb/ ʃuɛuub	샤아브/ 슈우-브	شَعْب/ شُعوب
국민의, 백성의	ʃaɛbi/ -yyiin	샤아비/ 샤아비인-	شَعْبي/ شَعْبِيّين
국수, 마카로나(pasta)	makaroona	마카로-나	مَكَرونة
국자(ladle)	mayrafa/ mayææref	마그라파/마개-리프	مَغْرَفَة/ مَغارِف
국적	gensęyya/ -ææt	긴세야/ 긴세에-트	جِنْسِيَّة/ جِنْسِيّات
국제의, 국제적인	dawli/ -yyiin	다울리/ 다울리인-	دَوْلي/ دَولِيّين
군대(army)	geęʃ/ guyuuʃ	게-쉬/ 구유-쉬	جيش/ جُيوش
군인	gondi/ gunuud	곤디/ 구누-드	جُنْدي/ جُنود
군중	gumhuur	굼후-르	جُمْهور
권리	ɦaʕʕ/ ɦuʕuuʕ	하으/ 후욱-	حَقّ/ حُقوق
귀(ear)	weḍn (f)/ wedææn	위든/ 위댄-	وِدْن/ وِدان
	ozun/ æezææen (cl)	오준/ 애-잰-	أُذُن/ آذان
귀걸이	ɦalaʕ/ ɦelʕææn	할라으/ 힐앤-	حَلَق/ حَلْقان
귀신	ʃiṭaan/ ʃayaṭiin	쉬딴-/ 샤야띤-	شَيْطان/ شَياطين
귀여운(cute)	ʕammuur	암무-르	قَمور
귀중한(precious)	ɛaziiz/ ɛuzææz	아지-즈/ 우재-즈	عَزيز/ عُزاز
	yææli/ -yyiin	걜-리/ 걜리인-	غالي/ غالِيين
규칙(law, rule)	qanuun/ qawaniin	까눈-/ 까와닌-	قَانون/ قَوانين
규칙적으로	be-ntezaam	빈티잠-	بِانْتِظام
규칙적인	muntazęm/ -iin	문타짐/ 문타지민-	مُنْتَظِم/ مُنْتَظِمين
귤, 감귤	yusafandi or yustafandi (-yyææya/)	유싸판디 (유싸판디에-야/)	يوسَفَنْدى
그네	murgęęɦa/ maragiiɦ	무르게-하/마라기-흐	مُرْجيحَة/ مَراجيح
그늘	ḍell	딜	ظِلّ
그 다음에	baɛdęęn 바아덴- ; baɛd keda 바아드 께다		بَعْدين ; بَعْد كِدَه
그러나 (conj)	lææken 래-킨 ; bass 밧쓰		لَكِن ; بَسّ

소사전

한국어	발음(라틴)	한글 발음	아랍어
그런데 *(conj)*	ɛala fękra	알라 피크라	عَلَى فِكْرَة
그룹(사람)	magmuuɛa/-ææt	마그무-아/마그무애-트	مَجْمُوعَة/ مَجْمُوعَات
그리고	wę	워	وَ
그리다 (그림을)	rasam/ yęrsęm	라쌈/ 에르씸	رَسَم/ يِرْسِم

그리워하게 만드는(=그리운, 그리워하는, 보고싶은)

    wææɦęʃ/ -iin + 목적격 대명사   왜-헤쉬/ 왜헤쉰-   وَاحِش/ وَاحْشِين

그리워하게 만들다(=그리워하다)

    waɦaʃ/ yewɦaʃ + 목적격 대명사   와하쉬/ 예우하쉬   وَحَش/ يُوحَش

| 그릴, 석쇠 | ʃawwææya/ -ææt | 샤왜-야/ 샤왜에-트 | شَوَّايَة/ شَوَّايَات |
| 그림 (회화) | looɦa/ lęwaɦ | 로-하/ 리와흐 | لُوحَة/ لُوح |

  (작은 그림)

    rasm/ rusumææt, rusuum   라쓰음/ 루쑤매-트   رَسْم/ رُسُومَات، رُسُوم

그림자	xayææl/ -ææt	카옐-/ 카옐래-트	خَيَال/ خَيَالَات
그만 (그만! 충분해!) *(interj)*	bass	밧쓰	بَسّ
그만두다 (습관, 동작 등)	baṭṭal/ yębaṭṭal	밧딸/ 예밧딸	بَطَّل/ يِبَطَّل

극단적인, 극단주의자

    mutaṭarręf/ -iin   무타따리프/ 무타따리핀-   مُتَطَرِّف/ مُتَطَرِّفِين

극동(the Far East)	ʃęʃ-ʃarʕ ęl-ʕaqṣa	이샤르으 일아끄사	الشَّرْق الأَقْصَى
극장	masraɦ/ masææręɦ	마쓰라흐/ 마쌔-리흐	مَسْرَح/ مَسَارِح
근원, 원천	mawrid/ mawæærid	마우리드/ 마왜-리드	مَورِد/ مَوَارِد
	maṣdar/ maṣaadir	마스다르/ 마사-디르	مَصْدَر/ مَصَادِر
근육	ɛaḍal(ɛaḍala/ -aat)	아달(아달라/ 아달라-트)	عَضَل(عَضَلَة/ عَضَلَات)
글 (단어, 글)	kęlma/ kalęmææt	킬마/ 칼리매-트	كِلْمَة/ كِلِمَات
글라스(wine glass)	kææs/ -ææt	캐-쓰/ 캐쌔-트	كَأس/ كَأْسَات

글씨 (비석 등에 기록된 글씨)

    kętææba/ -ææt   키태-바/ 키태배-트   كِتَابَة/ كِتَابَات

글자, 문자(letter)	ɦarf/ ɦuruuf	하르프/ 후루-프	حَرْف/ حُرُوف
긁다	xarbęʃ/ yęxarbęʃ	카르비쉬/ 예카르비쉬	خَرْبِش/ يِخَرْبِش
	xadaʃ/ yęxdęʃ	카다쉬/ 예크디쉬	خَدَش/ يِخْدِش
금(gold)	dahab	다합	ذَهَب

소사전

금고	xazna/ xęzan	카즈나/ 키잔	خَزْنَة/ خِزَن

금기, 금기사항(taboo)

(종교적으로 금지된) ɦaraam (invar)　하람-　　　　　　حَرَام

(법적으로 금지된) mamnuuɛ/-iin 맘누-아/맘누-아인-　مَمْنُوع/ مَمْنُوعِين

금빛의, 금으로 만들어진	dahabi (invar) 다하비		ذَهَبي
금속	maɛdan/ maɛææden	마아단/ 마애-든	مَعْدِن/ مَعَادِن
금식(fasting)	ṣęyaam	시얌- صِيَام ; ṣoom 솜-	صَوْم
금식하고 있는	ṣaayęm/ -iin	사-임/ 사이민-	صَائِم/ صَائِمِين
금식하다	ṣaam/ yęṣuum	삼-/ 예숨-	صَام/ يَصُوم
금연	mamnuuɛ ęt-tadxiin	맘누-아 잇타드킨-	مَمْنُوع التَّدْخِين
금요일	yoom ęl-gomɛa	욤- 일고마아	يُوم الجُمْعَة
금지하다	manaɛ/ yęmnaɛ	마나아/ 엠나아	مَنَع/ يَمْنَع
긍정적인	ʕęgææbi	이개-비	إيجَابي
기(flag)	ɛalam/ ʕaɛlææm	알람/ 아울램-	عَلَم/ أَعْلَام
기간	modda/ modad	못다/ 모다드	مَدَّة/ مُدَد
	fatra/ -aat	파트라/ 파트라-트	فَتْرَة/ فَتَرَات

(..하는 기간 동안) lę-moddęt 리못디트　　　　　　لِمُدَّة

기계	makana/ -ææt, makan	마카나/ 마칸	مَكَنَة/ مَكَنَات، مَكَن
	ʕææla/ -ææt	앨-라/ 앨래-트	آلَة/ آلَات
기념	zękra/ -yææt	지크라/ 지크라에-트	ذِكْرَى/ ذِكْرِيَات

기념일 (결혼 기념일) ɛiid ęl-gawææz 에이드 일가와-즈　عيد الجَوَاز

(생일) ɛiid męlææd + 사람　에이드 밀래-드　　عيد مِيلاد

기다리는	męstanni/ -yyiin	미쓰탄니/ 미쓰탄니인-	مِسْتَنّي/ مِسْتَنِّيِين
기다리다	ʕęstanna/ yęstanna	이쓰탄나/ 예쓰탄나	إسْتَنَّى/ يِسْتَنَّى
기대, 갈망	ʕæʃtiyææʕ	이쉬티에-으	إشْتِيَاق
	ʃooʕ/ ʕaʃwææʕ	슈-으/ 아쉬왜-으	شُوق/ أَشْوَاق
기도	ṣala, ṣalaah/ ṣalawaat	살라/ 살라와-트	صَلاَة/ صَلَوَات
기도하다	ṣalla/ yęṣalli	살라/ 예살리	صَلَّى/ يِصَلِّى

(...위하여 기도하다, 간구하다) *(lsi)*

	daɛa/ yędɛi (li)	다아아/ 에드아이 (리)	دَعَى/ يَدْعِى

소사전

기독교	ʔel-masiiḥeyya	일마씨-헤야	الْمَسِيحِيَّة
기독교인	masiiḥi, mesiiḥi/-yyiin	마씨-히/마씨히이인-	مَسِيحِي/مَسِيحِيِّين
기둥(column)	ɛamuud/ ɛawamiid	아무-드/ 아와미-드	عَمُود/ عَوَامِيد
기록	tasgiil	타쓰길-	تَسْجِيل
기록된, 씌어진	maktuub	막툽-	مَكْتُوب
기록하다, 등록하다, 녹음하다	saggel/yesaggel	싹길/ 예싹길	سَجَّل/ يِسَجِّل

기르다 (사람, 동물, 수염 등을 기르다)

	rabba/ yerabbi	랍바/ 예랍비	رَبَّى/ يِرَبِّى
기른, 양육하는	merabbi/ -iin	미랍비/ 미랍비인-	مُرَبِّى/ مرَبِّيين
기름, 식용유	zeet/ zuyuut	지-트/ 주유-트	زيت/ زُيُوت
(휘발유)	banziin	반진-	بنزين
기본, 기초	ʔasææsi/ -yææt	아싸-씨/ 아쌔씨에-트	أَسَاسِي/ أَسَاسِيَات
기분	mazææg/ ʕamzega	마재-그/ 암제가	مَزَاج/ أَمْزِجَة

기분을 전환하다

	ɣayyar/ yeɣayyar gaww	가야르/ 예가야르 가우	غَيَّر/ يُغَيِّر جَوّ
(환호하며)기뻐하다	feraḥ/ yefraḥ	피리흐/ 에프라흐	فِرِح/ يِفْرَح
기쁜, 기뻐하는 (기쁜)	farḥaan/ -iin	파르한-/ 파르하닌-	فرحان/ فرحانين
(만족하는, 기쁜)	mabsuut/ -iin	맙쑤-뜨/ 맙쑤띤-	مَبْسُوط/ مَبْسُوطِين
기쁨(joy)	faraḥ 파라흐 ;	ʕenbesaat 인비싸-뜨	فَرَح ; إنْبِسَاط
기사, 기술 감독자	muhandes/-iin	무한데쓰/무한데씬-	مُهَنْدِس/ مُهَنْدِسين
기숙사(학생)	beet/byuut et-talaba	베-트/부유-트 (딸라바)	بيت/ بُيُوت الطَّلَبَة
기술, 기능(skill)	mahaara/ -aat	마하-라/ 마하라-트	مَهَارَة/ مَهَارَات
기억, 기억력	zæækera	재-키라	ذَاكِرَة
기억하고 있는, 기억하는	fææker/-iin	패-키르/패크린-	فَاكِر/ فَاكِرِين
기억하다	ʔeftakar/ yeftekker	이프타카르/ 에프티키르	إفْتَكَر/ يِفْتَكِر
기자, 통신원	murææsel/ -iin	무래-씰/ 무래쏠린-	مُرَاسِل/ مُرَاسِلِين
기저귀(기저귀 상표이름)	bamberz	밤비르즈	بَامْبِرْز
기적	moɛgeza/ -ææt	모아기자/ 모아기재-트	مُعْجِزَة/ مُعْجِزَات
기절	ʔeɣmææʔ	이그매-으	إغْمَاء

기절하다 ɣoyma/ yoyma ɛaleę (ɛaleęha, ɛaleęhom)

소사전

		오그마/요그마 알리	أُغْمَى/ يُغْمَى عَلَيه
기차	ʕatr/ ʕuturaat, ʕutora	아뜨르/ 오뚜라-트	قَطْر/ قُطَرَات، قُطَرَة
기차역	maḥaṭṭit el-ʕatr	마핫띠트 아뜨르	مَحَطَّة القَطْر
기체, 가스	ɣææz/ -ææt	개-즈/ 개재-트	غَاز/ غَازَات
기침	koḥḥa 코핫 ; suɛææl 쑤앨-		سُعَال
기침하다	kaḥḥ/ yekoḥḥ	카흐/ 예코흐	كَحّ/ يكُحّ
기타(악기, guitar)	gitaar/ -aat	기타-르/ 기타라-트	جِيتَار/ جِيتَارَات
기호(sign)	ɛalæma/ -ææt	알래-마/ 알래매-트	عَلَامَة/ عَلَامَات
기회(opportunity)	forṣa/ foraṣ	포르사/ 포라스	فُرْصَة/ فُرَص
기후	gaww 가우 ; ṭaʕs 따으쓰		طَقْس
긴(길이, 시간)	ṭawiil/ ṭuwaal	따윌-/ 뚜왈-	طَوِيل/ طُوَال

긴급한(urgent)

(긴급한, 사람이 서두르는, in a hurry)

	mestaɛgel/ -iin	미쓰타아길/ 미쓰타아길린-	مِسْتَعْجِل/ مِسْتَعْجِلِين

(사람의 상황이 급한, 화장실이 급한)

	maznuuʕ/ -iin	마즈누-으/ 마즈누인-	مَزْنُوق/ مَزْنُوقِين
긴장, 스트레스	ḍuyuuṭ 두구-뜨 ; ḍuɣuuṭ ; tawattur 타왓투-르		تَوَتُّر
길, 도로	ṭariiʕ/ ṭoroʕ	따리-으/ 또로으	طَرِيق/ طُرُق
길든 (동물이)(eg 개가 물지 않는)	ʔaliif 알리-프		أَلِيف
길이(length)	ṭuul/ -ʔaṭwaal	뚤-/ 아뜨왈-	طُول/ أَطْوَال
깊은(deep) (물이 깊은)	ɣawiiṭ	가위-뜨	غَوِيط
(물이나, 사람 마음, 감정 등)	ɛamiiʔ piimaʕ	아미-끄	عَمِيق
깊이(depth)	ʕomʔ/ ʕæmaaʔ	옴끄/ 아아마-끄	عُمْق/ أَعْمَاق
까닭, 이유	sabab/ ʔasbææb	싸밥/ 아쓰밥-	سَبَب/ أَسْبَاب
까마귀	ɣuraab/ ɣerbææn	구랍-/ 기르밴-	غُرَاب/ غِرْبَان

...까지, ...되기 까지 (prep)

	leḥadd 리핫드 ; leɣææyet 리개-엣...		لِحَدّ، لِغَايَة
깎다 (연필 등을)	bara/ yebri	바라/ 예브리	بَرَى/ يَبْرِى
깔대기	ʕomʕ/ ʔaʕmææʕ	옴아/ 이으매-아	قُمْع/ أَقْمَاع
깡패, 불량배	balṭagi/ balṭageyya	발따기/발따기야	بَلْطَجِي/ بَلْطَجِيَّة

소사전

	ṣaayeɛ/ ṣeyyaɛ 사-예아/ 시야아	صَايِع/ صيَّع

깨끗하게 하다 (생선이나 닭 등을 먹기 위해 손질하다)

	naḍḍaf/ yenaḍḍaf 낫다프/ 예낫다프	نَضَّف/ يِنَضَّف
깨끗한(clean)	neḍiif/ nuḍaaf 니디-프/ 누다-프	نِضيِف/ نُضَاف
깨끗함	naḍaafa 나다-파	نَضَافَة
깨다(잠에서)	ṣeḥi/ yeṣḥa 시히/ 예스하	صِحي/ يِصْحَى
	ʕææm/ yeʕuum men en-noom 앰-/ 예움 민 인놈-	قَام/ يقُوم مِن النَّوم
깨소금	semsem 씸씸	سِمسِم
	semsem meḥammaṣ 씸씸 미함마스	سِمسِم مِحَمَّص
깨어있는	ṣaaḥi/ -yiin 사-히/ 사히인-	صَاحِي/ صَاحِيين
(밤늦게까지 깨어있는)	sahraan/ -iin 싸흐란-/싸흐라닌-	سَهْرَان/ سَهْرَانِين
깨우다(잠을)	ṣaḥḥa/yeṣaḥḥi 사하/ 예사히	صحَّى/ يِصحِّي
꺼내다	ṭallaɛ/ yeṭallɛ 딸라아/ 예딸라아	طَلَّع/ يطَلَّع
껌(chewing gum)	lebææn 리밴-	لِبَان

껍질, 껍데기 (과일등)

	ʕeʃr(ʕeʃra/ ʕuʃuur) 이쉬르(이쉬라/ 우슈-르)	قِشْر(قِشْرَه/ قُشُور)
껍질을 벗기다(과일등)	ʕaʃʃar/ yeʕaʃʃar 앗샤르/예앗샤르	قَشَّر/ يقَشَّر
꼬리(동물 등)	ḍeel/ diyuul 딜-/ 디율-	ديِل/ ديُول

꼭대기, 정상(산이나 탑, 순위의 정상)

	qemma/ qemam 낌마/ 끼맘	قِمَّة/ قِمَم
꽃	ward (-a/) 와르드(와르다/) (وَرْد(وَرْدَة/) ; zuhuur(cl) 주후-르	زُهُور
꽃병	faaza or vaaza/-aat 파-자/ 파자-트	فَازَة/فَازَات
	zuhreyya/ -ææt 주흐레야/ 주흐레에-트	زُهْرِيَّة/ زُهْرِيَّات
꽃장수	bayyææɛ zuhuur 바옌-아 주후-르	بَيَّاع زُهُور
꾸란(the Koran)	ʕel-qurʕaan 일꾸르안-	القُرْآن
	ʕel-qurʕaan el-kariim 일꾸르안- 일카림-	القُرْآن الْكَرِيم
꾸짖다	zaɛɛaʕ/ yezaɛɛaʕ li 자아으/ 예자아으 (리)	زَعَّق/ يِزَعَّق لى
	wabbax/ yewabbax 웝바크/ 예웝바크	وَبَّخ/ يوبَّخ
꿀	ɛasal 아쌀	عَسَل
(벌꿀)	ɛasal naḥl 아쌀 나흘	عَسَل نَحْل

소사전

(사탕수수에서 추출한 진한 갈색의 시럽)

   εasal ʕeswed 아쌀 이쓰위드   عَسَل إِسْوَد

꿀벌 naḥl(-a/) 나흘(나흘라/)   نَحْل(نَحْلَة/)

꿈 (dream) ḥelm/ ʕaḥlæːm 흘름/ 아흘램-   حِلْم/ أَحْلَام

꿈꾸다 ḥelem/ yeḥlam 흘름/ 에흘람   حِلْم/ يَحْلَم

끄다 (전등, 라디오, 스토브, TV 등)

   ṭafa/ yeṭfi 따파/ 에뜨피   طَفَى/ يَطْفِي

  (수도, 라디오, TV 등) ʕafal/ yeʕfel 아팔/ 에으필 قَفَل/ يَقْفِل

끈, 줄 (밧줄) ḥabl/ ḥeːbæːl 하블/ 히배-   حَبْل/ حِبَال

꿇다, 자르다 ʕaṭaɛ/ yeʕṭaɛ 아따아/ 에으따아 قَطَع/ يَقْطَع

끌다 (잡아당기다) ʃadd/ yeʃedd 샫드/ 에쉳드   شَدّ/ يَشِدّ

꿇는 mayli 마글리   مَغْلِي

꿇다, 꿇이다 yala/ yeyli 갈라/ 에글리   غَلَى/ يَغْلِي

끔찍한 (terrible) faziːɛ/ fuzaaɛ 파지-아/ 푸자-아 فَظِيع/ فُظَاع

   ʃaniːɛ/ ʃunæːɛ 샤니-아/ 슈내-아   شَنِيع/ شُنَاع

끝 (n) nʰæːya 니해-야   نِهَايَة

(거의) 끝나간다

 ʕarrab/ yeʕarrab yexlaṣ 아랍/ 에아랍 에클라스 قَرَّب/ يِقَرَّب يخْلَص

끝나다 (intr) ʕentaha/ yentehi 인타하/ 엔티히 إنْتَهَى/ يِنْتَهِي

   xeleṣ/ yexlaṣ 킬리스/ 에클라스   خِلِص/ يخْلَص

끝난, 끝나있는 xalṣaan 칼산-   خَلْصَان

끝났어! xalaaṣ 칼라-스   خَلَاص

끝내다 (tr) xallaṣ/ yexallṣ 칼라스/ 에칼라스 خَلَّص/ يخَلَّص

 (완성하다) kammel/ yekammel 캄밀/ 에캄밀 كَمَّل/ يِكَمَّل

끝지점 (거리 등의 끝지점) ʕæːxerʕ 애-키르   آخِر

(ㄴ)

(밖으로) 나가다 xarag/ yoxrog 카라그/ 요크로그 خَرَج/ يُخْرُج

 (밖으로 나오다, to come out)

소사전

tɛ̣lɛs, ṭalaɛ/ yɛ̣ṭlaɛ	띨리아/ 예뜰라아	طَلَع/ يَطْلَع
(밖으로) 나감 xuruug	코루-그	خُرُوج
나누다(to divide) (tr) ʕasam/ yɛʕsɛm	아쌈/ 예으씸	قَسَم/ يَقْسِم
나라 (country) balad/ bᵉlææd	발라드/ 빌래-드	بَلَد/ بِلَاد
dawla/ dowal, dęwal	다울라/ 도왈	دَولَة/ دُول
(nation) ʕomma/ ʕomam	옴마/ 오맘	أُمَّة/ أُمَم
나르다(to carry) ʃææl/ yɛʃiil	쉘-/ 예쉴-	شَال/ يَشِيل
(나르다, 운송하다)		
naʕal/ yɛṇʕɛl	나알/ 엔일	نَقَل/ يَنْقِل
wadda/ yęwaddi	왓다/ 에왓디	وَدَّى/ يُوَدِّى
waṣṣal/ yęwaṣṣal	왓살/ 에왓살	وَصَّل/ يوَصِّل
나머지, 남은 것		
bææʕi/ -yiin or bawææʕi	배-이/ 배이인-	بَاقِي/ بَاقِيين أوْ بَوَاقِي
나무 ʃagar(-a/ ʃaʃgaar)	샤가르(샤가라/아쉬가-르)	شَجَر(شَجَرَة/ أشْجَار)
(목재, wood) xaʃab/ʕaxʃææb	카샵/아크쉡-	خَشَب/ أخْشَاب
나비 faraaʃ(-a/)	파라-쉬(파라샤/)	فَرَاش(فَرَاشَة/)
나쁜, 좋지않은(bad) wɛḥɛʃ/ -iin	위헤쉬/ 위헤쉰-	وِحْش/ وِحْشِين
mɛʃ kᵘwayyɛs	미쉬 꾸와예쓰	مِش كُوَيِّس
나사 musmaar/ masamiir	무쓰마-르/ 마싸미-르	مُسْمَار/ مَسَامِير
나오다 (책, 테잎, 패션, 음악, 열매, 꽃 등이 새로 나오다)		
tɛ̣lɛs, ṭalaɛ/ yɛ̣ṭlaɛ	띨리아/ 예뜰라아	طلع/ يطْلَع
(안에서 밖으로 나오다, to go out)		
xarag/ yoxrog	카라그/ 요크로그	خَرَج/ يُخْرُج
나은, 더 나은(better) (comp) ʕaḥsan (mɛn)	아흐싼 (민)	أحْسَن (مِن)
ʕafḍal (mɛn)	아프달 (민)	أفْضَل (مِن)
나이 sɛnn 씬 ; sɛnn ; ɛomr/ ʕaɛmaar	오므르/ 아으마-르	عُمْر/ أعْمَار
나일강 ʕɛn-niil	인닐-	النِّيل
나중에 baɛdęɛn 바아덴- ; baɛd kęda	바아드 께다	بَعْدِين ; بَعْد كِدَه
나타나다(to appear) zahar/ yęzhar	자하르/ 예즈하르	ظَهَر/ يَظْهَر
bææn/ yębææn	밴-/ 예밴-	بَان/ يِبَان

소사전

나팔, 트럼펫	turomba/ -aat	투롬바/ 투롬바-트	تُرُمْبَة/ تُرُمْبَات
낙타	gamal/ gɛmæːl	가말/ 기맬-	جَمَل/ جَمَال
낚시질	ṣeed samak	시-드 싸막	صيد سَمَك
난로	daffæːya/ -æːt	닷패-야/ 닷패에-트	دَفَّاية/ دَفَايَات
날개	gɛnæːɧ/ ʕɛgnɛɧa	기내-흐/ 이그니하	جِناح/ اجْنِحَة
날것의(raw)	nayy/ -iin	나이/ 나이인-	نَيّ/ نَيِّين
날다(to fly)	ṭaar/ yɛṭiir	따-르/ 예띠-르	طَار/ يطير
날씨	gaww 가우 ; ṭaʕs 따으쓰		طَقْس
날짜(date)	tariix/ tawariix	타리-크/ 타와리-크	تَارِيخ/ تَوَارِيخ
날카로운, 찔르는	ɧæːmi/ -yiin	해-미/ 해미인-	حَامِي/ حَامِيين
	masnuun/ -iin	마쓰눈-/ 마쓰누닌-	مَسْنُون/ مَسْنُونِين
	ɧæːdd	햇-드	حَادّ

남겨두다, 남기다, 남기고 가다, 놓아두다(to leave)

	sæːb/ yɛsiib	쌥-/ 예씹-	سَاب/ يسِيب
	xalla/ yɛxalli	칼라/ 예칼리	خَلَّي/ يخَلِّي
남겨둔, 놓아둔	sæːyɛb/ -iin	쌔-입/ 쌔이빈-	سَايِب/ سَايِبِين
남다(to remain)	fɛḍɛl/ yɛfḍal	피들/ 에프달	فِضِل/ يفْضَل
남매(brother and sister)	ʕɛxwæːæt	에크왜-트	اِخْوَات
남성용의	rɛgæːli	리갤-리	رِجَالِي
남성의(사람의 남자)	zakar/ zukuur	자카르/ 주쿠-르	ذَكَر/ ذُكُور
남아있는(remaining)	faaḍɛl/ -iin	파-딜/ 파들린-	فَاضِل، فَاضْلِين
남자 (남자성인)	raagɛl/ rɛggæːla	라-길/ 릿갤-라	رَاجِل/ رِجَّالَة
(남자아이)	walad/ wᵉlæːd, ʕawlæːd	왈라드/ 아울래-드	وَلَد/ ولَاد، أوْلَاد
남쪽	ganuub	개눕-	جَنُوب
남쪽의, 남쪽 사람의			
	ganuubi/ -yyiin	개누-비/ 개누비인-	جَنُوبِي/ جَنُوبِيين
남편	gooz, zoog/ ʕazwæːæg	고-즈, 조-그/ 아즈왜-그	جُوز، زُوج/ أزْوَاج
낭비하다(시간, 돈)	ḍayyaɛ/ yɛḍayyaɛ (waʔt, filuus)		ضَيَّع/ يضَيَّع (وَقْت، فِلُوس)
	다야아/ 예다야아 (아으트, 필루-쓰)		
낮(daytime)	nahaar	나하-르	نَهَار

소사전

| 낮은(low) | waaṭi/ -yiin | 와-띠/ 와띠인- | وَاطِي/ وَاطِيين |
| 낮추다(높이, 소리 등) | waṭṭa/ yewaṭṭi | 왓따/ 예왓띠 | وَطَّى/ يُوَطِّي |

낮선, 이상한, 낯선 사람(strange)

	γariib/ γoraba, γoraab, ʔaγraab	가립-/ 고랍-	غَرِيب/ غُرَبَا، غُرَاب، أَغْرَاب
낱말	kęlma/ kalęmææt	킬마/ 칼리매-트	كَلْمَة/ كَلِمَات
낳다(여자가 아이를 낳다)	węldęt/tęwlęd	윌디트/티울리드	وِلْدِت/ تَوْلِد

(자녀를 보다, 남녀 모두 적용)

	xallęf/ yexallęf	칼리프/ 예칼리프	خلّف/ يخلّف
	gææb/ yęgiib walad or bęnt	갭-/예깁- 왈라드 or 빈트	جَاب/ يجِيب وَلَد أَوْ بِنْت
내기(bet)	rahaan/ -aat	라한-/ 라하나-트	رَهَان/ رَهَانَات
내기하다	raahęn/ yęraahęn	라-힌/ 예라-힌	رَاهِن/ يرَاهِن
내려가고 있는	næęzęl/ -iin	내-질/ 내즐린-	نَازِل/ نَازْلِين
내려가다 (intr)	nęzęl/ yęnzęl	네질/ 엔질	نزل/ ينْزِل
내부에, 안쪽에(inside) (adv, prep)	gowwa	고와	جُوَّه
내역, 상세한 내용(details)	tafaṣiil	타파씰-	تَفَاصِيل
내일	bokra	보크라	بُكْرَة
냄비, 솥	ḥalla/ ḥęlal	할라/ 힐랄	حَلَّة/ حِلَل
냄새	riiḥa/ rawaayęḥ	리-하/ 라와-이흐	رِيحَة/ رَوَايِح
냄새맡고 있는	ʃæmmęm/ -iin	쉐-밈/ 쉐미민-	شَامِم/ شَامِّين
냄새맡다	ʃamm/ yęʃęmm	샴/ 예심	شَمّ/ يِشِمّ

냅킨(식탁용 수건) fuuṭęt sofra/ fuwaṭ sofra

푸-띠트 쏘프라/ 푸와뜨 쏘프라   فُوطَة/ فُوَط سُفْرَة

(종이 냅킨, 티슈) waraʔ manadiil 와라으 만나딜-   وَرَق مَنَادِيل

	kᵉlinęks	클리넥쓰	كِلِينِكْس
냉담한	ʔalb-u(or -ha, etc) mayyęt	알부(알바하) 마엣트	قَلْبُه مَيِّت
냉동고	fᵉręęzar	프리-자르	فرِيزر
냉동하다	gammęd/ yęgammęd	감미드/ 예감미드	جَمَّد/ يِجَمِّد
냉장고	tallæægga/-æægat	탈래-가/ 탈래개-트	ثَلَّاجَة/ ثَلَّاجَات
너비(폭)	ʕarḍ/ ʕaʕraaḍ	아르드/ 아아라-드	عَرْض/ أَعْرَاض

소사전		

넓은(wide) wææsęɛ/ -iin   왜-씨아/ 왜씨아인-   وَاسِع/ وَاسِعين

(폭이 넓은) ɛariid/ ɛuraad   아리-드/ 우라-드   عَرِيض/ عُراض

넓이 (면적) mᵉsææɦa/ -ææt   미쌔-하/ 미쌔해-트   مِساحَة/ مِساحَات

넓히다, 벌리다 wassaɛ/ yęwassaɛ   왓쌔아/ 예왓쌔아   وَسَّع/ يوَسَّع

넘어지다 węʂęɛ, waʂaɛ/ yoʂaɛ   위이아/ 요아아   وِقِع/ يوقع

네트워크 (통신) ʃabaka/ -ææt   샤바카/ 샤바캐-트   شَبَكَة/ شَبَكَات

넥타이 karavatta or garafatta/-aat   카라밧타/카라밧타-트   كَرَفَتَّة/ كَرَفَتَّات

년, 해 sana/ siniin   싸나/ 씨닌-   سَنَة/ سِنين

노끈 ʃęriit/ ʃaraayęt   쉬리-뜨/ 샤라-이뜨   شَرِيط/ شَرَائِط

노동자, 일꾼 ɛææmęl/ ɛummææl   애-밀/ 움맬-   عامِل/ عُمَّال

노동허가 taṣriiɦ ɛamal   타스리-흐 아말   تَصْريح عَمَل

노란색, 노랑

    ʂaṣfar/ ṣafra(f)/ ṣofr   아스파르/사프라(f)/소프라   أَصْفَر/ صُفْر

노래 ʂoγnęyya, yęnwa/ ʂayææni   오그네야/ 아개-니   أُغْنِيَّة، غِنْوَة/ أَغاني

(대중가요) ʂoγnęyya ʃaɛbęyya/ ʂayææni ʃaɛbęyya

    오그네야 샤아베야/ 아개-니 샤아베야   أُغْنِيَّة/ أَغاني شَعْبِيَّة

(교회에서의 찬양)(Ch)

    tarniima/ taraniim   타르니-마/ 타라님-   تَرْنيمَة/ تَرَانيم

노래하다 γanna/ yęγanni   간나/ 예간니   غَنَّى/ يغني

노력, 수고 maghuud/ -ææt   마그후-드/ 마그후대-트   مَجْهُود/ مَجْهُودات

노력하다 (열심히 일하다, 수고하다, 노력하다)

ʂęgtahad/yęgtahęd, yęgtęhęd   이그타하드/예그티히드   إجْتَهَد/ يجْتَهِد

노선(지하철 노선 등) xaṭṭ/ xuṭuut   캇뜨/ 쿠뚜-뜨   خَطّ/ خُطُوط

노트 (보통 공책) kurraasa/ -aat, karariis   쿠라-싸/ 쿠랍싸-트

    كُرَّاسَة/ كُرَّاسَات، كَرَاريس

녹(금속의 녹, rust) ṣada   사다   صَدَأ

녹다(얼음, 버터 등이 녹다) sææɦ/yęsiiɦ   쌔-흐/예씨-흐   ساح/ يسيح

 ʂętsayyaɦ, ʂęssayyaɦ/ yętsayyaɦ, yęssayyaɦ   잇싸야흐/ 엣싸야흐

    إتْسَيَّح/ يتْسَيَّح

(설탕, 소금이 녹다, 용해되다) dææb/ yęduub   댑-/ 예둡-   ذَاب/ يذُوب

462

소사전

녹슨(rusty) mᵉṣaddi/ -yyiin 미샷디/ 미샷디인- مصدِّي/ مصدِّيين

녹슬다 ṣadda/ yeṣadda 샷다/ 예샷다 صدَّى/ يصدَّى

녹음기, 카세트

    reḳordar/ -aat 리코르다르/리코르다라-트 ريكُورْدَر/ ريكُورْدَرَات

녹음하다 saggel/ yesaggel 싹길/ 예싹길 سجَّل/ يسجِّل

논리(logic) manṭeq 만띡 مَنْطِق

논설, 시론, 기사(신문 등의)

    maqaal, maqaala/ -æt 마깔/ 마깔래-트 مَقَال، مَقَالة/ مَقَالات

논의 munaʃʃa, munaqʃa/ -æt 무나끄샤/무나끄쉐-트 مُنَاقْشة/ مُنَاقشات

논의하다, 논쟁하다

    naʃʕæʃ/ yenæʃʕeʃ 내-이쉬/ 예내-이쉬 نَاقِش/ يُنَاقِش

    ʕetnæʃʕeʃ/ yetnæʃʕeʃ (fi ... maʕa)

    이트내-이쉬/ 이트내-이쉬 (피... / 마아...) إتْنَاقِش/ يِتْنَاقِش (في ... مَع)

놀다, 빈둥빈둥 놀다 leʕeb/ yelʕab 리압/ 옐압 لعِب/ يلْعَب

놀라다 (intr)

    (be frightened, eg 벨 소리에 깜짝 놀라다)

    ʕetxaḍḍ/ yetxaḍḍ 이트캇드/ 에트캇드 إتْخَضّ/ يتْخَضّ

    (be amazed, eg 피라미드의 웅장함에 놀라다)

    ʕendahaʃ/ yendeheʃ 인다하쉬/ 엔디히쉬 إنْدَهَش/ يندهِش

    ʕestaɛgeb/ yestaɛgeb 이쓰타아깁/ 예쓰타아깁 إسْتَعْجِب/ يستَعْجِب

놀라운 ɛagiib/ ɛugææb 아깁-/ 우갭- عَجِيب/ عُجَاب

    modheʃ/ -iin 모드히쉬/ 모드히쉰- مُدْهِش/ مُدْهِشين

놀람, 뜻밖의 일 mufagʕa/-æt 무파그아/무파그애-트 مُفَاجْأة/ مُفَاجْآت

놀이공원 madiinet malææhi (no pl) 마디-니트 말래-히 مَدِينة مَلاهِي

    el-malææhi 일말래-히

놀이터 malɛab/ malææɛeb 말압/ 말래-엡 مَلْعَب/ مَلاعِب

    malɛab ʕaṭfaal 말압 아뜨팔- مَلْعَب أطْفَال

놋, 놋쇠 naḥææs 나해-쓰 نَحَاس

    naḥææs ʕaṣfar 나해-쓰 아쓰파르 نَحَاس أصْفَر

농구 basḳeṭ 바쓰키트 ; basḳeṭbool 바쓰키트볼- باسْكِت ؛ باسْكِتْبُول

소사전

	kooreṭ salla	꼬-리트 쌀라	كُورَة سِلَّة
농담 (웃기는 말이나 행동)	ḥezaar	히자-르	هِزَار
(웃기기 위한 이야기)	nokta/ nokat	녹타/ 녹카트	نُكْتَة/ نُكَت
농담으로	be-hzaar	비흐자-르	بِهَزَار
농담하다 (웃기는 말이나 제스처를 하다)			
	hazzar/ yeḥazzar (maɛa)	핫자르/ 예핫자르 (마아)	هَزَّر/ يِهَزَّر (مَع)
농부, 시골사람	fallæff/-iin	팔래-흐/ 팔래힌-	فَلَّاح/ فَلَّاحِين
	muzæærɛɛ/ -iin	무째-리아/ 무째리아인-	مُزَارِع/ مُزَارِعِين
농업	zeraaɛa	지라-아	زِرَاعَة
농업의	zeraaɛi	지라-에이	زِرَاعِي
농작물	zarɛ(-a/)	자르아(자르아/)	زَرْع
농장 (동물을 사육하거나 식물을 양식하는 곳, farm)			
	mazraɛa/ mazææreɛ	마즈라아/ 마째-리아	مَزْرَعَة/ مَزَارِع
농지(논 혹은 밭)	ɣeeṭ/ ɣeṭaan	게-뜨/ 기딴-	غِيط/ غِيطَان
높은, 높이 있는 (높이, 소리, 가격 등)			
	ɛææli/ -yiin	앨-리/ 앨리인-	عَالِي/ عَالِيِين
높이	ʕrtᵉfææɛ/ -ææt	이르티패-아/ 이르티패애-트	إِرْتِفَاع/ إِرْتِفَاعَات
놓다	ḥaṭṭ/ yeḥoṭṭ	핫뜨/ 에홋뜨	حَطّ/ يِحُطّ
놓치다 (차 등을 놓치다, 지나가 버리다, 사물이 주어)			
	fææt/ yᵉfuut + *pron or 사람*	패-트/ 예푸-트	فَات/ يِفُوت
(기회 등을 놓치다)	fawweṭ/ yefawweṭ	파웟트/예파워트	فَوِّت/ يِفَوِّت
뇌(brain)	moxx/ ʕamxææx	모크/ 암캐-크	مُخّ/ أَمْخَاخ
누구, 누구에게 (의문 대명사)	miin	민-	مِين
누구든지(anyone)	ʕayy ḥadd	아이 핫드	أَيّ حَدّ
누군가(someone)	ḥadd	핫드 (*invar*)	حَدّ
	wææḥed (m)	왜-히드	وَاحِد ;
	waḥda (f)	와흐다	وَحْدَة
누나(sister)	ʕoxt/ ʕexwææt	오크트/ 이크왜-트	أُخْت/ إِخْوَات
누르다			
(버튼 등을)	dææs/ yeduus (ɛala)	대-쓰/ 에두-쓰 (알라)	دَاس/ يِدُوس (عَلَى)
(벨 등을)	ḍarab/yeḍrab (garas)	다랍/에드랍 (가라쓰)	ضَرَب/ يِضْرَب (جَرَس)

소사전

누비아(이집트 남부의 한 지역이름) ʔɛn-nuuba 인누-바 النّوبَة

누비아 사람 nuubi/ -yyiin 누-비/ 누비인- نُوبِى/ نُوبِيِّين

눈(snow) talg 탈그 تَلْج

눈(eye) ɛɛɛn/ɛɛnɛɛn(dual)/ɛuyuun

아인-/아이넨-(dual)/오윤- عين/ عينين/ عُيُون

눈먼, 눈먼 사람 (blind) ʔaɛma/ ɛamya/ ɛomy, ɛɛmyææn

아아마/ 암야/ 엠얜- أَعْمَى/ عَمْيَاء/ عُمِى، عِمْيَان

눈물 damɛ(-a/ dimuuɛ) 다므으(다므아/ 디무-으) دَمْع(دَمْعَة/ دِمْوع)

눕다 maddɛd/yɛmaddɛd (ḍahr) 맛디드/예맛디드 (다흐르) مَدَّد/ يمدَّد (ظَهْر)

sattaħ/ yɛsattaħ 쌋따흐/ 예쌋따흐 سَطَّح/ يسَطَّح

느끼다 ħass/ yɛħɛss (bɛ) 핫쓰/ 예힛쓰 حَسّ/ يحسّ (ب)

ʃaɛar/ yoʃɛor (bɛ) 샤아르/ 요쉬오르 شَعَر/ يُشْعُر (ب)

느낌 ʔɛħsææs/ ʔaħasiis 에흐쌔-쓰/ 아하씨-쓰 إحْسَاس/ أَحَاسِيس

ʃɛɛuur/ maʃææɛɛr 슈우-르/ 마쉐-에르 شُعُور/ مَشَاعِر

느리게(slowly) ʔtoɛ-bɛ 비보뜨으 بِبُطْء

느린(slow) baṭiiʔ/ buṭaʔa, buṭaaʔ 바띠-으/ 부따-아 بَطِىء/ بُطَاء

늘다 (숫자등이) zææd/ yɛziid 재-드/ 예지-드 زَاد/ يزيد

kɛtɛr/ yɛktar 키티르/ 예크타르 كَتَّر/ يكَتَّر

늘어난(고무 등이) mamṭuut/-iin 맘뚜-뜨/맘뚜띤- مَمْطُوط/ مَمْطُوطِين

mɛtmaṭṭ/ -iin 미트맛뜨/미트맛띤- مِتْمَطَّ/ مِتْمَطِّين

늘이다 (숫자 등을 늘이다)

zawwɛd/ yɛzawwɛd 자워드/ 예자워드 زَوَّد/ يزَوَّد

kattar/ yɛkattar 캇타르/ 예캇타르 كَتَّر/ يكَتَّر

늘이다 (고무 등을 늘이다) maṭṭ/ yɛmoṭṭ 마뜨/ 예못뜨 مَطّ/ يمْطّ

늙은 (늙은 사람)

ɛaguuz/ ɛawagiiz 아구-즈/ 아와기-즈 عَجُوز/ عَوَاجِيز

(그의 나이가 많은) sɛnn-u(-ha, etc) kɛbiir/ kubaar

씬누(씬누하, *etc*) 키비-르/ 쿠바-르 سِنُّه كِبِير/ كُبَار

능력(ability) qodra/ qodraat 꼬드라/ 꼬드라-트 قُدْرَة/ قُدْرَات

(힘) qowwa or ʕowwa 꼬와 or 오와 قُوَّة

소사전

(성능) ʃemkaneyya/ -ææt 임캐네야/ 임캐니예-트 إمْكَانِيَّة/ إمْكَانِيَّات

능력있는 ʔææder/ -iin 애-디르/ 애디린- قَادِر/ قَادِرِين

능숙한, 숙련된

ʃaaṭer/ -iin or ʃoṭaar 샤-띠르/ 샤뜨린- شَاطِر/ شَاطْرِين أَوْ شُطَار

늦다, 늦게 오다, 늦게 하다 ʔetʔaxxar/ yetʔaxxar (ɛala)

이트악카르/에트악카르 (알라) إتْأَخَّر/ يِتْأَخَّر (عَلَى)

늦은, 늦게(late) *(adj) (adv)*

metʔaxxar/-iin(ɛala) 미트악카르/미트악카린- (알라) مِتْأَخَّر/ مِتْأَخَّرِين (عَلَى)

(ㄷ)

다람쥐 sengææb 씬갭- سِنْجَاب

다른(different) *(prep)* γeyr 게-르 غير

(adj) muxtalef/ -iin (ɛan, maɛa) 무크탈리프/ 무크탈리핀- (안, 마아) مُخْتَلِف/ مُخْتَلِفِين (عَن، مَع)

다리(bridge) kobri/ kabææri 쿄브리/ 카배-리 كُبْرِي/ كَبَارِي

다리(leg) regl(f)/ regleen(dual)/ ruguul

레글(f)/ 레글렌- (dual)/ 루굴- رِجْل/ رِجْلِين/ رُجُول

다리다, 다림질 하다(옷 등) kawa/ yekwi 카와/ 에크위 كَوَى/ يِكْوِي

다리미 makwa/ makææwi 마크와/ 마캐-위 مَكْوَى/ مَكَاوِي

(직업으로 다림질하는 사람)

makwagi/ -eyya 마크와기/ 마크와기야 مَكْوَجِي/ مَكْوَجِيَّة

다수, 대부분(majority) ʔaylabeyya 아글라비야 أَغْلَبِيَّة

다스(dozen) dasta/ desat 다쓰타/ 디싸트 دَسْتَة/ دِسَت

다시 tææni 태-니 تَانِي

다시 한 번 kamææn marra 카맨- 마라 كَمَان مَرَّة

다양한, 기타 등등의

mutanawweɛ/ -iin 무타나위아/ 무타나워아인- مُتَنَوَّع/ مُتَنَوَّعِين

다음 번에 ʔel-marra ʔelli gayya 일마라 일리 개야 الْمَرَّة اللِّي جَايَّه

marra tanyya 마라 탄니야 مَرَّة تَانِيَّة

소사전

다음에(after) (*prep* 시간, 장소)	baɛd	바아드	بَعْد
(이 다음에) baɛdęen		바아덴-	بَعْدين
baɛd kęda		바아드 께다	بَعْد كِدَه

다음의(next, the following)

ʕelli gay, ʕeg-gayy/-iin		일리 개이/일리 개이인-	اِللِّي جَاي
ʕelli baɛd-u/baɛda-ha(f)		일리 바아두/바아다하 (f)	اِللِّي بَعْدُه/ بَعْدَهَا
다이버, 잠수부 ɣaṭṭaas/ -iin		갓따-쓰/ 갓따씬-	غَطَّاس/ غَطَّاسين
다이아몬드 ʕalmaaz		알마-즈	أَلْمَاظ
다이어리 (일정을 기록하는 두꺼운 노트) ʕajęnda		아젠다	أَجِنْدَه
다이어트 rejiim		리짐-	رِجِيم

다이어트를 하다

ɛamal/ yęɛmęl rejiim		아말/ 예아밀 리짐-	عَمَل/ يعْمِل رِجِيم
다진(minced) mafruum/ -iin		마프룸-/마프루민-	مَفْرُوم/ مَفْرُومِين
다치다 ʕętɛawwar/yętɛawwar		이트아와르/에트아와르	اِتْعَوَّر/ يِتْعَوَّر
ʕętgaraħ, ʕęggaraħ/yętgęręħ		익가라흐/에트가라흐	اِتْجَرَح/ يِتْجَرِح
닦다(to wipe) masaħ/ yęmsaħ		마싸흐/ 옘싸흐	مَسَح/ يمْسَح
단(맛이) mᵉsakkar		미싹카르	مِسَكَّر
ħęlw/ -iin		헬루/ 헬위인-	حِلْو/ حِلْوين
단계(발전, 발달 등) marħala/maraaħęl		마르할라/마라-힐	مَرْحَلَة/ مَرَاحِل
단단한 gæmęd/ -iin		개-미드/ 갬딘-	جَامِد/ جَامْدِين
næɛʃęf/ naʃfa/-iin		내-쉬프/나쉬파 (f)/내쉬피인-	نَاشِف/ نَاشْفَة/ نَاشْفِين
단수(문법) mofrad		모프라드	مُفْرَد
단순한 basiiṭ/ bosaṭa, busaaṭ		바씨-뜨/ 보싸따	بَسِيط/ بُسَطَاء، بُسَاط
단어 kęlma/ kalęmæææt		킬마/ 칼리매-트	كِلْمَة/ كَلِمَات
단점, 결점, 흠 ɛęęb/ ɛęyuub		에입-/ 에윱-	عِيب/ عِيوب
단체 gamææɛa/ -æææt		가매-아/ 가매에-트	جَمَاعَة/ جَمَاعَات
단추 zuraar/ zaraayęr		주라-르/ 자라-이르	زُرَار/ زَرَايِر
닫다, 봉하다 ʕafal/ yęʕfęl		아팔/ 예으필	قَفَل/ يقْفِل
닫혀있는, 닫힌 maʕfuul/ -iin		마으풀-/ 마으풀린-	مَقْفُول/ مَقْفُولِين
달(moon) ʕamar/ ʕaʕmaar		아마르/ 아으마-르	قَمَر/ أَقْمَار

소사전

달(month) ʃahr/ ʃuhuur or ʃaʃhor (3-10개월 toʃhor)
샤흐르/ 슈우-르 (3-10개월 토쉬오르) شَهْر/ شُهُور

달걀 beed(-a/ -aat) 베-드(베-다/) بيض(بيضة/)

달러 (dollar) dolaar/ -aat 돌라-르/ 돌라라-트 دُولَار/ دُولَارَات

달력 natiiga/ natææyeg 나티-가/ 나태-이그 نَتِيجَة/ نَتَائِج

달리기, 쪼깅 gary 개리 جَري

달리다, 뛰다(to run) geri/ yegri 게리/ 에그리 جَري/ يَجْري

닭 farxa/ fᵉrææx 파르카/ 피래-크 فَرْخَة/ فِرَاخ

(병아리) katkuut/ katakiit 카트쿠-트/ 카타키-트 كَتْكُوت/ كَتَاكِيت

(..와) 닮다 ʃabah (invar) 샤바흐 شَبَه

(be) yeʃbih (비) 예쉬바흐 يشْبِه

담(fence) suur/ ʃaswaar 쑤-르/ 아쓰와-르 سُور/ أَسْوَار

담배 sᵉgaara/ sagææyer 씨가-라/ 싸개-이르 سِجَارَة/ سَجَائِر

duxxææn/ ʃadxena 둑캔-/ 아드키나 دُخَان/ أَدْخِنَة

(물담배) ʃiiʃa/ -ææt 쉬샤/ 쉬쉐-트 شِيشَة/ شِيشَات

담배를 피우다

ʃereb/ yeʃrab segaara 쉬립/예쉬랍 씨가-라 شرْب/ يشْرَب سِجَارَة

담요 battaneyya/ batatiin 밧따네야/ 바따띤- بَطَّانِيَّة/ بَطَاطِين

답장을 보내다(편지, 팩스, 이메일)

baʕat/ yebʕat radd 바아트/ 예바아트 랏드 بَعَت/ يبْعَت رَدَّ

당근 gazar(-a/) 가자르(가자라/) جزر(جزرة/)

당기다(to pull) saɦab/ yeʃɦab 싸합/ 에쓰합 سَحَب/ يسْحَب

(잡아 당기다) ʃadd/ yeʃedd 샷드/ 에쉿드 شَدّ/ يشِدّ

당나귀 ɦomaar/ ɦemiir 오마-르/ 히미-르 حُمَار/ حمير

당신은, 당신들은(you)

ʕenta (m) 엔타 اِنْتَ ; ʕenti (f) 엔티 اِنْتِى ; ʕentu (pl) 엔투 اِنْتُوا

(당신께서, "너"의 존칭)

ɦaḍret-ak (-ik) 하드리탁(하드리틱) حَضْرَتَك

seyadt-ak (-ik) 씨얏탁(씨얏틱) سِيَادَتَك

당연한, 자연스러운 tabiiʕi 따비-에이 طَبِيعي

소사전

당연히 ṭabɛan 땁안 ; ṭabiiɛi 따비-에이　　　طَبِيعِي

당연히...해야 한다(should) *(aux)*

mafruuḍ, ɛl-mafruuḍ(invar) 마프루-드, 일마프루-드　　مَفْرُوض، الْمَفْرُوض

(지금)당장 ḥæælan 핼-란 ; ɛala ṭuul 알라뚤-　　عَلَى طُول

대가 (수고한 댓가로 받는 것) muqaabel 무까-빌　　مُقَابِل

대담한 ʔalb-u(-ha, etc) gæææmed 알부(알바하, *etc*) 개-미드　　قَلْبُه جَامِد

대답 (요청, 전화, 편지 등) radd/ruduud 랏드/루두-드　　رَدّ/ رُدُود

　(질문의 답)

　　ʔegææba/ -ææt, ʔagwęba 이개-바/ 이개배-트　　إِجَابَة/ إِجَابَات، أَجْوِبَة

대답하다

　(질문에) gæææwęb/ yęgæææwęb 개-웹/ 예개-웹　　جَاوِب/ يِجَاوِب

　(요청, 전화, 편지 등에)

　　radd/yęrodd (ɛala)　　랏드/예롯드 (알라)　　رَدّ/ يِرُدّ (عَلَى)

대략 *(adv)* taʃriiban 타으리-반　　تَقْرِيبًا

　(약) *(prep*, 시간과 공간적인 대략)

　　ḥawææli 하왤-리 ; fi-ḥuduud 피후두-드　　فِي حُدُود

대리석 ruxææm 루캄-　　رُخَام

대리인 wakiil 와킬-　　وَكِيل

대리함 tawkiil/ -ææt 타우킬-/ 타우킬래-트　　تَوْكِيل/ تَوْكِيلَات

대머리의 ʔaʃraɛ/ʔarɛa/ʔorɛ 아으라아/아르아/오르아　　أَقْرَع/ قَرْعَة/ قُرْع

　　　ʔaʃlaɛ/ʃalɛa/ʃolɛ 아슬라아/살라아/솔아　　أَصْلَع/ صَلْعَة/ صُلْع

대명사 (문법) ḍamiir/ ḍamaayęr 다미-르/ 다마-이르　　ضَمِير/ ضَمَائِر

대변(stool) buraaz 부라-즈　　بُرَاز

대부분(majority) ʔaɣlabęyya 아글라베야　　أَغْلَبِيَّة

대사(ambassador) safiir/ sofara 싸피-르/ 쏘파라　　سَفِير/ سُفَرَاء

대사관(embassy) sęfaara/ -aat 씨파-라/ 씨파라-트　　سِفَارَة/ سِفَارَات

　(한국대사관)

　　ʔęs-sęfaara ęk-kuręyya 잇씨파-라 잇꾸레야　　السِّفَارَة الْكُورِيَّة

..대신에(instead of) *(prep)* badal 바달　　بَدَل

대신하는, 대신의 badiil/ badææyęl 바딜-/ 바대-일　　بَدِيل/ بَدَائِل

소사전

대안, 대안계획	xeṭṭa badiila	킷따 바딜-라	خطّة بَديلة
대양(ocean)	muḥiiṭ/ -aat	무히-뜨/ 무히따-트	مُحيط/ مُحيطات
대접하다, 내다	ɛazam/ yeɛzem	아잠/ 예아짐	عَزَم/ يَعزم

대중의, 대중적인, 민중의(popular, folk)

	ʃaɛbi/ -yyiin	샤아비/ 샤아비인-	شَعْبي/ شَعْبيّين
대체로	ɛumuuman	오무-만	عُمومًا
	ɛala-l-ɛumuum	알랄우뭄-	عَلى الْعُموم
대추야자 열매	balaḥ(-a/)	발라흐(발라하/)	بَلَح(بَلَحة/)
대출(은행 대출)	qarḍ/ quruuḍ	까르드/ 꾸루-드	قَرْض/ قُروض
대통령	raʔiis/ roʔasa	라이-쓰/ 로아싸	رَئيس/ رُؤَساء
대포	madfaɛ/ madæfeɛ	마드파아/ 마대-피아	مَدْفَع/ مَدافِع
대표자, 파견자	manduub/ -iin	만둡-/ 만두빈-	مَنْدوب/ مَنْدوبين

대표팀 (스포츠 경기에서 국가 대표팀 등)

	muntaxab/ -ææt	문타캅/ 문타카배-트	مُنْتَخَب/ مُنْتَخَبات
(...에) 대하여(about)(prep)	ɛan 안 ; ɛala 알라		عَنْ ; عَلى
(나에 대하여)	ɛanni 안니 ; ɛalayya 알라야		عَنّي ; عَلَيَّ

대학 (대학 혹은 대학의 학부)

	kolleyya/ -ææt	꼴레야/ 꼴레에-트	كُلِّيّة/ كُلِّيّات
(종합대학교)	gamɛa/ -ææt	감아/ 감애-트	جَامْعة/ جامْعات
(전문대학)	maɛhad/ maɛææhed	마아하드/ 마애-히드	مَعْهَد/ مَعاهِد
대항하는	ḍedd 딋드 ; muḍaadd 무닷-드		مُضادّ
대화 (talking)	ḥadiis/ ʔaḥadiis	하디-쓰/ 아하디-쓰	حَديث/ أَحاديث

(종교적인 대화, 토론 등, dialogue)

	ḥewaar/ -aat	히와-드/ 히와라-트	حِوار/ حِوارات
댐 (dam)	sadd/ suduud	쌋드/ 쑤두-드	سَدّ/ سُدود
(아스완 하이 댐)	es-sadd el-ɛææli	잇쌋드 일애-리	السَّدّ الْعالي
더 (more) (adv)	ʔaktar	아크타르	أَكْثَر
(더!) (추가되는 양)	kamææn	캐맨-	كَمان

더 좋아하다, 선호하다(to prefer)

	faḍḍal/ yefaḍḍal	팟달/ 예팟달	فَضَّل/ يفَضِّل

소사전

더러운 wẹsex/-iin, ʕawsææx 위세크/아우싸ー크   وِسِخ/وِسخين، أوْسَاخ

더운 (날씨가 더운) ḥarr 하르 حَرّ ; (사람이 더운) ḥarraan 하란-   حَرّان-

더위 (몇 일 혹은 몇 주에 걸친 혹서)

     moogẹt ḥarr   모기트 하르   مُوجِة حَارَة

더하다, 첨가하다, 추가하다

     ḍaaf/ yeḍiif   다-프 / 예디-프   ضَاف/ يضيف

     zawwẹd/ yẹzawwẹd   자워드/ 예자워드   زَوّد/ يزَوِّد

던지다 (to throw)   rama/ yẹrmi 라마/ 에르미   رَمَى/ يرْمى

덧문 (차양용 겉문, 혹은 셔터) ʃiiʃ 쉬-쉬   شيش

덩어리 (빵의 덩어리, loaf) rẹɣiif/ ʕẹrɣẹfa (3-10개 tẹryẹfa)

     리기-프/ 아르기파 (3-10개 티르키파)   رغيف/ أرْغِفَة

덮개, 뚜껑(cover) ɣaṭa/ ɣuṭyaan 가따/ 구뜨얀-   غَطَاء/ غُطْبَان

(책의 커버) ɣulææf/ ʕaɣlifa 굴래-프/ 아글리파   غِلَاف/ أغْلِفَة

덮다   ɣaṭṭa/ yẹɣaṭṭi   갓따/ 예갓띠   غَطّى/ يغَطّي

데다 (약간 그슬리다)

     ʃẹtlasaɛ/ yẹtlẹsaɛ, yẹtlẹsẹɛ 이틀라싸아/ 에틀리싸아   إتْلَسَع/ يتْلسِع

(심하게 데다)

     ʃẹtḥaraʕ/yẹtḥẹrẹʕ, yẹtḥaraʕ 이트하라으/에트히리으   إتْحَرَق/ يتْحرِق

데려다 주다

     waṣṣal/ yẹwaṣṣal li + 사람   왓살/ 예왓살 (리)   وَصّل/ يوَصّل ل

     wadda/ yẹwaddi + 사람   왓다/ 예왓디   وَدَّى/ يودِّي

(산책, 영화등에)데리고 나가다, 구경시켜주다

     fassaḥ/ yẹfassaḥ   팟싸흐/ 예팟싸흐   فَسّح/ يفَسّح

(산책,영화) 데리고 나감   fosḥa/ fosaḥ 포쓰하/ 포싸흐   فُسْحَة/ فُسَح

델타지역   ʕẹd-dẹlta   잇델타   الدِّلْتَا

도(province, 이집트의 25개의 도)

     muḥafza/ -aat   무하프자/ 무하프자-트   مُحَافْظَة/ مُحَافْظَات

(도지사, 시장) muḥaafẹẓ/ -iin 무하-피즈/무하프진-   مُحَافِظ/ مُحَافِظين

도구, 연장   ʕadææh/ ʕadawææt 아대-/아다왜-트   أدَاة/ أدَاوَات

(연장세트) ɛẹdda/ ɛẹbḍa baḍ³ 엣다/ 에다드   عِدَّة/ عِدَد

소사전

도끼	balṭa/ bulaṭ	발따/ 불라뜨	بَلْطَة/ بُولَط
도둑	ḥaraami/ -yya	하라-미/ 하라미야	حَرَامِي/ حَرَامِيَّة
도둑맞다	ʔetsaraʔ/ yetsereʔ	이트싸라으/ 예트씨리으	إتْسَرَق/ يتْسَرِق
도둑질, 강도질	serʔa/ sareʔææt	씨르아/ 씨리애-트	سِرْقَة/ سَرِقَات
도둑질하다	saraʔ/ yesreʔ	싸라으/ 예쓰라으	سَرَق/ يِسْرِق
도로(road)	ṭariiʔ/ ṭoroʔ	따리-으/ 또로으	طَرِيق/ طُرُق
	sekka/ sekak	씨카/ 씨카-크	سِكَّة/ سِكَك
도로표지, 가게표지	yafṭa/ yufaṭ	야프따/ 요파쁘	يَفْطَة/ يُفَط
도마뱀	borṣ/ ʔabraaṣ	보르스/ 아브라-스	بُرْص/ أَبْرَاص
도망, 도피	huruub	후후-브	هُرُوب
도망하는, 도피하는, 달아나는			
	harbaan/ -iin	하르반-/ 하르바닌-	هَرْبَان/ هَرْبَانِين
도망하다, 달아나다	hereb/ yehrab	히립/ 에흐랍	هِرِب/ يِهْرَب
도박(gambling)	ʕumaar	우마-르	قُمَار
도살하다, 베다(짐승의 목을)	dabaḥ/ yedbaḥ	다바흐/ 에드바흐	ذَبَح/ يِذْبَح
도서관	maktaba/ -ææt	막타바/ 막타배-트	مَكْتَبَة/ مَكْتَبَات
도시(city)	madiina/ modon	마디-나/ 모돈	مَدِينَة/ مُدُن
도심지, 시내의 중심가	weṣṭ el-balad	위쓰뜨 일발라드	وَسْط البَلَد
도움	musaɛda 무싸아다 مُسَاعَدَة ; ɛoon 온-		عُون
	maɛuuna/ -ææt	마아우-나/ 마아우내-트	مَعُونَة/ مَعُونَات
도착	wuṣuul	우술-	وُصُول
도착하다	weṣel, waṣal/ yewṣal	위슬/ 에우살	وِصِل/ يُوصَل
도표	gadwal/ gadææwil	가드왈/ 가대-윌	جَدْوَل/ جَدَاوِل
독(poison) 혹은 독약	semm/ sumuum	씸/ 쑤뭄-	سِم/ سُمُوم
독가스	yazææt sæmma	가재-트 쌤-마	غَازَات سَامَّة
독이 있는 (ava)	sææm	쌤-	سَامّ
(pva)	musammam	무쌈맘	مُسَمَّم
돈(money)	fᵉluus	필루-쓰	فِلُوس
(잔돈)	fakka	팍카	فَكَّة
(통용 화폐, currency)	ɛomla	오믈라	عُمْلَة

소사전

돌	tuub(-a/)	뚭-(뚜-바/)	طُوب (طُوبَة/)
	ḥagar/ḥęgaara, ʕaḥgaar	하가르/ 히가-라	حَجَر/حِجَارَة، أَحْجَار
돌다 (둘레를 돌다)(intr)	laff/ yęlęff	라프/ 옐리프	لَفّ/ يَلِفّ
돌보다 (to look after)	raɛa/ yęrɛa	라아/ 예르아	رَعَى/ يَرْعَى
돕다	sææɛęd/ yęsææɛęd	쌔-에드/ 예쌔-에드	سَاعَد/ يُسَاعِد
동굴 (자연적으로 생긴 동굴)	kahf/ kuhuuf	카흐프/ 쿠후-프	كَهْف/ كُهُوف
(인공적으로 만든 동굴)	mayaara/-aat	마가-라/마가라-트	مَغَارَة/ مَغَارَات
동료(학교, 직장에서)			
	zęmiil/ zomala, zamææyęl	지밀-/ 자매-일	زَمِيل/ زُمَلَاء، زَمَايِل
동물	ḥayawææn/ -ææt	하야왠-/ 하야왜내-트	حَيَوَان/ حَيَوَانَات
동물원	gęnęęnęt ḥayawanææt	기니-닛트 하야와내-트	جَنِينة حَيَوَانَات
동사 (문법)	fęʕl/ ʕafɛææl	페알/ 아프앨-	فِعْل/ أَفْعَال
동생 (남동생)	ʕaxx/ ʕęxwææt	악크/ 에크왜-트	أَخ/ إخْوَات
(여동생)	ʕoxt/ ʕęxwææt	옥트/ 에크왜-트	أُخْت/ إخْوَات
동성애	ʃuzuuz gęnsi	슈주-즈 긴씨	شُذُوذ جِنْسِي
동성연애자	ʃææzz gęnsęyyan/ ʃawææzz gęnsęyyan		
	쉣즈 긴씨얀/ 쇼윗즈 긴씨얀		شَاذّ/ شَوَاذّ جِنْسِيًّا
동시에(at the same time)	bęl-marra	빌 마라	بِالْمَرَّة
(같은 시간)	fi nafs ęl-waʕt	피 낲쓰 일 와으트	فِى نَفْس الْوَقْت
동안(during) (prep)	fi waʕt	피 와으뜨	في وَقْت
(..의 기간 동안)	lę-moddęt…	리못디트	لِمُدَّة
(…동안 죽)	tuul	뚤-	طُول
(하루 종일)	tuul ęn-nahaar	뚤- 인나하-르	طُول النَّهَار
(..하는) 동안 (while, during) (conj)	wę	위	وَ
	lamma 람마 ; sææɛęt ma	쌔-아이트 마	سَاعَة مَا
	fi waʕt ma	피 와으뜨 마	في وَقْت مَا
동양의, 동양 사람의	ʃarʕi/ -yyiin	샤르이/샤르이인-	شَرْقِي/ شَرْقِيين
동업자, 동역자	ʃęriik/ ʃoraka	쉬리-크/ 쇼라카	شَرِيك/ شُرَكَاء
동업하다, 동역하다	ʃææręk/ yęʃææręk (fi, maɛa)		
	쉐-릭/ 예쉐-릭 (피, 마아)		شَارَك/ يُشَارِك (مَعَ، في)

소사전

동의하는 muwæfeʕ/ -iin (ɛala) 무왜-피으/무왜피인- (알라) مُوَافِق/مُوَافِقِين (عَلَى)

동의하다
　　wæfeʕ/ yewæfeʕ (ɛala) 왜-피으/ 예왜-피으 (알라) وَافَق/يوَافِق (عَلَى)

동쪽　ʃarʕ　　　샤르으　　　　　　　　　　شَرْق

돛　　ʃeraaɛ/ ʕaʃrɛa, ʃerɛɛa　쉬라-아/ 아쉬리아　شِرَاع/أُشْرِعَة، شِرِعَة

돛배　markęb ʃeraaɛi/ maræækęb ʃeraɛeyya

　　　마르킵 쉬라-아이/ 마래-킵 쉬라에야　 مَرَكِب شِرَاعِي/ مَرَاكِب شِرَاعِيَّة

　(나일강의 관광용 큰 돛배, felucca)

　　feluuka/ falæyęk　　　필루-카/ 팔래-익　 فُلُوكَة/فَلَايك

돼지　xanziir/ xanaziir　　　칸지-르/ 카나지-르　خِنْزِير/خَنَازِير

　(돼지고기)　laḥmęt xanziir 라흐미트 칸지-르 لَحْمَة خَنْزِير

(..이)되다　baʕa/ yębʕa　　　바아/ 옙아　　　بَقَى/ يبْقَى

되돌려받다(빌려 준 것 등)

　　ʔęstaradd/ yęstarędd　이쓰타랏드/ 예쓰타릿드　 إِسْتَرَدَّ/ يسْتَرِد

되돌리다, 되돌려 주다, 되돌려 받다(to return) (tr)

　　raggaɛ/ yęraggaɛ　　　락가아/ 예락가아 رَجَّع/ يرجّع

되돌아가는　rægęɛ/ -iin　래-기아/ 래그아인-　 رَاجِع/ رَاجِعِين

되돌아가다, 되돌아오다　ręgɛɛ/yęrgaɛ　리기아/예르가아　 رجع/ يرجَع

두꺼운, 살찐, 뚱뚱한　texiin/ tuxæn　티킨-/ 투캔-　 تَخِين/ تُخَان

두드리다(문을)　xabbaṭ/ yęxabbaṭ　캅바뜨/ 예캅바뜨　 خَبَّط/ يخَبَّط

두려움, 무서움　xoof　　　코-프　　　　　　　خُوف

두려워하는　xæyęf/ -iin (męn) 캐-이프/ 캐이핀- (민) خَايِف/خَايِفِين (مِن)

　(공포를 느끼는)　marɛuub/ -iin 마르웁-/마르우빈- مَرْعُوب/مَرْعُوبِين

두려워하다　xæf/ yęxæf, yęxaaf (męn) 캐-프 /에캐-프(민)

　　　　　　　　　　　　　　　　　　　　 خَاف/ يخَاف (مِن)

두 번(two times)　marrᵃtęęn　마란텐-　　　 مَرَّتيَن

두번째, 두번째의　marra tanya　마란 탄야　 مَرَّة تَانِيَة

두통　ṣudaaɛ 수다-아/ صُدَاع ; wagaɛ dęmææy 와가아 디매-그 وَجَع دِمَاغ

둘 다(both)　ʕęl-ętnęęn　일이트넨-　　　　 الاِثْنَين

둥근, 원모양의　mᵉdawwar/ -iin　미다와르/ 미다와린-　 مِدَوَّر/مِدَوَّرِين

474

한국어	발음	한글 발음	아랍어
둥지	ʃæʃʃʒɛ/ ʃʒæʃæʒ	에쉬/ 에쉐-쉬	عِشّ/ عِشَاش
(발)뒤꿈치	kaɛb/ kuɛuub	카압/ 쿠웁-	كَعْب/ كُعُوب
뒤에(behind, 장소) (adv)	wara 와라		وَرَا
(..의) 뒤에(장소) (prep)	baɛd 바아드		بَعْد
뒤에, 나중에 (after, 시간)	baɛdẹen 바아덴-		بَعْدِين
	baɛd kẹda	바아드 께다	بَعْد كِدَة
뒤의(adj)	warraani/ –iin	와라-니/ 와라니인-	وَرَّانِي/ وَرَّانِيين
뒤집어진	maʕluub/ –iin	마을룹-/ 마을루빈-	مَقْلُوب/ مَقْلُوبِين
드라마(연속극 종류로서)	dẹraama 디라-마		دِرَامَا
드라이버	mᵉfakk/ –ææt	미팤/ 미팤캐-트	مِفَكّ/ مِفَكَّات
드라이어(drier)	sẹʃwaar/ –aat	씨쉬와-르/ 씨쉬와라-트	سِشْوَار/ سِشْوَارَات
드럼, 북(drum)	ṭabla,ṭabl/ ṭubuul	따블라/ 뚜불-	طَبْلَة، طَبْل/ طُبُول
드레스	fustææn/ fasatiin	푸쓰탠-/ 파싸틴-	فُسْتَان/ فَسَاتِين
드릴(drill)	ʃẹnyuur	쉰유-르	شِنْيُور/ شَنَايِر
드문	næædẹr	내-디르	نَادِر
득점하다	gææb/ yẹgiib goon	갭-/ 예깁 (곤)	جَاب/ يِجِيب جُون
듣다(to hear)	sẹmẹɛ/ yẹsmaɛ	씨미아/ 에쓰마아	سِمِع/ يِسْمَع
들고가는, 들고오는	ʃææyẹl/ –iin	쉐-일/ 쉐일린-	شَايِل/ شَايِلِين
들고가다, 들고오다	ʃææl/ yẹʃiil	쉘-/ 예쉴-	شَال/ يِشِيل
들다 (들어올리다, to lift)	rafaɛ/ yẹrfaɛ	라파아/ 예르파아	رَفَع/ يِرْفَع
(비용이 들다)	kallẹf/ yẹkallẹf	칼리프/ 예칼리프	كَلَّف/ يِكَلِّف
	ʕẹtkallẹf, ʕẹkkallẹf/ yẹtkallẹf	잇칼리프/ 에트칼리프	اِتْكَلِّف/ يِتْكَلِّف
(안으로) 들어가다, 들어오다(to enter)			
	daxal/ yodxol	다칼/ 요드콜	دَخَل/ يِدْخُل
	xaʃʃ/ yẹxoʃʃ	카쉬/ 예코쉬	خَشّ/ يِخُشّ
등(back)	ḍahr/ ḍuhuur	다흐르/ 두후-르	ظَهْر/ ظُهُور
등급(grade)	daraga/ –aat	다라가/ 다라가-트	دَرَجَة/ دَرَجَات
등대	manaara	마나-라	مَنَارَة
등등(etc)	ʕẹlaxx 일라크 ; wahaakaza 와하-카자		وَهَكَذَا ؛ اِلْخَ = إِلىَ آخِرَه
등록	tasgiil	타쓰길-	تَسْجِيل

소사전

등록하다(허가 등록 등) saggel/yesaggel 싸길/예싸길   سجّل/يسجّل

등산하다 ṭelęɛ, ṭalaɛ/ yeṭlaɛ eg-gabal 띨리아/ 에뜔라아 잇가발

  طلَع/يطلَع الجبَل

등유 gææz 개-즈 جاز ; kirusiin 키루씬-   كيروسين

디스크(컴퓨터) desk/ -ææt 디쓰크/ 디쓰캐-트   دِسك/دِسكات

디자이너 muṣammem/ -iin 무쌈밈/ 무쌈미민-   مُصمّم/مُصمّمين

디자인 taṣmiim 타스밈   تصميم

디자인하다 ṣammem/ yeṣammem 쌈밈/ 예쌈밈   صمّم/يصمّم

디저트 ḥelw 헬루 حلو ; ḥalawiyyææt 할라위애-트   حلويّات

따뜻하게 되다 defi/ yedfa 디피/ 에드파   دِفي/يدفَى

따뜻하게 하다 daffa/ yedaffi 닷파/ 예닷피   دفّى/يدفّي

따뜻한(기후, 방 등이) dææfi/ -yyiin 대-피/대프이인-   دافي/دافيين

  (사람, 동물이) dafyææn/ -iin 다프얜-/ 다프얜인-   دفيان/دفيانين

따라가다 (좇다, 따르다) tabaɛ/ yetbaɛ 타바아/에트바아   تبَع/يتبَع

(..에) 따라서 (according to) ɛala ḥasab 알라 하쌉   على حسَب

따라잡다 leḥeʔ, laḥaʔ/ yelḥaʔ 리히으/ 엘하으   لحِق/يلحَق

  ḥaṣṣal/ yeḥaṣṣal 핫살/ 예핫살   حصّل/يحصّل

딸, 여자(girl) bent/ banææt 빈트/ 바내-트   بِنت/بَنات

딸기 farawla (-aaya/) 파라울라 (파라울라-야/)   فَراوْلة (فَراوْلاية/)

땀 ɛaraʔ 아라으   عرَق

땀을 흘리다 ɛereʔ/ yeɛraʔ 에리으/ 에아라으   عرِق/يعرَق

땀을 흘리고 있는 ɛarʔææn/ -iin 아르앤-/ 아르앤닌-   عرقان/عرقانين

땅(land) (f) ʔarḍ (f)/ ʔaraaḍi 아르드/ 아라-디   أرض/أراضي

땅굴 nafaʔ/ ʔanfææʔ 나파으/ 안패-으   نفَق/أنفاق

땅콩 sudææni 수대-니 ; fuul sudææni 풀- 수대-니   فول سُوداني

때(time) zaman 자만   زمَن

(..할) 때 (when)(conj) lamma 람마 ; waʔte ma 와으트 마   وقت ما ; لمّا

 (...할 때마다, ..하면 할 수록) (conj) koll ᵉ ma 꼴리 마   كلّ ما

(..할) 때 까지(until) (conj) li-ḥadd ma 리 핫드 마   لحدّ ما

  ɛala bææl ma 알라 밸- 마   على بال ما

소사전

	leɣææɣęt ma	리개-이트 마	لِغَايَةِ مَا
때리다	ḍarab/ yęḍrab	다랍/ 에드랍	ضَرَب/ يَضْرَب
때문에(because of)	bᵉ-sabab	비싸밥	بِسَبَب

떠나고 있는, 막 떠나려고 하는

	mæææʃi/ -iin	매-쉬/ 매쉬인-	مَاشِي/ مَاشْيِين
떠나다	męʃi/ yęmʃi	메쉬/ 옘쉬	مِشْي/ يِمْشِي
떨어뜨리다	waʕʕaɛ/ yęwaʕʕaɛ	와아아/ 예와아아	وَقَّع/ يُوَقَّع
(물방울을)	naʕʕaṭ/ yęnaʕʕaṭ	나아뜨/ 에나아뜨	نَقَّط/ يِنَقَّط

떨어지다 (위에서 아래로 떨어지다, to fall down)

	węʕę, waʕaɛ/ yoʕa3ęʕ	위이아/ 요아아	وِقِع, وَقَع/ يُوقَع
(물방울이)	naʕʕaṭ/ yęnaʕʕaṭ	나아뜨/ 예나아뜨	نَقَّط/ يِنَقَّط
또 하나의(another)	tææni/ -iin	태-니/ 태니인-	تَانِي/ تَانِيِين
또는(or)	ʕaw	아우	أوْ
(아니면, 그렇지 않으면)(질문할 경우)	walla	왈라	وَلّا
또한(also) kamææn	카맨- ;	bardu	바르두	بَرْضُه
뚜껑(lid)	ɣaṭa/ ɣuṭyaan	가따/ 구뜨얀-	غَطَاء/ غُطْيَان
뚜껑을 덮다	ɣatta/ yęɣatti	갓따/ 예갓띠	غَطَّى/ يِغَطِّي
(배수관을)**뚫다**	sallęk/ yęsallęk (ęl-ballææɛa)		سَلِّك/ يِسَلِّك (البَلَّاعَة)
		쌀릭/ 예쌀릭 (일 발래-아)	
뚱뚱하게 되다	tęxęn/ yętxan	티킨/ 에트칸	تِخِن/ يِتْخَن
뚱뚱한(fat)	tęxiin/ tuxææn, tuxaan	티킨-/ 투캔-	تِخِين/ تُخَان
뛰어난, 올륭한	mumtææz/ -iin	뭄태-즈/ 뭄태진-	مُمْتَاز/ مُمْتَازِين
뛰어오르다(to jump)	naṭṭ/ yęnott	낫뜨/ 에놋뜨	نَطّ/ يِنُطّ
뜨거운(hot)	soxn/ -iin	쏘큰/ 쏘크닌-	سُخْن/ سُخْنِين
뜨겁게 되다	sęxęn/ yęsxan	씨킨/ 예쓰칸	سِخِن/ يِسْخَن

(ㄹ)

라디오	radyu/ -haat	라디유/ 라디유하-트	رَادْيُو/ رَادْيُوهَات
라디오 방송	ʕęzææʕa	이재-아	إذَاعَة

소사전

한국어	발음	한글 발음	아랍어
라마단	ramaḍaan	라마단-	رَمَضَان
라이터 (담배 등의)	wallææɛa/-ææt	왈래-아/ 왈래애-트	وَلَّاعَة/ وَلَّاعَات
라켓 (탁구 등)	maḍrab/ maḍaareb	마드랍/ 마다-립	مَضْرَب/ مَضَارِب
램프, 라마단 램프	fanuus/ fawaniis	파누-쓰/파와니-쓰	فَانُوس/ فَوَانِيس
레몬	lamuun(-a/)	라문-(라무-나/)	لَيمُون(لَيمُونَة/)
레몬쥬스	ɛaṣiir lamuun	아시-르 라문-	عَصِير لَمُون
레슨(lesson)	dars/ duruus	다르쓰/ 두루-쓰	دَرْس/ دُرُوس
레코드(음반)	ᵉsṭewaana/-aat	이쓰뜨와-나/이쓰뜨와나-트	إسْطِوَانَة/ إِسْطِوَانَات
로맨틱한	rumantiiki/ -iin	루만티-키/루만티-키인-	رُمَنْتِيكي/ رُمَنْتِيكِيين
로켓, 미사일	ṣaruux/ ṣawariix	사루-크/ 사와리-크	صَارُوخ/ صَوَارِيخ
로터리(원형 교차로)	ṣaneyya/ ṣawaani	사니야/사와-니	صِنِيَّة/ صَوَانِى
룩소르(Luxor)	loʕṣor	로으쏘르	الاَقْصُر
리본(선물 포장용 등)	ʃeriiṭ/ ʃaraayiṭ	쉬리-뜨/ 샤라-이뜨	شَرِيط/ شَرَائِط
리서치, 리포트 (대학에서의 실습리포트)			
	baḥs/ buḥuus, ʕabḥææs	바흐쓰/ 아브해-쓰	بَحْث/ بُحُوث، أَبْحَاث

(ㅁ)

한국어	발음	한글 발음	아랍어
마개 (세면대 등)	saddææda/ -ææt	쌋대-다/ 쌋대대-트	سَدَادَة/ سَدَادَات
마늘	toom	톰-	ثُوم
마른(dry)	nææʃef/ naʃfa(f)/ -iin	내-쉬프/ 나쉬파(f)/ 내쉬핀-	نَاشِف/ نَاشْفَة/ نَاشْفِين
마사지, 안마	masææj	마싸에-쥐	مَسَاج
마술(magic)	seḥr	씨흐르	سِحْر
마술사(magician)	sææḥer/ saḥara	쌔-히르/ 싸하라	سَاحِر/ سَحَرَة
마시다	ʃereb/ yeʃrab	쉬립/ 예쉬랍	شِرب/ يِشْرَب
마약 (coll)	muxaddaraat	무캇다라-트	مُخَدَّرَات
마요네즈	mayunęęz	마유네-즈	مَايُونِيز
마을, 시골(village)	qarya/ qora	까르야/ 꼬라	قَرْيَة/ قُرَى
마음	ʕalb/ ʕuluub	알브/ 울룹-	قَلْب/ قُلُوب

소사전

한국어	발음	한글 발음	아랍어
마차	ḥanṭuur/ ḥanaṭiir	한뚜-르/ 하나띠-르	حَنْطُور/ حَنَاطِير
마침내	ʕaxiiran 아키-란, أَخِيرًا ; fil-ʕææxęr 필 애-키르		في الآخر
막다(block, dam)	sadd/ yęṣędd	싿드/ 에씯드	سَدّ/ يَسِدّ
막대기(stick)	ɛaṣaaya/ ɛoṣyaan	아사-야/ 오스얀-	عَصَايَة/ عُصْيَان
만나다(누구와 만나다) (intr)			
	ʔętʕææbęl/yętʕææbęl (maɛa)	이트애-빌/ 에트애-빌 (마아)	اِتْقَابَل/ يِتْقَابَل
만들다(to make)	ɛamal/ yęɛmęl	아말/ 에아밀	عَمَل/ يَعْمِل
만약(if)	law 라우 ; لَوْ ; ʕęza 이자 ; إِذَا ; ʔęn 인		إن
만족스러운, 만족하는(pleased)			
	mabsuuṭ/ -iin	맙쑤-뜨/ 맙쑤띤-	مَبْسُوط/ مَبْسُوطِين
만지다, 대다(to touch)	lamas/ yęlmęs	라마쓰/ 엘미쓰	لَمَس/ يِلْمَس
많은(many)	kęṭiir/ kuṭaar	키티-르/ 쿠타-르	كِثِير/ كُتَار
말(speech)	kalææm	칼램-	كَلَام
말(horse)	ḥuṣaan/ ḥęṣęna	후싼-/ 히시나	حُصَان/ حِصِنَة
말하다	ʕææl/ yęʕuul (li)	앨-/ 예울- (리)	قَال/ يِقُول (ل)
(말하다, 통화하다)	kallęm/ yękallęm	칼림/ 에칼림	كَلِّم/ يِكَلِّم
맛(taste)	ṭaɛm	따암	طَعْم
맛을 보다	dææʕ/ yęduuʕ or yuduuʕ	대-으/ 에두-으	ذَاق/ يِذُوق
맛있는	laẓiiz/ luzææz	라지-즈/ 루재-즈	لَذِيذ/ لُذَاذ
(맛좋은, 단)	ḥęlw/ -iin	헬루/ 헬루인-	حِلْوُ/ حِلْوِين
망고(과일)	manga	만가	مَنْجَا
맞는, 꼭맞는	mazbuuṭ/ -iin	마즈부-뜨/ 마즈부띤-	مَضْبُوط/ مَضْبُوطِين
매각, 판매	beeɛ	베-아	بِيع
매매하다(to trade)	tææger/ yętææger	태-기르/ 에태-기르	تَاجِر/ يِتَاجِر
매우(very) (adv)	ʕawi	아위	قَوِي
(맛이) 매운	ḥææmi 해-미, حَامِي ; ḥarrææʕ 하랠-으		حَرَّاق
맥주	biira	비-라	بِيرَة
머리	raas(f)/ ruus	라-쓰(f)/ 루-쓰	رَأْس/ رُؤُوس
(뇌)	moxx/ ʕamxææx	모크/ 아므캐-크	مُخّ/ أَمْخَاخ
머리카락	ʃaɛr(-a/ -aat)	샤아르(샤아라/샤아라-트)	شَعْر(شَعْرَة/ شَعْرَات)

소사전

머무르다(to stay) ʕaɛd/ yoʕɛod	아-에드/ 요으오드	قَعَد/ يَقْعُد
먹다 ʕakal, kal/ yæækol (명령형 kol)	칼/ 에-꼴	أَكَل، كَل/ يَاكُل
먼지(dust) turaab/ ʕatrɛba	투랍-/ 아트리바	تُراب/ أَتْرِبَة
멀리있는, 먼 bɛʕiid/ buʕææd, boʕada	베이-드/ 보애-드	بَعِيد/ بُعَاد، بُعَدَاء
멈추다 (intr) wɛʕɛf/yoʕaf(명령형: ʕoʕaf)	웨이프/요.아프	وِقِف/ يُقَف
(tr) waʕʕaf/ yɛwaʕʕaf	와아프/ 예와아프	وَقَّف/ يوقَّف
메뉴(식단) mɛnyu 멘유 منيو ; lɛsta	리쓰타	لستّة
메모용지 수첩 (작은 것) nuuta/ nɛwat	누-타/ 니와트	نُوتَة/ نِوَت
메시지 rᵉsææla/ rasææyɛl	리쌜-라/ 라싸애-일	رِسَالَة/ رَسَائِل
멜론 kantalobb(-a/)	칸탈롭(칸탈롭바/)	كَانْتَالُوب(كَانْتَالُوبَة/)
(노란색의 수박모양 멜론)		
ʃammææm(-a/)	샴맴-(샴매-마/)	شَمَّام(شَمَّامَة/)
면, 면제품(cotton) ʕoṭn	오뜬	قُطْن
면도하다 ɦalaʕ/yɛɦlaʕ(daʕn)	할라으/에흘라으(다은)	حَلَق/ يحْلَق (ذَقْن)
면허증(license) roxṣa/ roxaṣ	로크사/ 로카스	رُخْصَة/ رُخَص
(운전 면허증) roxṣɛt suwææʕa	로크시트 쑤왜-아	رُخْصِية سُوَّاقَة
명령 ʕamr/ ʕawææmɛr	아므르/ 아왜-미르	أَمْر/ أَوَامِر
명령하다 ʕamar/ yoʕmor	아마르/ 요으모르	أَمَر/ يُؤْمُر
명료한, 명료하게 이해된(clear), 명백한 (obvious)		
waaḍɛɦ/ -iin	와-디흐/ 와드힌-	وَاضِح/ وَاضْحِين
명함 kart/ kuruut	카르트/ 쿠루-트	كَارْت/ كُرُوت
모기 namuus (-a/)	나무-쓰(나무싸/)	نَامُوس(نَامُوسَة/)
모두(all, everyone) ʕɛk-koll 익꼴 الكُلّ ; ʕɛg-gamiiɛ	잇가미-아	الجَمِيع
koll (+ def. n. or pron.) 꼴..		كُلّ..
(우리 모두) kollɛna	꼴레나	كُلَّنَا
모든 것(everything) kollᵉ ɦæææga	꼴리 해-가	كُلّ حَاجَة
모래 raml	라믈	رَمْل
모레 baɛd bokra	바아드 보크라	بَعْد بُكْرَة
모스크 gææmɛʕ/ gawææmɛʕ	개-미아/ 가왜-미-아	جَامِع/ جَوَامِع
masgɛd/ masæægɛd	마쓰기드/ 마쌔-기드	مَسْجِد/ مَسَاجِد

소사전

모양(shape)	ʃakl/ ʃaʃkæææl	샤클/ 아쉬캘-	شَكْل/ أَشْكَال
모으다 (to collect)	gamaɛ/ yęgmaɛ	가마아/ 예그마아	جَمَع/ يَجْمَع
	lamm/ yęlęmm	람/ 옐렘	لَمَّ/ يَلِمَّ

모이다(사람이 함께 만나다, 사물이 모여지다)

	ʕętgammaɛ/ yętgammaɛ	잇감마아/ 옛감마아	إِتْجَمَّع/ يِتْجَمَّع
모임	ʕęgtmææɛ/ -ææt	익트매-아/ 익트매애-트	إِجْتِمَاع/ إِجْتِمَاعَات
모자(중절모)	bornęęṭa/baraniit	보르네-따/ 바라니-뜨	بُرْنِيطَة/ بَرَانِيط
(캡모자, cap)	kæɛb/ -ææt	캡-/ 캐배-트	كَاب/ كَابَات
모자라는, 부족한	naaʕęṣ	나-이스	نَاقِص
모직(wool)	ṣuuf/ ʕaṣwaaf	수-프/ 아스와-프	صُوف/ أَصْوَاف
목(neck)	raʕaba/ ręʕæb	라아바/ 리앺-	رَقَبَة/ رِقَاب
목걸이	ɛoʕd/ ɛuʕuud	오으드/ 오우-드	عَقْد/ عُقُود

(금이나 은으로 만들어진 예물 목걸이)

	sęlsęla/ salææsęl	씰씰라/ 쌀래-씰	سِلْسِلَة/ سَلَاسِل
목록, 리스트(list)	lęsta/ lęsat	리쓰타/ 리싸트	لِسْتَة/ لِسَت
	ʕayma/ ʕawææyęm	아이마/ 아왜-임	قَائِمَة/ قَوَائِم
목마르다	ʕętęʃ/ yęʕtaʃ	에띠쉬/ 예아따쉬	عَطِش/ يَعْطَش
목마른	ɛaṭʃaan/ -iin	아뜨샨-/ 아뜨샤닌-	عَطْشَان/ عَطْشَانِين
목사(paster) (Ch)	ʕassiis/ ʕosos	앗씨-쓰/ 오쏘쓰	قَسِّيس/ قُسُس
목소리	ṣoot/ ʕaṣwaat	소-트/ 아스와-트	صُوت/ أَصْوَات
목수	naggaar/ -iin	낙가-르/ 낙가린-	نَجَّار/ نَجَّارِين
목요일	yoom ęl-xamiis	욤- 일카미-쓰	يُوم الْخَمِيس

목욕하다

	ʕęstaḥamma/yęstaḥamma	이쓰타함마/에쓰타함마	إِسْتَحَمَّى/ يِسْتَحَمَّى
	xad/ yææxod ḥammam	카드/ 에-코드 함맘	خَد/ يَاخُد حَمَّام
(샤워하다)	xad/ yææxod doʃʃ	카드/ 에-코드 도쉬	خَد دُش/ يَاخُد دُشّ
목적, 목표	hadaf/ ʕahdææf	하다프/ 아흐대-프	هَدَف/ أَهْدَاف
목화(cotton plant)	ʕoṭn	오뜬	قُطْن
몸(사람, 동물)	gęsm/ ʕagsææm	기쓰므/ 아그쌤-	جِسْم/ أَجْسَام
못	musmaar/ masamiir	무쓰마-르/ 마싸미-르	مُسْمَار/ مَسَامِير

소사전

한국어	발음	한글 발음	아랍어
무 혹은 무우(radish)	fęgl kuuri	피글 꾸리-	فِجْل كُوري
(열무)	fęgl(-a/)	피글(피글라/)	فِجْل (فِجْلَة/)
무거운	teṣiil/ tuṢææl	띠일-/ 뚜앨-	ثَقِيل/ ثُقَال
무게, 체중	wazn/ ṣawzææn	와즌/ 아우잰-	وَزْن/ أوْزَان
무게를 재다 (tr)	wazan/ yęwzęn	와잔/ 에우진	وَزَن/ يُوزِن
무기	sęlææḥ/ ṣaslęḥa	쏠래-흐/ 아쓸리하	سِلاَح/ أسْلِحَة
무너지다	waṢaw, węṢęa/ ʒyoṢæ ʒaʒaw	위이아/ 요아아	وَقَع/ يُقَع
무덤	madfan/ madææfęn	마드판/ 마대-핀	مَدْفَن/ مَدَافِن
	ʒabr/ ʕubuur	아브르/ 오부-르	قَبْر/ قُبور
무례한(impolite)	ʃaliil ęl-ʕadab	알릴- 일아답	قَلِيل الأَدَب
	ʃulalææt ęl-ʕadab	울랄래-트 일아답	قُلالاَت الأَدَب
(에티켓이 없는)	ʃaliil ęz-zoos	알릴- 잇조-으	قَلِيل الذُّوق
무료로 (adv)	bᵉ-balææʃ	비발래-쉬	بِبَلاَش
	męn ɣęyr fęluus	민 게르 필루-쓰	مِن غِيْر فِلُوس
무료의 (adj)	maggææni	막개-니	مَجَّانِي
무릎(knee)	rokba/ rokab	로크바/ 로캅	رُكْبَة/ رُكَب
무슬림	muslim/ -iin	무쏠림/ 무쏠리민-	مُسْلِم/ مُسْلِمين
무슬림 형제단			
	ęl-ʕęxwwææn (ęl-muslimiin)	일에크왠- (일무쏠리민-)	الإخْوَان المُسْلِمِين
무승부의	mętęææḍęl/ -iin	미트애-딜/ 미트애들린-	مِتْعَادِل/ مِتْعَادِل
무엇(what, 의문 대명사)	ʕęę or ʕęęh	에-	أيه
무역	tᵉgaara	티가-라	تِجَارَة
무죄의, 결백한	barii/ ʕabriyææʕ	바리-으/ 아브리예-으	بَرِيء/ أَبْرِيَاء
무지, 무식(ignorance)	gahl	개흘	جَهْل
무지개	qoos qazaḥ	꼬-쓰 까자흐	قوس قَزَح
무지한, 무식한(ignorant)			
	gææhęl/ -iin, gahala	개-힐/ 개흘린-	جَاهِل/ جَاهْلِين, جَهَلَة
무질서	fawḍa	파우다	فَوْضَى
무화과	tiin (-a/)	틴-(티-나/)	تِين (تِينَة/)
묶다(끈 등)	rabat/ yorbot	라바뜨/ 요르보뜨	رَبَط/ يُرْبُط

소사전

| 문 | bæɛb/ ʕabwææb, bɛbæɛn 뱁-/ 아브웹- | بَاب/ أَبْوَاب، بِبَان |

문구점, 문방구 maktaba/ -ææt 막타바/ 막타배-트   مَكْتَبَة/ مَكْتَبَات

문명화(civilization) ɦaḍaara/ -aat 하다-라/하다라-트   حَضَارَة/ حَضَارَات

문법 naɦw 나흐우 نَحْو ; qawaaɛɛd 까와-이드 قَوَاعِد

문장 gomla/ gomal 고믈라/ 고말   جُمْلَة/ جُمَل

문제 (problem) moʃkɛla/ maʃæækɛl 모쉬킬라/마쉐-킬   مُشْكِلَة/ مَشَاكِل

(질문, question) suʕææl/ ʕasʕɛla 쑤앨-/ 아쓰일라   سُؤَال/ أَسْئِلَة

(이슈, issue) masʕala/ masæɛʕɛl 마쓰알라/ 마쌔-일   مَسْأَلَة/ مَسَائِل

문지기 (아파트나 주택을 지키거나 청소 등을 하는 사람)

　　　bawwæɛb/ -iin 바웹-/ 바왭빈-   بَوَّاب/ بَوَّابِين

문학 ʕadab/ ʕadæɛb 아답/ 아댑-   أَدَب/ أَدَاب

문화 saqaafa/-aat 싸까-파/ 싸까파-트   ثَقَافَة/ ثَقَافَات

묻다(to ask) saʕal/ yɛsʕal 싸알/ 에쓰알   سَأَل/ يِسْأَل

물(water) mayya 마야   مَيَّة، مَاء

(생수) mayya maɛdaniyya 마야 마아다니야   مَيَّة مَعْدَنِيَّة

물담배 ʃiiʃa/ -ææt 쉬-샤/ 쉬쉐-트   شِيشَة/ شِيشَات

물론(adv) ṭabaɛan 따바안 طَبَعًا ; bɛt-ṭabɛ 빗따브아   بِالطَّبْع

물소 gamuus(-a/ gawamiis) 가무-쓰 (가무-싸/가와미-쓰)   جَامُوس/ جَوَامِيس

물질 madda/ mawæɛdd 맛다/ 마왯-드   مَادَّة/ مَوَادّ

미국 ʕamriika 아므리-카   أَمْرِيكَا

미래 mustaʕbal 무쓰타으발   مُسْتَقْبَل

미련한, 어리석은, 바보의, 바보(stupid)

　　　ɣabi/ ʕaɣbɛya 가비/ 아그비야   غَبِي/ أَغْبِيَاء

미망인, 과부 ʕarmala/ ʕaraamɛl 아르말라/ 아라-밀   أَرْمَلَة/ أَرَامِل

미사일, 로켓 ṣaruux/ ṣawariix 사루-크/ 사와리-크   صَارُوخ/ صَوَارِيخ

미술, 그림 rasm 라쓰므   رَسْم

미안한 mutaʕassɛf/ -iin 무타앗씨프/ 무타앗씨핀-   مُتَأَسِّف/ مُتَأَسِّفِين

　　　ʕæɛsɛf/ -iin 애-씨프/ 애-씨핀-   آسِف/ آسِفِين

미용실 kʷwafeer 꼬와피-르   كَوَافِير

미이라(mummy) mumya/ -ææt 무므야-/ 무미에-트   مُومْيَاء/ مُومِيَات

소사전

미친　magnuun/ maganiin　마그눈-/ 마가닌-　مَجْنُون/ مَجَانِين

미터 (길이)　mɛtr/ ʕamtaar　미트르/ 암타-르　مِتْر/ أَمْتَار

미터기 (전기, 택시 등)

　　ɛaddæd/ -æææt　앗대-드/ 앗대대-트　عَدَّاد/ عَدَّادَات

미혼남자, 총각　æææzæb/ ɛuzzææb　애-잽/ 웃잽-　عَازِب/ عُزَّاب

믹서, 믹서기　xallaat/ -aat　칼라-뜨/ 칼라따-뜨　خَلَّاط/ خَلَّاطَات

민감한, 예민한 (성격, 감정 등)

　　ɦassææs/ -iin　핫쌔-쓰/ 핫쌔씬-　حَسَّاس/ حَسَّاسِين

민주주의　dimuqraṭeyya　디무끄라떼야　دِيمُوقْرَاطِيَّة

민주주의의　dimuqraaṭi　디무끄라-띠　دِيمُوقْرَاطِي

민트(식물)　nɛɛnæɛ　니아내-아　نِعْنَاع

믿기지 않는, 믿을 수 없는(unbelievable)

　mɛʃ maʕʕuul　미쉬 마아울-　مِش مَعْقُول

　mɛʃ mɛsaddaʕ　미쉬 미쌋다으　مِش مِصَدَّق

믿다 (말 등을 믿다) saddaʕ/yɛsaddaʕ 쌋다으/예쌋다으　صَدَّق/ يُصَدِّق

　(하나님을 믿다) sæɛmɛn/ yɛʕæɛmɛn (bɛ) 애-민/ 예애-민 (비)

　　　　　　　　　　　　　　　　　　آمَن/ يَآمِن (ب)

믿을만한, 믿을 수 있는　maʕʕuul/ -iin　마아울-/ 마아울린-　مَعْقُول/ مَعْقُولِين

믿음　ʕimææn, ʕiimææn/　이맨-　إِيمَان

밀(wheat)　ʕamħ　암흐　قَمْح

밀가루　dɛʕiiʕ　디이-으　دَقِيق

밀대(자루걸레) mamsaħa/ mamææsɛħ 맘싸하/ 마매-씨흐　مَمْسَحَة/ مَمَاسِح

　(물을 닦아내는 밀대)

　　massææħa　맛쌔-하　مَسَّاحَة

밀집한, 복잡한　zaħma (invar)　자흐마　زَحْمَة

밀초, 왁스　ʃamɛ/ ʃumuuɛ　샴아/ 슈무-아　شَمْع/ شُمُوع

(ㅂ)

바겐세일 ʕokazyoon/ -ææt 오카지욘-/ 오카지요내-트 أُوكَازْيُون/ أُوكَازْيُونَات

소사전

바구니 (갈대등의 식물로 만든 바구니)

    sabat/ sebeta   싸바트/ 씨비타   سَبَت/ سِبْتة

    (플라스틱 바구니) salla/ selæl   쌀라/ 씰랠-   سَلّة/ سِلال

바깥의, 바깥에 있는 barra   바란   بَرّا

바꾸다(tr) yayyar/ yeyayyar   가야르/ 예가야르   غَيَّر/ يغَيِّر

바뀌다(intr) ʕetyayyar/ yetyayyar   이트가야르/ 에트가야르   إتْغَيَّر/ يتْغَيَّر

바나나 mooz (-a/)   모-즈 (모-자/)   مُوز (مُوزة/)

바늘 ʕebra/ ʕebar   이브라/ 이바르   إبْرة/ إبَر

바다 baħr/ buħuur or biħaar   바흐르/ 보후-르   بَحْر/ بُحُور أوْ بِحار

바닥(floor) ʕard (f)   아르드   أرْض

바라다, 원하다 ʕetmanna/ yetmanna   이트만나/에트만나   إتْمَنَّى/ يِتْمَنَّى

    nefs (fe)   넾쓰 (피)   نَفْسي (في)

바람 hawa 하와 هَوَاء ; riiħ/ reyææħ 리-흐/ 리에-흐   ريح/ رِياح

바보, 바보의 yabi/ ʕaybeya   가비/ 아그비야   غَبي/ أغْبِياء

바쁜 maʃyuul/ -iin   마쉬굴-/ 마쉬굴린-   مَشْغُول/ مَشْغُولين

바위 saxr(-a/) suxuur)   싸크르(마크라/ 수쿠-르)   صَخْر(صَخْرة/ صُخُور)

바이올린 kamanga/ -ææt   카만가/ 카만개-트   كَمَنْجة/ كَمَنْجات

바지 bantaloon/ -aat   반딸론-/ 반딸로나-트   بَنْطَلُون/ بَنْطَلُونات

바퀴 ʕagal(-a/)   아갈(아갈라/)   عَجَل(عَجَلة/)

바퀴벌레 sursaar/ saraʃiir   수르싸-르/사라시-르   صُرْصار/ صَراصير

박물관 matħaf/ matææħef   마트하프/ 마태-히프   مَتْحَف/ مَتَاحِف

박스 (판지로 만든 박스)

    kartoona/ karatiin   카르토-나/ 카라틴-   كَرْتُونة/ كَراتين

    ʕelba/ ʕelab kartoon   엘비티 카르토나/ 엘랍 카로토나   عِلْبة/ عِلَب كرتون

박람회 maʕrad/ maʕaared   마아라드/ 마아-리드   مَعْرِض/ مَعَارِض

밖에 (prep,adv) barra   바란   بَرّة

반, 절반(half) noss/ ʕenʃaas   놋쓰/ 인사-스   نُصّ/ إنْصَاص

반대로 (adv) bel-ʕaks   빌악쓰   بِالْعَكْس

반드시 ..하다(must)

    læzem (invar + imperf. v)   래-짐   لازم

소사전

ḑaruuri (invar + imperf. v)   다루-리   ضَرُورِي

반지(장식용 반지) xæætęm/ xawæætęm   캐-팀/ 카왜-팀   خَاتِم/ خَوَاتِم

(결혼, 약혼반지, 대개 장식이 없음)

dębla/ dębal   디블라/ 디발   دِبْلَة/ دِبَل

받다 (to take)   xad, ʕaxad/ yææxod   카드/ 에-코드   خَذْ، أَخَذَ/ يَاخُذ

(수령하다) ʕęstalam/ yęstęlęm   이쓰탈람/ 예쓰틸름   إِسْتَلَم/ يِسْتِلِم

발(foot)   ʕadam/ ʕaʕdææm   아담/ 아으담-   قَدَم/ أَقْدَام

발가락   ṣubaaʕ/ ṣawaabęʕ ręgl   수바-아/ 사와비아 리글   صُبَاع/ صَوَابِع رِجْل

발음   noṭ ʕṭon   노뜨으   ;   lafz   라프즈   لَفْظ

발음하다 naṭaʕ/ yęnṭaʕ   나따으/ 옌따으   نطق/ ينطق

발코니   balakoona/ -ææt   발라코-나/ 발라코내-트   بَلْكُونَة/ بَلْكُونَات

발톱   ḑofr/ ḑawaafęr   도프라/ 다-와피르   ضُفْر/ ضَوَافِر

밤(night)   lęęl(-a/ layææli)   릴-(릴-라/ 라에-릴)   لِيل(لِيلَة/ لَيَالِي)

밤에 (at night)   bęl-lęęl   빌렐-   بِاللِّيل

밥, 쌀   rozz   로즈   رُزّ

밧데리(자동차) baṭṭaręyya/-aat   밧따리야/밧따리야-트   بَطَّارِيَّة/ بَطَّارِيَّات

밧줄(rope) ḥabl/ ḥębææl   하블/ 히밸-   حَبْل/ حِبَال

방(room)   ʕooḑa/ ʕuwaḑ   오-다/오와드   أُوضَة/ أُوض

yorfa/ yuraf (cl)   고르파/ 구라프   غُرْفَة/ غُرَف

방금(just) (이제 방금, 막 ..하다)   lęssa (+ part)   렛싸   لِسَّة

방망이   maḑrab/ maḑaaręb   마드랍/ 마다-립   مَضْرَب/ مَضَارِب

방문   ziyaara/ -aat   지야-라/ 지야라-트   زِيَارَة/ زِيَارَات

방문하다   zaar/ yęzuur   자-르/ 예주-르   زَار/ يَزُور

방법, 방식   ṭariiʕa/ ṭoroʕ   따리-으/ 또로으   طَرِيقَة/ طُرُق

방송 (라디오 방송) ʕażæaʕ   이재-아   إِذَاعَة

방향 ʕęttęgææh/ -ææt   잇티개-흐/ 잇티개해-트   إِتِّجَاه/ إِتِّجَاهَات

(측, 면, 방향, side) naḥya/ nawææḥi   나흐야/ 나왜-히   نَاحْيَة/ نَوَاحِي

배(boat)   markęb/ maræækęb   마르킵/ 마래-킵   مَرْكِب/ مَرَاكِب

(유람선 등의 큰 배) safiina/ sofon   싸피-나/ 쏘폰   سَفِينَة/ سُفُن

(나일강의 돛 배) fęluuka   펠루-카   فَلُوكَة

소사전

배(abdomen) baṭn(f)/ buṭuun 바뜬 (f)/ 부뚠- بَطْن/ بُطُون

(올챙이처럼 부른 배) kerʃ/ kuruuʃ 키르쉬/ 쿠루-쉬 كِرْش/ كُرُوش

배(과일) kummetra 쿰메트라 كُمِّتْرَى

배고프게 되다 gæææ/ yeguuɛ 개-아/ 예구-아 جَاع/ يَجُوع

배고픈 gaɛææn/ -iin 가앤-/ 가애닌- جَعَان/ جَعَانِين

배관공 sabbææk/ -iin 쌉배-/ 쌉배킨- سَبَّاك/ سَبَّاكِين

배구 ʃel-kora ṭ-ṭayra 일코-랏 따이라 الْكُورَة الطَّائِرَة

vuliboolʃ 불리볼- فُلِي بُول

배꼽 춤(belly dance) raʔṣa baladi/ raʔṣaat baladi

라으사 발라디/ 라으사-트 발라디 رقْصَة/ رقْصَات بَلَدِي

배달하다(to deliver)

waṣṣal/ yewaṣṣal (le+사람)+사물 왓살/ 예왓살 (리) وَصَّل/ يوَصِّل ل

(가져가다, 갖다주다, to bring to)

wadda/ yewaddi (le+사람)+사물 왓다/ 예왓디 (리) وَدَّى/ يوَدِّي ل

배부르다 ʃebɛɛ, ʃabaɛ/yeʃbaɛ (be)쉬비아/예쉬바아 (비) شَبَع/ يَشْبَع (ب)

배부른 ʃabɛææn/ -iin (be) 샙앤-/샙애닌- (비) شَبْعَان/ شَبْعَانِين (ب)

배우다 ʕetɛallem/ yetɛallem 이트알림/ 에트알림 إتْعَلِّم/ يتْعَلَّم

배추 xaṣṣ kuuri 캇스 꾸-리 خَصّ كُورِي

xaṣṣ ṣiini 캇스 시-니 خَصّ صِينِي

배탈 (복통) mayaṣ 마가스 مَعَص

백성, 국민 ʃaɛb/ ʃuɛuub 샤압/ 슈웁- شَعْب/ شُعُوب

뱀 tɛɛbææn/ taɛabiin 티아밴-/ 타아빈- تَعْبَان/ تَعَابِين

버스 ʕutubiis/ -ææt 오투비-쓰/ 오투비쌔-트 أُتُوبِيس/ أُتُوبِيسَات

버터 zebda 집다 زِبْدَة

버튼 zuraar/ zaraayer 주라-르/ 자라-이르 زُرَار/ زَرَايِر

번(time) marra 마란 مَرَّة

번역, 통역 targama/ -ææt 타르가마/ 타르가매-트 تَرْجَمَة/ تَرْجَمَات

번역원, 통역원 mutargem/ -iin 무타르김/ 무타르기민- مُتَرْجِم/ مُتَرْجِمِين

번호(차량, 전화, 집번호 등) nemra/ nemar 니므라/ 니마르 نِمْرَة/ نِمَر

(페이지, 전화, 집번호 등) raqam/ ʕarqaam 라깜/ 아르깜- رَقَم/ أَرْقَام

소사전

| 벌(bee) | naḥl(-a/) | 나홀(나홀라/) | نَحْل(نَحْلَة/) |

별금 ɣaraama/ -aat 가라-마/ 가라마-트 غَرَامَة/ غَرَامَات
(교통 법규 위반) muxalfa/ -ææt 무칼파/ 무칼파-트 مُخَالَفَة/ مُخَالَفَات
벌다 (돈을) kęsęb/ yęksab 키씹/ 엑쌉 كِسِب/ يكْسِب
벌레 (곤충) (coll) ḥaʃara/ -aat 하샤라/ 하샤라-트 حَشَرَة/ حَشَرَات
　　(구더기 따위의 벌레) duud(-a/) 두-드(두-다/) دُود(دُودَة/)
범죄 gariima/ garaayęm 가리-마/ 가라-임 جَرِيمَة/ جَرَائِم
범죄자, 범죄의 mogręm/ -iin 모그림/ 모그리민- مُجْرِم/ مُجْرِمِين
법, 법률 qanuun/ qawaniin 까눈-/ 까와닌- قَانُون/ قَوَانِين
　　(이슬람 법) ʃariiɛa 샤리-아 شَرِيعَة/ شَرَائِع
법정, 법원 maḥkama/ maḥæækęm 마흐카마/ 마해-킴 مَحْكَمَة/ مَحَاكِم
베개 maxadda/ -ææt 마캇다/ 마캇대-트 مَخَدَّة/ مَخَدَّات
벨(bell) ɣaras/ ʔaɣraas 가라쓰/ 아그라-쓰 جَرَس/ أَجْرَا
　　(초인종) garas bææb 가라쓰 밥- جَرَس بَاب
벨트 ḥezææm/ ḥezęma, ʔaḥzęma 히잼-/ 아흐지마 حِزَام/ حِزْمَة، أَحْزِمَة
벼룩 barɣuut/ barayiit 바르구-트/ 바라기-트 بَرْغُوث/ بَرَاغِيث
벽 ḥęęṭa/ ḥęṭaan 헤-따/ 헤딴- حِيطَة/ حِيطَان
벽장, 찬장 dulææb/ dawaliib 둘랩-/ 다왈립- دُولَاب/ دُوَالِيب
변호사 muḥææmi/ -iin 무해-미/ 무해미인- مُحَامِي/ مُحَامِيِين
변화시키다 ɣayyar/ yęɣayyar 가야르/ 에가야르 غَيَّر/ يُغَيِّر
변화하다, 바뀌다 (intr)
　　ʔętɣayyar/ yętɣayyar 이트가야르/ 에트가야르 إتْغَيَّر/ يتْغَيَّر
별 nęgma/ nuguum 니그마/ 누굼- نَجْمَة/ نُجُوم
병(bottle) ʔęzææza/ ʔazææyęz 이재-자/ 아재-이즈 قَزَازَة/ قَزَايِز
병(disease) maraḍ/ ʔamraaḍ 마라드/ 아므라-드 مَرَض/ أَمْرَاض
병든, 아픈 ɛayyæn/ -iin 아옌/ 아예닌- عَيَّان/ عَيَّانِين
병따개 fattææḥa/ -ææt 팟태-하/ 팟태해-트 فَتَّاحَة/ فَتَّاحَات
　　　fattææḥęt ɛęlab 팟태-힛 엘랍 فَتَّاحَة عِلَب
병사, 사병 ɛaskari/ ɛasæækir 아쓰카리/ 아쌔-키르 عَسْكَرِي/ عَسَاكِر
병아리 katkuut/ katakiit 카트쿠-트/ 카타키-트 كَتْكُوت/ كَتَاكِيت

소사전

병원(종합병원)

    muṣtaʃfa/ -yææt 무쓰타쉬파/ 무쓰타쉬피에-트 مُسْتَشْفَى/ مُسْتَشْفِيَات

(개인병원, 진료소) ɛɛyææda/ -ææt 에에-다/ 에에대-트 عِيَادَة/ عِيَادَات

(검사소-피검사, 변검사, 엑스레이 등의 검사를 하는 곳)

    maɛmal/ maɛææmęl 마아말/ 마애-밀 مَعْمَل/ مَعَامِل

병자, 환자 ɛayyææn 아이옌- عَيَّان ; mariiḍ 마리-드 مَرِيض

보건소 maktab ęṣ-ṣęḫḫa 막탑 잇시하 مَكْتَب الصِّحَّة

보고서(report) taqriir/ taqariir 타끄리-르/타까리-르 تَقْرِير/ تَقَارِير

보고 있는, 보이는 ʃææyęf/ -iin 쉐-이프/ 쉐이핀- شَايِف/ شَايِفِين

보다(to see) ʃææf/ yęʃuuf 쉐프/ 예슈-프 شَاف/ يَشُوف

(사람을 쳐다보다)

    baṣṣ/yęboṣṣ lę or ɛala 밧스/예봇스 (리) or (알라) بَصّ/ يبُصّ لي أوْ عَلَى

(텔레비젼을 시청하다, 상품진열대를 쳐다보다 등)

    ʔętfarrag/ yętfarrag ɛaa 이트파라그/ 에트파라그 (알라) اِتْفَرَّج/ يِتْفَرَّج (عَلَى)

..보다(than) męn (비교급 뒤에) 민 مِن ; ɛan (형용사 뒤에) 안 عَن

  (..보다 더 큰) ʔakbar męn 아크바르 민 أَكْبَر مِن

    kębiir ɛan 키비-르 안 كِبِير عَن

보라색 banafsęgi (invar) 바낲세기 بَنَفْسِجِى

(짙은 보라색, 가지색)

    będingææni or bętingææni (invar) 비틴개-니 بِدِنْجَانِى أوْ بِتِنْجَانِى

보상 (격려 차원에서 주는 것)

    mukafʔa/ -ææt 무카프아/ 무카프애-트 مُكَافَأَة/ مُكَافَآت

(대가, 수고한 댓가로 받는 것) muqaabęl 무까-빌 مُقَابِل

보석, 보석류(jewelry) mugawharaat 무가우하라-트 مُجَوْهَرَات

    siiya 씨-가 صِيغَة

보수적인 muḥaafęẓ/ -iin 무하-피즈/ 무하프진- مُحَافِظ/ مُحَافِظِين

보안(security) ʔamn 암느 أَمْن

보여주다 warra/ yęwarri 와라/ 예와리 وَرَّى/ يُوَرِّى

보증(guarantee) ḍamaan/ -aat 다만-/ 다마나-트 ضَمَان/ ضَمَانَات

489

소사전

한국어	발음(로마자)	한글 발음	아랍어
보통(usually) *(adv)*	ɛæædatan	애-다탄	عَادَةً
	fęl-ɛææda	필애-다	فى الْعَادَة
보통의, 평범한 *(adj)*	ɛæædi/ -iin	애-디 / 애디인-	عَادِي/عَادِيين
보험	taʕmiin/ -ææt	타으민-/ 타으미내-트	تَأْمِين/ تَأْمِينَات
복, 축복	baraka/ -aat, -ææt	바라카/ 바라카-트	بَرَكَة/ بَرَكَات
복사	taşwiir	타스위-르	تَصْوِير
복사기	makanęt taşwiir	마타니트 타스위-르	مَكَنَة تَصْوِير
복사하다	şawwar/ yęşawwar	사와르/ 예사와르	صَوَّر/ يِصَوَّر
복숭아	xoox (-a/)	코-크(코-카/)	خُوخ
복습	muragɛa/ -ææt	무라그아/ 무라그애-트	مُرَاجَعَة/ مُرَاجَعَات
복습하다	rææge ɛ/ yęrææge ɛ	래-기아/ 예래-기아	رَاجِع/ يِرَاجِع
복통	mayaş	마가스	مَغَص

본보기(example, model)

	namuuzag/ namææzęg	나무-자그/ 나매-지그	نَمُوذَج/ نَمَاذِج
볼펜	ʕalam/ ʕęʕlęma or ʕęʕlææm	알람/ 에으램-	قَلَم، إِقْلِمَة أَوْ إِقْلَام
봄	ʕęr-rabiiɛ	이라비-아	الرَّبِيع
봉급	murattab/ -ææt	무랏탑/ 무랏타배-트	مُرَتَّب/ مُرَتَّبَات
봉사, 섬김	xędma/ xadamææt	케드마/ 카다매-트	خِدْمَة/ خِدْمَات
봉사자, 섬기는 사람	xæedęm/ xuddææm	캐-딤/ 쿳댐-	خَادِم/ خُدَّام
봉지	kiis/ ʕakyææs	키-쓰/ 아키에-쓰	كِيس/ أَكْيَاس
	ʃanṭa/ ʃonaṭ	샨따/ 쇼나뜨	شَنْطَة/ شُنَط
봉투	zarf/ zuruuf, ʕazrof	자르프/ 주루-프	ظَرْف/ ظُرُوف، أَظْرُف
부끄러운	maksuuf/ -iin	막쑤-프/ 막쑤핀-	مَكْسُوف/ مَكْسُوفِين

부드러운, 폭신폭신한, 과일이 물렁물렁한(soft)

	ṭari/ṭaręyya/ṭuraay, tʰraay	따리/따례야/뚜라-이	طَرِي/ طَرِيَّة/ طُرَاي

부르다 (사람 혹은 이름을)

	nadah/ yęndah	나다흐/ 옌다흐	نَدَه/ يِنْدَه
	nææedi/ yęnææedi	내-디/ 예내-디	نَادِي/ يِنَادِي
부모	waldęęn	왈덴-	وَالِدِين
(나의 아버지와 어머니)	wald-i w-waldęt-i	왈디 우 왈디티	وَالْدِي وَوَالْدِتِي

소사전

(아빠 엄마)	baaba w-maama	바-바 우 마-마	بَابَا وِمَامَا
부분, 부문(section)	gozʕ/ ʕagzæaʕ/ʕzoʕ	고즈으/ 아그재으-으	جُزْء/ أَجْزَاء
부서진	maksuur/ -iin	막쑤-르/ 막쑤린-	مَكْسُور/ مَكْسُورِين
부엌	maṭbax/ maṭaabex	마뜨바크/ 마따-비크	مَطْبَخ/ مَطَابِخ
부인 (결혼한 여자, lady)	seṭṭ/ -ææt	씻트/ 씨태-트	سِت/ سِتَّات
(결혼한 여자에 대한 존칭)	madææm (formal)	마댐-	مَدَام
부자, 부자의	ɣani/ ʕaɣniya	가니/ 아그니야	غَنِي/ أَغْنِيَاء
부정적인 (긍정적이지 않는)	salbi	쌀비	سَلْبِي
부족한, 모자라는	naaʕeṣ/ -iin	나-이스/ 나으신-	نَاقِص/ نَاقْصِين
부지런한, 열심히 일하는			
	mugtahed/ -iin	무그타히드/ 무그타히딘-	مُجْتَهِد/ مُجْتَهِدِين
(..로) 부터(from)	men	민	مِن
부피, 크기	ḥagm/ ʕaḥgmææm, ḥuguum	하금/ 아흐갬-	حَجْم/ أَحْجَام، حُجُوم
북쪽	ʃamææl	샤맬-	شَمَال
북쪽의, 북쪽 사람의	ʃamææli/ -yyiin	샤맬-리/ 샤맬리인-	شَمَالِي/ شَمَالِيِّين
분(minute)	diʃiiʃa/ daʕææɣeʕ/ʕiiʕib	디이-아/ 다애-예으	دَقِيقَة/ دَقَايِق
분명한	waaḍeḥ/ -iin	와-디흐/ 와디힌-	وَاضِح/ وَاضْحِين
분수, 분수대	nafuura/ -aat	나푸-라/ 나푸라-트	نَافُورَة/ نَافُورَات
분야(field)	magææl/ -ææt	마갤-/ 마갤래-트	مَجَال/ مَجَالَات
분위기(mood)	gaww	가우	جَوّ
분유	laban bodra	라반 보드라	لَبَن بُودْرَة
	laban mugaffaf	라반 무갓파프	لَبَن مُجَفَّف
분필	ṭabaʃiir (-a/)	따바쉬-르(따바쉬라/)	طَبَاشِير(طَبَاشِيرَة/)
불, 불꽃	naar/ neraan	나-르/ 니란-	نَار/ نِيرَان
불가능한	meʃ momken	미쉬 몸킨	مِش مُمْكِن
	mustaḥiil	무쓰타힐-	مُسْتَحِيل
불법의, 불법적인	ɣeyr qanuuni	게-르 까누-니	غَيْر قَانُونِي
불의(injsutice)	ẓolm	졸름	ظُلْم
불평	ʃakwa/ ʃakææwi	샤크와/ 샤캐-위	شَكْوَى/ شَكَاوِي
불행	suuʕ ʃel-ḥazz	쑤-으 일핫즈	سُوء الْحَظّ

소사전

한국어	발음	한글 표기	아랍어
(큰 불행)	muṣiiba/ maṣaayib	무시-바/ 마사-입-	مُصِيبَة/ مَصَائِب
붙잡고 있는	mæɛsęk/ -iin	매-씩/ 매쓰킨-	مَاسِك/ مَاسِكِين
브레이크	farmala/ faraamęl	파르말라/ 파라-밀	فَرْمَلَة/ فَرَامِل
블라우스	bᵉlooza/ -ææt	블로-자/ 블로-재-트	بلُوزَة/ بلُوزَات
비(rain)	maṭar/ ʕamṭaar	마따르/ 암따-르	مَطَر/ أَمْطَار
비가 오다	maṭṭaręt/ tęmaṭṭar	맛따리트/ 팀맛따르	مَطَّرَت/ تِمَطَّر
비공식의	yęyr rasmi	게-르 라쓰미	غير رَسْمي
비누	ṣabuun (-a/ -aat)	사분- (사부나/ 사부나-트)	صَابُون(صَابُونَة/ صَابُونَات)
비늘(생선)	ʕeʃr	이쉬르	قِشْر
비닐봉지	kiis naylun	키-쓰 나일룬-	كيس نَايلُون
	ʕakyææs naylun	아키예-쓰 나일룬	أَكيَاس نَايلُون
비단	ḥariir	하리-르	حَرِير
비둘기	ḥamææm (-a/)	하맴-(하매마/)	حَمَام(حَمَامَة/)
비듬	ʕeʃr	이쉬르	قِشْر
비료	sęmææd/ ʕasmęda	씨매-드/ 아쓰미다	سِمَاد/ أَسْمِدَة
비만의, 살찐 (사람)	tęxiin/ tuxææn	티킨-/ 투캔-	تِخين/ تُخَان
(동물)	sęmiin/ sumææn	씨민-/ 쑤맨-	سِمين/ سُمَان
비밀	sęrr/ ʕasraar	씨르/ 아쓰라-르	سِرّ/ أَسْرَار
비스킷	baskoot(-a/ -ææt)	바쓰코-트(바쓰코타/ 바쓰코태-트)	بَسْكُوت(بَسْكُوتَة/ بَسْكُوتَات)
비슷한, 닮은, 같은	ʃabah 샤바흐 ; zayy 자이		شَبَه ; زَيّ
비싼	yææli/ -yiin	걀-리/ 걀이인-	غَالِي/ غَالِيين
비웃다	ḍęḥęk/ yęḍḥak ɛala	디힉/ 에드학 (알라)	ضْحِك/ يضْحَك عَلَى
비율	nęsba/ nęsab	니쓰바/ 니쌉	نِسْبَة/ نِسَب
비자(visa)	taʕʃiira/ -ææt	타으쉬-라/ 타으쉬래-트	تَأْشِيرَة/ تَأْشِيرَات
	viiza/ -ææt	비-자/ 비재-트	فِيزَة/ فِيزَات
비즈니스맨	raagul ʕaɛmaal	라-굴 아으맬-	رجل أَعْمَال
비행기	ṭayyaara/ -aat	따야-라/ 따야라-트	طَيَّارَة/ طَيَّارَات
(스튜어드)	muḍiif/ -iin	무디-프/ 무디핀-	مُضِيف/ مُضِيفِين
(스튜어디스)	muḍiifa/ -aat	무디-파/ 무디파-트	مُضِيفَة/ مُضِيفَات

소사전

빈대	baʕʕ(-a/) 바으(바아/) ( ) /22ed ; ʕakalææn 아칼랜-	أَكَالَان

빌려주고 있는 mᵉsallef/ -iin 미쌀리프/ 미쌀리핀- مِسَلِّف/ مِسَلِّفِين

빌려주다 sallef/ yesallef 쌀리프/ 예쌀리프 سَلِّف/ يُسَلِّف

빌리고 있는 mestelef/ -iin 미쓰틸리프/ 미쓰틸리핀- مِسْتِلِف/ مِسْتِلِفِين

빌리다 ʕestalaf/ yestelef (men) 이쓰탈라프/ 예쓰틸리프 (من) إِسْتَلَف/ يِسْتِلِف (من)

빗 meʃt/ meʃaat, ʕamʃaat 미쉬뜨/ 암샤-뜨 مِشْط/ مِشَاط، أَمْشَاط

빗자루 (자루가 긴 빗자루)

    maknasa, muknesa/ makææneʂ 마크나싸/ 마캐-니쓰 مَكْنَسَة/ مَكَانِس

    meʕaʃʃa/ -ææt 미앗샤/ 미앗쉐-트 مِقَشَّة/ مِقَشَّات

빛 nuur/ ʕanwaar 누-르/ 안와-르 نُور/ أَنْوَار

빛나는 minawwar 미나와르 ; saateʕa 싸-떼아 مِنَوَّر ; سَاطِع

빠르게 (adv) bᵉsorεa 비쏘르아 ; ʕawæææm 아왬- بِسُرْعَة ; قَوَام

빠른 sariiε/ suraaε 싸리-아/ 쑤라-아 سَرِيع/ سُرَاع

    (시계가 빠른) meʕaddęma 미앗디마 مُقَدَّمَة

빨강 ʕaḥmar/ ḥamra(f)/ ḥomr 아흐마르/ 하므라 أَحْمَر ، حَمْرَاء، حُمْر

빨래, 세탁물 ɣasiil 가씰- غَسِيل

빨래집게 maʃbak/ maʃæbek ɣasiiɣ 마쉬박/ 마쉐-빅 가씰- مَشْبَك/ مَشَابِك غَسِيل

빨래하다 ɣasal/ yeɣsel 가쌀/ 예그씰 غَسَل/ يِغْسِل

빵 εeeʃ 에-쉬 عِيش

빡빡한 (사람, 교통이 복잡한) zaḥma (invar) 자흐마 زَحْمَة

뺨 xadd/ xuduud 캇드/ 쿠두-드 خَدّ/ خُدود

뼈 εaḍm(-a/ -aat, εęḍaam (maaβa) 아듬(아드마/ 아드마-트) عَظْم(عَظْمَة/ عَظْمَات، عِظَام)

뿌리 gezr 기즈르 جِذْر

(ㅅ)

사, 넷(four) ʕarbaεa 아르바아 أَرْبَعَة

사각형 mᵉrabbaε/ -aat 미랍바아/ 미랍바아-트 مُرَبَّع/ مُرَبَّعَات

사거리 taqaaṭuε/ -aat 타까-뚜아/ 타까뚜아-트 تَقَاطُع/ تَقَاطُعَات

소사전

한국어	발음(로마자)	한글 발음	العربية
사고 (교통사고 등)	ḥadsa/ḥawæædęs	하드싸/하왜-디쓰	حَادِثَة/ حَوَادِث
사과	tuffæǽḥ(-a/)	툿패-흐(툿패-하/)	تُفَّاح (تُفَّاحَة/)
사기꾼	naṣṣaab/ -iin	낫샵-/ 낫사빈-	نَصَّاب/ نَصَّابِين
사다리, 사닥다리	sęllim/ salǽælęm	씰림/ 쌀래-림	سِلِّم/ سَلَالِم
사람, 인간	ʕęnsææn 인쌘- ; baʃar 바샤르		إِنْسَان ; بَشَر
(사람, person)	ʃaxs/ ʃaʃxaas 샥스/ 아쉬카-스		شَخْص/ أَشْخَاص
사람의, 인간의	ʕęnsææni 인쌔-니 ; baʃari 바샤리		إِنْسَانِي ; بَشَرِي
사랑	ḥobb 홉 ; maḥabba 마합바		حُبّ ; مَحَبَّة
사랑하는 사람	ḥabiib/ ḥabææyęb, ʕaʃbææb 하빕-/ 하배-입		حَبِيب/ حَبَايِب، أَحْبَاب
사랑하다	ḥabb/ yęḥębb 합/ 예헵		حَبّ/ يحِبّ
사막	ṣaḥra/ ṣaḥaari 사흐라/ 사하-리		صَحْرَاء/ صَحَارِي
사무실	maktab/ makæætęb 막탑/ 마캐-팁		مَكْتَب/ مَكَاتِب
사분의 일(1/4)	robʕ/ ʕęrbaɛ 롭아/ 이르바아		رُبْع/ أَرْبَع
사슬(chain)	sęlsęla/ salæǽsil 씰실라/ 쌀래-씰		سِلْسِلَة/ سَلَاسِل
사슴	ɣazææl 가잴-		غَزَال
사실(fact)	ḥaʃiiʃa/ ḥaʃæǽyęʕ 하이-아/ 하애-이으		حَقِيقَة/ حَقَائِق
사십, 마흔	ʕarbęɛiin 아르바엔-		أَرْبَعِين
사용하다	ʕęstaxdęm/ yęstaxdęm 이쓰타크딤/ 에쓰타크딤		إِسْتَخْدِم/ يِسْتَخْدِم
	ʕęstaɛmęl/ yęstaɛmęl 이쓰타아밀/ 에쓰타아밀		إِسْتَعْمِل/ يِسْتَعْمِل
사월	ʕabriil 아브릴-		أَبْرِيل
(..의) 사이에 (prep)	bęęn 벤-		بَيْن
	bęęn··· wi··· 벤-,,, 위,,,		بَيْن ... و...
사인(sign)(서명)	ʕęmḍa, ʕęmḍaʕaat 임다/ 임다아-트		إِمْضَاء/ إِمْضَائَات
사자(lion)	ʕasad/ ʕusuud 아싸드/ 우쑤-드		أَسَد/ أُسُود
사장 (경영인)	mudiir/ -iin 무디-르/ 무디린-		مُدِير/ مُدِيرِين
(사장)	ṣaaḥęb ʃęrka 사-힙 쉬르카		صَاحِب شِرْكَة
사적인(공적인 아닌)	xaaṣṣ/ -iin 캇-스/ 캇씬-		خَاصّ/ خَاصِّين
사전(dictionary)	qamuus/qawamiis 까무-쓰/까와미-쓰		قَامُوس/ قَوَامِيس
사진	ṣuura/ ṣowar 수-라/ 소와르		صُورَة/ صُوَر

소사전

사진을 찍다 ṣawwar/ yeṣawwar 사와르/ 예사와르 صَوَّر/ يصَوِّر

사촌 (남자 친사촌) ɛebn ɛamm-u(-ak, -i) 에븐 암무(암막, 암미) إبن عَمُّه(عَمَّك، عَمِّي)

사탄 ʃeʃ-ʃiṭaan 잇쉬탄- الشِيطَان

사탕 bumbooni (bumboona, bumbunææya/) 붐보-니 (붐부내-야/) بُنْبُونِي(بُنْبُونَة، بُنْبُونَايَة/)

(막대사탕) maṣṣaaṣa/ -aat 맛사-사/ 맛사사-트 مَصَّاصَة/ مَصَّاصَات

사탕수수 ɛaṣab 아삽 قَصَب

사회(society) mugtamaɛ/ -ææt 묵타마아/ 묵타마애-트 مُجْتَمَع/ مُجْتَمَعَات

사회적인

  ɛęgtęmææɛi/ -yyiin 익티매-아이/ 익티매아이인- إجْتِمَاعِي/ إجْتِمَاعِيِّين

산(mountain) gabal/ gębææl 가발/ 기밸- جَبَل/ جِبَال

산뜻한, 멋진(용모, 옷 등) ʃiik 쉭- شِيك

산부인과 의사

  doktoor ɛamraaḍ nęsa 독토-르 아므라-드 니싸 دُكْتُور أَمْرَاض نِسَاء

산소(oxygen) ɛuksijiin 옥씨진- أُكْسِيجِين

산수(arithmetic) ḩęṣææb 헤쌥- حِسَاب

산책하다 ɛętmaʃʃa/ yętmaʃʃa 이트맛샤/ 예트맛샤 إتْمَشَّى/ يتْمَشَّى

산타클로스 baba nuwęęl 바바 누월- بَابَا نُويل

살고 있는, 거주하고 있는 sææken/-iin 쌔-킨/쌔크닌- سَاكِن/ سَاكِنِين

살구 męʃmęʃ 미쉬미쉬 مِشْمِش

살다(to dwell) sęken/ yoskun 씨킨/ 요쓰쿤 سِكِن/ يُسْكُن

살아있는, 살고있는, 생존하는

  ɛææyeʃ/ -iin 애-이쉬/ 애이쉰- عَايِش/ عَايْشِين

살인하다, 죽이다 ɛatal/ yęɛtel 아탈/ 예으틸 قَتَل/ يِقْتِل

삼, 셋 talææta 탈라-타 ثَلاَثَة talat (복수명사 앞) 탈라트 ثَلْث

삼각형, 삼각자 musallas/ -ææt 무쌀라쓰/ 무쌀라쌔-트 مُثَلَّث/ مُثَلَّثَات

삼분의 일(1/3) tęlt/ ɛatlææet 틸트/ 아틀래-트 تُلْث/ أَتْلاَث

삼십, 서른 talatiin 탈라틴- ثَلاَثِين

삼월 mææręs 매-리쓰 مَارِس

소사전

삼촌 ɛamm/ ɛɛmmææm 암/ 에맴- عَمّ/ عَمَام

   (외삼촌) xæææl/ xilææn 캘-/ 킬랜- خَال/ خِلَان

상(statue) tɛmsææl/ tamasiil 템쌜-/ 타마씰- تِمْثَال/ تَمَاثِيل

상, 상품 gayza/ gawææyɛz 가이자/ 가왜-이즈 جَائِزَة/ جَوَائِز

상상(imagination) xayææl/ -ææt 카옐-/ 카옐래-트 خَيَال/ خَيَالَات

상세하게 *(adv)* bɛt-tafṣiil 빗타프씰- بِالتَّفْصِيل

상세한 내용(details) tafaṣiil 타파씰- تَفَاصِيل

상식 maɛlumææt ɛamma 마알루매-트 암마 مَعْلُومَات عَامَّة

상업 tⁱgaara 티가-라 تِجَارَة

상업의, 상업적인

    tugææri, tⁱgææri/ -yyiin 투개-리/ 투개리인- تُجَارِي/ تُجَارِبِين

상인 (판매상인, seller)

    bayyææɛ, bææyɛɛ/ -iin 배예-아/ 배예아인- بَيَّاع، بَائِع/ بَيَّاعِين، بَائِعِين

상자 ɛɛlba/ ɛɛlab 엘바/ 엘랍 عِلْبَة/ عِلَب

상처 taɛwiira 타아위-라 تَعْوِيرَة

   (상처, 고통) garḥ/ guruuḥ 가르흐/ 구루-흐 جَرْح/ جُرُوح

상처를 입다 ɛtɛawwar/ yⁱtɛawwar 이트아와르/ 에트아와르 اِتْعَوَّر/ يِتْعَوَّر

상추 xaṣṣ(-a/-aaya, -aat) 캇스(캇사/ 캇사-트) خَصّ(خَصَّة/ خَصَّايَة، خَصَّات)

상태 (상태, 특정 상황) ḥææla/ -ææt 핼-라/ 핼래-트 حَالَة/ حَالَات

상표(brand) marka/ markaat 마르카/ 마르카-트 مَارْكَة/ مَارْكَات

상품 (상업 상품) bɛḍaaɛa/ baḍaayɛɛ 비다-아/ 바다-예아 بِضَاعَة/ بَضَائِع

   (전자제품) gɛhææz/ ʔaghɛza 게해-즈/ 아그히자 جِهَاز/ أَجْهِزَة

상한 (음식, 물건) baayɛz/ -iin 바-이즈/ 바이진- بَايِظ/ بَايِظِين

상황, 사정 zarf/ zuruuf 자르프/ 주루-프 ظَرْف/ ظُرُوف

새(bird) ṭeer (-a/) 띠-르 (띠라/) طِير(طِيرَة/)

새로운 gɛdiid/ gudææd 기디-드/ 구대-트 جِدِيد/ جُدَاد

새벽 fagr 파그르 فَجْر

새우 gambari 감바리 جَمْبَرَى

색깔 loon/ ʔalwææn 룬-/ 알왠- لُون/ أَلْوَان

색깔을 넣은, 색깔을 칠한, 색깔이 있는

소사전

	mᵉlawwęn/ -iin	밀라원/ 밀라윈닌-	ملوَّن/ ملوَّنين
	bęl-ʕalwææn	빌알왠-	بالألوان
샐러드	salaṭa/ -aat	쌀라따/ 쌀라따-뜨	سَلَطَة/ سَلَطَات
샘, 샘물	ɛęęn/ ɛuyúun mayya	에인-/ 우윤- 마야	عين / عُيُون مَيَّة
(우물)	biir/ ʕabaar	비-르/ 아바-르	بير / آبار
생각(idea)	fękra/ ʕafkaar	페크라/ 아프카-르	فِكْرَة/ أَفْكَار
생각하다	fakkar/ yęfakkar (fi)	팍카르/ 에팍카르 (피)	فَكَّر/ يِفَكَّر (في)
생강	ganzabiil or zangabiil	간자빌-	جَنْزَبِيل
생것의, 날것의	nayy/ -iin	나이/ 나이인-	نَيّ/ نَيِّين
생김새	ʃakl/ ʕaʃkææl	샤클/ 아쉬캘-	شَكْل/ أَشْكَال
생명	ḥayææh	하얘-	حَيَاة
생선	samak(-a/)	싸막(싸막카/)	سَمَك (سَمَكَة/)
생일	ɛiid męlææd	에이드 밀래-드	عيد مِيلاد
생일 잔치	ḥaflęt ɛiid męlææd	하플리트 에이드 밀래-드	حَفْلَة عِيد مِيلاد
샤워, 샤워기	doʃʃ/ ʕadʃææʃ	도쉬/ 아드쉐-쉬	دُشّ/ أَدْشَاش
샤워하다	xad/ yææxod doʃʃ	카드/ 예코드 도쉬	خَد/ يَاخُد دُشّ
서다, 일어서다	węʕęf/ yoʕaf	웨이프/ 요아프	وِقِف/ يِقَف
서두르는, 긴급한			
	męstaɛgęl/ -iin	미쓰타아길/ 미쓰타아길린-	مِسْتَعْجِل/ مِسْتَعْجِلين
서랍	dorg/ ʕadraag, dᵉraag	도르그/ 아드라그-	دُرْج/ أَدْرَاج، دِرَاج
서로 서로	maɛa baɛḍ	마아 바아드	مَع بَعْض
서비스 센터	markaz xędma	마르카즈 키드마	مَركَز خِدْمَة
서양인, 서양 외국인, 유럽 사람			
	xawææga(m) 카와-가 ; xawagææya(f) 카와개-야		خَوَاجَاية ؛ خَوَاجَة
	xawagææt(pl)	카와개-트	خَوَاجَات
서점	maktaba/ -ææt	막타바/ 막타배-트	مَكْتَبَة/ مَكْتَبَات
서쪽	ɣarb	가릅	غَرْب
서쪽의, 서방의, 서쪽 사람의			
	ɣarbi/ -yyiin	가르비/가르비이인-	غَرْبِي/ غَرْبِيِّين
석류	rummaan (-a/)	룸만-(룸마나/)	رُمَّان (رُمَّانَة/)

소사전

한국어	발음	한글 발음	아랍어
석유, 오일(oil)	beṭrool	베트롤-	بِتْرُول
섞다(to mix)	xalaṭ/ yexleṭ	칼라뜨/ 에클리뜨	خَلَط/ يخْلِط
섞인	maxluuṭ/ -iin	마클루-뜨/ 마클루띤-	مَخْلُوط/ مَخْلُوطين
선(goodness)	xęęr	케-르	خير
선(line)	xaṭṭ/ xuṭuuṭ	캇뜨/ 쿳뚜-뜨	خَط/ خُطوط
선거	ʕentexǽæb/ -ǽæt	인티캡-/ 인티캐배-트	إنْتِخاب/ إنْتِخابات
선글라스(sunglasses)	naḍḍaareṭ ʃams	낫다-리트 샴쓰	نَظّارَة شَمْس
선물	heḍęyya/ hadǽæya	헤디야/ 하대-야	هِدِيَّة/ هَدايا
선반, 책장 등의 칸	raff/ rufuuf	라프/ 루푸-프	رَفّ/ رُفُوف
선생님	mudarres/ -iin	무다리쓰/ 무다리씬-	مُدَرِّس/ مُدَرِّسين
선인장	ṣabbaar	삽바-르	صَبّار
선전, 홍보	daʕǽæya	다애-야	دَعَايَة
선택하다	ʕextaar/ yextaar	이크타-르/ 에크타-르	إخْتار/ يخْتار
선풍기	marwaḥa/ maraaweḥ	마르와하/ 마라-위흐	مَرْوَحَة/ مَرَاوِح
선호하다	faḍḍal/ yefaḍḍal	팟달/ 예팟달	فَضَّل/ يفَضَّل
설명	ʃarḥ/ ʃuruuḥ	샤르흐/ 슈루-흐	شَرْح/ شُرُوح
설명하다	ʃaraḥ/ yeʃraḥ	샤라흐/ 예쉬라흐	شَرَح/ يشْرَح
설사	ʕeshǽæl	이쓰핼-	إسْهَال
설탕	sokkar	쏙카르	سُكَّر
섬	geziira/ gozor, gazǽæyer	게지-라/ 가재-이르	جَزِيرَة/ جُزُر، جَزَائِر
섭섭한	zaɛlǽæn/ -iin (min)	자알랜-/ 자알래닌-(민)	زَعْلان (مِن)
	meʃ mabsuuṭ	미쉬 맙쑤-뜨	مِش مَبْسُوط
성(sex)	gens(no pl)	긴쓰	جِنس
성격	ʃaxṣęyya/-aat	샥세야/ 샥세야-트	شَخْصِيَّة/ شَخْصِيَّات
성경	ʕik-kitǽæb el-muqaddas	익키탭- 일무깟다쓰	الكِتَاب المُقَدَّس
성공	nagǽæḥ	나개-흐	نَجَاح
성냥	kabriit	카브리-트	كَبْرِيت
성능	ʕemkanęyya/ -ǽæt	임카니야/ 임카니예-트	إمْكانِيَّة/ إمْكانِيَّات
성실한	moxleṣ/ -iin	모클리스/ 모클리씬-	مُخْلِص/ مُخْلِصين
(정직한)	ʕamiin/ʕamiina/ʕomana	아민-/아미-나/오마나	أَمِين/أَمِينَة/أُمَنَاء

소사전

성인 (어른)	kębiir/ kubaar	키비-르/ 쿠바-르	كِبِير/ كُبَار
(성적으로 성숙한 성인)			
	bæælęy/ -iin	밸-리그/ 밸-리긴-	بَالِغ/بَالغِين
성적 (과목성적)	daraga/ -aat	다라가/ 다라가-트	دَرَجَة/ دَرَجَات
(시험결과)	natiiga/ natææyęg	나티-가/ 나태-이그	نَتِيجَة/ نَتَائِج
성전(holy war) *(Isl)*	jęhææd	지해-드	جِهَاد
성지순례 (이슬람교의 5대 의무 중의 하나)*(Isl)*	fjęgg	헥	حَجّ
성지순례를 마친 사람*(Isl)*	fjagg/ fjuggææg	학/ 혹개-그	حَجّ/ حُجَّاج
성탄절 (1월 7일)	ɛiid ęl-męlææd	에이드 일밀래-드	عِيد الْمِيلَاد
(크리스마스)	ʕęk-kręsmas	익크리쓰마쓰	الكِرِيسْمَاس
세계	ʕęl-ɛæælam	일앨-람	الْعَالَم
세계적인	ɛæælami	앨-라미	عَالَمِي
세관(customs)	gomrok/ gamææręk	고므록/ 가매-릭	جُمْرُك/ جَمَارِك
세금	ḍariiba/ ḍaraayib	다리-바/ 다라-입	ضَرِيبَة/ ضَرَائِب
세기(century)	qarn/ quruun	까른/ 꾸룬-	قَرْن/ قُرُون
세다 (수를 세다)	ɛadd/ yęɛędd	앗드/ 예엣드	عَدّ/ يعُدّ
세번째, 세번째의	tæælęt/ talta(f)	탤-리트/ 탈타(f)	ثَالِث/ ثَالِثَة
세상, 이 세상	ʕęd-dęnya, ʕęd-donya	잇도니야	الدُّنيا
세면대	ḥood/ ʕaḥwaaḍ	오-드/ 아흐와-드	حُوض/ أَحْوَاض
세탁기	yassææla/ -ææt	갓쌜-라/ 갓쌜래-트	غَسَّالَة/ غَسَّالَات
세트(set)	ṭaʕm/ mʕaṭʕom	따음/ 아뜨옴	طَقْم/ أَطْقُم
센터(center)	markaz/ maræækęz	마르카즈/ 마래-키즈	مَرْكَز/ مَرَاكِز
셔츠	ʕamiiṣ/ ʕumṣaan	아미-스/ 옴산-	قَمِيص/ قُمْصَان
소	baʕar(-a/ -aat)	바아르(바아라/ 바아라-트)	بَقَر(بَقَرَة/بَقَرَات)
(..를 ..에게) **소개하다**	ɛarraf/ yęɛarraf ɛala(or bę)		
	아랍프/ 에아랍프 알라 (or 비)		عَرَّف/ يعَرِّف عَلَى (أَوْ بِ)
소금	malḥ	말흐	مَلْح
소년	walad/ wᵉlææd, ʕawlææd	왈라드/ 아울래-드	وَلَد/ وِلَاد، أَوْلَاد
소란, 소음	dawʃa	다우샤	دَوْشَة
소리	ṣoot/ ʕaṣwaat	수-트/ 아스와-트	صُوت/ أَصْوَات

소사전

소망	ʕamal/ ʕamæːl	아말/ 아맬-	أَمَل/ أَمَال
소매	komm/ ʕakmæːm, kᵘmæːm	콤/ 아크맘-	كُمّ/ أَكْمَام، كِمَام
소문	ʔeʃæːʕa/ -æːt	이쉐-아/ 이쉐애-트	إِشَاعَة/ إِشَاعَات
소방관	ɛaskari maʈaafi	아쓰카리 마따-피	عَسْكَرِي مَطَافِي
소방서	maʈaafi (pl)	마따-피	مَطَافِي
소변	bool	볼-	بُول
소비	ʕestehlæːk	이쓰티흘랙-	إِسْتَهْلَاك
소설	reweæya/ -æːt	리웨-야/ 리웨에-트	رِوَايَة/ رِوَايَات
소송	ʕaqeyya/ ʕaqaaya, ʕawaadi	아디야/ 아와-디	قَضِيَّة/ قَضَايَا، قَوَاضِي
소수(minority)	ʕaqallęyya/ -æːt	아깔레야/ 아깔레에-트	أَقَلِّيَّة/ أَقَلِّيَات
소스(sauce)	ʂooʂ	소-스	صُوص
소시지	sosiis	쏘씨-쓰	سُوسِيس
소식, 뉴스	ʕaxbaar	아크바-르	أَخْبَار
소아과 의사	doktoor ʕaʈfaal	독토-르 아뜨팔-	دُكْتُور أَطْفَال
소켓 (전구를 꼽는 소켓)	dawæːya/ -æːt	다왜-야/ 다왜에-트	دَوَايَة/ دَوَايَات
(벽의 플러그 콘센트)	bariiza/ baræːyez	바리-자/ 바래-이즈	بَرِيزَة/ بَرَايِز
소파	kanaba/ kanab, -æːt	카나바/ 카나배-트	كَنَبَة/ كَنَب، كَنَبَات
(소파와 의자들을 합친 세트)	ʕanterɛːh/ -æːt	안테레-/ 안테리해-트	أَنْتَرِيه/ أَنْتَرِيهَات
소포	ʈard/ ʈuruud	따르드/ 뚜루-드	طَرْد/ طُرُود
소풍	reħla/ -æːt	리흘라/ 리흘래-트	رِحْلَة/ رِحْلَات
(구경)	fosħa/ fosaħ	포쓰하/ 포싸흐	فَسْحَة/ فَسَح
소화(digestion)	haqm	하듬	هَضْم
소화기	ʈaffaaya/ ʈaffayaat	땁파-야/ 땁파야-트	طَفَّايَة/ طَفَّايَات
속담	masal/ ʕamsæːl	마쌀/ 암쌜-	مَثَل/ أَمْثَال
속도	sorɛa/ -aat	쏘르아/ 쏘르아-트	سُرْعَة/ سُرْعَات
속옷	kulutt/ -æːt	쿨룻트/ 쿨룻태-트	كُلُوت/ كُلُوتَات
	malæːbes or huduum daxęlęyya	말래-비쓰 다킬리야	
			مَلَابِس أَوْ هُدُوم دَخِلِيَّة

소사전

속이다 dẹḩẹk/ yẹḍḩak ɛala 디힉/ 에드학 알라 ضحِكَ/ يضحَك على

손 ʕiid(f)/ -ẹen(dual)/ ʕayææḍi 이-드/ 이덴-(dual)/ 아예-디 إيد/ إيدين/ أيادي

손가락 ṣubaaɛ,ṣaabẹɛ/ṣawaabẹɛ 수바-아/사와-비아 صُباع، صابِع/ صَوابِع

손님, 방문객 ḍẹẹf/ ḍẹyuuf 데-프/ 디유-프 ضيف/ ضيُوف

손상된 (물건, 음식) baayẹz/ -iin 바-이즈/ 바이진- بايِظ/ بايظين

손수건 mandiil/ manadiil 만딜-/ 마나딜- مَنديل/ مَناديل

손자, 손녀 ḩafiid/(sing) -a/ ʕaḩfææd 하피-드/아흐패-드 حَفيد/ أحفاد

손잡이(밀대 따위의) ʕiid(f), yadd(f)/ ʕayææḍi 이-드/ 아예-디 إيد/ أيادي

(문 따위의 돌릴 수 있는) ʕokra/ ʕokar 오크라/ 오카르 أُكرة/ أُكَر

손전등 battarẹyya/ -aat 밧따레야/ 밧따레야-트 بَطّاريّة/ بَطّاريّات

   kaʃʃææf/ -ææt 캇쉐-프/캇쉐패-트 كَشّاف/ كَشّافات

손톱, 발톱 ḍofr/ ḍawaafẹr 도프르/ 다와-피르 ضُفر/ ضَوافِر

솔(brush) forʃa/ foraʃ 포르샤/ 포라쉬 فُرشة/ فُرَش

솔직하게 bẹ-ṣaraaḩa 비사라-하 بِصَراحة

솜, 면화(cotton) ʕotn(-a/) 오뜬(오뜨나/) قُطن(قُطنة/)

솜씨좋은, 손재주가 좋은, 영리한

   ʃaatẹr/ -iin, ʃuttaar 샤-띠르/ 샤-뜨린- شاطِر/ شاطِرين/ شُطّار

솥 ḩalla/ ḩẹlal 할라/ 힐랄 حَلّة/ حِلَل

쇠고기 (큰 소의 쇠고기) laḩma kanduuz 라흐마 칸도-즈 لَحمة كَندُوز

   (송아지의 쇠고기) laḩma-bitillu 라흐마 비틸로 لَحمة بِتِلّو

수건 fuuṭa/ fowaṭ 푸-따/ 포와뜨 فُوطة/ فُوَط

수고 (노력) maghuud/ -ææt 마그후-드/ 마그후대-트 مَجهُود/ مَجهُودات

수단(means) wasiila/ wasææyẹl 와씰-라/와쌔-일 وَسيلة/ وَسائل

수도(capital) ɛaaṣẹma/ ɛawaaṣẹm 아-시마/ 아와-심 عاصِمة/ عَواصِم

수도꼭지, 수도 ḩanafẹyya/ -ææt 하나페야/하나페에-트 حَنَفيّة/ حَنَفيّات

수도원 dẹẹr/ ʕadyora 데-르 /아디요라 دير/ أديرة

수돗물 mayyẹt ḩanafẹyya 마엣트 하나페야 مَيّة حَنَفيّة

수량(quantity) kẹmmẹyya/ -yyææt 킴메야/ 킴메에-트 كَمّيّة/ كَمّيّات

수령하다 ʕẹstalam/ yẹstẹlẹm 이쓰탈람/ 에쓰틸림 إستَلَم/ يستَلِم

소사전

한국어	발음(라틴)	한글 발음	아랍어
수리공 (자동차)	mikaniiki/ -yya	미카니-키/ 미카니-케야	ميكَانِيكِي/ ميكَانِيكِيَّة
수면제	munawwęm	무나웜	مُنَوِّم
수명	ɛomr/ ʕaɛmaar	오므르/ 아으마-르	عُمْر/ أَعْمَار
수박	baṭṭiix (-a/)	밧띠-크(밧띠-카/)	بَطِّيخ(بَطِّيخَة/)
수수료, 입장료 등의 금액이 적은			
(복수를 많이 사용)	rasm/ rusuum	라쓤/ 루쑴-	رَسْم/ رُسُوم
수술	ɛamalęyya/ -æːt	아말레야/ 아말리에-트	عَمَلِيَّة/ عَمَلِيَّات
수업, 수업시간, 교시	ḥęṣṣa/ ḥęṣaṣ	힛사/ 히사스	حِصَّة/ حِصَص
수염 (턱수염)	daʕn/ duʕuun	다은/ 두운-	ذَقْن/ ذُقُون
(콧수염)	ʃanab/ -æːt, ʃęnęba	샤납/ 샤나배-트	شَنَب/ شَنَبَات، شِنَبَة
수영복	mayooh/ -hæːt	매요/ 매요해-트	مَايُوه/ مَايُوهَات
수영장	ḥammæmæm/ -æːt sębæɛfa	함맴-/ 함마매-트 씨배-하	حَمَّام/ حَمَّامَات سِبَاحَة
	pęsiin or bęsiin	비씬-	بِسين
수영하다	ɛæmæm/ yęɛuum	앰-/ 예웅-	عَام/ يعُوم
수요일	yoom l-arbaɛ	욤- 일아르바아	يُوم الأَرْبَعَاء
수입, 소득	daxl/ duxuul	다클/ 두쿨-	دَخْل/ دُخُول
	ʕiraad/ -aat	이라-드/ 이라-다트	إِيرَاد/ إِيرَادَات
수입	ʕęstiraad	이쓰티라-드	إِسْتِرَاد
수입된, 수입된 물건의			
	mustawrad/ -iin	무쓰타우라드/ 무쓰타우라딘-	مُسْتَوْرَد/ مُسْتَوْرَدِين
	męn barra	민 바라	مِن بَرًّا
수준(level)	mustawa/ -æːt	무쓰타와/ 무쓰타와에-트	مُسْتَوًى/ مُسْتَوَيَات
수첩	mufakkęra/ -æːt	무팍키라/ 무팍키래-트	مُفَكِّرَة/ مُفَكِّرَات
수출	taṣdiir	타스디-르	تَصْدِير
수표	ʃiik, ʃęęk/ -æːt	쉭-/ 쉬캐-트	شِيك/ شِيكَات
수풀, 숲, 정글	ɣæːba/ -æːt	개-바/ 개배-트	غَابَة/ غَابَات
수학	ręyæːɖa	리에-다	رِيَاضَة
숙박하다	bæːt/ yębæːt	배-트/ 예배-트	بَات/ يبَات
	bayyęt/ yębayyęt	배엣트/ 예배엣트	بَيَّت/ يبَيِّت

소사전

숙제, 의무	wæɛgǝb/ -æɛt	왜-깁/ 왜기배-트	وَاجِب/ وَاجِبَات
순간(second)	laḥẓa/ -aat	라흐자/ 라흐자-트	لَحْظَة/ لَحَظَات
	saanya	싼-야	ثَانِيَة
숟가락	maɛlaʕa/ maɛæɛælɛʕ	마알라아/ 마앨-리으	مَعْلَقَة/ مَعَالِق
술(마시는 알코올)	xamra/ xumuur	캄라/ 쿠무-르	خَمْرَة/ خُمُور
술취한	sakraan/ -iin, sakaara	싹크란/-싹크라닌-	سَكْرَان/ سَكْرَانِين، سَكَارَى
숫자	ɛadad/ ʕaɛdæɛd	아다드/ 아아대-드	عَدَد/ أَعْدَاد
	nęmra/ nęmar	니므라/ 니마르	نِمْرَة/ نِمَر
	raqam/ ʕarqaam	라깜/ 아르깜-	رَقَم/ أَرْقَام
숭어	buuri	부-리	بُورِي
(민물 숭어)	bolṭi	볼띠	بُلْطِي

숯, 석탄(coal)

	faḥm (faḥmæɛya/ faḥma)	파흠 (파흐매-야/ 파흐마)	فَحْم(فَحْمَايَة/ فَحْمَة)
쉬운	sahl/ -iin	싸흘/ 싸흘린-	سَهْل/ سَهْلِين
쉽게	bę-suhuula	비쑤훌-라	بِسُهُولَة
스웨터	bºloovar/ -aat	빌로-바르/ 빌로브라-트	بِلُوفَر/ بِلُوفَرَات

스위치(벽의 전원 스위치)

| | kobs/ ʕękbæɛs | 콥쓰/ 이크배-쓰 | كُبْس/ أَكْبَاس |
| | muftæɛḥ/ mafatiiḥ nuur | 무프태-흐/마파티-흐 누-르 | مُفْتَاح/ مَفَاتِيح نُور |

(전열기에 붙은 전원 스위치)

| | zuraar/ zaraayęr | 주라-르/ 자라-이르 | زُرَار/ زَرَائِر |

스크린 (T.V. 혹은 컴퓨터 화면)

	ʃæɛʃa/ -æɛt	쉐-샤/ 쉐쉐-트	شَاشَة/ شَاشَات
스타(영화)	nagm/ nagma(f)/ nuguum	나금/누굼-	نَجْم/ نَجْمَة/ نُجُوم
스타디움	ʕęstæɛd	이쓰태-드	إِسْتَاد
스타일	ʕusluub/ ʕasaliib	오쓸룹-/ 아쌀립-	أُسْلُوب/ أَسَالِيب
스타킹	kuloon 쿸론- ; ʃaraab/-aat 샤랍-/ 샤라바-트		كُلُون ;شَرَاب/ شَرَابَات
스탠드(탁상등)	ʕabajoora/ -aat	아바조-라/ 아바조라-트	أَبَاجُورَة/ أَبَجُورَات
스트레스(정신적 압력)	ḍuyuut	두구-트	ضُغُوط
스파케티	ʕęsbakętti	이쓰바킷티	إِسْبَاكِتِّى

	makaroona-sbakętti	마카로-나 쓰바킷티	مَكَرُونَة إِسْبَاكِتِّى
스포츠	ręyaaḍa	리야-다	رِياضَة
스포츠맨	ręyaaḍi/ -yyiin	리야-디/ 리야디인-	رِياضِيّ/ رِياضِيِّين
스피커(라디오, 컴퓨터 등)			
	sammææa/ -ææt	쌈매-아/ 쌈매애-트	سَمَّاعَة/ سَمَّاعَات
스핑크스	ʕabu l-hool	아불 훌-	أَبُو الْهُول
슬리퍼	ʃebʃeb/ ʃabææʃeb	쉽쉽/ 샤배-쉽	شِبْشِب/ شَبَاشِب
슬픈	ḥaziin/ ḥazææna	하진-/ 하재-나	حَزِين/ حَزَانَى
	zaʕlææn/ -iin (men)	자알랜-/ 자알래닌- (민)	زَعْلَان/ زَعْلَانِين (مِن)
슬픔	ḥozn/ ʔaḥzææn	오즌/ 아흐잰-	حُزْن/ أَحْزَان
습관	ʕææda/ ʕadææt	애-다/ 아대-트	عَادَة/ عَادَات
습기(humidity)	ruṭuuba	루투-바	رُطُوبَة
승강기, 엘리베이터			
	ʕasansęęr/ -aat	아싼쎄-르/ 아싼쎄라-트	أَسَانْسِير/ أَسَانْسِيرَات
승리	naṣr 나스르 ; noṣra 노스라		نُصْرَة
	ʕentęṣaar/ -aat	인티사-르/ 인티사라-트	إِنْتِصَار/ إِنْتِصَارَات
시(poet)	ʃeʕr/ aʃʕaar	쉬아르/ 아쉬아-르	شِعْر/ أَشْعَار
시간(hour)	sææʕa/ -ææt	쌔-아/ 쌔애-트	سَاعَة/ سَاعَات
시간표	mawaʕiid	마와이-드	مَوَاعِيد
	gadwal ęl-mawaʕiid	가드왈 마와이-드	جَدْوَل الْمَوَاعِيد
시계	sææʕa/ -ææt	쌔-아/ 쌔애-트	سَاعَة/ سَاعَات
(알람시계, 자명종)	męnabbęḥ/ -ææt	미납베-/ 미납배-트	مِنَبِّه/ مِنَبِّهَات
시골	riif/ ʕaryææf	리-프/ 아리에-프	رِيف/ أَرْيَاف
(시골의 부락)	qarya/ qora	까리야/ 꼬라	قَرْيَة/ قُرَى
시금치	sabæænix	싸배-니크	سَبَانِخ
시나이 반도	siina	씨-나	سِينَاء
시내 중심가	węst ęl-balad	워쓰뜨 일 발라드	وِسْط الْبَلَد
시대(age)	ʕaṣr/ ʕuṣuur	아스르/ 우수-르	عَصْر/ عُصُور
	zaman/ ʕazmææn	자만/ 아즈맨-	زَمَن/ أَزْمَان
시민(citizen)	muwaaṭęn/ -iin	무와-띤/ 무와띤-	مُوَاطِن/ مُوَاطِنِين

소사전

시샘(시샘하는 눈과 관련) (Isl) ʃasad 하싸드	حَسَد
시스템 nezaam/ ʕanzęma 니잠-/ 안지마	نِظَام/ أَنْظِمَة

시원한 (음료수 등이 시원한, 날씨가 차가운)

sææzæʕ/saʕa/saʕæææn 쌔-이아/싸으아/싸으앤-	سَاقِع/ سَاقِعَة/ سَاقِعَان
시월(10월) ʃuktoobar 옥토-바르	أُكْتُوبَر
시위, 데모 muzaɦra/ -aat 무자흐라/ 무자흐라-트	مُظَاهَرَة/ مُظَاهَرَات
시인 ʃææʕer/ ʃoʕaara 쉐-이르/ 쇼아라	شَاعِر/ شُعَرَاء
시작하다 ębtada/ yębtędi 입타다/ 옙티디	اِبْتَدَى/ يِبْتَدِي
bada?/ yębda? 바다으/ 옙다으	بَدَأ/ يِبْدَأ
시장(market) suuʕ/ aswææʕ 쑤-으/ 아쓰왜-으	سُوق/ أَسْوَاق
시즌, 한물 muusim/ mawææsim 무-씸/ 마왜-씸	مُوسِم/ مَوَاسِم
시청하다 farrag/ yęfarrag ɛala 파라그/ 예파라그	فَرَّج/ يِفَرَّج عَلَى
시체 gossa/ gosas 곳싸/ 고싸쓰	جُثَّة/ جُثَث

시트(침대에 사용하는)

męlææya/ -æææt 밀래-야/ 밀래에-트	مِلاءَة/ مِلاءَات
시험(eg 학교) ʕemtęɦææn/-æææt 임티핸-/임티해내-트	اِمْتِحَان/ اِمْتِحَانَات
(테스트) ʕextibaar/-aat 이크티바-르/이크티바라-트	اِخْتِبَار/ اِخْتِبَارَات
식당 maṭɛam/ maṭaaɛęm 마뜨암/ 마따-엠	مَطْعَم/ مَطَاعِم
식당방(dining room) ʕooḍęt sofra 오-디트 쏘프라	أُوضَة سُفْرَة

식물 (식물 총칭)

nabæææt(-a/ -æææt) 나배-트 (나배타/ 나배태-트)	نَبَات(نَبَاتَة/ نَبَاتَات)
식사(한끼 식사) wagba/ -æææt 와그바/ 와그배-트	وَجْبَة/ وَجْبَات
식용유 zęęt/ zuyuut 지-트/ 주유-트	زِيت/ زُيُوت
식초 xall 칼	خَلّ
식품점 bęʕææla/ -æææt 베앨라/ 베앨래-트	بِقَالَة/ بِقَالَات
식탁 sofra/ sofar 쏘프라/ 쏘파르	سُفْرَة/ سُفَر
신(god) ʕęlææh/ ʕæælęha 일래-/ 앨-리하	إِلَه/ آلِهَه

(하나님) → 하나님

| (맛이) 신, 시큼한 męzęz 미지즈 ; ɦæædęʕ 해-디으 | حَادِق مزز |
| 신경(nerve) ɛaṣab/ ʕaɛṣaab 아삽/ 아아삽- | عَصَب/ أَعْصَاب |

소사전

신랑	ɛariis/ ɛərsææn	아리-쓰/ 에르쌘-	عَرِيس/ عِرْسَان
신뢰(trust)	sǝqa	씨까	ثِقَة
신뢰하고 있는	waasǝq/ -iin fi	와-씩 피	وَاثِق/ وَاثِقِين في
신문	gurnaal/garaniil	구르날-/ 가라닐-	جُرْنَال/ جَرَانِيل
	gariida/ garaayɛd	가리-다/ 가라-이드	جَرِيدَة/ جَرَائِد
신부(bride)	ɛaruusa/ ɛaraayɛs	아루-싸/ 아라-이쓰	عَرُوسَة/ عَرَائِس
신사복, 남성정장	badla/ bɛdal	바들라/ 베달	بَدْلَة/ بِدَل
신선한(음식, 소식이 신선한)	ṭaaza (invar)	따-자	طَازَة

신장, 콩팥(kedney)

	kɛlya/ kɛla, ʕɛk-kɛlyɛṭɛɛn	킬리야/ 킬라	كِلْيَة/ كِلَى، الكِلِيتِين
(음식으로서의 콩팥 pl)	kɛlwææt or kalææwi	칼래-위	كلوات، كلاوي
신호	ʕɛʃaara/ -aat	이샤-라/ 이샤라-트	إِشَارَة/ إِشَارَات
실(thread)	xɛeṭ/ xuyuuṭ, xɛṭaan	케-뜨/ 쿠유-뜨	خِيط/ خُيُوط، خِيطَان
실수	ɣalṭa/ -aat	갈따/ 갈따-트	غَلْطَة/ غَلْطَات
	xaṭa/ ʔaxṭaaʔ	카따으/ 아크따-으	خَطَأ/ أَخْطَاء
실습	tamriin/-ææt, tamariin	타므린-/타므리내-트	تَمْرِين/ تَمْرِينَات، تَمَارِين
실업, 실직	baṭaala	바딸-라	بَطَالَة
실용적인	ɛamali/ -yyiin	아말리/ 아말린-	عَمَلِيّ/ عَمَلِيِّين
실제로	fɛɛlan	페알란	فِعْلاً
실직한, 일이 없는	ɛaaṭɛl/ -iin	아-띨/ 아띨린-	عَاطِل/ عَاطِلِين
	mɛʃ biyɛʃtayal	미쉬 비에쉬타갈	مِش بِيشْتَغِل
	ma-ɛand-uu-ʃ ʃoyl	마안두-쉬 쇼골	مَعَنْدُوش شُغْل
실패	faʃal	파샬	فَشَل

실패한, 성공하지 못한

| (사람, 계획 등이) | fææʃɛl/ -iin | 패-쉴/ 패쉴린- | فَاشِل/ فَاشِلِين |
| 실패하다 | faʃal/ yɛfʃal | 파샬/ 예프샬 | فَشَل/ يِفْشَل |

실험실, 검사실(피, 대변 등)

	maɛmal/ maɛææmɛl	마아말/ 마애-밀	مَعْمَل/ مَعَامِل
심다, 재배하다	zaraɛ/ yɛzraɛ	자라아/ 예즈라아	زَرَع/ يِزْرَع
심리적인, 심리학적인	nafsi	낲씨	نَفْسِى

소사전

심리학	εεlmᵉ nafs	엘름 낲쓰	عِلْم نَفْس

심부름꾼 (사무실이나 학교에서 청소나 심부름을 하는 사람)

	farraaʃ/ -iin	파란-쉬/ 파란쉬인-	فَرَّاش/ فَرَّاشِين
심장	ʔalb/ ʔuluub	알브/ 울룹-	قَلْب/ قُلُوب
심장마비	ʔazma ʔalbeyya	아즈마 알베야	أَزْمَة قَلْبِيَّة
심판(경기 등)	ḥakam/ ḥukkææm	하캄/ 훅캠-	حَكَم/ حُكَّام
십자가	ṣaliib/ ṣulbaan	쌀리-브/ 쑬반-	صَلِيب/ صُلْبَان
(맛이) 싱거운	εææđęb	애-딥	عَاذِب
싱글, 총각	εææzęb/ εuzzææb	애-젭/ 웃잽-	عَازِب/ عُزَّاب
싱크대	ḥood/ ʔaḥwaađ	호-드/ 아흐와-드	حُوض/ أَحْوَاض
(값이) 싸게 되다	rexęṣ/ yęrxaṣ	리키스/ 예르카스	رخص/ يرخص
싸다(to wrap)	laff/ yęlęff	라프/ 옐리프	لَفَّ/ يَلِفّ
싼(가격)	rexiiṣ/ ruxaaṣ	리키-스/ 루카-스	رخيص/ رُخَاص
쌍둥이	tawʔam/ tawææʔęm	타우암/ 타왜-임	تَوْأَم/ تَوَائِم
싸여진, 포장된	malfuuf/ -iin	말푸-프/ 말푸핀-	مَلْفُوف/ مَلْفُوفِين
싸우다	ʔętxæænęʔ/ ʔętxæænęʔ (maεa)	이트캐-니으/ 에트캐-니으 (마아)	إتْخَانِق/ يِتْخَانِق (مَع)
쌀, 밥	rozz	로즈	رُزّ
쏘다 (eg 총)	đarab/yęđrab naar	다랍/에드랍 나-르	ضَرَب/ يِضْرَب نَار
쓰다 (글을 쓰다)	katab/ yęktęb	카탑/ 엑팁	كَتَب/ يِكْتِب
쓰레기	zębææla	지밸-라	زِبَالَة
쓰레기통	baskęt	바쓰킷	بَاسْكِت
	sallęt zębææla	쌀리트 지밸-라	سَلَّة زِبَالَة
	ṣafiiḥęt/ ṣafayęḥ zębææla	싸피-히트/ 싸파이흐 지밸-라	صَفِيحَة/ صَفَائِح زِبَالَة
쓰레받기	garuuf/ gawariif	가루-프/ 가와리-프	جَارُوف/ جَوَارِيف
쓴(맛이 쓴)	morr	모르	مُرّ
쓸모없는	ma-fii-ʃ fayda	마피-쉬 파이다	مَقِيش فَائِدَة
	męʃ nææfęε	미쉬 내-피아	مِش نَافِع

씨, 씨앗 (말리거나 볶은 씨, 기호품으로서의)

507

소사전

	lębb (-a/)	립	لبّ
씻다	ɣasal/ yęɣsel	가쌀/ 예씰	غَسَل/ يغْسِل

(ㅇ)

아기	bęębi/ -hæææt	베-비/ 베비해-트	بيبي/ بيبيهات
(유아)	tęfl/ tęfla/ ʕatfaal	띠플/ 띠플라/ 아뜨팔-	طِفْل/ طِفْلَة/ أطْفَال
아나운서	muziiʕ/ -iin	무지-아/ 무지아인-.	مُذِيع/ مُذِيعِين
아내	męraat (+ n or pron)	미라-트	مرَات..
	zooga/ -ææt	조-가/ 조개-트	زُوجَة/ زُوجَات
아니(No)	laʔ	라으	لأ
아닌(not)	męʃ	미쉬	مِش
아들	ʕebn/ ʕawlææd, wilææd	에븐/ 아울래-드	إبْن/ أوْلاَد، وِلاَد
아랍 사람 *(n, adj)*	ɛarabi/ ɛarab	아라비/ 아랍	عَرَبيّ/ عَرَب
아랍어	ɛarabi	아라비	عَرَبي
(표준 아랍어)	foṣḥa	포스하	فُصْحَى
(구어체 아랍어)	ɛammęyya	암메야	عَامِّيَّة
아래에 *(adv)* ..의 아래에 *(prep)*	taḥt	타흐트	تَحْت
아름다운, 예쁜	gamiil/ gumææl	개밀-/ 구맬-	جَمِيل/ جُمَال
(pretty)	ḩelw/ -iin	헬루/ 헬루인-	حِلْو/ حِلْوِين

아마(추측의 *aux, adv)*

ʔeḥtęmææl *(invar)*	에흐티맬-	إحْتِمَال ;	yęmken *(invar)* 임킨	يمْكِن
rubbama	룹바마			رُبَّمَا

아무튼	ɛal ɛumuum, ɛala el-ɛumuum	알랄 우뭄-	عَلَى العُمُوم
	ɛala kollᵃ ḩææl	알라 꼴리 핼-	عَلَى كُلّ حَال
	ɛala ʕayyⁱ ḩææl	알라 아이 핼-	عَلَى أيّ حَال
아버지	ʕabb/ ʕabbahaat	압/ 압바하-트	أب/ أبَّهَات
(formal)	wææled	왤- 리드	وَالِد
(아빠 혹은 아버지)	baaba	바-바	بَابَا
아이스크림	jilææti	질래-티	جيلاَتي

소사전

	ʕayeṣ kreem 아이쓰 크림-	أَيْس كرِيم

아주, 매우, 대단히(very) *(adv)*

ʕawi 아위 ; قَوِي ; xaaleṣ 칼-리쓰 خَالِص ; geddan 깃단 جِدًّا

아줌마 (호칭) ṭanṭ 딴뜨 طَنْط

아직(still, yet) lessa 렛싸 لِسَّة

아침 ṣobḥ 쑵흐 صُبْح

아침식사 feṭaar 피따-르 فِطَار

아침을 먹다 feṭer, faṭar / yefṭar 피띠르/ 에프따르 فِطَر / يِفْطَر

아프다(목적어를 취함) wagaε/yewgaε 와가아/ 에우가아 وَجَع / يُوجَع

아프리카 ʕafreqya 아프리끼야 أَفْرِيقيا

악기 ʕelææt museqeyya 엘래-트 무씨께야 آلات مُوسِيقيَّة

악(evil) ʃarr/ʃuruur 샤르/ 슈루--르 شَرّ / شُرُور

악몽 kabuus/ kawabiis 카부-쓰/ 카와비-쓰 كَابُوس / كَوَابِيس

악세사리 ʕaksiswaar/ -aat 악씨쓰와-르/악씨쓰와라-트 أَكْسِسْوَار / أَكْسِسْوَارَات

악수하다 sallem/ yesallem (bel-ʕiid) εala

쌀림/ 예쌀림 (빌이-드) 알라 سَلَم / يِسَلِّم (بِالْيَد) عَلَى

악어 temsææḥ/ tamasiiḥ 팀쌔-흐/ 타마씨-흐 تِمْسَاح / تَمَاسِيح

악한, 사악한, 악한 사람

ʃeriir/ ʕaʃraar 쉬리-르/ 아쉬라-르 شِرير / أَشْرَار

안, 내부의 daxli 다클리 دَاخِلِي

안개 ʃabbuura 샵부-라 ; ḍabaab 다밥- ضَبَاب ; شَبُّورَة

안경 naḍḍaara/ -aat 낫다-라/ 낫다라-트 نَضَّارَة / نَضَّارَات

안경집 gerææb/ gerabææt naḍḍaara

기랩-/ 기라배-트 낫다-라 جِرَاب / جِرَابَات نَضَّارَة

안내 데스크(역이나 광장, 관광지의 information desk)

maktab ʕesteεlamææt 막탑 이쓰티알라매-트 مَكْتَب إِسْتِعْلَامَات

안심하는 meṭṭammen 밋땀민 مِطَمِّن

..안에 (in) *(prep, adv)* fi 피 في ; gowwa 고와 جُوَّة

안전(safety) *(eg 교통사고로부터)* salææma 쌀래-마 سَلَامَة

(eg 도난으로부터) ʕamææn 아맨- أَمَان

소사전

한국어	발음	한글 발음	아랍어
안전벨트	ɦezæææm/ ɑɦzemet ʃɑmææʃɟ	히잼-/ 아흐지미트 아맨-	حِزَام/ إحْزِمَة أَمَان
안전한	ʃææmen	애-민	آمن
(술)안주	mazza/ -ææt	맛자/ 맛재-트	مَازَّة/ مَازَّات
안테나	ʃeryal	에르얄	إرْيَال
앉다	ʃaʕad/ yoʕɑod	아아드/ 요으오드	قَعَد/ يُقْعُد
앉아있는 (ava)	ʃææʕæd/ -iin	애-에디/ 애에딘-	قَاعِد/ قَاعِدِين
알고 있는	ʕææref/ -iin	애-리프/ 애르핀-	عَارِف/ عَارِفِين
알게하다	ʕarraf/ yeʕarraf	아라프/ 에아라프	عَرَّف/ يعَرَّف
알다(to know)	ʕeref/ yeʕraf	이리프/ 에아라프	عِرِف/ يعَرَف
알레르기	ɦasaseyya	하싸쎄야	حَسَاسِيَّة
알렉산드리아	ʕeskenderęyya	이쓰킨디리야	إسْكَنْدرِيَّه
알렉산드리아 사람	ʕeskandaraani	이쓰칸다라-니	إسْكَنْدَرَانِيّ
알려진(known)	maʕruuf/ -iin	마아루-프/ 마아루핀-	مَعْرُوف/ مَعْرُوفِين
알리다	ʕaʕlan/ yeʕlen	아알란/ 에알린	أعْلَن/ يعلِن
알맞은, 적당한(가격, 크기, 약속, 시간 등)			
	munææseb/ -iin	무내-씹/ 무내쓰빈-	مُنَاسِب/ مُنَاسِبِين
알코올	sebertu	씨비르투	سِبِرْتُو
암기하고 있는	ɦaafez/ -iin	하-피즈/ 하프진-	حَافِظ/ حَافِظِين
암기하다	ɦafaz/ yeɦfaz	하파즈/ 에흐파즈	حَفَظ/ يحْفَظ
암(cancer)	sarataan	싸라딴-	سَرَطَان
압력	dɑyt/ duɣuut (ʕala)	다그뜨/ 두구-뜨 (알라)	ضَغْط/ ضُغُوط (عَلَى)
앞에(장소의 앞에) (prep, adv)	ʕuddææm	옷댐-	قُدَّام
앞에(시간의 이전에) (prep)	ʕabl	아블	قَبْل
앞치마	maryala/ marææyel	마르얄라/ 마래-일	مَرْيَلَة/ مَرَايِل
애국가	en-naʃiid el-watani	인나쉬-드 일와따니	النَّشِيد الوَطَنِى
애도, 조의	ʕaza 아자 ; taezeya 타아지야		عَزَاء ; تَعْزِيَة
액체, 액체의	sææyel, sææʕʃææ/ sawææyel, sawææʕʃææ		سَائِل/ سَوَائِل
		쌔-일/ 싸왜-일	
야간의 (밤늦게까지 열리는)	sææher	쌔-히르	سَاهِر

510

소사전

한국어	발음	한글 표기	Arabic
야망	ṭumuuḥ	뚜무-흐	طُموُح
야생동물	ḥayawæææn barri	하야왠- 바리	حَيَوَان بَرِّي
야윈	rufayyaɛ/ -iin	루파야아/ 루파야아인-	رَفيَّع/ رفَيَّعين
야자수	naxl(-a/)	나클 (나클라/)	نَخْل(نَخْلَة/)
약 (prep, 시간과 공간적인 대략) ḥawææli 하웰-리			حَوَالي
약(medicine)	dawa/ ʕadwęya	다와/ 아드위야	دَوَاء/ أدْوِية
(알약)	ḥabbææya/ ḥubuub	합배-야/ 후붑-	حَبَّاية/ حُبوب
약국	ṣaydalęyya/- ææt	사이달리야/ 사이달리에-트	صَيْدَليّة/ صَيْدَليّات
약사	ṣaydali/ ṣayadla	사이달리/ 사야들라	صَيْدَلى/ صَيَادْلَة
약속	waɛd/ wuɛuud	와아드/ 우우-드	وَعْد/ وُعود
약속시간	maɛææd/ mawaɛiid	마애-드/ 마와에-드	مِعَاد/ مَوَاعِيد
야채, 채소	xuḍaar/ xoḍra	쿠다-르/ 코드라	خُضَار/ خُضْرَة
야채 장수(길 거리의)	xoḍari/ -yya	코다리/ 코다리야	خُضَرى/ خُضَرِيّة
	bɛtææɛ ęl-xuḍaar	비태-아 일쿠다-르	بتَاع الخُضَار
약한	ḍaɛiif/ ḍuɛaaf or ḍuɛafa	다아이프/ 두아-프	ضَعِيف/ ضُعَاف أوْ ضُعَفَاء
약혼	xuṭuuba/ -aat	쿠뚜-바/ 쿠뚜바-트	خُطُوبَة/ خُطُوبَات
약혼식	ḥaflęt xuṭuuba	하플리트 쿠뚜-바	حَفْلة خُطُوبَة
약혼자 (남자)	xaṭiib/ xuṭṭaab	카띠-ㅂ/ 쿳땁-	خَطِيب/ خُطَّاب
(여자)	xaṭiiba/ -aat	카띠-바/ 카띠바-트	خَطِيبَة/ خَطِيبَات
약혼예물	ʃabka	샵카	شَبْكَة
(약혼반지)	dębla/ dębal	디블라/ 디발	دِبْلَة/ دِبَل
약혼한 (남자가)	xaaṭęb/ -iin	카-띠ㅂ/ 카뜨빈-	خَاطِب/ خَاطِبِين
(여자가)	maxṭuuba/maxṭubiin	마크뚜-바/마크뚜빈-	مَخْطُوبَة/ مَخْطُوبِين
얇은	rufayyaɛ/ -iin	루파야아/ 루파야아인-	رَفيَّع/ رَفيَّعين
양(Miss)	ʕæænęsa/ -ææt	애-니싸/ 애니쌔-트	آنِسَة/ آنِسَات
양(quantity)	kęmmęya/ -yyææt	킴미야/ 킴미에-트	كِمِّيَّة/ كِمِّيَّات
양(sheep)	xaruuf/ xęrfææn	카루-프/ 키르팬-	خَروُف/ خِرْفَان
양고기	laḥma ḍaani	라흐마 다-니	لَحْمَة ضَانِي
양동이	gardal/ garæædęl	가르달/ 가래-딜	جَرْدَل/ جَرَادِل
양말	ʃaraab/ -aat	샤랍-/ 샤라바-트	شَرَاب/ شَرَابَات

소사전

한국어	발음	한글 표기	아랍어
양모(wool)	ṣuuf/ ʕaṣwaaf	수-프/ 아스와-프	صُوف/ أَصْوَاف
양방통행	ʃæærieʕ ittigaheen	쉐-리아 잇티가헨-	شَارِع إِتِجَاهِين
양배추	kuromb(-a/-æææt)	코롬브(코롬바/코롬배-트)	كُرُنْب(كُرُنْبَة/ كُرُنْبَات)
양심	ḍamiir/ ḍamaayer	다미-르/ 다마-이르	ضَمِير/ ضَمَائِر
양육, 자녀양육	tarbeya	타르비야	تَرْبِيَة
양쵸	ʃamaʕ(-a/ -æææt)	샴아(샴아/ 샴애-트)	شَمْع(شَمْعَة/ شَمْعَات)
양지질을 하다	ɣasal/yeɣsel es-sᵉnææn	가쌀/예씰 잇씨낸-	غَسَل/ يِغْسِل السِّنَان
양파	baṣal(-a/)	바살(바살라/)	بَصَل(بَصَلَة، بَصَلَايَة/)
얕은, 표면적인, 피상적인(사람의 성격, 생각 등)	saṭḥi	싸뜨히	سَطْحِي
어금니	ḍers/ ḍuruus	디르쓰/ 두루-쓰	ضِرْس/ ضُرُوس
어깨	ketf/ ketææf	키트프/ 키태-프	كَتْف/ كِتَاف
어두운	ḍalma	달마	ظُلْمَة
어디(의문 대명사)	feen	펜-	فين
어디로부터	meneen	미넨- ; men feen 민 펜-	من فين
어디서나	ʕayyᵉ makææn	아이 마캔-	أَي مَكَان
	ʕayyᵉ ḥetta	아이 힛타	أيّ حِتَّه
어떤(any)	ʕayy	아이	أَيّ
(의문문)	ʕanhi/ ʕanhu	안히/ 안후	أَنْهِي/ أَنْهُه
어떤 것(something)	ḥææga/ -ææt	해-가/ 해개-트	حَاجَة/ حَاجَات
어떤 사람, 누군가	ḥadd (invar) 핫드		حَدّ
어떻게(how)	ʕezzææey or ʕezzayy	잇째-이	إِزَّاي
어려운	ṣaɛb/ -iin	사압/ 사아빈-	صَعْب/ صَعْبِين
어려움	ṣuɛuuba/-aat, ṣeɛaab	수우-바/수우바-트	صُعُوبَة/ صُعُوبَات، صِعَاب
어렵게 (adv)	bi-ṣuɛuuba	비수우-바	بِصُعُوبَة
어린, 연소한	ṣuɣayyar/ -iin	수가야르/ 수가야린-	صُغَيَّر/ صُغَيَّرِين
어린이	ɛayyel/ ɛeyææl	아옐/ 에얠-	عَيِّل/ عِيَال
어머니	ʕomm/ -ahææt	옴/ 옴마해-트	أُم/ أُمَّهَات
	walda(formal)	왈다	وَالْدَة

소사전

| 어제 | ʕimbææręḫ | 임배-리흐 | إمْبَارِح |
| (그제) | ʔawwęl ʕimbææręḫ | 아월 임배-리흐 | أوَّل إمْبَارِح |

어쨌던 ʕala-l-ʕumuum 알랄 우뭄- عَلَى الْعُمُوم
　　　ʕala ʔayyᵉ ḫæææl 알라 아이 핼- عَلَى أيّ حَال
억울한 mazluum/ -iin 마즐룸-/마즐루민- مَظْلُوم/ مَظْلُومِين
억지로, 강제로 bęl-ʕafya 빌 아프야 بِالْعَافِية
언어 loɣa/ -ææt 로가/ 로개-트 لُغَة/ لُغَات
언제(의문 대명사) ʕęmta 임타 إمْتَى
언제나(always) dayman 다이만 ; دَائِمَاً ; tamalli 타말리 تَمَلِّي
언제든지 ʔayy waʕt 아이 와으트 أيّ وَقْت
얼굴 weʃʃ/ wuʃuuʃ 위쉬/ 우슈-쉬 وِشّ/ وُشُوش
얼마(가격) bę-kææm 비캄- بِكَام
얼마나 (얼마나 많이, how many, how much..) kææm 캄- كَام
(얼마나 큰, 얼마나 먼, 얼마나 긴) ʔadd ʔęę 앋드 에- قَدّ ايه
얼음 talg 탈그 تَلْج
없다 ma-fii-ʃ 마피-쉬 مَفِيش
없이(prep) męn ɣęęr 민 게-르 ; مِن غير ; biduun (cl) 비둔- بِدُون
..에(prep) (장소, 시간의 전치사) fi 피 فِي
..에게, ..향하여(prep) li 리 لِ
..에서(prep) (장소의 전치사) ʕand 안드 عَنْد
엔진 motoor/ mawatiir 모토-르/ 마와티-르 مُوتُور/ مَوَاتِير
엘리베이트 ʕasansęęr/-aat 아싼쎄-르/아싼쎄라-트 أَسَانْسِير/ أَسَانْسِيرَات
여가(leisure time) waʕt faraaɣ 와으트 파라-그 وَقْت فَرَاغ
여권 basboor/-aat 바쓰보-르/ 바쓰보라-트 بَاسْبُور/ بَاسْبُورَات
　　 gawææz safar 가왜-즈 싸파르 جَوَاز سَفَر
여기에, 여기로, 여기에서 hęna 헤나 هَنَا
여러 번 marraat kętiira 마랏-트 키티-라 مَرَّات كِثِيرَة
여름 ʕęṣ-ṣęęf 잇쎄-프 الصِّيف
여보세요!(전화할 때) ʔaloo 알로- ألُو
여성(문법) muʔannas 무안나쓰 مُؤَنَّث

소사전

여성용의(옷, 구두 등)	ɦariimi *(invar)*	하리-미	حَرِيمِي
여자(결혼하지 않은 여자, girl)	bęnt/ banǽæt	빈트/ 바내-트	بِنْت/ بَنَات
(결혼한 여자, 부인, lady)	sętt/ -ǽæt	씻트/ 씻태-트	سِتّ/ سِتَات
여전히(still)	lęssa	렛싸	لِسَّة
여왕	malika	말리카	مَلِكَة
여행	safar/ ʕasfaar	싸파르/ 아쓰파-르	سَفَر/ أَسْفَار
	safaręyyǽæt(*pl*)	싸파리에-트	سَفَرِيَات
여행사	ʃęrkęt ʃil-sęyæǽɦa	쉬르키트 일씨에-하	شَرِكَة السِّيَاحَة

여행하고 있는, 여행을 떠나고 없는, 곧 여행을 하는(ava)

	męsǽæfęr/ -iin	미쌔-피르/ 미쌔프린-	مِسَافِر/ مِسَافْرِين
여행하다	sǽæfęr/ yęsǽæfęr	쌔-피르/ 예쌔-피르	سَافِر/ يِسَافِر
역	maɦaṭṭa	마핫따	مَحَطَّة
(기차역)	maɦaṭṭęt ʕaṭr	마핫띠트 아뜨르	مَحَطَّة قَطْر
(전철역)	maɦaṭṭęt mętru	마핫띠트 미트루	مَحَطَّة مِتْرُو
역사(history)	tariix	타리-크	تَارِيخ
역시	kamǽæn 카맨- ;	barḍu	바르두	كَمَان ; بَرْضُه
역할	door/ ʕadwaar	도-르/ 아드와-르	دُور/ أَدْوَار
연, 해(year)	sana/ sęniin	싸나/ 씨닌-	سَنَة/ سِنِين
연(kite)	ṭayyaara	따야-라	طَيَّارَة
	ṭayyaara waraʕ	따야-라 와라으	طَيَّارَة وَرَق

연구 (대학에서의 실습리포트)

	baɦs/ buɦuus, ʕabɦǽæs	바흐쓰/ 아브해-쓰	بَحْث/ بُحُوث/ أَبْحَاث
연구하다	baɦas/ yębɦas	바하쓰/ 옘하쓰	بَحَث/ يِبْحَث
	ɛamal/ yęɛmęl baɦs	아말/ 에아밀 바흐쓰	عَمَل/ يِعْمِل بَحْث
연극	masraɦęyya/ -ǽæt	마쓰라히야/ 마쓰라히에-트	مَسْرَحِيَّة/ مَسْرَحِيَّات
연금(pension)	maɛǽæʃ/ -ǽæt	마애-쉬/ 마애쉐-트	مَعَاش/ مَعَاشَات
연기(smoke)	duxxǽæn	둑캔-	دُخَّان
연기(acting)	tamsiil	탐씰-	تَمْثِيل
연기자(actor)	mumassęl/ -iin	무맛씰/ 무맛씰린-	مُمَثِّل/ مُمَثِّلِين

연락하다, 전화하다

소사전

한국어	발음 (라틴)	한글 발음	아랍어
	ʔettaṣal/ yettęṣel (be)	잇타살/ 옛티실 (비)	اِتَّصَل/ يَتَّصِل ب
연속극	tamsʔlęyya/ -æɛt	탐씰레야/ 탐씰리에-트	تَمْثِيلِيَّة/ تَمْثِيلِيَّات
	musalsal/ -æɛt	무쌀살/ 무쌀살래-트	مُسَلْسَل/ مُسَلْسَلَات
연습	tamriin/-æɛt, tamariin	타므린-/ 타므리내-트	تَمْرِين/ تَمْرِينَات، تَمَارِين
연습하다 (intr)	ʔetmarran/yętmarran	이트마란/에트마란	اِتْمَرَّن/ يِتْمَرَّن
연장, 도구	ʕędad	에다드	عدد
연주하다	ʕazaf/ yęʕzęf	아자프/ 에아지프	عَزَف/ يَعْزِف
	lęʕęb/ yęlɛab	리엡/ 엘라압	لَعِب/ يِلْعَب
연필	ʕalam ruṣaaṣ	알람 루사-스	قَلَم رُصَاص
연필깎기	barræɛya/- æɛt	바래-야/ 바래에-트	بَرَّايَة/ بَرَّايَات
연한(light)			
(색깔 등이 연한)	fæɛtęɣ/-iin	패-티으/ 패트힌-	فَاتِح/ فَاتِحِين
(커피 등이 연한)	xafiif/ xufæɛf	카피-프/ 쿠패-프	خَفِيف/ خُفَاف
열(heat)	ɦaraara	하라-라	حَرَارَة
(고열, high temperature)	suxunęyya	쑤쿤네야	سُخُونِيَّة
열다	fataɦ/ yęftaɦ	파타으/ 에프타으	فَتَح/ يِفْتَح
열려있는, 열린	maftuuɦ/ -iin	마프투-으/ 마프투힌-	مَفْتُوح/ مَفْتُوحِين
열무	fęgl(-a/)	피글(피글라/)	فِجْل (فِجْلَة/)
열쇠	muftæɛɦ/ mafatiiɦ	무프태-으/ 마파티-으	مُفْتَاح/ مَفَاتِيح
열쇠고리	ɦalaʕęt mafatiiɦ	할라이트 마파티-으	حَلَقَة مَفَاتِيح
염려하는, 걱정하는	ʕalʕæɛn/ -iin	알앤-/ 알애닌-	قَلْقَان/ قَلْقَانِين
	xæɛyęf/ -iin (ɛala)	캐-이프/ 캐이핀- (알라)	خَايِف/ خَايِفِين (عَلَى)
염려하다	xæɛf/ yęxæɛf, yęxaaf (ɛala)	캐-프/ 에캐-프 (알라)	خَاف/ يِخَاف (عَلَى)
염소	męʕza/-æɛt, męʕiiz	미아자/ 미아재-트	مِعْزَة/ مِعْزَات، مِعِيز
염소(chlorine)	kᵘloor	클로-르	كُلُور
염증	ʔęltihæɛb/ -æɛt	일티햅-/ 일티해배-트	اِلْتِهَاب/ اِلْتِهَابَات
영, 제로(zero)	ṣęfr/ ʔaṣfaar	시프르/ 아스파-르	صِفْر/ أَصْفَار
	ziiru	지-루	زِيرُو
영구적으로, 계속적으로	ɛala ṭuul	알라 툴-	عَلَى طُول

소사전

영국(England) ʃengelteҏra 인길테라   إنْجلْتِرَا

영리한 (영리한, 손재주가 좋은)

    ʃaateҏr/ -iin, ʃuttaar 샤-띠르/ 샤뜨린-   شَاطِر/ شَاطْرِين، شُطَّار

    (지능, 이해가 빠른) zaki, ʕazkeya 자키/ 아즈키야   ذَكِي/ أذْكِيَاء

영수증(지불확인 영수증, receipt)

    waṣl/ wuṣulaat 와슬/ 우술라-트   وَصْل/ وُصُلَات

    ʕiṣaal, ʕiiṣaal/ -aat 이살-/ 이살라-트   إيصَال/ إيصَالَات

영양(nutrition) ɣeza 기자   غِذَاء

영어(English) ʃengeliizi 인글리-지   إنْجليزي

영웅 baṭal/ ʕabṭaal 바딸/ 압딸-   بَطَل/ أبْطَال

영향 taʕsiir/ -aat 타으씨-르/ 타으씨라-트   تَأثِير/ تَأثِيرَات

영혼 rooḥ/ ʕarwaaḥ 로-흐/ 아르와-흐   رُوح/ أرْوَاح

    (Ch) nafs/ nufuus 납쓰/ 누푸-쓰   نَفْس/ نُفُوس

영화 felm/ ʕaflææm 필름/ 아플램-   فِيلْم/ أفْلَام

영화관 ṣenema/ -ææt 씨니마/ 씨니매-트   سِينِما/ سِينِمَات

옆 gamb 감브   جَنْب

예, 실례 mesææl/ ʕamsela 미쌜-/ 암씰라   مِثَال/ أمْثِلَة

예(긍정적인 답변을 할 때, yes)

    ookẹ 오-케 ; mææʃi 매-쉬 ; ʕaywa 아이와   أيْوَة

    naɛam 나암 ; نَعْم ; zayy baɛḍu 자이 바아두   زَيّ بَعْضُه

    ṭayyeb 따잎 ; طَيَّب ; ʕaa(비 격식적) 아-   آ

예를들어, 예들들면 masalan 마쌀란   مَثَلاً

예배 ɛebaada/ -ææt 에바-다/ 에바대-트   عِبَادَة

예산 mezaneyya/ -ææt 미자네야/ 미자네엣-트   مِيزَانِيَّة/ مِيزَانِيَّات

    (가계 예산) mezaneyyet el-beet 미자네옡 엘베-트   مِيزَانِيَّة الْبَيْت

예수 *(Ch)* yasuuɛ 야쑤-아   يَسُوع

    (Isi) ɛiisa 아이싸   عِيسَى

    (그리스도, 메시야) ʕel-mesiiḥ or ʕel-masiiḥ 엘메씨-흐   الْمَسِيح

예술 fann/ funuun 판/ 푸눈-   فَنّ/ فُنُون

예술가 fannææn/ -iin 판낸-/ 판내닌-   فَنَّان/ فَنَّانِين

소사전

예약	ḥagz	하그즈	حَجْز
예약된(좌석 등이)	maḥguuz/ -iin 마흐구-즈/ 마흐구진-		مَحْجُوز
예약하다	ḥagaz/ yeḥgez 하가즈/ 에흐기즈		حَجَز/ يَحْجِز
예약한	ḥæægziz/ -iin 해-기즈/ 해그진-		حَاجِز/ حَاجْزِين
예외	ʕestęsnææʔ/-ææt 이쓰티쓰내-으/이쓰티쓰내애-트		اِسْتِثْنَاء/ اِسْتِثْنَاءات
예외의, 제외한 (prep)	ʕilla 일라		إِلَّا
예외적인	ʕestęsnææʔi/ -yyiin 이쓰티쓰내-이/ 이쓰티쓰내이인-		اِسْتِثْنَائِي/ اِسْتِثْنَائِيين

예의	ʕadab	아답	أَدَب
(에티켓)	zooʔ	초-으	ذُوق
예의바른	muʔaddab/ -iin 무앗답/ 무앗다빈-		مُؤَدَّب/ مُؤَدَّبِين
	muhazzab/ -iin 무핫잡/ 무핫자빈-		مُهَذَّب/ مُهَذَّبِين

옛날 옛날에 (옛날 옛적에, 이야기를 시작할 때 사용함)

fi yoom męn ęl-ʔayyææm 피 욤- 민 일애얨			فِي يَوْم مِن الأَيَّام
kææn ya makææn 캔- 야 마캔-			كَان يَا مَكَان
kææn fii marra 캔- 피 마라			كَان فِى مَرّة
오고 있는	gayy/ -iin	개이/ 개이인-	جَاي/ جَايِين
오늘	ʔęn-naharda	인나하르다	النَّهَارْدَة
오늘날(nowadays)	ʔęl-ʔayyææm di	일애얨- 디	لأَيَّام دِي
(요즘, 오늘날)	ęl-yoomęęn dool	일요맨- 둘-	الْيُومِين دُول
오다	gęh/ yiigi	게-/ 이-기	جَه/ يِجِي
(명령형) taʕææla/ -i (f)/ -u (pl) 타앨-라/타앨리 (f)/타앨루			تَعَالَى
오래된	ʔadiim/ ʔudææm	아딤-/ 우댐-	قَدِيم/ قُدَام
오래전부터, 오랫동안	męn zamææn 민 자맨-		مِن زَمَان
	męn waʔt ṭawiil 민 와으트 따윌-		مِن وَقْت طَوِيل
오렌지	burtuʔææn or burtuʔaan (-a/ -aat)		
	부르투안-(부르투아나/ 부르투안-트)		بُرْتُقَان(بُرْتُقَانَة/ بُرْتُقَانَات)
오른쪽	yimiin	이민-	يمين
오리	baṭṭ(-a/ -aat)	밧뜨(밧따/ 밧따-트)	بَطّ(بَطَّة/ بَطَّات)
오븐(oven)	forn/ ʔafraan	포른/ 아프란-	فُرْن/ أَفْران

517

소사전

한국어	발음	한글표기	아랍어
오십	xamsiin	캄씬-	خَمْسِين
오아시스	wæəḩa/-æət	와-하/ 와해-트	وَاحَة/ وَاحَات
오염	talawwos	탈라우쓰	تَلَوُّث
오염된	mulawwas	물라와쓰	مُلَوَّث
오이	xęyaar(-a/)	키야-르 (키야라/)	خِيار (خِيارة/)
오전 (AM)	ṣabaaḩan (cl)	사바-한	صَبَاحًا
오전에	ṣobḩęyya	솝히야	صُبْحِيَّة
오줌	bool	볼-	بُول
오직(only) (adv)	bass	밧쓰	بَسّ
오퍼(매매제의, offer)	ɛard/ ɛuruuḍ	아르드/ 우루-드	عَرْض/ عُرُوض
오후	ḍohr 도흐르 ; ʕęd-ḍohr 잇도흐르		الظُّهْر
오후에	baɛd iḍ-ḍohr	바아드 잇도흐르	بَعْد الظُّهْر

옥상, 건물의 맨 윗층 표면, 지붕

	saṭḩ, soṭḩ/ ʕasṭoḩ, suṭuuḩ	싸뜨으/ 쑤뚜-흐	سُطْح/ أَسْطُح، سُطُوح
옥수수	kuuz/ kizææn (dora)	쿠-즈/ 키잰- (도라)	كُوز/ كِزَان ذُرَة
	dora	도라	ذُرَة
온도	ḩaraara	하라-라	حَرَارَة
(온도, 체온의)도	daragęt ęl-ḩaraara	다라기트 일하라-라	دَرَجَة الحَرَارَة
온도계, 체온계	mizææn ḩaraara	미잰- 하라-라	مِيزَان حَرَارَة
	tęrmomętr/-æət	티르모미트르/티르모미트래-트	تِرْمُومِتر/ تِرْمُومِترَات
온수기	saxxææn/-æət	싹캔/싹캐내-트	سَخَّان/ سَخَّانَات
올리브	zatuun(-a/-æət)	자툰- (자투나/ 자투내-트)	زَيْتُون (زَيْتُونَة/زَيْتُونات)
옮기다, 이동하다(to move)	naʕal/ yęnʕęl	나알/ 옌일	نَقَل/ يِنْقُل
(to carry)	ʃææl/ yęʃiil	쉘-/ 예실-	شَال/ يِشِيل
옳은	ṣaḩḩ (invar) 사흐 ; ṣaḩiiḩ 사히-흐		صَحِيح
옷	hęduum 후둠- ; malææbęs 말래-비쓰		مَلَابِس
옷감, 천	ʕumææʃ/ ʕaʕmęʃa, -æət	우매-쉬/ 아으미샤	قُمَاش/ أَقْمِشَة
옷걸이	ʃammææɛa/-æət	샴매-아/ 샴매애-트	شَمَّاعَة/ شَمَّاعَات
옷장	dulææb/ dawaliib	둘랩-/ 다왈립-	دُولَاب/ دَوَالِيب
왁스	ʃamɛ	샴아	شَمْع

소사전

| 완두콩 | bęṣęlla(-ææya/) | 비씰라(비씰래-야/) | بِسِلَّة(بِسِلاَيَا/) |

완두콩 bęṣęlla(-ææya/) 비씰라(비씰래-야/) بِسِلَّة(بِسِلاَيَا/)

완성된, 완전한 kææmęl/ -iin 캐-밀/ 캐믈린- كَامِل/ كَامِلِين

왕 malik/ muluuk 말릭/ 물룩- مَلِك/ مُلُوك

왕궁, 궁전 ʕaṣr/ ʕuṣuur 아스르/ 오수-르 قَصْر/ قُصُور

왕복티켓 tazkara zęhææb wę-ɛawda 타즈카라 지햅- 워 아우다
تَذْكَرَة ذِهَاب وعَوْدَة

왕자 ʕamiir/ ʕomara 아미-르/ 오마라 أَمِير/ أُمَرَاء

왜 lęę 레- ; ʕęʃmęɛna 이쉬미아나 لِيه ; إِشْمِعْنَى

왜냐하면 ɛaʃææn 아쉔- ; ʕaṣl 아슬 عَشَان ; أَصْل

외관 (용모) mazħar/ mazaaħęr 마즈하르/ 마자-히르 مَظْهَر/ مَظَاهِر

외국에 barra 바라 ; fęl-xææręg 필캐-리그 بَرَّة ; في الْخَارِج

외국인 ʕagnabi/ ʕagæænęb 아그나비/ 아개-닙 أَجْنَبِي/ أَجَانِب

(유럽사람, 서양외국인) xawææga/ xawagææya (f)/ xawagææt
카와-가/ 카와개-야 (f)/ 카와개-트 خَوَاجَة/ خَوَاجَايَة/ خَوَاجَات

외부의(external) xææręgi/ -yiin 캐-리기/ 캐리기인- خَارِجِي/ خَارِجِيِين

외삼촌 xææl/ xilææn 캘-/ 킬랜- خَال/ خِيلاَن

외투 balṭu/ balaaṭi or balaṭoohaat 발뚜/ 발라-띠
بَالْطُو/ بَلاَطِى أَوْ بَلَطُوهَات

왼쪽, 왼쪽으로 ʃęmææl 쉬맬- شِمَال

운동장, 놀이터 malɛab/ malææɛęb 말라압/ 말래-엡 مَلْعَب/ مَلاَعِب

요구 ṭalab/ -aat 딸랍/ 딸라바-트 طَلَب/ طَلَبَات

요구하다 ṭalab/ yoṭlob 딸랍/ 요뜨롭 طَلَب/ يُطْلُب

요구르트 zabæædi 자배-디 زَبَادِي

요금, 가격 sęɛr/ ʕasɛaar 씨아르/ 아쓰아-르 سِعْر/ أَسْعَار

요르단의, 요르단 사람의
ʕordoni/ -yyiin 오르도니/ 오르도니인- أَرْدُنِي/ أَرْدُنِيِين

요리, 음식물 ṭabiix 따비-크 طَبِيخ

요리(cooking) ṭabx 따브크 ; ṭabiix 따비-크 طَبْخ ; طَبِيخ

요리사 ṭabbaax/ -iin 땁바-크/ 땁바킨- طَبَّاخ/ طَبَّاخِين

요리하다 ṭabax/ yoṭbox 따바크/ 요뜨보크 طَبَخ/ يُطْبُخ

소사전

요약하다	laxxaṣ/ yelaxxaṣ	락카스/ 에라카스	لَخَّص/يُلخِّص
요점(point)	noṣṭa/ noṣaṭ	노으따/ 노아쯔	نُقطَة/نُقَط
요정, 귀신	ɛafriit/ ɛafariit	아프리-트/ 아파리-트	عَفْريت/ عَفَاريت
요즈음	ʔel- ʔayyæm di	일아옘- 디	الأيَّام دى
	ʔel-yomęen dool	일요멘- 돌	اليُومين دُول
요철(도로의 과속 방지턱)	maṭṭab/ -aat	맛땁/맛따바-트	مَطَبّ/ مَطَبَّات
요청하다	ṭalab/ yoṭlob (men)	딸랍/ 요뜰롭 (민)	طَلَب/ يُطلُب (مِن)

욕구 (식사나 활동 등에 대한 욕구)

	nęfs 넾쓰 نِفس ; ʃaheyya 샤히야		شَهِيَّة
욕설	ʃętiima/ ʃatæeyęm	쉬티-마/ 샤태-임	شِتيمَة/ شَتائِم
욕설하다	ʃatam/ yęʃtęm	샤탐/ 예쉬팀	شَتَم/ يِشتِم
욕실	ḥammæem/ -æet	함맴-/ 함매매-트	حَمَّام/ حَمَّامَات
욕조	banyu/ -hæet	반유/ 반유해-트	بَانيُو/ بَانيُوهَات
용기	ʃagææa	샤개-아	شَجَاعَة
용기있는	ʃugææɛ/ ʃugɛææn	슈개-아/ 슈그앤-	شُجَاع/ شُجعَان
용무, 심부름	meʃwaar/maʃawiir	미쉬와-르/마샤위-르	مِشوَار/ مَشَاوير
용수철	sosta/ sosat	쏘쓰타/ 쏘싸트	سُوسْتَة/ سُسَت

우두머리(가장 높은 사람, 장)

	raʕiis/ roʕasa	라이-쓰/ 로아싸	رَئيس/ رُؤَسَاء
우물, 샘	biir/ ʕabyaar, beyaar	비-르/ 아브야-르	بِير/ أبيَار، بِيَار
	ɛęęn / ɛuyuun (mayya)	에인-/ 우윤-(마야)	عين/ عُيُون (مَيَّة)
우산, 양산	ʃamsęyya/ -ææt or ʃamææsi	샴쎄야/ 샤매-씨	شَمسِيَّة/ شَمسِيَّات أوْ شَمَاسِى
우선, 먼저는	ʔawwalan	아왈란	أوَّلًا
우수한	mumtæez	뭄태-즈	مُمتَاز

우스운, 코믹한 (사물, 이야기 등이)

	modḥek/ -iin	모드힉/ 모드히킨-	مُضحِك/ مُضحِكين

우승배, 트로피

	kæes/ kasææt or kuʔuus	캐-쓰/ 카쌔-트	كَأس/ كَأسَات أوْ كُؤُوس
우연히	beṣ-ṣodfa	빗소드파	بالصُدفَة

소사전

우유	laban	라반	لَبَن
우체국	maktab ʕel-bosṭa	막탑 일보쓰따	مَكتَب البُوسطَة
	bosṭa	보쓰따	بُوسطَة
우체통	ṣanduuʕ ʕel-bosṭa	싼두-으 보쓰따	صَندُوق البُوسطَة

우표　ṭaabeʕ/ ṭawaabeʕ (bosṭa)　따-비아/따와비아 (보쓰따)
طَابِع/ طَوَابِع (بُوسطَة)

운동　riyaaḍa 리야-다 ; رِيَاضَة ؛ leʕba/ ʕalæǽæb 레아바/ 알애-ㅂ
لِعبَة/ أَلعَاب

| 운동화 | kotʃi/ -ǽæt | 콧취/ 콧췌-트 | كُوتشِي/ كُوتشَات |
| 운동장 | malʕab/ malæǽæb | 말라압/ 말래-엡 | مَلعَب/ مَلَاعِب |

운동하다
　　leʕeb/yelʕab(riyaaḍa)　리엡/ 엘라압 (리야-다)
لِعِب/ يِلعَب (رِيَاضَة)

운전	suwæʔa	쑤왜-아	سُوَاقَة
운전대	dereksiyoon/ -ǽæt	디릭씨욘-/ 디릭씨요나-트	دِركسِيُون/ دِركسِيُونَات
운전 면허증	roxṣet suwæʔa	로크시트 쑤왜-아	رُخصَة سُوَاقَة
	roxṣet qeyæǽda	로크시트 끼에-다	رُخصَة قِيَادَة
운전사	sawwæʕ/ -iin	싸왜-으/ 싸왜인-	سَوَّاق/ سَوَّاقِين

(운전수 아저씨!, 호칭) yaasṭa or ya ʕosṭa　야 오쓰따
يَا أُسطَى

| 운하 | qanæǽh/ qanawæǽt | 까내-/ 까나왜-트 | قَنَاة/ قَنَوَات |
| | qanæǽl | 까낼- | قَنَال |

울다, 눈물을 흘리다
　　ʕayyaṭ/ yeʕayyaṭ　아야뜨/ 예아야뜨
عَيَّط/ يِعَيَّط
　　baka/ yebki　바카/ 옙키
بَكَى/ يِبكِي

움직이다 (intr)	ʕetḥarrak/ yitḥarrak	이트하락/ 에트하락	إِتحَرَّك/ يِتحَرَّك
웃다	ḍeḥek/ yeḍḥak	디힉/ 예드학	ضِحِك/ يِضحَك
원 (circle)	dayra/ dawǽæyer	다이라/ 다왜-이르	دَائِرَة/ دَوَائِر
(둥근)	mᵉdawwar	미다와르	مِدَوَّر
(타원형의)	bayḍaawi	바이다-위	بَيضَاوِي

원래 (adv)　ʕaṣlan 아슬란　أَصلاً ; ʕasæǽsan 아쌔-싼
أَسَا سًا

| 원래의 | ʕaṣli | 아슬리 | أَصلِى |
| 원리 | mabdaʕ/ mabæǽdeʕ | 맙다으/ 마배-디으 | مَبدَأ/ مَبَادِئ |

소사전

원본(사본이 아닌) ʔaşl/ ʔuşuul 아슬/ 우술-	أصْل/ أصُول
원본의 ʔaşli 아슬리	أصْلي
원숭이 ʔerd/ ʔuruud 이르드/ 우루-드	قِرْد/ قُرُود
원인 sǽbǽb/ ʔasbǽæb 싸밥/ 아쓰밷-	سَبَب/ أسْباب
원칙적으로 mabdaʔeyyan 맙다에얀	مَبْدَئِيًّا
원하는 (ava) ɛǽæyęz/ -iin 애-이즈/ 애이진-	عايِز/ عَايِزين
ɛǽæwęz/ -iin 애-위즈/ 애우진-	عاوِز/ عَاوِزين
월(month) ʃahr/ ʃuhuur or ʔaʃhor (3-10개월 toʃhor) 샤흐르/ 슈후-르 아슈흐르/ 뚜슈흐르	شَهْر/ شُهُور أوْ أشْهُر أوْ تُشْهُر
월요일 yoom l-itnęen 욤- 일이트넨-	يوم الاثْنين
웨이터(호텔이나 커피숍의)	
garsoon/ -ǽæt 가르쏜-/ 가르쏘내-트	جَرْسُون/ جَرْسُونات
(전통 찻집의)	
ʔahwǽgi/ ʔahwagęyya 아흐와기/ 아흐와기야	قَهْوَجي/ قَهْوَجيَّة
웨이트리스, 여자 종업원(식당 등)	
garsoona/ -aat 가르쏘-나/ 가르쏘나-트	جَرْسُونة/ جَرْسُونات
muḑifa/ -aat (hostess) 무디-파/ 무디파-트	مُضيفة/ مُضيفات
위(stomach) męɜda/ -ǽæt 메아다/ 메아대-트	مَعْدة/ مِعْدات
위기 ʔazma/ ʔazamǽæt 아-즈마/ 아자매-트	أزْمة/ أزْمات
위대한 ɛaziim/ ɛozama 아짐-/ 오자마	عَظيم/ عُظَماء
위독한, 위급한, 위기의 xatiir 카띠-르	خَطير
위반(eg 교통위반) muxalfa/ -ǽæt 무칼파/ 무칼패-트	مُخالفة/ مُخالفات
위에 (on top of, above, beyond) (prep) foo? 포-으	فوْق
위에 (on, onto) (prep) ɛala 알라	عَلى
(..을) 위해, 위하여(for) (prep)	
li 리 ل ; ɛaʃǽæn 아샨- ; ɛalaʃǽæn 알라샨-	عَلَشان
위험한 xatiir/ -iin 카띠-르/ 카띠린-	خَطير/ خَطيرين
유럽 ʔurobba 우롭바	أورُوبَّا
유럽의, 유럽 사람의 ʔurobbi/ -yyiin 우롭비/ 우롭비인-	أورُوبّي/ أورُوبّيّين
유리 ʔezǽæz(-a/-ǽæt) 이재-즈(이재자/이재재-트)	قَزاز(قَزازة/قَزازات)

소사전

유머감각이 있는, 유머러스한

   damm-u/-aha/-ohom xafiif 담무(담마하, 담무홈 *etc*) 카피-프

                                                                     دَمّه خَفِيف

유명한 maʃhuur/ -iin 마쉬후-르/ 마쉬후린- مَشْهُور/ مَشْهُورِين

유산 turaas 투라-쓰 تُراث

  (문화 유산) ʕel-turaas ęs-saqaafi 일투라-쓰 잇싸까-피 التُّراث الثَّقافي

유언 waṣeyya, węṣęyya/ waṣaaya 와시야/ 와사-야 وَصِيَّة/ وَصايا

유엔(UN) ʕel- ʕomam ęl-muttaɦida 일오맘 일뭇타히다 الأُمَم المُتَّحِدة

유연한, 휘기를 잘 하는, 구부러지는

    (사람이 유연한, 물질이 휘기를 잘 하는)

    màrẹn/ marẹna/ -iin 마린/ 마리나/ 마리닌- مَرِن/ مَرِنة/ مَرِنين

유용한, 유익한 næfęɛ/ -iin 내-피아/ 내프아인- نافِع/ نافِعين

                mufiid/ -iin 무피-드/ 무피딘- مُفِيد/ مُفِيدِين

유일한, 하나뿐인 waɦiid/ -iin 와히-드/ 와히딘- وَحِيد/ وَحِيدِين

유적 ʕasar/ ʕasaar 아싸르/ 아싸-르 أثَر/ أثار

유치원 ɦadaana/ -aat 하다-나/ 하다나-트 حَضانة/ حَضانات

육교, 구름다리 kobri/ kabæri 코브리/ 카배-리 كُبْرِي/ كَبارِي

육십 sęttiin 씻틴- سِتّين

윤리, 도덕 ʔæxlææʕ 아클래-으 أخْلاق

윤이 나는(닦아서 윤이 나는) męṭlammaɛ 미틀람마아 مِتْلَمَّع

은(silver) fadḍa 팟다 فِضّة

은색의 faḍḍi 팟디 فِضِّي

  (은색 물건의) mifaḍḍaḍ 미팟다드 مُفَضَّض

은행 bank/ bunuuk 반크/ 부누-크 بَنْك/ بُنُوك

  (구좌) ɦęsæb 헤쌥- حِساب

음료, 음료수 maʃruub/ -aat 마쉬룹-/ 마쉬루바-트 مَشْرُوب/ مَشْرُوبات

  (청량음료, 콜라 등) ɦæga saʕɛa 해-가 싸으아 حاجة ساقْعة

음악 mazziika 맛지-카 ; musiiqa 무씨-까 مَزِّيكا / مُوسِيقى

  (이집트 음악) musiiqa maṣreyya 무씨-까 마스리야 مُوسِيقى مَصْرِيَّة

음악가 musiiqi/ -yyiin 무씨-끼/ 무씨끼인- مُوسِيقِي/ مُوسِيقِيّين

소사전

| 음식 | ʔakl | 아클 | أَكْل |

응급처치 ʔęsˤaafææt (ʔawwalęyya) 이쓰아패-트 اسعَافَات (أَوَّلِيَّة)

응원하다 ʃaggaɛ/ yęʃaggaɛ 샤가아/ 예샤가아 شَجَّع/ يُشَجَّع

(응원하는 사람) muʃaggęɛ/ -iin 무샤기아 /무샤기인- مُشَجِّع/ مُشَجِّعين

의견 raʔy/ ʔaraaʔ 라이/ 아라-으 رَأْي/ آرَاء

의견의 불일치 xęlæf/ -ææt 킬래-프/ 킬래패-트 خِلَاف/ خِلَافَات

의견일치를 본, 의견이 일치하는

    męttęfęʔ/ -iin 밋티피으/ 밋티피인- مُتَّفِق/ مُتَّفِقين

의과대학 kollęyyęt ęt-tębb 꼴리옡 잇띱 كُلِّيَة الطِّبّ

의도(intention) ʔasˤd 아스드 قَصْد

    nęyya/ -ææt 니야/ 니옡-트 نِيَّة/ نِيَّات

의도하는 nææwi/ -yiin 내-위/ 내위인- نَاوِي/ نَاوِيين

의료검진 kaʃf tˤębbi 카쉬프 띱비 كَشْف طِبِّى

의무 wæægęb/ -ææt 왜-깁/ 왜기배-트 وَاجِب/ وَاجِبَات

의미(meaning) maɛna/ maɛææni 마아나/ 마애-니 مَعْنَى/ مَعَانِي

의사 duktoor/ dakatra 독토-르/ 다카트라 دُكْتُور/ دَكَاتْرَة

    tˤabiib/ ʔatˤębba (cl) 따빕-/ 아띱바 طَبِيب/ أَطِبَّاء

의식불명, 혼수상태(coma) yaybuuba 가이부-바 غَيْبُوبَة

의식이 있는, 깨어있는, 주의를 기울이고 있는

    wææɛi/ -yiin 왜-에이/ 왜아인- وَاعِي/ وَاعِيين

의자 korsi/ karææsi 코르씨/ 카래-씨 كُرْسِي/ كَرَاسِي

의장(chairman) raʔiis/ roʔasa 라이-쓰/ 로아싸 رَئِيس/ رُؤَسَاء

의지하는, 의존하는 muɛtamęd ɛala 무아타미드 알라 مُعْتَمِد عَلَى

의학 tˤębb 띱 طِبّ

이(tooth) sęnna/ sⁿnææn, ʔasnææn 씬나/ 씨낸- سِنَّة/ سِنَان، أَسْنَان

이를 닦다 yasal/yęysęl ęs-sⁿnææn 가쌀/ 옉씰 잇씨낸- غَسَل/ يِغْسِل السِّنَان

이것(this) da (m) 다 دَة ; di (f) 디 دى

이것들(those) dool 돌- ; دُول ; di (무생물의 경우) 디 دى

이기다 (eg 경기에서)

    fææz/ yęfuuz 패-즈/ 예푸-즈 فَاز/ يِفُوز

소사전

kesęb/ yęksab   키쎕/ 옉쌉   كِسِب/ يكْسَب

ɣalab/ yęɣlęb   갈랍/ 예글립   غَلَب/ يغْلِب

이다(to be) kææn/ yękuun   캔-/ 예쿤-   كَان/ يكُون

이동, 운반 naʕl   나을   نَقْل

이런 식으로 kęda   께다   كِدَة

이렇게 (like this) zayy kęda   자이 께다   زَيّ كِدَة

이륙하다, 출발하다(eg 비행기, 기차)

ʕææm/ męʕuum   앰-/ 예훔-   قَام/ يقُوم

tęlęɛ, talaɛ/ yętlaɛ   띨리아/ 예뜰라아   طلِع/ يطْلَع

이름 ʕęsm/ ʕasææmi, ʕasmææʕ/ msmʕ   이씀/ 아싸-미   إِسْم/ أَسَامِي، أَسْمَاء

(...라고) 이름짓다 samma/ yęsammi   쌈마/ 예쌈미   سَمَّى/ يسمِّي

이모 xææla/ -ææt   캘-라/ 캘래-트   خَالَة/ خَالَات

이미(already) xalaṣ   칼라스   خَلَاص

이발사, 이발소 ḥallææʕ/ -iin/ ʕæællaʕ   할래-으/ 할래인-   حَلَّاق/ حَلَّاقِين

(미용사) kʷwafęęʕr/-ææt   꼬와피-르/꼬와피래-트   كُوَافِير/ كُوَافِيرَات

이발하다 (남자가 이발하다)

ḥalaʕ/ yęḥlaʕ ʃaɛr-u   할라으/ 예흘라으 샤아루   حَلَق/ يحْلَق شَعْرهُ

이불 ɣaṭa   가따   غَطَاء

(얇은 이불) kovęrta   코비르타   كُوفِرْتَه

(담요, blanket) baṭṭanęya   밧따니야   بَطَّانِيَة

(솜 이불, quilt) lᵉḥæf/ lęḥęfa   리해-프/ 리히파   لِحَاف/ لِحِفَة

이상한, 낯선

ɣariib/ ɣoraba, ɣoraab, ʕayraab   가립-/ 고라바   غَرِيب/ غُرَبَاء، غُرَاب، أَغْرَاب

이상하게 여기는

męstaɣrab/ -iin   미쓰타그랍/ 미쓰타그라빈-   مِسْتَغْرَب/ مِسْتَغْرَبِين

이성(reason) ʕaʕl/ ɛuʕuul/ luuʕuʕ/ lʕaʕ   아을/ 오울-   عَقْل/ عُقُول

이슬람교 ʕęl-ʕęslææm   일이쓸램-   الإِسْلَام

이슬람교인 muslęm/ -iin   무쓸림/ 무쓸리민-   مُسْلِم/ مُسْلِمِين

이슬람의, 이슬람적인

ʕęslææmi/ -yyiin   이쓸래-미/ 이쓸래미인-   إِسْلَامِي/ إِسْلَامِيِين

소사전

이슬람 형제단
    ʔęl-ʔęxwææn ęl-muslimiin 일에크완- 일무쏠리민-　الإخْوَان المُسْلِمين

이십　ɛɛʃriin　에쉬린-　عِشْرين

이야기　ɦᵉkææya/-tææt　헤캐-야/ 헤캐에-트　حِكَايَة/ حِكَايَات
    qęṣṣa/ qęṣaṣ　끼싸/ 끼사스　قِصَّة/ قِصَص

이야기하다　ɦaka/ yeɦki　하카/ 예흐키　حَكَى/ يَحْكِى

이웃　gaar/ gerææn　가-르/ 기랜-　جَار/ جيرَان

이유　sabab/ ʔasbææb　싸밥/ 아쓰밥-　سَبَب/ أَسْبَاب

이익 (금전상의 이익)　rębɦ/ ʔarbaaɦ　릅흐/ 아르바-흐　رِبْح/ أَرْبَاح
    maksab/ makææsęb　막쌉/ 마캐-씹　مَكْسَب/ مَكَاسِب

이자　fayda/ fawææyęd　파이다/ 퐈왜-이드　فَائدَة/ فَوَائد

이전의
    ʔęlli fææt/(f)fæætęt　일리 패-트/ 일리 패-티트 (f)　اللِّي فَات/ اللِّي فَاتِت

이집트　maṣr　마스르　مَصْر

이집트의, 이집트 사람의　maṣri/ -yyiin　마스리/마스리인-　مَصْرِي/ مَصْرِيِّين

..이하(less than)　ʔaʔall męn　아알 민　أَقَلّ من

이해(understanding)　fahm　파흠　فَهْم
    (상호이해와 의견의 일치)　tafææhom　타패-홈　تَفَاهُم

이해시키다　fęhhęm/ yefahhęm　파흠/ 예파흠　فَهِّم/ يِفَهِّم

이해하고 있는　fææhęm/ -iin　패-힘/ 패-흐민-　فَاهِم/ فَاهْمين

이해하다　fęhęm/ yęfham　피흠/ 에프함　فِهِم/ يِفْهَم

이해할 수 없는, 믿을 수 없는　męʃ maʕʔuul　미쉬 마아울-　مِش مَعْقُول

이혼　ṭalaaʔ　딸라-으　طَلَاق

이혼하다(남자가)　ṭallaʔ/ yęṭallaʔ　딸라으/ 예딸라으　طَلَّق/ يِطَلَّق
    (여자가 이혼 당하다)
    ʔęttallaʕęt/ tęttallaʔ　잇딸라이트/ 팃딸라으　اِتْطَلَّقِت/ تِتْطَلَّق

이혼한 상태의(여자가)
    męttallaʕa/ -iin　밋딸라아/ 밋딸라인-　مِتْطَلَّقَة/ مِتْطَلَّقِين

..이후에 (prep 시간)　baʕd　바아드　بَعْد
    (조금 이후에)　baʕd ʃᵉwayya　바아드 쉬와야　بَعْد شْوَيَّة

소사전

익숙한 mɛtɛawwɛd/ -iin (ɛala) 미트아워드/ 미트아워딘- (알라) متعوِّد/ متعوِّدين (علَي)

익다 (음식, 과일이 잘 익다)
  ʕɛstawa/ yɛstɛwi 이쓰타와/ 에쓰티위 إستَوَى/ يستَوِي

익은 (음식, 과일이 잘 익은)
  mɛstɛwi/ -yyiin 미쓰티위/ 미쓰티위인- مستْوِي/ مستْوِيين

인격, 성격(character) ʃaxṣɛyya 샥시야 شخصيَّة

인공의, 인공으로 만들어진
  ṣɛnaaɛi/ -yyiin 시나-이/ 시나아인- صِناعي/ صناعيِّين

인구 ɛadad (ɛṣ-)sukkæn 아다드 숙캔- عدَد (السُّكَّان)

인기있는 maʃhuur/ -iin 마쉬후-르/ 마쉬후린- مشْهُور/ مشْهُورين

인내 ṣabr 사브르 صبْر

인류 ʕɛl-baʃar 일바샤르 البَشَر

인사하다 sallɛm/ yɛsallɛm (ɛala) 쌀림/ 예쌀림 (알라) سلِّم/ يسلِّم علَى

인색한 baxiil/buxala 바킬-/ 부칼라 بخِيل/ بُخَلاء

인생 ḥayææh 하예- حَياة

인종의, 인종차별의 ɛonṣori/ -iin 온소리/ 온소리인- عنْصُري/ عنْصُرِيين

인출하다(예금) (tr) saḥab/ yɛsḥab 싸합/ 예쓰합 سحَب/ يسحَب

인치(inch) buuṣa/ -aat 부-사/ 부사-트 بُوصة/ بُوصَات

인터뷰(interview) muʕabla ʃaxṣɛyya 무아블라 샥시야 مُقَابَلة شخصيَّة
  ʕɛntɛrviyu 인티르비유 إنْتِرڤِيو

인플루엔자, 유행성 독감
  ʕɛnfɛlwanza or ʕanfɛlwanza 인플루완자 إنْفِلْوَنْزا

인형 (여자 인형) ɛaruusa/ɛaraayɛs 아루-싸/아라-이쓰 عَرُوسة/ عَرَائس
  (곰 인형) dabduub/ dabadiib 답둡-/ 다바딥- دبْدُوب/ دبَادِيب

일(job, work) ʃoyl/ ʕaʃyææl 쇼글/ 아쉬걜- شُغْل/ أشْغَال

일기 muzakkᵉraat 무작크라-트 مُذكِّرَات

일꾼, 노동자 ɛææmɛl/ ɛummææl 애-밀/ 움맬- عَامِل/ عُمَّال

일련, 시리즈 sɛlsɛla 씰쎌라 سِلْسِلة

일몰(sunset) ʕɛl-yuruub 일구훕- الغُرُوب

소사전

	ɣuruub ʃeʃ-ʃams	구룹- 잇샴쓰	غُرُوب الشَّمْس
일몰 시간	ʕel-maɣreb	일마그립	المَغْرِب
일반의, 일반적인	ʕumuumi/-yyiin	우무-미/우무미인-	عُمُومِي/ عُمُومِيِّين
	ʕææmm	앰-	عَامّ
일반적으로	ʕumuuman	우무-만	عُمُومًا
	ʕala-l-ʕumuum	알랄 우뭄-	عَلَى العُمُوم
일방통행	ʃettegææh wæækʲed	잇티개-흐 왜-히드	إتِّجَاه وَاحِد
일어나다(생기다)	ɦaṣal/ yeɦṣal	하쌀/ 에흐쌀	حَصَل/ يحْصَل
일어서다, 서다	ʔææm/ yeʔuum	앰-/ 에움-	قَام/ يقُوم
(명령형)	ʔoʔaf	오아프	أُقَف
일요일	yoom el-ɦadd	욤- 일 핫드	يُوم الحَدّ
일정표	gadwal/ gadææwel	가드왈/ 가대-웰	جَدْوَل/ جَدَاوِل
일주일, 7일	ʔusbuuʕ/ ʔasabiiʕ	오쓰부-아/ 아싸비-아	أُسْبُوع/ أَسَابِيع
일찍	badri	바드리	بدري
일하고 있는	ʃaɣɣææl/ -iin	샤갤-/ 샤갤린-	شَغَّال/ شَغَّالِين
일하다	ʕeʃtaɣal/ yeʃtaɣal	이쉬타갈/ 예쉬타갈	إشْتَغَل/ يشْتَغَل
읽다	ʔara/ yeʔra	아라/ 예으라	قَرَأ/ يقْرَأ
잃다, 두고 잊어버리다 *(tr)*			
	ḍayyaʕ/ yeḍayyaʕ	다야아/ 예다야아	ضَيَّع/ يضَيَّع
(길을 잃다) (사람이 주어)	tææh/ yetuuh	태-흐/ 예투-흐	تَاه/ يتُوه
(분실하다, 분실되다)*(intr)*(사물이 주어)			
	ḍaaʕ/ yeḍiiʕ	다-아/ 예디-아	ضَاع/ يضيع
잃은, 잃어버린(물건 등을)	ḍaayiʕ/-iin	다-예아/다예아인-	ضَايع/ ضَايعِين
(사람이 길을 잃은)	tææyeh/ -iin	태-예흐/ 태-예힌-	تَايه/ تَايِهِين
임금(봉급, 월급)	murattab/-ææt	무랏탑/무랏타배-트	مُرَتَّب/ مُرَتَّبَات
임대	taʔgiir	타으기-르	تَأْجِير
임대료	ʔigaar/ -aat	이가-르/ 이가라-트	إيجَار/ إيجَارَات
임대하다	ʔaggar/ yeʔaggar	악가르/ 예악가르	أَجَّر/ يَأجَّر
임시적으로	muʔaqqatan	무악까탄	مُؤَقَّتًا
임신	ɦaml	하믈	حَمْل

소사전

임신하다 baʕat tẓæmęl/ tębʕa ḥæmæl 바이트 해-밀/ 팁아 해-밀	بَقِت حَامِل/ تِبْقَى حَامِل
ḥamalęt/ teḥmal 하말리트/ 티으말	حَمَلِت/ تِحْمَل
임신한 ḥæmæmęl/ ḥawæmęl 해-밀/ 하와-밀	حَامِل/ حَوَامِل
입 boʕʕ 보으 ; famm (cl) 팜	فَمّ
입고있는(옷을) læbęs/ -iin 래-비쓰/ 랩씬-	لَابِس/ لَابْسِين
입구(건물등) madxal/ madææxęl 마드칼/ 마대-킬	مَدْخَل/ مَدَاخِل
daxla 다클라	دَخْلَة
(옷을)입다 lębęs/ yęlbęs 리비쓰/ 옐비쓰	لبِس/ يِلْبِس
입을 다물다 ʔętxaras/ yętxęręs 잇카라쓰/ 예트키리쓰	اِتْخَرَس/ يِتْخَرِس
(입 닥쳐!) ʕęxras 이크라쓰	إخْرَس
입학하다, 입대하다 daxal/ yodxol 다칼/ 요드콜	دخل/ يدخل
(옷을) 입히다 labbęs/ yęlabbęs 랍비쓰/ 옐랍비쓰	لَبِّس/ يِلَبِّس
잇따라	
wææbjed bæɛd ęt-tææni 왜-히드 바아드 잇태-니	وَاحِد بَعْد الثَّانِي
wææbjed wara ęt-tææni 왜-히드 와라 잇태-니	وَاحِد وَرَاء الثَّانِي
있는(to be) mawguud/ -iin 마우구-드/ 마우구딘-	مَوْجُود/ مَوْجُودِين
있다(there is, there are) fii 피-	فِيه
잊고있는 næsi/ -iin 내-씨/ 내-씨인-	نَاسِي/ نَاسِيين
잊다, 망각하다(intr) nęsi/ yęnsa 니씨/ 옌싸	نِسِي/ يِنْسَى
잎 waraʕ(-a/) 와라으(와라아/)	وَرَق(وَرَقَة/)
(나뭇잎들) waraʕ ęʃ-ʃagar 와라으 잇샤가르	وَرَق الشَّجَر

(ㅈ)

자 mastara/ masaatir 마쓰따라/ 마싸-띠르	مَسْطَرَة/ مَسَاطِر
maʕææs/ -ææt 마애-쓰/ 마애새-트	مَقَاس/ مَقَاسَات
자격증(졸업증명서, 수료증명서)	
ʃęhææda/ -ææt 쉬해-다/ 쉬해대-트	شِهَادَة/ شِهَادَات
자녀 ʕawlææd 아울래-드	أَوْلَاد

소사전

자동의(automatic)	ʕotumatek 오투마틱	أُتوماتِك
자동차	ɛarabęyya/ -ææt 아라베야/ 아라베에-트	عَرَبيَّة/ عَرَبيَّات
자동차 등록증	roxʂet ɛarabęyya 록시트 아라베야	رُخصِة عَرَبيَّة
자두	barʕuuʠ(-a/) 바르우-으(바르우아/)	برْقُوق(برْقُوقَة/)
자라게 하다	kabbar/ yękabbar 캅바르/ 예캅바르	كَبَّر/ يكَبَّر
자라다 (사람, 식물, 동물)	kęber/ yękbar 키비르/ 예크바르	كِبِر/ يكَبَّر
자랑	faxr 파크르	فَخر

자랑스럽게 여기는

	faxuur/ -iin (bi) 파쿠-르/ 파쿠린- (비)	فَخُور/ فَخُورين ب
자료(data)	bayanææt 바예내-트	بَيانَات

자루, 부대(밀, 옥수수 등을 담는 자루(포대)

	ʃęwææl/ ʃęwęla 쉬웰-/ 쉬월라	شِوَال/ شِوَلَة
자르다	ʠaʈaɛ/ yęʠʈaɛ 아빠아/ 에으빠아	قَطَع/ يقطَع
(잘게 자르다)	ʠaʈʈaɛ/ yęʠaʈʈaɛ 앗빠아/ 예앗빠아	قَطَّع/ يقَطَّع
(가위로 자르다, 손톱을 깎다)	ʠaʂʂ/ yęʠoʂʂ 앗스/ 예옷스	قَصّ/ يقَصّ
자매	ʔoxt/ ʔexwææt 옥트/ 에크왜-트	أُخت/ إخوَات
자명종	męnabbęh/ -ææt 미납베-/ 미납비해-트	مِنبَّه/ مِنبَّهات
자물쇠(맹꽁이자물쇠, 쇠통)	ʠefl/ ʔeʠfææl 이플/ 이으팰-	قُفل/ إقفَال
자본	raas mææl, raʔʂ mææl (cl) 라-쓰 맬-	رَأس مَال
자선	ħasana/ -ææt 하싸나/ 하싸내-트	حَسَنَة/ حَسَنات
	ʂadaqa/ -aat 싸다까/ 싸다까-트	صَدَقَة/ صَدَقات
자손, 후손	nasl 나쓸	نَسل
자신	nafs 납쓰	نَفس
자연	ʕęʈ-tabiiɛa 잇따비-아	الطَّبِيعَة

자연과학

	ʕęl-ɛuluum ęʈ-tabiɛęyya 일울룸- 잇따비에야	العُلُوم الطَّبِيعِيَّة
자연스러운, 자연산의	tabiiɛi/ -yyiin 따비-에이/ 따비에인-	طَبِيعيّ/ طَبِيعيِّين

자연적으로,   자연이

	bęt-tabɛ 빗따브아 ; tabaɛan 따바안	طَبعًا / بالطَّبع
자유	ħorręyya/ -ææt 오레야/ 오레에-트	حُريَّة/ حُريَّات

530

한국어	발음	한글 표기	아랍어
(해방, liberation)	tafjriir	타흐리-르	تَحْرِير
자유로운	ɦorr/ ʕaɦraar, -iin	오르/ 아흐라-르	حُرّ/ أحْرار، حُرِّين
자전거	ɛagala/ ɛagal	아갈라/ 아갈	عَجَلة/ عَجَل
자주, 종종, 빈번히			
	saɛæːt kętiira	싸애-트 키티-라	ساعات كِتِيرة
	ʔawʔæːt kętiira	아우애-트 키티-라	أوْقات كِتِيرة
	koll ʃᵉwayya	꼴리 쉬와야	كُلّ شِوِيَّة
	marraat kętiira	마랃-트 키티-라	مَرّات كِتِيرة
작동시키다(eg 기계 등)	ʃayyal/ yęʃayyal	샤갈/ 예샤갈	شَغَّل/ يِشَغَّل
작동하는, 작동하고 있는	ʃayyæːl/ -iin	샤갤-/ 샤갤린-	شَغّال/ شَغّالين
작동하다	ʕeʃtayal/ yęʃtayal	이쉬타갈/ 예쉬타갈	اِشْتَغَل/ يِشْتَغِل
작별	wadæːɛ	와대-아	وَداع
작은(크기가 작은)	ṣuɣayyar.	수가야르	صُغَيَّر
작은	ṣuɣayyar/ -iin	수가야르/ 수가야린-	صُغَيَّر/ صُغَيَّرين
잔(glass)	kæːs/ -æːt	캐-쓰/ 캐쌔-트	كَأْس/ كَأْسات
(컵) → 컵			
잔돈	fakka	팍카	فَكّة
잔돈으로 바꾸다	fakk/ yęfokk	팍/ 예폭	فَكّ/ يِفُكّ
잔디	nęgiil	니길-	نِجِيل
잔액(eg 은행, 핸드폰의 사용할 수 있는 잔액)	raṣiid	라시-드	رَصِيد
잔인한	muftari/ -yyiin	무프타리/ 무프타리인-	مُفْتَرِي/ مُفْتَرِيين
	ʕæːsi/ ʕasya/ ʕasyiin	애-씨/ 애쓰인-	قاسِي/ قاسْيَة/ قاسْيِين
잔치(결혼식)	faraɦ/ ʕafraːɦ	파라흐/ 아프라-흐	فَرَح/ أفْراح
(파티, 축제)	ɦafla/ ɦafalæːt	하플라/ 하팔래-트	حَفْلة/ حَفَلات
(음식에 초대함)	ɛuzuuma/ -æːt, ɛazæːæyęm	우주-마/ 우주매-트	عَزُومَة/ عَزُومات، عَزائِم
잘, 훌륭히 (adv)	kʷwayyęs	꾸와예쓰 ;	كُوَيِّس
	ɦęlw	헬루	حِلْو
잘려진	maʕṭuu/ -iin	마으뚜-아/ 마으뚜아인-	مَقْطُوع/ مَقْطُوعِين
잘못된, 틀린	ɣalaṭ (invar)	갈라뜨	غَلَط
(잘못된, 틀린, 사람이 주어)	ɣalṭaan/-iin	갈딴-/ 갈따닌-	غَلْطان/ غَلْطانِين

소사전

한국어	발음 (라틴)	발음 (한글)	아랍어
잠	noom	놈-	نُوم
잠그다, 닫다	ʔafal/ yeʕfil	아팔/ 예으필	قَفَل/ يِقْفِل
잠긴(물 속에)	γarʕææn/ -iin	가르앤-/ 가르애닌-	غَرقَان/ غَرقَانين
잠깐	sawææni	싸왜-니	ثَوَاني
	diʕiiʕa waḥda	디이-아 와흐다	دِقيقَة وَاحْدَة
잠시 후에 (adv)	baɛad ʃwayya	바아드 쉬와야	بَعْدْ شُوَيّة
잠을 자는 (ava)	nææyim	내-임	نايم
잠을 재우다 (eg 어린이)	nayyem/ yenayyem	나이임/ 예나이임	نَيِّم/ يِنَيِّم
잠옷	ʕamiiṣ noom	아미-스 놈-	قَميص نُوم
	bijæma/ -ææt	비재-마/ 비재매-트	بيجَامَة/ بيجَامَات
잠을 깨다 (intr)	ṣeḥi/ yeṣḥa	시히/ 예스하	صِحي/ يِصْحَى
잠을 깨우다 (tr)	ṣaḥḥa/ yeṣaḥḥi	사하/ 예사히	صَحَّى/ يِصَحِّي
잠자고 있는	nææyem/ -iin	내-임/ 내이민-	نَايِم/ نَايْمِين
잠자다	næm/ yenææm	냄-/ 예냄-	نام/ يِنام
(하룻 밤)묵다	bæt/ yebææt	배-트/ 예배-트	بَات/ يِبَات
	bayyet/ yebayyet	바이트/ 예바이트	بَيِّت/ يِبَيِّت
잡다 (to take)	xad, ʕaxad/ yææxod	카드/ 에-코드	خَذ، أَخَذ/ يَاخُذ
(붙잡다, to grab, to catch)	mesek/ yemsek	미씩/ 엠씩	مِسِك/ يِمْسِك
잡담하다, 서로 이야기하다			
	dardeʃ/ yedardeʃ	다르디쉬/ 예다르디쉬	دَرْدِش/ يِدَرْدِش
잡음을 내다 (eg 파리, 선풍기 등)	zann/ yezenn	잔/ 예진	زَنّ/ يِزِنّ
잡지	magalla/ -ææt	마갈라/ 마갈래-트	مَجَلَّة/ مَجَلَات
잡초	zarɛ ʃiṭaani	자르아 쉬따-니	زَرْع شِيطَاني
장 (chapter)	faṣl/ fuṣuul	파슬/ 푸쑬-	فَصْل/ فُصُول
장, 벽장, 찬장	dulææb/ dawaliib	둘랩-/ 다왈립-	دُولَاب/ دَوَالِيب
장갑	guwanti, gawanti/ -yyææt	구완티/ 구완티에-트	جُونْتي/ جُونْتِيَات
장관	waziir/ wozara	와지-르/ 우자라	وَزِير/ وُزْرَاء
장교, 경관	zaabeṭ/ zubbaaṭ	자-비뜨/ 줍바-뜨	ضَابِط/ ضُبَّاط
(사병)	ɛaskari/ ɛasææker	아쓰카리/ 아쌔-키르	عَسْكَري/ عَسَاكِر
장난감	leɛba/ leɛab	리아바/ 리압	لِعْبَة/ لِعَب

소사전

장난꾸러기(원래 뜻은 요정)
    ɛafriit/ ɛafariit   아프리-트/ 아파리-트   عَفْرِيت/ عَفَارِيت

장난꾸러기의 ʃaʕi/ʔaʃʕeya or ʃuʕæyy   샤이/슈애-이   شَقِي/ أَشْقِيَة أَوْ شُقَاي

장례, 장례식 ganæeza/ -æet   가내-자/ 가내재-트   جَنَازَة/ جَنَازَات

    (장례식 이후 죽음을 애도하기 위해 모이는 모임) ɛaza 아자   عَزَة

장례식장(조문객을 받는 장소) maɛza 마아자   مَعْزَى

장모, 시어머니 ḥama   하마   حَمَاة

    (나의 장모, 시어머니) ḥamæeti 하매-티   حَمَاتِي

장미꽃 ward(-a/)   와르드(와르다/)   وَرْد(وَرْدَة/)

장소 makæen/ ʕamæekęn   마캔-/ 아매-킨   مَكَان/ أَمَاكِن
    maṭraḥ/ maṭaarȩḥ   마뜨라흐/ 마따-리흐   مَطْرَح/ مَطَارِح

장식 ziina/ zinæet   지-나/ 지내-트   زِينَة/ زِينَات

장인, 시아버지 ḥama   하마   حَمَا

    (나의 장인) ḥamæeya 하매-야   حَمَايَا

장점 miiza/ mizæet, mumayyizæet   미-자/ 미재-트   مِيزَة/ مِيزَات، مُمَيِّزَات

장학금, 장학제도 męnḥa/ męnaḥ   민하/ 미나흐   مِنْحَة/ مِنَح
    męnḥa dęraasęyya   민하 디라-쎄야   مِنْحَة دِرَاسِيَّة

재(ash) ramaad   라마-드   رَمَاد

    (잿빛의, 회색의) ramaadi 라마-디   رُمَادِي ; ruṣaaṣi 루사-시   رُصَاصِي

재고조사 gard   가르드   جَرْد

재능(타고난 재능, 탤런트) mawhęba 마우헤바   مَوْهِبَة

    (솜씨, 기술) mahaara/ -aat   마하-라/ 마하라-트   مَهَارَة/ مَهَارَات

재능있는, 은사있는 mawhuub/ -iin   마우훕-/마우후-빈-   مَوْهُوب/ مَوْهُوبِين

    ɛand-u (-ak, *etc*) mawhęba   안두(안닥, *etc*) 마우헤바   عَنْدُه مَوْهِبَة

재다 ʕææs/ yęʕiis   애-쓰/ 예이-쓰   قَاس/ يِقِيس

재단, 마름질 tafṣiil   타프실-   تَفْصِيل

재단하다(양복등) faṣṣal/ yęfaṣṣal   팟살/ 예팟살   فَصَّل/ يِفَصَّل

재떨이 ṭaffaaya/ -aat   땃파-야/ 땃파야-트   طَفَّايَة/ طَفَّايَات

재료 madda/ mawæædd   맛다/ 마왯-드   مَادَّة/ مَوَادّ

재무부 węzaaręt ęl-malęyya   위자-리트 일말레야   وِزَارَة الْمَالِيَّة

소사전

재미, 즐거움	motɛa/ motaɛ	모트아/ 모타아	مُتْعَة/ مُتَع
재미있는,즐길만한	momtɛɛ/ -iin	몸티아/ 몸티아인-	مُمْتِع/ مُمْتِعين

재배하는 곳, 경작지, 농장
   mazrɛa/ mazæærɛa 마즈라아/ 마재-리아 مَزْرَعَة/ مَزَارِع

재배하다	zarɛa/ yɛzraɛ	자라아/ 예즈라아	زَرَعَ/ يَزْرَع
재봉, 바느질	xiyaaṭa	키야-따	خِيَاطَة
재산, 부	sarwa	싸르와	ثَرْوَة
재스민(jasmine)	yasmiin	야쓰민-	يَاسْمِين
(감꽃 모양의 아랍 재스민)	foll	풀	فُلّ
재채기	ɛaṭs(-a/)	아뜨쓰(아뜨싸/)	عَطْس(عَطْسَة/)
재채기하다	ɛɛṭɛs/ yɛɛṭas	에뜨쓰/ 예아따쓰	عطِس/ يعْطَس
재킷, 외투	jæækɛt/ -ææt	재-킷/ 재키태-트	جَاكِت/ جَاكِتَات
재판(재판 혹은 판결)	ḥokm/ ʕaḥkææm	오큼/ 아흐캠-	حُكْم/ أحْكَام
재판관	ʕaadi/ ʕudaah	아-디/ 우다-	قَاضِي/ قُضَاة

재판하다(판사가 재판하다)
   ḥakam/ yoḥkom (ɛala) 하캄/ 요흐콤 (알라) حَكَم/ يُحْكُم (عَلَى)

재해, 재앙	muṣiiba/ maṣaayɛb	무시-바/ 마사-입	مُصِيبَة/ مَصَائِب
(자연재해, 재앙)	karsa/ kawææres	카르싸/ 카와-리쓰	كَارْثَة/ كَوَارِث
잭(무거운 것을 밀어 올리는 도구, jack)	kurɛɛk	쿠렉-	كُورِيك
잼(jam)	mɛrabba/ -aat	미랍바/ 미랍바-트	مربَّى/ مربَّات
쟁반	ṣenɛyya/ ṣawaani	시네야/ 사와-니	صِنِيَّة/ صَوَانِي
쟁점(issue)	masʔala/ masææʔɛl	마쓰알라/ 마쌔-일	مَسْأَلَة/ مَسَائِل
	mawduuɛ/ mawadiiɛ	마우두-아/ 마와디-아	مَوْضُوع/ مَوَاضِيع
저개발국	balad mutaxallɛfa	발라드 무타칼리파	بَلَد مُتَخَلِّفَة
저것들(those) (사람을 언급할 때)	dool	둘-	دُول
(사람이 아닌 것들을 언급할 때)	di 디 ; dikha 딕하		دِكْهَة
저널리스트, 기자	ṣaḥafi/ -yyiin	사하피/ 사하피인-	صَحَفِي/ صَحْفِيِّين
저녁	masææʔ	마쌔-으	مَسَاء
(저녁, 야간)	lɛɛl (-a, layææli)	릴-(라옐-리)	لِيل/ لَيَالِي
(밤에)	bɛl-lɛɛl	빌렐-	بِاللِّيل

소사전

| 저녁의, 야간의 *(adj)* | layli | 라일리 | لَيْلِي |

저녁의, 야간의 *(adj)*   layli   라일리   لَيْلِي

저녁식사   ɛaʃa   아샤   عَشَاء

저녁을 먹다   ʕetɛaʃʃa/ yetɛaʃʃa   이트앗샤/ 예트앗샤   اِتْعَشَّى/ يِتْعَشَّى

저울   mezææn/ mawaziin   미잰-/ 마와진-   مِيزَان/ مَوَازِين

저울질 하다   wazan/ yewzen   와잔/ 예우진   وَزَن/ يُوزِن

저자, 문필가   kæætęb/ kuttææb   캐-팁/ 쿳탭-   كَاتِب/ كُتَّاب

         muʕallęf/ -iin   무알리프/ 무알리핀-   مُؤَلِّف/ مُؤَلِّفِين

저장하다   xazzin/ yexazzin   캇진/ 예캇진   خَزِّن/ يخَزِّن

저축하다

  (은행에 예금하다) ḥaṭṭ/ yeḥoṭṭ fᵉluus fi-l-bank

      핫뜨/ 예홋뜨 필루-쓰 필반크   حَطّ/ يِحُطّ فِلُوس فِي الْبَنْك

  (나중을 위해 돈이나 물건을 모으다, 저장하다, 저금하다)

      ḥawweʃ/ yeḥawweʃ   하워쉬/ 예하워쉬   حَوِّش/ يحَوِّش

  (돈, 시간을 아끼다, 절약하다)

      waffar/ yewaffar   왓파르/ 예왓파르   وَفَّر/ يوفَّر

적대적인   ɛudwææni/-yyiin   우드왜-니/우드왜니인-   عُدْوَانِي/ عُدْوَانِيِّين

적어도, 어쨌든 (at least)   ɛala-l-ʔaʕall   알랄 아알   عَلَى الأَقَلّ

      ʕaʕall ma fiiha   아알 마 피-하   أَقَلّ مَا فِيهَا

적은(숫자나 분량이 적은, little, few)

      ʕulayyęl/ -iin   울라일/ 울라일린-   قَلِيِّل/ قَلِيِّلِين

  (약간의, 적은) ʃᵉwayya   쉬와야   شُوَيَّة

적절한   munææsęb/ -iin   무내-씹/ 무내쓰빈-   مُنَاسِب/ مُنَاسِبِين

적절하다   næsęb/ yęnææsęb   내-씹/ 예내-씹   نَاسِب/ يِنَاسِب

전공하다   ʕetxaṣṣaṣ/ yetxaṣṣaṣ (fi)   이트캇사스/ 예트캇사스 (피)   اِتْخَصَّص/يِتْخَصَّص (فِي)

전구   lamba/ -aat, lomaḍ   람바/ 로마드   لَمْبَة/ لَمْبَات, لُمَض

전기   kahraba   카흐라바   كَهْرَبَاء

전기공, 전기기술자

      kahrabaaʔi/ -yya   카흐라바-이/ 카흐라바이야   كَهْرَبَائِي/ كَهْرَبَائِيَّة

전기선   sęlk/ ʕaslææk (kahraba)   씰크/ 아쓸랙- (카흐라바)

소사전

		سِلْك/ أَسْلاَك (كَهْرَباَء)
전기의	kahrabaaʔi	كَاهْرَبَائِي
	카흐라바-이	
전달하다	sallem/ yesallem (li + 사람) 쌀림/ 예쌀림 (리)	سَلِّم/ يِسَلِّم (ل)
전등 (탁상등) ʔabajoora/-aat 아바조-라/아바조라-트		أَبَجُورَة/ أَبَجُورَات
(샹들리에) nagaf(-a/) 나가프(나가파/)		نَجَف/(نَجَفَة/)
전류	tayyaar/ -aat 타야-르/ 타야라-트	تَيَّار/ تَيَّارَات
전망	manzar/ manaazer 만자르/ 마나-지르	مَنْظَر/ مَنَاظِر
전문가	xabiir/ xobara 카비-르/ 코바라	خَبِير/ خُبَرَاء
	mutaxaṣṣeṣ/ -iin (fi) 무타캇시스/ 무타캇시-ㄴ (피)	مُتَخَصِّص/ مُتَخَصِّصِين (في)
전문가의, 숙달된	mutaxaṣṣis fi 무타캇시스 피	مُتَخَصِّص
전문대학	maɛhad/ maɛaæhged 마아하드/ 마애-히드	مَعْهَد/ مَعَاهِد
전문분야	taxaṣṣoṣ/ -aat 타캇소스/ 타캇소사-트	تَخَصُّص/ تَخَصُّصَات
(분야)	magæl/ -ææt 마갤-/ 마갤래-트	مَجَال/ مَجَالاَت

전시(상품 전시, display), 영화의 상연

	ɛard/ ɛuruud 아르드/ 오루-드	عَرْض/ عُرُوض
전시되어 있는	maɛruud/ -iin 마아루-드/ 마아루딘-	مَعْرُوض/ مَعْرُوضِين

전시장, 전람회, 박람회

	maɛrad/ maɛaared 마아라드/ 마아-리드	مَعْرِض/ مَعَارِض
(국제 서적 박람회)	maɛrad ek-ketæab ed-dawli 마아라드 익키탭- 잇다울리	مَعْرِض الكِتَّاب الدَّوْلِي
전시하다	ɛarad/ yeɛred 아라드/ 에아리드	عَرَض/ يعْرِض
전시회	maɛrad/ maɛaarid 마아라드/ 마아-리드	مَعْرِض/ مَعَارِض
전압	volt 볼트	فُولْت
전압, 볼트 수	gohd (no pl) 고흐드	جُهْد
전열기 (전기포트 등 작은 전열기) saxxææn/ -ææt kahraba		سَخَّان/ سَخَّانَات كَهْرَبَاء
싹캔-/ 싹캐내-트 카흐라바		
전염되다	ʔetɛada/ yetɛada, yetɛedi (men) 이트아다/ 에트에디 (민)	إتْعَدَى/ يتْعَدَى (من)
전염시키다	ɛada/ yeɛdi 아다/ 에아디	عَدَى/ يعْدِي

소사전

전자(electron)	ʕelɛktɛroon	일릭트론-	إِلِكْتْرُون
전자의(electronic)	ʕelɛktɛrooni	일릭토로-니	إِلِكْتْرُونِي

전자파(모니터 등의 해로운 전자파)

	ʕɛʃʕææa/ -ææt	이쉬애-아/ 이쉬애애-트	إِشْعَاع/ إِشْعَاعَات
(방사선)	ʕɛʃʕææa zarri	이쉬애-아 자리	إِشْعَاع ذَرِّي
(엑스레이)	ʕaʃʕɛɛa	아쉬아아	أَشِعَّة
전쟁	ɦarb (f)/ ɦuruub	하릅/ 후룹-	حَرْب/ حُرُوب
전쟁포로	ʕasiir/ ʕasra	아씨-르/ 아쓰라	أَسِير/ أَسْرَى
전쟁하다	ɦæærɛb/ yefɦæærɛb	해-립/ 예해-립	حَارِب/ يحَارِب
	darab/ yedrab	다랍/ 예드랍	ضَرَب/ يضْرِب

전조등(자동차의 헤드라이트)

	kaʃʃææf/ -ææt	캇쉐-프/ 캇쉐패-트	كَشَّاف/ كَشَّافَات
	fanuus/ fawaniis	파누-쓰/ 파와니-쓰	فَانُوس/ فَوَانِيس
전진하다	ʕetʕaddɛm/ yɛtʕaddɛm	이트앗딤/ 예트앗딤	إِتْقَدَّم/ يتْقَدَّم
전차, 전철(tram)	turmaay/-ææt	투루마-이/투루마에-트	تُرْمَاي/ تُرْمَايَات
(지하철)	mɛtru	메트루	مِتْرُو
전통	taqliid/ taqaliid	타끌리-드/ 타깔리-드	تَقْلِيد/ تَقَالِيد
(관습, custom)	ɛadææt	아대-트	عَادَات
전통적인, 관습적인	taqliidi	타끌리-디	تَقْلِيدِي
전파(텔레비젼, 라디오의 전파)	ʕersææl	이르쌜-	إِرْسَال
(핸드폰의 전파, 네트워크)	ʃabaka	샤바카	شَبَكَة
전여 (adv)	xaalɛs 칼-리스 خَالِص ; ʕabadan 아바단		أَبَدًا
전화	tɛlifoon/ -ææt	틸리폰-/ 틸리포내-트	تِلِيفُون/ تِلِيفُونَات
(전화통화)	mukalma/ -ææt	무칼마/ 무칼매-트	مُكَالَمَة/ مُكَالَمَات
(통화중인)	maʃɣuul/ -iin	마쉬굴-/마쉬굴린-	مَشْغُول/ مَشْغُولِين
(전화 신호음)	ɦaraara	하라-라	حَرَارَة
전화받다	radd/ yɛrodd (ɛala)	랏드/ 예롯드 (알라)	رَدّ/ يرُدّ (عَلَى)
전화번호 안내(전화번호 문의하는 곳 eg 142 번) daliil 달릴-			دَلِيل

전화번호부 (인쇄된 것)

	daliil/ dalææyil tɛlifoon	달릴-/ 달래-일 틸리폰-	دَلِيل/ دَلَائِل تِلِيفُون

소사전

전화하다, 전화를 걸다

    ʔettaṣal/ yettesel be 잇타살/ 옛타실 (비)   اِتَّصَل/ يَتَّصِل بِ

    kallem/yekallem fet-telifoon 칼림/예칼림 핏털리폰-   كَلِّم/يُكَلِّم فِي التِّلِيفُون

절구   hoon   혼-   هُون

절약(돈이나 시간 등)   tawfiir 타우피-르   تَوْفِير

절약하다 (돈, 시간 등을 아끼다)

    waffar/ yewaffar 왓파르/ 예왓파르   وَفَّر/ يُوَفِّر

절차   ʔegraaʔ/-aat 이그라-으/이그라아-트   إِجْرَاء/ إِجْرَاءات

젊은이, 청년

    (m) ʃabb/ ʃabæab or ʃubbææn 샵/ 샤뱁-   شَابّ/ شَبَاب أَوْ شُبَّان

    (f) ʃabba/ ʃabbææt 샵바/ 샵배-트   شَابَّة/ شَبَّات

점(point)   noʔṭa/ noʔaṭ 노으따/ 노아뜨   نُقْطَة/ نُقَط

점검   muragʕa/ -ææt 무라그아/ 무라그애-트   مُرَاجَعَة/ مُرَاجَعَات

점검하다(review) (재점검하다, 교정보다)

    rægægeʕ/yerægægeʕ(ɛala) 래-기아/예래기아(알라)   رَاجِع/ يرَاجِع (عَلَى)

점령(군사적인)   ʕeḥteḷææl 이흐틸랠-   اِحْتِلَال

(군사적으로)점령당한   muḥtall 무흐탈   مُحْتَلّ

점령하다   ʔeḥtall/ yeḥtall 이흐탈/ 예흐탈   اِحْتَلّ/ يَحْتَلّ

점성술   borg/ ʔabraag 보르그/ 아브라-그   بُرْج/ أَبْرَاج

점심, 점심식사   ɣada 가다   غَدَاء

점심을 먹다   ʔetyadda/ yetyadda 이트갓다/ 예트갓다   اتْغَدَّى/ يِتْغَدَّى

점쟁이   ʕarraf/ -iin 아랍프/ 아랍핀-   عَرَّاف/ عَرَّافِين

  (사기꾼 점쟁이)   daggææl/- iin 닥갤-/ 닥갤린-   دَجَّال/ دَجَّالِين

접다 (종이를 접다, 소매를 접다)

    tana/ yetni 타나/ 예트니   تَنَى/ يِتْنِي

    ṭawa/ yeṭwe 따와/ 예뜨위   طَوَى/ يَطْوِي

접속(전화, 인터넷의 접속, contact)

    ʔetteʕsaal/ -aat 잇티살-/ 잇티살라-트   اِتِّصَال/ اِتِّصَالَات

접시(그릇)   ṭabaʕ/ ʔaṭbaʕ (3-10개 tiṭbaʕ)

    따바으/ 아뜨바-으 (3-10개 티뜨바으)   طَبَق/ أَطْبَاق

소사전

접착제 lazzaæq 랏째-으 ; laaṣiq (cl) 라-시으		لاصِق
(나무용, 가죽용 접착제) ɣera 기라		غِراء
(풀, glue) ṣamɣ 삼그		صَمْغ
젓다, 섞다 ɣalleb/ yeɣalleb 알렙/ 예알렙		قَلَب/يَقلِب
정거장 maḥaṭṭa/ -aat 마핫따/ 마핫따-트		مَحَطَّة/ مَحَطَّات

정교회(Orthodox), 동방정교회, 이집트 정교회
  ʔorsozoksęyya   오르쏘족씨얌   أُرْثُوذُكْسِيَّة

정교회 교인, 동방정교회 교인, 이집트 정교회 교인
  ʔorsozoksi/ ʔorsozoks 오르쏘족씨/ 오르쏘족쓰   أُرْثُوذُكْسِي/ أُرْثُوذُكْس

정글, 숲 ɣæba/ -æt 개-바/ 개배-트		غابَة/ غابَات
정당 ḥezb/ ʔaḥzæɛb 히즈브/ 아흐잽-		حِزب/ أَحزاب
정말! (adv) bę-ṣaḥiiḥ 비사히-흐		بِصَحيح
ṣaḥiiḥ 사히-흐 ; maɛʔuul 마으울-		مَعْقول
ḥaʔiiʔi 하이-이 ; bi-gadd 비갓드		بِجَدّ
(감탄의 말로) yæ salæmm! 야- 쌀램-		يا سَلَام
정말로, 진정으로 (adv) feɛlan 페알란		فِعْلاً
bil-feɛl 빌페엘 ; fil-ḥaʔiiʔa 필하이-아		في الحقيقة
ṣaḥiiḥ 사히-흐 ; bi-gadd 비갓드 ; ḥaʔiiʔi 하이-이		حَقيقي
정말의 (adj) ṣaḥḥ 사흐		صَحّ
정면(건물 등의 정면) wagha/ -æt 와그하/ 와그해-트		واجْهَة/ واجْهَات
정면의, 마주보는 ʔuṣaad 우사-드 ; fi weʃʃ 피 워쉬		في وِشّ
정밀한 daqiiq/ -iin 다끼-끄/ 다끼낀-		دَقيق/ دَقيقين
정밀하게 bę-dęqqa 비딕까		بِدِقَّة
정보 maɛlumæt 마알루매-트		مَعْلومات
정부 ḥukuuma/ -æt 후쿠-마/ 후쿠매-트		حُكومَة/ حُكومات
정부의 ḥukuumi/ -yyiin 후쿠-미/ 후쿠미인-		حُكومي/ حُكوميّين
정사각형 murabbaɛ/ -aat 무랍바아/ 무랍바아-트		مُرَبَّع/ مُرَبَّعات

정상, 꼭대기(산이나 탑, 순위 등의 정상)

qęmma, qęmam 낌마/ 끼맘		قِمَّة/ قِمَم
정신 zęhn/ ʔazhæn 지흔/ 아즈핸-		ذِهن/ أَذْهان

539

소사전

한국어	아랍어 전사	한글 독음	아랍어
정신박약의	mutaxallef ɛaqlẹyyan	무타칼리프 아끌리얀	مُتَخَلِّف عَقْلِيًا
정신과 의사	ṭabiib nafsæani	따빕- 납싸-니	طَبِيب نَفْسَانِي
	doktoor ʕamraaḍ nafsẹyya or ɛaṣabẹyya	독토-르 아므라드-드 납씨야	دُكْتُور أَمْرَاض نَفْسِيَّة أَوْ عَصَبِيَّة
정원	genẹẹna/ ganææyen	기네-나/ 가내-인	جِنِينَة/ جَنَائِن
정육면체	mukaɛɛab/ -æat	무카아압/ 무카아아배-트	مُكَعَّب/ مُكَعَّبَات
정의(justice)	ɛadl	아들	عَدْل
정의로운	ɛææḍel/ -iin	애-들/ 애들린-	عَادِل/ عَادِلين
정육점	gazzaar	갓자-르	الْجَزَّار
정지하고 있는(ava)	wææqef/ -iin	왜-이프/ 왜으핀-	وَاقِف/ وَاقِفين
정지하다, 멈추다	wẹʕef/ yoʕaf	웨이프/ 요아프	وِقِف/ يُقِف
멈춰라(명령형)	ʔaʕaf	오아프	أُقَف
정직	ʕamææna	아매-나	أَمَانَة
정직한, 거짓이 없는	ʕamiin/ ʕomana	아민-/ 오마나	أَمِين/ أُمَنَاء
	ʃariif/ ʃorafa	샤리-프/ 쇼라파	شَرِيف/ شُرَفَاء
정치	seyææsa/ -æat	씨에-싸/ 씨에싸-트	سِيَاسَة/ سِيَاسَات
정치적인	seyææsi/ -yyiin	씨에-씨/ 씨에씨인-	سِيَاسِي/ سِيَاسِيِّين
정치학	ɛuluum seyasẹyya	울룸- 씨야씨야	عُلُوم سِيَاسِيَّة
정하다(eg 시간)	ḥaddẹd/ yeḥaddẹd	핫디드/ 예핫디드	حَدَّد/ يُحَدِّد
정확하게	bẹẓ-ẓabṭ	빗잡뜨	بِالضَّبْط
(정밀하게)	be-dẹqqa	비딕까	بِدِقَّة
정확한, 꼭맞는	maẓbuuṭ/ -iin	마즈부-뜨/마즈부띤-	مَظْبُوط/ مَظْبُوطِين
	tamææm(invar)	타맴-	تَمَام
젖은	mabluul/ -iin	마블룰-/ 마블룰린-	مَبْلُول/ مَبْلُولِين
제거하다	ʃæal/ yeʃiil	쉘-/ 예실-	شَال/ يَشِيل
	ṭallaɛ/ yeṭallaɛ (barra)	딸라아/ 예딸라아 (바라)	طَلَّع/ يُطَلَّع بَرَّة
제과점	ḥalawææni/ -yya	할라왜-니/ 할라왜니야	حَلَوَانِي/ حَلَوَانِيَّة
제목, 표제(책등의)	ɛenwææn/ɛanawiin	엔왠-/아나윈-	عِنْوَان/ عَنَاوِين
제발!(please)	ʔarguuk (-ki/ -ku)	아르국- (아르구키 (f))	أَرْجُوك
	men faḍl-ak (-ik, -oku)	민 파들락(민 파들릭 (f))	مِن فَضْلَك

540

소사전

한국어	발음	한글 표기	아랍어
제본(책의 제본)	tagliid	타글리-드	تَجْلِيد
(포장, 코팅)	tayliif	타글리-프	تَغْلِيف
제본하다	galled/ yegalled	갈리드/ 예갈리드	جَلَّد/ يُجَلِّد
제안	ʕeqteraaɦ/ -aat	이끄티라-흐/ 이끄티라하-트	اِقْتِرَاح/ اِقْتِرَاحَات
제안하다	ʕeqtaraɦ/ yeqtereɦ	이끄타라흐/ 이끄티리흐	اِقْتَرَح/ يَقْتَرِح

(제시하다, 물건을 팔 때 가격을 제시하다, to offer)

   ɛarad/ yeɛred (ɛala) 아라드/ 예아리드 (알라)   عَرَض/ يَعْرِض (عَلَى)

제어하다 (기계 등을 조종하다, 제어하다)

   ɦakam/ yoɦkom   하캄/ 요흐콤   حَكَم/ يُحْكُم

   ʕetɦakkem/ yetɦakkem (fi) 이트학킴/ 예트학킴 (피)   اِتْحَكِّم/ يَتْحَكَّم

(..을) 제외하고, ..외에는 (except) *(prep)*

   ʕella 일라 إِلَّا ; maɛada 마아다 مَا عَدَا ; yeer 게-르 غَيْر

제자	telmiiz/ talamiiz	틸미-즈/ 탈라미-즈	تِلْمِيذ/ تَلَامِيذ
제조된	maṣnuuɛ 마스누-아 ; metṣannaɛ 미트산나아		مَصْنُوع ; مُتْصَنَّع
제조하다	ṣanaɛ/ yeṣnaɛ	사나아/ 예스나아	صَنَع/ يَصْنَع
	ṣannaɛ/ yeṣannaɛ	산나아/ 예산나아	صَنَّع/ يَصَنَّع
제출하다	ʕaddem/ yeʕaddem	앗딤/ 예앗딤	قَدَّم/ يِقَدَّم
제품	maṣnuɛaat	마스누아-트	مَصْنُوعَات

(전자제품) gehæz/ ʕagheza 기해-즈/ 아그히자   جِهَاز/ أَجْهِزَة

(전화, 핸드폰 등의 제품) ɛedda/ ɛedad 엣다/ 에다드   عِدَّة/ عِدَد

(공산품) bedaaɛa/ badaayeɛ 비다-아/ 바다-예아   بِضَاعَة/ بَضَائِع

제한된	maɦduud/ -iin	마흐두-드/ 마흐두딘-	مَحْدُود/ مَحْدُودِين
제한하다	ɦadded/ yeɦadded	핫디드/ 예핫디드	حَدَّد/ يُحَدَّد
조각	ɦetta/ ɦetat	헷타/ 헤타트	حِتَّة/ حِتَت

(빵의 조각) loʕma/-mæt, loʕam 로으마/ 로암   لُقْمَة/ لُقْمَات أَوْ لُقَم

조각내다, 쪼개다	kasar/ yeksar	카싸르/ 엑싸르	كَسَر/ يِكْسَر
조건	ʃart/ ʃuruut	샤르뜨/ 슈루-뜨	شَرْط/ شُرُوط
조금 (조금 전에)	men ʃʷwayya	민 쉬와야	مِن شْوَيَّة
(조금 후에)	baɛd ʃʷwayya	바아드 쉬와야	بَعْد شْوَيَّة

조금씩 조금씩, 점차적으로 *(adv)*

소사전

	ʃʷayya ʃʷayya	쉬와야 쉬와야	شْوَيَّة شْوَيَّة
	xaṭwa xaṭwa	카뜨와 카뜨와	خَطْوَة خَطْوَة
	daraga daraga	다라가 다라가	دَرَجَة دَرَجَة
	waḥda waḥda	와흐다 와흐다	وَاحْدَة وَاحْدَة
조금의, 약간의	ʃʷayya	쉬와야	شْوَيَّة
	ʕulayyel/ -iin	울라일/ 울라일린-	قُلَيِّل/ قُلَيِّلِين
조깅, 달리기	reyaaḍet eg-gary	리야-디트 익개리	رِيَاضِة الجَرِي

조롱하다

	ḍeḥek/ yeḍḥak ʕala	디힉/ 에드학 (알라)	ضحِك/ يِضْحَك عَلَى
조르다(목조르다)	xanaʔ/ yoxnoʔ	카나으/ 요크노으	خَنَق/ يُخْنُق
조리법	waṣfa/ -aat	와스파/ 와스파-트	وَصْفَة/ وَصفَات
조립하다	gammaʕ/ yegammaʕ	감마아/ 예감마아	جَمَّع/ يِجَمَّع
조반	feṭaar 피따-르 فِطَار ; ʔefṭaar (cl) 이프따-르		إفْطَار
조반을 먹다	feṭer, faṭar/ yefṭar	피따르/ 에프따르	فِطَر/ يِفْطَر
조사, 리서치	baḥs/ buḥuus, ʔabḥæs	바흐쓰/ 아브해-쓰	بَحْث/ أبحاث

조사하다 (조사하다, 리서치하다)

	ʕamal/ yeʕmel (baḥs)	아말/ 에아밀 바흐쓰	عَمَل/ يِعْمِل بَحْث

 (단속, 수색, 검열하다)

	fatteʃ/ yefatteʃ (ʕala)	팟티쉬/ 에팟티쉬 (알라)	فَتَّش/ يِفَتَّش (عَلَى)
조상(ancestor)	ʕagdæædʔ	아그대-드	أَجْدَاد
조소, 비꼬는 말	suxreya	쑤크리야	سُخْرِية
조수, 돕는 사람	musææʕed/-iin	무쌔-에드/무쌔아딘-	مُسَاعِد/ مُسَاعْدِين

조심조심, 살살, 조심스럽게

	ʕala mahl-ak (-ik, etc)	알라 마흘락(마흘릭 (f) etc)	عَلَى مَهْلَك
	ber-raaḥa	비라-하	بِالرَّاحَة

조심성있는(말과 행동에 조심성이 있는)

	mutaḥaffiẓ	무타핫피즈	مُتَحَفِّظ

조심하다, 주의를 기울이다

	xalla bææl-u (men)	칼라 밸-루 (민)	خَلِّي بَالُه (مِن)
	ʔaxad bææl-u (men)	아카드 밸-루 (민)	أَخَد بَالُه (مِن)

소사전

| 조심해! xalli bææl-ak! | 칼리 밸-락 | خلِّي بَالَك |
| ʕewɛa! 에우아 | ; ḫææsib! 해-씹 | حَاسِب ; إوْعَى |

조언 naṣiiḥa/ naṣaayeḥ 나시-하/ 나사-예흐   نَصِيحَة/ نَصَائِح

조용하다 hedi/ yehda 헤디/ 예흐다   هِدِي/ يَهْدَى

sẹkẹt/ yoskot 씨키트/ 요쓰코트   سِكِت/ يُسْكُت

조용한 hæædi/ -yiin 해-디/ 해디인-   هَادِي/ هَادْيِين

조용한(말하지 않는) sæækit/ -iin 쌔-키트/ 쌔킨-   سَاكِت/ سَاكْتِين

조정하다, 조절하다 ẓabaṭ/ yoẓboṭ 자바뜨/ 요즈보뜨   ضَبَط/ يُضْبُط

조종하다 (to control) sayṭar/ yesayṭar (ɛala)

     싸이따르/ 예싸이따르 (알라)   سَيْطَر/ يِسَيْطَر عَلَى

조직 neẓaam/ ʕanẓẹma 니잠-/ 안지마   نِظَام/ أَنْظِمَة

조직된 munazzam/ -iin 무낫잠/ 무낫자민-   مُنَظَّم/ مُنَظَّمِين

조직하다 nazzam/ yenazzam 낫잠/ 예낫잠   نَظَّم/ يِنَظَّم

ratteb/ yeratteb 랏팁/ 예랏팁   رَتَّب/ يِرَتِّب

조카 ʕebn axu-ya , ʕibn oxt-i/ wilææd axu-ya , wilææd oxt-i

   이븐 아쿠야/ 윌래-드 아쿠야   اِبْن أَخُويَا , اِبْن أُخْتِي/ وِلَاد أَخُويَا , وِلَاد أُخْتِي

조카 딸 bent axu-ya, bent oxt-i/ banææt axu-ya, banææt oxt-

   빈트 아쿠야, 바내-트 아쿠야   بِنْت أَخُويَا , بِنْت أُخْتِي/ بَنَات أَخُويَا , بَنَات أُخْتِي

존경받는, 존경할 만안

   moḥtaram / -iin 모흐타람/ 모흐타라민-   مُحْتَرَم/ مُحْتَرَمِين

존경하다 ʕeḥtẹram/ yeḥtẹrẹm 이흐티람/ 에흐티람   اِحْتَرَم/ يِحْتَرِم

졸다 (깜박 졸다) nææm ɛala nafs-u(-ha, etc)

   냄- 알라 낲쑤 (낲싸하, etc)   نَام عَلَى نَفْسُه

졸리는 naɛsææn/ -iin 나아쌘-/ 나아쌔닌-   نَعْسَان/ نَعْسَانِين

졸업 taxarrog 타카로그   تَخَرُّج

졸업식 ḥafleṭ taxarrog 하플리트 타카로그   حَفْلَة تَخَرُّج

졸업하다 ʕetxarrag/ yetxarrag 이트카라그/ 에트카라그   اِتْخَرَّج/ يِتْخَرَّج

좁은 dayyaʕ/ -iin 다야으/ 다야인-   ضَيِّق/ ضَيِّقِين

종, 벨 garas/ ʕagraas 가라쓰/ 아그라-쓰   جَرَس/ أَجْرَاس

종교 diin/ ʕadyææn 딘-/ 아디앤-   دِين/ أَدْيَان

소사전

종교심이 깊은	mutadayyin/-iin	무타다인/무타다이닌-	مُتَدَيِّن/ مُتَدَيِّنِين
종교적인	diini/-yyiin	디-니/ 디니인-	دِينِي/ دِينِيِّين
종려나무, 야자수	naxla/ naxl	나클라/ 나클	نَخْلَة/ نَخْل
종류	nooʕ/ ʕanwææʕ	노-아/ 안왜-아	نُوع/ أَنْوَاع
(유형, type)	ṣanf/ ʕaṣnaaf	산프/ 아스나-프	صَنْف/ أَصْنَاف
(어떤 종류라도)	ʕayy nooʕ	아이 노-아	أَيّ نُوع
종양, 종기	waram/ ʕawraam	와람/ 아우람-	وَرَم/ أَوْرَام
종이	waraʕ(-a/)	와라으(와라아/)	وَرَق/ (وَرَقَة/)
종합대학	gamʕa/ -ææt	감아/ 감애-트	جَامْعَة/ جَامْعَات
(카이로 대학)	gamʕet el-qaahera	감아이트 일까-히라	جَامْعَة الْقَاهِرَة

종아지다, 개선되다, 나아지다

	ʕetḥassen/ yetḥassen	이트핫씬/ 예트핫씬	اِتْحَسَّن/ يِتْحَسَّن
좋아하다	ḥabb/ yeḥebb	합/ 예힙	حَبّ/ يِحِبّ
좋은 (adj)	kʷwayyes/ -iin	꾸와예쓰/ 꾸와예씬-	كُوَيِّس/ كُوَيِّسِين
죄다 (줄을)	ʃadd/ yeʃedd	샫드/ 예쉳드	شَدّ/ يِشِدّ
(나사를)	rabat/ yorbot	라바뜨/ 요르보뜨	رَبَط/ يُرْبُط

죄송합니다!

	ʕææsef/ -iin	애-씨프/ 애-씨핀-	آسِف/ آسِفِين
	mutaʕassef/ -iin	무타앗씨프/ 무타앗씨핀-	مُتَأَسِّف/ مُتَأَسِّفِين
(미안합니다)	maʕleʃʃ	마알리쉬	مَعْلِشّ
(언급하기 외람되지만, 실례지만)	la muʕaxza	라무아크자	لَا مُؤَاخْذَة
죄수 (범죄자)	mogrem/ -iin	모그림/ 모그리민-	مُجْرِم/ مُجْرِمِين
(수감자)	masguun/ -iin or masagiin	마쓰군-/ 마쓰구닌-	مَسْجُون/ مَسْجُونِين

주님(the Lord)	ʕer-rabb	이랍	الرَّبّ
(우리의 주님)	rabb-e-na	랍비나	رَبَّنَا
주다	ʕedda/ yeddi	잇다/ 엣디	إِدَّى/ يِدِّي
주먹	ʕabḍet ʕiid	압디트 이-드	قَبْضِة إِيد
주민, 거주하는 사람	sææken/ sukkææn	쌔-킨/ 쑥캔-	سَاكِن/ سُكَّان
주사	ḥoʕna/ ḥoʕan	오으나/ 오안	حُقْنَة/ حُقَن

소사전

주사를 맞다 xad, ʕaxad/ yææxod ɦoʕna 카드/ 에-코드 오으나 خذ، أخذْ/ يَأخُذْ حُقْنَة

주사를 놓다 ɛdda/ yeddi ɦoʕna 잇다/ 엣디 오으나 إدّى/ يدّي حُقْنَة

주사위 zahr 자흐르 زَهْر

주소 ɛɛnwææn/ ɛanawiin 엔왠-/ 아나윈- عِنْوَان/ عَنَاوِين

주스(juice) ɛaṣiir/ ɛaṣaayer 아시-르/ 아사-이르 عَصِير/ عَصَائِر

 (과일에서)주스를 짜내다 ɛaṣar/yoɛṣur 아사르/요오소르 عَصَر/ يُعْصُر

 (주스를 짜는 기계(도구)) ɛaṣṣaara/ -aat 앗사-라/ 앗사라-트 عَصَّارة/ عَصَّارات

주식, 증권 sahm/ ʕashum 싸흠/ 아쓰홈 سَهْم/ أسْهُم

 (증권 시장, 증권 거래소) borṣa/-aat 보르사/보르사-트 بُرْصَة/ بُرْصَات

주요한, 주된 부분을 이루는

 raʔiisi 라이-씨 ; ɛumuumi 우무-미 عُمُومي رَئِيسي

 ʕasææsi 아쌔-씨 أسَاسي

주유소 maɦaṭṭet banziin 마핫뜨트 반진- مَحَطَّة بَنْزين

주유하다 ɦaṭṭ/ yeɦoṭṭ banziin 핫뜨/ 예훗뜨 반진- حَطّ/ يحُطّ بَنْزين

주위에 ɦawaleen (+n) 하왈렌- حَوَلِين
 ɦawalee- (+pron suffix) 하왈리- حَوَلي

주의 (attention) ʕintᵉbææh 인티배- إنتِبَاه

 (돌봄) ʕehtᵉmææm (bi) 이으티맴-(비) إهتِمَام ب

주의 깊게 b-ehtᵉmææm 비으티맴- بِاهتِمَام

주인 (주인, 어떤 것의 소유주) ṣaaɦeb/ ṣaɦba/ʕaṣɦaab,ṣuɦaab
 사-힙/사흐바(f)/ 아스합- صَاحِب/ صَاحْبَة/ أصْحَاب، صُحَاب

주인공(eg 연극, 영화의) baṭal/ ʕabṭaal 바딸/ 압딸- بَطَل/ أبْطَال

주장(스포츠 팀의) kabten 캅텐 كَابْتِن

주전자(차를 위한) barraad/ -ææt (ʃææy) 바라-드/ 바랃대-트 (쉐-이)
 بَرَّاد/ بَرَّادَات (شَاي)

주제(topic) mawḍuuɛ/mawaḍiiɛ, mawḍuuɛaat 마우두-아/마와디-아
 مَوْضُوع/ مَوَاضِيع، موضعات

주차 보조원 sææyes/ suyyææs 쌔-이쓰/ 쑤예-쓰 سايس/ سيّاس

소사전

주차장 makæænrakan 마캔 라칸 مَكَان رَكْن
barkęng 바르킨 بَارْكِنْج
(건물의 차고) garaaj, garaaʃ/-aat 가라-쥐/가라자-트 جَرَاج/جَرَاجَات

주차하다 rakan/yęrkin 라칸/예르킨 رَكَن/يَرْكَن

죽다 mæmæt/yęmuut 매-트/예무-트 مَات/يَمُوت
(정중한 표현) ʔętwaffa/yętwaffi 이트왓파/에트왓피 إتْوَفَّى/يِتْوَفَّى

죽은, 죽은 사람
mayyit/-iin, ʕamwææt 마이트/마이틴- مَيِّت/مَيِّتِين/أَمْوَات
(죽은, 정중한 표현)
mętwaffi, mutawaffi/-iin 무타왓피/무타왓핀- مِتْوَفِّي/مُتَوَفِّين

죽음 moot 모-트 مُوت ; wafææh 와패- وَفَاة

죽이다 mawwęt/yęmawwęt 마윗트/예마윗트 مَوَّت/يِمَوَّت

준비되다(음식 등) (사물이 주어)
gęhęz/yęghaz 게히즈/에그하즈 جِهِز/يِجْهَز

준비된 gæhęz/-iin 개-히즈/개흐진- جَاهِز/جَاهِزِين

준비하다 (tr) gahhęz/yęgahhęz 가히즈/에가히즈 جَهَّز/يِجَهَّز
ḥaddar/yęḥaddar 핫다르/예핫다르 حَضَّر/يِحَضَّر

줄 (선, line) xatt/xutuut 캇뜨/쿠푸-뜨 خَطّ/خُطُوط

줄이다(to reduce) (tr) ʔallęl/yęʔallęl 알릴/예알릴 قَلِّل/يِقَلِّل
(볼륨을 줄이다, 소리를 작게하다, eg TV, 라디오 등)
watta/yęwatti 왓따/예왓띠 وَطِّى/يِوَطِّى

중간 (n) węst 위쓰뜨 وِسْط
(중간정도의, eg 크기)
mutawassęt/-iin 무타왓씨뜨/무타왓씨띤- مُتَوَسِّط/مُتَوَسِّطِين

중개인(부동산, 자동차 등의 매매 중개인)
sęmsaar/samasra 씸싸-르/싸마쓰라 سِمْسَار/سَمَاسْرَة

중개자, 조정자 wasiit/wosata 와씨-뜨/우싸따 وَسِيط/وُسَطَاء

중고, 중고의
mustaɛmal/-iin 무쓰타아말/무쓰타아말린- مُسْتَعْمَل/مُسْتَعْمَلِين
noṣṣ ɛomr 놋스 오므르 نُصّ عُمْر

소사전

중동	ʃeʃ-ʃarq el-ʔawsaṭ	잇샤르끄 일아우싸뜨	الشَّرق الأَوْسَط
중동의, 중동 사람의	ʃarʕi/ -yyiin	샤르끼/ 샤르끼인-	شَرقي/ شَرقِيِّين
중심, 센터	markaz/ maræækez	마르카즈/ 마래-키즈	مَركَز/ مَراكِز
중요성	ʔahammeyya	아함메야	أَهمِّيَّة
중요한	muhemm/ -iin	무힘/ 무힘민-	مُهِمّ/ مُهِمِّين
중학교	madrasa ʕeɛbadeyya	마드라싸 에으다데야	مَدرَسَة اعدادِيَّة
쥐	faar/ feræææn	파-르/ 피랜-	فَار/ فِئرَان
즉, 바꿔말하면	yaɛni 야아니 ; yaʕni ; bi-maɛna 비마아나		بِمَعنَى
즉시(지금 즉시)	ḥæælan 핼-란 ; ḥaalan ; ʕawææm 아왬-		قَوَام
	ɛala ṭuul 알라 뚤- ; fel-ḥææl 필핼-		في الحَال
즐기는	mustamtaɛ (cl)	무쓰탐타아	مُستَمتَع
	mabsuuṭ/ -iin	맙쑤-뜨/ 맙쑤띤-	مَبسُوط/ مَبسُوطِين
즐기다	ɛestamtaɛ/yestamtaɛ be	이쓰탐타아/예쓰탐타아 (비)	اِستَمتَع/ يَستَمتِع ب
	ɛetmattaɛ/ yetmattaɛ be	이트맛타아/ 에트맛타아 (비)	اِتمَتَّع/ يَتمَتَّع ب
(만족하다, 즐기다)			
	ɛenbasaṭ/ yenbeseṭ be	인바싸뜨/ 엔비씨뜨 (비)	اِنبَسَط/ يِنبَسِط ب
증가	zeyææda	지에-다	زِيَادَة
증가시키다(숫자 등)	zawwed/yezawwed	자워드/예자워드	زَوَّد/ يِزَوِّد
	kattar/yekattar	캇타르/예캇타르	كَتَّر/ يِكَتَّر
증가하다, 증가되다(숫자 등)	zææd/yeziid	재-드/예지-드	زَاد/ يَزِيد
	keter/ yektar	키티르/엑타르	كِثر/ يِكتَر
증거, 증명	daliil/ ʕadella	달릴-/ 아딜라	دَلِيل/ أَدِلَّة
	burhaan/ barahiin	부르한-/ 바라힌-	بُرهَان/ بَرَاهِين
증기, 수증기	buxaar/ ʕabxeɛra	부카-르/ 아브키라	بُخَار/ أَبخِيرَة
증명서(졸업증명서, 수료증명서)			
	ʃahææda/ -ææt	샤해-다/ 샤해대-트	شَهَادَة/ شَهَادَات
증인, 증언	ʃææhed/ ʃuhuud	쉐-히드/ 슈후-드	شَاهِد/ شُهُود
(목격자)	ʃææhed ɛeyææn	쉐-히드 에옌-	شَاهِد عِيَان
증정하다	ʕaddem/ yeʕaddem	앗딤/ 예앗딤	قَدَّم/ يِقَدِّم
지갑(남성용 지갑)	mahfaza/ mahaafez	마흐파자/마하-피즈	مَحفَظَة/ مَحَافِظ

소사전

(여성용 손지갑) bokk 복   بُكّ

지구 ʕil-ʕarḍ (f) 일아르드   الأرْض

지구의(지구본) ʕek-kora -l-ʕarḍeyya 익코라 일아르디야   الكُرَة الأرْضيَّة

지금 delwaʔti 딜와으티   دلوقْتي

지금부터는, 지금부터 계속해서

  men hena w-raayeḥ 민 헤나 위라-에흐   من هنا ورايح

  men delwaʔti w-raayeḥ 민 딜와으티 위라-에흐   من دلوقتي ورايح

지나가다, 지나치다

(사람이 주어) marr/ yemorr 마르/ 에모르르   مرّ/ يمُرّ

지난 번에 ʔel-marra-lli fætætit 엘마르라 일리 패-티트   المَرّة اللّي فاتت

지능 zakææʔ 자캐애-으   ذكاء

지능이 좋은 zaki/ ʔazkeya 자키/ 아즈키야   ذكيّ/ أذكياء

지도 xariiṭa/ xaraayeṭ 카리-따/ 카라-이뜨   خريطة/ خرائط

지도, 지도력 qeyææda 끼에-다   قيادة

지도자, 리더 qaʔed/ qaada, quwwææd 까-이드/ 까-다   قائد/ قادة، قوّاد

지도하다, 이끌다, 인도하다 qaad/ yequud 까-드/ 예꾸-드   قاد/ يقود

지루한(사람의 성격이 따분한) mumell/-iin 무밀/무밀린-   مُملّ/ مُملّين

지루함을 느끼다 mall/ yemell (men) 말/ 에밀 (민)   ملّ/ يملّ (من)

(진저리가 나다)

  zeheʔ, zaheʔ/ yezhaʔ (men) 지히으/ 에즈하으 (민)   زهق/ يزْهق (من)

지루함을 느끼는 혹은 진저리가 나는

  zahʔææn/ -iin (men) 자흐앤-/ 자흐애닌- (민)   زهقان/ زهقانين (من)

지류 farʕ/ furuuʕ 파르아/ 푸루-아   فرْع/ فروع

지류의 farʕi/ -yyin 파르아이/ 파르아인-   فرْعي/ فرْعيين

지름길로 가다 ʔextaṣar/ yextesẹr eṭ-ṭariiʔ

  이크타사르/ 에크티시르 잇따리-으   إخْتصَر/ يخْتصر الطّريق

지름길의 muxtaṣar/ -iin 무크타사르/ 무크타사린-   مُختصَر/ مُختصَرين

지리(geography) goɣrafya 고그라피야   جُغرافيا

지리의, 지리적인 goɣraafi 고그라-피   جُغرافي

지방, 지방질 dehn/ duhuun 디흔/ 두훈-   دهْن/ دُهون

소사전

(요리용 가공 버터 기름) samna 쌈나   سَمْنَة

(우유나 치즈 등에 들어 있는 지방) dasam 다삼   دَسَم

지배하다, 다스리다

    sayṭar/yesayṭar (ɛala) 싸이따르/예싸이따르 (알라)   سَيْطَرَ/يُسَيْطِرُ عَلَى

지불 dafɛ 다프아   دَفْع

지불하다(가격 등) dafaɛ/ yędfaɛ 다파아/ 예드파아   دَفَعَ/يَدْفَعُ

    ḥæɛsęb/ yeḥæɛsęb 해-씹/ 예해-씹   حَاسِب/يُحَاسِب

지성, 이성(reason) ɛa2l/ ɛu2uul 아을/ 우울-   عَقْل/ عُقُول

이렇게, 저렇게 kęda 께다   كِدَة

지식 maɛrefa/ maɛæærẹf 마아리파/ 마애-리프   مَعْرِفَة/ مَعَارِف

지식이 많은, 교양있는

    musaqqaf/ -iin 무싹까프/ 무싹까핀-   مُثَقَّف/ مُثَقَّفِين

지식인, 배운 사람

    mutaɛallęm/ -iin 무타알림/ 무타알리민-   مُتَعَلِّم/ مُتَعَلِّمِين

지역 manṭę2a/ manaaṭẹ2 만띠아/ 마나-띠으   مَنْطِقَة/ مَنَاطِق

    ḥayy/ ɛaḥyææḥ 하이/ 아히예-으   حَيّ/ أَحْيَاء

    ḥętta/ ḥętat 힛타/ 히타트   حِتَّة/ حِتَت

지옥 ʃen-naar 인나-르 النَّار ; eg-gaḥiim 익가힘-   الجَحِيم

    gahannam or guhannam(f) 구한남(f)   جُهَنَّم

지우개 2astiika/ 2asatiik 아쓰티-카/ 아싸틱-   أَسْتِيكَة/ أَسَاتِيك

지우다(to wipe) masaḥ/ yẹmsaḥ 마싸흐/ 옘싸흐   مَسَح/ يَمْسَح

지워진 mamsuuḥ/ -iin 맘쑤-흐/ 맘쑤힌-   مَمْسُوح/ مَمْسُوحِين

지원하다(학교 등) 2addęm/ yę2addęm (fi) 앗딤/ 예앗딤   قَدَّم/ يُقَدِّم (فِي)

지점, 지사 farɛ/ furuuɛ 파르아/ 푸루-아   فَرْع/ فُرُوع

지중해 ęl-baḥr ęl-mutawassęṭ 일바흐르 일무타왓씨뜨   البَحْر المُتَوَسِّط

    ęl-baḥr ęl-2abyaḍ ęl-mutawassęṭ

    일바흐르 일아비야드 일무타왓씨뜨   البَحْر الأَبْيَض المُتَوَسِّط

지진 zęlzææl/ zalææzęl 질쟬-/ 잘래-질   زِلْزَال/ زَلَازِل

지출 maṣruuf/ maṣariif 마쓰루-프/ 마싸리-프   مَصْرُوف/ مَصَارِيف

지치게 하는 motɛęb/ -iin 모트입/ 모트에빈-   مُتْعِب/ مُتْعِبِين

소사전		
지치다	tɛɛeb/ yɛtɛab 테엡/ 에트압	تَعِب/يتْعَب
지켜보다, 구경하다 (to watch)	ʕɛtfarrag/ yɛtfarrag (ɛala) 이트파라그/ 예트파라그 (알라)	اِتْفَرَّج/يِتْفَرَّج عَلَى
지팡이	ɛokkææz/ ɛakakiiz 옥캐-즈/ 아카키-즈	عُكَّاز/ عَكاكيز
지퍼(zipper)	sosta/ sosat 쏘쓰타/ 쏘싸트	سُوسْتَة/ سُوسَت
지하도, 터널	nafas/ ʔanfææʕ 나파으/ 안패-으	نَفَق/ أَنْفاق
지하철	metru 메트루	مِتْرُو
	metru l- ʔanfææʕ 메트루 일안패-으	مِتْرُو الأَنْفاق
(지하철 노선)	xatt/ xutuut 캇뜨/ 쿠뚜-뜨	خَطّ/ خُطُوط
지혜	ɦękma 헤크마	حِكْمَة
직사각형	mustatiil/ -aat 무쓰타띨-/ 무쓰타띨라-트	مُسْتَطيل/ مُسْتَطيلات
직업	wazjifa/ wazaayɛf 와지-파/ 와자-이프	وَظِيفَة/ وَظائِف
	ʃoyl 쇼굴 ; mɛhna/ mɛhan (cl) 메흐나/ 메한	شُغْل ; مِهْنَة/ مِهَن
직원	muwazzaf/ -iin 무왓자프/ 무왓자핀-	مُوَظَّف/ مُوَظَّفين
직접의, 직통의		
	mubææʃer/ -iin 무배-쉬르/ 무배쉬린-	مُبَاشِر/ مُبَاشِرين
(장거리 직통 전화)		
	telifoon mubææʃer 틸리폰- 무배-쉬르	تِلِيفُون مُبَاشِر
직진, 앞으로	doyri 도그리 ; tawwaali 따왈-리	دُغْرِي ; طَوَّالِي
	ɛala tuul 알라 뚤-	عَلَى طُول
진단서 (건강진단서)		
	ʃahææda seɦɦeyya 샤해-다 시헤야	شَهَادَة صِحِّيَّة
진료하다	ɛææleg/ yɛɛææleg 앨-리그/ 예앨-리그	عَالِج/ يعَالِج
진리, 진실	ɦaʕʕ 하으	حَقّ
진실, 사실, 현실	ɦaʕiiʕa/ɦaʕæɛyaɦ 하이-아/ 하애-이으	حَقِيقَة/ حَقَائِق
진실의	ɦaʕiiʕi/ -yyiin 하이이-/ 하이이인-	حَقِيقِي/ حَقيقِيِّين
진열장 (점포의 상품 진열장)	batriina/ batariin, batrinææt 바트리-나/ 바트리내-트	بَتْرينَة/ بَتَارين، بَترينات
	vatriina/-ææt, vatariin 바트리-나/바트리내-트	فَتْرينَة/فَتْرينات، فَتَارين
진저리가 나는		

소사전

	zahʔææz/ -iin (męn)	자흐앤-/ 자흐애닌-	زَهْقَان/ زَهَقَانين (من)
	ʕarfaan/ -iin	아르판-/ 아르파닌-	قَرْفَان/ قَرْفَانين
진주	luuli	룰-리	لُولي
진찰	kaʃf/ kuʃufææt	카쉬프/ 쿠슈패-트	كَشْف/ كُشُوفَات
진찰받다 (intr)	kaʃaf/ yękʃęf	카샤프/ 엑쉬프	كَشَف/ يَكْشِف
진찰하다 (tr)	kaʃaf/ yękʃęf (ɛaɹa)	카샤프/ 엑쉬프 (알라)	كَشَف/ يَكْشِف عَلَى
진한 (색깔이 진한)	ɣææmęʔ/ -iin	개-미으/ 개미인-	غَامِق/ غَامِقين
(커피 등이 진한)	tęʔiil/ tuʔææl	띠일-/ 뚜앨-	ثَقِيل/ ثُقَال
진흙	ṭiin(-a/)	띤-(띠나/)	طِين (طِينَة/)
질 (quality)	gauda	가우다	جَوْدَة
질문	suʔææl/ ʔasʔęla	쑤앨-/ 아쓰일라	سُؤَال/ أَسْئِلَة
질서	nęzaam	니잠-	نِظَام
질서있게 (adv)	bę-nzaam	비느잠-	بِنِظَام
짐꾼	ʃayyææl/ -iin	샤옐-/ 샤옐린-	شَيَّال/ شَيَّالين
집 (house)	bęęt/ buyuut, bęyuut	베-트/ 부유-트	بَيْت/ بُيُوت
(주택)	maskan/ masæækęn	마쓰칸/ 마쌔-킨	مَسْكَن/ مَسَاكِن
(아파트)	ʃaʔʔa/ ʃoʃaʔ	샤알/ 쇼아으	شَقَّة/ شُقَق
집게 (빨래집게)	maʃbak/ maʃææbęk ɣasiil	마쉬박/ 마쉐-빅 가씰-	مَشْبَك/ مَشَابِك غَسِيل
집으로 가다	rawwaħ/ yęrawwaħ	라와흐/ 예라와흐	رَوَّح/ يَرَوَّح
집으로 가고 있는	mᵉrawwaħ/-iin	미라와흐/미라와힌-	مَرَوَّح/ مَرَوَّحِين
집회, 수련회	muʕtamar/ -aat	무으타마르/무으타마라-트	مُؤْتَمَر/ مُؤْتَمَرَات
짖다 (개가)	hawhaw/ yęhawhaw	하우하우/ 예하우하우	هَوْهَو/ يَهَوْهَو
짜다, 비틀다	ɛaṣar/ yoɛṣor	아사르/ 요아소르	عَصَر/ يُعْصُر
짜증내는, 신경질내는			
	mętnarfęz/-iin	미트나르피즈/ 미트나르피진-	مِتْنَرْفِز/ مِتْنَرْفِزين
짝	gooz/ ʔagwææz (3-10짝 tigwææz)		جُوز/ أَجْوَاز
		고-즈/ 아그왜-즈 (3-10 짝, 티그왜-즈)	
(맛이)짠	mææleħ 맬-리흐 ; mᵉmallaħ 미말라흐		مَمْلِح

소사전

	ħædɛʔ 해-디으		حَادِق
짧은	ʕuṣayyar/ -iin 우사야르/ 우사야린-		قُصَيَّر/ قُصَيَّرِين
짧게하다	ʕaṣṣar/ yeʕaṣṣar 앗사르/ 예앗사르		قَصَّر/ يقَصِّر
쫓다(파리 등을 쫓다)	haʃʃ/ yeheʃʃ 하쉬/ 예히쉬		هَشّ/ يهَشّ
	ṭarad/ yoṭrod 따라드/ 요뜨로드		طرَد/ يطرُد
찡그리는	mᵉkaʃʃar/ -iin 미캇샤라/ 미캇샤린-		مكَشَّر/ مكَشَّرِين
찡그리다(얼굴을)	kaʃʃar/ yekaʃʃar 캇샤르/ 예캇샤르		كَشَّر/ يكَشِّر
찢다	ʕaṭaʕ/ yeʕṭaʕ 아따아/ 예으따아		قطَع/ يقْطَع
(갈기 갈기 찢다)	ʕaṭṭaʕ/ yeʕaṭṭaʕ 앗따아/ 예앗따아		قطَّع/ يقطِّع
찢어진	maʕṭuuʕ/ -iin 마으뚜-아/ 마으뚜아인-		مقْطُوع
(갈기 갈기 찢어진)	meʕaṭṭaʕ/-iin 미앗따아/미앗따아인-		مقطَّع/ مقطَّعِين

(ㅊ)

차, 홍차	ʃæɛy 쉐-이		شَاي
차가운(사물 혹은 사람의 마음)	bæɛrɛd/ barda/ bardiin 배-리드/ 바르다(f)/ 바르딘-		بَارِد/ بَارْدَة/ بَارْدِين
차갑게 하다	barrad/ yᵉbarrad 바라드/ 예바라드		برَّد/ يبرِّد
차고(garage)	garaaj 가라-지		جَرَاج
차다 (공을 차다)	ʃaat/ yeʃuut 샤-트/ 예슈-트		شَات/ يشُوت
차례 (순서, turn)	door/ ʕadwaar 도-르/ 아드와-르		دُور/ أدْوَار
차선	xaṭṭ muruur 캇뜨 무루-르		خطّ مرور
차장(버스나 전차에서)	komsari 콤싸리		كُمْسَرِي
차표	tazkara/ tazæɛkɛr 타즈카라/ 타재-키르		تذْكرَة/ تذَاكِر
착륙하다, 하강하다	habaṭ/ yohboṭ 하바뜨/ 요흐보뜨		هبَط/ يُهْبط
착한	ṭayyeb/ -iin 따입/ 따이빈-		طيِّب/ طيِّبِين
(선한, 의로운)	ṣaalɛħ/ -iin 살-리흐/ 살힌-		صَالِح/ صَالِحِين
잘흙	ṣɛlṣaal 실살-		صلْصَال
참깨	sɛmsɛm(-a/) 씸씸(씸씨마/)		سِمْسِم(سِمْسِمَة/)
참는	mᵉstaħmel/ -iin 미쓰타흐밀/ 미쓰타흐밀린-		مِسْتَحْمِل/ مِسْتَحْمِلِين

소사전

참다, 견디다

ʃestaħmel/ yestaħmel 이쓰타흐밀/ 에쓰타흐밀 إسْتَحْمِل/يسْتَحْمِل

ḍayat/ yeḍyaṭ (ɛala nafs-u) 다가뜨/ 에드가뜨 (알라 낲쑤) ضَغَط/يضْغَط عَلَى نَفْسُه

참새 ɛaṣfuur(-a/ ɛaṣafiir) 아스푸-르(아스푸라/ 아사피-르) عَصْفُور (عَصْفُورة/ عَصَافِير)

참석하다 ħaḍar/ yeħḍar 하다르/ 에흐다르 حَضَر/يحْضُر

참여하다 ʃeʃtarak/ yeʃterek(maɛa, fi) 이쉬타락/ 예쉬티릭 (마아나, 피) إشْتَرَك/يشْتَرِك مَع أوْ في

참치 tuuna 투-나 تُونة

찻집 (서민들이 주로 이용하는 길가의 찻집)

ʔahwa/ ʔahæwi 아흐와/ 아해-위 قَهْوَة/قَهَاوي

(커피숍) kofi ʃob 코피 숍 كُوفي شُوب

(카페테리아) kafiterya/ -æt 카피테리야/ 카피테리에-트 كَافِيتِريَا/ كَافِيتِريَات

창(spear) ħarba/ ħeraab 하르바/ 히랍- حَرْبة/ حِراب

창고, 저장소 maxzan/ maxæææzen 마크잔/ 마캐-진 مَخْزَن/ مَخَازِن

창문 ʃebbæk/ ʃababiik 쉽백-/ 샤바빅- شِبَّاك/ شَبَابيك

창백한(얼굴이) weʃʃ-u(-ha, etc) ʔaʃfar 윗슈 아스파르 وشُه أصْفَر

창조(하나님의) xaliiʔa 칼리-아 خَلِيقة

창조하다 (하나님이) xalaʔ/ yexlaʔ 칼라으/ 예클라으 خَلَق/يخْلَق

찾다(to look for)

dawwar/ yedawwar (ɛala) 다와르/ 에다와르 (알라) دَوَّر/ يدَوَّر عَلَى

(찾아내다, to find) laʔa/ yelæʔi 라아/ 옐래-이 لَقَى/ يلاَقي

leʔi/ yelʔa 레이/ 옐아 لَقِي/ يلْقَى

(은행에서 돈을 찾다) saħab/ yesħab 싸합/ 에쓰합 سَحَب/يسْحَب

(찾다, search) baħas/ yebħas (ɛan)바하쓰/ 옙하쓰 بَحَث/يبْحَث (عَن)

dawwar/ yedawwar 다와르/ 에다와르 دَوَّر/ يدَوَّر

채널(eg TV) qanæh/ qanawæt 까내-/ 까나왜-트 قَناة/ قَنوَات

채무자의 madyuun/ -iin 마드윤- مَدْيُون/ مَدْيُونِين

| 소사전 |

채소 xoḍaar, xoḍra/ xoḍrawaat 코다-르/ 코드라와-트
خُضَار، خُضْرَة/ خُضْرَوَات

채소장수 xoḍari/ xoḍarẹyya 코다리/ 코다리야
خُضَرِي/ خُضَرِيَّة

채식주의자 nabææti/ -yyiin 나배-티/ 나배티인-
نَبَاتِي/ نَبَاتِيِّين

채우다(가득하게 채우다, to fill)

   mala/ yẹmla (bẹ) 말라/ 예믈라 (비)
مَلَأ/ يَمْلَأ (بِ)

(채워넣다, 집어넣다, to stuff)

   ḥaʃa/ yẹḥʃʃi (bi) 하샤/ 예흐쉬 (비)
حَشَى/ يَحْشِي (بِ)

(주유소에서 기름탱크에 기름을 가득 채우다)

   fawwẹl/ yẹfawwẹl 파월/ 예파월
فَوَّل/ يِفَوِّل

책 kᵉtææb/ kotob 키탭-/ 코톱
كِتَاب/ كُتُب

책상 maktab/ makæætẹb 막탑/ 마캐-팁
مَكْتَب/ مَكَاتِب

책장 maktaba/ -ææt 막타바/ 막타배-트
مَكْتَبَة/ مَكْتَبَات

책임 masʔulẹyya/ -ææt (ɛan) 마쓰울레야/ 마쓰울리에-트 (안)
مَسْؤُولِيَّة/ مَسْؤُولِيَّات (عَنْ)

책임이 있는 masʔuul/ -iin (ɛan) 마쓰울-/ 마쓰울린- (안)
مَسْؤُول/ مَسْؤُولِين (عَنْ)

챔피언 baṭal/ ʔabṭaal 바딸/ 압딸-
بَطَل/ أَبْطَال

챠트 gadwal/ gadææwẹl 가드왈/ 가대-웰
جَدْوَل/ جَدَاوِل

..처럼 (prep) zayy 자이 ; (conj) zayy ma 자이 마
زَيّ مَا

처방 ɛɛlææg 엘랙-
عِلاَج

처방전 ruʃẹtta/ -ææt 루쉿타/ 루쉿태-트
رُوشِتَّة/ رُوشِتَّات

처방하다 katab/ yẹktẹb (dawa) 카탑/ 엑팁 (다와)
كَتَب/ يِكْتِب دَوَاء

   katab/ yẹktẹb (ruʃẹtta) 카탑/ 엑팁 (루쉿타)
كَتَب/ يِكْتِب رُوشِتَّة

   katab/ yẹktẹb (ɛɛlææg) 카탑/ 엑팁 (엘랙-)
كَتَب/ يِكْتِب عِلاَج

처벌, 벌 ɛɛqaab 에깝-
عِقَاب

(형벌, punishment) ɛuquuba 우꾸-바
عُقُوبَة

처벌하다 ɛaaqẹb/ yẹɛaaqẹb 아-낍/ 예아-낍
عَاقِب/ يِعَاقِب

처신 (처신의 방법, 관계의 방법)

   muɛamla/ -ææt 무아믈라/ 무아믈래-트
مُعَامَلَة/ مُعَامَلاَت

소사전

| 처음 | ʔel-ʔawwel | 일아윌 | الأوّل |

(맨 처음부터) men il-ʔawwel xaaliṣ 민 일아윌 칼-리스 ؜ مِن الأوّل خَالِص

처음 단계로는, 현단계에서는 mabdaʔeyyan 맙다이얀 مَبْدَئِيًّا

척추, 등뼈 ʔel-ɛamuud el-faqri 일아무-드 일파끄리 الْعَمُود الْفَقْرِي

천(thousand) ʔalf/ ʔuluuf, ʔalæɛf (숫자 3-10 talæɛf)

알프/ 알래-프 (3-10 탈래-프) أَلْف/ أُلوف، أَلاَف

천국 (Isl) ʔeg-ganna 익간나 الْجَنَّة ; (Ch) ʔes-sama 잇싸마 السَّمَاء

천둥 raɛd 라아드 رَعْد

천만에요(감사하다는 말에 대해서)

ɛafwan 아프완 عَفْوًا ; ʔel-ɛafw 일아푸 الْعَفْو

천사 malæɛk/ malayka 말랙-/ 말라이카 مَلاَك/ مَلاَئِكَة

천연두 godari 고다리 جُدَرِي

천장 saʔf/ ʔasʔuf 싸으프/ 아쓰우프 سَقْف/ أَسْقُف

천재 ɛabqari/ ɛabaqra 압까리/ 아바끄라 عَبْقَرِي/ عَبَاقِرَة

천주교 ek-katuliik, ek-kasuliik 익카쑬릭- الْكَاثُولِيك

천주교의 katuliiki, kasuliiki 카쑬리-키 كَاثُولِيكِي

천천히 beʃwiiʃ 비쉬위-쉬 بِشْوِيش

ɛala mahl-ak (-ik, etc) 알라 마흘락(마흘릭 (f) etc) عَلَى مَهْلَك

철(iron) ḥadiid 하디-드 حَدِيد

철로 sekka ḥadiid 씩카 하디-드 سِكَّة حَدِيد

철사, 철망 selk/ ʔaslæɛk, suluuk 씰크/ 아쑬랙- سِلْك/ أَسْلاَك، سُلُوك

철학 falsafa/ -æɛt 팔싸파/ 팔싸패-트 فَلْسَفَة/ فَلْسَفَات

철학자 faylasuuf/falasfa 파일라쑤-프/ 팔라쓰파 فَيْلَسُوف/ فَلاَسْفَة

mufakker/ -iin 무팍키르/ 무팍키린- مُفَكِّر/ مُفَكِّرِين

첫번째, 첫째의

ʔawwel (m)/ ʔuula (f) : ʔawweleæɛni (m)/ -yya (f)

아윌 (m)/ 울-라 (f) : 아윌래-니 (m)/아윌래니야 (f)

أوّل/ أُولَى : أوّلاَنِي/ أوّلاَنِيَّة

첫인상 ʔenetbaaɛ 인뜨바-아 إِنْطِبَاع

첫째로, 우선 ʔawwalan 아왈란 أوّلاً

소사전

청구금액 ḥesæægb/ -æægb tæ... 헤쌔읍-/ 헤쌔배-트 حِساب/ حِسابات

청구서 fatuura/ fawatiir 파투-라/ 파와티-르 فاتُورة/ فَواتِير

청색 ʔazraq/zarʔa(f)/zorʔ 아즈라으/자르아(f)/조르으 أزرَق/ زرقاء/ زرق

청소 tandiif 탄디-프 تَنظيف

청소기(진공 청소기) maknasa/ makæænis kahraba
  마크나싸/ 마캐-니쓰 카흐라바 مكنَسة/ مكانس كَهرَباء

청소하다 naḍḍaf/ yenaḍḍaf 낫다프/ 예낫다프 نَظَّف/ يُنظِّف
  (먼지를 털다) naffad/ yenaffad 낫파드/ 예낫파드 نَفَّض/ يُنفِّض

청취자 mustameɛiin 무쓰타미아인- مُستَمِعين

청혼하다 talab/ yotlob ʔiid 딸랍/ 요뜰롭 이-드 طَلَب/ يُطلُب إيد

체계 (조직된 체계) nezaam 니잠- نِظام

체스, 서양장기 ʃaṭarang 샤따란그 شَطَرَنج

체육, 체육활동 riyaaḍa 리야-다 رِياضة ; reyaḍeyya 리야디야 رياضيَّة

체중이 늘다, 살찌다 texen/ yetxan 티킨/ 에트칸 تِخَن/ يِتخَن

체중이 줄다, 살이 빠지다 xass/ yexess 캇쓰/ 에킷쓰 خَسّ/ يِخِسّ

초(second) sanya/ sawææni 싸니야/ 싸왜-니 ثانِية/ ثَوَاني

초 → 양초

초과 zeyææda 지예-다 زِيادة

초등학교 madrasa ʃebtedaʃeyya 마드라싸 입티대에야 مَدرَسة ابتِدائيَّة

초보자 mubtade?/ -iin 뭅타디으/ 뭅타디인- مُبتَدِئ/ مُبتَدِئين

초조한, 안절부절한 meḍḍææyeʔ or meḍḍææybm/ -iin-
  밋대-에으/ 밋대예인- مِتضايِق/ مِتضايِقِين

초록색, 초록색의 ʔaxḍar/ xaḍra(f)/ xoḍr 아크다르/ 카드라(f)/ 코드르
  أخضَر/ خَضراء/ خُضر

초승달 helææl 힐랠- هِلال

초인종 garas el-bæægb 가라쓰 일밥- جَرَس البَاب

초청(집으로의 초청, 식사에 초청)
  ɛuzuuma/ -ææt, ɛazææyem 우주-마/ 우주매-트 عَزُومة/ عَزُومات، عَزائِم

초청된, 초대받은 maɛzuum/ -iin 마아줌-/ 마아주민- مَعزُوم/ مَعزُومين

초청장 kartˤ daɛwa/ kuruut daɛææwi 카르트 다아와/ 쿠루-트 다아왜-워

소사전

كَرَتْ دَعْوَة/ كُرُوت دَعَاوِي

초청하다, 초대하다 (음식이나 영화등에), 대접하다

  ɛazam/ yɛɛzɛm   아잠/ 예아짐   عَزَم/ يعْزِم

초콜릿 ʃukulaata   슈쿨라-타   شِيكُولَاتَة

촉(연필심, 샤프연필촉) sɛnn/ sɛnuun 씬/ 씨눈-   سِنّ/ سِنُون

촛대 ʃamɛɛdæɛn/ -tæɛ 샴에댄-/ 샴에대-트   شَمْعِدَان/ شَمْعِدَانَات

총 (권총) musaddas/ -ææt 무쌋다쓰/ 무쌋다쌔-트   مُسَدَّس/ مُسَدَّسَات

총각 ɛæɛzæb/ ɛuzzææb 애-집/ 웃잽-   عَازِب/ عُزَّاب

총계 (돈의 합계) mablay/ mabææley 마블라그/ 마밸-리그   مَبْلَغ/ مَبَالِغ

(숫자, 성적 등의 합계)

  magmuuɛ/ magamiiɛ   마그무-아/ 마가미-아   مَجْمُوع/ مَجَامِيع

총리, 국무총리 raʔiis ɛl-wozara 라이-쓰 일우자라   رَئِيس الْوُزَرَاء

총알 ruṣaaṣ(-a/ -aat)   루사-스 (루사사/ 루사사-트)

                 رُصَاص(رُصَاصَة/ رُصَاصَات)

총장(대학 총장) raʔiis ɛl-gamɛa 라이-쓰 일감아   رَئِيس الْجَامِعَة

최근에, 최근의 mɛn ʕurayyɛb 민 오라옙   مِنْ قُرَيِّب

  mɛn modda-ʕurayyɛba 민 못다 오라예바   مِنْ مُدَّة قُرَيِّبَة

최대로, 최대한으로 bil-kɛtiir 빌키티-르   بِالْكَثِير

최소로, 최소한으로 ɛala l-ʔaqall 알랄 아알   عَلَى الْأَقَلّ

최선을 다하다 yɛɛmɛl koll ʕɛlli yɛʔdar ɛalɛɛ

    에아밀 콜 일리 예으다르 알리   يعْمِل كُلِّ اِللّي يقْدَر عَلَيه

최초의 (최초에) fɛl-ʔawwɛl 필아월   فِي الْأَوَّل

최후, 마지막, 나중(n) ʕææxɛr 애-키르   آخِر

최후의, 마지막의

 (명사 다음에 사용) ʔaxiir 아키-르   أَخِير

 (명사 이전에 사용) ʕææxɛr 애-키르   آخِر

 (최후의, final) nʰæɛʔi/ -yyiin 니핵-이/ 니해이인-   نِهَائِي/ نِهَائِيِّين

 (마침내, 결국, finally) (adv) ʔaxiiran 아키-란   أَخِيرَا

    fil-ʕææxɛr 필애-키르   فِي الْآخِر

추가하다, 더하다 ḍaaf/ yɛḍiif 다-프/ 예디-프   ضَاف/ يضِيف

소사전

추상적인, 관념적인 maɛnawi 마아나위   معْنَوي

추운 (날씨가) bard 바르드 بَرْد ; saʔɛa 싸으아   سَاقْعَة

추측하다 xammęn/ yęxammęn 캄민/ 예캄민   خَمَّن/ يُخَمِّن

ḥazzar/ yęḥazzar 핫자르/ 예핫자르   حَزَّر/ يُحَزِّر

추한 ʕabiiḥ 아비-흐 قَبِيح ; węʃęʃ/ -iin 위히쉬/ 위흐쉰-   وحْش/ وحْشِين

축구 kora 코-라 كُرَة ; kort ęl-qadam(cl) 코르틸 까담   كُرَة الْقَدَم

축복 baraka/ -aat, -æet 바라카/ 바라캐-트   بَرَكَة/ بَرَكَات

xęęr 케-르   خيْر

축복하다 bææręk/ yębææręk li 배-릭/ 예배-릭 (리)   بَارِك/ يِبَارِك لِ

축소하다(사진, 복사) ṣayyar/ yęṣayyar 삭가르/ 예삭가르   صَغَّر/ يِصَغَّر

축제, 종교적인 축제, 명절 ɛiid/ ʔaɛyæaʔ 에-이드/ 아으에-드   عِيد/ أَعْيَاد

축하연(celebration) (단체 등에서 여는 큰 잔치)

ʕęḥtęfæel 이으티팰-   إحْتِفَال

축하연을 열다, 잔치를 열다

ʕęḥtafal/ yęḥtęfęl 이으타팔/ 예으티필   إحْتَفَل/ يِحْتَفِل

축하해요! mabruuk ! 마브룩-   مَبْرُوك

축하함 tahnęyya 타흐네야   تَهْنِئَة

출구 maxrag/ maxææręg 마크라그/ 마캐-리그   مَخْرَج/ مَخَارِج

(나감) xuruug 쿠룩-   خُرُوج

출발하다(기차 등) męʃi/ yęmʃi 메쉬/ 엠쉬   مِشْي/ يِمْشِي

ʕæem/ yęʕuum 앰-/ 예움-   قَام/ يِقُوم

출생 증명서 ʃahæædęt mʕlæed 샤해-디트 밀래-드   شَهَادَة مِيلَاد

출장(업무여행) maʕmuręyya/ -aat 마으무레야/ 마으무레야-트   مَأْمُورِيَّة/ مَأْمُورِيَّات

출판되다 (책, 음반, 테이프, 음악 등이 새로 나오다)

tęlęɛ, ṭalaɛ/ yęṭlaɛ 띨리아/ 에뜰라아   طِلَع/ يِطْلَع

출혈 naziif 나지-프   نَزِيف

출혈하다 nazaf/ yęnzęf 나자프/ 엔지프   نَزَف/ يِنْزِف

nęzęl/ yęnzęl damm 네질/ 엔질 담   نِزِل/ يِنْزِل دَمّ

충격 ṣadma/ -aat 사드마/ 사드마-트   صَدْمَة/ صَدْمَات

소사전

한국어	발음	한글 발음	아랍어
충고	naṣiiḥa/ naṣaayeḥ	나시-하/ 나사-예흐	نَصِيحَة/ نَصَائِح
충고하다	naṣaḥ/ yenṣaḥ	나사흐/ 옌사흐	نَصَح/ يَنصَح
충분하다	kaffa/ yekaffi	캎파/ 예캎피	كَفَّى/ يكَفِّي
	ɛadda/ yeɛaddi	앗다/ 예앗디	قَضَّى/ يَقَضِّي
충분한	kefææya (invar)	키패-야	كِفَايَة
(남는, 여분의)	bi-zyææda	비지애-다	بِزْيَادَة
충전	ʃaḥn	샤흔	شَحْن
충전기(eg 핸드폰)	ʃææḥen	쉐-힌	شَاحِن
충전하다	ʃaḥan/ yeʃḥen	샤한/ 예쉬힌	شَحَن/ يِشْحَن

충치가 생기게 하다 (tr)

	sawwes/ yesawwes	싸우쓰/ 예싸우쓰	سَوِّس/ يِسَوِّس
충치를 먹은	mesawwes	미싸우쓰	مِسَوِّس
춤 (춤)	raɛṣa/ -aat	라으사/ 라으사-트	رَقْصَة/ رَقْصَات
(춤을 춤)	raɛṣ	라으스	رَقْص
(벨리댄서)	raɛṣ baladi	라으스 발라디	رَقْص بَلَدِي

춤추는 사람(여자)

| | raɛɛaaṣa/ raɛɛaṣaat | 라앗-사/ 라앗사-트 | رَقَّاصَة/ رَقَّاصَات |
| 춤추다 | raɛaṣ/ yorɛoṣ | 라아스/ 요르오스 | رَقَص/ يُرقُّص |

춥다, 춥게 되다, 차갑게 되다

	bered/ yebrad	베리드/ 에브라드	بِرِد/ يِبْرَد
	seɛɛeɛ/ yesɛae	쎄이아/ 에쓰아아	سِقْعِ/ يِسْقَع
취미	hewææya/ -æææt	히왜-야/ 히왜에-트	هِوَايَة/ هِوَايَات
	ɣeyya/ -æææt	기야/ 기에-트	غِيَّة/ غِيَّات
취소하다 (tr)	laɣa/ yelɣi	라가/ 옐기	لَغِي/ يِلغِي
취소되다 (intr)	ɛetlaɣa/ yetlɣi, yetlaɣa	이틀라가/예틀리기	إتْلَغَى/ يِتْلَغِي
취업허가, 노동허가	taṣriiḥ/ taṣariiḥ ɛamal	타스리-흐/ 타사리-흐 아말	تَصْرِيح/ تَصَارِيح عَمَل

취하다, 획득하다

| | xad, ɛaxad/ yæææxod | 카드/ 에-코드 | خَد، أَخَد/ يَاخُذ |
| 측, 쪽(side) | naḥya/ nawææḥi | 나히야/ 나왜-히 | نَاحْيَة/ نَوَاحِي |

소사전

층(floor)　door/ ʕadwaar (3-10층 tędwaar)

　　　　도르/ 아드와-르 (3-10 티드와-르)　　　　　　　　دُور/ أَدْوَار

치과의사　doktoor ʕasnæææn　독토-르 아쓰낸-　　　　دُكْتُور أَسْنَان

치과대학　kollęyyęt tębb ʕasnææn　꼴레옛 떱 아쓰낸-　　كُلِّية طِبّ أَسْنَان

치다(to hit)　ḑarab/ yęḑrab　다랍/ 에드랍　　　　　　　ضَرَب/ يضْرب

　(망치나 해머로 치다)　daʕʕ/ yędoʕʕ 다ㅇ/ 에도ㅇ　　　　دَقّ/ يدُقّ

치료하다, 진료하다　ɛæælęg/ yęɛæælęg 애-리그/ 예애-리그　عَالِج/ يعَالِج

치마　jiiba/ -ææt　　　　지-바/ 지배-트　　　　　　　جِيبَة/ جِيبَات

　　　gunęlla/ -ææt　　　　구닐라/ 구닐래-트　　　　　جُنْلَة/ جُنْلَات

치약　maɛguun sᵉnææn　마아군- 씨낸-　　　　　　　　مَعْجُون سِنَان

치즈　gębna/ gęban　깁나/ 기반　　　　　　　　　　جِبْنَة/ جِبَن

치통　wagaɛ ęs-sᵉnææn　와가아 잇씨낸-　　　　　　وَجَع السِّنَان

친구　ṣaaḥęb/ ṣaḥba (f)/ ʕaṣḥaab, ṣuḥaab　사-힙/ 사흐바(f)/ 아스핟-

　　　　　　　　　　　　　　　　　　　　　　صَاحِب/ صَاحْبَة/ أَصْحَاب، صُحَاب

　(의례적인 친구 혹은 이성간의 친구를 말할 때)

　　ṣadiiq/ ṣadiiqa/ ʕaṣdᵉqaaʕ　사디-끄/ 사디-까(f)/ 아스디까-으

　　　　　　　　　　　　　　　　　　　　　صَدِيق/صَدِيقَة/ أَصْدِقَاء

친구관계, 우정　ṣadaaqa/ -aat 사다-까/ 사다까-트　　　صَدَاقَة/ صَدَاقَات

친절한　ṭayyęb/ -iin　따입/ 따이빈-　　　　　　　　طَيِّب/ طَيِّبِين

　　　laṭiif/ luṭaaf　라띠-프/ 루따-프　　　　　　　لَطِيف/ لُطَاف

친척　ʕariib/ ʕaraayęb　아립-/ 아라-엡　　　　　　　قَرِيب/ قَرَايِب

　(가족)　ɛęęla/ -ææt　아일라/ 아일래-트　　　　　　عَائِلَة/ عَائِلَات

　(가문, 가계, 일가친척)　ʕahl/ ʕahææli 아홀/ 아핼-리　　أَهْل/ أَهَالِي

　(친척 관계)　ṣęlęt ʕaraaba　실리트 아라-바　　　　　صِلَة قَرَابَة

칠면조　diik/ duyuuk (ruumi)　딕-/ 두육- (루-미)　　ديك / دُيُوك رُومِي

칠십　sabɛiin　싸바아인-　　　　　　　　　　　　　سَبْعِين

칠판　ṣabbuura/ -aat, ṣababiir　삽부-라/삽부라-트　　سَبُّورَة/ سَبُّورَات، سَبَابِير

(페인트)칠하다　dahan/ yędhęn　다한/ 에드힌　　　　دَهَن/ يدْهن

　(집에 페인트 칠하다)　bayyaḑ/ yębayyaḑ　바얃드/에바얃드　بَيَّض/يِبَيِّض

침(입안의)　riiʕ　리-으　　　　　　　　　　　　　　ريق

560

한국어	전사	한글 발음	아랍어
침대	seriir/ saraæyer	씨리-르/ 싸래-에르	سرير/ سَرَاير
침대보	melæeya/ -ææt	밀래-야/ 밀래에-트	ملَايَة/ ملَايَات
침몰하다	yereʕ/ yeyraʕ	기리으/ 예그라으	غرِق/ يغرْق
침묵	huduuʔ 후두-으 هُدُوء ; sukuut 쑤쿠-트		سُكُوت
침묵하는	sææket/ -iin	싸-키트/ 쌔틴-	سَاكِت/ سَاكْتِين
침실	ʔoodet noom/ ʔowaḍ noom	오디트 놈/- 오와드 놈	أُوضَة نُوم/ أُوض نُوم
칫솔	forʃet sˤnææn	포르쉬트 씨낸-	فُرْشَيةِ سِنَان
칭찬	(호감가는 말로써 호의를 표하거나 예의상 칭찬하는 말이나 행동)		
	mugamla	무가물라	مُجَامَلَة
칭찬하다	(칭찬하다, praise) madaħ/yemdaħ 마다흐/옘다흐		مَدَح/ يمْدَح
	(말로써 호의를 표하거나 예의상 칭찬하다)		
	gæemil/ yegæemil	개-밀/ 예개-밀	جَامِل/ يجَامِل

(ㅋ)

한국어	전사	한글 발음	아랍어
카드	kart/ kuruut, -ææt	카르트/ 쿠루-트	كَارْت/ كُرُوت
카메라	kamira/ -ææt	카미라/ 카미래-트	كَامِيرَا/ كَامِيرَات
카바레	kazinu/-hææt	카지누/카지누해-트	كَازِينُو/ كَازِينُوهَات
카이로	ʔel-qaaheɾa 일까-히라 القَاهِرَة ; maṣr 마스르		مَصْر
카이로 사람의	maṣraawi/ -yyiin, maṣarwa		
		마스라-위/ 마스라위인-,	مَصْرَاوِي/ مَصْرَاوِيِّين، مَصَارْوَة
	qaheri/ -yyiin	까히리/ 까히리인-	قَاهِرْي/ قَاهِرِيِّين
카지노	kazinu	카지누	كَازِينُو
	ṣaalet ʕumaar/ ṣalaat ʕumaar	살리트 우마-르/살라-트 우마-르	صَالِة/ صَالَات قُمَار

카탈로그 (사용설명서)

	kataloog/ -ææt	카탈로-그/ 카탈로개-트	كَتَلُوج/ كَتَلُوجَات
카펫, 양탄자	seggæeda/ sagagiid	씨개-다/ 싸가기-드	سِجَادَة/ سَجَاجِيد
칼 (eg부엌, 식당)	sekkiina/ sakakiin	씨키-나/ 싸카킨-	سِكِّينَة/ سَكَاكِين
캔(can)	(청량음료 캔) kanz 칸즈		كَنْز

소사전

(과자나 음식 등의 깡통, 통조림의 캔)
     ɛɛlba/ ɛɛlab 엘바/ 엘라브   عِلْبَة/ عِلَب

커리큘럼 manhag/ manææheg 만하그/ 마내-히그   مَنْهَج/ مَنَاهِج

커버 (책의 표지) gelda/ gelad 길다/ 길라드   جِلْدَة/ جِلَد

커브 (도로의 커브) malaff/ -ææt 말랏프/ 말랏패-트   مَلَفّ/ مَلَفَّات

  munħana/ -yææt 문하나/ 문하나에-트   مُنْحَنَى/ مُنْحَنَيَات

커튼 sˤtaara/ satææyir 씨타-라/ 싸태-이르   سِتَارَة/ سَتَائِر

커피 ʕahwa 아흐와   قَهْوَة

커피잔, 찻잔 fengææn, fengææl/ fanagiin, fanagiil

             편갠-/ 파나긴- فِنْجَان، فِنْجَال/ فَنَاجِين، فَنَاجِيل

컨닝하다 (시험에서 부정행위를 하다)

  ɣaʃʃ/ yeɣeʃʃ (men) 가쉬/ 예기쉬 (민)   غَشّ/ يغشّ (من)

 (컨닝 페이퍼) berʃææm 비르솀-   بِرْشَام

컴퓨터 kombeyuutar 콤비유-타르   كُمْبِيُوتَر

 (노트북) læætob 랩-톱   لَاب تُوب

    kombeyuutar maħmuul 콤비유-타르 마흐물- كُمْبِيُوتَر مَحْمُول

컵 kobbææya/ -ææt 콥배-야/ 콥배에-트   كُبَّايَة/ كُبَّايَات

 (와인 글라스) kææs/ -ææt 캐-쓰/ 캐쌔-트   كَأْس/ كَأْسَات

케이블 kabl/ -ææt 카블/ 카블래-트   كَابِل/ كَابْلَات

케이스 (악기, 안경 등) gerææb/-ææt 기랩-/기래배-트 جِرَاب/ جِرَابَات

케이크 (크림을 올린 것) torta 토르타   تُورْتَه

 (크림이 없는 케이크) keeka 케-카   كِيكَة

 (케이크를 작게 자른 것)

    gatoo/ -hææt 가토-/ 가토해   جَاتُوه/ جَاتُوهَات

켜다, 작동시키다

(불을 켜다) nawwar/ yenawwar 나와르/ 예나와르   نَوَّر/ يَنَوَّر

    wallaɛ/ yewallaɛ 왈라아/ 예왈라아   وَلَّع/ يوَلَّع

(켜다, 작동시키다 *eg* 전등, 라디오, 스토브, TV 등)

    wallaɛ/ yewallaɛ 왈라아/ 예왈라아   وَلَّع/ يوَلَّع

(켜다, 작동시키다 *eg* 수도, 라디오, TV 등)

	fataḥ/ yęftaḥ	파타흐/ 에프타흐	فَتَح/ يِفْتَح

켜진 (eg 텔레비전, 라디오)

	wæælęɛ/-iin	웰-리아/ 웰에인-	وَالِع/ وَالْعِين
	ʃayyææl/ -iin	샤걜-/ 샤걜린-	شَغَّال/ شَغَّالِين
(eg 불이 켜진)	minawwar	미나와르	مِنَوَّر

코 manaxiir 마나키-르 مَنَاخِير

코끼리 fiil/ ʕafyææl, feyala 필-/ 아피옐- فِيل/ أَفْيَال، فِيلَة

코르크(cork) fell (-a/) 필(필라/) فِلّ(/فِلَّة)

코를 골다 ʃaxxar/ yeʃaxxar 샤카르/ 예샤카르 شَخَّر/ يِشَخَّر

코를 풀다 naff/ yęnęff 낫프/ 에닛프 نَفّ/ يِنِفّ

코막힘 zukææm 주캠- زُكَام

(코막힘 증세가 있는) męzakkęm/-iin 미자킴/미자키민- مِزَكِّم/ مِزَكِّمِين

코미디(연극이나 영화의 장르) komędya 코미디야 كُومِيدْيَا

코카인(cocaine) kokayiin 코카이인- كُوكَايِين

코코넛 gooz ęl-hend 고-질 힌드 جُوز الْهِنْد

코코아 kakææw 카캐-우 كَاكَاو

코트(eg 테니스) malɛab/ malææɛęb 말라압/ 말래-엡 مَلْعَب/ مَلَاعِب

코트(옷, coat) balṭu/ balaaṭi or balṭoohaat 발뚜/ 발뚜하-뜨

بَالْطُو/ بَلَاطِي أَوْ بَلْطُوهَات

코팅(비닐 코팅)

	tayliif bęl-bęlastik	타글리-프 빌빌라쓰틱	تَغْلِيف بِالْبِلَسْتِيك
콘덴서	kondęnsar	콘딘싸르	كُونْدِنْسَر
콘센트 (멀티콘센트)	muʃtarak	무쉬타락	مُشْتَرَك

(벽의 플러그 콘센트)

	bariiza/ baræǣyęz	바리-자/ 바래-이스	بَرِيزَة/ بَرَايِز

콘크리트 xarasaana 카라싸-나 خَرَسَانَة

콜리플라워(cauliflower)

	ʕarnabiiṭ (-a/)	아르나비-뜨(아르나비따/)	قَرْنَبِيط(قَرْنَبِيطَة/)

코멘트하다, 논평하다

	ɛalla/ yᵉɛalla (ɛala)	알라으/ 예알라으 (알라)	عَلَّق/ يِعَلِّق (عَلَى)

소사전

콤플렉스	baʔza/ ʕabʔza	오으다/ 오아드	عَقْدَة/ عُقَد
콤플렉스를 가진	meʕaʔʔađm/ -iin	미아아드/ 미아아딘-	مِعقَّد/ مِعقَّدِين
콧물	raʃħ	라쉬흐	رَشْح
	barbuur/ barabiir	바르부-르/ 바라비-르	بَرْبُور/ بَرَابِير
콩 (이집트인의 즐겨먹는 주식의 콩)	fuul	풀-	فُول
콥틱교의	ʔebti/ ʔaʔbaat	입띠/ 아으바-뜨	قِبْطِي/ أقْباط

쿠션(cushion) (바닥에 앉기 위한 두꺼운 쿠션, 방석)

| | ʃalta/ ʃelat | 샬타/ 쉴라트 | شَلْتَة/ شِلَت |

(베개 혹은 기대기 위한 쿠션)

| | xoddadeyya/ -ææt | 콧다데야/ 콧다디에-트 | خُدَّدَيَّة/ خُدَّدَيَّات |
| 쿠키 (바이람 축제에 먹는 쿠키) | kaħk | 카흑 | كَحْك |

쿠폰 (음식점 등에서 사용하는 상환권)

| | boon/ -ææt | 본-/ 보내-트 | بُون/ بُونَات |
| 크게하다 | kabbar/ yekabbar | 캅바르/ 예캅바르 | كبَّر/ يكبَّر |

크기 (물건의 크기, 부피)

| | ħagm/ ʔaħgææm, ħuguum | 하금/ 아흐갬-, 후굼- | حَجْم/ أحْجَام، حُجُوم |

(호, 사이즈 *eg* 옷, 신발 등)

| | maʕees/ -ææt | 마애-쓰/ 마애쌔-트 | مَقَاس/ مَقَاسَات |

(내 사이즈가 아니다)

	meʃ ɛala ʕadd-i	미쉬 알라 앗디	مش عَلَى قدّى
	meʃ maʕæs-i	미쉬 마애-씨	مش مَقَاسي
크림(우유의 지방질)	ʔeʃʈa	이쉬따	قِشْطَة
큰	kebiir/ kubaar	키비-르/ 쿠바-르	كبِير/ كُبَار

클럽(club) (각종 스포츠 할 수 있으며 사교의 장소도 됨)

	nææđi/ nawææđi	내-디/ 나왜-디	نَادِي/ نَوَادِي
클립(clip)	kᵉlebs/ -ææt	클립쓰/ 클립쌔-트	كلِبْس/ كلِبْسَات
키(*eg*사람의 키)	ʈuul/ ʔaʈwaal	뚤-/ 아뜨왈-	طُول/ أطْوَال
키가 커지다	ʈewel/ yeʈwal	띠월/ 예뜨왈	طوِل/ يطْوَل
키가 큰	ʈawiil/ ʈuwaal	따윌-/ 뚜왈-	طوِيل/ طُوَال
키스(kiss)	boosa/ busææt	보-싸/ 부쌔-트	بُوسَة/ بُوسَات

소사전

키스하다	bæɛs/ yębuus	배-쓰/ 에부-쓰	بَاس/ يِبُوس
킬로그램	kiilu/ -hæɛt	킬-루/ 킬루해-트	كِيلُو/ كِيلُو هَات
킬로미터	kiilu/ -hæɛt	킬-루/ 킬루해-트	كِيلُو/ كِيلُو هَات
	kęlumęṭr	킬루미-트르	كِيلُومِتْر

(ㅌ)

타다 (자동차, 기차 등) rękęb/ yęrkab 레컵/ 에르캅 رِكِب/ يِرْكَب
   (자동차 등을 타고있는) rææękęb/ -iin 래-컵/ 래크빈- رَاكِب/ رَاكِبِين
타락한 fasdæɛn/ -iin 파쓰댄-/ 파쓰대닌- فَسْدَان/ فَسْدَانِين
타르, 콜타르(tar) zęft 지프트 زِفْت
   (끔찍한, terrible) zayy ęz-zęft 자이 잇지프트 زَيّ الزِّفْت
타원형의 baydaawi 바이다-위 بَيْضَاوِي
타이어(자동차) kawęṭʃ/ -ææt 카웨취/ 카웨채-트 كَاوِتْش/ كَاوِشَات
   (비상용 타이어) ʃistębn/ -ææt 이쓰티븐/ 이쓰티브내-트 إِسْتِبْن/ إِسْتِبْنَات
타일(tiles) balaaṭ (-a,) 발라-뜨 (발라따/) بَلَاط (بَلَاطَة/)
타입(type) nooʕ/ ʃanwææɛ 노-아/ 안왜-아 نُوع/ أَنْوَاع
탁구 bingboong 빈그본-그 بِينج بُونج
탁상, 테이블 ṭarabęęza/ -aat 따라베-자/따라베자-트 طَرَابِيزَة/ طَرَابِيزَات
탁상등 ʕabajoora/ -aat 아바초-라/ 아바조라-트 أَبَاجُورَة/ أَبَاجُورَات
탄, 타버린 maḥruuʔ/ -iin 마흐루-으/ 마흐루인- مَحْرُوق/ مَحْرُوقِين
탈의실 ʕoodęt lębs/ ʕowaḍ lębs 오-딧 립쓰/ 오와드 립쓰 أُوضِة/ أُوَض لِبْس
탈지면 ʕoṭn(-a/) 오뜬(오쁘나/) قُطْن (قُطْنَة/)
탑(tower) borg/ ʕabraag 보르그/ 아브라-그 بُرْج/ أَبْرَاج
태권도 taikondo 태이콘도 تَايْكُونْدُو
태양 ʃams(f)/ ʃumuus 샴쓰(f)/ 슈무-쓰 شَمْس/ شُمُوس
태어나다 ʃętwalad/ yętwęlęd 이트왈라드/ 에트윌리드 إتْوَلَد/ يِتْوَلَد
태우다 (불에 태우다) ḥaraʕ/ yęḥraʕ 하라으/ 에흐라으 حَرَق/ يِحْرِق
   (탈것에 태우다) rakkęb/ yęrakkęb 락컵/ 에락컵 رَكّب/ يِرَكّب

소사전

태풍, 허리케인 ʕɛʕɑʕaar/ʕaɛɑʕiir 이아사-르/아아시-르 إِعْصَار/ أَعَاصِير

(강풍, 폭풍) ɛaaʕefa/ ɛawaaʕef 아-시파/아와-시프 عَاصِفَة/ عَوَاصِف

택배, 화물 배달 ʃaɦn 샤흔 شَحْن

택배회사, 선적회사, 화물회사 ʃerket ʃaɦn 쉬르키트 샤흔 شَرِكَة شَحْن

탤런트, 은사, 재능

    mawhęba/ mawæɛhęb 마우히바/마홰-힙 مَوْهِبَة/ مَوَاهِب

탤런트가 있는, 재능이 있는

    mawhuub/ -iin 마우훕-/ 마우후빈- مَوْهُوب/ مَوْهُوبِين

탱크 dabbæɛba/ -tæɛ 답배-바/ 답배배-트 دَبَّابَة/ دَبَّابَات

터널, 굴, 지하도 zafaʕ/ ʕanfæɛʕ 나파으/ 안파-으 نَفَق/ أَنْفَاق

터미널 mawʕaf/ mawæɛʕf 마우아프/ 마홰-이프 مَوْقِف/ مَوَاقِف

(버스 터미널) mawʕaf el-ʕutubiis 마우아프 일오투비-쓰 مَوْقِف الأُتُوبِيس

턱 daʕn/ duʕuun 다은/ 두운- ذَقْن/ ذُقُون

털 (사람의 피부에 나는 털) ʃaɛr 샤아르 شَعَر

  (짐승털, eg 양) farw 파르우 فَرْو

  (새 깃털) riiʃ 리-쉬 رِيش

테니스 tęnis 테니쓰 تِنِس

테러리스트 ʕirhæɛbi 이르해-비 إِرْهَابِي

테러리즘, 폭력주의 ʕirhæɛb 이르햅- إِرْهَاب

테이블, 탁상 tarabęza/ tarabęzaat 따라베-자/ 따라베자-트

طَرَابِيزَة/ طَرَابِيزَات

테이블보 mafraʃ tarabęza 마프라쉬 따라베-자 مَفْرَش طَرَابِيزَة

테이프 (카세트, 비디오 테이프)

    ʃeriit/ ʃaraayęt 쉬리-뜨/ 샤라-이뜨 شَرِيط/ شَرَائِط

    kasętt/ -æɛt 카씻트/ 카씻태-트 كَاسِيت/ كَاسِيتَات

  (사무용 투명한 테이프, 폭이 넓은 것 등) sulętęb 쑬리텝 سُلُوتِب

  (전기 테이프) ʃękarton 쉬카르톤 شِيكَرْتُون

텐트 xęęma/ xęyam, xęyæɛm 케-마/ 케옘- خِيمَة، خِيَام

텔레비전 tęlivizyoon or tęlfizyoon/ -æɛt 틸리비춘-/ 틸리비조내-트

تِلِيفِزْيُون/ تِلِيفِزْيُونَات

소사전

토끼 ʔarnab/ ʔaræænęb　아르납/ 아래-닙　أَرْنَب/ أَرَانِب

토론 (논의, 논쟁 argument)

　munaʔʃa, munaqʃa/ -ææt　무나끄샤/ 무나끄쉐-트　مُنَاقْشَة/ مُنَاقْشَات

　(종교적인 토론, 대화 등, dialogue)

　ḥęwaar/ -aat　히와-르/ 히와라-트　حِوَار/ حِوَارَات

토마토 ʔuuṭa (-aaya/)　우-따　قُوطَة

　ṭamaaṭęm (-aaya/) (cl)　따마-띰 (따마띠마-야/)　طماطم(طماطميا/)

토마토 소스(요리용) ṣalṣa　살사　صَلْصَة

토산의, 토착의 baladi (invar)　발라디　بَلَدِي

　(이집트 지방의 음식) ʔakl baladi　아클 발라디　طَبَّاخ بَلَدِي

토요일 yoom ęs-sabt　욤- 잇쌉트　يُوم السَّبْت

톱 munʃaar/ manaʃiir　문샤-르/ 마나쉬-르　مُنْشَار/ مَنَشِير

톱밥 nᵉʃaara　니샤-라　نِشَارَة

　nᵉʃaaręt xaʃab　니샤-릿 카샵　نِشَارَة خَشَب

톱질하다 naʃar/ yonʃor　나샤르/ 욘쇼르　نَشَر/ يُنْشُر

통 (물통, 양동이) gardal/ garæædęl　가르달/ 가래-딜　جَرْدَل/ جَرَادِل

통계치, 통계량 ʕęḥṣaʔęyya/ -tææt　에흐사에야/ 에흐사에에-트　إِحْصَائِيَّة/ إِحْصَائِيَّات

통계학 ʕęḥṣa　에흐사　إِحْصَاء

(그냥) 통과시키다, 의도적으로 지나치다 (tr)

　fawwęt/ yęfawwęt　파웟트/ 예파웟트　فَوَّت/ يُفَوِّت

통일성, 일치, 화합 węḥda　위흐다　وَحْدَة

　(연합, 조합) ʕęttęḥææd/ -ææt　잇티해-드/ 잇티해대-트　إِتِّحَاد/ إِتِّحَادَات

통증 wagaʕ/ ʔawgææʕ　와가아/ 아우개-아　وَجَع/ أَوْجَاع

　ʔalam/ ʔalææm　알람/ 알램-　أَلَم/ ألَام

통치, 다스림 ḥokm　오콤　حُكْم

　(지배, domination) sayṭara　싸이따라　سَيْطَرَة

통치하다(왕이나 대통령이 통치하다, to rule over)

　ḥakam/ yoḥkom　하캄/ 요흐콤　حَكَم/ يُحْكُم

통풍기, 환풍기 hawwæya/ -ææt　하왜-야/ 하왜에-트　هَوَّايَة/ هَوَّايَات

567

소사전

통화(통용 화폐)	ɛomla/-ææt	오믈라/ 오믈래-트	عُمْلَة/ عُمْلَات
퇴직하다(정년)	ṭælææsam/yæṭlæɛ ɛal-maɛææʃ	딸리아/ 예뜰라아 알 마애-쉬	طلع/ يطْلَع عَلَى المعَاش
투명한	ʃaffææf/-iin	샤패-프/ 샤패핀-	شفّاف/ شفَافِين
투표	taṣwiit	타스위-트	تَصْويت
(투표할 때의 표)	ṣoot/ ʔaṣwaat	소-트/ 아스와-트	صوْت/ أَصوَات
투표하다	ṣawwat/ yeṣawwat	사와트/ 예사와트	صوَّت/ يصوِّت
튀기다	ɛala/ yeʔli	알라/ 에을리	قَلَى/ يقْلِي
(갈색이 될때까지 튀기다, 로스트 하다)			
	ḥammar/ yᶜḥammar	함마르/ 예함마르	حمَّر/ يحَمَّر
튀긴	maɛli/ -yyiin	마을리/ 마을리인-	مَقْلي/ مَقْلِيين
(갈색으로 튀긴, 로스트로 구운)			
	meḥammar/ -iin	미함마르/ 미함마린-	محمَّر/ محمَّرين
튜브 (자전거 바퀴 등의)	kawetʃ daxli	카워취 다클리	كَاوتش دَاخْلي
(물놀이 튜브)	ɛawwæmma/-ææt	아왜-마/ 아왜매-트	عوّامَة/ عوّامَات
트럭	ɛarabeyya/-aat naʔl	아라베야/ 아라베야-트 나을	
			عَرَبيَّة/ عَرَبيَّات نقْل
트렁크(자동차)	ʃanṭa/ ʃonaṭ	샨따/ 쇼나뜨	شنْطَة/ شنَط
	ʃanṭet ɛarabeyya	샨따트 아라비야	شنْطَة عَرَبيَّة
트로피	kææs/kasææt or kuʔuus	캐-쓰/카새- 트	كَأْس/ كَأْسَات أَوْ كؤوس
특권	ʔemtiyææz/ -ææt	임티에-즈/ 임티에재-트	امْتياز/ امْتيازات
특별한	xuṣuuṣi/ -yyiin	쿠수-시/ 쿠수시인-	خصوصي/ خصوصيِّين
	maxṣuuṣ/ -iin	막수-스/ 막수신-	مخصوص/ مخصوصين
	xaaṣṣ/ -iin	캇-스/ 캇신-	خاصّ/ خَاصِّين
특별히 (adv)	xuṣuuṣan	쿠수-산	خصوصًا
	bez-zææt	빗재-트	بالذَّات
특정한	muɛayyan/-iin	무아얀/무아야닌-	معيَّن/ معيَّنين
특징	ʔawṣaaf 아우사-프 ; ṣefa/ -aat 시파/ 시파-트		صفَة/ صفَات ; أَوْصَاف
틀 (사진 그림 등 액자틀)			
	berwææz/ barawiiz	비르왜-즈/ 바라위-즈	برْواز/ بَراويز

소사전

틀린(incorrect) ɣalaṭ *(invar)* 갈라뜨   غلط

티셔츠 fanilla/-æææt   파닐라/ 파닐래-트   فَنِلَّة/ فَنِلَّات

    tii ʃɛrt/ -ææt   티 쉬르트/ 티 쉬르태-트   تي شِرْت/ تي شِرْتات

티스푼 maɛlaʔat ʃææy/ maɛææliʔ ʃææy

         마을라이트 쉐-이 / 마앨-리으 쉐-이   مَعْلَقَة/ مَعَالِق شَاي

팀 fariiʔ/ fɛraʔ   파리-으/ 피라으   فَرِيق/ فِرَق

(대표팀, *eg* 국가 대표팀 등)

    muntaxab/ -ææt   문타캅/ 문타카배-트   مُنْتَخَب/ مُنْتَخَبَات

팁(tip) baʔʃiiʃ   바으쉬-쉬   بَقْشِيش

(ㅍ)

(땅을) 파다 ḥafar/ yoḥfor   하파르/ 요흐포르   حَفَر/ يُحْفِر

         faḥar/ yofḥor   파하르/ 요프호르   فَحَر/ يُفْحُر

파도 moog(-a/ - ææt, ʔamwææg)   모-그(모가/ 암왜-그)

         مُوج(مُوجَة/ مُوجَات، أَمْوَاج)

파라다이스, 낙원 fɛrdoos   피르도-쓰   فِرْدُوس

파라오 왕 farɛoon/ faraɛna   파르온-/ 파라아나   فَرْعُون/ فَرَاعِنَة

파라오 왕의, 파라오 시대의

    farɛooni/-yyiin   파르오-니/ 파로오니인-   فَرْعُونِي/ فَرْعُونِيِّين

파랑색 ʔazraʔ /zarʔa *(f)*/ zorʔ   아즈라으/ 자르아 *(f)*/ 초르으

         أَزْرَق/ زَرْقَاء/ زُرْق

파리 dɛbbææn(-a/)   딥밴-(딥배나/)   دِبَّان(دِبَّانَة/)

파리채 maḍrab/ maḍaareb dɛbbææn   마드랍/ 마다-립 딥밴-

         مِضْرَب/ مَضَارِب دِبَّان

파운드(이집트 화폐 단위)

    ginɛɛ/ -hææt   기네-/ 기네해-트   جِنيه/ جِنيهَات

파이프, 관(*eg*수도) masuura/ mawasiir   마쑤-라/ 마와씨-르   مَاسُورَة/ مَوَاسِير

파인애플 ʔananææs   아나내-쓰   أَنَانَاس

파자마 bɛjææma   비재-마   بِيجَامَة

소사전

파종	zaraε	자르아	زَرْع
파종하다	zaraε/ yęzraε	자라아/ 에즈라아	زَرَع/ يَزْرَع
파티(생일축하, 사교 등)	ḥafla/-ææt	하플라/ 하플래-트	حَفْلَة/ حَفْلَات
파피루스	waraʔ el-bardi	와라으 일바르디	وَرَق الْبَرْدِي
	bardi	바르디	بَرْدِي
판매	bęęε	베-아	بِيع

    (팔려고 내 놓은, for sale) li-l-bęęε 릴 베-아 لِلبِيع

판매인, 판매상인(seller)
    bayyæεæε, bæεyęε/ -iin 바옐-아바, 배-이아/ 바옐아인-

بَيَّاع، بَائِع/ بَيَّاعِين، بَائِعِين

판매하다, 팔다	bææε/ yębiiε	배-아/ 예비-아	بَاع/ يَبِيع
판사	ʔaaḍi/ ʔuḍaah	아-디/ 우다-	قَاضِي/ قُضَاة
판지, 골판지	kartoon	카르톤-	كَرْتُون
팔	dʳrææε/ -ææt	디래-아/ 디래애-트	ذِرَاع/ ذِرَاعَات
팔꿈치	kuuε/ kęεææn	쿠-아/ 키앤-	كُوع/ كِيعَان
팔레스타인	feleṣṭiin or falasṭiin	팔라쓰띤-	فَلَسْطِين

팔레스타인 사람 feleṣṭiini or falasṭiini/-yyiin
    팔라쓰띠-니/ 팔라쓰띠니인- فَلَسْطِينِي/ فَلَسْطِينِيِّين

팔리다 (물건이 팔리다)
    ʔetbææε/ yetbææε 이트배-아/ 예트배-아 إتْبَاع/ يِتْبَاع

팔십	tamaniin	타마닌-	ثَمَانِين
팔찌	ʔeswęra/ ʔasæææwer	이쓰위라/ 아쌔-위르	إسْوِرَة/ أَسَاوِر
팝콘	feʃaar	피샤-르	فِشَار

패배 (경기나 전쟁에서)
    haziima/ hazææyęm 하지-마/ 하재-임 هَزِيمَة/ هَزَائِم

패배하는	mahzuum/ -iin	마흐줌-/ 마흐주민-	مَهْزُوم/ مَهْزُومِين
	mayluub/ -iin	마글룹-/ 마글루빈-	مَغْلُوب/ مَغْلُوبِين

패배하다(경기나 전쟁에서)
    ʔetyalab/ yetyęlęb 이트갈랍/ 예트길립 إتْغَلَب/ يِتْغِلِب
    ʔethazam/ yethęzęm 이트하잠/ 예트히짐 إتْهَزَم/ يِتْهِزِم

소사전

패션, 유행 mooḍa/ -āat 모-다/ 모다-트 موضة/ موضات

팬(fan)

(팬, admirer) moɛgab/-īin (bi) 모아갑/모아가빈- (비) مُعْجَب/ مُعْجَبِين (بِ)

(응원하는 사람) muʃaggeɛ/-īin 무샤기아/무샤기인- مُشَجِّع/ مُشَجِّعِين

(열광자, 열애가) ɣææwi/ -yīin 개-위/ 개위인- غَاوِي/ غَاوِيِين

팬티 kulutt or kelutt/ -ææt 쿨륫트/ 쿨륫태-트 كُلُّت/ كُلُّتَات

lebææs 리배-쓰 لِبَاس ; selebb/-ææt 씰렙/씰립배-트 سِلِبّ/ سِلِبَّات

퍼센트 fel-meyya 필 메야 في المِائَة

(10%) ɛaʃara fil-meyya 아샤라 필 메야 عَشَرَة في المِائَة

퍼지다(널리 알려지다)

ʔentaʃar/ yenteʃer, yentaʃer 인타샤르/ 옌티쉬르 إنْتَشَر/ ينْتَشِر

퍼진(널리 알려진, 보급된)

montaʃer/ -īin 몬타쉬르/ 몬타쉬린- مُنْتَشِر/ مُنْتَشِرِين

펀치(구멍뚫는 사무용기구)

xarraama/ -āat 카람-마/ 카람마-트 خَرَّامَة/ خَرَّامَات

펄럭이다(국기 등이) rafraf/ yeɛrafraf 라프라프/ 예라프라프 رَفْرَف/ يِرَفْرِف

펌프 turomba, ṭuromba/ -āat 투롬바/ 투롬바-트 تُرُمْبَة أَوْ طُرُمْبَة/ طُرُمْبَات

(물펌프) turombet mayya 투롬빗 마야 تُرُمْبَة مَيَّة

(바람펌프) munfææx/ manafiix 문패-크/ 마나피-크 مُنْفَاخ/ مَنَافِيخ

페달 baddææl/ -ææt 밧댈-/ 밧댈래-트 بَدَّال/ بَدَّالَات

페스티벌, 축전(festival)

mahragææn/ -ææt 마흐라갠-/ 마흐라개내-트 مَهْرَجَان/ مَهْرَجَانات

(영화 페스티벌)

mahragææn el-ʔaflææm 마흐라갠 일아플램- مَهْرَجَان الأَفْلَام

mahragææn eʃ-seneṃa 마흐라갠 잇씨니마 مَهْرَجَان السِّينِمَا

페이지 ṣaffḥa/ -āat 사프하/ 사프하-트 صَفْحَة/ صَفَحَات

페인트 buuya/-ææt 부-야/ 부예-트 بُويَة/ بُويَات ; deḥææn 디핸- دِهَان

페인트 공 naʔʔaaʃ/-īin 나앳-쉬/ 나앳쉰- نَقَّاش/ نَقَّاشِين

펜 (볼펜) ʔalam gææff 알람 갯-프 قَلَم جَافّ

펜치(pincers) benṣa/ benaṣ 빈싸/ 비나쓰 بِنْسَة/ بِنَس

571

소사전

펴다 (식탁보 등을 펼다) faraʃ/ yefreʃ 파라쉬/ 에프리쉬   فَرَش/ يَفْرِش

편리한, 적절한 munææseb/ -iin 무내-씹/ 무내쓰빈-   مُنَاسِب/ مُنَاسِبين

편안한 (사물이 편안함을 주는)

     muriiħ/ -iin   무리-흐/ 무리힌-   مُريح/ مُريحين

    (사람의 마음이 편한)

     mertææħ/ -iin   미르태-흐/ 미르태힌-   مِرْتاح/ مِرْتاحين

     mᵉstarayyaħ/ -iin   미쓰타라야흐/ 미쓰타라야힌-   مِسْتَرَيَّح/ مِسْتَرَيَّحين

편지 gawææb/ -ææt   가왭- / 가와배-트   جَوَاب/ جَوَابَات

편지를 받다 gææ-li gawææb   걔- 리 가왭-   جَا لِي جَوَاب

편지를 부치다

    rama/ yermi gawææb   라마/ 에르미 가왭-   رَمَى/ يرْمِي جواب

    (답장하다) radd/ yerodd (ɛala)   랐드/ 예롯드 (알라)   رَدّ/ يَرُدّ (عَلَى)

편집자 (신문사나 잡지사의 편집책임자)

    muħarrer/ -iin   무하리르/ 무하리린-   مُحَرِّر/ مُحَرِّرين

펼치다 (뻗치다) (tr) madd/ yemedd   맛드/ 예밋드   مَدّ/ يمِدّ

    matt/ yumott   맛뜨/ 유못뜨   مَطّ/ يُمَطّ

평생의, 평생동안 ṭuul ɛomr-i (-ak, -ik) 뚤 오므리(오므락, 오므릭, etc)

    طُول عُمْرِي (عُمْرَك)

평안, 잘 지냄 xeer   케-르   خير

평판(사람에 대한) somɛa   쏨아   سُمْعَة

평평한(flat) (땅 등이 울퉁불퉁하지 않은)

    metsææwi   미트쌔-위   مِتْسَاوي

    musaṭṭaħ/ -iin   무쌋따흐/ 무쌋따힌-   مُسَطَّح/ مُسَطَّحين

평화 salææm   쌀램-   سَلَام

포도 ɛenab(-a/)   에납(에나바/)   عِنَب(عِنَبَة/)

    (포도잎) waraʔ ɛenab   와라으 에납   وَرَق عِنَب

포도주 nebiit   니비-트   نبيذ

포스터, 벽보 bostr or postr   보쓰티르   بُوسْتر

포옹 ħoḍn   호든   حُضْن

포옹하다 ħaḍan/ yoħḍon   하단/ 요흐돈   حَضَن/ يُحْضُن

소사전

포장하다, 코팅하다	ɣallef/ yeɣallef	갈리프/ 예갈리프	غلّف/ يغلّف
(싸다, to wrap)	laff/ yeleff	랏프/ 옐릿프	لفّ/ يلفّ
포켓, 호주머니	geeb/ guyuub	겝-/ 구윱-	جيب/ جيوب
포크(table fork)	ʃooka/ ʃewak, ʃuwak	쇼-카/ 슈왁	شَوكة/ شُوَك

포테이토칩스(가게에서 파는 과자, 감자를 얇게 썰어 튀긴 것)

	ʃebs 쉽쓰 ; ʃebsi 쉽씨		شبسي

포트(주전자 모양의 차를 끓이는 기구)

	barraad/ -aat, barariid	바라-드/ 바라리-드	برّاد/ برّادات، براريد
폭	ɛard	아르드	عَرْض
폭발	ʔenfᵉgaar/ -aat	인피가-르/ 인피가라-트	إنفجار/ إنفجارات
폭죽	bomb (-a/)	봄(봄바/)	بُمْب(بُمْبة/)
폭탄	qombela/ qanæabel	꼼빌라/ 까내-빌	قُنْبلة/ قَنابِل
폭포	ʃallæal	샬랠-	شَلَّال/ شَلَّالات
표, 티켓	tazkara/ tazææker	타즈카라/ 타재-키르	تذكرة/ تذاكر
표면	satħ, sotħ/ ʃastoħ, sutuuħ	싸뜨흐/ 쑤뚜-흐	سَطْح، أَسْطُح، سُطُوح
표어, 슬로건	ʃeɛaar/ -aat	쉬아-르/ 쉬아라-트	شِعار/ شِعارات
표현	taɛbiir/-æat	타아비-르/타아비래-트	تَعْبير/ تَعْبيرات
	ɛebaara/ -aat	에바-라/ 에바라-트	عِبارَة/ عِبارات
표현하다	ɛabbar/yeɛabbar (ɛan)	앋바르/예앋바르 (안)	عَبَّر/ يعَبِّر (عن)
풀(glue)	samɣ	싸므그	صَمْغ
풀, 목초(grass)	ħaʃiiʃ/ ħaʃææyeʃ	하쉬-쉬/ 하쉐-이쉬	حَشيش/ حَشايش
풀다 (문제, 어려움을 해결하다)	ħall/ yeħell	할/ 예힐	حلّ/ يحلّ
(매듭, 단추, 혁대, 넥타이를)	fakk/ yefokk	팍/ 예폭	فكّ/ يفكّ
풍선	balloona/ -æat	발로-나/ 발론내-트	بَلُّونة/ بَلُّونات
퓨즈(fuse)	feyuuz/ -æat	피유-즈/ 피유새-트	فيُوز/ فيُوزات
프라이팬	ṭaasa/ -aat	따-싸/ 따싸-트	طاسَة/ طاسَات
프로그램	bernææmeg/ baraameg	비르내-믹/ 바라-믹	بِرْناج/ بَرامِج
프로젝트, 계획사업	maʃruuɛ/ -æat, maʃariiɛ	마쉬루-아/ 마샤리-아	مَشْرُوع/ مَشْرُوعَات، مَشاريع
프린터기(컴퓨터)	bᵉrentar	비린타르	بِرنتَر

소사전

플라스틱	bᵉlastęk	빌라쓰틱	بلاسْتِيك
(비닐봉지)	kiis bᵉlastęk	키-쓰 빌라쓰틱	كِيس بلاستِيك
플래시(카메라 등의)	fęlææʃ/ -ææt tææt	필래-쉬/ 필래쉐-트	فِلاش/ فِلاشات
플러그 (플러그)	fiiʃa/ -ææt, fęyaʃ	피-샤/ 피쉐-트	فِيشة/ فِيشات، فِيش
피	damm	담	دَمّ
피고인 (형사 재판에서 피고인)			
	muttaham/ -iin	뭇타함/ 뭇타하민-	مُتَّهَم/ مُتَّهَمِين
피곤하게 하다	taɛab/ yętɛęb	타압/ 에트입	تَعَب/ يِتْعِب
피곤하다	tęɛęb/ yętɛab	테엡/ 에트압	تِعِب/ يِتْعَب
피곤한, 지친	taɛbææn/ -iin	타아밴-/ 타아배닌-	تَعْبان/ تَعْبانِين
	morhaq/ -iin	모르학/ 모르하낀-	مُرْهَق/ مُرْهَقِين
피곤함, 피로	taɛab	타압	تَعَب
피라미드	haram/ ʃahraam or ʃahramaat	하람/ 아흐라마-트	هَرَم/ أَهْرام أَوْ أَهْرامات
피망	fęlfęl ruumi	필필 루-미	فِلْفِل رُومي
피부	gęld/ guluud	길드/ 굴루-드	جِلْد/ جُلُود
피서지	maʂyaf/ maʂaayęf	마스야프/ 마사-이프	مَصْيَف/ مَصايِف
피서하다(eg 리조트, 해변가)			
	ʂayyęf/ yęʂayyęf	사이프/ 예사이프	صَيِّف/ يِصَيِّف
피스톤	bęstęm/ basæætęm	비쓰팀/ 바쌔-팀	بِسْتِم/ بَساتِم
피아노	biyaanu	비야-누	بِيانُو
피아스터(파운드 아래 단위)	ʃerʃ/ ʃuruuʃ	이르쉬/ 우루-쉬	قِرْش/ قُرُوش
피임	manɛ ęl-ḥaml	만아 일하믈	مَنْع الْحَمْل
피임약	ḥubuub manɛ ęl-ḥaml	후붑- 만아 일 하믈	حُبُوب مَنْع الْحَمْل
피클(pickles), 절임(오이, 고추, 당근 등)			
	torʃi 또르쉬 طُرْشي ; mixallęl 미칼릴		مخلِّل
핀	dabbuus/ dababiis	답부-쓰/ 다바비-쓰	دبّوس/ دبابيس
(머리핀)	bęnas(bęnsa/ bęnsææt)	비나쓰(빈싸/ 빈쌔-트)	
			بِنس(بِنْسَة/ بِنْسات)
	dabbuus ʃaɛr	답부-쓰 샤아르	دَبُّوس شَعْر

(압정) dabbuus maktab	답부-쓰 막탑		دَبُّوس مكتَب
dabbuus/ dababiis rasm	답부-쓰/답바비-쓰 라씀		دَبُّوس/ دَبَبِيس رَسْم
핀으로 꽂다 dabbes/ yedabbes	답비쓰/ 에답비쓰		دَبَّس/ يدَبِّس
필레(생선을 얇게 편 것, fillet) felettu	필릿투		فِلتّو
필름(사진기, 영화) felm/ ʕaflææm	필름/ 아플램-		فِلْم/ أَفْلاَم
필수의 (필수 불가결한) daruuri	다루-리		ضَرُورِي
(의무적인) ʕegbææri	이그배-리		إجْبَارِي
(강제적인) ʕedteraari	잇뜨라-리		إضْطِرَارِي
필요하다 ʕeħtææg/yeħtææg (li)	이흐태-그/에흐태-그 (리)		إحْتَاج/ يحْتَاج
필요한 meħtææg/ -iin	메흐태-그/ 메흐태긴-		مِحْتَاج/ مِحْتَاجِين
ɛææyez/ -iin	애-이즈/ 아이진-		عَايِز/ عَايِزِين
필적(writing) kitææba/ -ææt	키태-바/ 키태배-트		كِتَابَة/ كِتَابَات
필체, 서체 xatt/ xutuut	캇뜨/ 쿠뚜-뜨		خَطْ/ خُطوط
필터 feltar/ falææter	필타르/ 팔래-티르		فِلْتَر/ فَلاَتِر
핑계 ħegga/ ħegag	힉가/ 히가그		حِجَّة/ حِجَج
핑계로 be-ħegget..	비힉기트		بِحِجَّة..
핑크색 bamba	밤바		بَمْبَة

(ㅎ)

..을 하게하다(to let s.o. do s.th) xalla/ yexalli	칼라/ 에칼리		خَلَّى/ يخَلِّي
하나(one) wææħed, (f)waħda	왜-히드, 와흐다 (f)		وَاحِد
하나님 (기독교나 이슬람교에서의 유일신, God) ʕallaah	알라-		الله
(일반적인 신, god) ʕelææh/ ʕææleħa	일래-/ 앨-리하		إلَه/ آلِهَة
(우리 주님) rabbe-na	랍비나		رَبَّنَا
(오 하나님!) ya rabb	야 랍		يَا رَبّ
하늘 sama/ samawaat	싸마/ 싸마와-트		سَمَاء/ سَمَوَات
하늘색 samææwi	싸매-위		سَمَاوِي
하다(to do) ɛamal/ yeɛmel	아말/ 예아밀		عَمِل/ يعْمِل
하루(day) yoom/ ʕayyææm (3-10일 teyyææm)			

소사전

		يَوم/ أيّام	욤-/ 아옘- (3-10 티옘-)
(매일) kollᵉ yoom	꼴리 욤-	كُلّ يَوم	
하루종일 ṭuul ẹn-nahaar	뚤- 인나하-르	طُول النَّهار	
하마(동물) sayyẹd qẹʃṭa	싸예드 이쉬따	سَيِّد قِشطَة	
하수도(주택이나 거리의 하수도) magææri 마개-리		مَجاري	
...하시지요!(eg 식사를 권하면서)			
ʕẹtfaḍḍal (-i, -u) 이트팟달 (이트팟달리, 이트팟달루)		اِتفَضَّل	
하얀색 ʕabyaḍ/ bẹẹḍa(f)/ bẹẹḍ 아브야드/ 베-다(f)/ 베-드		أَبيَض/ بيَض	
하여튼 ʕala -l- ʕumuum 알랄 우뭄-		عَلَى العُمُوم	
ʕala kollᵉ ḥææl 알라 꼴리 헬-		عَلَى كُلّ حال	
하인(servant) xaddææm/ -iin 캇댐-/ 캇대민-		خَدّام/ خَدّامين	
ʃayyææl/-iin 샤걜-/ 샤걜린-		شَغّال/ شَغّالين	
하차하다 nẹzẹl/ yẹnzẹl (mẹn) 네질/ 엔질 (민)		نزِل/ يِنزِل (من)	
ṭẹlẹʕ, ṭalaʕ/ yẹṭlaʕ (mẹn) 띨리아/ 예뜰라아 (민)		طِلِع/ يِطلَع (من)	
학과(대학의 학과), (회사의) 부서			
qẹsm/ ʔaqsææm 끼씀/ 아끄쌤-		قِسم/ أَقسام	
학교 madrasa/ madææris 마드라싸/ 마대-리쓰		مَدرَسَة/ مَدارِس	
학력 (최종학력, 대졸학력)			
muʔahhẹl/ -ææt 무아힐/ 무아힐래-트		مُؤَهَّل/ مُؤَهَّلات	
학력증명(최종학력증명) muʔahhẹl dẹraasi 무아힐 디라-씨		مُؤَهَّل دراسي	
학생 (m) ṭaalẹb/ ṭullaab, ṭalaba 딸-립/ 뚤랍-		طالِب/ طُلّاب، طَلَبَة	
(f) ṭaalẹba/ ṭalẹbaat 딸-리바/ 딸리바-트		طالِبَة/ طالِبات	
학원 maʕhad/ maʕææhẹd 마아하드/ 마애-히드		مَعهَد/ مَعاهِد	
학위 ʃaḥædæ/ -ææt 샤해-다/ 샤해대-트		شَهادَة/ شَهادات	
학장 ʕamiid/ ʕomada 아미-드/ 오마다		عَميد/ عُمَداء	
한가한, 자유로운 faaḍi/ -yiin 파-디/ 파드인-		فاضي/ فاضيين	
한계 ḥadd/ ḥuduud 핫드/ 후두-드		حَدّ/ حُدود	
한국 korya 꼬리야		كوريا	
(남한) korya ẹg-ganuubẹyya 꼬리야 익가누-베야		كوريا الجَنوبيَة	
(북한) korya ẹʃ-ʃamæælẹyya 꼬리야 잇샤맬-레야		كوريا الشَّماليَة	

소사전

한국의, 한국인의 kori/ koreyya(f)/ -iin 꼬-리/ 꼬리얏(f)/ 꼬리인- كُوري/ كُورِيَة/ كُورِيِّين

한 번 더(한 개 더) tæeni/ -yiin 태-니/ 태니인- ثَانِي/ ثَانْيِين

한정하다, 제한하다, 규정하다

   ḥaddęd/ yeḥaddęd   핫디드/ 예핫디드   حَدَّد/ يُحَدِّد

할머니 gędda/ gęddææt 깃다/ 깃대-트 جِدَّة/ جِدَّات

(노인, 늙은이) ɛaguuz/ ɛaguza(f)/ ɛawagiiz

   아구-즈/ 아구자(f)/ 아와기-즈   عَجُوز/ عَوَاجِيز

(아이들이 할머니를 부를 때)

   tęęta 테-타 تِيتَه ; sęttu 씻투 سِتُّه ; nęęna 네-나 نِينَه

할부 taʕsiit 타으씨-뜨 تَقْسِيط

할부하다 ʕassaṭ/ yeʕassaṭ 앗싸뜨/ 예앗싸뜨 قَسَّط/ يُقَسِّط

할수있는, 가능한 ʔæædęr/ -iin 애-디르/ 애드린- قَادِر/ قَادِرِين

할수있다 (aux) ʔędęr/ yeʔdar 이디르/ 예으다르 قِدِر/ يَقْدَر

할아버지 gędd/ guduud 깃드/ 구두-드 جِدّ/ جُدُود

할인 xaṣm/ xuṣumaat 카슴/ 쿠수마-트 خَصْم/ خُصُمَات

   taxfiid/ -aat 타크피-드/ 타크피다-트 تَخْفِيض/ تَخْفِيضَات

할인하다(상인이 소비자에게 할인해주다)

   ɛamal/ yęɛmęl li xaṣm 야말/ 예아밀 리 카슴 عَمَل/ يَعْمِل لِي خَصْم

   ɛamal/yęɛmęl li taxfiid 야말/예아밀 리 타크피-드 عَمَل/ يَعْمِل لِي تَخْفِيض

함께 (adv) sawa 싸와 سَوَا ; maɛa baɛḍ 마아 바아드 مَع بَعْض

함께..합시다(권유, let us)

   yalla 얄라 يَا الله ; yalla biina 얄라 비-나 يَا الله بِنَا

합격, 성공 nagææḥ 나개-흐 نَجَاح

합격하다 nęgęḥ/ yęngaḥ (fi) 네기흐/ 엔가흐 (피) نَجَح/ يَنْجَح (ف)

합법적인 qanuuni 까누-니 قَانُونِي

합창 kooras 코-라쓰 كُورَس

항공사 ʃerket ṭayaraan 쉬르키트 타야란- شِرْكَة طَيَرَان

항공 우편 bariid gawwi 바리-드 가위 بَرِيد جَوِّي

항구 miina/ mawææni 미-나/ 마왜-니 مِينَاء/ مَوَانِي

소사전

항상	dayman 다이만 دَائِمًا ; tamalli 타말리 تَمَلِّي
항생제	muḍaadd ḥayawi 무닷-드 하야위 مُضَادّ حَيَوِي
향, 향불	buxuur 부쿠-르 بُخُور
향수	barfæætn or parfæætn 바르팬- بَارْفَان
향신료	buharaat 부하라-트 بُهَارَات

(천연 향수, 향신료, 곡물을 파는 가게)

    maḥall el-ɛɛṭaara 마할 일에따-라 مَحَلّ الْعِطَارَة

해, 연(year)   sana/ sɛniin 싸나/ 씨닌- سَنَة/ سِنِين
해결, 해답   ḥall/ ḥuluul 할/ 훌룰- حَلّ/ حُلُول
해결하다(문제, 어려움을 해결하다)   ḥall/ yeḥell 할/ 예힐 حَلّ/ يحِلّ
해고하다   rafad/ yerfed 라파드/ 에르피드 رَفَد/ يرْفِد
    ṭarad/ yoṭrod 따라드/ 요뜨로드 طَرَد/ يُطْرُد
해골   gomgoma/ gamæægem 곰고마/ 가매-김 جُمْجُمَة/ جَمَاجِم
해군   baḥreyya 바흐레야 بَحْرِيَّة
해넘이, 일몰   ʔel-yuruub 일구룹- الْغُرُوب

(해넘이 시간)   ʔel-maɣrɛb 일마그립 الْمَغْرِب

해방   taḥriir 타흐리-르 تَحْرِير

해방되다, 자유롭게 되다

  ʔetḥarrar/ yetḥarrar 이트하라르/ 에트하라르 اِتْحَرَّر/ يِتْحَرَّر

해방하다, 자유롭게 하다   ḥarrar/yeḥarrar 하라르/예하라르 حَرَّر/ يحَرَّر
해병   ʔel-qowwææt ʔel-baḥreyya 일꼬왯-트 일바흐레야 الْقُوَّات الْبَحْرِيَّة
해변   bᵉlææj/ -ææt 빌래-지/ 빌래재-트 بلَاج/ بلَاجَات
    ʃatt, ʃaaṭeʃ/ ʃawaaṭeʃ 샤뜨/ 샤와-띠으 شَطّ, شَاطِىء/ شَوَاطِىء
해변길   kurniiʃ or kurnɛɛʃ 코르니-쉬 كُورْنِيش
해산, 분만, 출산   wᵉlææda 월래-다 وِلَادَة
해석 (꿈등의 해석, 주석)

  tafsiir/ -aat, tafasiir 타프씨-르/ 타파씨-르 تَفْسِير/ تَفْسِيرَات/ تَفَاسِير

해석하다, 상세하게 설명하다, 주석하다, 꿈을 해석하다

  fassar/ yefassar 팟싸르/ 예팟싸르 فَسَّر/ يفَسَّر

핵심(core)   ṣolb 솔브 صَلْب ; ʔalb 알브 قَلْب

578

소사전

한국어	발음	한글 표기	아랍어
..해야한다(must)	lææzem (invar)	래-짐	لَازِم
해외	barra 바랄 ; fel-xææreg 필캐-리그		بَرَّة ; فِي الخَارِج
핸드볼	koręt yadd	코리트 얏드	كُرَة يَدّ
핸드백(여성용)	ʃanṭa/ ʃonaṭ	샨따/ 쇼나뜨	شَنْطَة/ شُنَط
	ʃanṭet yadd	샨뜨트 얏드	شَنْطَة يَد
핸드폰	maḥmuul 마흐물- ; mobayel 모바일		مَحْمُول ; مُوبَايل
핸들 (자동차의 핸들)	dęręksęyoon	디럭씨욘-	دِرِكْسِيُون
(자전거의 핸들)	gadoon	가돈-	جَادُون
햇볕	nuur eʃ-ʃams	누-르 잇샴쓰	نُور الشَمس
행동	taṣarrof/ -aat 타사로프 ; suluuk 쑬룩-		تَصَرُّف/ تَصَرُّفَات ; سُلُوك
행복	saɛææda	싸애-다	سَعَادَة
행복한, 기쁜	saɛiid/ soɛada	싸이-드/ 쏘아다	سَعِيد/ سُعَدَاء
행사, 경우(occasion)	munasba/ -ææt	무나쓰바/ 무나쓰배-트	مُنَاسَبَة/ مُنَاسَبَات
행성	kawkab/ kawæækęb	카우캅/ 카왜-킵	كَوْكَب/ كَوَاكِب
행운	ḥosn ʃel-ḥazz	오쓴 일 핫즈	حُسْن الحَظّ
	baxt/ ʔabxææt, buxuut	바크트/ 압캐-트	بَخْت/ أَبْخَات، بُخُوت
행운의, 다행스런	maḥẓuuẓ/ -iin	마흐주-즈/ 마흐주-진-	مَحْظُوظ/ مَحْظُوظِين
	ɛand-u(-ak, etc) ḥazz or baxt 안두(안닥, etc) 핫즈		عَنْدُه حَظّ أَوْ عَنْدُه بَخْت
행정, 행정부서	ʃędaara/ -aat	이다-라/ 이다라-트	إِدَارَة/ إِدَارَات
행정구역 (도, province)	muḥafẓa/ -aat	무하프자/ 무하프자-트	مُحَافَظَة/ مُحَافَظَات
행주	fuuṭa/fowaṭ (sofra)	푸-따/포와뜨 (쏘프라)	فُوطَة/ فُوَط سُفْرَة
허가	taṣriiḥ/ taṣariiḥ	타스리-흐/ 타사리-흐	تَصْرِيح/ تَصَارِيح
	ʔezn/ ʔuzunææt	이즌/ 우주내-트	إِذْن/ أُذُنَات
(노동허가)	taṣriiḥ ɛamal	타스리-흐 아말	تَصْرِيح عَمَل
허락된	masmuuḥ/ -iin	마쓰무-흐/ 마쓰무힌-	مَسْمُوح
허락을 구하다	ʔęstaʔzęn/ yęstaʔzęn (męn)	이쓰타으진/ 예쓰타으진 (민)	

소사전

			إِسْتَأْذن/ يِسْتَأْذن (من)
허락하다	samaħ/ yesmaħ (li)	싸마흐/ 에쓰마흐 (리)	سَمَح/ يِسْمَح لِ
	ɛedda/ yeddi (ɛezn)	잇다/ 엣디 이즌	إِدَّى/ يِدِّي إِذْن
헌혈	tabarroɛ bed-damm	타바로아 빗담	تَبَرُّع بِالدَّمّ
헛되게 (adv)	ɛal-faaḍi	알 파-디	عَلَى الْفَاضِي
현상하다(사진)	ḥammaḍ/ yeḥammaḍ	함마드/ 에함마드	حَمَّض/ يِحَمَّض
형편, 처한상황	mawqef/mawaaqef	마우끼프/마와-끼프	مَوْقِف/ مَوَاقِف
헤어스타일	tasriiḥa/-æt	타쓰리-하/타쓰리해-트	تَسْرِيحَة/ تَسْرِيحَات
	forma/ -aat, foram	포르마/ 포르마-트	فُورْمَة/ فُورْمَات، فُورَم

헤픈(씀씀이가 헤픈, 낭비벽이 심한)

	mosref/ -iin	모쓰리프/ 모쓰리핀-	مُسْرِف/ مُسْرِفِين

햇갈리는, 뒤죽박죽된

	meṭlaxbaṭ/ -iin	미틀라크바뜨/ 미틀라크바띤-	مِتْلَخْبَط/ مِتْلَخْبَطِين
햇갈리다	etlaxbaṭ/ yetlaxbaṭ	이틀라크바뜨/ 에틀라크바뜨	إِتْلَخْبَط/ يِتْلَخْبَط
혀	lesææn/ lesena	리쌘-/ 리쎄나	لِسَان/ لِسْنَة
혁대	ḥezææm/ ḥezema, aḥzema	히잼-/ 아흐지마	حِزَام/ حِزمَة، أَحْزمَة
혁대를 차다	rabaṭ/ yorboṭ el-ḥizææm	라바뜨/ 요르보뜨 일 히잼-	رَبَط/ يُرْبُط الْحِزَام
혁명	sawra/ -aat	싸우라/ 싸우라-트	ثَوْرَة/ ثَوْرَات
현금(수표가 아닌)	kææš	캐-쉬 ; naɛd 나으드	نَقْد ; كَاش
현금으로 (adv)	kææš	캐-쉬	كَاش
	naɛdi 나으디 ; ben-naɛd 빈나으드		نَقْدِي ; بِالنَّقْد
현기증	dooxa 도-카 ; hubuuṭ 후부-뜨		هُبُوط ; دُوخَة
현대	ɛel-ɛaṣr el-ḥadiis	일아스르 일하디-쓰	الْعَصْر الْحَدِيث

현대의, 현대식의, 현대적인

	ḥadiis/ -iin	하디-쓰/ 하디-씬-	حَدِيث/ حَدِيثِين
현명한, 지혜로운	naaṣeḥ/ -iin	나-시흐/ 나시힌-	نَاصِح/ نَاصِحِين
	ɛææqel/ -iin	애-일/ 애일린-	عَاقِل/ عَاقِلِين
현수막, (거리에 세워진)광고판	yafta/ yofaṭ	야프따/ 요파뜨	يَافْطَة/ يُفَط
현실(reality)	waaqeɛ	와-끼아	وَاقِع

소사전

	ʕamr waaqeε	아므르 와-끼아	أَمْر وَاقِع
현실적인, 현실의(realistic)	waaqεei	와-끼에이	وَاقِعي
현재, 지금	delwaʕti	딜와으티	دِلْوَقْتي
혈관, 정맥(vein)	εerqʕ/ εuruuʕ	에르으/ 우루-으	عِرْق/ عُرُوق
혈압	ḍayṭ eḍ-damm	다그뜨 잇담	ضَغْط الدَّمّ
염오, 미움	korh 코르흐/ كُرْه ; karaahęyya 카라-헤야		كَراهيَّة
염오하다, 미워하다			
	kęręh or karah/ yękrah	키리흐/ 에크라흐	كِرِه/ يكْرَه
협회, 회, 계 (association)			
	gamεęyya/ -ææt	감에야/ 감에엘-트	جَمْعيَّة/ جَمْعيَّات
	rabṭa/ rawaabiṭ	랍따/ 라와-비뜨	رابْطَة/ رَوابِط
형, 형제	ʕaxx/ ʕexwææt	악크/ 에크와-트	أخ/ إخْوات
형광등	lamba naylun or nęyoon/ lomaḍ naylun or nęyoon		

람바 나일룬 or 니온-/ 로마드 나일룬 or 니온

لَمْبَة نايلُون أَوْ نِيُون/ لُمَض نايْلُون أَوْ نِيُون

형사	zaabeṭ mabææḥes̄	자-비뜨 마배-히쓰	ضابِط مَباحِث
형식, 양식, 틀, 스타일(form)			
	forma/ -aat, foram	포르마/ 포르마-트	فُورْمَة/ فُورْمات، فُورَم
형용사 (문법)	ṣęfa/ ṣęfaat	시파/ 시파-트	صِفَة/ صِفَات
호각	ṣuffaara/-aat, ṣafafiir	숫파-라/숫파라-트	صُفَّارَة/ صُفَّارات، صَفافير
호기심(curiosity), 꼬치꼬치 캐묻기 좋아함(nosiness)			
	fuḍuul	푸둘-	فُضُول
오두	gooz (-a/)	고-즈 (고자/)	جُوز (جُوزَة/)
	εęęn (ig-)gamal	에인- 가말	عين الْجَمَل
오두까는 기구	kassaara/ -aat	캇싸-라/ 캇싸라-트	كَسَّارَة/ كَسَّارات
오랑이	nęmr/ numuur	니므르/ 누무-르	نِمْر/ نُمُور
오르몬	hormoon	오르몬-	هُرْمُون
호박(누런 호박)	ʕarε 아르아/ قَرْع ; ʕarεʕ ruumi 아르아 루-미		قَرْع رُومي
(오이같이 긴 애호박)	koosa, kuusa	쿠-싸	كُوسَة
(단 호박)	ʕarεʕ εasali	아르아 아쌀리	قَرْع عَسَلي

소사전

한국어	발음	한글 발음	아랍어
호수	boḥęęra/ -ææt	보헤-라/ 보하이래-트	بُحَيْرَة/ بُحَيْرَات
	boḥayra (cl)	보하이라	بُحَيْرَة
호스(hose)	xarṭuum/ xaraṭiim	카르툼-/ 카라팀-	خَرْطُوم/ خَرَاطِيم
호의, 친절	gęmiil/ gamææyęl	기밀-/ 가매-일	جَمِيل/ جَمَائِل
	maɛruuf	마아루-프	مَعْرُوف
호전적인	ɛudwææni/ -yyiin	우드왜-니/ 우드왜니인-	عُدْوَانِي/ عُدْوَانِيِّين
호주머니	gęęb/ guyuub	겝-/ 구융-	جِيب/ جُيُوب
호치키스	dabbææsa/ -ææt	답배-싸/ 답배쌔-트	دَبَّاسَة/ دَبَّاسَات
호칭 (직위나 계급, 직분에 따른 호칭, 타이틀)			
	laqab/ ʕalqaab	라깝/ 알깝-	لَقَب/ أَلْقَاب
호텔(hotel)	fondoʔ/ fanææděqʔ	폰도으/ 파내-디으	فُنْدُق/ فَنَادِق
	lukanda/ -aat	루칸다/ 루칸다-트	لُوكَانْدَة/ لُوكَانْدَات
호흡	nafas/ ʕanfææs	나파쓰/ 안파-쓰	نَفَس/ أَنْفَاس
혼돈, 무질서	fawḍa	파우다	فَوْضَى
혼돈스런, 혼란한	fawḍawi	파우다위	فَوْضَوِي
혼동된	mętlaxbaṭ/ -iin	미틀라크바뜨/ 미틀라크바띤-	مِتْلَخْبَط/ مِتْلَخْبَطِين
혼동하다	laxbaṭ/ yęlaxbaṭ	라크바뜨/ 옐라크바뜨	لَخْبَط/ يِلَخْبَط
혼란스러운	mętlaxbaṭ/-iin	미틀라크바뜨/미틀라크바띤-	مِتْلَخْبَط/ مِتْلَخْبَطِين
혼수상태(coma)	γaybuuba	가이부-바	غَيْبُوبَة
혼자 (그 혼자)	lę-waḥd-u	리 와흐두	لِوَحْدُه
(나 혼자)	lę-waḥd-i	리 와흐디	لِوَحْدِي
혼자 힘으로 (제힘으로) (그 혼자)	bę-nafs-u 비 낲쑤		بِنَفْسُه
(나 혼자)	bę-nafs-i 비 낲씨		بِنَفْسِي
혼잡한(사람, 교통이 붐비는)	zaḥma (invar) 자흐마		زَحْمَة
혼합, 혼합물	xalṭa/ -aat	칼따/ 칼따-트	خَلْطَة/خَلْطَات
홀 (건물의 홀)	qaaɛa/ -aat	까-아/ 까아-트	قَاعَة/ قَاعَات
(가정집의 거실)	ṣaala/ -aat	살-라/ 살라-트	صَالَة/ صَالَات
홍보, 선전	diɛææya	디애-야	دِعَايَة
홍수	fayaḍaan/ -aat	파야단-/ 파야다나-트	فَيَضَان/ فَيَضَانَات
홍차	ʃææy	쉐-이	شَاي

소사전

홍해바다	ʔel-baħr el-ʔaħmar	일바흐르 일아흐마르	البَحْر الأَحْمَر
화(anger)	zaʕal	자알	زَعَل
화가	rassæm/-iin	랏쌤-/ 랏쌔민-	رَسَّام/ رَسَّامِين
화나다	zeʕel/ yezʕal	지엘/ 에즈알	زِعِل/ يِزْعَل

ʕetdæyeʕ or ʕeddæyeʕ/ yetdæyeʕ or yeddæyeʕ

                    이트대-에으/ 에트대-에으   اِتْضَايِق/ يِتْضَايِق

화난	zaʕlæn/-iin (men)	자알랜-/자알래닌- (민)	زَعْلان/زَعْلانِين (من)
	meddæyeʕ/ -iin	밋대-이으/ 밋대이인-	مِتْضَايِق/ مِتْضَايِقِين

(분개한)

    yaḍbaan/ -iin (men) 가드반-/ 가드바닌- (민)   غَضْبَان/ غَضْبَانِين (من)

    meʕyaaz/-iin (men) 미트가-즈/미트가진- (민)   مِتْغَاظ/ مِتْغَاظِين (من)

(신경질을 부리는, nervous)

    metnarfez/ -iin 미트나르피즈/ 미트나르피진-   مِتْنَرْفِز/مِتْنَرْفِزِين

화단	ħood/ ʔeħwaad	오-드/ 이흐와-드	حُوض/ إحْوَاض
화면	ʃæʃa/ -æt	쉐-샤/ 쉐쉐-트	شَاشَة/ شَاشَات

화물(무역이나 택배를 위한 짐)

    ʃoħna/ -æt   쇼으나/ 쇼으내-트   شُحْنَة/ شُحْنَات

화분 ʔaṣreyya/-æt or ʔaṣaari (zarʕ) 아스리야/ 아스리에-트(자르아)

                                قَصْرِيَّة/ قَصْرِيَّات أَو قَصَارِي (زَرْع)

화상(burn) ħarʔ/ ħoruuʔ 하르으/ 오루-으   حَرْق/ حُرُوق

화상을 입다 ʔetħaraʔ/ yetħereʕ, yetħaraʔ 이트하라으/ 에트하라으

                                  اِتْحَرَق/ يِتْحِرِق

화요일	yoom et-talææt	욤- 잇탈래-트	يُوم الثَّلاثَاء
화장(make up)	mekyææj, makyææj	미키에-지	مِكْياج
	meykab	메이캅	ميكَ اب
화장실	dooret mayya	도-릿 마야	دُورَة مَيَّة
	towaleṭt	토왈릿트	توَاليت

(욕실, 화장실) ħammæm/ -æt tæ 함맴-/함매매-트   حَمَّام/ حَمَّامَات

화장지, 티슈 klenex 클리닉쓰(상품명)   كِلِينِكْس

    waraʔ klenex 와라으 클리닉쓰   وَرَق كِلِينِكْس

소사전

waraʔ manadiil	와라으 마나딜-	وَرَق مَنَادِيل
mandiil/manadiil (waraʔ)	만딜-/마나딜- (와라으)	مَنْدِيل/ مَنَادِيل وَرَق

화장품 mękyæej　　미키에-쥐　　مِكْيَاج

화장하다(to make up)

　ɦaṭṭ/ yeɦoṭṭ mękyæej　　핫뜨/ 예홋뜨 미키에-쥐　　حَطّ/ يحُطّ مِكْيَاج

　ɛamal/ yęɛmęl meykab　　아말/ 예아밀 메이캅　　عَمَل/ يعْمِل ميكَ اب

화재 ɦariiʔa/ ɦaræeyęʔ　　하리-아/ 하래-예으　　حَرِيقَة/ حَرَائِق

화제, 제목 mawḍuuʕ/ mawaadiiʕ 마우두-아/ 마와디-아　　مَوْضُوع/ مَوَاضِيع

화폐 (통용 화폐) ʕomla/ -ææt　　오믈라/ 오믈래-트　　عُمْلَة/ عُمْلَات

화학 kęmya　　키미야　　كِيمِيَاء

화학의, 화학적인 kęmæwi　　키매-위　　كَمَاوي

화해 muṣalɦa 무살하 مُصَالْحَة ; ṣolɦ 솔흐 صُلْح

확신, 신뢰 sęqa　　씨까　　ثِقَة

확신하고 있는, 신뢰하고 있는 waasęq/ -iin 와-씩/ 와씨낀-　　وَاثِق/ وَاثِقِين
(확실하다고 생각하는)

　mutaʔakkęd/ -iin　　무타악키드/ 무타악키딘-　　مُتَأَكِّد/ مُتَأَكِّدِين

확신하는, 확실하다고 생각하는

　muqtanęɛ/ -iin　　묵타니아/ 묵타니인-　　مُقْتَنِع/ مُقْتَنِعِين

확실한 *(adj)* ʔakiid 아키-드 أَكِيد ; muʔakkad 무악카드 مُأَكَّد

확실히 *(adv)* biidaʔ　　아키-드　　أَكِيد

　(정말로) ɦaʕiiʔi　　하이-이　　حَقِيقِي

확인하다(예약을 재 확인하다) ʔakkęd/ yeʔakkęd ɦagz

　　　　　　악키드/ 예악키드 하그즈　　أَكَّد/ يأَكِّد حَجْز

환경 biiʕa/ -ææt　　비-아/ 비앤-트　　بِيئَة/ بِيئَات

환경의 biiʕi　　비-이　　بِيئِي

환상적인 hæeyęl/ -iin　　해-일/ 해일린-　　هَائِل/ هَائِلِين

환영하다 raɦɦab/ yeraɦɦab (bi)　　라합/ 예라합 (비)　　رَحَّب/ يرَحَّب بِ

환영회 ɦafleț/ -ææt ʕęstęʔbææl

　　하플리트/ 하플래-트 이쓰티으밸-　　حَفْلَة اِسْتِقْبَال/ حَفْلَات اِسْتِقْبَال

환자 ɛayyæn/-iin　　아옌-/ 아옌닌-　　عَيَّان/ عَيَّانِين

소사전

	mariiḍ/ marḍa	마리-드/ 마르다	مَريض/ مَرْضى
환풍기	ʃaffaṭ/ ʃaffaṭaat	샤파뜨/ 샤파따-트	شَفّاط/ شَفّاطات
환전소	ʃerkeṭ ṣeraafa	쉬르키트 시라-파	شِركة صِرافة
	maktab ṣeraafa	막탑 시라-파	مَكتَب صِرافة

활동(activity)

naʃaaṭ/ naʃaṭaat, ʔanʃeṭa   나샤-뜨/ 안쉬따   نَشاط/ نَشاطات، أَنْشِطة

활동적인(active), 원기왕성한(energetic), 활기찬

naʃiiṭ/ noʃaṭa, nuʃaaṭ   나쉬-뜨/ 누샤-뜨   نَشيط/ نُشَطاء، نُشاط

활용하다(시간, 기회 등을)

ʔestaɣall/ yestaɣell   이쓰타갈/ 에쓰타길   اِستَغَلّ/ يَستَغِلّ

회계	muħasba	무하쓰바	مُحاسَبة
회계사, 경리	muħæsæb/ -iin	무해-씹/ 무해쓰빈-	مُحاسِب/ مُحاسِبين
시멘트	ʕasmant	아쓰만트	أَسْمَنْت

회복하다(병으로 부터) *(intr)*

	xaff/ yexeff	캇프/ 예킷프	خَفَّ/ يَخِفّ
	ʃefi/ yeʃfa	쉬피/ 에쉬파	شُفِي/ يُشْفَى
회비	rasm eʃteraak	라쓰음 이쉬티락-	رَسم اِشْتِراك

(클럽이나 도서관 등의 회원 회비)

	rasm ɛoḍweyya	라쓰음 오드위야	رَسم عُضْوِيّة
회사	ʃerka/ -æet	쉬르카/ 쉬리캐-트	شِركة/ شِركات
회색의	ramaadi 라마-디 ; ruṣaaṣi 루샤-시		رَمادي ; رُصاصي
회원	ɛoḍw/ ʕæɛḍæeʒ	오두/ 아아대-으	عُضْو/ أَعْضاء
	muʃtarek/ -iin (fi)	무쉬타릭/ 무쉬타리킨-	مُشتَرَك/ مُشتَرَكين
회원권	ɛoḍwęyya/ -æet	오드웨야/ 오드위엣-트	عُضْوِيّة/ عُضْوِيّات

회원이 되다, 회원으로 가입하다

ʔeʃtarak/ yeʃṭerek (fi)   이쉬타락/ 예쉬티릭 (피)   اِشتَرَك/ يَشتَرِك في

회의	ʔeʒtmæɛ/ -æet	익티매-아/ 익티매애-트	اِجتِماع/ اِجتِماعات

회의를 하다 ʔeʒtamaɛ/ yeʒtęmęɛ (maɛa)

익타마아/ 엑티미아 (마아)   اِجتَمَع/ يَجتَمِع مع

(회의가 있다) ɛand-u(-i, *etc*) ʔeʒtᵉmæeɛ

소사전

	안두(안디, etc) 익티매-아		عَنْدُه إجْتِمَاع
	fii ʕɛgtˤmææɛ 피 익티매-아		في إجْتِمَاع
회전하다	laff/ yeleff	랖프/ 옐렆프	لَفّ/ يلِفّ
회초리	ɛaṣaaya/ ɛosyaan	아사-야/ 오스얀-	عَصَايَة/ عُصيَان
획득하다, 얻다(win)	kesɛb/ yeksab	키쎕/ 엑쌉	كِسِب/ يكْسَب
횡재 (뜻밖에 발견한 아주 좋은 것)	loʕta 로으따		لُقْطَة
효과있다	nafaɛ/ yenfaɛ	나파아/ 옌파아	نَفَع/ يِنْفَع
후르가다(홍해변 유양지, Hurghada)	ʕel-yardaʕa 일가르다아		الغَرْدَقَة
후손	nasl	나쓸	نَسْل
후식, 디저트	ḥelw 헬루 ; ḥalawiyyææt 할라위엩-트		حَلَوِيَّات
..후에 (prep 시간)	baɛd 바아드		بَعْد
(..한 이후에, conj)	baɛd-ma 바아드 마		بَعْد مَا
후추	felfel ʕeswed	필필 이쓰워드	فِلْفِل إسْوِد
훈련(training)	tadriib/ -ææt	타드립-/ 타드리배-트	تَدْريب/ تَدْريبَات
(연습, 실습, practice)			
	tamriin/ -ææt, tamariin	타므린-/ 타므리내-트	تَمْرين/ تَمْرينَات، تَمَارين
훈련복, 체육복	badlet tadriib	바들릍 타드립-	بَدْلَة تَدْريب
	treening suut 트리-닝그 쑤-트 ; tˤreng 트렝크		تِرِنْج
훈련자, 트레이너	mudarrib/ -iin	무다맆-/ 무다리빈-	مُدَرِّب/ مُدَرِّبين
훌륭한	mumtææz	뭄태-즈	مُمْتَاز
움직이다	saraʕ/ yeṣraʕ	싸라으/ 예쓰라으	سَرَق/ يِسْرَق
휘는, 구부러지는, 유연한			
	maren/ marena(f)/ -iin	마린/ 마리나(f)/ 마리닌-	مَرِن/ مَرِنَة/ مَرِنين
휘발유	banziin	반진-	بَنْزِين
휘파람	ṣuffaara/-aat, ṣafafiir	숱파-라/숱파라-트	صُفَّارَة/ صُفَّارَات، صَفَافير
휴가, 공유일	ʕagæza/ -ææt	애개-자/ 애개재-트	أجَازَة/ أجَازَات
휴가를 내다			
	ṭalaɛ/yeṭlaɛ ʕagææza	딸라아/에뜰라아 애개-자	طَلَع/ يِطْلَع أجَازَة
	xad/yææxud ʕagææza	카드/예-쿠드 애개-자	خَد/ يَاخُد أجَازَة
휴게소	ʕɛstˤraaḥa/-aat	이쓰티라-하/이쓰티라하-트	إسْتِرَاحَة/ إسْتِرَاحَات

소사전

휴식	raaɦa	라-하	رَاحَة
휴식하는	mestarayyaɦ/ -iin	미쓰타라야흐/ 미쓰타라야힌-	مِسْتَرَيَّح/ مِسْتَرَيَّحِين

휴식하다

	ɛestarayyaɦ/yɛstarayyaɦ	이쓰타라야흐/에쓰타라야흐	اِسْتَرَيَّح/ يِسْتَرَيَّح
	ɛertæɛɦ/ yertæɛɦ	이르태-흐/ 예르태-흐	اِرْتَاح/ يِرْتَاح
휴식시간	ɛestraaɦa/-aat	이쓰트라-하/이쓰트라하-트	اِسْتِرَاحَة/ اِسْتِرَاحَات
흉터(상처은적)	ɛasar eg-garɦ	아싸르 익가르흐	أَثَر الجَرْح
(물 등이) 흐르다	marr/ yemorr	마르/ 에모르	مَرّ/ يَمُرّ
	meʃi/ yemʃi	메쉬/ 옘쉬	مَشِي/ يِمْشِي
흑인	zengi/ zunuug	진기/ 주눅-	زِنْجِي/ زُنُوج
흙	torba 토르바 ; turaab/ ɛatreba 투랍-/ 아트리바		تُرْبَة ; تُرَاب/ أَتْرِبَة

흠집, 기스

	xarbuuʃ, xarbuuʃa/ xarabiiʃ	카르부-쉬/ 카라비-쉬	خَرْبُوش/ خَرَابِيش
흡연	tadxiin	타드킨-	تَدْخِين
(금연)	mamnuuɛ et-tadxiin	맘누-아 잇타드킨-	مَمْنُوع التَّدْخِين
흥미진진한	musiir/ -iin	무씨-르/ 무씨린-	مُثِير/ مُثِيرِين

흥분시키는(eg 영화 등)

	muɛasser/ -iin	무앗씨르/ 무앗씨린-	مُؤَثِّر/ مُؤَثِّرِين
흰색	ɛabyad/beeḍa(f)/beeḍ	아비야드/베-다(f)/베-드	أَبْيَض/ بَيْضَاء/ بِيض
힘(power)	qowwa or ɛowwa	꼬와 or 오와	قُوَّة
(능력)	qodra/ -aat	꼬드라/ 꼬드라-트	قُدْرَة/ قُدْرَات
힘이쎈, 강한	qawi/ ɛaqweya	까위/ 아끄위야	قَوِي/ أَقْوِيَاء

이집트 구어체 아랍어
회화 사전

2판 2쇄 인쇄 2024년 5월 10일
2판 2쇄 발행 2024년 5월 20일

지은이 이병학, 여종연
펴낸이 서덕일
펴낸곳 도서출판 문예림

출판등록 제1962-1호(1962년 7월 12일)
주소 경기도 파주시 회동길 366(10881)
전화 (02) 499-1281~2 **팩스** (02) 499-1283
홈페이지 www.moonyelim.com
전자우편 info@moonyelim.com

이 책은 저작권법에 의해 보호를 받는 저작물이므로 무단 복제·전재·발췌할 수 없습니다.
잘못된 책은 구입하신 곳에서 교환해 드립니다.

ISBN 978-89-7482-407-5(11790)
값 30,000원